2025年度版

市役所上・中級 教養・専門試験 過去問500

◆本書は、平成9年度から令和5年度の過去問を収録しています。
◆各科目の問題数は、出題比率に基づいて配分しています。したがって、主要科目ほど掲載数が多くなっています。
◆法改正、制度変更などがあった分野の問題、またはデータが古くなった事情問題は、問題文を最新情報に基づいた記述に改めたうえで、〈改題〉表示をしています。
◆本書に掲載した過去問は、受験者から寄せられた情報をもとに実務教育出版が独自に復元したものです。したがって、必ずしも実際の試験問題と同一であるとは限りません。

資格試験研究会編
実務教育出版

市役所上・中級
試験ガイド

① 試験概要

市役所の採用試験は実力本位の試験であり，地元で働けるという理由からも，毎年人気の試験である。ほかの公務員試験との併願が比較的しやすいことも魅力の一つだ。ただし，職員の採用は定員管理に基づく欠員補充が基本となるため，毎年必ず採用試験が実施されるとは限らない。また，例年どおり試験を行う場合も，募集職種は一定ではなく，試験日程や内容の変更もある。受験を考えている市役所の情報は，こまめにチェックしておきたい。

■市役所試験の特徴

2023年10月1日現在，全国の市役所の数を合わせると772にのぼっている（20の政令指定都市を除く）。

市役所の採用試験を見てみると，次のような特徴があることがわかる。

まず，同じ地方公務員でも，地方上・中級公務員の場合，県庁と政令指定都市のほとんどが，同じ日（統一実施日）に一次試験を行っているのに対し，一部の市役所を除くほとんどの市役所が4月下旬から11月ぐらいにかけて一次試験を行っており，いくつかの統一日程があるものの試験日は比較的バラバラである。したがって，ほかの公務員試験と併願できる可能性は比較的高い。

ただし，前述のとおり，すべての市役所が毎年必ず採用試験を実施しているわけではないという点に注意が必要である。都道府県や政令指定都市などでは，毎年必ず採用試験が実施されるが，組織規模の小さい中・小の市役所では，新規の採用を手控える傾向にあり，前年に採用試験を実施したからといって，今年も必ず実施するとは限らないのである。

■主な試験日程

市役所の採用試験（政令指定都市を除く）は，一次試験の日程により，大きく以下の3つの日程に分けられる。従来は，同一県内の市は同日に一次試験を実施することが多かったが，近年はばらつきが大きくなっている。また，隣接する市町村が共同で一次試験を実施するケースもある。

●A日程（6月中旬～下旬実施）

県庁所在地などの比較的大きな市が該当する。一次試験は地方上級と同日の実施であり，令和2年度までは，教養試験，専門試験とも，地方上級の全国型と共通の問題が数多く出題されていた。しかし，令和3年度から，教養試験は，B日程・C日程で導入されている「新教養試験」となった（詳細は後述）。したがって，現在の教養試験の科目別出題数・難易度はB日程・C日程と同様である。上級（大卒程度）の場合は，教養試験でStandard-Ⅰが課されることが多い。

専門試験が課される市は比較的多く，その場合は，従来同様，地方上級との共通問題が多数出題されている。

●B日程（7月中旬実施）

全国的に多くの市がこの日程で一次試験を実施している。大卒程度試験の場合は，教養試験でStandard-Ⅰが課されることが多いが，Logical-Ⅰも比較的多い。Standard-Ⅱ，Logical-Ⅱは比較的少ない。専門試験が課される市が比較的多い。

●C日程（9月中旬～下旬実施）

B日程と同じく，多くの市がこの日程で実施している。上級・中級・初級の区分を設けていない市も多い。大卒程度試験の場合は，教養試験でStandard-Ⅰが課されることが多いが，Standard-ⅡおよびLogical-Ⅰも比較的多い。専門試験が課される市は比較的少ない。

■受験資格

公務員試験の場合，基本的には全国民の中から平等かつ公平に任用されるが，職務遂行との関連で資格要件が生じてくる。

まずは年齢資格について見てみることにしよう。地方公務員上級（大卒程度）試験では，試験を行う翌年の4月1日現在で満22歳以上30歳未満，中級（短大卒程度）試験では，同じく満20歳以上28歳未満という自治体が多いが，市役所になるとその基準はさまざまである。特に上級・中級・初級とはっきり区分けしていないところは，その区分によって年齢資格は大幅に異なる。たとえば，上級・初級といった2区分しか設けていない市役所では，短大卒程度の年齢資格は初級区分として募集される場合が多いようである。また，区分を一切設けず高卒程度として一括募集しているところでは，年齢資格は満18歳以上から28～29歳未満までと，かなり幅広くなっている。

次に学歴について見てみると，市役所の場合，都道府県や政令指定都市と比べて，学歴の資格を必要とするところが比較的多いようである。都道府県や政令指定都市ではほとんどのところが年齢資格のみであるが，市役所（特に上級・中級・初級などの区分を設けているところ）では，上級は大学卒およびその見込者，中級では短大卒およびその見込者に限る，というような形で学歴資格を設けているところが見られる。

また，市役所採用試験の資格として特徴的なものに，住所要件がある。一部の市役所では，「○○市に本人またはその親が在住の者(に限る)」「採用後に○○市に居住（転居）可能な者」などといった条件が課されている場合がある。学歴資格・住所要件とも，それぞれの条件を満たしていないと最終的に採用されないことになるので注意が必要である。

■採用試験の内容

市役所の職員採用試験は，一般に教養試験，専門試験，事務適性検査，論文・作文試験，人物試験，性格検査，身体検査などからなっている。このほか，申込みの際にエントリーシートや自己紹介書，面接カードなどの書類を提出させる市役所も増加傾向にある。しかしながら，試験種目は市役所によって大きく異なっているので，十分な注意が必要である。

●教養試験（択一式）

教養試験は，公務員としての基礎的な知識や能力を評価するもので，出題数は40問，解答時間は120分である。この教養試験は，ほとんどの市役所の一次試験で実施されている。教養試験の多くは，大きく「一般知識分野」と「一般知能分野」に分けられる。

⑴ **一般知識分野**

一般教養に関する試験で，社会科学，人文科学，自然科学の3つの分野がある。どれも中学校や高校で習った，国語，数学，理科，社会などの知識が中心となっている。

社会科学……法律，政治，経済，社会などの学説や歴史的な移り変わり，時事的な問題が出題される。

人文科学……日本史，世界史，地理，思想，文学，芸術，国語など，個人の内面的・文化的な生活に関係のある問題が出題される。

自然科学……数学，物理，化学，生物，地学など，科学的・合理的な知識が問われるような問題が出題される。

⑵ **一般知能分野**

ここでいう知能とは，知能検査でわかるIQとは異なり，教養や知識を十分に消化し身につける能力や判断力のことをさしている。具体的には以下の4科目からなる。

文章理解……語句や文章の理解力が要求され，

読解力，文章把握力，鑑賞力，構成力などが判定される。出題は現代文だけではなく，英文なども含まれる。問題形式は，要旨把握，内容把握，空欄補充，文章整序などである。

判断推理……論理的な判断力，空間的な推理力などが試される。問題形式はさまざまで，論理，暗号，発言や条件からの推理，操作・手順，軌跡，一筆書き，折り紙，展開図，平面図形，正多面体などの立体図形，投影図に関する問題などが出題される。

数的推理……数的なものの考え方を求めるもので，方程式，不等式，比と割合，速さと時間，食塩水の濃度，図形の面積や体積の計算，場合の数，確率などが出題される。

資料解釈……統計資料の表やグラフの数値の解釈・読み取り能力・処理能力などが試される問題が出題される。

なお，平成30年度から，市役所の教養試験はリニューアルされ，「新教養試験」となった。日本人事試験研究センターによると，出題科目の比重や難易度などから，「新教養試験」は大きく3つのタイプに分類される。

(1) Standard（標準タイプ）

一般知識分野20問，一般知能分野20問の合計40問からなる五肢択一式試験で，解答時間は120分である。従来から出題されていた教養試験との共通性が高い試験であるが，時事が重視され，社会的に幅広い分野の題材（ICT，環境問題，社会保障など）が出題される。

なお，このタイプでは，古文，哲学・文学・芸術等，国語（漢字の読み，ことわざ等）は出題されない。

Standard（標準タイプ）には，Standard-Ⅰと Standard-Ⅱがあるが，Standard-Ⅰのほうが難易度が高く，一般に大卒程度試験で出題されることが多い。

(2) Logical（知能重視タイプ）

一般知識分野13問，一般知能分野27問の合計40問からなる五肢択一式試験で，解答時間は120分である。一般知能分野の比重が高く，知識より論理的思考力等の知能を重視する試験である。

このタイプでも，Standard（標準タイプ）と同様に時事が重視され，社会的に幅広い分野の題材が出題されるが，古文，哲学・文学・芸術等，国語，および自然科学は出題されない。

Logical（知能重視タイプ）には，Logical-Ⅰと Logical-Ⅱがあるが，Logical-Ⅰのほうが難易度が高く，一般に大卒程度試験で出題されることが多い。

(3) 職務基礎力試験（BEST）

令和6年4月から新しく実施される試験である。公務員試験の勉強をしていない民間企業併願者や社会人も受けやすい試験となっている。公的部門における職務遂行上必須な能力の把握に焦点を当てた「職務基礎力試験（BEST-A）」と，性格傾向上の特徴から公的職務への適応性を把握する「職務適応性検査（BEST-P）」の2つのテストにより構成される。

「職務基礎力試験（BEST-A）」は，従来実施されていた「Light」の出題形式をベースとしており，試験時間・出題数は60分・60問である。四肢択一式であり，受験者への負担が少なく，コンパクトな試験となっている。

論理的に思考する力，文章を正確に理解する力，統計等の資料を分析する力，国内外の社会情勢への理解等を確認するための基礎的な内容が出題される。

●SPI3・SCOA

近年は，教養試験の代わりに，民間企業の採用試験で使われるSPI3（基礎能力検査）やSCOA-A（基礎能力）などを実施する自治体が増えている。SPI3は，試験会場で受検するペーパーテスト（マークシート式）の場合は，言語能力検査（70

分・70問），非言語能力検査（40分・30問）である。SCOA-A（基礎能力）は60分・120問の試験である。受験案内では「教養試験」とされていても，これらの試験が実施される場合があるので，試験時間と問題数を参考にしてほしい。

なお，これらの試験は「特別な対策は必要ない」とされていることが多いが，受験する場合は，必ず問題集などで対策しておこう。

●教養試験（記述式）

少数ではあるが，独自の記述式の教養試験を課す市役所もある。内容はさまざまで，漢字の読み書きに始まり，用語・語句・人名・英単語などの記入，ことわざの意味，用語などの100字程度の意味説明，自己PRなどの1,000字程度の文章のまとめなどである。

●専門試験（択一式）

専門試験は，職務を遂行していくうえで欠かすことのできない専門的な判断力や，その基礎となる専門知識の広さ・深さを測ろうとするものである。専門試験の出題は，一般事務，電気，土木などの試験区分に関連した科目からなされる。問題のレベルは，大学の専門課程程度となっている。

なお，一般事務系の試験区分の専門試験の場合，従来は，出題数40問，解答時間120分であったが，現在は，従来からあったこの「必須解答タイプ」に加え，10分野（50問）出題中６分野（30問）選択解答（解答時間90分）の「６分野型」および10分野（50問）出題中８分野（40問）選択解答（解答時間120分）の「８分野型」の２つの「科目選択タイプ」もある。

⑴ **必須解答タイプ**

出題された40問をすべて解答するもので，解答時間は120分である。従来からの専門試験と同様に，政治学，行政学，社会政策，国際関係，憲法，行政法，民法，経済原論，財政学などのほか，経済政策，経済学史，経済史，経済事情などが出題範囲となっている。全国的にこのタイプが８割以上を占める。

⑵ **科目選択タイプ（６分野型）**

前述のとおり，10分野（50問）出題中６分野（30問）選択解答で，解答時間は90分である。出題分野は，①憲法，②行政法，③民法，④経済理論，⑤経済政策・経済事情，⑥財政学・金融論，⑦社会政策（社会福祉や社会保険などの社会保障と雇用），⑧政治学・行政学，⑨国際関係，⑩社会学・教育学の10分野（１分野につき５問）で，これら10分野から６分野を試験開始後に受験者が任意に選択する。

⑶ **科目選択タイプ（８分野型）**

10分野（50問）出題中８分野（40問）選択解答で，解答時間は120分である。出題分野は６分野型と共通の10分野で，これら10分野から８分野を試験開始後に受験者が任意に選択する。

ただし，市役所の職員採用試験では，専門試験がまったく課されていない自治体も多いので，事前にきちんと調べておくことが大切である。

●事務適性検査

職務遂行に当たって，どの程度の事務適性があるかを判定する検査である。仕事を行う際に要求される正確さ，敏しょう性，熟練度といった面を評価するために行われている。

国家一般職［高卒］試験や一部の地方初級試験など高卒程度の公務員試験で多く行われているが，市役所の採用試験では，大卒程度であっても事務適性検査を課すところが見られる。

問題自体は以下の５形式を中心とした簡単なものであるが，限られた時間内に正確に処理することが求められる。普通，問題数は100問，解答時間は10分である。

計算……簡単な計算問題から，受験者の計算能力を試すもの。

照合……２つの同じような文章や記号を照らし合わせ，異なっている点を探すもの。

分類……与えられた手引きが示す分類基準に従って，数字や文字などを分類していくもの。

置換……与えられた手引きの基準に従って，文字や記号を置き換えていくもの。

図形把握……与えられた図形と同じもの・異なるものを探し出すもの。

事務適性検査の採点は「正答数－誤答数＝得点」という減点法で行われ，誤答数には解答しないで飛ばした問題などの数も含まれるので，注意が必要である。

●論文・作文試験

教養試験，事務適性検査では見ることのできない表現力や文章力などを評価するための試験。

市役所によって異なるものの，試験時間は60～90分で，だいたい1,200～1,600字ぐらいにまとめるという形式が多い。テーマとしては，一般的なもの（たとえば，「私の人生観」「責任と自由」「チャレンジ」「組織で仕事をするうえで大切なこと」「公務員の仕事の魅力とやりがい」など）と，時事問題・市の政策に関するもの（たとえば，「青少年犯罪の現状と対策」「地球環境問題」「SDGsに根ざした政策」「○○市の問題点とその解決方法」「地方都市の人口減少」「○○市の未来像」など）が多く出題されている。

●人物試験

人物試験とは，一般に面接試験と呼ばれているものである（適性検査・性格検査なども含めている場合もある）。人物試験は，受験者の人間的内面を評価するのが目的である。

人物試験には個別面接，集団面接，集団討論がある。個別面接は，受験者1人に対し試験官3人で15分程度の面接が行われる。主に志望動機や自己PRなどの一般的なことを聞かれ，近年はオンラインで実施されるケースも増えている。集団面接は，1グループ8～10人程度の受験者に対し試験官3人で60分程度の面接が行われる。市役所の採用試験では集団面接が課される場合が比較的多い。集団討論は，与えられたテーマに基づいて6～10人のグループでディスカッションを行うもので，グループにおける問題解決能力，協調性，役割遂行度，リーダーシップなどが評価される。

人物試験は，二次試験で個別面接を行うというところが多い。しかし，最近の人物重視の背景から，個別面接を複数回実施したり，「集団面接＋個別面接」「個別面接＋集団討論」「集団面接＋個別面接＋集団討論」というように複数の種類の面接を組み合わせて課すところも増えてきている。

また，近年は申込時あるいは一次試験で「録画面接」を課す市役所が増えている。志望動機や自己PRなどを録画して送信する方式が一般的だが，市役所ごとに違いがあるので，よく調べて準備しておこう。

●その他

その他の試験種目として，クレペリン検査（1ケタの数字を足していくもの），性格検査・適性検査（心理テストのように，質問項目にYES・NOで答えるもの），身体検査・健康診断，体力測定・体力試験・スポーツテストなどを行う市役所もある。

とにかく，市役所の職員採用試験は試験日，試験構成，試験内容などがバラバラであるため，自分の受験する市役所の試験については，早めに受験案内や広報紙，ウェブサイトなどで個々に調べておくことが重要である。

なお，小社刊『受験ジャーナル』では例年，全国の市役所職員採用試験（事務系）の試験構成等をまとめて掲載しているので，参考にしてほしい。

② 出題分析

5年度 A日程 教養試験（Standard-Ⅰ）出題内訳

No.	科　目	出題内容
1	社　会	デジタル化
2	社　会	各国の政治事情（アメリカ，イギリス，韓国等）
3	社　会	日本の消費生活動向
4	社　会	地球環境問題
5	社　会	日本の少子化
6	法　律	憲法違反となる手続（内閣総理大臣の指名，憲法改正等）
7	法　律	労働基準法（勤労者の権利等）
8	政　治	各国の政治制度（議院内閣制，ドイツ，フランス等）
9	経　済	日本の租税制度
10	地　理	ラテンアメリカの地誌
11	地　理	不明
12	日本史	大正時代（米騒動，産業革命，輸出等）
13	世界史	18世紀のアメリカ合衆国
14	世界史	第二次世界大戦後の世界外交
15	数　学	不等式（数式を満たすaの範囲）
16	物　理	物体の運動
17	化　学	水素（重水素と三重水素，実験室での生成，酸水素爆鳴気等）
18	生　物	種子植物
19	生　物	DNAとRNA（塩基の種類，塩基の結合，RNAの種類，PCR法等）
20	地　学	太陽の動き
21	文章理解	英文（要旨把握，認知症の追跡調査）
22	文章理解	英文（内容把握，ニホンザルの独立過程）
23	文章理解	英文（内容把握）
24	文章理解	現代文（内容把握，フィールドワークについて）
25	文章理解	現代文（要旨把握，小説とフィクション）
26	文章理解	現代文（内容把握）
27	判断推理	命題
28	判断推理	位置関係（7人が円卓に座る順番）
29	判断推理	対応関係（5人が商品を選ぶときの選び方）
30	判断推理	操作と手順（6枚のカードの操作）
31	判断推理	立体構成（小立方体を4つ組み合わせた立体で作る直方体）
32	判断推理	投影図（4個の円柱の投影図）
33	判断推理	移動・回転・軌跡（平行四辺形の軌跡）
34	判断推理	不明
35	数的推理	整数問題（2つの正の整数の和）
36	数的推理	仕事算（水槽）
37	数的推理	年齢算（3人の年齢）
38	数的推理	図形の計量（ひし形を作る紙テープの長さ）
39	資料解釈	A国からB国に対する輸入・輸出の割合（数表）
40	資料解釈	小学生がテレビを見る時間の割合（グラフ）

5年度 B日程 教養試験（Standard-Ⅰ）出題内訳

No.	科　目	出題内容
1	社　会	情報セキュリティ（サイバー攻撃等）
2	社　会	地方創生（デジタル田園都市構想等）
3	社　会	NATO（設立，新加盟国，トルコの動向，防衛費の増額）
4	社　会	2020年代の日本経済
5	社　会	日本の高齢化（人口比率，平均寿命，都道府県別の割合等）
6	法　律	信教の自由（政教分離等）
7	法　律	司法制度（国民審査，上訴，裁判の公開，裁判員制度等）
8	経　済	株式会社（株式の発行，配当，企業統治，女性の活躍等）
9	経　済	リカードの比較生産費説
10	地　理	日本の島（南西諸島，小笠原諸島，伊豆諸島）
11	地　理	東南アジア（人口，宗教，工業化，ASEAN，輸出品）
12	日本史	立憲国家の成立（民撰議院設立建白書，国会開設の勅諭等）
13	世界史	大航海時代のラテンアメリカ（黒人奴隷，プランテーション等）
14	世界史	1960年代以降の中国（政治，外交等）
15	数　学	一次関数と変域（空欄補充）
16	物　理	最近の電化製品（有機EL等）
17	化　学	二酸化炭素の性質
18	生　物	すい臓（すい液，脂肪の分解，インスリン，グリコーゲンの分解等）
19	生　物	生物の出現と進化
20	地　学	地震（走時曲線，直接波と屈折波，マントル，震央距離等）
21	文章理解	英文（要旨把握，貿易拡大について）
22	文章理解	英文（要旨把握，ある言葉と意味が同じ単語）
23	文章理解	英文（要旨把握，悲観主義者）
24	文章理解	現代文（要旨把握，贈与の送り手と受け取り手）
25	文章理解	現代文（要旨把握，論理的思考について）
26	文章理解	現代文（要旨把握，人文系の研究者）
27	判断推理	論理（旅行の行き先）
28	判断推理	位置関係（12人が座っている位置）
29	判断推理	対応関係（3人がじゃんけんを3回行った結果）
30	判断推理	操作の手順（5人が3個の玉を移す手順）
31	判断推理	移動・回転・軌跡（正方形の内部を移動する線分の中点の軌跡）
32	判断推理	平面構成（図形パズル）
33	判断推理	投影図（円すいに長方形の板を差し込んだときの見え方）
34	判断推理	立体構成（10個の直方体でできた立体）
35	数的推理	場合の数（1～9の数字を使ってできる3ケタの数）
36	数的推理	図形の計量（円に内接する正八面形の頂点を結んだ図形の面積）
37	数的推理	比，割合（旅行費用のうち交通費，宿泊費，食費などの割合）
38	数的推理	仕事算（貯水タンクから水槽に水を移す時間）
39	資料解釈	昼間人口と夜間人口（実数，数表）
40	資料解釈	自動車の販売総数とEV車の割合（構成比，グラフ）

※この出題内訳表は，受験者からの情報をもとに作成したものである。したがって，No.や出題内容が実際とは異なっている場合がある。

5年度 A日程 専門試験（必須解答タイプ）出題内訳

No.	科　目	出題内容
1		法の下の平等（尊属殺人，非嫡出子の相続，再婚禁止期間，一票の格差等）
2		内閣と内閣総理大臣（国務大臣の任命，無任所大臣，連帯責任等）
3	憲　法	違憲審査制（抽象的違憲審査，国会議員の立法不作為，衆議院の解散等）
4		憲法の法源（憲法附属法，法律との関係，憲法判例の変更，前文等）
5		地方自治
6		行政立法（法規命令，授権の性質等）
7		行政罰（罰金，法人への刑罰，過料，非訟事件手続法，併科）
8	行政法	国家賠償法（公務員への求償権，損害賠償の責任，外国人への適用等）
9		行政事件訴訟法における取消訴訟
10		行政手続法
11		地方公共団体の組織と事務（一部事務組合，広域連合等）
12		未成年者の行為能力（贈与契約，営業の許可，不動産の売却等）
13		抵当権（無効の場合，将来発生する債権，複数の不動産への設定等）
14	民　法	債務不履行
15		契約の成立（申込みの誘引，承諾の期間，申込みの変更，保証契約等）
16		相続（事例）
17		需要曲線と供給曲線（超過需要と超過供給，価格弾力性，売上等）
18		期待効用（転職を検討する２人の所得と期待効用）（空欄補充）
19		ゲーム理論（ナッシュ均衡の計算）（空欄補充）
20		利潤最大化（完全競争市場での生産量，利潤等の計算）（空欄補充）
21	経済学	*IS-LM*モデル（均衡財政下での財政政策の効果）（計算）
22		独占企業（差別価格の計算）
23		為替レート（円高要因，円高・円安の影響等）
24		日本の消費者物価指数（計算方法，生鮮食品を除く指数等）
25		政府支出増額後の国内総生産
26		GX（ESG投資，CO_2排出量，カーボンニュートラル，リチウム電池等）
27		租税（分類，直間比率，人税と物税，表面税率と実効税率，平均税率）
28	財政学	国債（普通国債残高，利払費，借換債，償還，各国の国債格付け）
29		地方財政（地方税の割合，標準税率，地方交付税，国庫支出金等）
30		少子化の現状と少子化対策（合計特殊出生率，改正育児・介護休業法等）
31	社会政策	最低賃金（地域別最低賃金，対象となる賃金，派遣労働者等）
32		公的介護保険（介護給付費，利用者負担割合，介護報酬，介護保険料等）
33	政治学	政党（名望家政党，右派と左派，大衆政党，党議拘束，複数政党制）
34		西洋政治思想（ミル，バーク，カント，トクヴィル，ホッブズ）
35	行政学	地方行政に対する民主的統制（オンブズマン，直接請求の署名の収集等）
36		委員会（公安委員会，国地方係争処理委員会，百条委員会等）
37		アジア太平洋地域における国際協調（ASEAN，APEC，TPP，IPEF，AUKUS）
38	国際関係	国際秩序（集団安全保障体制，アナーキー構造，安全保障理事会等）
39		国際社会の人権・人道
40		核軍縮・核不拡散

5年度 B日程 専門試験（必須解答タイプ）出題内訳

No.	科　目	出題内容
1		人権の主体（少年事件，指紋の押なつを強制されない自由等）
2		法の下の平等（相対的平等，人種，社会的身分等）
3	憲　法	損失補償（明白の原則，正当な補償，公用収用等）
4		国会の議決（条約，予算，内閣総理大臣の指名等）
5		行政権への制限（天皇の国事行為，国務大臣の訴追等）
6		行政法上の行政行為（職権取消しと撤回）
7		行政上の法律関係（食品衛生法，道路運送法等）
8	行政法	行政不服審査法（再調査の請求，再審査請求，審査庁等）
9		行政事件訴訟法（不作為の違法確認の訴え，機関訴訟等）
10		国家賠償法１条（公権力の行使，損害賠償責任等）
11		地方公共団体の事務（自治事務，法定受託義務等）
12		代理人と代理行為の相手方による法律関係（事例）
13		物権（当事者の意思表示，不動産の登記，動産の引渡し等）
14	民　法	相殺（受働債権，自働債権等）
15		契約解除と同時履行の抗弁権
16		離婚（子どもの面会交流等）
17		上級財と下級財（空欄補充）
18		完全競争市場と独占市場（独占価格，限界費用等）（空欄補充）
19		ゲーム理論（銀行と経営難の企業の行動）（計算）
20		国際取引価格（小国が貿易を始めたときの余剰）（グラフ）
21	経済学	金融システム
22		国内総生産（GDP）
23		消費と投資
24		均衡国民所得（計算）
25		閉鎖経済
26		費用便益分析（社会的割引率，総費用と総便益，振替効果等）
27		通貨（預金準備率とマネタリーベース等）
28	財政学	租税（公平性の原則，中立性の原則，簡素の原則等）
29		財政収支と基礎的財政収支（空欄補充）（計算）
30		日本の外国人労働者（労働者数，国籍，特定技能制度等）
31	社会政策	生活保護制度（最低生活費，生活困窮者自立支援制度等）
32		障がい者施策（障害者差別解消法，障害者雇用促進法等）
33	政治学	ポルスビーの変換型議会とアリーナ型議会
34		各国の政治制度（イギリス，ドイツ，フランス，アメリカ，中国）
35	行政学	組織論（バーナードとサイモン，組織の均衡等）
36		指定都市と中核市（指定都市の人口要件，権限の委譲等）
37		国際政治理論
38	国際関係	核不拡散（NPT，CTBT，IAEA，核兵器禁止条約等）
39		難民（難民条約，ボートピープル，UNHCR，難民数等）
40		国際社会と人権（人権の主流化，人権外交，人間の安全保障等）

※この出題内訳表は，受験者からの情報をもとに作成したものである。したがって，No.や出題内容が実際とは異なっている場合がある。

令和5年度試験
出題例

社会 NATO

NATO（北大西洋条約機構）に関する次の記述中の下線部ア～オのうち，内容が妥当なものの組合せはどれか。

NATOは，ア冷戦終結直後の1990年代初頭に，アメリカや西欧諸国を中心に設立された集団防衛機構であるが，その役割は集団防衛には限定されず，同盟国の外で起きる民族紛争や地域紛争も，脅威と見なして対応に取り組んでいる。

1990年代末以降，イポーランドやバルト三国など，東欧諸国のNATO加盟が続いた。さらに，ウ2010年代にはウクライナがNATOに加盟するに至ったが，これはロシアによるクリミア併合の引き金となった。2022年には，ロシアによるウクライナ侵攻を受け，エトルコが長年保っていた軍事的非同盟の政策を転換し，NATOへの加盟を申請した。

近年，オNATOは加盟国に対し，防衛費を対GDP比で２％の水準にまで増額する目標を課しているが，これは日本の防衛費を議論する際に参考とされることがある。

1 ア，ウ
2 ア，エ
3 イ，エ
4 イ，オ
5 ウ，オ

解説

ア：NATOは，1949年に西側諸国の集団防衛機構として設立された。対して，東側諸国の集団防衛機構であったワルシャワ条約機構は，1955年に設立された。

イ：妥当である。冷戦終結後，ワルシャワ条約機構は1991年に解散したのに対し，NATOは存続し，東欧諸国がNATOに加盟するようになった。これを「NATOの東方拡大」という。1999年にはポーランドなど，2004年にはバルト三国（エストニア，ラトビア，リトアニア）などがNATOに加盟した。

ウ：2023年末の時点で，ウクライナはNATOには未加盟。ただし，ロシアのプーチン大統領はNATOの東方拡大に危機感を持っており，ウクライナとNATOの接近がウクライナ侵攻の要因となったと考えられている。なお，ロシアによるウクライナのクリミア半島への侵攻は，2014年に勃発した。

エ：トルコは1952年にNATOに加盟済み。ロシアのウクライナ侵攻により，軍事的非同盟の方針を一転してNATO加盟を申請したのは，フィンランドとスウェーデン。トルコは当初，両国のNATO加盟には否定的だったが，一転して加盟を支持するようになった。

オ：妥当である。日本の防衛費はこれまでGDP（国内総生産）の１％程度で推移してきたが，現状の２倍とする議論が行われている。

以上より，正答は**4**である。

正答 4

市役所上・中級

令和5年度 B日程

社会 日本の高齢化

我が国の高齢化の現状に関する次のア～エの記述中の空欄には，それぞれａ，ｂのいずれかが当てはまる。その組合せとして妥当なものはどれか。

ア　高齢者（65歳以上）の人口と現役世代（15～64歳）の人口の比率を見ると，2021年の日本は，1人の高齢者を｛a：1.1人　b：2.1人｝の現役世代で支える社会であるといえる。

イ　2021年における日本人の平均寿命は，｛a：男性が74.47歳，女性が83.57歳　b：男性が81.47歳，女性が87.57歳｝であった。

ウ　2021年において，65歳以上の高齢者がいる世帯は全世帯の｛a：19.7％　b：49.7％｝を占めている。

エ　2021年における人口に占める65歳以上人口の割合を都道府県別に見ると，｛a：最も高いところで38.1％，最も低いところで22.9％　b：最も高いところで58.1％，最も低いところで12.9％｝となっている。

	ア	イ	ウ	エ
1	a	a	b	a
2	a	b	b	b
3	b	a	a	b
4	b	b	a	b
5	b	b	b	a

解説

ア：「2.1人」が当てはまる。65歳以上人口を高齢者人口，15～64歳人口を生産年齢人口というが，2021年の時点で高齢者人口は3,621万人（総人口に占める割合は28.9％），生産年齢人口は7,450万人（総人口に占める割合は59.4％）となっている。

イ：「男性が81.47歳，女性が87.57歳」が当てはまる。ちなみに，2021年における世界の平均寿命ランキングにおける日本の順位は，男性はスイス，ノルウェーに次ぐ僅差の３位，女性は１位の水準だった。

ウ：「49.7％」が当てはまる。人口の高齢化に伴い，65歳以上の高齢者がいる世帯の割合も上昇傾向にある。65歳以上の高齢者のいる世帯の世帯構造の内訳を見ると，高齢夫婦のみの世帯が32％で最も多く，次いで高齢者の単独世帯が28.8％を占めている。

エ：「最も高いところで38.1％，最も低いところで22.9％」が当てはまる。総人口に占める高齢者人口の割合を高齢化率という。前述のとおり，2021年の高齢化率は28.9％であるが，都道府県別に見ると，高齢化率が最も高かったのは秋田県で38.1％，最も低かったのは東京都で22.9％だった。首都圏は進学や就職で多くの若年者が流入するため，高齢化率は他地域と比べ低い傾向がある。

以上より，正答は**5**である。

正答　5

政治　各国の政治制度

各国の政治制度に関する次の記述中の空欄ア～ウに当てはまる語句・国名の組合せとして，妥当なものはどれか。

内閣が議会の信任の下に存立する制度を，（　ア　）という。（　イ　）もこの制度を導入している国の一つであり，この国では大統領は政治的実権のない象徴的な存在であって，首相が率いる内閣が議会に責任を負いながら行政権を行使している。また，（　ウ　）の大統領は国民の直接選挙で選出されており，強い権限を持つものの，その政治体制には（　ア　）の要素も導入されている。

	ア	イ	ウ
1	議院内閣制	カナダ	アメリカ
2	議院内閣制	ドイツ	フランス
3	議院内閣制	ドイツ	アメリカ
4	二元代表制	ドイツ	フランス
5	二元代表制	カナダ	アメリカ

解説

ア：「議院内閣制」が当てはまる。議院内閣制とは，内閣の存立を議会（特に下院）の信任の下に置く政治体制のこと。責任内閣制ともいう。イギリスや日本で採用されている。対して，大統領が議会に責任を負わない立場で行政権を行使する政治体制を，大統領制という。アメリカが大統領制の代表的な国である。なお，二元代表制とは，日本の地方自治体において，首長と議会議員がともに住民によって選出される制度のことをいう。

イ：「ドイツ」が当てはまる。議院内閣制はイギリスのような立憲君主制の国だけでなく，共和制の国にも導入されている。たとえばドイツでは，国家元首として大統領がいるものの，大統領は儀礼的な行為のみを行い，首相を長とする内閣が行政権の行使につき，議会に責任を負っている。ゆえに，ドイツの政治制度は議院内閣制に分類される。カナダは，イギリス連邦の加盟国としてイギリス国王を自国の国家元首とする立憲君主制の国であり，議院内閣制を採用している。

ウ：「フランス」が当てはまる。フランスでは，大統領に強い権限が認められている一方，首相と内閣も大統領と議会の両者に責任を負う立場で行政権を行使している。このように，大統領制と議院内閣制が併存する制度を，半大統領制という。なお，アメリカでは，大統領は間接選挙で選出されており，大統領や閣僚は議会に責任を負わない。

以上より，正答は**2**である。

正答　2

市役所上・中級

令和 5 年度 A日程

法律　憲法違反となる手続

各手続に関する次のア～エの記述のうち，現在の日本国憲法下において憲法違反となるものが2つある。その組合せとして妥当なものはどれか。

ア　内閣総理大臣を，国会の議決でなく，国民投票で指名すること。

イ　刑事裁判に関与する構成員に，一般国民を入れること。

ウ　最高裁判所の裁判官の国民審査を，白票多数で罷免できるようにすること。

エ　憲法改正を，国民投票ではなく，国会の議決のみで行うこと。

1　ア，イ
2　ア，ウ
3　ア，エ
4　イ，ウ
5　イ，エ

解説

ア：違憲となる。憲法67条１項前段は「内閣総理大臣は，国会議員の中から国会の議決で，これを指名する。」と規定するので，内閣総理大臣を，国会の議決でなく，国民投票で指名するのは憲法違反となる。

イ：憲法は，下級裁判所が裁判官のみで構成される旨を明示した規定を置いていない。したがって，刑事裁判に関与する構成員に，裁判官以外の一般国民を入れても，憲法違反にはならない（裁判員の参加する刑事裁判に関する法律を参照）。

ウ：憲法は，最高裁判所の裁判官の国民審査について「……投票者の多数が裁判官の罷免を可とするときは，その裁判官は，罷免される。審査に関する事項は，法律でこれを定める。」（憲法79条３項・４項）と規定するのみである。したがって，白票多数で罷免できることを定めても憲法違反にはならない。

エ：違憲となる。憲法96条１項は「この憲法の改正は，各議院の総議員の３分の２以上の賛成で，国会が，これを発議し，国民に提案してその承認を経なければならない。この承認には，特別の国民投票又は国会の定める選挙の際行はれる投票において，その過半数の賛成を必要とする。」と規定するので，憲法改正を，国民投票ではなく，国会の議決のみで行うのは憲法違反となる。

以上より，正答は**3**である。

正答　3

市役所上・中級

令和5年度 B日程

法律　司法制度

日本の司法制度に関する次の記述のうち，妥当なものはどれか。

1　訴訟に関する手続や裁判所の内部規律に関する事項について規則を定める権限は，国の唯一の立法機関である国会が有しており，裁判所には認められていない。

2　国民審査は，裁判官を罷免するかどうかについて国民が審査する制度であり，審査の対象となっているのは，最高裁判所の長官および高等裁判所の長官である。

3　高等裁判所や地方裁判所の裁判に不服がある場合は，上訴ができるが，簡易裁判所には上級の裁判所がないので，裁判に不服があっても上訴はできない。

4　裁判は公開が原則であり，特に，憲法第３章で保障する国民の権利が問題となっている事件などについては，対審および判決のいずれも，常に公開で行わなければならない。

5　裁判員制度は軽微な刑事事件を対象とするため，重大で，かつ地方裁判所で扱う事件は対象とならない。

解説

1．最高裁判所は，訴訟に関する手続，弁護士，裁判所の内部規律および司法事務処理に関する事項について，規則を定める権限を有する（憲法77条１項）。

2．最高裁判所の裁判官の任命は，その任命後初めて行われる衆議院議員総選挙の際国民の審査に付し，その後10年を経過した後初めて行われる衆議院議員総選挙の際さらに審査に付し，その後も同様とする（憲法79条２項）。審査の対象となっているのは，最高裁判所の裁判官である，最高裁判所の長官および長官以外の裁判官である。

3．簡易裁判所にも上級の裁判所があり，裁判に不服があれば上訴ができる（民事訴訟法281条１項，刑事訴訟法372条など参照）。

4．妥当である。裁判の対審および判決は，公開法廷でこれを行う。裁判所が，裁判官の全員一致で，公の秩序または善良の風俗を害するおそれがあると決した場合には，対審は，公開しないでこれを行うことができる。ただし，政治犯罪，出版に関する犯罪またはこの憲法第三章で保障する国民の権利が問題となっている事件の対審は，常にこれを公開しなければならない（憲法82条１項・２項）。

5．裁判員制度は，比較的重大な刑事事件を対象とし，かつ地方裁判所で扱う事件が対象となる（裁判員の参加する刑事裁判に関する法律２条１項参照）。

正答　4

経済　株式会社

日本の株式会社に関する次の記述のうち，妥当なものはどれか。

1　株式会社は株式を発行して不特定多数の人々から資金を調達できる。株式会社が倒産してすべての債務を返済できない場合，株主は出資額を超える債務についても返済しなければならない。

2　株主は，所有する株式の数に応じて，株式会社の利益の一部を配当として受け取る権利を有している。株式会社には，配当を株主に毎年行うことが義務づけられている。

3　高度経済成長期から1980年代まで，取引関係にある企業どうしでは株式の持合いをしないという慣行があり，経営に干渉し合うことを防いでいた。1990年代以降は，株式の持合が盛んに行われるようになった。

4　株主，従業員，顧客など利害関係者の利益が損なわれないように株式会社の経営を監視することは，企業統治（コーポレート・ガバナンス）と呼ばれる。企業統治の強化のために，日本では社外取締役の選任などが進められた。

5　企業における女性の活躍を促す取り組みが進められている。株式を上場している日本の株式会社では，取締役や監査役など役員に占める女性の割合は30％を超えている。

解説

1．前半は正しい。株主は出資額を超える債務に対しては返済義務を負わない。

2．前半は正しい。株式会社は，株主総会等において配当を行うことが決議されたときに配当の義務を負う。

3．株式持合いは第二次世界大戦後日本で広く普及したが，1990年代以降は株式持合いの解消が進んでいる。

4．妥当である。

5．前半は正しい。2022年７月時点で，上場企業の役員に占める女性の割合は9.1％となっている。

正答　4

地理　東南アジア

東南アジア諸国に関する次の記述のうち，妥当なものはどれか。

1　東南アジア諸国の中で最も人口の多い国はインドネシアであり，同国は日本よりも人口が多い。また，東南アジア諸国の人口の合計は6億人を上回っている。

2　キリスト教を国教と定めるマレーシアをはじめとして，キリスト教徒が人口の多数を占めている国がほとんどだが，フィリピンなどのように仏教徒が人口の多数を占めている国もある。

3　タイやマレーシアは，国内企業の保護を優先し，長い間外国企業の受入れを行わずに工業化を進めてきた。それに対し，カンボジアやミャンマーは他の東南アジア諸国に先駆けて外国企業を積極的に誘致してきた。

4　ASEAN（東南アジア諸国連合）は，はじめはベトナムなどの社会主義国による地域協力機構だったが，ベトナム戦争終結後は経済協力に力点を置き，加盟国も東南アジア全域に広がった。しかし，フィリピンなどは現在も加盟していない。

5　インドネシアのように，工業製品の輸出額が輸出額全体の多くを占めている国もあるが，シンガポールをはじめとするほとんどの国は，農産品や鉱山資源などの一次産品が輸出の大部分を占めている。

解説

1．妥当である。

2．マレーシアの国教（連邦の宗教）はイスラム教である。東南アジア諸国の宗教は多様で，キリスト教徒の多い国はフィリピンと東ティモールのみである。マレーシア，インドネシア，ブルネイではイスラム教徒が多く，ベトナム，ラオス，カンボジア，タイ，ミャンマーでは仏教徒が多い。

3．タイは外国資本の導入で工業化を図り，自動車産業などが発達した。マレーシアも自由貿易地区を設けるなど外国企業の誘致で工業化を進めてきた。カンボジアは長く内戦が続き，工業化が遅れた。ミャンマーは民主化が進んで外国企業が進出し始めたところだったが，2021年のクーデターで軍が政権を握り，国内情勢は不安定化している。

4．ASEANは，ベトナム戦争のさなかの1967年，インドネシア，マレーシア，フィリピン，シンガポール，タイによって設立された地域協力機構である。はじめは反共同盟的組織でベトナムは不参加だった。ベトナム戦争終結後は経済協力に力点を置くようになり加盟国が東南アジア全域に広がった点は正しく，ベトナムも1995年に加盟した。2002年に独立を達成した東ティモールも2024年までに正式加盟することが決まっており，ASEANは域内すべての国が参加する地域連合となる。

5．インドネシアは東南アジア最大の鉱工業国で，輸出品の第1位は石炭（13.7%・2021年）だが，2～8位は工業製品であり，「工業製品が輸出額の多くを占める」という記述は妥当である。しかし，シンガポール，マレーシア，タイ，ベトナム，フィリピンなどの輸出品の第1位は機械類（2021年）となっており，急速な工業化の影響により，現在では，多くの国で工業製品が輸出品目の第1位となっている。

正答　1

令和5年度 B日程

日本史　立憲国家の成立

明治時代の日本における立憲国家の成立に関する次の記述のうち，妥当なものはどれか。

1　征韓論に敗れて下野した板垣退助らは民撰議院設立建白書を政府に提出した。これは藩閥官僚の専制政治を批判して国会開設を求めたもので，発表されると賛否両論を引き起こし，自由民権運動の口火を切るものとなった。

2　政府は明治時代初頭に制定された新聞紙条例などの言論弾圧法規を撤廃し，立憲国家の樹立に向けて自由な議論を促した。これは自由民権運動の発展を後押しすることとなった。

3　国会開設の勅諭が出されると，自由党や立憲改進党などの政党が結成された。しかし，いずれの政党も知識階級や都市商工業者を地盤としており，自由民権運動は農民の間には広がらなかった。

4　制定された大日本帝国憲法は君主権が強く，天皇は陸海軍の統帥権を有したが，宣戦・講和・条約締結や緊急勅令制定の権利は持たなかった。

5　帝国議会は，衆議院と貴族院の二院で構成された。両院とも議員は国民の直接選挙によって選ばれ，選挙権は満25歳以上のすべての男性に与えられた。

解説

1．妥当である。

2．政府は，1875年に讒謗律（ざんぼうりつ）と新聞紙条例，1880年に集会条例，1887年に保安条例を制定して，自由民権運動を弾圧した。

3．国会開設の勅諭が出された後に政党が結成されたことは正しい。しかし，自由党は士族・豪農・農民ら，立憲改進党は豪農・知識層・商工業者らを地盤としており，自由民権運動は農村にも広がりを見せていた。

4．大日本帝国憲法が君主権の強い憲法で，天皇が統帥権を有していたことは正しい。しかし，宣戦・講和・条約締結や緊急勅令制定などの権利も有していた。

5．衆議院と貴族院との二院制であったことは正しい。しかし，選挙で選ばれた議員からなるのは衆議院だけで，その選挙は，選挙権が直接国税15円以上を納める満25歳以上の男性に限られる制限選挙だった。また，貴族院議員は皇族議員や華族，勅選議員，多額納税者議員などから構成された。

正答　1

令和5年度 B日程

世界史　大航海時代のラテンアメリカ

大航海時代におけるラテンアメリカ地域に関する次の記述のうち，妥当なものの組合せはどれか。

ア　ヨーロッパ諸国は15世紀頃からインドやアメリカ大陸に至る新航路を開拓して世界各地に進出したが，そのうちのポルトガルは，主にアメリカ大陸に勢力を拡大し，アステカ帝国やインカ帝国を滅ぼした。

イ　ヨーロッパ人の到達以降，鉱山や農園での過酷な強制労働やヨーロッパから持ち込まれた伝染病によってインディオの人口が激減した。その労働力不足を補うため，アフリカから多くの黒人が強制連行され，ラテンアメリカで奴隷として使役された。

ウ　17～18世紀には欧米列強によるプランテーションが盛んになり，南米やカリブ海諸島では主にサトウキビが栽培され，生産された砂糖はヨーロッパ諸国に輸出された。

エ　ヨーロッパ原産のジャガイモやトウモロコシがラテンアメリカ地域にもたらされ，インディオたちの主食となった。

1　ア，イ
2　ア，ウ
3　イ，ウ
4　イ，エ
5　ウ，エ

解説

ア：前半は正しい。しかし，教皇アレクサンドル６世がポルトガル・スペイン両国の勢力争いを調停するために植民地分界線を定めたため，スペインが主にアメリカ大陸に勢力を拡大してアステカ帝国やインカ帝国を滅ぼした。ポルトガルは主にアジア地域に勢力を拡大し，南米地域でポルトガル領となったのはブラジルのみである。

イ：妥当である。

ウ：妥当である。

エ：ジャガイモやトウモロコシはアンデス原産の農作物である。トマト，タバコ，トウガラシなどもアンデス原産の農作物で，それら多くの農作物がインディオの畑から世界に広まった。

以上より，正答は**3**である。

正答　3

数学　不等式

a を正の実数とするとき，$3\sqrt{1+a}<4$ を満たす a の範囲として妥当なものはどれか。

1　$0<a<\frac{16}{9}$

2　$0<a<\frac{4}{3}$

3　$0<a<\frac{9}{7}$

4　$0<a<\frac{7}{9}$

5　$0<a<\frac{9}{16}$

解説

a は正の実数であるから，与えられた不等式の両辺はともに正となる。そこで，両辺を平方して，$(3\sqrt{1+a})^2<4^2$ を解けばよい。

$3^2(1+a)<16$

$9(1+a)<16$

$9a<16-9$

$\therefore\ a<\frac{7}{9}$

よって，正答は**4**である。

正答　4

【参考】$A\geqq 0$ かつ $B\geqq 0$ であるとき，$A>B \Leftrightarrow A^2>B^2$

市役所上・中級

令和 5 年度

A日程

化学　水素

水素に関する次の記述のうち，妥当なものはどれか。

1　天然に存在する水素原子の大部分は，原子核が陽子１つだけからなる軽水素^{1}Hであるが，原子核に陽子とともに中性子を含む重水素^{2}Hや三重水素^{3}Hも少量存在している。

2　水素は周期表において第１周期の右端に位置し，ヘリウムの次に軽い元素である。水素は宇宙には最も多く存在する元素であるが，地球上での存在率はそれほど多くはない。

3　水素はH_2分子として空気中には約21％（体積百分率）含まれ，窒素に次いで２番目に多い元素である。また，水，岩石，生物体にも含まれるので，地表付近の物質全体の質量の約50％を占めている。

4　実験室で水素の単体（H_2）を生成するには，亜鉛などの金属を硝酸に溶かす。この場合，水素はほとんど水に溶けないので，水上置換で捕集する。

5　水素の単体（H_2）は，無色無臭の気体で可燃性である。特に水素と酸素を３：１の割合で混合した混合気体は爆発力が極めて強く，酸水素爆鳴気と呼ばれる。

解説

1．妥当である。重水素（デューテリウム）^{2}Hは安定同位体であり，重水素の原子核は１つの陽子と１つの中性子からなる。三重水素（トリチウム）^{3}Hは放射性同位体であり，三重水素の原子核は１つの陽子と２つの中性子からなる。天然の三重水素は，宇宙線と大気の相互作用によるものであるが，三重水素は核実験や原子力発電などによっても放出される。

2．水素は，周期表では第１周期の左端に位置している。原子量は，水素が1.008，ヘリウムが4.003となっており，水素は最も軽い元素である。残りの記述は正しい。

3．酸素についての記述である。水蒸気の含有量を除けば，空気の組成はほぼ一定であり，その体積百分率は，窒素78.09000％，酸素20.95000％，アルゴン0.93000％，二酸化炭素0.03000％，ネオン0.00180％，ヘリウム0.00052％，メタン0.00022％，クリプトン0.00010％，亜酸化窒素0.00005％，水素0.00005％などとなっている。

4．実験室で水素の単体（H_2）を生成するには，亜鉛などの金属を希硫酸などの酸に溶かす。ただし，酸として硝酸は用いない。硝酸の場合は，一酸化窒素や二酸化窒素を生じるので不適当である。捕集法は水上置換で正しい。

5．水素と酸素を２：１の割合で混合した混合気体は爆発力が極めて強く，点火すると大きな音を立てて爆発し水蒸気になる。これは酸水素爆鳴気と呼ばれる。

正答　1

市役所上・中級

令和 5 年度 A日程

生物　DNAとRNA

DNAとRNAに関する次の記述のうち，妥当なものはどれか。

1 DNAは2本のヌクレオチド鎖が互いの塩基どうしで結合した二重らせん構造になっているが，塩基はアデニン（A），グアニン（G），シトシン（C），ウラシル（U）の4種類である。

2 DNAのヌクレオチド鎖を構成する4種類の塩基をA，G，C，Uのように記号化すると，ヌクレオチド鎖どうしはA-A，G-Gのように同じ塩基どうしで結合している。

3 RNAにはmRNA，tRNA，rRNAの3種類があるが，DNAの塩基配列はmRNAによって写し取られる。tRNAはそれをリボソームまで運び，rRNAがその塩基配列をもとにタンパク質を合成する。

4 RNAはDNAとは異なり1本鎖であり，塩基としてチミン（T）を持ち，ウラシル（U）を持っていない。

5 PCR法とは，特定の塩基配列だけを取り出して増殖させる方法で，初期工程ではDNAの二重らせんを1本にするため，−180℃以下の超低温下で反応を進める必要がある。

解説

1．前半は正しい。DNAを構成するヌクレオチドは塩基と糖（五炭糖）とリン酸からなる。塩基はアデニン（A），グアニン（G），シトシン（C），チミン（T）の4種類である。

2．DNAの4種類の塩基はA，G，C，Tと記号化され，2本のヌクレオチド鎖が結合する際には，A-T，G-Cのように結合する。したがって，DNA中の塩基はAの数＝Tの数，Gの数＝Cの数のようになっている。

3．妥当である。RNAはDNAと同様に4種類のヌクレオチドからできているが，塩基はチミンのかわりにウラシルが使われ，1本鎖である。RNAには伝令RNA（mRNA），転移RNA（tRNA），リボソームRNA（rRNA）の3種類があり，それぞれ役割が異なっている。

4．前半は正しい。前述のとおりRNAは塩基としてチミンのかわりにウラシルを持っている。

5．前半は正しい。PCRはPolymerase Chain Reactionの略で，DNAポリメラーゼという酵素を利用するため，このように呼ばれる。初期工程でDNAの二重らせんをほどいて1本にするために，約94℃の高温にして熱変性させる必要がある。

正答 3

令和5年度 B日程

生物　すい臓

すい臓に関する次の記述中の空欄ア～オに当てはまる語句の組合せとして妥当なものはどれか。

すい臓は肝臓の近くにある葉状の器官で，消化液としてすい液を分泌し，またホルモンの分泌も行っている。すい液には，タンパク質を分解するトリプシンや，（ア）を分解するリパーゼなどの消化酵素が含まれている。食物は胃を通過した直後は胃液により（イ）性であるが，小腸で（ウ）性のすい液と混ざり，中性～弱アルカリ性へと変化する。また，すい臓にはランゲルハンス島と呼ばれる内分泌腺があり，血糖濃度が高まると（エ）を分泌して糖消費を促進するとともにグリコーゲンの分解を（オ）して血糖濃度を低下させる。

	ア	イ	ウ	エ	オ
1	脂肪	酸	アルカリ	インスリン	抑制
2	デンプン	酸	アルカリ	グルカゴン	抑制
3	脂肪	アルカリ	酸	インスリン	促進
4	デンプン	アルカリ	酸	グルカゴン	促進
5	脂肪	酸	アルカリ	グルカゴン	促進

解説

すい液には脂肪分解酵素であるリパーゼが含まれるが，その最適pHはpH7～8（中性～弱アルカリ性）である（ア）。胃液に含まれるタンパク質分解酵素であるペプシンの最適pHはpH2であるため，胃液は強酸性になっている（イ）。すい液はアルカリ性で，そのpHはpH7.5～8.5となっている（ウ）。すい臓の内分泌腺はランゲルハンス島と呼ばれ，A細胞とB細胞がある。血糖濃度が高まるとB細胞からインスリンが分泌されて，糖消費を促進し，肝臓や骨格筋でのグリコーゲンの分解抑制と合成促進により血糖濃度を低下させる。一方，血糖濃度が低下するとA細胞からグルカゴンが分泌されて，肝臓や骨格筋でのグリコーゲンの分解促進によって血糖濃度を上昇させる（エ，オ）。

以上より，正答は**1**である。

正答　1

地学　地　震

地震に関する次の記述中の空欄ア～エに当てはまる語句の組合せとして妥当なものはどれか。

地震波が震源からある地点まで到達するのに要する時間を走時という。縦軸に走時をとり，横軸に震央距離（震央とは震源の真上の地表の点）をとったときに描かれる曲線を走時曲線という。図のように，走時曲線はある地点Lで折れ曲がるが，これは直接波と屈折波の伝わる速度の違いによるものである。走時曲線が折れ曲がる地点Lより震央距離が短い場合は（ア）による走時を，地点Lより震央距離が長い場合は（イ）による走時を示している。屈折波はモホロビチッチ不連続面の下にある地震波が速く伝わる部分を通って伝わってきた波である。この地震波が速く伝わる部分を（ウ）という。地表近くで発生した地震の場合，モホロビチッチ不連続面が深くにあるほど，折れ曲がる地点Lの震央距離は（エ）なる。

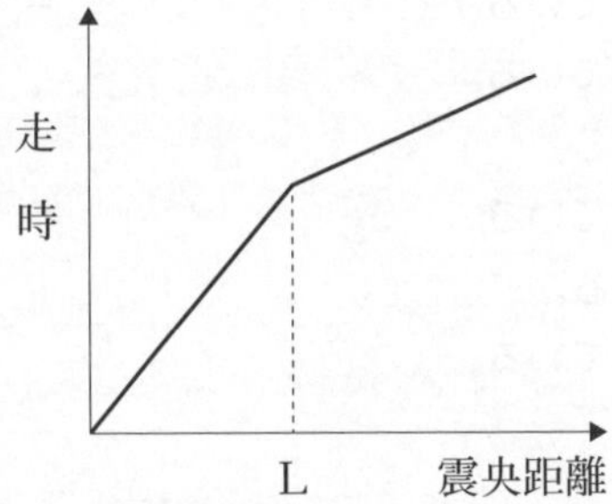

	ア	イ	ウ	エ
1	直接波	屈折波	地殻	長く
2	屈折波	直接波	地殻	短く
3	直接波	屈折波	マントル	長く
4	屈折波	直接波	マントル	短く
5	屈折波	直接波	地殻	長く

解説

走時曲線のグラフにおいて，折れ曲がり点より前（地点Lより震央距離が短い部分）は直接波による走時を，これより後（地点Lより震央距離が長い部分）は屈折波による走時を示している。このうち，地震波の伝わる速度がより大きいのは後者である（ア，イ）。地震波の速度が変化する不連続面をモホロビチッチ不連続面（モホ面）といい，モホロビチッチ不連続面より上部を地殻，下部をマントルという。地震波が伝わる速度はマントルのほうが地殻より速く，屈折波はマントルに到達してからその部分を通って伝わってきた波である（ウ）。地表近くで発生した地震の場合，モホロビチッチ不連続面が深くにあるほど，すなわち地殻が厚いほど，地点Lの震央距離は長くなる（エ）。

以上より，正答は**3**である。

正答　3

市役所上・中級

令和5年度 B日程

判断推理　位置関係

図のような座席に，A～Lの12人が前を向いて座っている。次のことがわかっているとき，確実にいえるのはどれか。

前

・Aの左隣にはCが座っており，右隣にはBが座っている。
・Dのすぐ前にはEが座っており，Dのすぐ後ろの人の左隣にはFが座っている。
・Gのすぐ前にはHが座っており，Gの右隣にはＩが座っている。
・Jのすぐ後ろにはKが座っている。

1　Aのすぐ後ろにはJが座っている。
2　Bの右隣にはDが座っている。
3　Cのすぐ後ろにはJが座っている。
4　Eの右隣にはLが座っている。
5　Lのすぐ後ろにはＩが座っている。

解説

4つの条件を図示すると次のようになる。

①

C	A	B

②

	E
	D
F	

③

H	
G	I

④

J
K

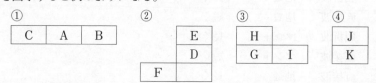

大きなかたまりである②がどこに入るかを考える。Eは一番前の列の右から1番目か2番目か3番目になるが，2番目のときは①が入らないので，Eは右から1番目か3番目が考えられる。

⑴Eが右から1番目のとき

①は1列目か2列目であるが，2列目の場合③が入らないので1列目となる。このとき③のHは一番左になるが，そうすると④が入らないので不適である。

⑵Eが右から3番目のとき

①は3列目となり，③のHは右から2番目になる。すると④は一番左に入り，残った一番前の右にはLが入る。

⑴　前

C	A	B	E
			D
		F	

⑵　前

J	E	H	L
K	D	G	I
F	C	A	B

よって，正答は**5**である。

正答　5

判断推理　対応関係

A～Cの3人がじゃんけんを3回したところ，3回とも3人のうちいずれか1人が勝った。次のことがわかっているとき，確実にいえるのはどれか。

・3人は1回ずつ勝ち，勝ったときの手はいずれも異なっていた。
・Aは3回目にパーを出し，Cは1回目にグーを出した。
・BはCより先に勝った。
・Bは1回目と2回目で異なる手を出した。

1　Aは1回目にパーを出した。
2　Bは2回目にチョキを出した。
3　Cは3回目にパーを出した。
4　グー，チョキ，パーを1回ずつ出した人がいた。
5　2回続けて同じ手を出した人が1人だけいた。

解説

3つ目の条件よりBはCより先に勝っているので，勝った人の順番は①ABC，②BAC，③BCAのいずれかである。つまり，1回目はAかBが勝っている。Aが勝ったかBが勝ったかで場合分けをして考える。

⑴1回目はAが勝った場合（①の場合）

1回目はCがグーを出して負けているので，Aはパーで勝っている。勝った人は1人なのでBはグーで負けている。①の場合，3回目はCが勝っているので，パーを出しているAは負けたことになり，Cはチョキで勝ったことがわかる。このとき，1回目はパー，3回目はチョキで勝っているので，1つ目の条件よりBは2回目にグーで勝ったことになる。しかし，これでは4つ目の条件に反してしまうので不適である。

	1回目	2回目	3回目
A	○　パー	×　チョキ	×　パー
B	×　グー	○　グー	×　パー
C	×　グー	×　チョキ	○　チョキ

⑵1回目はBが勝った場合（②③の場合）

1回目はCがグーを出して負けているので，Bはパーで勝っている。勝った人は1人なのでAはグーで負けている。勝ったときの手はいずれも異なっているので，Aが3回目に出したパーは負けていて，Cがチョキで勝ったことがわかる（したがって③は不適）。このときBは負けているのでパーを出している。1回目はBがパーで，3回目はCがチョキで勝っているので，2回目はAがグーで勝ったことになる。よって，結果は次のようになる。

	1回目	2回目	3回目
A	×　グー	○　グー	×　パー
B	○　パー	×　チョキ	×　パー
C	×　グー	×　チョキ	○　チョキ

選択肢を検討すると，確実にいえるのは**2**のみである。よって，正答は**2**である。

正答　2

市役所上・中級

令和5年度

A日程

判断推理　投影図

平面上に4個の円柱が置かれており，これらを上から見ると図Ⅰのように見え，A方向から見ると図Ⅱのように見える。これらをB方向から見たときの図として正しいものはどれか。

図Ⅰ

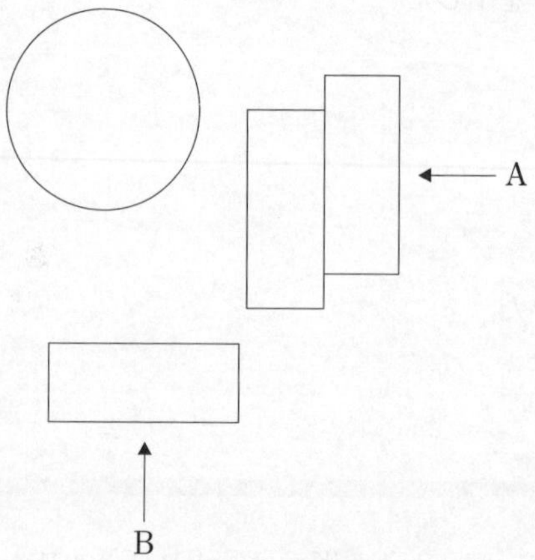

図Ⅱ

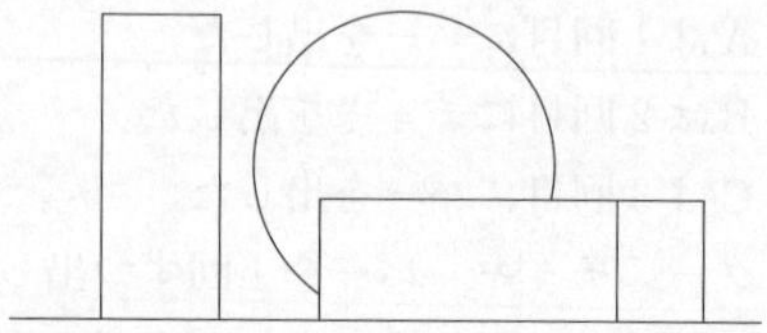

1

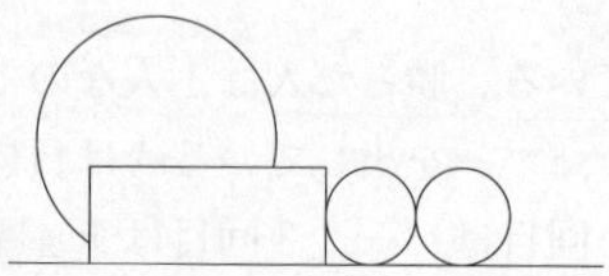

2

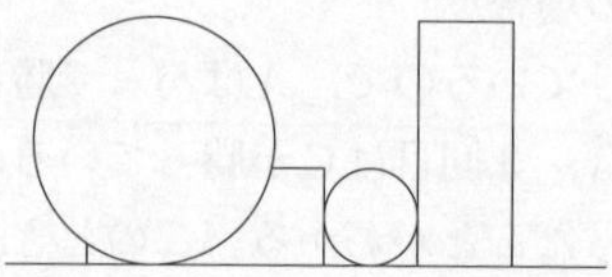

3

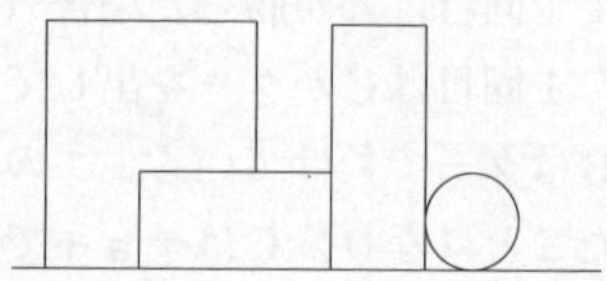

4

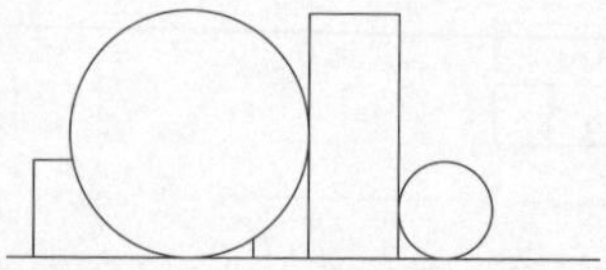

5

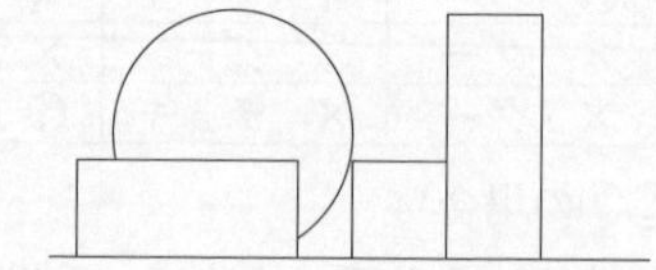

解説

投影図が4個の円柱でできている点に注意する。円柱は，次の図のように，上底や下底から見ると円に見えるが，真横から見ると四角に見える。

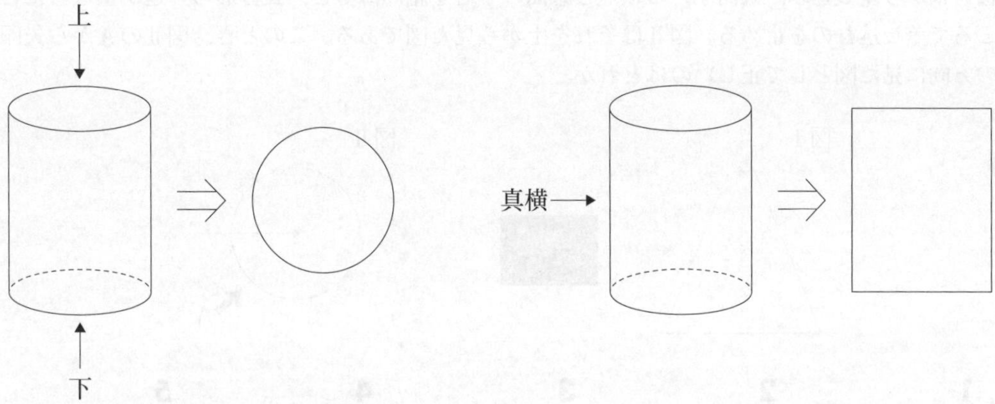

図Ⅰと図Ⅱについて，どの側面から見ると円に見えるのかを考える。円に見える箇所を図Ⅰの中で太線で示す。まず図Ⅱにおいて一番右に見えている①について考える。①は図Ⅰでは上面が円に見える。したがって，円柱は立った状態で置かれていて，高さの低い円柱であるとわかる。

次に，図Ⅱにおいて①の左に見える②について考える。②は図Ⅰでも図Ⅱでも四角に見えている。よって，底面はA方向から見たときの左右の箇所（太線部分）であるとわかる。

さらに，図Ⅱにおいて円に見えている③について考える。③はA方向から見たときに円に見えるので，図Ⅰでは左右の箇所が底面になる。①と同じく高さの低い円柱が倒れている状態であるとわかる。

最後に，④について考える。④は図Ⅰでも図Ⅱでも四角に見えている。よって，底面はA方向から見たときの左右の箇所である。

図Ⅰ

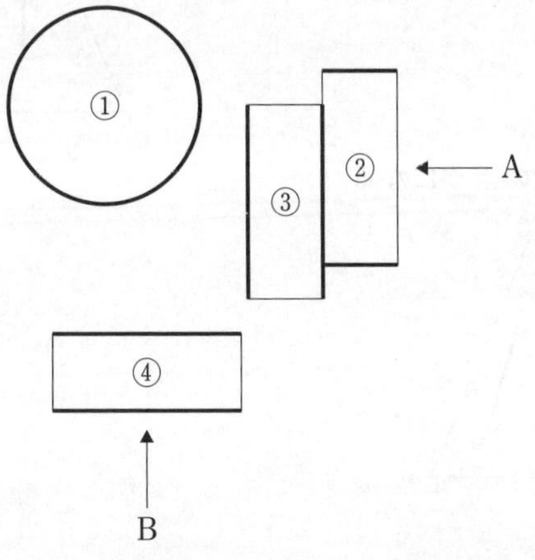

図Ⅱ

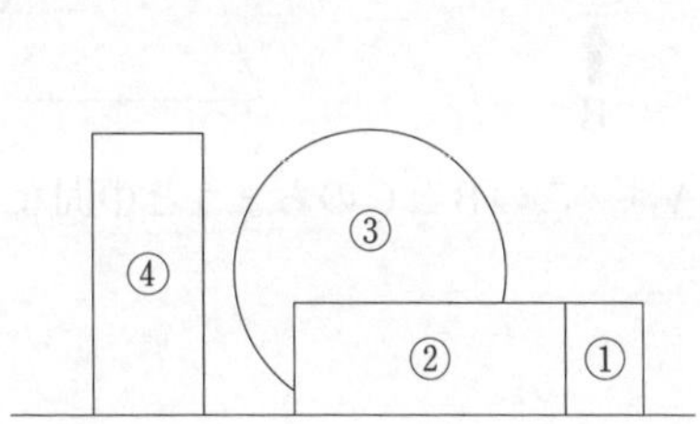

以上より，B方向から見ると一番手前（④）と一番右（②）は，円に見えることがわかる。よって，正答は**4**である。

正答　4

判断推理　投影図

平面上に底面を下にして直円すいが置かれている。この直円すいに図Ⅰのように薄い長方形の板を横から差し込み，直円すいの頂点と底面の中心を結ぶ直線と，長方形の一辺が重なったところで差し込むのを止める。図Ⅱはそれを上から見た図である。このとき，図ⅡのAから矢印の方向に見た図として正しいのはどれか。

図Ⅰ

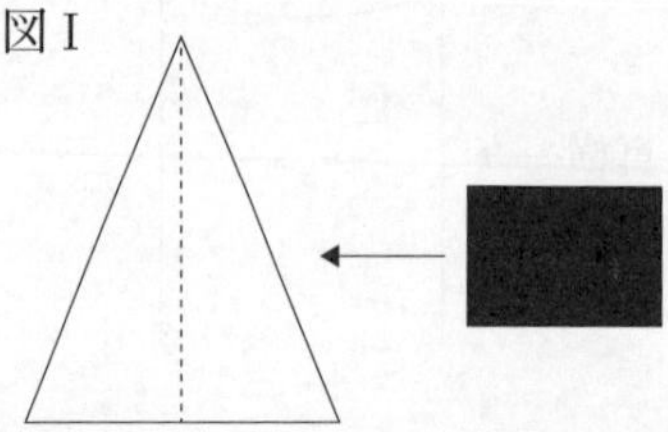

図Ⅱ

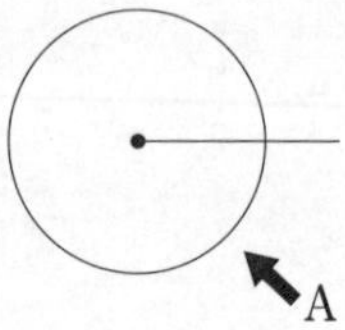

1

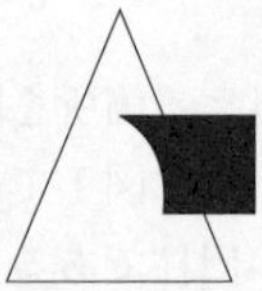

2

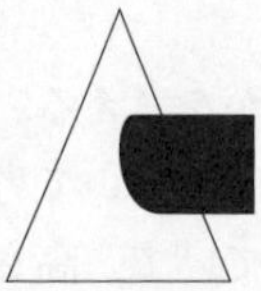

3

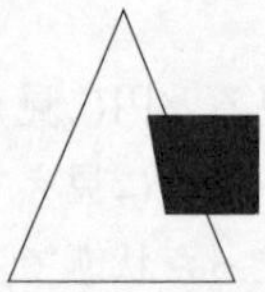

4

5

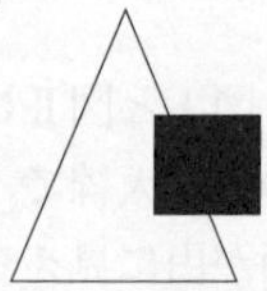

解説

差込口を考えるときに，わかりやすい所から考える。たとえば図ⅡにおいてBやCから見ると次のように見える。

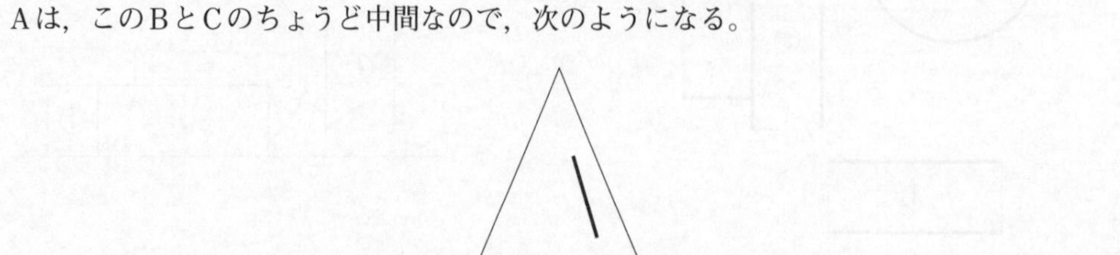

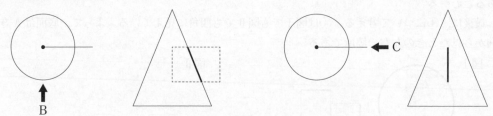

Aは，このBとCのちょうど中間なので，次のようになる。

よって，正答は**3**である。

正答　3

市役所上・中級

令和 5 年度

A日程

数的推理　整数問題

2つの正の整数 a と b がある。a と b の積は420である。a は6で割り切れるが，7では割り切れない。また，a も b も10で割り切れない。このとき，a と b の和として正しいのはどれか。

1　41
2　43
3　47
4　48
5　52

解説

a と b の積である420を素因数分解すると，$420=2^2\times3\times5\times7$ となる。問題文に出てくる6を作ると，$420=7\times6\times2\times5$ となる。a と b はこれらの数の組合せで成り立っている。

a は6で割り切れるので，6の倍数であり，6を含んでいる。a は7では割り切れないので，a に7は含まれておらず，7は b に含まれる。残りは2と5であるが，a も b も10の倍数ではないので，積が10になる，2と5の両方を含むことはありえない。よって，2と5はそれぞれ a と b のどちらかに含まれる。ここで，5が6を含む a のほうに入るとすると，$5\times6=30$ より，10の倍数になってしまうので不適である。よって，5は b に含まれ，残りの2は a に含まれる。

$a=6\times2=12$

$b=7\times5=35$

これより，a と b の和は $12+35=47$ となる。

よって，正答は**3**である。

正答　3

数的推理　年齢算

年齢の異なるA，B，Cの3人について，次のことがわかっている。

・現在のAとBの年齢の和は，Cの年齢の6倍である。

・現在のAとCの年齢の和は30である。

・5年後，Bの年齢はCの年齢の2倍になる。

このとき，現在のAとBの年齢の差はいくつか。

1　1
2　2
3　3
4　4
5　5

解説

現在のA，B，Cの年齢をそれぞれa，b，cと置くと，5年後の年齢は$a+5$，$b+5$，$c+5$と置くことができる。

「現在のAとBの年齢の和は，Cの年齢の6倍である」より，

$a+b=6c$　……①

「現在のAとCの年齢の和は30である」より，

$a+c=30$　……②

「5年後，Bの年齢はCの年齢の2倍になる」より，

$b+5=2(c+5)$

$b-2c=5$　……③

②を$a=30-c$として，①に代入すると，

$30-c+b=6c$

$b-7c=-30$　……④

③④を連立すると，$b=19$，$c=7$となる。$c=7$を②に代入すると，$a=23$となる。
以上より，現在の年齢はAが23歳，Bが19歳，Cが7歳となる。

これより，AとBの年齢の差は$23-19=4$となる。

よって，正答は**4**である。

正答　4

A日程

数的推理　図形の計量

1本の長方形のテープを折り曲げて，内側に一辺10cmで対角が120°になるひし形を作る。テープの幅は$\sqrt{3}$cmで，端にはのり代はなくつながっている。このとき，このテープの長さはいくらか。

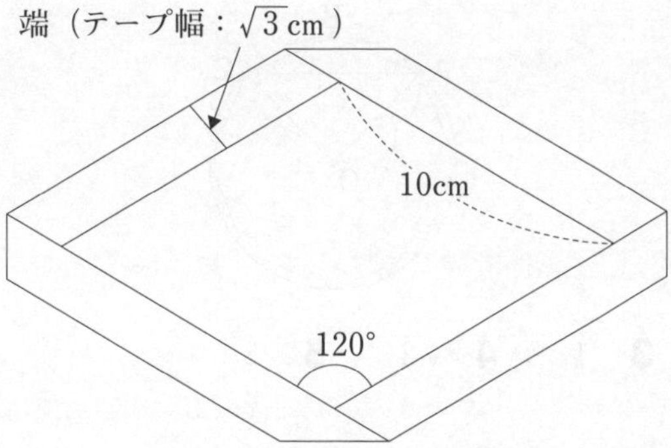

1　$40+4\sqrt{3}$cm　**2**　42cm　**3**　$42+4\sqrt{3}$cm　**4**　48cm　**5**　52cm

解説

テープの一辺の長さを順に考える。重なった部分は幅を利用して直角三角形を作り，重なっている部分の長さを求める。

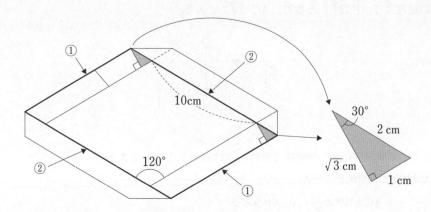

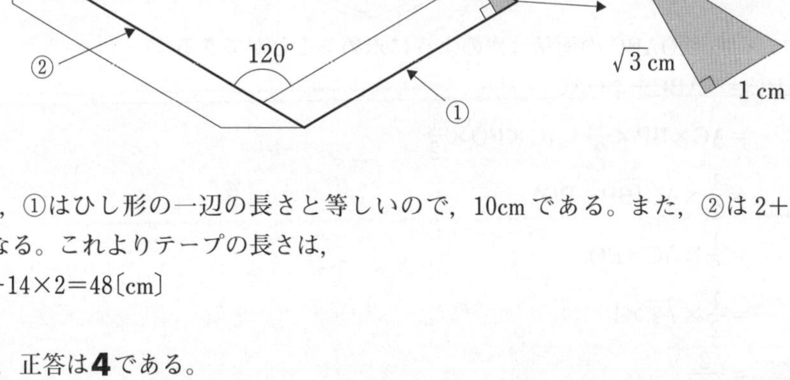

図より，①はひし形の一辺の長さと等しいので，10cmである。また，②は2＋10＋2＝14〔cm〕となる。これよりテープの長さは，

10×2＋14×2＝48〔cm〕

となる。

よって，正答は**4**である。

正答　4

数的推理　図形の計量

図のように，半径1の円に内接する正八角形がある。円の中心Oと正八面体の頂点A，B，Cを結んで四角形OABCを作る。この四角形OABCの面積は，線分ACを底辺とした2つの三角形の面積の和で求めることができる。四角形OABCの面積として正しいものはどれか。

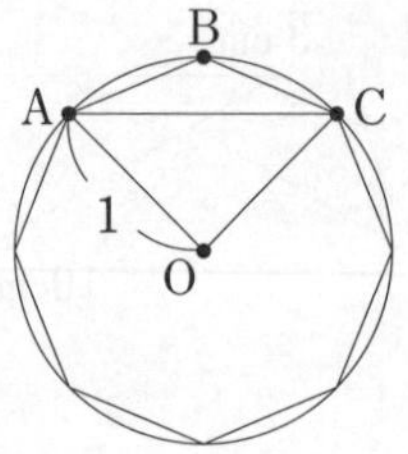

1 $\frac{1}{2}$　**2** $\frac{\sqrt{2}}{2}$　**3** 1　**4** $\sqrt{2}$　**5** 2

解説

∠AOCを求める。∠AOCは中心角を8等分したうちの2個分の角度なので，

∠AOC＝360÷8×2＝90°

となる。これより，△OACは∠AOC＝90°の直角二等辺三角形となる。線分OBと線分ACの交点をPとすると，∠OPAは90°となり，△OPAも直角二等辺三角形となる。これより，三平方の定理よりAPは$\frac{\sqrt{2}}{2}$となり，ACは$\sqrt{2}$である。

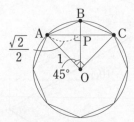

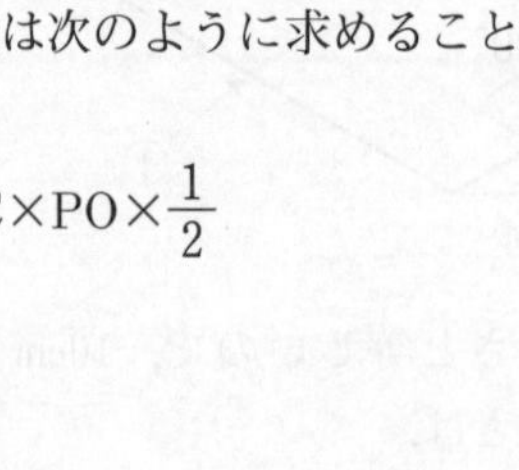

これより，四角形OABCの面積は次のように求めることができる。

四角形OABC＝△ABC＋△OAC

$=AC\times BP\times\frac{1}{2}+AC\times PO\times\frac{1}{2}$

$=\frac{1}{2}\times AC(BP+PO)$

$=\frac{1}{2}\times AC\times BO$

$=\frac{1}{2}\times\sqrt{2}\times 1$

$=\frac{\sqrt{2}}{2}$

よって，正答は**2**である。

正答　2

数的推理　比，割合

ある人が旅行を計画し，旅行費用のうち，$\frac{1}{2}$を交通費と宿泊費，$\frac{1}{3}$を食費，残りをその他の費用とする計画を立てた。しかし実際に旅行に行った結果，交通費と宿泊費は予定どおりであったが，食費が予定の1.3倍かかってしまい，その他の費用を6,000円減らしたが，旅行費用の合計は計画していた費用よりも５％多くなってしまった。当初に計画していた旅行費用はいくらか。

1　60,000円
2　90,000円
3　120,000円
4　150,000円
5　180,000円

解説

当初計画していた旅行費用をx円とすると，交通費と宿泊費は$\frac{1}{2}x$〔円〕，食費が$\frac{1}{3}x$〔円〕となり，その他の費用は$x-\frac{1}{2}x-\frac{1}{3}x=\frac{1}{6}x$〔円〕となる。

	交通費と宿泊費〔円〕	食費〔円〕	その他の費用〔円〕	合計〔円〕
計画	$\frac{1}{2}x$	$\frac{1}{3}x$	$\frac{1}{6}x$	x

ここで，実際は「交通費と宿泊費は予定どおりであったが，食費が予定の1.3倍かかってしまい，その他の費用を6,000円減らしたが，旅行費用の合計は計画していた費用よりも５％多くなってしまった」より，次のようになる。

	交通費と宿泊費〔円〕	食費〔円〕	その他の費用〔円〕	合計〔円〕
計画	$\frac{1}{2}x$	$\frac{1}{3}x$	$\frac{1}{6}x$	x
実際	$\frac{1}{2}x$	$\frac{1}{3}x\times1.3$	$\frac{1}{6}x-6000$	$1.05x$

実際にかかった費用より，

$$\frac{1}{2}x+\frac{1}{3}x\times1.3+\frac{1}{6}x-6000=1.05x$$

$$x=120000〔円〕$$

となる。

よって，正答は**3**である。

正答　3

市役所上・中級
令和5年度
B日程

数的推理　仕事算

貯水タンクに水が600L入っている。この水をポンプAを使用して水槽aに，ポンプBを使用して水槽bに移すことにした。２台のポンプを同時に始動したところ，水を移動し始めてから20分後には，貯水タンクに残っている水の量と水槽aの水の量が同じになった。また，25分後には，貯水タンクに残っている水の量と水槽bの水の量が同じになった。このとき，ポンプAが水を移す速さは１分当たり何Lか。ただし，ポンプA，Bが水を移す速さはそれぞれ一定とする。

1　8L/分
2　9L/分
3　10L/分
4　11L/分
5　12L/分

解説

ポンプAとBが水を移す速さをそれぞれx〔L/分〕，y〔L/分〕とする。

始動して20分後の水の量は次のようになる。

水槽a	水槽b	貯水タンク（残り）
$20x$〔L〕	$20y$〔L〕	$600-20x-20y$〔L〕

このとき，「貯水タンクに残っている水の量と水槽aの水の量が同じになった」より，

$$600-20x-20y=20x$$

$$2x+y=30 \quad \cdots①$$

となる。

始動して25分後の水の量は次のようになる。

水槽a	水槽b	貯水タンク（残り）
$25x$〔L〕	$25y$〔L〕	$600-25x-25y$〔L〕

このとき，「貯水タンクに残っている水の量と水槽bの水の量が同じになった」より，

$$600-25x-25y=25y$$

$$x+2y=24 \quad \cdots②$$

となる。

①②より，$x=12$〔L/分〕，$y=6$〔L/分〕である。

よって，正答は**5**である。

正答　5

市役所上・中級

令和5年度 B日程

憲法　法の下の平等

日本国憲法14条1項では「すべて国民は，法の下に平等であつて，人種，信条，性別，社会的身分又は門地により，政治的，経済的又は社会的関係において，差別されない」とされている。これに関する記述として，妥当なものはどれか。

1　法の下に「平等」とは相対的平等のことであり，合理的な区別は許容されるというものである。

2　法の下に「平等」について，現実的な差異に基づき，その格差を是正するために措置を講じることは禁止されている。

3　「人種」には，人間の人類学的種別だけでなく，国籍も含まれる。

4　「社会的身分」とは，人が社会において継続的に占めている地位のことであり，嫡出でない子の地位はこれに含まれない。

5　憲法14条1項は，後段で列挙した事由での差別を禁止しているが，列挙された事由以外での差別は禁止されていない。

解説

1．妥当である。各人には性別，能力，年齢等のさまざまな差異があり，機械的に均一に扱うことは不合理であるため，「平等」とは，同一の事情と条件の下では均等に取り扱われるべきとする相対的平等をいうと解されている。

2．現実的な差異に基づき，その格差を是正するために措置を講じることは禁止されていない。女性に対し，雇用等につき特別枠を設けて優先的な処遇を与えるなどは許される（積極的差別是正措置）。

3．「人種」とは，人間の人類学的種別をいい，国籍は含まれない（最大判昭30・12・14参照）。

4．「社会的身分」とは，人が社会において継続的に占めている地位のことであるが（最大判昭39・5・27），嫡出でない子の地位がこれに含まれると解する見解もある。もっとも，最高裁判所は，嫡出でない子（非嫡出子）の地位が「社会的身分」に当たるか否かについては，その判断を行っていない。

5．憲法14条1項は，後段で列挙された事由以外による不合理な差別も禁止している（例示列挙説）。

正答　1

令和5年度 B日程

行政法　行政不服審査法

行政不服審査法に関する次の記述のうち，妥当なものはどれか。

1　財務大臣が主任の大臣としてした処分について不服申立てをする場合，法律に特別の定めがない限り，財務大臣に対して再調査の請求をする。

2　ある処分について審査請求と再調査の請求の両方をすることができる場合，まず再調査の請求をしなければならず，当該再調査の請求についての決定を経た後に，審査請求をすることができる。

3　再審査請求は，当該処分につき法律に再審査請求をすることができる旨の定めがある場合にのみ，することができる。

4　審査庁となるべき行政庁は，審査請求が事務所に到達してからその裁決をするまでに通常要すべき標準的な期間を定めた場合でも，これを公にしておく法的義務を課されていない。

5　審査庁となるべき行政庁は，審理員となるべき者の名簿を作成して，公にしておかなければならない。

解説

1．財務大臣が主任の大臣としてした処分について不服申立てをする場合，法律に特別の定めがない限り，財務大臣に対して審査請求をする（行政不服審査法４条１号）。

2．ある処分について審査請求と再調査の請求の両方をすることができる場合に，どちらをするかは自由である（自由選択主義）。ただし，再調査の請求をしたときは，当該再調査の請求についての決定を経た後でなければ，審査請求をすることができないのが原則となる（行政不服審査法５条２項）。

3．妥当である（行政不服審査法６条１項）。

4．審査庁となるべき行政庁は，審査請求がその事務所に到達してから当該審査請求に対する裁決をするまでに通常要すべき標準的な期間を定めるよう努めるとともに，これを定めたときは，当該審査庁となるべき行政庁および関係処分庁の事務所における備付けその他の適当な方法により公にしておかなければならない（行政不服審査法16条）。

5．審査庁となるべき行政庁は，審理員となるべき者の名簿を作成するよう努めるとともに，これを作成したときは，当該審査庁となるべき行政庁および関係処分庁の事務所における備付けその他の適当な方法により公にしておかなければならない（行政不服審査法17条）。審理員名簿の作成は努力義務である。

正答　3

令和5年度 B日程

行政法　地方公共団体の事務

地方公共団体の事務に関する次のア～エの記述のうち，妥当なものの組合せはどれか。

ア　地方自治法は国と地方公共団体の役割分担を示しており，地方公共団体は，住民の福祉の増進を図ることを基本として，地域における行政を自主的かつ総合的に実施する役割を広く担うものとされている。

イ　普通地方公共団体が処理することとされる地域における事務とは，住民を含め当該地域との合理的な関連性が認められる事務のことであり，ここには自治事務も法定受託事務も含まれる。

ウ　自治事務は普通地方公共団体の事務の基本となるものであり，その処理に関して国等からいかなる関与も受けることはない。

エ　法定受託事務は国等が本来果たすべき役割に係るものであるから，普通地方公共団体は法定受託事務に関して条例を制定することはできない。

1　ア，イ
2　ア，ウ
3　ア，エ
4　イ，エ
5　ウ，エ

解説

ア：妥当である（地方自治法１条の２第１項）。
イ：妥当である（地方自治法２条２項・８項・９項１号２号）。
ウ：自治事務は普通地方公共団体の事務の基本となるものではあるが，自治事務の処理に関して，国等から関与を受けることもある（地方自治法245条の３第２項参照）。
エ：法定受託事務は国等が本来果たすべき役割に係るものではあるが，普通地方公共団体は，法定受託事務に関しても条例を制定することができる（地方自治法14条１項，２条２項）。
以上より，正答は**1**である。

正答　1

市役所上・中級

令和5年度 B日程

民法　物権

物権に関する次の記述のうち，妥当なものはどれか。

1　物権は，法律で定められたもの以外に，当事者間で自由に創設することができる。

2　不動産に関する物権の変動は，当事者間の意思表示のみではその効力を生じず，登記があって初めて効力を生じる。

3　不動産の登記には公信力があるため，登記を信頼して取引をした場合，それが虚偽の登記であっても，不動産の所有権を取得する。

4　動産に関する物権の変動についての対抗要件は，引渡しである。

5　同一物について，所有権と占有権が同一人に帰属した場合には，占有権は消滅する。

解説

1．物権は，この法律その他の法律に定めるもののほか，創設することができない（民法175条）。物権法定主義である。

2．物権の設定および移転は，当事者の意思表示のみによって，その効力を生ずる（民法176条）。意思主義である。また，不動産に関する物権の得喪および変更は，不動産登記法その他の登記に関する法律の定めるところに従いその登記をしなければ，第三者に対抗することができない（同177条）。登記は対抗要件である。

3．不動産の登記には公信力がないため，登記を信頼して取引をした場合でも，それが虚偽の登記であれば，不動産の所有権を取得しないのが原則である。

4．妥当である。動産に関する物権の譲渡は，その動産の引渡しがなければ，第三者に対抗することができない（民法178条）。

5．同一物について所有権および他の物権が同一人に帰属したときは，当該他の物権は，消滅するのが原則である（民法179条１項本文）が，この規定は，占有権については，適用しない（同条３項）。したがって，同一物について，所有権と占有権が同一人に帰属した場合でも，占有権は消滅しない。

正答　4

経済原論　完全競争市場と独占市場

完全競争市場および独占市場に関する次の記述中の空欄ア～エに当てはまる語句の組合せとして妥当なものはどれか。

完全競争市場では，生産量を変更しても価格が変化しないため，価格と企業の限界収入は等しくなる。一方，独占市場では，生産量を増加させると独占価格は（　ア　）するため，一致しない。企業が利潤最大化のために行動するとき，完全競争市場では（　イ　）は価格と等しくなる。しかし，独占価格では価格が（　イ　）を上回る。この独占の度合いを判断する指標にマークアップ率がある。需要の価格弾力性が大きくなるとマークアップ率は（　ウ　）なり，需要の価格弾力性が小さくなるとマークアップ率は（　エ　）なる。

	ア	イ	ウ	エ
1	上昇	限界費用	大きく	小さく
2	上昇	限界利潤	小さく	大きく
3	下降	限界費用	大きく	小さく
4	下降	限界費用	小さく	大きく
5	下降	限界利潤	小さく	大きく

解説

ア：一般に，需要曲線は右下がりであるので，独占市場において生産量を増加させると独占価格は下降することになる。

イ：完全競争市場の企業は，限界費用（追加的に１単位増産したときにかかる追加費用）と価格が一致する生産量を行うことで利潤を最大にできる。また，独占市場の企業は。限界費用と限界収入が等しい生産量を選択し，その生産量に対応する需要曲線の高さに独占価格を設定することによって利潤を最大にできる。

ウ，エ：マークアップ率とは，販売価格を限界費用で除した値である。マークアップ率の逆数を１から差し引いた値（ラーナーの独占度）は需要の価格弾力性の逆数に等しいので，次式が成立する。

マークアップ率の逆数＝1－需要の価格弾力性の逆数

よって，需要の価格弾力性が大きく（小さく）なると，この式の右辺は大きく（小さく）なり，マークアップ率の逆数は大きく（小さく）なる，すなわちマークアップ率は小さく（大きく）なる。

したがって。アは「下降」，イは「限界費用」，ウは「小さく」，エは「大きく」が当てはまるので，正答は**4**である。

正答　4

市役所上・中級

令和5年度 B日程

経済原論　国際取引価格

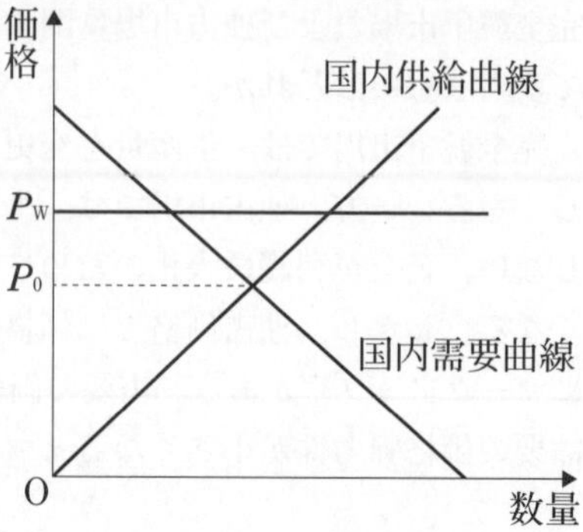

ある小国におけるX財の需要曲線と供給曲線が右の図のように示される。この図に関する次の記述中の空欄ア～エに当てはまる語句の組合せとして妥当なものはどれか。

X財の国際取引価格が P_W とする。この小国が貿易をしていない場合のX財の価格を P_0 とする。この小国が貿易を始めると，この小国はX財の（ア）国となる，また，貿易を始めることによって，この小国の消費者余剰は(イ)，生産者余剰は(ウ)，総余剰は(エ)する。

	ア	イ	ウ	エ
1	輸出	増加	減少	減少
2	輸出	減少	増加	減少
3	輸出	減少	増加	増加
4	輸入	増加	減少	増加
5	輸入	減少	増加	減少

解説

ア：小国が貿易をしていない場合のX財の価格 P_0 は国際取引価格 P_W を下回るので，貿易を始めると小国の企業はより高く売れる国際市場にX財を供給する。よって，貿易を始めると，この小国はX財の輸出国になる。

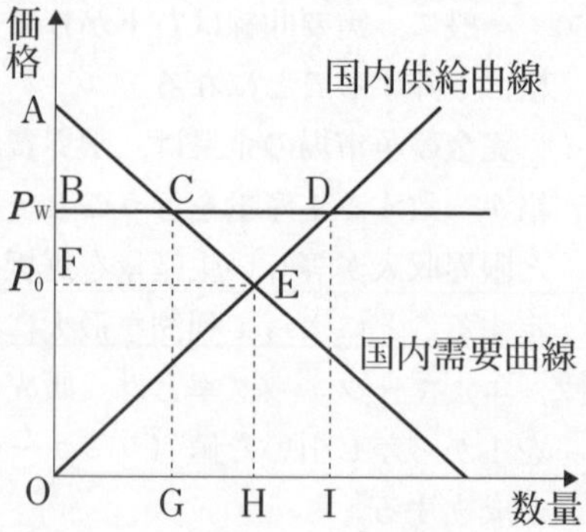

イ：貿易開始前の消費者はOAEHの便益を享受するためにOFEHの対価を支払うので，貿易開始前の消費者余剰はOAEH−OFEH＝FAEである。貿易開始後の消費者は，OACGの便益を享受するためにOBCGの対価を支払うので，貿易開始後の消費者余剰はOACG−OBCG＝BACである。よって，貿易を始めることによって消費者余剰はFAEからBACに変化するので，FAE−BAC＝FBCEだけ減少する。

ウ：貿易開始前の生産者はOEHの（可変）費用をかけてOFEHの売上を得るので，貿易開始前の生産者余剰はOFEH−OEH＝OFEである。貿易開始後の生産者はODIの（可変）費用をかけてOBDIの売上を得るので，貿易開始後の生産者余剰はOBDI−ODI＝OBDである。よって，貿易を始めることによって生産者余剰はOFEからOBDに変化するので，OBD−OFE＝FBDEだけ増加する。

エ：貿易を始めることによって，消費者余剰はFBCEだけ減少し，生産者余剰はFBDEだけ増加するので，貿易を始めることによって総余剰はFBDE−FBCE＝ECDだけ増加する。

したがって，アは「輸出」，イは「減少」，ウは「増加」，エは「増加」が当てはまるので，正答は**3**である。

正答　3

市役所上・中級

令和5年度 A日程

経済原論　GX

地球温暖化対策として実施されているGX（グリーントランスフォーメーション）に関する次の記述のうち，妥当なものはどれか。

1　日本の全電源の発電に伴う燃料種別の二酸化炭素排出量の推移を見ると，化石燃料である石炭を使った火力の割合は低下し，原子力や再生可能エネルギーの割合が増加している。

2　日本のESG投資は，欧米より遅れており，その背景として，日本では情報開示が進まないことがある。

3　2020年の世界の二酸化炭素排出量の内訳を見ると，アメリカ，中国，日本の順に大きく，これら3か国の排出量の合計は，全排出量のおよそ半分を占める。

4　2021年11月時点において，2050年など年限を区切ってカーボンニュートラルを進めようとしている国々の二酸化炭素排出量は，世界の二酸化炭素排出量の約10％を占める。

5　風力発電の整備や電気自動車の導入などにより，リチウムイオン電池の原材料であるリチウムの輸入が不要になる。

解説

GXとは，温室効果ガスを発生させる化石燃料から，太陽光発電・風力発電などのクリーンエネルギー中心へと転換し，経済社会システム全体を変革しようとする取組みをさす。

1．発電に伴う再生エネルギーの導入拡大や原子力発電所の再稼動により，全電源の発電に伴う燃料種別の二酸化炭素排出量は2014年度から減少傾向にあるが，石炭火力由来の排出量が半分以上を占めており，その割合は増加傾向にある。

2．妥当である。ESG投資とは，環境・社会・ガバナンスの要素を考慮した投資の手法（考え方）である。ESG投資の課題としては，ESG評価に関する透明性の向上やESG投資における投資目線の確立なども指摘されている。

3．2020年の二酸化炭素排出量の内訳を見ると，中国（32.1％），アメリカ（13.6％），インド（6.6％），ロシア（4.9％），日本（3.2％）の順に大きい。

4．COP26が終了した2021年11月時点において，2050年など年限を区切ったカーボンニュートラル宣言国は154か国・1地域に上り，世界の二酸化炭素排出量の約79％を占める。

5．リチウムイオン電池は，風力発電で発電された電気や電気自動車のエネルギーである電気を蓄えるものである。リチウムイオン電池に代わる電池が開発されなければ，リチウムがほとんど採れない我が国では輸入し続ける必要がある。

正答　2

市役所上・中級

令和5年度 B日程

財政学　租税

租税の原則と根拠に関する次の記述のうち，妥当なものはどれか。

1　公平性の原則には，水平的公平性と垂直的公平性がある。日本の所得税と消費税を比較すると，所得税のほうが水平的公平性に資する租税であり，消費税のほうが垂直的公平性に資する租税である。

2　中立性の原則によれば，課税が人々の経済活動に関する選択に影響を与えないことが望ましい。同額の税収を確保する場合，すべての財に同率で課税する一般消費税より，一部の財にのみ課税する物品税のほうが中立的な租税である。

3　簡素の原則によれば，徴税コスト（税務行政費用と納税協力費用）が小さい租税が望ましい。所得税の納税協力費用を負担するのは，確定申告の場合は主に納税者であり，源泉徴収の場合は主に源泉徴収義務者である。

4　公共サービスから受ける便益に応じて租税を負担すべきという考え方を，応益原則という。地方政府が供給する公共サービスの便益が，当該地域の土地や建物の所有者の資産額の上昇をもたらすとき，固定資産税は応益原則にかなった租税ではない。

5　担税力に応じて租税を負担すべきという考え方を応能原則という。日本の所得税と個人住民税を比較すると，個人住民税は税率が一律で均等割があり，所得税よりも応能原則が強く反映されている。

解説

1．垂直的公平は担税力（租税を負担する経済力）に応じて租税負担も増すことを求めており，水平的公平は担税力が同じであれば租税負担も同等であることを求めている。所得税は税率の累進構造により高い所得水準を有する人ほど多くの税負担を求めることができるので，垂直的公平に資し，消費税は，所得の種類等に関わらず，同等の消費水準の人には同等の負担を求めることができるので，水平的公平に資する。

2．すべての財に同率で課税する一般消費税が課されても，財の相対価格は変化しない。一部の財にのみ課税する物品税を課すと，物品税が課される財と課されない財の間で相対価格が変化する。相対価格の変化は消費者の行動に影響を及ぼすので，物品税より一般消費税のほうが中立的な租税である。

3．妥当である。

4．公共サービスの便益によって土地や建物の資産額が上昇すると，固定資産税も上昇する。よって，固定資産税は応益原則にかなった租税である。

5．個人住民税は均等割と所得割からなり，均等割は個人の担税力に関わらず課される。よって，個人住民税より所得税のほうが応能原則を強く反映している。

正答　3

市役所上・中級

令和 5 年度　B日程

政治学　各国の政治制度

各国の政治制度に関する次の記述のうち，妥当なものはどれか。

1　イギリスでは，議院内閣制が導入されているが，下院議員総選挙後，議会で首相の指名選挙が行われることはなく，下院の過半数を制した政党の党首は国王から組閣を命じられ，首相に就任することになっている。

2　ドイツでは，連邦大統領と連邦首相が存在するが，政治的実権は国民の直接投票によって選ばれる連邦大統領が掌握している。ドイツの連邦首相は，連邦大統領を補佐する一般職の行政職員にすぎない。

3　フランスでは，半大統領制が導入されていたが，2000年の憲法改正で大統領の権限が縮小され，実質的な議院内閣制が導入された。現在，国民による直接投票で選ばれる公職者は，議会議員だけとなっている。

4　アメリカでは，大統領制が導入されているが，大統領選挙は4年ごとに連邦議会の上院議員総選挙と同時に実施されるために，大統領の所属政党と連邦議会上院の多数派が同じになることが通例となっている。

5　中国では，国家が共産党を指導する政治制度が導入されており，国民の直接投票によって選ばれた国家主席は，最高国家行政機関の長である国務院総理を兼ねるほか，総書記や中央政治局常務委員会など，共産党指導部の人事権を持っている。

解説

1．妥当である。日本では国会で首相の指名選挙が行われるが，イギリスでは慣行に基づき，国王が下院多数党の党首を首相に任命する。

2．ドイツの連邦大統領は，連邦会議と呼ばれる連邦議会（下院）議員と各州議会の代表者によって構成される機関によって選出される。また，ドイツは議院内閣制の国であり，連邦大統領は政治的実権を持っておらず，連邦首相は連邦議会の議員から選出される。

3．フランスで2000年に大統領の権限が縮小されたという事実はなく，現在もなお半大統領制が存続している。半大統領制とは，大統領が強大な権限を持ちつつ，議会の信任に基づく内閣も存立し，大統領と首相がともに行政権を担う制度のことをいう。

4．アメリカで4年に1度の大統領選挙と同時に連邦議会議員選挙が行われるのは事実だが，上院は西暦が偶数の年に定数の3分の1ずつが改選されることになっている。西暦が偶数の年に議員の総選挙が実施されるのは下院である。また，大統領の所属政党が上院・下院で少数派であることは珍しくない。

5．中国共産党は国家を指導する立場に位置づけられている。また，国家主席は最高権力機関である全国人民代表大会（全人代）で選出され，国務院総理（首相）を兼任した例はない。さらに，共産党の最高指導者の総書記は中央委員会全体会議で，最高意思決定機関である中央政治局常務委員会の委員は党大会で選出されている。なお，国家主席は総書記や中央政治局常務委員を兼務する慣行となっている。

正答　1

市役所上・中級

令和5年度 B日程

行政学　指定都市と中核市

我が国の指定都市と中核市に関する次の記述のうち，妥当なものはどれか。

1　地方公共団体は普通地方公共団体と特別地方公共団体に分類されるが，指定都市と中核市は特別地方公共団体の例であるといえる。

2　人口が100万以上であることが指定都市の要件となっているが，2022年３月末時点で，全国の指定都市の数は30に達している。

3　指定都市は，都道府県にその区域の一つとして包括される地方公共団体であるが，児童福祉に関する事務などを処理する権限を，都道府県から移譲される。

4　人口が30万以上の市は，当該市の市長が中核市となる旨の議案を当該市の議会に提出して，議会がこれを議決すれば，中核市となる。

5　「平成の大合併」によって中核市が急増しており，2022年３月末時点で，全国の中核市の数は150を超え，すべての都道府県に３つ以上の中核市が存在する。

解説

1．普通地方公共団体とは市町村と都道府県のことをいい，指定都市や中核市も普通地方公共団体である。特別地方公共団体とは，普通地方公共団体どうしによる広域連合や一部事務組合，市町村内の特定の財産の管理などのために置かれる財産区，東京都の特別区（23区）などのことをいう。

2．指定都市の要件は人口が50万以上であり，2022年3月末の時点で全国にある指定都市の数は20である。

3．妥当である。指令都市になっても都道府県から切り離されたり，都道府県からすべての事務処理の権限が移譲されたりはしない。なお，中核市も指定都市より規模は小さいものの，都道府県から事務処理の権限の一部が移譲される。

4．中核市の要件は人口が20万以上であり，中核市になるには市の申し出に基づき政令で指定される必要がある。かつては人口20万以上であることを要件とした特例市の制度があり，当時は人口が30万以上であることが中核市の要件であったが，特例市の制度が2015年に廃止されたのに伴い，中核市の要件が緩和された。

5．2022年３月末の時点で，全国にある中核市の数は62で，中核市や指定都市が１つも存在しない県もある。

正答　3

市役所上・中級
令和5年度
B日程

社会政策　生活保護制度

我が国の生活保護制度などに関する次の記述ア～エのうち，妥当なものの組合せはどれか。

ア　2021年度における生活保護の受給世帯数を「障害者・傷病者世帯」「母子世帯」「高齢者世帯」「その他の世帯」の世帯類型別に見ると，「母子世帯」が全体の約６割を占めて最も多く，次いで「障害者・傷病者世帯」が多い。

イ　生活保護制度においては，厚生労働大臣が定める基準で計算される最低生活費と生活困窮者の収入を比較して，収入が最低生活費に満たない場合に，最低生活費から収入を差し引いた差額が支給されることになっている。

ウ　扶助の種類には医療扶助，教育扶助，住宅扶助，生活扶助などがあるが，生活保護負担金（事業費ベース）の実績額を扶助の種類別に見ると，最も多いのは住宅扶助であり，次いで生活扶助，教育扶助の順となっている。

エ　生活困窮者自立支援制度とは，生活保護に至る前の段階にある生活困窮者の自立を支援する制度であり，住宅確保給付金の支給や就労準備支援事業など，個々の生活困窮者に対して包括的な支援を行うものである。

1　ア，イ
2　ア，ウ
3　ア，エ
4　イ，ウ
5　イ，エ

解説

ア：生活保護の受給世帯数を世帯類型別に見ると，高齢者世帯が全体の約56％を占めて最も多く，次いで多いのが約25％の障害者・傷病者世帯である。対して，母子世帯は４％台である。生活保護を受給する「母子世帯」は減少傾向にある一方，高齢者世帯が増加傾向にある。

イ：妥当である。生活扶助は年齢，居住地によって異なり，障害者や母子家庭には加算が行われる。この生活扶助に必要に応じて住宅扶助なども加算された額が，最低生活費とされる。この最低生活費に給与や年金などの収入の合計額が満たない場合，その差額が支給されることになっている。

ウ：生活保護負担金（事業費ベース）の実績額を見ると，医療扶助が実績額の半分を占めて最も多く，次いで多いのが生活扶助で約３割を占めている。住宅扶助は２割以下であり，教育扶助は１％にも満たない。

エ：妥当である。生活困窮者のための相談窓口が全国各地に設置されており，住居や就労のほか，各自の状況に合わせた支援プランの作成，家計の立て直し，子どもの学習支援，衣食住の提供などの支援を実施している。

以上より，正答は**5**である。

正答　5

国際関係　国際社会と人権

国際社会と人権に関する次の記述のうち，妥当なものはどれか。

1　国連は，人種差別撤廃条約や女子差別撤廃条約など，国際社会にとって共通基準となる人権に関する条約を採択している。だが，特定の国に対して人権状況を改善するよう求めることは，内政干渉になるため，実施されていない。

2　2000年代半ば，当時の国連事務総長によって，国連の活動で人権の視点を強化すべきとする「人権の主流化」が提唱された。その後，国連人権理事会の創設や国連人権高等弁務官事務所の機能強化などの取組みが進められた。

3　ヨーロッパでは地域的な人権保障体制が構築されており，1949年設立の欧州安全保障協力機構（OSCE）はヨーロッパの人権，民主主義，法の支配の分野での基準を策定しているが，この基準は国際社会の人権の基準を主導する役割を果たしている。

4　人権外交とは，人権状況の改善を主目的の一つとする外交をいう。アメリカは，建国以来，基本的に人権外交を外交方針としてきたが，1970年代後半になると，イデオロギー対立による東西冷戦の過熱化を抑止するために，人権外交から脱却した。

5　「人間の安全保障」とは，個々の人間が国家安全保障や国際平和を担う主体となるべきとする考え方のことをいう。その推進主体は国家ではなく，人権教育の推進や貧困の撲滅などの活動に取り組むNGOである。

解説

1．国連人権理事会が各国の人権状況の審査や勧告を行っているように，国連が個別の国に対して人権状況を改善するよう，求めることはある。

2．妥当である。2005年，アナン国連事務総長は「人権の主流化」を提唱した。なお，国連人権理事会は経済社会理事会の下部機関だった国連人権委員会に代わる形で2006年に設置された機関であり，国連人権高等弁務官事務所（OHCHR）は，その事務局的機能を果たしている。

3．欧州安全保障協力機構（OSCE）ではなく，欧州評議会（CoE）に関する記述である。OSCEは，北米や欧州，中央アジアの国々が加盟する地域安全保障機構で，1972年に全欧安全保障協力会議（CSCE）として設立され，名称を変更し，現在に至っている。

4．人権外交は，1970年代後半にカーター大統領が打ち出した外交方針である。なお，19世紀にアメリカ大陸とヨーロッパの相互不干渉の原則であるモンロー主義が打ち出されたように，孤立主義が建国から20世紀前半に至るまでのアメリカの伝統的な外交方針だった。

5．「人間の安全保障」とは，個々の人間をその生存や生活，尊厳にとって脅威となる，武力紛争，環境破壊，貧困，疾病などから守ろうとする考え方のこと。国家もその推進主体であり，日本も外交の主要な柱として位置づけている。

正答　2

市役所上・中級
教養試験

過去問&解説
No.1～No.350

No. 1 B日程

政治 権威主義体制 平成18年度

非民主的な政治体制は，大きく全体主義体制と権威主義体制に分類される。次のア～オのうち，権威主義体制に関する記述の組合せとして正しいものはどれか。

ア　特定の思想や宗教について国が積極的にPRし，国民の動員を図る。

イ　限られた範囲で多元性を容認し，国民を積極的には動員しない。

ウ　インドネシアやフィリピンなどで見られた開発独裁体制が典型例である。

エ　社会主義革命期の旧ソ連や文化大革命期の中国が典型例である。

オ　第二次世界大戦中のドイツやイタリアが典型例である。

1　ア，ウ，エ

2　ア，オ

3　イ，ウ

4　イ，オ

5　ウ，エ，オ

解説

全体主義体制とは，独裁的指導者による強権的な支配体制を意味し，市民的・政治的自由の否定，イデオロギーを通じた強力な動員，私的領域の全面的な政治化などを特徴とする。これに対して，権威主義体制とは，特定の指導者ないし小グループによる支配体制を意味し，洗練されたイデオロギーの不在，漠然としたメンタリティーに基づく支配，限られた範囲における多元性の許容，政治的動員への消極性などを特徴とする。

ア．誤りの記述である。国民の積極的な動員を図るのは，全体主義体制の特徴である。

イ．正しい記述である。多元性を容認するか否か，国民の積極的な動員を図るか否かという点で，全体主義体制と権威主義体制は異なっている。

ウ．正しい記述である。東・東南アジアにおける開発独裁やラテンアメリカにおける軍事政権などは，権威主義体制の代表例とされている。

エ．誤りの記述である。社会主義革命期の旧ソ連や文化大革命期の中国では，スターリンや毛沢東および「４人組」(江青，張春橋，姚文元，王洪文）がイデオロギーを強力に動員しつつ，敵対勢力を大量に粛清していった。したがって，これらは全体主義体制に該当する。

オ．誤りの記述である。第二次世界大戦中のドイツやイタリアでは，ヒトラーやムッソリーニが強力なイデオロギーを提示しつつ国民を戦争へと動員し，多元性を一切認めなかった。したがって，これは全体主義体制に該当する。

以上より，正答は**3**である。

正答　3

政治　権力分立原則　平成22年度

近代における権力分立原則の形成に関する次の文中のａ～ｄに該当する語句の組合せとして妥当なものはどれか。

「近代のフランスでは，絶対専制君主とそれに従属したａ.｛(ア)行政権／(イ)司法権｝への不信感から政治制度が組み立てられることとなり，フランス人権宣言の考えを受け継ぐ形で，議会を中心とする権力分立制が導入された。そのため，裁判所には違憲審査権がｂ.｛(ウ)与えられた／(エ)与えられなかった｝。

これに対して，建国当初のアメリカでは，ｃ.｛(オ)立法権／(カ)司法権｝に対する不信感から政治制度が組み立てられ，三権を同格とする権力分立制が導入された。さらに，判例法主義を採用したこともあって，裁判所には違憲審査権がｄ.｛(キ)認められた／(ク)認められなかった｝。」

	a	b	c	d
1	ア	ウ	カ	ク
2	ア	エ	オ	キ
3	ア	エ	カ	キ
4	イ	エ	オ	キ
5	イ	エ	カ	ク

解説

ａ：「(イ)司法権」が該当する。フランスでは，絶対専制君主とそれに従属した司法権が人権侵害を繰り返したため，司法機関に対する不信感が強まった。そこで，市民革命後には，国民の代表機関である立法府を中心とする権力分立制が導入された。

ｂ：「(エ)与えられなかった」が該当する。フランスでは司法権に対する不信感が強かったため，裁判所に違憲審査権は与えられず，裁判所が議会の制定する法律の合憲性を審査することはできなかった。

ｃ：「(オ)立法権」が該当する。建国当初のアメリカでは，圧政を行ったイギリス議会への不信感が強かったため，立法権に優越した地位を認めず，三権を同格とする権力分立制が導入された。

ｄ：「(キ)認められた」が該当する。アメリカでは，議会の制定した法律が人権を侵害しないように，裁判所に違憲審査権が認められた。裁判所の判断が重視された背景としては，裁判所の判例の積み重ねが法規範を形成するという判例法主義がとられていることも指摘できる。

以上より，正答は**4**である。

正答　4

市役所上・中級

No. 3 B日程 政治 社会契約論 平成24年度

次のA～Cの主張を行った人物の組合せのうち，妥当なものはどれか。

A　自然状態を万人の万人に対する闘争状態であるとみなし，人民はそこから抜け出るために社会契約を結び，第三者に自然権を全面的に譲渡したと主張した。

B　暴君に対する人民の抵抗権を認めるとともに，国家権力を立法機関と執行機関に分割するべきだと主張した。

C　Bから影響を受けて社会契約論を展開し，人民はすべての権利を共同体に譲渡したうえで共同体の意思決定に参加し，主権者になると主張した。

	A	B	C
1	ロック	ホッブズ	モンテスキュー
2	ロック	ルソー	ホッブズ
3	ホッブズ	ルソー	ロック
4	ホッブズ	ロック	ルソー
5	ホッブズ	モンテスキュー	ルソー

解説

A：「ホッブズ」が該当する。ホッブズは自然状態を闘争状態とみなし，人民はそこから抜け出るために全員一致の契約，すなわち社会契約を結んだと主張した。この契約は第三者に自然権を全面的に譲渡するというものであったため，人民に抵抗権は認められないとされている。

B：「ロック」が該当する。ロックは，自然状態を一応の平和状態とみなし，人民は自然権のよりよき保障を求めて社会契約を結んだと主張した。この契約は第三者に自然権を信託するというものであったため，人民は抵抗権を持ち，暴君に対して革命を起こすことができるとされている。また，ロックは二権分立論を提唱し，国家権力を立法機関（議会）と執行機関（国王）に分割するべきであると主張した。なお，ロックの二権分立論と類似の概念に，モンテスキューの三権分立論がある。三権分立論では，国家権力を立法機関，行政機関，司法機関に分割することが説かれている。

C：「ルソー」が該当する。ルソーは，人民がすべての権利を共同体に譲渡したうえで，その意思決定に参加し，決定された意思には従うという政治形態を理想とした。このように，ルソーは人民主権論や直接民主政論を主張したことで有名である。

よって，正答は**4**である。

正答　4

No. 4 B日程

政治　連邦制　平成16年度

連邦制に関する次の記述のうち，妥当なものはどれか。

1　連邦国家では，連邦政府と支分国（州など）の間の権限の配分が憲法に明記されることはあっても，支分国の離脱の権利までもが憲法に明記されることはない。

2　連邦国家では，多元的な政治的主体を強力に統一する必要があることから議院内閣制は採用されず，実際にはすべて大統領制がとられている。

3　連邦国家は支分国の高い自立性を認めるものであることから，君主制の下でこれが採用されることはない。

4　連邦国家では必ず二院制が採用されており，一般に上院は支分国代表，下院は国民代表という位置づけを与えられている。

5　連邦国家は各支分国が連合することで成立しているため，いずれの支分国にも属さない連邦政府の直轄地は設けられない。

解説

1．旧ソ連のように，憲法で支分国の離脱の権利を保障している連邦国家もある。

2．連邦国家の中には，アメリカのように大統領制をとる国もあれば，カナダ，オーストラリアのように議院内閣制をとる国もある。

3．カナダやオーストラリアなどの連邦国家では，立憲君主制が採用されている。

4．正しい。連邦国家では，各支分国の利害を国政に反映させることが必要となる。そこで，国民代表原理に立脚した下院に加えて，連邦原理に立脚した上院が設けられる。

5．アメリカのワシントンD.C.やオーストラリアの北部準州のように，連邦国家でも連邦政府の直轄地が設けられることがある。

正答　4

市役所上・中級

B日程

No. 5 政治 統一地方選挙 令和元年度

統一地方選挙に関する次の文章中の下線部ア～オのうち，正しいもののみをすべて挙げているのはどれか。

第二次世界大戦後，わが国では ア 広域的地方公共団体である都道府県と基礎自治体である市町村の首長および議員を住民による選挙で選出することとなったが，個別に選挙を実施するのでは効率が悪いことなどの理由で，一括して選挙を行うことになった。これを統一地方選挙という。最近では，イ 2018年４月に実施されている。

近年は地方公共団体の首長や議員選挙の ウ 候補者数が増加し，無投票で当選する者は少なくなっている。また，首長選挙では エ 与野党相乗りの候補者が減少し，与野党対決の構図となる例が増加する傾向にあり，オ 地方議会の議員に占める女性の比率は上昇する傾向にある。

1 ア，イ
2 ア，オ
3 イ，ウ
4 ウ，エ
5 エ，オ

解説

ア：正しい。都道府県を広域的地方公共団体，市町村を基礎自治体という。憲法93条２項によって，地方公共団体の首長や議員らは，地方公共団体の住民の直接選挙によって選出されることになっている。

イ：誤り。直近では2023年４月に統一地方選挙が実施されている。地方公共団体の首長および議員の任期は４年だから，４年ごとに統一地方選挙が行われている。ただし，任期途中で首長が辞任・死亡したり，議会が解散されることがあるため，「統一」とはいうものの，すべての首長，議員の選挙が行われるわけではない。

ウ：誤り。特に町村では人口減少によって候補者数も減少傾向にあり，無投票で当選する例が増加傾向にある。議員選挙では候補者数が定員を下回り，欠員を生じる例も見られるようになっている。

エ：誤り。与野党相乗りとは，国政における与党と野党が地方公共団体の首長の選挙では同一の候補を推薦，支持すること。2023年４月に実施された９の道府県知事選挙でも，与野党相乗り候補や日本共産党を除く野党が候補者の擁立を見送る例が相次ぎ，与野党が全面対決する構図となったのは北海道と大分県の知事選挙の２つだけであった。

オ：正しい。ただし，全体の１割を超えた程度であり，女性議員がいない地方公共団体もまだ存在する。

以上から，正しいものはアとオであり，**2**が正答となる。

正答　2

No. 6　B日程　政治　地方自治制度　令和4年度

我が国の地方自治制度に関する次の記述のうち，妥当なものはどれか。

1　地方公共団体の首長と議会議員は，いずれも住民の直接選挙で選ばれる。首長は議会の解散権を持たず，議会は首長の不信任決議権を持たない。

2　地方公共団体の条例制定権は法律の範囲内に限られており，たとえば公害防止の分野について，法律よりも厳しい規制を条例で定めた場合，その規制は違法である。

3　地方公共団体が処理する事務の中には，国が本来果たすべき役割に係る事務で，国においてその適正な処理を特に確保する必要のあるものがあり，その例には国政選挙やパスポートの交付などがある。

4　住民には直接請求権が認められており，たとえば所定の割合の有権者の署名を集めて条例の制定を請求した場合，条例案が住民投票で過半数の同意を得られれば，その条例案は議会の議決を経ずに条例となる。

5　指定都市や中核市になった市には都道府県からさまざまな事務が移管されるが，移管される事務の量は中核市のほうが指定都市よりも多い。

解説

1．首長には議会の解散権があり，議会には首長の不信任決議権がある。ただし，首長による議会解散は，議会による不信任決議後10日以内に限定されている。また，議会による首長の不信任決議は，議会に3分の2以上の議員が出席し，出席議員の4分の3以上が賛成することが要件となっている。

2．憲法には「法律の範囲内で条例を制定することができる」（第94条）とあるが，公害対策などにおいて，法律よりも厳しい規制を定める条例（これを「上乗せ条例」という）や法律では規制対象外のものを規制する条例（これを「横出し条例」という）の制定は認められている。

3．妥当である。地方公共団体が処理している事務には，その地方公共団体にとって本来の事務である自治事務のほか，国や都道府県から委託された法定受託事務がある。国政選挙やパスポート（旅券）の交付は，国から委託されている法定受託事務の一例である。

4．住民が制定を請求した条例案も，議会の議決によって制定の是非が決まる。直接請求の制度において，住民投票によってその是非が決まるのは，首長・議員の解職や議会の解散である。

5．都道府県から移管される事務は，指定都市（政令指定都市）のほうが多い。ちなみに，指定都市は50万人以上の人口が要件であり，2023年12月時点で，指定を受けているのは横浜市，大阪市など20市にとどまる。これに対し，中核市は人口20万人以上で要件を満たし，2023年12月時点で，62市が指定を受けている。

正答　3

市役所上・中級

B日程

No. 7 政治 日本の選挙制度 平成30年度

わが国の選挙制度に関する次の記述のうち，妥当なのはどれか。

1 衆議院議員総選挙には，小選挙区比例代表並立制が導入されているが，小選挙区と比例区の重複立候補は認められていない。

2 参議院議員通常選挙には，都道府県単位の選挙区選挙と比例代表選挙の並立制が導入されているが，比例代表選挙には拘束名簿方式が採用されている。

3 平等選挙を維持するために，投票価値の格差は衆議院議員総選挙では1.1以内に，参議院議員通常選挙では2.0以内に抑えられている。

4 公職選挙法の改正によって，選挙権年齢が18歳にまで引き下げられ，それに併せて被選挙権年齢も引き下げられた。

5 インターネットを活用した選挙運動が解禁されたが，一般の有権者が電子メールを使用して選挙運動を行うことは，引き続き禁止されている。

解説

1．衆議院議員総選挙では重複立候補が認められている。こうした候補者は比例名簿の同一順位に並べることができ，小選挙区で落選した場合，惜敗率が高い候補者から優先的に当選が決まる。

2．参議院議員選挙の比例代表選挙には非拘束名簿式が導入されている。有権者は候補者の個人名と党名のいずれでも投票でき，個人名での投票はその候補者が属する政党への投票とみなされる。そして，各政党に議席が配分されたうえで，各政党内で個人名での得票が多かった候補者から優先的に当選となる。ただし，2018年の公職選挙法改正により，2019年の選挙から個人名での得票数に関係なく優先的に当選にできる「特定枠」を各政党の判断で設定できることになった。なお，選挙区選挙は原則として都道府県単位とされているが，一部は合区（ごうく）（鳥取・島根および徳島・高知）とされている。

3．直近の選挙でも，衆議院議員総選挙には最大で約２倍，参議院議員通常選挙には最大で約３倍の「１票の格差」がある。

4．被選挙権年齢の引下げは実施されておらず，現在も衆議院議員や市町村長，地方議会議員は25歳，参議院議員や都道府県知事は30歳から被選挙権を得られる。

5．妥当である。「なりすまし」による悪用を防ぐため，候補者や政党以外による電子メールを使った選挙運動は禁止されている。

正答 5

政治　行政学用語　平成17年度

行政学の基本用語に関する次の記述のうち，妥当なものはどれか。

1　インクリメンタリズムは，差し迫った必要性があるときに目標を設定し，その目標を追求する手段としてはあまり有効ではない。

2　セクショナリズムとは，効率性を追求する場合に行政組織に必要とされる原理である。

3　アカウンタビリティは，行政府が立法府の承認した予算に対して説明しなければならないということを由来とするが，それが拡大されて広く「説明責任」と解釈されるようになった。

4　オンブズマンは，国レベルで採用されている行政監視のシステムである。

5　ニューパブリック・マネジメント（NPM）とは，新しい公共管理を意味し，行政が民間をより密接かつ効果的にコントロールする枠組みである。

解説

1. インクリメンタリズムとは，問題を抜本的にではなく微調整することで解決しようとする手段であり，差し迫った問題に対処するのに適している。

2. セクショナリズムは，組織を専門領域に分立し効率的な業務運営をめざしたために横断的な問題解決に十分対応できないという逆機能を意味する。

3. 正しい。

4. オンブズマンは，スウェーデンなどでは制度化されており，確かに行政監視の手法の一つであるが，わが国では，国レベルで正式に採用されているわけではない。

5. NPM とは，行政が民間の経営手法をとり入れるとともに，執行部分はできるだけ民間に任せ，行政は制度全体の設計と民間活動の監視に徹しようとする枠組みである。

正答　3

市役所上・中級

B日程

No. 9 政治 国際連合の機関と活動 平成26年度

国際連合の機関と活動に関する次の記述のうち，妥当なのはどれか。

1 総会は，加盟国に対して勧告だけでなく，強制力のある決議を出すことができ，安全保障理事会とともに軍事的措置について決定している。

2 安全保障理事会は，世界の平和と安全を維持することを任務とし，その決定は，非常任理事国を含めて全会一致で行う。

3 国際連合平和維持活動（PKO）は，紛争当事国に対して戦争終結に向けて行動するものであり，自衛以外の武力の行使も認められている。

4 国際司法裁判所は，国際紛争について国際法に基づき解決することを目的とする機関である。ただし，訴訟の提起に当たっては紛争当事国の同意を必要とする。

5 事務局は国際連合の活動の実施機関である。職員は加盟国より採用され，日本人職員数は割り当て分を超過して採用されている。

解説

1. 総会の決議は加盟国を拘束せず，軍事的措置について決定することはない。

2. 安全保障理事会の決定は多数決によって行われる。

3. PKO で許される武力行使は自衛の場合のみである。

4. 妥当である。

5. わが国は拠出金の割合に対して職員数が少ない過小代表である。

正答 4

B日程

No. 10 政治 日本の防衛と自衛隊 平成29年度

日本の防衛および自衛隊に関する次の記述のうち，妥当なのはどれか。

1 日米安保条約では，アメリカによる日本の本土防衛義務が定められているが，アメリカの歴代政権はこの規定が尖閣諸島についても適用されるか否かについては明言していない。

2 旧日米安保条約の発効以降，長年にわたって日本は在日米軍の駐留経費を負担してこなかったが，冷戦の終結後にアメリカからの批判を受け，これを一部負担することとなった。

3 存立危機事態とは，日本に対する武力攻撃が発生し，かつ日本と密接な関係にある他国に対する武力攻撃も発生した事態をいい，存立危機事態の発生に際して，日本は個別的自衛権および集団的自衛権に基づき武力を行使できる。

4 重要影響事態安全確保法では，日米安保条約の目的の達成に寄与する活動を行う米軍その他の外国の軍隊などに後方支援を行うことが認められているが，後方支援が可能な活動領域については「わが国周辺の地域」という地理的制約が課せられている。

5 1990年代以降，日本の自衛隊が国連平和維持活動（PKO）に参加するようになり，2016年には，南スーダンへ派遣される部隊に対して，PKOに従事する非政府組織（NGO）の職員などを救援する「駆け付け警護」の任務も与えられることとなった。

解説

1. 日米安保条約は，「日本国の施政の下にある領域」を対象として，アメリカが防衛義務を負うとしており（同5条），「本土」だけを対象としているわけではない。また，2014年4月には，アメリカのオバマ大統領が歴代大統領として初めて，尖閣諸島が日米安保条約の適用対象となることを表明し，2017年2月にはトランプ大統領もこれを確認している。

2. 在日米軍の駐留経費については，旧日米安保条約の時代から，日本がその一部を負担し続けている。

3. 存立危機事態とは，日本と密接な関係にある他国に対する武力攻撃が発生し，これにより日本の存立が脅かされ，国民の生命，自由および幸福追求の権利が根底から覆される明白な危険がある事態をいう（事態対処法2条4号）。存立危機事態の発生は，わが国が集団的自衛権を行使する際の前提条件とされている。これに対して，日本に対する武力攻撃が発生した事態または武力攻撃が発生する明白な危険が切迫していると認められるに至った事態は「武力攻撃事態」と呼ばれる（同2条2号）。武力攻撃事態の発生は，個別的自衛権を行使する際の前提条件とされる。

4. 重要影響事態安全確保法は，周辺事態安全確保法の改正法として成立したものであるが，改正に際して地理的制約が削除され，「わが国周辺の地域」を超えて後方支援を行うことが可能となった。

5. 妥当である。なお，2017年5月には，南スーダンの国連平和維持活動（PKO）に参加していた陸上自衛隊の部隊が完全撤収し，自衛隊のPKO参加はひとまずすべて終了した。

正答 5

市役所上・中級

B日程

No. 11 政治 国際社会と国際法 令和3年度

国際社会と国際法に関する次の記述の下線部ア～オのうち，妥当なもののみをすべて挙げているのはどれか。

国家は主権を持つが，対内的主権とは自国の領域内の統治権のことであり，対外的主権とは$_{ア}$他の国家から独立し，干渉を受けないことを意味する。主権は土地だけでなく，海や空にも及ぶ。$_{イ}$領海は正式には排他的経済水域というが，沿岸国にはこの範囲での主権の行使が認められている。無論，いずれの国家もその関係を規律する国際法には従わなければならない。ただし，国際法は，$_{ウ}$条約や協定などの成文法と慣習法からなるが，$_{エ}$平時にのみ適用され，戦時には適用されないという限界がある。また，国家間の紛争を国際法に従って解決するために，国際司法裁判所が設置されているが，$_{オ}$紛争当事国の少なくとも一方が提訴しないと裁判ができないという限界がある。

1 ア，ウ
2 ア，エ
3 イ，エ
4 イ，オ
5 ウ，オ

解説

ア：妥当である。対内的主権とは国民や領土の統治権を意味するのに対し，対外的主権とは他国からの干渉を排する権利を意味する。現代の国際社会では，主権国家どうしは平等で，それより上位の権力を持たないとされている。

イ：領海と排他的経済水域（EEZ）は異なる。国連海洋法条約により，沿岸国は基線となる海岸線から12海里までの水域を領海，200海里までの水域を排他的経済水域にすることができる。領海には領土と同等に自国の主権が及ぶが，排他的経済水域では天然資源や自然エネルギーに関する主権的権利などを有するのみである。

ウ：妥当である。国際法には国際成文法と国際慣習法（慣習国際法）がある。なお，広義の条約は国際成文法全体をさし，名称には「協定」「憲章」「議定書」などとあっても，広義の条約に分類される。また，国際慣習法の例には，内政不干渉の原則などがある。

エ：国際法は，適用される状況に応じて，平時国際法と戦時国際法に分類される。戦時国際法は，戦争状態において適用される法であり，たとえば民間人への武力攻撃は戦時国際法違反となる。

オ：国際司法裁判所（ICJ）は，領土問題など，国家間で生じた紛争を裁くために設置されている。だが，国際司法裁判所による裁判には，紛争当事国の双方による付託を要する。訴えがない場合はもちろん，当事国の一方だけの訴えで，裁判を行うことはない。

よって，妥当なのはアとウであり，正答は**1**である。

正答　1

No. 12 政治 アメリカ合衆国の大統領選挙 平成28年度

アメリカ合衆国の大統領選挙に関する次の文章中の下線部ア～エのうち，妥当なもののみをすべて挙げているのはどれか。

アメリカ合衆国の大統領選挙は４年に一度行われ，共和党と民主党の二大政党がそれぞれ候補者を選出し，事実上，その中から大統領が選ばれる。両党は各々異なる政策を掲げているが，ア連邦政府が積極的に教育や福祉に財政支出を行うべきだとしているのは，民主党である。

両党は，大統領選挙の年に，イ州ごとに予備選挙や党員集会を開催して候補者を選出する。候補者が選出された後，ウ合衆国全体を１つの選挙区とする直接選挙によって，大統領を選出する。エ大統領は再選を禁止されてはいないが，これまで再選された大統領は１人もいない。

1　イ
2　ウ
3　ア，イ
4　ア，ウ
5　ウ，エ

解説

ア：妥当である。民主党は，社会的弱者を救済するために，連邦政府の財政支出を維持するべきだとの立場に立つ。これに対して，共和党は，国民の税負担を軽減するために，連邦政府の財政支出（特に社会保障支出）を抑えるべきだとの立場に立つ。

イ：妥当である。共和党と民主党は，大統領候補者を決定するにあたり，州ごとに予備選挙（プライマリー）ないし党員集会（コーカス）を開催している。予備選挙では，州内の有資格者が投票を行い，州組織が支援する候補者を決定する。党員集会では，州内の各地区で党員が集まって支援候補を決定し，その結果を持ち寄ることで，州組織が支援する候補者を決定する。現在では，大半の州で予備選挙が採用されている。

ウ：妥当でない。アメリカ合衆国の大統領選挙は，有権者が州ごとに大統領選挙人を選出し，続いて大統領選挙人の投票によって大統領を選出するという形で実施されている。したがって，その選挙形態は間接選挙に該当する。

エ：妥当でない。アメリカ合衆国大統領は，憲法によって３選を禁止されているが，再選を果たすことは認められている。実際，再選された大統領は数多く存在しており，近年でもクリントン大統領，ブッシュ（子）大統領，オバマ大統領などが再選を果たしている。

以上から，妥当なものはアとイであり，正答は**3**である。

正答　3

市役所上・中級

No. 13 C日程

政治　信教の自由　令和3年度

信教の自由に関するア～エの記述のうち，妥当なもののみをすべて挙げているのはどれか。

ア　信教の自由は，20世紀以降に各国憲法に明記されるようになり，日本では日本国憲法で初めて規定された。

イ　信教の自由には，内心における信仰の自由のみならず，宗教活動への参加や不参加の自由も含まれる。

ウ　宗教法人の解散命令は，宗教団体が，著しく公共の福祉を害すると明らかに認められるなどの行為をした場合には，違憲ではない。

エ　宗教団体が作った私立学校に対しては，国は補助金を支出することができない。

1　ア，イ
2　ア，ウ
3　イ，ウ
4　イ，エ
5　ウ，エ

解説

ア：日本国憲法20条以前に，大日本帝国憲法28条でも，信教の自由を保障していた。

イ：妥当である（憲法20条2項参照）。

ウ：妥当である。判例は，宗教団体が，法令に違反して，著しく公共の福祉を害すると明らかに認められ，宗教団体の目的を著しく逸脱した行為をしたことが明らかである場合には，当該宗教団体を解散し，その法人格を失わせることが必要かつ適切であり，宗教法人の解散命令は，憲法20条1項に違反するものではないとする（最決平8・1・30〈宗教法人オウム真理教解散命令事件〉）。

エ：宗教団体が作った私立学校に対しても，教育内容が国の基準どおりであれば，国は補助金を支出することができる（私立学校振興助成法4条・9条等参照）。

よって，妥当なのはイとウであり，正答は**3**である。

正答　3

C日程

No. 14 政治 表現の自由 平成21年度

日本国憲法では表現の自由が保障されているが，これに関しては，表現行為の事前抑制という制度が議論されている。この制度に関する次の記述のうち，妥当なのはどれか。なお，争いがあれば判例の立場による。

1 事前抑制に対して，表現行為が行われた後で規制することを事後抑制といい，規制の範囲としては，事前抑制よりも事後抑制のほうが一般的でかつ広範であるとされている。

2 税関において海外から持ち込まれる表現物を検査し，「風俗を害すべき書籍，図画」に当たると認められるものの輸入を禁止することは，憲法の禁止する検閲に該当するので認められない。

3 表現行為に対する事前抑制は，表現の自由を保障し検閲を禁止する憲法21条の趣旨に照らし，厳格かつ明確な要件の下においてのみ許容されうる。

4 検定に合格しなければ教科書として出版できないとするいわゆる教科書検定は，出版の適否を行政権が事前に審査するものであるから，検閲に該当し違憲である。

5 プライバシーの権利は常に表現の自由に優越するので，出版物についてプライバシー侵害の事実が存すれば，それによって直ちに出版物の発売を禁止することができる。

解説

1．逆である。事前抑制は公権力にとって好ましくない表現物を発見し，それを規制する意図で行われるため，規制対象は一般的でかつ広範であるとされる（最大判昭61・6・11）。これに対して，事後抑制は訴追の対象となった表現行為を対象として行われるため，その範囲は特定のものに限られる。

2．判例は，憲法の検閲概念を「行政権が主体となって，思想内容等の表現物を対象とし，その全部または一部の発表の禁止を目的として，対象とされる一定の表現物につき網羅的一般的に，発表前にその内容を審査した上，不適当と認めるものの発表を禁止することを，その特質として備えるものを指す」と狭く解しており，税関検査の対象となる表現物はすでに海外で発表済みであることや，税関検査が思想内容等の表現物を対象とするものでないことなどから，検閲に該当しないとする（最大判昭59・12・12）。

3．正しい（最大判昭61・6・11）。

4．判例は，選択枝**2**の検閲概念を引用したうえで，検定で不適格とされても一般図書として発行することは可能であるから，教科書検定は「発表の禁止」を目的としていないなどとして，検閲には当たらないとする（最判平5・3・16）。

5．プライバシーの権利は常に表現の自由に優越するわけではなく，たとえば政治家のプライバシーが公共の利害にかかわる事項であるとして，プライバシーを暴く表現行為について違法性が阻却されることはありうる。その場合には，出版物の発売の禁止は認められない。

正答　3

市役所上・中級

B日程

No.15 政治 学問の自由 平成23年度

学問の自由に関する次の記述のうち，妥当なものはどれか。

1 アメリカ合衆国やフランスの憲法では，「学問の自由」の保障をいち早く明文化した。

2 大学などの研究機関における学問研究については，学問の自由の保障の観点から，研究内容が遺伝子の研究など人間の尊厳にかかわるものであっても，法律で規制することは認められない。

3 大学の教員には学問の自由が保障されているため，講義内容が特定の政党を支持するなどの政治教育であっても許容される。

4 初等中等教育であっても教育の自由を完全に認めるとする立場からは，国の教育内容決定権の幅を強化するという考えになる。

5 通説によれば，大学には大学の自治が認められるため，警察官が大学の了解がないのに，大学構内に立ち入ることは，令状なしには原則として認められないと解されている。

解説

1. アメリカ合衆国やフランスの憲法では，「学問の自由」は明文化されていない。

2. 学問研究への政府による干渉は絶対に許されないが，先端科学技術の研究がもたらす生命・健康に対する権利などへの重大な脅威・危険に対処するために不可欠な，必要最小限度の規制を法律によって課すことも許容される。なお，先端科学技術の研究を規制した法律として，「ヒトに関するクローン技術等の規制に関する法律」(平成12年12月6日法律第146号)がある。

3. 法律に定める学校は，特定の政党を支持し，またはこれに反対するための政治教育その他政治的活動をしてはならない（教育基本法14条2項）から，大学の教員であっても，講義内容が特定の政党を支持するなどの政治教育は許容されない。

4. 本肢の初等中等教育であっても教育の自由を完全に認めるとする立場は，教育権の所在の問題について，教育権の主体は親およびその付託を受けた教師を中心とする国民全体であり，国は教育の条件整備の任務を負うにとどまるとする「国民教育権説」の立場である。よって，この立場からは，国の教育内容決定権の幅を強化するという考えになるとする点は誤り。

5. 正しい。

正答 5

市役所上・中級

No. 16 B日程

政治　人身の自由と刑事手続き　令和2年度

人身の自由と刑事手続きに関する次の記述のうち，妥当なのはどれか。

1　ある行為を犯罪として刑罰を科すためには，どのような行為が犯罪となり，どのような刑罰を科すかが法律に明記されなければならないが，懲役刑の期間や罰金刑の金額は，明記されなくてよい。

2　被告人は，起訴された時点で有罪と推定されるので，自らの無罪を証明できなければ有罪となる。

3　行為の時点でその行為を犯罪とする法律がなくても，行為の後にその行為を犯罪とする法律が制定された場合には，行為時にさかのぼって，その行為を処罰することができる。

4　裁判員裁判の対象となる重大な事件には，取り調べの全過程の録音・録画が，原則として義務づけられる。

5　裁判所が被告人を保釈する場合，現在では，保証金ではなく，GPS 端末を常時装着し，検察官による監視を条件に保釈される。

解説

1. 罪刑法定主義から，ある行為を犯罪として刑罰を科すためには，どのような行為が犯罪となり，どのような刑罰を科すかが法律に明記されなければならないのみでなく，懲役刑の期間や罰金刑の金額も，明記されなければならない。

2. 無罪の推定の原則から，何人も有罪と宣告されるまでは無罪と推定される。検察官が被告人の有罪を証明しない限り，被告人に無罪判決が下される（刑事訴訟法336条）。被告人は自ら無罪を証明する責任を負担しない。

3. 遡及処罰の禁止から，何人も，実行の時に適法であった行為については，刑事上の責任を問われない（憲法39条）。

4. 妥当である（刑事訴訟法301条の２）。

5. 裁判所が被告人を保釈する場合，保証金額を定め，保証金を納付することが必要である（刑事訴訟法93条・94条）。GPS 端末を常時装着し，検察官による監視を条件に保釈されるわけではない。

正答　4

市役所上・中級

No. 17 C日程

政治　日本国憲法　平成28年度

日本国憲法に関する次の記述のうち，妥当なのはどれか。

1　日本国憲法では，演説などの言論の自由のほかに出版の自由についても保障されているが，絵画や音楽などの芸術分野における表現の自由については保障されていない。

2　表現の自由の一態様として集会の自由が保障されているが，そのために公共施設を利用することまでは保障されておらず，施設利用の可否は施設管理者側が自由に判断できる。

3　精神的自由権を規制する立法の合憲性を審査する場合には，経済的自由権の場合よりも厳格な基準で審査されなければならないとする理論を「二重の基準論」という。

4　国務大臣や国会議員の名誉を毀損するような事実が摘示された場合には，その内容が真実であり，かつその目的が公益を図るためのものであっても名誉毀損罪が成立する。

5　出版物の内容を事前に審査する，いわゆる検閲は憲法上禁止されており，最高裁判所は教科書検定について，検閲に該当するので違憲であるとしている。

解説

1．憲法21条が保障する表現の自由は，すべての表現媒体による表現に及ぶ。すなわち，演説や出版などのほか，絵画や音楽などの表現についても保障される。

2．公共施設を使用して集会などをすることは，憲法が表現の自由として保障している行為であり，施設利用の可否は施設管理者側が自由に判断できる事項ではない（国の公共施設について最大判昭28・12・23，地方公共団体の公共施設について地方自治法244条２・３項）。

3．妥当である。

4．国務大臣や国会議員などの公務員についてなされた事実の摘示については，それが真実である場合には名誉毀損罪は成立しない（刑法230条の２第３項）。なお，事実の摘示が公益目的でなされたとか，それが公共の利害にかかわる事項であるといったことまでは要件とされていない。

5．最高裁判所は，教科書検定について，仮に検定で不適格とされても一般図書として発行することは可能であり，教科書検定は「発表の禁止」を目的とするものではないなどとして，検閲には当たらず違憲ではないとしている（最判平５・３・16）。

正答　3

C日程

No. 18 政治 通信の秘密 平成20年度

憲法で保障されている「通信の秘密」に関する次の記述のうち，妥当なものの組合せはどれか。ただし，争いのあるものは通説の見解による。

ア．通信の秘密は，手紙や葉書の秘密にだけ適用され，電話や電子メールなどには適用されない。

イ．通信の秘密は，私生活やプライバシーの保護の一環としての意味が重要であるから，通信の秘密の保障の範囲は，通信の内容だけではなく，信書であれば，その差出人・受取人の氏名・住所，信書の差出個数・年月日などにも及ぶ。

ウ．通信の秘密の内容には，公権力によって通信の内容および通信の存在自体に関する事項について調査の対象とはされないことと，通信業務従事者によって職務上知りえた通信に関する情報を遺漏されないことの２つがある。

エ．通信業務従事者は，職務上知りえた他人の秘密について，私人に対して遺漏することは禁止されるが，公権力に対してであれば遺漏することは許容される。

オ．いかなる理由があっても，通信の秘密が制約されることは認められていないため，たとえ犯罪捜査のためであっても，公権力が当事者の意思に反して通信を傍受することは法律上認められていない。

1 ア，エ　**2** ア，オ　**3** イ，ウ　**4** イ，オ　**5** ウ，エ

解説

ア．通信の秘密（憲法21条２項後段）は，手紙や葉書の秘密だけでなく，電話や電子メールなどの秘密も含む広い意味に解されている。

イ．正しい。本枝のように解されている。

ウ．正しい。本枝のように解されている。

エ．通信業務従事者に禁止される遺漏行為の相手方は，私人であると公権力であるとを問わないと解されている。

オ．通信の秘密の制約として，犯罪捜査のための通信傍受に関しての法律が存在する（刑事訴訟法222条の２，犯罪捜査のための通信傍受に関する法律）。

以上により，妥当なのはイとウであるから，正答は**3**である。

正答 3

政治
経済
社会
日本史
世界史
地理

市役所上・中級

No. 19 C日程

政治　精神的自由権　平成30年度

精神的自由権に関する次の記述のうち，妥当なのはどれか。

1　思想・良心の自由は，人間の内心の自由を絶対的に保障するものであるから，たとえ憲法の根本理念を否定する思想であっても，思想・良心の自由として保障される。

2　信教の自由は，外部に現れた宗教活動を絶対的に保障するものであるから，宗教家が宗教活動として信者の生命・身体を害した場合であっても，処罰することは許されない。

3　学問の自由として保障される大学の自治は，高等教育機関の研究・教育の自由であるから，教員人事の自治は大学の自治には含まれない。

4　表現の自由は，自己の思想・信条を自由に伝達することを保障するものであるから，単なる事実の報道や，報道の準備作業である取材活動は表現の自由では保護されない。

5　表現の自由の一環である集団行動（デモ行進など）は，表現の自由の一形態として重要な意義を有するから，警察は，道路交通法などに基づいてデモ行進を事前に不許可とすることはできない。

解説

1．妥当である（憲法19条参照）。

2．信教の自由は，外部に現れた宗教活動を絶対的に保障するものではないから，宗教家が宗教活動として信者の生命・身体を害した場合に，処罰することは許される（最大判昭38・5・15参照）。

3．学問の自由として保障される大学の自治は，高等教育機関の研究・教育の自由だけでなく，教員人事の自治も含まれる。

4．判例は，思想の表明の自由と並んで，事実の報道の自由は，表現の自由を規定した憲法21条の保障の下にあることはいうまでもない。また，報道の自由とともに，報道のための取材の自由も，憲法21条の精神に照らし，十分尊重に値するものといわなければならないとする（最大決昭44・11・26）。

5．警察は，道路交通法などに基づいてデモ行進を事前に不許可とすることができる。

正答　1

No. 20 B日程

政治　労働基本権　平成24年度

労働基本権に関する次の記述のうち，妥当なものはどれか。

1　「労働者が労働組合から脱退した場合には，使用者は当該労働者を解雇しなければならない」とする労働組合と使用者間の協定は無効とされている。

2　労働基本権は，使用者から労働基本権に対する侵害行為を受けた労働者が，国による行政的救済を受ける権利であるから，国に対する関係でのみ問題となる権利である。

3　労働者は団体交渉権を有するが，使用者は労働者側からの団体交渉の申し入れに対して応ずる義務はなく，使用者が正当な理由なくこれを拒否しても違法とはならない。

4　労働基本権は，国に対して労働者の労働基本権を保障する措置を要求し，国はその施策を実施すべき義務を負うという社会権的側面のみを有するのであって，自由権的側面は有しない。

5　労働基本権は公務員にも保障されているが，現在の法律の下ではすべての公務員に団体行動権（争議権）は認められていない。

解説

1．本肢の協定はいわゆるユニオン・ショップ協定であり，この協定は労働組合の組織拡大のための手段として一定の限度で有効とされている（労働組合法７条１号ただし書，最判平元・12・14など参照）。

2．労働基本権は，本肢にあるように国に対する関係で問題となるだけでなく，正当な争議行為に対して使用者による解雇や損害賠償請求ができない（同８条参照）という民事免責が認められるなど，使用者に対する関係でも問題となる。

3．労働者は団体交渉権を有するから前半は正しい（憲法28条）。しかし，この労働者の団体交渉権を実効的なものとするために，使用者は労働者側からの団体交渉の申し入れに対して交渉に応ずる義務を負っていると解されており，また，使用者が雇用する労働者の代表者と団体交渉をすることを正当な理由がなくて拒むことは不当労働行為とされている（労働組合法７条２号）から，後半は誤りである。

4．労働基本権は，本肢にある社会的側面だけでなく，労働基本権を制限するような立法その他の国家行為を国に対して禁止するという自由権的側面も有している。

5．正しい。労働基本権（憲法28条）は公務員にも保障されているが（最大判昭40・７・14など），公務員の労働基本権のうち，団体行動権（争議権）は一律に制限されている（国家公務員法98条２項，地方公務員法37条１項など参照）。

正答　5

政治
経済
社会
日本史
世界史
地理

市役所上・中級

C日程

No. 21 政治 勤労の権利と労働三権 平成29年度

勤労の権利と労働三権に関する次の記述のうち，妥当なのはどれか。

1 勤労の権利は，国に対して職業安定所などを設けて国民の勤労を確保する責務を負わせるものであるが，それにとどまらず，就業を希望する個々の国民が国に対して現実に職を求めることができる具体的な法的権利である。

2 労働基準法などに規定されている労働条件は「目安」にすぎないため，労働者の同意があればこれを変更することは可能であり，たとえば，最低賃金を下回る内容の労働契約も有効である。

3 団結権は労働組合を結成する権利であるが，この権利は団体交渉権や争議権とは異なり，民間企業に勤務する労働者だけでなく，警察や消防などを含むすべての公務員に保障されている。

4 労働者に団体交渉権が保障されているため，使用者は労働者側からの交渉を拒否できないだけでなく，労働者側から提示された労働条件を受け入れる義務を負う。

5 労働者に争議権が保障されているため，ストライキの手段や手続きの適正が確保され，かつその目的が労働条件の維持・改善にある限り，使用者はその営業を妨害されたとしても，労働者に対して損害賠償を請求することができない。

解説

1. 勤労の権利について定める憲法27条１項は，国家に対して国民に労働の機会を保障する政治的義務を課したもので，就業を希望する個々の国民が国に対して現実に職を求めることができる具体的権利を認めたものではないとするのが通説である。

2. 労働基準法などに規定されている労働条件は，「労働者が人たるに値する生活を営むための必要を充たす」基準としての最低のものであるから（労働基準法１条１項・２項），これらの法律で定める基準に達しない労働条件を定める労働契約は，その部分については無効である（同13条)。したがって，最低賃金を下回る内容の労働契約の部分も無効である（最低賃金法４条２項)。

3. 警察職員と消防職員には，団結権を含む労働三権のすべてが認められていない（国家公務員法108条の２第５項，地方公務員法52条５項)。

4. 団体交渉権とは，労働者が団結することによって使用者と対等の地位に立ち，労使の協議を通じて互いの譲歩を引き出して妥当な労働条件を形成しようとするものである。すなわち，使用者は合理的な理由がなければ労働者側からの交渉を拒否できないが，だからといって労働者側から提示された労働条件を受け入れる義務を負うわけではない。

5. 妥当である。争議権は憲法の保障に係る労働者側の基本的権利であるから（憲法28条)，その権利の行使（正当な争議行為）によって使用者側に損害が生じたとしても，使用者はその損害の賠償を求めることはできない（労働組合法８条)。

正答 5

政治 参政権 平成18年度

参政権に関する次の記述のうち，妥当なものはどれか。

1 憲法は，「公務員を選定し，及びこれを罷免することは，国民固有の権利である」と規定しており，これは，すべての公務員を国民が直接に選定し，また罷免すべきとする趣旨を表すものと解されている。

2 選挙権は，国民主権原理に基づいて，国の政治のあり方を国民が自ら決定するためのものであるから，国政選挙であると地方選挙であるとを問わず，憲法上，外国人に選挙権は認められない。

3 選挙権は日本国民に保障される権利であり，ここで日本国民とは国内に在住する国民を意味し，海外に在住する日本国民を含まないが，法律で海外在住の日本国民に選挙権を付与しても違憲ではない。

4 参政権とは，国民が主権者として国の政治に参加する権利であり，その中には公務員の選定罷免権も含まれるので，最高裁判所の裁判官の国民審査を解職（リコール）の制度ととらえると，これもまた参政権の一種であるということができる。

5 請願権は，国や公共団体の政治のあり方について，国民として要望を伝える権利であるから，参政権の一種であり，そのため，この権利は外国人には保障されていない。

解説

1．憲法15条１項は，あらゆる公務員の終局的任命権が国民にあるとする国民主権原理を表明するものであって，必ずしもすべての公務員を国民が直接に選定し，また罷免すべきだとの意味を有するものではない（最大判昭24・４・20）。

2．判例は，国民主権原理から，国政選挙の選挙権は外国人には認められないが（最判平５・２・26），憲法の保障する地方自治制度が，「住民の日常生活に密接な関連を有する公共的事務は，その地方の住民の意思に基づきその区域の地方公共団体が処理するという政治形態を憲法上の制度として保障しようとする趣旨に出たものと解される」として，「我が国に在留する外国人のうちでも永住者等であってその居住する区域の地方公共団体と特段に緊密な関係を持つに至ったと認められるものについて」，法律で選挙権を付与することは憲法上禁止されていないとする（最判平７・２・28）。

3．判例は，「在外国民は，…憲法によって選挙権を保障されていることに変わりはなく，国には，選挙の公正の確保に留意しつつ，その行使を現実的に可能にするために所要の措置を執るべき責務がある」とする（最大判平17・９・14）。

4．正しい。解職は罷免の制度であるから，公務員の選定罷免権の中に含まれ，参政権の一種とすることができる。

5．請願権に参政権的性格があることは否定できないが，この権利の基本的性格は国務請求権（受益権）である。また，請願を受理することを請求するにとどまり，請願の内容を実現することまで相手方に義務が発生するわけではない。よって外国人にも保障が及ぶと解されている。

正答 4

市役所上・中級 No. 23 武蔵野市

政治　法人の人権　平成18年度

次のうち，法人には保障が及ばないと解される人権はどれか。

1　環境権
2　選挙権
3　表現の自由
4　請願権
5　信教の自由

解説

人権は，元来個人の権利であるから，その主体は本来は自然人でなければならない。しかし，法人は，現代社会において社会的実体として重要な活動を行っており，性質上可能な限り人権の保障が及ぶとするのが通説・判例（最大判昭45・6・24）である。もっとも，自然人とだけ結合して考えられる人権については保障が及ばないとされる。

1．法人に保障が及ぶ。環境権は，憲法13条の幸福追求権の一内容として，良好な環境の中で生きるために主張されている人権であるから，学校法人や医療法人などへの適用が考えられ，その性質上法人に認められないとはいえないと解される。

2．法人に保障が及ばない。前述のように，自然人とだけ結合して考えられる人権については法人に保障が及ばないとされるが，選挙権は自然人とだけ結合して考えられる人権である。

3．法人に保障が及ぶ。精神的自由については，その性質上法人に認められないとはいえず，表現の自由は，報道機関が報道の自由を有しているように，法人にも保障が及ぶと解される。

4．法人に保障が及ぶ。請願権とは，国または地方公共団体の機関に対して，国務に関する希望を述べることのできる権利であるが，その性質上，法人に認められないとはいえないと解される。

5．法人に保障が及ぶ。信教の自由については，宗教法人が信教の自由を有しているように，法人にも保障が及ぶと解される。

正答　2

No. 24　C日程

政治　国　会　平成26年度

日本の国会に関する次の記述のうち，妥当なのはどれか。

1　衆議院および参議院の議員の任期は，ともに４年とされている。また，衆議院には解散制度が設けられているが，参議院には設けられていないため，参議院では通常２年ごとにその半数の議員を改選する。

2　常会の召集は毎年４月，会期は原則として90日間，主な議題は新年度予算とされている。また，臨時会の主な議題は内閣総理大臣の指名であり，特別会の主な議題は補正予算である。

3　各議院の最終的な意思決定は本会議で行われるが，議案に関する詳細な審議は，少数の議員によって構成される委員会で行われる。各委員会の委員に就任するのは，各政党から選出された同数の議員である。

4　国会は国権の最高機関であり，国の唯一の立法機関であるが，内閣にも法案提出権が認められている。ただし，国会議員が１人からでも法案を提出することができるのに対して，内閣は各省庁の合意がなければ法案を提出できないため，内閣提出法案の数は少ない。

5　各議院はその所属する議員について，院内の秩序を乱した場合には懲罰を与えることができる。また，国政に関して必要なときは，議員に出頭を求めたり調査を行ったりすることができる。

解説

1. 衆議院議員の任期は４年であるが，参議院議員の任期は６年である。また，参議院では通常３年ごとにその半数の議員を改選する。衆議院にのみ解散制度が設けられていることは事実である。

2. 常会の召集は毎年１月，会期は原則として150日間（延長は１回以内），主な議題は新年度予算とされている。また，臨時会の主な議題は法律の制定改廃や補正予算，特別会の主な議題は内閣総理大臣の指名である。

3. 各委員会の委員は，各政党からその議席数に応じて選任される。したがって，各政党から同数の委員が選任されるわけではない。

4. 国会議員が法案を提出するに当たり，衆議院では20名以上，参議院では10名以上の賛成が必要とされる（予算を伴う場合は，衆議院が50名以上，参議院が20名以上）。また，内閣が法案を提出するに当たり，閣議決定は必要とされるが，制度上，各省庁の合意までは必要とされない。法案数で見ると，内閣提出法案は議員提出法案よりも圧倒的に多く，国会で審議される法案の大半は内閣提出法案である。

5. 妥当である。各議院は自律権を持っており，院内の秩序を乱した議員に懲罰を与えることができる。懲罰の内容は，公開議場における戒告，公開議場における陳謝，一定期間の登院禁止，除名の４種類である。また，各議院は国政調査権を有しており，その対象は議員にも及ぶ。

正答　5

市役所上・中級

B日程

No. 25 政治 国会 平成30年度

国会に関する次の記述のうち，妥当なのはどれか。

1 日本の国会は常会，臨時会などからなり，常会は，国会議員の選挙がない年にあっては，1年間開かれる。

2 衆議院には優越が認められており，たとえば憲法改正の発議は，参議院が否決した場合であっても，衆議院の総議員の3分の2以上が賛成すれば，発議することができる。

3 両議院は，国政に関する調査を行うことができ，必要に応じて証人の出頭を要求することができる。

4 国会は委員会中心主義を採るが，実態は形骸化しており，実質的には本会議において決定される。

5 条約の承認は，参議院の議決があれば，衆議院の同意がなくても成立しうる。

解説

1．常会は，毎年1月中に召集するのを常例とし（国会法2条），その会期は，原則として150日間である（同10条，12条）。

2．衆議院には優越が認められている（憲法59条〜61条，67条，69条）が，憲法改正の発議は，両議院対等であり，衆議院の優越はない（同96条1項前段）。

3．妥当である（憲法62条）。

4．国会は委員会中心主義を採り，その実態は形骸化していない。

5．条約の承認には，衆議院の優越が認められており，衆議院の議決があれば，参議院の同意がなくても成立しうる（憲法61条，60条2項）。

正答 3

No. 26 大府市

政治　衆議院　平成18年度

衆議院に関する次の記述のうち，妥当なものはどれか。

1　予算や法律などの議決では，衆議院の優越が認められているが，憲法改正の発議については，衆議院の優越は認められていない。

2　衆議院の解散が行われるのは，内閣不信任決議が可決された場合と内閣総理大臣が欠けた場合の２つである。

3　衆議院が解散されたときは，参議院もまた同時に解散となる。

4　衆議院は，解散がなされた後であっても，国に緊急の必要があるときは緊急集会を開くことができる。

5　予算について，参議院が衆議院の可決した予算を受け取った後，国会休会中の期間を除いて30日以内に議決しないときは，衆議院はこれを再議決して成立させることができる。

解説

1．正しい（憲法59条２項，60条２項，96条１項）。

2．衆議院の解散は，内閣の判断で行われる。それは，必ずしも内閣不信任決議が可決された場合（同69条）に限られない（通説）。また，内閣総理大臣が欠けた場合には，内閣は総辞職をしなければならず（同70条），この場合に解散は行われない。

3．衆議院が解散されたときは，参議院は同時に閉会となる（同54条２項本文）。

4．緊急集会は，衆議院ではなく参議院において行われる（同54条２項但書）。

5．この場合には，衆議院の議決が国会の議決となる（同60条２項）。

正答　1

市役所上・中級
C日程

No. 27 政治 立法過程 平成22年度

国会における立法過程に関する次の記述のうち，妥当なのはどれか。

1 法律案提出権があるのは，内閣総理大臣，国会議員，委員会であり，議員１人であっても法律案を提出できる旨の憲法上の明文規定がある。

2 委員会は法律案を検討するが，委員会での審議は，現行憲法下では形式的なものである。

3 法律案が衆議院で可決され，参議院で否決された場合，衆議院で出席議員の３分の２以上の多数で再び可決されたときは，法律となる。

4 両議院は，各々その総議員の４分の１以上の出席がなければ，議事を開き，議決をすることができない。

5 両議院の会議は公開を原則とするが，出席議員の５分の３以上の多数で議決したときは，秘密会を開くことができる。

解説

1．前半は正しいが，後半は誤り。憲法41条の趣旨から国会議員には当然に法律案提出権があると解されるが，議員１人であっても法律案を提出できるとの憲法上の明文規定はない。なお，国会法56条１項は，議員が議案を発議するためには，衆議院においては議員20名以上，参議院においては議員10名以上の賛成を要するとしている。内閣総理大臣は，内閣を代表して法律案を提出することができる（内閣法５条）。委員会は，その所管に属する事項に関し，法律案を提出することができる（国会法50条の２）。

2．誤り。第二次世界大戦前は，本会議での審議が中心の「本会議中心主義」であったが，現行憲法下では，委員会で詳細な議論を行う「委員会中心主義」である。

3．正しい（憲法59条２項）。

4．誤り。議事を開き，議決をするために必要な数（定足数）は，両議院各々その総議員の３分の１以上の出席であって，４分の１以上ではない（同56条１項）。

5．誤り。秘密会を開くことができるのは，出席議員の３分の２以上の多数で議決したときであって，５分の３以上ではない（同57条１項）。

正答 3

No. 28 A日程 政治 国会・内閣の権能 平成18年度

国会および内閣の権能に関する次の記述のうち，妥当なものはどれか。

1 国会は，国民代表機関として内閣の作成した予算案を審議する権能を有しており，内閣の作成した予算が不適当と判断する場合には，その修正を行い，あるいは自ら予算を作成することも認められている。

2 国会は唯一の立法機関であるから，その構成員である個々の議員は，単独で予算を伴う法律案をその所属する議院に提出することができる。

3 国の収入支出の決算は，内閣が次の年度にこれを国会に提出しなければならないが，国会が決算を不承認とした場合でも，すでになされた支出が無効となるわけではない。

4 内閣は条約を締結する権能を有するが，ここで条約とは文書による国家間の合意をいい，いわゆる行政協定なども含めて，すべて条約については国会の承認が必要である。

5 内閣は政令を制定する権能を有するが，政令は法律に違反することができず，かつ法律の委任がある場合に限ってこれを制定できる。

解説

1．予算作成権は内閣にのみ存するもので（憲法73条５号），国会にはこの権能はない。したがって，国会が予算を作成することはできない。また，修正権についても増額修正の可否は争いがある。

2．予算を伴う法律案を発議するには，衆議院においては議員50人以上，参議院においては議員20人以上の賛成を要する（国会法56条１項但書）。

3．正しい。決算に関する国会の審査は，内閣の政治的責任を明らかにし，併せて将来における財政計画の資料を得るために行われるものであるから，たとえ不承認とされても，すでになされた支出は無効とはならない。

4．憲法73条３号にいう「条約」には，いわゆる行政協定は原則として含まれない。これらは，いわば委任命令・執行命令と同様の性格のものなので，締結について国会の承認は不要とされる。

5．法律の委任に基づく場合だけでなく，法律の規定を実施するために必要な場合にも政令を制定することができる（憲法73条６号）。前者が委任命令，後者が執行命令である。

正答 3

市役所上・中級

C日程

No. 29 政治 内閣 平成20年度

わが国の内閣に関する次の記述のうち，妥当なものはどれか。

1 内閣総理大臣は国会の指名に基づいて天皇が任命し，国務大臣は国会が任命する。

2 内閣は，行政権の行使について，国会に対し連帯して責任を負い，また，内閣は国会が制定した法律を誠実に執行する義務を負う。

3 内閣が総辞職をしなければならない場合は，衆議院で内閣の不信任を決議した場合に限られる。

4 国務大臣を罷免するためには，内閣の承認が必要である。

5 閣議における意思決定は，慣例によれば，多数決によって行われる。

解説

1. 前半の内閣総理大臣については正しい（憲法6条1項，67条1項前段）。しかし，国務大臣は内閣総理大臣が任命するから（同68条1項本文），後半は誤りである。

2. 正しい（同66条3項，73条1号）。

3. 内閣が総辞職をしなければならない場合は，衆議院で内閣を不信任した後で10日以内に衆議院が解散されない場合（同69条）だけでなく，内閣総理大臣が欠けたときや，衆議院議員総選挙後の後に初めて国会の召集があったときも同様である（同70条）。

4. 内閣総理大臣は，任意に国務大臣を罷免できるから（同67条2項），国務大臣を罷免するのに内閣の承認は不要である。

5. 閣議における意思決定は，慣例によれば，全員一致で行われる。

正答 2

No. 30 A日程

政治　内閣総理大臣　令和4年度

内閣総理大臣に関する次の記述のうち，妥当なものはどれか。

1　内閣総理大臣は，衆議院議員の中から国会の議決により指名され，天皇により任命される。

2　内閣総理大臣は，すべての国務大臣を，国会議員の中から任命しなければならない。

3　内閣総理大臣は，閣議による承認を経なければ，国務大臣を罷免することができない。

4　特定の国務大臣が個人的理由に基づき個別的責任を負うことは，憲法上否定されているわけではない。

5　内閣総理大臣が欠けた場合には，あらかじめ指定された国務大臣が内閣総理大臣に任命されるので，内閣は総辞職する必要はない。

解説

1. 前半が誤り。内閣総理大臣は，「国会議員」の中から国会の議決で，これを指名する（憲法67条１項前段）。後半は正しい。天皇は，国会の指名に基づいて，内閣総理大臣を任命する（同６条１項）。

2. 内閣総理大臣は，国務大臣を任命する。ただし，「その過半数」は，国会議員の中から選ばれなければならない（憲法68条１項）。

3. 内閣総理大臣は，任意に国務大臣を罷免することができる（憲法68条２項）。閣議による承認は不要である。

4. 妥当である。

5. 内閣総理大臣が欠けたときは，内閣は，総辞職をしなければならない（憲法70条）。なお，内閣総理大臣が欠けたときは，そのあらかじめ指定する国務大臣が，臨時に，内閣総理大臣の職務を行う（内閣法９条）。

正答　4

No.31 政治 日本の司法制度 平成27年度

わが国の司法制度に関する次の記述のうち，妥当なのはどれか。

1 裁判官は，心身の故障のために職務を執ることができないと決定された場合を除き罷免されないが，この罷免権は行政機関のみがこれを有する。

2 刑事事件の被害者が裁判に参加する制度が検討されているが，量刑に偏りが出るおそれがあるため，いまだに実現していない。

3 最高裁判所は統治行為論に基づき，高度の政治的判断を要する統治行為についても違憲判断を行うことができる。

4 検察審査会は，選挙権者の中からくじで選ばれた審査員によって構成され，検察の起訴・不起訴の判断についてその妥当性を審査する。検察審査会が重ねて二度起訴相当と判断した事件は強制的に起訴される。

5 裁判員制度は，裁判員が裁判官と合同で有罪・無罪と量刑を判断するもので，第二審で行われるが，第三審でその判断が覆されることが多い。

解説

1．裁判官は，弾劾裁判によっても罷免される（憲法78条前段・64条）。また，裁判官の懲戒は行政機関が行うことはできない（同78条後段）。

2．被害者参加制度は，平成20年12月１日からすでに実施されている（刑事訴訟法316条の33以下）。この制度は，被告人には十分な権利保障が図られているのに，犯罪によって精神的・経済的に大きなダメージを受ける被害者やその家族には十分な権利保障が与えられていないとの配慮から開始されたものである。被害者等には，法律の適用について意見を述べる等の権利が認められている。

3．統治行為とは，司法判断が可能であるにもかかわらず，高度の政治性ゆえに裁判所の審査権の外にあるとされる国家行為をいう。すなわち，司法審査権の外にあるので，違憲判断はできない（最大判昭35・６・８〈苫米地事件〉）。

4．妥当である（前半については検察審査会法４条・39条の５，後半については同41条の６・41条の10）。

5．裁判員裁判は第一審で行われる（裁判員の参加する刑事裁判に関する法律２条１項）。また，最高裁は，裁判員が参加した裁判での判断は最大限これを尊重すべきとする立場を基本的にとっている（最判平24・２・13。ただし，最判平26・７・24など，第三審で第一審の判断が覆ることがまったくないわけではない）。

正答 4

No. 32 B日程 政治 日本の司法制度 平成29年度

日本の司法制度に関する次の記述のうち，妥当なのはどれか。

1　裁判は原則として公開の法廷において行わなければならないが，刑事裁判の被害者または民事裁判の原告から請求があったときは，非公開で行う。

2　裁判官は最高裁判所の長官の監督を受けるため，最高裁判所長官は，裁判官が裁判官としてふさわしくない行為をしたときなどは，当該裁判官の罷免を決定することができる。

3　裁判では三審制がとられており，第一審の判決に不服があるときは控訴でき，控訴審に不服があるときは上告をすることができる。また，確定した判決に対して再審を求める制度も認められている。

4　裁判所は違憲審査権を有しており，国民は自らの訴訟事案に関係なく，法令の違憲審査を求める訴えを裁判所に提起することができる。

5　裁判に国民の民意を反映させるため，裁判員制度が民事裁判および刑事裁判の双方に導入されている。

解説

1．裁判の対審および判決は，公開法廷で行われるのが原則である（憲法82条１項）。したがって，前半は妥当である。しかし，公開原則の例外，すなわち裁判の非公開は，「裁判所が，裁判官の全員一致で，公の秩序又は善良の風俗を害する虞があると決した場合」に対審のみを非公開とできるにとどまり（同82条２項本文），本肢にあるような刑事裁判の被害者または民事裁判の原告からの請求によって非公開とすることはできない。

2．裁判官はおのおの独立して職権を行使するため（憲法76条３項），職務に関して最高裁判所長官の監督は受けない。また，裁判官としての威信を著しく失うべき非行があったときには，弾劾裁判所の弾劾裁判によって罷免されることがあるが（裁判官弾劾法２条２号），職務上の義務違反や職務懈怠，あるいは品位を辱める行状があったなどの場合には，戒告または１万円以下の過料の懲戒に処すことはできるものの（裁判所法49条，裁判官分限法２条），罷免することはできない。また，この懲戒も合議体の裁判で行わなければならず（裁判官分限法４条・５条），最高裁判所長官が単独で行うことはできない。

3．妥当である（民事訴訟法281条・311条・338条，行政事件訴訟法７条，刑事訴訟法372条・405条・435条）。

4．判例は，わが国の司法制度は，具体的事件と関係なく憲法裁判所が抽象的に法令等の違憲審査を行う抽象的違憲審査制ではなく，裁判所が具体的訴訟において，その事件の解決に必要な限度で違憲審査を行う付随的違憲審査制であるとしている（最大判昭27・10・8）。

5．裁判員制度は，刑事裁判のみに導入されている（裁判員の参加する刑事裁判に関する法律１条）。

正答　3

No. 33 政治 最高裁の違憲判決 令和元年度

最高裁判所が，ある法律を違憲とした判決の効力に関する学説として，次の２つの説がある。

A説　違憲判決の効力は当該事件に限られる。

B説　違憲判決の効力は，当該事件のみでなくその法律を一般的に無効とする。

次のア～オの記述のうち，A説の根拠となるものが２つある。その組合せとして妥当なのはどれか。

ア　裁判所の違憲審査権は，具体的な事件の解決に必要な範囲で行使される。

イ　ある法律が，その事件では無効，他の事件では有効とするのは，法的安定性や予見可能性を欠く。

ウ　最終的な違憲審査の権限を有する最高裁判所が，最高法規である憲法に違反すると判断している。

エ　違憲判決により法律を無効とすることは一種の立法作用であり，国会の立法権を侵害する。

オ　憲法に違反する法律を執行する義務を内閣に負わせるのは，不合理である。

1　ア，イ
2　ア，エ
3　イ，ウ
4　ウ，オ
5　エ，オ

解説

A説は個別的効力説，B説は一般的効力説である。

ア：A説の根拠となる。A説は，裁判所の違憲審査権は，具体的な事件の解決に必要な範囲で行使されるから，違憲判決の効力も当該事件に限られると主張する。

イ：B説の根拠となる。B説は，A説に対して，違憲とされた法律が，その事件では無効でも，他の事件では有効とするのは，法的安定性や予見可能性を欠くと批判する。

ウ：B説の根拠となる。B説は，最高法規である憲法に違反する法律は「その効力を有しない」（憲法98条１項）とされており，違憲審査権行使の終審裁判所（同81条）である最高裁判所が法律を違憲と判断した以上，その法律は一般的に無効とされるべきであると主張する。

エ：A説の根拠となる。A説は，B説に対して，違憲判決により法律を無効とすることは，法律の廃止という一種の立法作用であり，国会の立法権（憲法41条）を侵害すると批判する。

オ：B説の根拠となる。B説は，A説に対して，内閣に憲法違反の法律を誠実に執行する義務を負わせる（憲法73条１号）のは，不合理であると批判する。

以上から，A説の根拠となるのはアとエであり，**2**が正答となる。

正答　2

No. 34 B日程 政治 労働法制 令和元年度

労働法制に関する次の記述のうち，妥当なのはどれか。

1　労働基準法上，使用者は，労働者に対して，毎週少なくとも2回の休日を与えなければならない。

2　最低賃金は，全国で一律の額が定められているが，近年は減額傾向にある。

3　賃金について，女性を男性と差別的に取り扱うことは禁止されているが，労働者の募集について，性別を理由とする採用は禁止されていない。

4　労働者は，その事業主に申し出ることにより，育児休業や介護休業をすることができる。

5　使用者は，労働者が，労働組合に加入していることを理由として解雇することはできないが，労働組合に加入しないことを雇用条件とすることはできる。

解説

1．使用者は，労働者に対して，毎週少なくとも「1回」の休日を与えなければならないのが原則である（労働基準法35条1項）。

2．最低賃金は，都道府県ごとに定められている。また，近年は増額傾向にある。

3．前半は正しい（労働基準法4条）が，後半が誤り。事業主は，労働者の募集および採用について，その性別にかかわりなく均等な機会を与えなければならない（雇用機会均等法5条）。

4．正しい（育児・介護休業法5条1項本文，11条1項本文）。

5．前半は正しいが，後半が誤り。使用者は，労働者が，労働組合に加入しないことを雇用条件とすることもできない（労働組合法7条1号本文）。

正答　4

市役所上・中級

No. 35 B日程

経済　効　用　平成20年度

次の記述のうち，妥当なもののみをすべて挙げているものはどれか。

ア　日給10,000円の仕事を休んで，入場料が5,000円の遊園地に行ったときの機会費用は15,000円である。

イ　お茶を２杯飲んだとき，１杯目と２杯目の効用は変わらない。

ウ　購入した映画の前売りチケットをなくしたとき，２枚目は購入しないほうが合理的である。

エ　服に興味があり家電製品に興味がない人でも，服が増えてくると家電製品が欲しくなる。

1　ア，イ
2　ア，エ
3　イ，ウ
4　イ，エ
5　ウ，エ

解説

ア：正しい。

イ：一般に，２杯目のお茶から得られる効用は１杯目のお茶から得られる効用より小さい（限界効用逓減の法則）。

ウ：映画鑑賞で得られる効用（総便益）がチケット２枚分の代金より大きければ，２枚目を購入するほうが合理的である。

エ：正しい。

よって，正答は**2**である。

正答　2

経済　予算線　平成24年度

次の文中のア～ウに当てはまる語句の組合せとして妥当なのはどれか。なお，X財，Y財ともに上級財とする。

ある人が収入のすべてをX財とY財の購入に充てるとする。このとき，下図において点Aはア（a．購入可能　b．購入不可能）である。また，X財の価格が上昇すると，予算線ZZ'は　イ（a．点A　b．点B）を中心に　ウ（a．右上方　b．左下方）へと移動する。

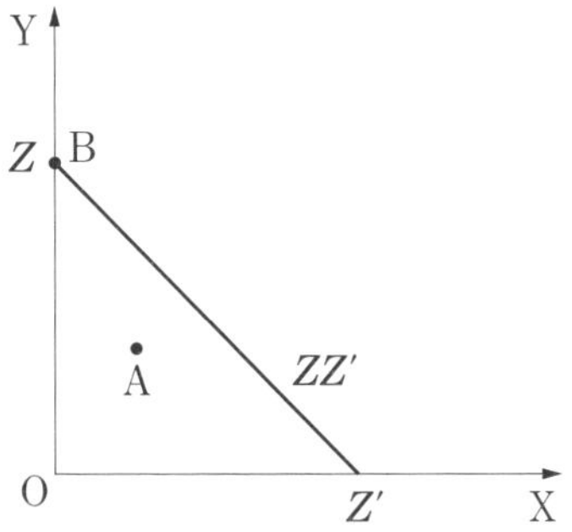

	ア	イ	ウ
1	a	a	b
2	a	b	a
3	a	b	b
4	b	a	a
5	b	b	b

解説

ア：aが当てはまる。点Aは予算線ZZ'の中にあるため，購入可能である。

イ：bが当てはまる。

ウ：bが当てはまる。

X財の価格が高くなるとX財の需要が減る一方，Y財の需要は変わらないため，予算線ZZ'は点Bを中心に，左下方へと移動する。

以上より，正答は**3**となる。

正答　3

市役所上・中級

B日程

No. 37 経済 2財を消費する個人の予算線 平成18年度

図は，ある個人がX，Y財の2財を消費するときの予算線を表している。このとき，予算線の説明として妥当なものはどれか。

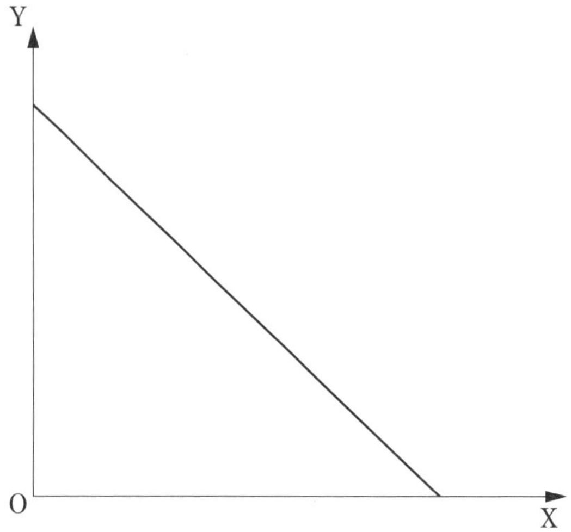

1 予算線の右上の点は購入可能である。
2 X財の価格が低下するとき，予算線は右上方に平行移動する。
3 X財の価格が上昇するとき，予算線の傾き（絶対値）が小さくなる。
4 Y財の価格が上昇するとき，予算線の傾き（絶対値）が大きくなる。
5 所得が増加するとき，予算線は右上方に平行移動する。

解説

1. 予算線上および左下の点は購入可能（消費可能領域）である。
2. X財の価格が低下すると予算線の傾き（絶対値）は小さくなる。
3. X財の価格が上昇すると予算線の傾き（絶対値）が大きくなる。
4. Y財の価格が上昇すると予算線の傾き（絶対値）は小さくなる。
5. 正しい。

正答 5

経済　需要曲線と供給曲線　平成15年度

次の図1～図3は，ある財の需要曲線(D)と供給曲線(S)を表している。このとき，次の記述ア～ウと図の組合せとして，妥当なものはどれか。

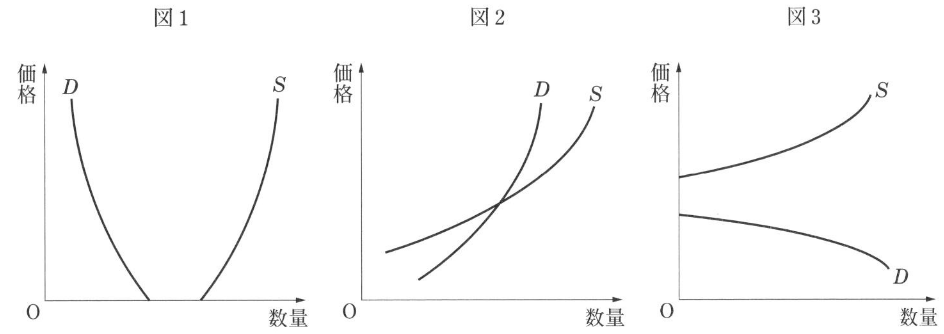

ア：供給価格が需要価格を常に上回り，消費者の手の届かない財である。

イ：価格が上昇するほど供給量も需要量も増える財である。

ウ：供給量が需要量を常に上回る財である。

	図1	図2	図3
1	ア	イ	ウ
2	ア	ウ	イ
3	イ	ウ	ア
4	ウ	ア	イ
5	ウ	イ	ア

解説

ア：価格は縦軸であるから，ある数量において供給価格が需要価格を上回るときは，供給曲線が需要曲線の上側にある。したがって，すべての数量について供給曲線が需要曲線の上側にある図3の場合である。

イ：価格が上昇するほど供給（需要）量が増加するということは，図で供給（需要）曲線が右上がりになるということである。したがって，供給曲線，需要曲線ともに右上がりの図2の場合である。

ウ：供給（需要）量は横軸であるから，すべての価格で需要量より供給量が右側にある図1の場合である。

よって，正答は**5**である。

正答　5

市役所上・中級

No. 39 B日程

経済　需要曲線のシフト要因　平成24年度

ある財市場で需要曲線が右へシフトし，その結果としてこの財の価格が上昇した。このようなことが生じた理由として考えられるものはどれか。

1　補完財の価格が上昇した。
2　代替財の価格が上昇した。
3　生産費用が上昇した。
4　生産技術の進歩が生じた。
5　消費者の所得が減少した。

解説

1．補完財（一定の効用を保つという条件の下で関連財の価格が上昇すると当該財の需要が減るという関係が成立する，つまり負の代替効果を持つ財）の価格が上昇すると，当該財の需要は減るので，需要曲線は左へシフトする。
2．正しい。ちなみに代替財とは，一定の効用を保つという条件の下で関連財の価格が上昇すると当該財の需要が増える，つまり正の代替効果を持つ財のことである。
3．生産費用の上昇は生産者（供給面）の変化であり，供給曲線の（左）シフトをもたらす。
4．生産技術の進歩は生産者（供給面）の変化であり，供給曲線の（右）シフトをもたらす。
5．一般に，消費者の所得が減少すると，財に対する需要は減少するので，需要曲線は左へシフトする。

正答　2

No. 40 C日程 経済 余剰分析 平成21年度

次の図はある財市場の需要曲線と供給曲線を描いている。この図に関する下の文のa～cに当てはまる語句の組合せとして妥当なのはどれか。

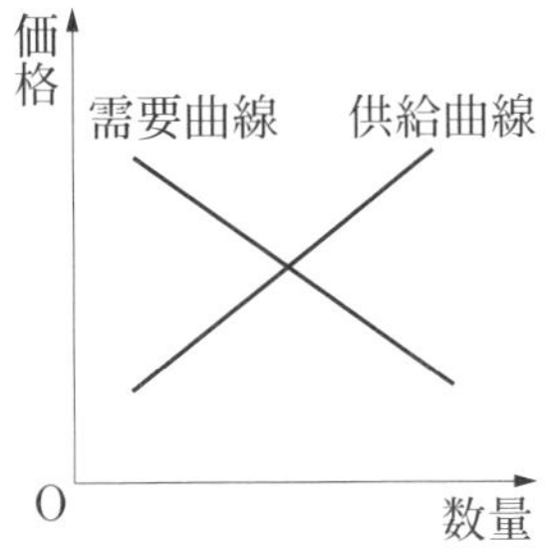

この財の価格を市場価格より高い水準に設定するように規制すると，市場ではa（ア.超過需要，イ.超過供給）が発生する。また，なんらかの理由で需要が減少して需要曲線が平行移動すると，この財の価格はb（ア.上昇，イ.下落）する。これらいずれの場合においても，消費者余剰はc（ア.減少，イ.増加）する。

	a	b	c
1	ア	ア	ア
2	ア	イ	イ
3	イ	ア	ア
4	イ	イ	ア
5	イ	イ	イ

解説

初めに，需要曲線を縦軸（価格軸）まで延ばした図1を使って，価格規制の影響について考察する。規制前の均衡は点Eであるから，規制前の価格はVであり，消費者余剰は△REVの面積である。この財の価格が市場価格Vより高いSに規制されると，需要量はSTの長さ，供給量はSUの長さになる。よって，供給量が需要量をTUの長さだけ上回るので，超過供給が発生する（aはイなので**1**，**2**は誤り）。また，この規制によって，消費者余剰は△RSTの面積に変化するので，□$SVET$の面積だけ減少する（cはアなので**2**，**5**は誤り）。

次に，需要曲線と供給曲線を縦軸（価格軸）まで延ばした図2を使って，需要の減少の影響について考察する。需要が減少すると，図2の曲線D'のように需要曲線が左へシフトする。つまり，均衡点が点Eから点E'へ変化するので，価格はVからV'へ下落する（bはイなので**1**，**3**は誤り）。また，この需要の減少によって，消費者余剰は△$R'E'V'$の面積に変化する。△REVと△$R'E'V'$は相似形であり，$VE > V'E'$となることから，需要の減少は消費者余剰を減少させる（cはやはりアなので**2**，**5**は誤り）。

以上から，正答は**4**である。

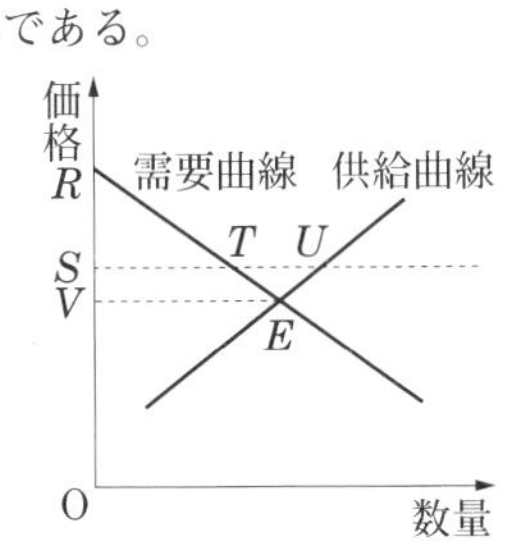

図1

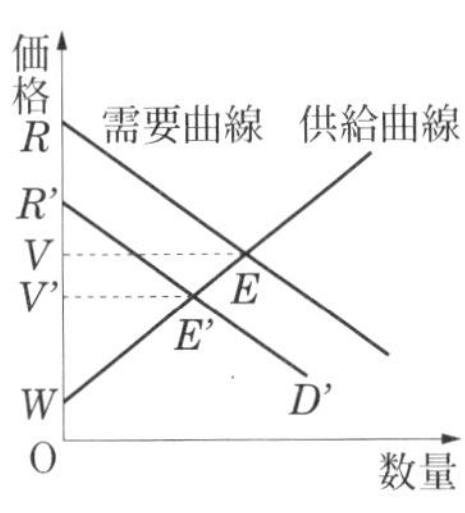

図2

正答 4

市役所上・中級

B日程

No. 41 経済 市場の失敗 平成28年度

市場メカニズムを通じた資源配分が非効率的であるとき市場の失敗と呼ばれ，効率性の観点から政府の介入が正当化される。次のA～Eは政府の介入の種類，ア～オはその例である。介入の種類とその例の組合せとして妥当なのはどれか。

A　競争の維持・促進を図る。

B　大規模な設備投資が必要なために自然独占になる産業へ介入する。

C　取引きの当事者間で情報量に偏りがある状況に対処する。

D　外部性を是正する。

E　公共財を供給する。

ア　警察・消防サービスは，利用者から対価を徴収することが困難であり，十分な量が供給されないため，民間企業ではなく，政府が提供する。

イ　高速道路を通行する自動車の騒音を規制するために，政府が特に通行量が多く，騒音が発生する時間帯に通行する自動車に対して混雑税を課税する。

ウ　公共事業の入札に参加する企業が，談合で入札額や受注企業をあらかじめ取り決めることを政府が禁止する。

エ　消費者が食品の品質を判断できない場合，質のよいものと悪いものが同じような価格となり，よい品質のものが出回りにくくなるため，政府が食品検査を実施して食品会社に品質表示を義務づける。

オ　ガス産業は規模の経済が働くため，政府が参入規制をして地域独占とし，料金を規制する。

	A	B	C	D	E
1	イ	ウ	エ	ア	オ
2	イ	オ	ア	ウ	エ
3	ウ	エ	オ	ア	イ
4	ウ	オ	エ	イ	ア
5	オ	エ	ウ	イ	ア

解説

ア：「利用者から対価を徴収することが困難であり」は「非排除性」と呼ばれる，公共財が持つ性質の一つであるから，Eである。

イ：外部不経済（騒音）とピグー税（混雑税）に関する記述であるから，Dである。

ウ：談合で入札額や受注企業をあらかじめ取り決める行動は競争の維持や促進を損なう行動なので，それを禁止する行動はAである。

エ：消費者は食品の品質を判断できないが，生産者はそれを判断できることが原因であるから，Cである。

オ：規模の経済とは，固定費用の存在などにより，大量生産することによって平均費用が低下することであるから，Bである。

よって，正答は**4**である。

正答　4

No. 42 経済 従量税課税後の厚生損失 平成22年度

ある財に従量税が課税される前の供給曲線 S, 課税後の供給曲線 S' およびこの財の需要曲線 D が次の図のように表されるとする。課税後の生産者余剰，消費者余剰，税収および課税による厚生の損失を正しく示した組合せとして，妥当なものはどれか。

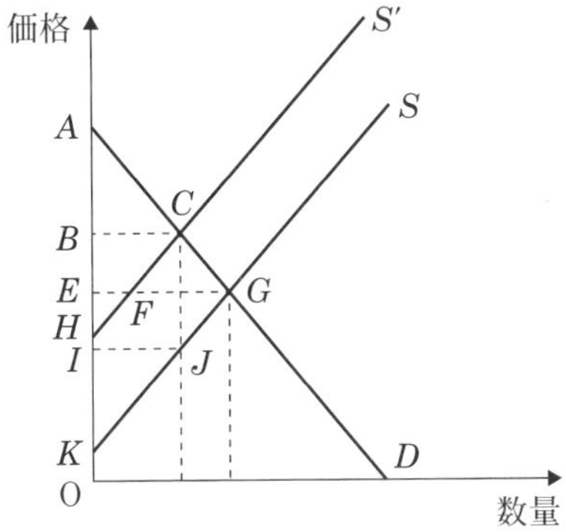

	生産者余剰	消費者余剰	税収	厚生の損失
1	△BCH	△ABC	□$BCJI$	△CGF
2	△BCH	△ABC	□$BCJI$	△CGJ
3	△BCH	△AEG	□$BCGE$	□$HCJI$
4	□$BCJK$	△ABC	□$BCGE$	△CGJ
5	□$BCJK$	△AEG	□$BCJI$	△CGF

解説

初めに，従量税課税後の余剰と税収について考える。供給曲線 S' と需要曲線 D の交点 C が均衡点であるから，生産者余剰は△BCH（**4**, **5** は誤り），消費者余剰は△ABC である（**3**, **5** は誤り）。また，CJ の長さが従量税課税額なので，税収は□$BCJI$ である（**3**，**4** は誤り）。ちなみに，税収が□$BCJI$＝□$HCJK$ であることと，税収が消費者のために使われると考えると，課税後の経済厚生は，消費者余剰＋生産者余剰＋税収＝□$ACJK$ である。

次に，課税による厚生の損失について考える。課税前の均衡点は供給曲線 S と需要曲線 D の交点 G であるから，課税前の経済厚生は，消費者余剰＋生産者余剰＝△AEG＋△EGK＝△AGK である。よって，課税によって経済厚生は△AGK から□$ACJK$ に縮小するので，課税による厚生の損失は△CGJ である（**1**，**3**，**5** は誤り）。

よって，正答は **2** である。

正答 2

市役所上・中級

No. 43 B日程

経済　公共財　平成23年度

公共財の性質には，非競合性と非排除性がある。非競合性とは，ある人がそれを消費しても他の人の消費量が変化しないという性質であり，非排除性とは対価を支払わなくても消費できるという性質である。下の表の空欄ア～エに入る事例の組合せとして，妥当なのはどれか。

	非競合的	競合的
非排除的	（　ア　）	（　イ　）
排除的	（　ウ　）	（　エ　）

	ア	イ	ウ	エ
1	交通量の多い一般道路	伝染病の検疫	有料テレビ放送	大学の教科書
2	交通量の多い一般道路	有料テレビ放送	大学の教科書	伝染病の検疫
3	伝染病の検疫	有料テレビ放送	交通量の多い一般道路	大学の教科書
4	伝染病の検疫	交通量の多い一般道路	有料テレビ放送	大学の教科書
5	伝染病の検疫	交通量の多い一般道路	大学の教科書	有料テレビ放送

解説

公共財の満たすべき性質（非競合性と非排除性）を使って，4つの財「交通量の多い一般道路」,「伝染病の検疫」,「有料テレビ放送」および「大学の教科書」を分類する問題である。

誰かが利用すると他の人が利用できなくなる，つまり競合的な財は「交通量の多い一般道路」と「大学の教科書」である。前者の競合性は交通混雑という形で，後者の競合性は，他人が読書中の本を読むことはできないという形で発生する。また，対価を支払わなければ利用できない，つまり排除的な財は「大学の教科書」と「有料テレビ放送」である。前者の排除性は対価を支払わなければ書店から持ち帰れないという形で，後者の排除性は対価を支払わなければ受信できないという形で発生する。

よって，アは「伝染病の検疫」，イは「交通量の多い一般道路」，ウは「有料テレビ放送」，エは「大学の教科書」なので，正答は**4**である。

正答　4

経済　外部不経済　平成25年度

次の文は外部不経済が生じている市場に関する記述である。文中の空欄ア～ウに当てはまる語句の組合せとして妥当なものはどれか。

右図は縦軸に価格，横軸に数量をとり，右下がりの需要曲線Dと右上がりの社会的限界費用曲線（SMC），私的限界費用曲線（PMC）を描いたものである。外部不経済が発生している場合，PMCはA，Bのうち（　ア　）であり，数量は本来の社会的最適取引量と比べて（　イ　）なっている。

そこで，最適な取引量を実現させるため，政府が課税を行うことで（　ア　）がSMC（　ウ　）ことになる。

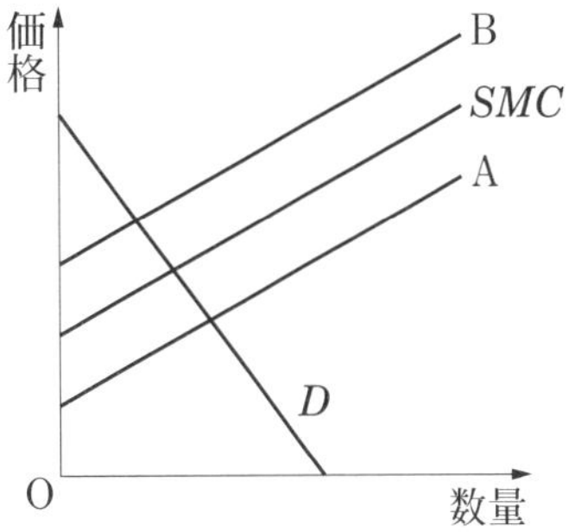

	ア	イ	ウ
1	A	多く	を上回る
2	A	少なく	を下回る
3	A	多く	と一致する
4	B	少なく	を上回る
5	B	多く	と一致する

解説

外部性とは経済活動の費用や便益が他の経済主体に対して及ぶことである。つまり，外部不経済は取引当事者以外に負の外部効果が及ぶことであり，具体例として公害が挙げられる。

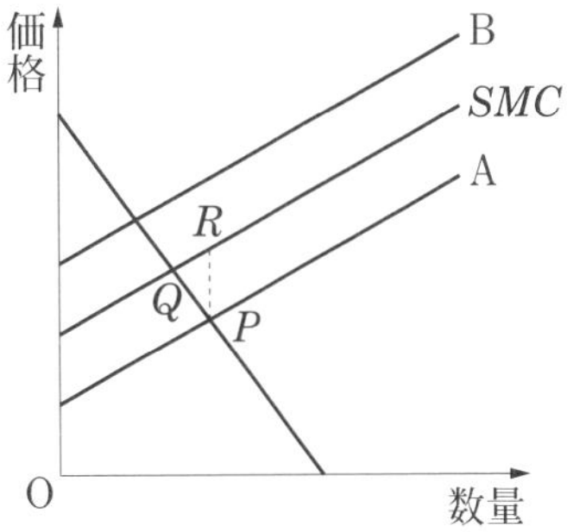

企業は外部不経済を考慮しないため過剰生産することから，SMCの下方にPMCが来るため，アはAとなる。

しかし，余剰は社会的に要している費用で測定するため，社会的に最適な取引量はQ点の取引量となる。ここで余剰最大化が達成されていることから，イは「多く」となる。

政府が社会的に最適量を実現させるためには，単位当たりRPだけ課税する（このような課税をピグー税という）。これによって，PMCをSMCに一致させる必要がある。したがって，ウには「と一致する」が当てはまる。

以上より，正答は**3**である。

正答　3

市役所上・中級

B日程

No. 45 経済 GNPとGDPの定義 平成24年度

日本の製粉業者がアメリカから小麦を50万円で仕入れた。日本のパン屋は50万円で，外国のパン屋は60万円でこの小麦から作られた小麦粉を仕入れた。日本のパン屋はこの小麦を使ってパンを製造して150万円の売上げを得，外国のパン屋はこの小麦を使ってパンを製造して100万円の売上げを得た。日本のGNPとGDPの組合せとして妥当なものはどれか。ただし，日本のパン屋と外国のパン屋はともに日本国内で製造・販売したものとする。

	GNP	GDP
1	160万円	200万円
2	150万円	160万円
3	200万円	150万円
4	100万円	200万円
5	160万円	150万円

解説

GNP（国民総生産）とGDP（国内総生産）の定義に関する計算問題である。題意を整理して図示すると，次のとおりである。

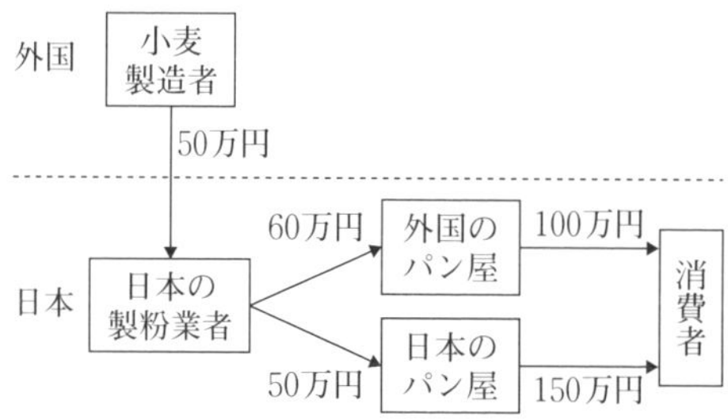

初めに，日本のGNPについて考える。GNPは付加価値を付けたものを重視する。よって，日本のGNPは日本の製粉業者と日本のパン屋が生み出した付加価値の合計である。日本の製粉業者は50万円で仕入れて50万＋60万＝110万円の売上げを得たのだから，日本の製粉業者が生み出した付加価値は110万−50万＝60万円である。また，日本のパン屋は50万円で仕入れて150万円の売上げを得たのだから，日本のパン屋が生み出した付加価値は150万−50万＝100万円である。よって，日本のGNPは60万＋100万＝160万円である（**2**，**3**，**4**は誤り）。

次に，日本のGDPについて考える。GDPは付加価値を付けた場所を重視する。よって，日本のGDPは日本のGNPに外国のパン屋の付加価値を加算した額である。外国のパン屋は60万円で仕入れて100万円の売上げを得たのだから，外国のパン屋が生み出した付加価値は100万−60万＝40万円である。先に求めた日本のGNP 160万円にこの付加価値を加えると，日本のGDPは160万＋40万＝200万円である（**2**，**3**，**5**は誤り）。

よって，正答は**1**である。

正答 1

市役所上・中級

B日程

No. 46 経済 失 業 平成28年度

失業に関する次の記述の空欄ア～ウに当てはまる語の組合せとして，妥当なのはどれか。

日本では，15歳以上人口は，労働力人口と非労働力人口に区分される。労働力人口はさらに，就業者と完全失業者に分けられる。働く意思のない定年退職者は，ア ｛a：非労働力人口，b：完全失業者｝ に分類される。

最低賃金制度は，労働者の賃金の最低額を保証する制度である。政府が最低賃金を引き上げた結果として労働力人口が増えると，完全失業者はイ ｛a：減少する，b：増加する｝。

失業には，景気変動による循環的失業と，求人と求職のミスマッチによる構造的失業がある。ある産業が衰退したために失業した者が，別の産業で求められるスキルがないために就業できない場合，この失業者はウ ｛a：循環的失業，b：構造的失業｝ に含まれる。

	ア	イ	ウ
1	a	a	a
2	a	b	a
3	a	b	b
4	b	b	a
5	b	b	b

解説

ア：15歳以上であっても働く意思がなければ，非労働力人口に分類される（**4**と**5**は誤り）。

イ：一般に，労働の需要量は賃金が上昇するにつれて低下する（縦軸に賃金，横軸に労働需要量をとると，労働の需要曲線は右下がりである）と考えられる。この状況で労働力人口が増加すると，労働市場では超過供給，すなわち完全失業者は増える。（**1**は誤り）。

ウ：就業できない要因が「求められるスキルがない」ことであるから，構造的失業に属する（**1**，**2**，**4**は誤り）。循環的失業とは，景気循環の過程で不況に伴って生じる失業である。よって，正答は**3**である。

正答 3

市役所上・中級

B日程

No. 47 経済 経済成長 平成27年度

経済成長に関する次のア～エの記述のうち，妥当なものの組合せはどれか。

ア　ある国の実質 GDP の成長が続いても，人口増加率がその成長率を上回っていれば，この国の１人当たり実質 GDP の成長率は低下する。

イ　家計の貯蓄率が高まって銀行などの預貯金が増加すると，企業の設備投資に充てる資金が増加し，長期的な経済成長をもたらす。

ウ　外国からの投資が増加すると国内の投資支出は減少するが，国内企業の投資は抑制されるため，経済成長も抑制される。

エ　労働人口が一定で，教育水準の向上によって労働の質が高まっても，長期的な経済成長はもたらされない。

1　ア，イ
2　ア，ウ
3　イ，エ
4　イ，ウ
5　ウ，エ

解説

ア：妥当である。ちなみに，実質 GDP＝１人当たり実質 GDP×人口であるから，実質 GDP 成長率＝１人当たり実質 GDP 成長率＋人口成長率となる。よって，１人当たり実質 GDP 成長率＝実質 GDP 成長率－人口成長率である。

イ：妥当である。ちなみに，貨幣市場では，預貯金が増加すると利子率が低下し，投資を刺激することになる。

ウ：妥当でない。外国からの投資増加は経済成長に資する。また，外国からの投資が増加しても国内の投資支出が減少するとは限らない。

エ：妥当でない。労働人口が一定であっても，教育水準の向上によって労働の質が高まれば，労働者１人当たりの生産性が上昇するので，長期的な経済成長がもたらされる。

以上から，妥当なものはアとイであり，**1** が正答となる。

正答　1

No. 48 C日程 経済 株式会社 平成30年度

株式会社に関する次の記述のうち，妥当なのはどれか。

1 株式を取得した者は株主になるが，株主になるためには制限があり，法人が株主になることはできない。

2 株式会社の利益は税金や配当に当てられるとともに内部留保され，設備の投資などに充てられる。

3 株式会社の安定さを表す指標として自己資本比率があり，この比率は銀行から資金を借りることで高まる。

4 日本経済の指標として日経平均株価があるが，これは地方の証券取引所を含めたすべての上場企業の株価である。

5 近年，コーポレートガバナンスの強化が強く言われるようになったことから，社外取締役を置くことは禁止されている。

解説

1．前半の記述は正しい。株式を保有すれば株主になることができ，法人も株主になることができる。

2．妥当である。

3．前半の記述は正しい。自己資本比率とは「自己資本÷（自己資本＋他人資本）」で求められる指標である。銀行から借りた資金は他人資本であることから，銀行から資金を借り入れると自己資本比率は下がる。

4．前半の記述は正しい。日経平均株価とは，東京証券取引所第一部上場銘柄から選定された225銘柄を用いて算出される指標である。

5．前半の記述は正しい。コーポレートガバナンスを強化する観点から，社外取締役を置くようにする規律の整備が進められている。

正答　2

市役所上・中級

A日程

No. 49 経済 労働市場の均衡 平成18年度

次の図に関する文中の空欄に入る適切な語句の組合せはどれか。

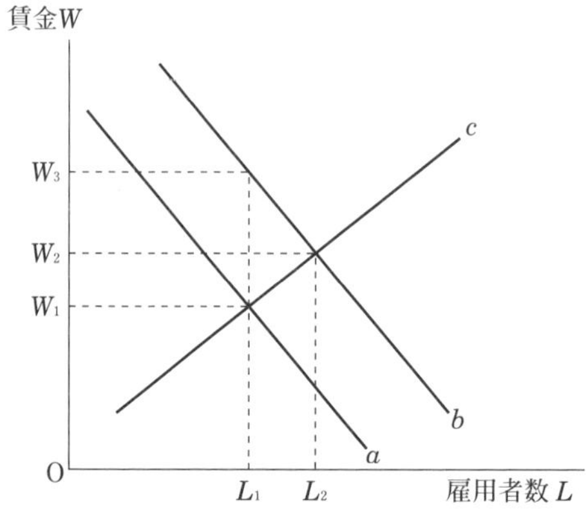

不況時または就職難のときの労働の需要曲線は（　X　）で表される。このときの賃金は（　Y　）となり，雇用数は（　Z　）に決まる。

	X	Y	Z
1	a	W_1	L_1
2	a	W_1	L_2
3	b	W_1	L_2
4	b	W_2	L_2
5	c	W_3	L_1

解説

図は労働の需給関係を示したものである。労働市場において不況あるいは就職難が生じており，企業が採用を手控えている状態は労働の需要曲線に反映され，より左下方へのシフトとして表現される。よって不況時または就職難のときの労働の需要曲線はa，また賃金と雇用は労働の需給の一致したところで決定されるので，賃金はW_1に，雇用はL_1に決定される。

よって，正答は**1**である。

正答　1

財政政策の効果に関する次の記述のうち，妥当なものはどれか。

1 財政政策の効果は，減税よりも財政支出のほうが大きい。

2 均衡予算の制約の下では，限界消費性向が大きいほど，財政政策の乗数効果が大きい。

3 ビルトイン・スタビライザーが働くと，所得格差が大きくなる。

4 流動性のわなの下では，財政政策の効果がない。

5 公債を中央銀行によって消化するとき，国民所得は減少する。

解説

1．正しい。海外部門を考慮しない閉鎖体系において，

政府支出乗数＝$\frac{1}{1-c}$，租税乗数＝$\frac{-c}{1-c}$である（ただし，c は限界消費性向，租税は固定税）。したがって，財政支出が増加したとき，国民所得はその財政支出の増加額の$\frac{1}{1-c}$倍増加するのに対して，財政支出の増加額と同規模の減税を行う場合には，国民所得はその減税額の$\frac{c}{1-c}$倍増加することになる。ここで限界消費性向は $0<c<1$ なので，財政政策の効果は，減税よりも財政支出のほうが大きいことになる。

2．均衡予算とは，政府支出の増加を同額の増税により賄うことであり，その乗数（「均衡予算乗数」という）は，限界消費性向にかかわらず1である。

3．たとえば，累進課税を採用している場合，国民所得が増加（減少）したときには，税収が増加（減少）することにより，自動的に消費を抑制（促進）する働きがある。このような効果をビルトイン・スタビライザーというので，所得格差は縮小する。

4．流動性のわなの状態になっている場合には，拡張的な財政政策を行っても，クラウディング・アウトしないため，財政政策は有効である。

5．通常の *IS-LM* 分析を前提とした場合，公債を中央銀行が消化すれば，拡張的財政政策の結果，*IS* 曲線は右シフトする一方，マネーストック（マネーサプライ）の増加により，*LM* 曲線も右シフトするので，結果的に国民所得は増加する。

正答 1

市役所上・中級

No. 51　C日程

経済　インフレーション　平成29年度

インフレーション（インフレ）に関する次の記述のうち，妥当なのはどれか。

1　インフレの発生原因は，公共事業の拡大などによって発生する需要インフレと生産コストの上昇により発生する供給インフレに分けられ，いずれのインフレも景気の後退を伴う。

2　インフレが発生すると，貨幣価値が低下し，預貯金などの元本の価値が実質的に減少する。また，インフレ率が名目賃金の上昇率を上回ると，賃金は実質的に減少する。

3　インフレ期待とは，人々が将来の物価上昇を予想することをさす。インフレ期待が発生すると，人々が消費を先延ばしすることから，企業の売上げや設備投資が減少し，物価は下がりやすくなる。

4　インフレを抑制するために中央銀行が行う政策は金融引締め政策である。その例として，中央銀行が金融市場で国債などを購入して金利を引き下げることなどが挙げられる。

5　日本の消費者物価の上昇率は，1980年代後半のバブル経済の時期には資産価格の上昇率より高く，約20％であったが，1990年代後半から2000年代後半には約マイナス５％になった。

解説

1．前半の記述は妥当である。需要インフレは需要の拡大を通じて景気を引き上げるので，景気の後退を伴わない。供給インフレは，景気の後退を伴う。

2．妥当である。ちなみに，「名目賃金の上昇率＝インフレ率＋実質賃金の上昇率」なので，「実質賃金の上昇率＝名目賃金の上昇率－インフレ率」である。

3．インフレ期待が発生すると，人々は，物価が上昇する前に消費（購入）しようと消費を前倒しするため，企業の売上げや設備投資が増加し，物価は上がりやすくなる。

4．前半の記述は妥当である。後半の記述は，金融緩和政策（買いオペレーション）に関するものである。なお，インフレ抑制のための金融引締め政策の例として，中央銀行が金融市場で国債などを売却して貨幣供給量を減らし，金利を引き上げる売りオペレーションがある。

5．バブル経済の時期の消費者物価の上昇率（対前年比）は２～３％程度であり，同時期に20％を超えたのは資産価格の上昇率（対前年比）である。また，1990年代後半から2000年代後半までの消費者物価の上昇率（対前年比）を見ると，５％も低下したことはない。

データ出所：平成28年度版『経済財政白書』

正答　2

市役所上・中級

B日程

No. 52 経済 内部ラグと外部ラグ 平成26年度

景気が後退してから政府や中央銀行が政策を実施し，景気に影響を与えるまでの間には，ラグ（後れ）が生じる。景気が後退してから政策を実施するまでを内部ラグ，政策を実施してから景気に影響を与えるまでを外部ラグと呼ぶ。内部ラグと外部ラグに関する以下の記述について，妥当な組合せはどれか。

ア　財政政策や減税政策を実施するには，予算や法律を成立させなければならず，時間がかかる。

イ　企業の投資計画は，金融政策による政策金利が変わってからすぐに変更することはできず，効果が出るには時間がかかる。

ウ　中央銀行の金融政策は，専門家が決定しているので，決定から実施までの時間が早い。

エ　公共事業増加はそれ自体が需要創出であり，直接GDPに影響を与えるまで一定の時間がかかる。

	内部ラグ	外部ラグ
1	ア，ウ	イ，エ
2	ア，エ	イ，ウ
3	イ，ウ	ア，エ
4	イ，エ	ア，ウ
5	ウ，エ	ア，イ

解説

ア：景気後退を判断してから政策実施までの記述なので，内部ラグと判断できる。

イ：政策権利の変更という金融政策が実施された後の企業の動きについての記述なので，外部ラグと判断できる。

ウ：景気後退を判断してから政策実施までの記述なので，内部ラグと判断できる。

エ：公共事業の増加という財政施策がとられた後に，GDPにその効果が出るまでの記述なので，外部ラグと判断できる。

以上より，正答は**1**である。

正答　1

市役所上・中級

No. 53 C日程

経済　比較生産費説　平成17年度

次の表はA国とB国においてワインとパンを１単位生産するのに必要な労働力を示したものである。比較生産費説に従うとき，次の文中の①～③に当てはまる語句の組合せとして，妥当なものはどれか。

	ワイン	パン
A国	100	50
B国	30	20

B国はA国と比較して，ワイン生産に0.3倍，パン生産に0.4倍の労働力が必要である。このとき，B国は①（ア．パンのみに／イ．パン，ワインどちらも）絶対優位である。

A国はパン生産に比べてワイン生産に２倍の労働力が必要である。他方，B国はパン生産に比べてワイン生産に1.5倍の労働力が必要である。したがって，ワインに比較優位があるのは，②（ア．A国／イ．B国）であり，③（ア．B国はワインを生産し，A国はパンを生産する／イ．B国はワイン，パンどちらも生産する）ことが望ましい。

	①	②	③
1	ア	イ	ア
2	ア	イ	イ
3	イ	ア	ア
4	イ	ア	イ
5	イ	イ	ア

解説

まず，ワイン生産とパン生産について絶対優位を調べてみると，B国はA国と比較して，ワイン生産に0.3倍（A国：B国＝100：30），パン生産に0.4倍（A国：B国＝50：20）の労働力が必要となるので，ともにB国が絶対優位を持つ。

次に，比較優位を調べてみると，ワイン生産はパン生産に比べて，A国では２倍，B国では1.5倍の労働力（比較生産費）が必要なので，B国はワイン生産について，A国はパン生産について，それぞれ比較優位を持つことになる。

よって，①はイ，②はイ，③はアが当てはまり，正答は**5**である。

正答　5

No. 54 B日程 経済 国債 令和4年度

国債に関する次の記述のうち，下線部が妥当なものはどれか。

1 政府が財源を賄う手段には増税や国債発行がある。このうち，現在の世代から将来の世代へ負担が転嫁されやすいのは増税である。

2 国債が大量に発行され，中央銀行がこれを引き受けると，通貨の増発によるデフレーションを招く可能性が高まる。

3 国債が増大して資金需要が増加したり，国の財政の持続性への可能性に対する懸念が強まったりすると，国債の価値は下落しやすく，金利が上昇しやすくなる。

4 国債の発行残高が増大すると，国債の償還費や利払い費も増大し，事務などに充てることができる財源が多くなる。

5 国債には建設国債と赤字国債がある。1990年代以降に起きた人口構成の変化などを受けて，現在では，日本の国債発行残高は建設国債のほうが多くなっている。

解説

1．増税ではなく，国債発行である。国債発行は，現在の世代が負担に比べて大きな便益を受け，その負担を将来の世代に先送りしている状態である。なお，理論的には，リカード＝バローの中立命題のように世代間の公平性の問題は生じないという議論もある。

2．デフレーションではなく，インフレーションである。ちなみに，我が国では第二次世界大戦中の日本銀行（中央銀行）引受けによる大量の国債発行がインフレーションを招いたことを踏まえ，原則として日本銀行（中央銀行）引受けによる国債発行を禁じている（財政法5条，市中消化の原則）。

3．妥当である。

4．多くなるではなく，少なくなる。限られた財源を国債の償還費や利払い費に充てると，事務などに充てることができる財源は少なくなる。

5．建設国債ではなく，赤字国債（特例国債）である。建設国債は財政法4条1項ただし書きに基づいて「公共事業費，出資金及び貸付金の財源」のために発行されるものであり，人口構成の変化に伴う社会保障関係費の増大などを賄うために発行されているのは，赤字国債である。また，令和5年度末において，建設国債の残高は294兆円，赤字国債の残高は769兆円になる見込みである（参考資料：「日本の財政関係資料」〈財務省，令和5年10月〉）。

正答 3

市役所上・中級

C日程

No. 55 経済 外国為替 平成20年度

外国為替に関する次の説明のうち，正しいのはどれか。

1　輸入が増えると円の需要が増し，円高になる。

2　輸出が増えると円の需要が減り，円安になる。

3　円高のときは，外貨預金をする人が増える。

4　円高のときは，外国での製品競争力が高まる。

5　円高のとき，短期的に業績が上昇するのは，価格の上昇が製品数量の減少より遅いためだである。

解説

1．輸入が増えると円の需要が減り，円安になる。外国製品を購入する場合に，外国通貨で決済するとすれば，輸入の増加によって，外国通貨の需要が増える（円の需要が相対的に減る）からである。

2．輸出が増えると円の需要が増え，円高になる。**1**と逆になる。

3．正しい。すでに円高であれば，これ以上円高になるよりは円安に進む可能性が高いと考え，為替差益を得ようとする人が増え，外貨預金をする人が増えると考えられる。

4．円高のときは外国での製品競争力は低下する。

5．円高のとき，短期的に業績が上昇するのは，価格の上昇（為替レートの低下）が製品数量の減少より早いためである。為替レートが変化すると輸出入財価格は直ちに変わるが，それが輸出入数量に影響を与えるまでにはラグが存在する。このことにより，短期的には経常収支の黒字（ここでは業績）が拡大する（Jカーブ効果）。

正答　3

No. 56 稲城市

経済 財政制度 平成21年度

財政に関する次の記述のうち，妥当なのはどれか。

1 なんらかの理由で本予算が年度開始までに国会の議決を得られず，本予算が成立しない場合には，補正予算が組まれる。

2 会計検査院が検査報告を内閣に行った後，内閣はそれと決算を国会に提出して，国会で審議を受ける。

3 予算単年度主義とは，ある年の歳出はその年の歳入から賄わなければならないという，健全財政のための原則である。

4 会計年度独立の原則とは，予算は毎年作成しなければならないというものである。

5 繰越明許費とは，複数年に及ぶ事業に関し，その内容を記載し，国会へ提出して議決を得ることにより，支出が許されるものである。

解説

1．補正予算は暫定予算の誤り。ちなみに，補正予算は，本予算の執行過程において，天災地変，経済情勢の変化あるいは政策の変更などにより当初の予算どおり執行することが不可能ないし不適当となり，必要やむをえない場合に，国会の議決を経て当初の本予算の内容を変更して組まれることがある予算である。

2．正しい。

3．予算単年度主義とは，財政民主主義の観点から毎会計年度，予算を作成し，国会の議決を経なければならないというものである。

4．会計年度独立の原則とは，ある年度の歳出はその年度の歳入から賄わなければならないというものであり，健全財政を確立するのに不可欠な原則である。

5．繰越明許費は継続費の誤り。ちなみに，繰越明許費とは，歳出予算のうち，その性質上または予算成立後の事由により年度内にその支出が終わらない見込みのあるものについて，あらかじめ国会の議決を経て，翌年度に繰り越して使用することができることとするものである。

正答 2

No. 57 B日程 経済 地方財政 令和3年度

地方財政に関するア～オの記述のうち，妥当なもののみをすべて挙げているのはどれか。

ア　平成30年度決算における国と地方の歳出（純計算ベース）を見ると，地方の歳出総額は国の歳出総額より小さく，国の歳出総額は国と地方の歳出総額の８割を占める。

イ　平成30年度決算における地方の歳出（純計算ベース）を見ると，生活保護などの民生費や小中学校などにかかわる教育費が大きな割合を占める。

ウ　財政力のある地方自治体は国から地方交付金（普通交付税）の交付を受けないが，平成30年度を見ると，都道府県では東京都，大阪府および北海道など全体の４分の１，市町村では約半数が交付を受けていない。

エ　ふるさと納税は，実際には，都道府県や市区町村への寄附行為である。ふるさと納税制度の導入により，東京などの都市部に税金が流入した。

オ　多くの自治体が財政調整基金を積み立てているが，2020年の新型コロナウイルス感染症の拡大に対応する措置をとったために，多くがこの基金を取り崩した。

1　ア，ウ
2　ア，エ
3　イ，エ
4　イ，オ
5　ウ，オ

解説

ア：平成30年度決算について国と地方の歳出（純計算ベース）を見ると，地方の歳出総額は97.3兆円であり，国の歳出総額71.9兆円より大きい。また，国の歳出総額は国と地方の歳出総額の43％を占める。

イ：妥当である。平成30年度決算における地方の歳出（純計算ベース）を見ると，生活保護などの民生費が26.2％を占めて最も大きく，次いで小中学校などにかかわる教育費が17.2％を占めて大きい。

ウ：平成30年度において普通交付税の交付を受けていない団体は，都道府県では東京都だけであり，市町村では約4.5％を占める77団体である。

エ：前半の記述は正しい。ふるさと納税制度の導入により，東京などの都市部から税金が流出した。

オ：妥当である。ちなみに，財政調整基金は，地方公共団体が年度間における財源の不均衡を調整するための基金であり，財源に余裕があるときに積み立て，災害などで財源不足が生じた年度に活用する基金である。

よって，妥当なのはイ，オであり，正答は**4**である。

正答　4

参考資料：「日本の財政関係資料」（財務省），『令和２年版　地方財政白書』

市役所上・中級

No. 58　B日程

社会　労働市場　平成30年度

労働市場に関するア～オの記述のうち，妥当なもののみをすべて挙げているのはどれか。

ア．不況によって企業の労働需要が減少しても，賃金が低下せず，不況前の水準に維持されれていれば，失業は発生しにくい。

イ．経済全体で企業の求人数が求職者数を上回っても，企業と求職者の間のミスマッチが拡大すれば，失業率は低下しにくい。

ウ．失業保険の給付額を増加したり，給付を受けられる期間を延ばしたりすると，離職率の低下や就職率の上昇を通じて，失業率は低下する。

エ．解雇規制の強化は，現在雇用されている労働者が解雇されにくくする効果と，企業に新規採用を促す効果があり，いずれの効果も失業率の低下要因となる。

オ．失業期間の長期化は，就業意欲や技能が低下することによって，失業者の就業を困難にして経済的困窮を招き，社会全体の生産性の低下をもたらしやすい。

1　ア，ウ
2　ア，オ
3　イ，エ
4　イ，オ
5　ウ，オ

解説

ア：市場経済では財の価格が均衡価格を上回った状態では，売れ残り（超過供給）が生じてしまう。労働市場もこれと同じ。労働需要が減少し，労働需要曲線が左方にシフトすれば，それに応じて賃金が低下しないと，失業者は増加する。

イ：妥当である。雇用のミスマッチとは，企業の求人内容と求職者の能力や求職者が求める仕事内容などにずれが生じている状態のことである。たとえ企業が求人数を増加しても，求職者がその仕事に適さない場合，あるいはその仕事を求めていない場合には，雇用は増えないので，失業率も低下しない。

ウ：失業保険の給付額が上昇したり給付期間が長くなったりすれば，よりよい条件での転職をめざして離職しやすくなるし，妥協せずに転職活動を続けることもたやすくなる。

エ：解雇規制の強化に新規採用を促す効果はない。むしろ，企業が新規採用に消極的になる懸念がある。

オ：妥当である。失業期間を長期化させないための就業促進政策が求められる。

よって，イとオが妥当であるので，正答は**4**である。

正答　4

市役所上・中級

No. 59 A日程

社会 日本の選挙 令和4年度

我が国の選挙に関する次の文中の空欄ア～オに当てはまる語句の組合せとして，妥当なものはどれか。

・選挙区の議員１人当たりの有権者数の不均衡を，「一票の格差」という。2021年の衆議院議員総選挙における「一票の格差」は，最大で約（　ア　）倍だった。

・近年の衆議院議員総選挙の投票率は（　イ　）％台で推移しており，年代別だと18歳・19歳の投票率は全年代を通した投票率よりも（　ウ　）傾向にある。

・2021年の衆議院議員総選挙の当選者に占める女性の割合は約（　エ　）％であり，全国の市議会，町村議会，特別区議会のうち，女性議員の割合が最も低いのは，（　オ　）議会である。

	ア	イ	ウ	エ	オ
1	1.9	70	高い	10	町村
2	2.1	50	低い	30	町村
3	2.1	70	高い	30	特別区
4	2.1	50	低い	10	町村
5	1.9	70	高い	10	特別区

解説

ア：「2.1」が該当する。2021年の衆院選では，有権者数が最多の東京13区と最少の鳥取１区との間で，2.08倍の「一票の格差」が生じていた。

イ：「50」が該当する。2021年の衆院選の投票率は55.93％。４回連続で投票率は50％台にとどまった。ちなみに，衆院選の投票率が70％台に達したのは，2021年末の時点では1990年の衆院選が最後である。

ウ：「低い」が該当する。2021年の衆院選（小選挙区）における18歳・19歳の投票率は43.12％だった。20歳代の投票率はさらに低く36.56％だった。投票率低下は全年代に見られる傾向だが，特に「若者の選挙離れ」が著しい。

エ：「10」が該当する。2021年の衆院選の当選者に占める女性の割合は，9.7％だった。ちなみに，2022年における世界各国の議会（下院）議員に占める女性の割合は26.1％であり，我が国の衆議院の9.7％（188か国中165位）は極めて低い水準である。

オ：「町村」が該当する。地方議会における女性議員の割合は，都市部で高く，郡部で低い傾向にある。2020年末の時点における女性議員の割合は，特別区議会（東京23区の議会）が30.2％，市議会が16.2％，都道府県議会が11.5％，町村議会が11.3％となっている。

以上より，正答は**4**である。

正答　4

No. 60 B日程 社会 健康・医療 令和2年度

健康・医療に関するア～エの記述のうち，妥当なもののみをすべて挙げているのはどれか。

ア　日本は世界で平均寿命が上位の国であるが，平均寿命を男女別に見ると，男性では80歳を超え，女性の平均寿命では85歳を超えている。

イ　近年の日本人の死亡原因で最も多いのは「がん」であるが，心疾患や脳血管疾患による死亡数も多い。

ウ　ジェネリック医薬品が活用されているが，ジェネリック医薬品は従来の医薬品と比べ割高であることが，その普及の妨げとなっている。

エ　日本でも受動喫煙対策が課題となっており，すべての店舗において店内での喫煙が禁止されるとともに，違反者に対する罰則も設けられた。

1　ア，イ　　**2**　ア，ウ　　**3**　ア，エ
4　イ，ウ　　**5**　ウ，エ

解説

ア：妥当である。世界保健機関（WHO）の資料によると，2019年における日本の平均寿命は世界一である。次いでスイス，韓国の順となっている。また，日本の平均寿命はおおむね延伸傾向にあるが，コロナ禍の影響で2021年には，男性が81.47歳，女性が87.57歳と前年の水準を下回った。

イ：妥当である。2021年において，日本人の死因で最も多かったのは，がん（悪性新生物）で，全体の26.5％を占めている。第２位が心疾患で，第３位が老衰，第４位が脳血管疾患，第５位が肺炎の順となっている。ちなみに，高齢化に伴い，近年は老衰による死亡者が増加傾向にある。

ウ：ジェネリック医薬品（後発医薬品）とは，新薬（先発医薬品）の特許終了後に製造・販売される，新薬と同じ成分と効能を有する医薬品のことである。ジェネリック医薬品は，研究開発費を要さずに製造されるため，新薬よりも安価である。医療費抑制のために，政府も普及を促進している。

エ：すべての店舗が禁煙とされたわけではない。シガーバーやたばこ販売店のような喫煙目的施設では，店内で喫煙させることができる。また，飲食店や宿泊施設など，改正健康増進法（受動喫煙防止法）で第二種施設とされた施設では，店内での喫煙は禁止されたが，店内の喫煙専用室では喫煙させることができる。さらに，一定の基準を満たした小規模な飲食店では，喫煙可能な場所であることを表示すれば，喫煙専用室を設置しなくても，店内で喫煙させることができる。

以上から，妥当なものはアとイであり，**1**が正答となる。

正答　1

市役所上・中級

No. 61 C日程

社会　SDGs　令和3年度

2015年に採択された「持続可能な開発目標（SDGs）」に関するア～エの記述のうち，妥当なもののみをすべて挙げているのはどれか。

ア　SDGsには，貧困の解消や飢餓の撲滅などだけでなく，ジェンダー平等に関する目標も盛り込まれている。

イ　SDGsには法的拘束力があり，2030年までに目標を達成できなかった国には罰則が科されることになっている。

ウ　SDGsの達成は先進国だけに義務づけられており，発展途上国や民間企業，個人にはSDGs達成に協力することが求められるにとどまっている。

エ　日本政府は，地方創生とSDGsを結び付けており，その達成のための取組みの一環として，「SDGs未来都市」を選定している。

1　ア，イ
2　ア，エ
3　イ，ウ
4　イ，エ
5　ウ，エ

解説

ア：妥当である。SDGsは17の目標と，それらを実現するためのより具体的な169のターゲットからなる。17の目標には，「貧困をなくそう」「飢餓をゼロに」「ジェンダー平等を推進しよう」が含まれる。これらのほか，教育や経済成長，気候変動問題，海洋汚染問題，資源問題，格差是正，平和などに関する目標もある。

イ：SDGsに法的拘束力はない。ただし，SDGsの達成のために各国が法を制定し，国内において法的拘束力を持たせることは可能である。SDGsは2000年策定のMDGs（ミレニアム開発目標）の後継として2015年の「国連持続可能な開発サミット」において全会一致で採択された国際目標であり，2030年までの達成がめざされている。

ウ：SDGsは先進国だけでなく，発展途上国を含めた世界全体が達成をめざす目標である。また，民間企業や個人にも取組みが求められている。

エ：妥当である。わが国では，地方創生の取組みが進められているが，持続可能なまちづくりや地域活性化に向けた取組みの推進にSDGsの理念を取り込むことによる相乗効果を期待して，地方創生SDGsが推進されている。その一環で，優れたSDGsの取組みを提案する地方自治体を「SDGs未来都市」に選定し，そのなかでも特に優れた先導的な取組みを「自治体SDGsモデル事業」として支援し，こうした成功事例の普及を促している。

よって，妥当なのはアとエであり，正答は**2**である。

正答　2

B日程

No.62 社会 子どもと子育ての現状 令和4年度

我が国における子どもや子育てを巡る現状に関する次の記述のうち，妥当なものはどれか。

1 政府が子育てに関するさまざまな支援策を実施した結果，出生数は2010年代に入ると下げ止まり，2020年には200万人を超えた。

2 政府は幼稚園，保育所，認定こども園などの利用料の無償化を検討しているが，財源の確保が課題となっており，実現には至っていない。

3 都市部（埼玉・千葉・東京・神奈川・京都・大阪・兵庫の７都府県およびその他の同県の指定都市・中核市）の保育所待機児童率は，ここ数年約３割で推移しており，保育所待機児童問題は都市部以外のほうが深刻となっている。

4 子ども食堂は，子どもが一人でも行くことができる無料または低額の食堂であり，民間発の取組みとして広まったが，子どもの貧困対策，食育，地域における多世代交流など，さまざまな役割を果たしている。

5 ヤングケアラーは，ボランティアで子育て支援を行う高齢者のことであり，保育所や学童保育の施設などで，子どもたちの遊び相手となったり，学習支援を行ったりしている。

解説

1. 年間の出生数は，2016年に100万人を割り込んでから2022年まで，減少の一途にある。2022年の出生数は約77万人で，1899年の統計開始以来，初めて80万人を割り込んだ。合計特殊出生率も，一時期は回復傾向にあったが，2010年代後半以降，再び低下傾向にあり，2022年には1.26にまで低下した。

2. 幼児教育・保育の無償化は実現している。３～５歳児の保育所および認定こども園の利用料は全額無償，幼稚園も原則無償とされている。認可外保育についても上限付きで無償とされている。なお，０～２歳児については，住民税非課税世帯のみの無償化にとどまっている。

3. 待機児童率は，最も高い県でも１％未満，最も高い市でも10％を大きく下回る水準で推移している。また，待機児童問題は，主に都市部で深刻な問題とされてきた。ちなみに，保育の受け皿づくりが進められたことや出生数減少により，待機児童数は減少傾向にある。

4. 妥当である。現在では，子ども食堂の取組みは全国に広がっており，国や地方公共団体による支援も行われている。

5. ヤングケアラーとは，本来なら大人がやるべき家事や家族の介護，世話を日常的に行っている若者のことである。政府の発表によると，中学生のおよそ17人に１人がヤングケアラーとされている。ヤングケアラーは，学業への支障や社会的孤立の原因となることなどが問題とされている。ゆえに，国や地方公共団体により，その対策の取組みが進められている。

正答 4

市役所上・中級

A日程

No. 63 社会 成年年齢引下げに伴う変更 令和4年度

2022年4月，成年年齢を20歳から18歳に引き下げる旨の改正民法が施行された。これに伴う各種の年齢制限の変更に関する次の記述のうち，妥当なものはどれか。

1 18歳になれば，親権者などの法定代理人の同意がなくてもクレジットカードを作ることができるようになった。

2 18歳になれば，競馬の馬券（勝馬投票券）などの公営競技の投票券を購入することができるようになった。

3 18歳になれば飲酒や喫煙をしてもよいことになり，18歳・19歳の者に酒やたばこを販売しても罪に問われなくなった。

4 18歳になれば結婚することが可能になったが，20歳未満の者の結婚には父母の同意を要することになった。

5 18歳・19歳の者が少年法の適用対象から外され，罪を犯せば20歳以上の者と同等に刑事責任を負うことになった。

解説

1. 妥当である。未成年者が契約を結ぶには，親権者ら法定代理人の同意を要する。また，法定代理人の同意なしに結ばれた契約は，原則として取消しができる。成年年齢が18歳に引き下げられたことにより，18歳・19歳の者はこの制度の対象から外れた。

2. 公営競技（競馬，競艇，競輪，オートレース）の投票券は，引き続き20歳にならないと購入できない。ちなみに，パチンコ店については，成年年齢の引下げ前から，18歳になれば入店可能だった。

3. 飲酒や喫煙も，引き続き20歳にならないと認められない。それに，飲酒や喫煙目的であることを知りながら20歳未満の者に酒やたばこを販売・提供した者は，罪に問われる。

4. これまで，結婚開始年齢（婚姻適齢）は，男性が18歳で女性が16歳だった。だが，成年年齢の引下げと同時に，これが男女とも18歳に統一された。それに，これまで未成年者の結婚には父母の同意を要したが，18歳になれば成年者なので，結婚に父母の同意は不要となった。

5. 少年法が改正されたのは事実であるが，刑事事件を起こした18歳・19歳の者は「特定少年」として引き続き少年法が適用されることになった。ただし，殺人などの罪で刑事裁判を受けることになった者は起訴後の実名報道が可能となるなど，保護の程度は緩和された。

正答 1

No. 64　B日程　〈改題〉

社会　環境問題　平成23年度

環境問題を巡る近年の日本と世界の動向に関する次の記述のうち，妥当なものはどれか。

1　グリーン家電を対象とする家電エコポイント制度が実施されてきたが，その効果が顕著であったことから，2010年度以降も恒久的に実施されている。

2　わが国では，環境負荷分に応じて石油や石炭等の燃料に課税する新税制の導入が2011年３月に国会で議決されており，2011年10月から実施されている。

3　生物多様性条約・第10回締約国会議（COP10）が愛知県で開催され，遺伝資源を利用して開発された医薬品等の利益を資源保有国に配分するための詳細なルールが定められた。

4　ポスト京都議定書の取組みに関する話し合いが難航した際，わが国は京都議定書の単純延長には参加せず，あくまでも新ルールの採択をめざすとした。

5　2010年のワシントン条約締約国会議において，わが国は海洋資源保全の観点から，大西洋クロマグロの禁輸案を提案し，実現した。

解説

1．家電エコポイント制度とは，省エネ性能の高いエアコン，冷蔵庫，地上デジタル放送対応テレビの購入者にエコポイントを付与し，これをさまざまな商品と交換できるようにした仕組みのことである。同制度は，2011年３月31日までに購入された商品を対象としたものであり，すでに終了している。

2．環境負荷分に応じて燃料に課税する新税制（＝地球温暖化対策税）は，2011年度の政府税制改正大綱に盛り込まれたものの，国会での法改正が2012年３月にずれ込み，2012年10月から実施されている。

3．生物多様性条約・第10回締約国会議（COP10）では，遺伝資源を利用して開発された医薬品等の利益を資源保有国にも公平に配分することで合意が得られ，「遺伝資源のアクセスと利益配分（ABS）に関する名古屋議定書」が採択された。しかし，利益配分のための詳細なルールは定められておらず，ケースごとに当事者間で定めることが期待されている。

4．正しい。京都議定書では，温室効果ガス排出量の削減目標値が先進国に対してのみ課せられており，最大排出国の中国をはじめとする途上国には課せられていなかった。そこで，わが国はこれを不満として，京都議定書の単純延長に反対し，2013年以降はこれに加わらなかった。その後，2015年にはパリ協定が採択され，同協定は2016年に発効した。

5．わが国は，大西洋クロマグロの禁輸案（国際取引禁止案）に反対し，最終的に禁輸案は否決された。その際，アジアやアフリカなどの途上国も，自国の漁業に対する規制が将来的に強まることを恐れ，反対に回った。なお，現在では，漁獲管理が功を奏し，大西洋クロマグロは増加していることから，漁獲枠の拡大も実現している。

正答　4

市役所上・中級

No. 65 C日程

社会　わが国の地方創生や人口偏在　令和3年度

わが国の地方創生や人口偏在に関するア～オの記述のうち，妥当なもののみをすべて挙げているのはどれか。

ア　政府は，「企業版ふるさと納税」と呼ばれる，地方公共団体に寄附を行った企業の税負担を軽減する制度を導入しているが，この寄附はどの地方公共団体に行ってもよい。

イ　政府は，地方活性化のため，地域の定住人口だけでなく，観光旅行などでその地域と一時的に交流する関係人口の増加もめざす取組みを進めている。

ウ　政府は地方公共団体に対して「地方版総合戦略」の策定を求めているが，実際に戦略を策定している地方公共団体は全体の20％に満たない。

エ　人口減少や高齢化が著しい地域において，日常生活に不可欠な施設などを集約し，その場所と周辺集落を交通ネットワークで結ぶ取組みを，「小さな拠点」という。

オ　若者の東京一極集中を是正するため，東京23区内にある大学の定員が抑制され，東京圏にある大学の東京圏外でのサテライトキャンパスの設置が進められている。

1　ア，ウ　　**2**　ア，オ　　**3**　イ，ウ
4　イ，エ　　**5**　エ，オ

解説

ア：企業版ふるさと納税は，正式には地方創生応援税制といい，企業が政府の認定を受けた地方公共団体の地方創生プロジェクトに寄附すると，法人関係税の税額控除を受けられる制度である。個人のふるさと納税ならば原則的にどの地方公共団体に寄附しても構わないが，企業版ふるさと納税は異なる。

イ：観光旅行などで特定の地域と一時的に交流する人々は，交流人口という。関係人口とは，仕事などでその地をよく行き来している人，その地にルーツがある人，かつてその地に居住していた人や働いていたことがある人など，地域と多様に関わっている人々をさす概念である。政府も，関係人口の増加をめざす取組みを進めている。

ウ：2021年４月の時点で，地方版総合戦略が策定されている地方公共団体は98.4％に達している。また，閣議決定された第２期「まち・ひと・しごと創生総合戦略（2020改訂版）」に合わせ，戦略の見直しも多くの地方公共団体で進められている。

エ：妥当である。「小さな拠点」とは，複数の集落が散在する集落生活圏に，商店や診療所などの日常生活に不可欠な施設・機能や地域活動を行う場所を集約・確保し，そこを周辺集落と交通ネットワークで結び，地域集落の再生をめざす取組みのこと。政府もその取組みを推進している。

オ：妥当である。2018年に東京23区内にある大学の収容定員の増加を，原則10年間認めないことになった。また，東京圏内の大学の地方へのサテライトキャンパスの設置や，東京圏内の大学と地方大学の単位互換制度の構築が促進されている。

よって，妥当なのはエとオであり，正答は**5**である。

正答　5

C日程

No. 66 社会 わが国の道路交通政策 令和3年度

わが国の道路交通政策に関するア～オの記述のうち，妥当なもののみをすべて挙げているのはどれか。

ア　道路交通法の改正によって，スマートフォンを操作しながら自動車を運転していた者に対する罰則が強化された。

イ　道路交通法の改正によって，妨害運転罪が新設され，あおり運転に対する罰則が明文化された。

ウ　75歳以上のすべての高齢者は，運転免許の更新手続の前に，認知機能検査を受検することになっている。

エ　自動車の自動運転技術の研究・開発が進められているが，公道での自動運転はいまだに認められていない。

オ　自動車を日常的に運転する高齢者が増えていることから，高齢者の自動車運転による死亡事故件数は，上昇傾向にある。

1　ア，イ，ウ
2　ア，イ，オ
3　ア，ウ，エ
4　イ，エ，オ
5　ウ，エ，オ

解説

ア：妥当である。2019年の道路交通法改正により，「ながら運転」の罰則が強化された。ただし，本格的自動運転の実用化を見越して，自動運転時における運転者のスマートフォンなどの操作は解禁された。

イ：妥当である。2020年の道路交通法改正により，妨害運転罪が新設された。車間距離不保持などの10類型が妨害運転（あおり運転）の対象となり，重い処分を受ける。

ウ：妥当である。75歳以上の高齢運転者は，免許更新手続に際し，認知機能検査と高齢者講習を受けることになっている。また，2022年からは，過去3年間に一定の交通違反があった75歳以上の高齢運転者は，免許更新時に実車試験を受けることになった。

エ：自動運転技術は1～5までレベル分けされているが，たとえば前方障害物を検知して自動的にブレーキが作動するなどといった，運転者の安全運転をサポートするレベル2までの機能を搭載した自動車はすでに販売されており，公道を走行している。また，高速道路などで限定的に自動運転ができるレベル3の自動運転車の公道走行に向けた道路交通法の改正は，すでに実施済である。

オ：『交通安全白書（令和3年版）』によると，免許人口10万人当たりの高齢運転者による死亡事故件数は過去10年間減少傾向にある。また，全世代における道路交通事故件数や道路交通事故による死亡者数なども，長期的に減少傾向にある。

よって，妥当なのはアとイとウであり，正答は**1**である。

正答　1

市役所上・中級

B日程 〈改題〉

No. 67 社会 近年の米中関係 令和2年度

近年の米中関係に関するア～エの記述のうち，妥当なもののみをすべて挙げているのはどれか。

ア　アメリカが南シナ海への進出を目的にスプラトリー諸島（南沙諸島）海域に人工島を建設したことに対抗して，中国は人工島の周辺海域に海軍を派遣して，「航行の自由作戦」を展開した。

イ　アメリカは中国に対してセーフガードを発動し，中国からの輸入を規制した。中国もこれに対抗して，アメリカ製品への報復関税措置を実施したが，2019年に米中間で合意がなされ，米中貿易戦争は終結した。

ウ　アメリカは，安全保障上のリスクがあることを理由として，中国の大手通信機器メーカーに対するアメリカ企業による部品輸出を禁止したほか，政府機関による同社製品の調達も禁止した。

エ　香港では近年，「一国二制度」の下で反政府運動が活発化し，当局が取締りを強化したことから，アメリカは反政府運動を支援するために，香港人権・民主主義法を制定した。

1　ア，イ　　**2**　ア，ウ　　**3**　ア，エ

4　イ，ウ　　**5**　ウ，エ

解説

ア：中国がスプラトリー諸島（南沙諸島）海域に人工島を建設するなどして南シナ海への進出を展開していることに対抗し，アメリカは「航行の自由作戦」を展開し，人工島の周辺海域や空域に艦船や航空機を派遣した。なお，2016年に，常設仲裁裁判所は，中国による南シナ海の領有権主張に法的根拠はないとする判決を下している。

イ：2019年末に「第一段階の合意」がなされたものの，これで米中貿易戦争が終結したわけではない。2020年には新型コロナウイルスや香港などの問題もあり，米中対立はさらにエスカレートした。2021年以降も特段の歩み寄りは見られていない。

ウ：妥当である。アメリカは，国防授権法等に基づいて，中国の通信機器メーカー最大手のファーウェイ（華為技術）の排除を実施している。

エ：妥当である。香港がイギリスから中国に返還された後も，「一国二制度」として，香港には高度な自治が認められてきた。しかし，2019年に，香港では中国への犯罪容疑者の身柄引渡しの手続きを簡素化する旨の逃亡犯条例の改正が行われようとした。これに対し，「一国二制度」が崩壊するとして，香港市民による大規模な反対運動が巻き起こった。改正案は後に撤回されたが，騒動は収束せず，民主化運動へと発展した。アメリカは，香港人権・民主主義法を制定したが，中国はこれを内政干渉としてアメリカに猛反発し，米中対立のさらなる激化をもたらした。現在，中国は香港への介入を強化している。

以上から，妥当なものはウとエであり，**5**が正答となる。

正答　5

No. 68 B日程 社会 Quad（クアッド） 令和4年度

Quad（クアッド）に関する次の記述の下線部ア～エのうち，妥当なもののみをすべて挙げているのはどれか。

Quadは日本，アメリカ，インド，ア韓国の4か国による枠組みであり，イ2010年代後半には頻繁に首脳会合が行われていたが，新型コロナウイルスの感染拡大以降は行われていない。これら4か国は，法の支配，民主主義などの価値を共有しており，ウ「自由で開かれたインド太平洋」の実現を掲げ，エ東シナ海，南シナ海などにおいてルールに基づく海洋秩序が挑戦を受けていることへの対応など，海洋安全保障を協議事項の一つとしている。

1 ア，ウ
2 ア，エ
3 イ，ウ
4 イ，エ
5 ウ，エ

解説

ア：韓国ではなく，正しくはオーストラリアである。Quadは，「Quadrilateral Security Dialogue」の略で，「日米豪印戦略対話」の通称である。2007年に安倍元首相の提唱により始まった。

イ：Quad首脳会合は2021年3月に初めてテレビ会議方式で行われ，同年5月には初めて対面によって行われた。2022年5月には，バイデン大統領の訪日に合わせ，日本で首脳会合が行われた。外相会合が初めて行われたのも2019年のことであり，それ以前は局長級協議などが定期的に行われるのみだった。

ウ：妥当である。「自由で開かれたインド太平洋」は，安倍元首相が提唱した日本の外交方針であり，現在は日米豪印の4か国で共有されるに至っている。

エ：妥当である。「自由で開かれたインド太平洋」は，中国の台頭を背景に提唱された外交方針である。中国は国際社会の批判を無視する形で海洋進出を進めており，南シナ海では九段線という境界線を一方的に設定して海上権益を主張し，東南アジア諸国と対立している。また，東シナ海では一方的なガス田開発や尖閣諸島の領有権主張などで日本と対立している。

よって，妥当なものはウ，エであり，正答は**5**である。

正答 5

市役所上・中級

C日程

No. 69 社会 感染症 平成30年度

感染症に関する次の記述のうち，妥当なのはどれか。

1　ヒトインフルエンザは，人間だけでなく豚や鳥類にも感染するが，別の種に感染すると猛威を振るう性質がある。

2　HIVはアメリカや西ヨーロッパなどの先進国で流行したが，アジアやアフリカではあまり流行していない。

3　日本において，結核は以前よりも死者数が減っているが，現在においてもなお，新たな感染者が毎年発生している。

4　風疹は妊婦が感染すると胎児に影響を及ぼすが，予防接種の普及のおかげで，日本では20世紀末を最後に感染者が出ていない。

5　エボラ出血熱は南アメリカ大陸で流行した死者の出る感染症であり，ブラジルやアルゼンチンで多くの死者を出した。

解説

1. ヒトインフルエンザウイルスは，豚には感染するが鳥には感染しないとされている。なお，ヒトインフルエンザウイルスは鳥インフルエンザウイルスがなんらかの経緯で変異してできたと考えられている。

2. HIVはヒト免疫不全ウイルスのこと。HIVによって発症する疾患がAIDS（後天性免疫不全症候群）である。アフリカで発生したウイルスと考えられており，感染者もアフリカの人々に多い。

3. 妥当である。2022年の新規登録結核患者数は1万235人，結核による死者数は1,664人（概数）である。

4. 21世紀に入ってもなお，風疹の感染者は発生している。特に2018年には首都圏を中心に風疹が流行し，2,946人の風疹患者報告があった。

5. エボラ出血熱はアフリカで流行した感染症である。名称も，最初の患者が中部アフリカを流れるエボラ川に居住していたことに由来する。2014年にはシエラレオネやリベリア，ギニアなど，西アフリカで大流行し，多くの死者を出した。2023年11月現在，ブラジルやアルゼンチンでエボラ出血熱による死者が大量発生した例はない。

正答　3

市役所上・中級

No. 70 C日程 社会 官民データ活用推進基本法 令和元年度

2016年に施行された官民データ活用推進基本法に関するア～エの記述のうち，妥当なもののみをすべて挙げているのはどれか。

ア　国だけでなく，都道府県にも官民データ活用の推進に関する施策についての基本的な計画の策定を義務づけている。

イ　政府は，行政手続きの効率化を推進するために，原則として各種の手続きをオンライン化することになった。

ウ　国は，保有する官民データについて，個人情報保護の観点から，オープンデータ化しない方針を決定した。

エ　国は現在，行政手続きにおいて本人確認がしやすいように，全国民にマイナンバーを付与する準備を進めている。

1　ア，イ
2　ア，ウ
3　ア，エ
4　イ，ウ
5　イ，エ

解説

ア：妥当である。官民データ活用推進基本法によって，政府には官民データ活用推進基本計画の策定が義務づけられるとともに（同８条），都道府県には都道府県官民データ活用推進計画の策定が義務づけられた（同９条）。

イ：妥当である。官民データ活用推進基本法により，国は行政機関等に係る申請，届出，処分の通知その他の手続に関し，原則としてオンライン化することになった（同10条）。

ウ：官民データ活用推進法は，国および地方公共団体が保有する官民データのオープンデータ化を義務づけている。また，その他の事業者に対しても公益の増進に資する官民データをオープンデータ化する努力義務を課している。もちろん，個人および法人の権利利益や国の安全等が害されることのないようにすることが求められている（同11条）。なお，オープンデータ化とは，著作権などの制約なく，容易にデータを利用できるようにすることをいう。

エ：マイナンバー制度は，すでに2016年に開始されている。また，マイナンバー制度の根拠法は，2013年施行の「行政手続における特定の個人を識別するための番号の利用等に関する法律」であり，「マイナンバー法」の通称で呼ばれているものである。

以上から，妥当なものはアとイであり，**1**が正答となる。

正答　1

市役所上・中級

No. 71 C日程 社会 近代オリンピック 平成26年度

近代オリンピックに関する次の記述のうち，妥当なのはどれか。

1 第二次世界大戦直後に開催された第１回大会以来，オリンピックの開催は夏季のみとされていたが，2000年以降は冬季オリンピックも開催されている。

2 夏季オリンピックについては，開催地域が偏らないように大陸間の持ち回り開催が定着していることから，アジア，アフリカ，欧州，オセアニア，中南米，北米での開催回数はほぼ同数である。

3 国際オリンピック委員会（IOC）は，オリンピックにコマーシャリズム（商業主義）が浸透することを防ぐため，放送権料の受取りやスポンサーからの資金提供を禁止している。

4 近代オリンピックはアマチュアリズムをうたってきたことから，かつてはアマチュア選手しか参加することができなかったが，現在では一部競技でプロ選手の参加が認められている。

5 国際オリンピック委員会（IOC）は，出身地や国籍による不公平が生じることを防ぐため，メダル獲得者に一律の報奨金を授与しており，各国政府等が独自の報奨金を与えることは禁止している。

解説

1．近代オリンピックの第１回大会（夏季）は，1896年にアテネ（ギリシャ）で開催された。また，冬季大会は1924年にシャモニー・モンブラン（フランス）で始まった。いずれも第二次世界大戦（1939～45年）前のことである。

2．夏季オリンピックについては，大陸間の持ち回り開催は行われていない。そのため，開催地には偏りが見られ，2021年の東京オリンピックまでの全29回（開催中止を除く）のうち，16回が欧州で開催されている（これに加えて，1956年のメルボルン大会では，馬術のみをヘルシンキで開催）。なお，冬季オリンピックについても，大陸間の持ち回り開催は行われておらず，2022年の北京オリンピックまでの全24回（開催中止を除く）のうち，14回が欧州で開催されている。

3．国際オリンピック委員会（IOC）は，コマーシャリズムに傾いているとしばしば批判されており，放送権料の受取りやスポンサーからの資金提供などを認めている。オリンピックの開催に必要とされる莫大な費用を賄うためには，そうした資金源が不可欠であるという事情もある。

4．妥当である。1974年にオリンピック憲章が改正され，参加者をアマチュアに限るとする規定が削除されたことから，プロ選手のオリンピック参加に道が開かれた。現在では，サッカーやバスケットボールなどでプロ選手の参加が認められている。

5．国際オリンピック委員会（IOC）がメダル獲得者に報奨金を授与しているという事実はない。また，同委員会が各国政府等による報奨金の授与を禁止しているという事実もなく，実際，各国のオリンピック委員会，各競技団体，政府等がメダル獲得者に報奨金を授与することも多い。

正答 4

No. 72 B日程

社会　近年の情報通信技術　令和2年度

近年の情報通信技術に関するア～エの記述のうち，妥当なもののみをすべて挙げているのはどれか。

ア　ビッグデータとは，スマートフォンの位置情報などを含む巨大なデータ群であり，ビジネスにおいて企業が利活用できるようになっている。ただし，企業がビッグデータの販売を行うには，個人を特定できないように加工することが法律で義務づけられている。

イ　IoTとは，自動車や家電製品などをインターネットに接続し，スマートフォンによって遠隔操作できる技術のことをいう。

ウ　クラウドストレージとは，データファイルをインターネット上で保管，共有できるサービスのことをいう。このサービスを利用すれば，インターネット環境があればどこからでもデータファイルにアクセスすることが可能になるため，企業でも活用が進められている。

エ　人工知能（AI）は，近年その技術水準が向上し，企業の採用面接などでも活用され始めているが，株式取引などの金融に利用することは法律で禁止されている。

1　ア，イ　　**2**　ア，ウ　　**3**　ア，エ
4　イ，ウ　　**5**　ウ，エ

解説

ア：妥当である。ビッグデータの利活用促進のために，2016年に個人情報保護法が改正された。ビッグデータには商品の購入履歴やインターネットの閲覧履歴，位置情報などといったパーソナルデータも含まれるが，このパーソナルデータのうち，匿名加工情報については，改正法によって本人の同意がなくても第三者への提供や目的外利用が可能となった。なお，匿名加工情報とは，個人が特定されないように加工し，個人情報を復元できないようにした情報のことをいう。

イ：IoTとは「モノのインターネット（Internet of Things）」の略である。これは，モノどうしをインターネットで接続し，情報を送受信して相互に制御し合う技術のことをいう。スマートフォンなどによる遠隔操作の意味ではない。

ウ：妥当である。クラウドストレージ（オンラインストレージ）とは，従来はパソコンやUSBメモリなどで保管していたデータファイルを，インターネット上で保管，共有できるサービスのことで，クラウドコンピューティングの例の1つである。このサービスを利用することで，インターネット環境さえあれば，どのコンピュータからでもデータにアクセスできる。

エ：AIによる株価予測やAIによる株式の自動売買など，金融においてAIはすでに利活用されており，これを禁止する法律も存在しない。

以上から，妥当なものはアとウであり，**2**が正答となる。

正答　2

No.73 B日程 社会 わが国における行政のデジタル化 令和3年度

わが国における行政のデジタル化に関するア～エの記述のうち，妥当なもののみをすべて挙げているのはどれか。

ア　確定申告のデジタル化は，現状では確定申告書をオンライン上で作成できる段階にとどまっており，確定申告書を提出するにはそれを紙に印刷する必要がある。

イ　マイナポイントの付与などを通じて，マイナンバーカードやキャッシュレス決済サービスを普及する政策が進められている。

ウ　新型コロナウイルスの感染拡大に伴う特別定額給付金の申請は，郵送以外の方法ではなされなかったことから，日本の行政のデジタル化の遅れが指摘された。

エ　2020年に実施された国勢調査は，紙の調査票に回答を手書きで記入する方式とともに，インターネットによって回答する方式でも実施された。

1　ア，イ
2　ア，ウ
3　ア，エ
4　イ，エ
5　ウ，エ

解説

ア：国税電子申告・納税システム（e-TAX）では，すでに確定申告書のオンライン作成だけでなく，提出もできる。電子納税として，国税の納付もオンライン上でできる。

イ：妥当である。マイナポイント事業とは，マイナンバーカードの保有者に対し，保有者が自ら指定したキャッシュレス決済サービスを利用すると，利用金額の25%，最大5,000円分のポイントを還元する事業のこと。2020年９月に開始された。2022年６月からは，第２弾の事業が始まり，マイナンバーカードを健康保険証として利用する申込みを行ったり，公金受取口座の登録を行った場合，ポイントが付与されることとなった。

ウ：マイナンバーカードの保有者であれば，特別定額給付金のオンライン申請が可能だった。なお，マイナンバーカードの交付時に設定した署名用電子証明書の暗証番号を忘れた人々が各市区町村の窓口に殺到するなど，業務の混乱を招いたことから，オンライン申請の受付を停止する地方公共団体が相次いだ。

エ：妥当である。国勢調査は，2015年からインターネットでも回答できるようになっている。2020年の国勢調査における，インターネットによる回答世帯数と郵送による回答世帯数を比較すると，郵送分がやや上回るものの，ほぼ互角だった。国勢調査は５年ごとに全世帯を対象に実施され，特に西暦の末尾が０の年には大規模調査が実施される。

よって，妥当なのはイとエであり，正答は**4**である。

正答　4

A日程

No. 74 日本史 平安時代末期 平成20年度

平安時代末期の院政と平氏政権に関する次の文中の下線部分ア～オについての記述のうち妥当なのはどれか。

1086年，白河天皇は上皇となってア院政を開始した。上皇は中級貴族層を支持勢力に取り込み，源氏や平氏等のイ武士団を登用して院の権力を強化した。その後，院政は本格化し，以後，鳥羽上皇，後白河上皇と続いた。この時期にはウ知行国制が定着した。

平治の乱後，平氏は後白河上皇との結びつきによって急速に台頭し，1180年には平清盛が政治の実権を握ってエ平氏政権が確立した。平氏政権ではオ日宋貿易や福原遷都が行われたが，独裁的な政治に対する不満が高まり，1185年平氏は壇の浦で滅ぼされた。

1 ア―院政は，天皇への影響力が弱くなった摂関家が上皇を擁立して，上皇を後見する形で始まり，律令制度に従った政治が行われた。

2 イ―武士団は，僧兵の強訴対策や平安京の治安維持などで大きな力を発揮し，保元の乱・平治の乱という朝廷内部の争いもその実力をもって決着させたことから，国政上の地位を飛躍的に上昇させた。

3 ウ―知行国制とは，荘園制に代わって導入された制度であり，貴族や寺社から荘園を没収し，その代わりに一国の支配権を与えるものであった。

4 エ―平清盛は征夷大将軍の地位を得ると，朝廷から独立した独自の統治機構を確立して，武士の棟梁による初めての政権を作った。

5 オ―平清盛は瀬戸内海の航路の安全を図り，貿易を積極的に推進したが，日宋貿易は日本が宋に朝貢するという形式で行われたため，批判も多かった。

解説

1. 院政は白河天皇が1086年に息子の堀河天皇に譲位した後，自ら上皇となって院庁を開き，天皇を後見しながら政治の実権を掌握したことに始まるものである。

2. 正しい。保元の乱（1156年）は崇徳上皇と後白河天皇の対立に平清盛，源義朝が味方し，上皇方を破った戦いである。また，平治の乱（1159年）は後白河上皇の院政開始から近臣間の対立も見られるようになり，平清盛と結ぶ藤原通憲（信西）と藤原信頼と結ぶ源義朝が対立し，清盛が信頼，義朝を討った戦いである。

3. 知行国制度は荘園制の中で，院政時代から広まった制度で，高級貴族や寺社が知行国主となって一国の支配権を上皇から与えられ，その国の収益を得る制度で，知行国主が近親者を国守に任命して，目代を派遣し行政を任せた制度である。

4. 平清盛は征夷大将軍の地位を得ていない。清盛は1167年に後白河法皇によって太政大臣に任命されたが，鹿ケ谷の陰謀（1177年）を契機に，1179年には後白河法皇を幽閉し，院政を停止させ，独自の平氏政権を樹立した。

5. 平清盛は遣唐使廃止後の消極政策に代わって，積極的な対外政策として日宋貿易に力を入れたが，中国との貿易で朝貢貿易が開始されたのは室町時代の３代将軍足利義満の時からである。

正答 2

市役所上・中級

No. 75 C日程

日本史　国風文化　平成19年度

平安時代に栄えた国風文化に関する記述のうち，妥当なものはどれか。

1　『蜻蛉日記』や『源氏物語』などの日記文学や物語文学が栄え，そのすべてが仮名によって女官たちの手で書かれたものであった。

2　小野道風，藤原佐理，藤原行成が三筆と呼ばれ，字形に丸味があり，優美な線が特色である書道が発達した。

3　仏教を国教とし，国家による保護を受けた。南都六宗と呼ばれる学派が形成され，都を中心に栄えていた。

4　建物は寝殿造りが発達していたが，そのすべてが唐風のもので，奈良時代の建築物との差は見られなかった。

5　「東大寺南大門金剛力士像」や興福寺北円堂の「無著像」などが制作され，多くの仏師が活躍した。

解説

1．正しい。10世紀から11世紀にかけて栄えた国風文化では，宮廷に使える女官によって仮名文字を用いた国文学が発達した。

2．国風文化で活躍した和風の優美な線を特色とする能書家の小野道風，藤原佐理，藤原行成は三蹟と呼ばれた。三筆は平安時代初期の空海，嵯峨天皇，橘逸勢の３人で，唐の影響を受けた能書家たちのことである。

3．奈良時代の天平文化に関する記述である。仏教は国家によって保護され，奈良仏教の６宗派として三論宗・成実宗・法相宗・倶舎宗・華厳宗・律宗が南都六宗と呼ばれた。

4．寝殿造りは貴族の住宅建築で，国風文化で発達したものであり，唐の影響を受けた奈良時代の建築物と異なる日本風の建築である。周囲に築地塀がめぐらされ，庭園と池が設けられ，中央に寝殿，東西に釣殿，透渡殿が配置され，白木造りで檜皮葺となっていた。

5．鎌倉時代の鎌倉文化に関する記述である。「東大寺南大門金剛力士像」は運慶，快慶らによって13世紀初頭につくられた寄木造の仁王像である。興福寺北円堂の「無著像」は運慶の作の肖像彫刻（木造）で13世紀前半に制作された。なお，無著は４～５世紀頃のインドの僧侶である。

正答　1

No. 76 A日程

日本史　荘園制度　平成18年度

奈良時代から安土桃山時代までの荘園制度に関する次の記述のうち，妥当なものはどれか。

1　墾田永年私財法により土地を開墾した農民は，墾田を有力者に寄進するようになったが，これが寄進地系荘園の始まりである。

2　奈良時代の荘園は初期荘園と呼ばれ，各地の有力者が開発を行い，平安中期以降もこの荘園は発展していった。

3　承久の乱以降，領主と地頭の争いが激しくなり，地頭に領地を侵略されていた荘園領主は地頭請，下地中分によって折り合いをつけようとした。

4　荘園には荘園領主に負担が重い不輸不入の権があったため，その多くが平安中期頃から衰退していった。

5　検地帳に耕作している農民の田畑と敷地を登録させ，田畑の所有権を認め，さらに税負担を課す一地一作人の原則が織田信長によって確立されたことで，荘園制は崩壊した。

解説

1．墾田永年私財法（743年）により土地の私有が永年にわたって認められるようになったが，この時代の荘園は貴族や寺社が自ら開墾した土地や買収した土地であり，初期荘園（墾田地系荘園）と呼ばれ，有力者に墾田を寄進して成立した寄進地系荘園とは異なるものである。

2．奈良時代の荘園は初期荘園と呼ばれ，各地の有力者が開発を行ったが，国郡里制に基づいた経営だったので平安中期の10世紀までに衰退している。

3．正しい。荘園領主は地頭に荘園管理を任せる地頭請や地頭に領地の半分の支配権を与える下地中分によって紛争を解決しようとした。

4．不輸不入の権は寄進地系荘園の特権であり，不輸の権は荘園領主に対する免税特権，不入の権は検田使の立入拒否の権利で，これらによって荘園の独立性が高まり，平安中期以降，荘園が発展した。

5．検地によって一地一作人の原則を確立させたのは豊臣秀吉である（太閤検地）。これによって荘園制は完全に崩壊した。

正答　3

市役所上・中級

No. 77 C日程

日本史　室町時代　平成20年度

室町時代に関する次の記述のうち，妥当なものはどれか。

1　後醍醐天皇は南朝と北朝に分かれていた天皇家の系統を一つにするため，南北朝の合一を行った。

2　守護大名の細川氏が将軍の補佐役である管領に就き，斯波氏と畠山氏が交代で侍所の長官である所司に就任した。

3　足利義満は明との間で勘合貿易を行ったが，この日明貿易は日本にとって朝貢貿易ではなく，明と対等な関係で行われた貿易であり，足利幕府はこの貿易で莫大な利益を得た。

4　応仁の乱は将軍の後継争いに，細川氏，山名氏の争いが加わったことが原因で起こったものであるが，この乱をきっかけに下剋上の世の中となる戦国時代へと突入した。

5　応仁の乱の後，守護代が幕府によって守護に任命され，その後，権力を拡大させて，守護大名となった。

解説

1．南北朝の合一を行ったのは室町幕府の３代将軍の足利義満であり，1392年のことである。後醍醐天皇は新田義貞，足利尊氏の力を得て，鎌倉幕府を滅亡させた天皇で，1334年から36年にかけて天皇親政の建武の新政を行ったが，その後，奈良県吉野に南朝を開いて，南北朝の動乱のきっかけとなった。

2．将軍の補佐役である管領には有力守護大名の細川氏，斯波氏，畠山氏の三管領が交代で就任した。侍所の長官である所司に就いたのは，山名氏，赤松氏，一色氏，京極氏の四職と呼ばれる４家である。

3．足利義満が明との間で行った勘合貿易は，明の皇帝へ朝貢して品物を受け取る形式で行われた貿易であり，明と対等な関係で行われた貿易ではない。この貿易の交通費などは明側の負担だったので，足利幕府は莫大な利益を得た。

4．正しい。応仁の乱は1467～77年まで及び，京都が荒廃し，下剋上の世の中となった。

5．応仁の乱後の下剋上によって，在京した守護に代わって代官として領地を管理していた守護代が権力を拡大させ，守護大名ではなく戦国大名へと成長していった。

正答　4

No. 78　船橋市

日本史　室町時代　平成18年度

室町時代に関する次の記述のうち，妥当なものはどれか。

1　室町時代には鎌倉府の長官は鎌倉公方と呼ばれたが，このを補佐役である関東管領には細川氏が代々就任した。

2　室町時代には質の悪い私鋳銭が造られたが，その一方で，永楽通宝といった明銭が出回った。

3　室町幕府の3代将軍足利義満は北山文化を，8代将軍足利義政は東山文化を成立させたが，東山文化では，襖絵の俵屋宗達が「風神雷神図屏風」を描いた。

4　室町時代には禁中並公家諸法度が出され，朝廷や公家が法的規制を受けた。

5　室町幕府は細川・山名・畠山の3氏が交代で管領に任命され，赤松・一色・斯波・京極の4氏から侍所の所司が任命された。

解説

1．室町時代の地方機関の一つである鎌倉府の長官は鎌倉公方と呼ばれ，足利尊氏の子の足利基氏が初代鎌倉公方となったが，この補佐役である関東管領は南北朝期後半から足利氏と関係の深かった上杉氏が世襲化した。

2．正しい。商品経済が発展した室町時代には貨幣の流通が増加したが，粗悪な私鋳銭や日明貿易によって輸入された永楽通宝と呼ばれる明銭も使用されるようになった。

3．「風神雷神図屏風」を描いた俵屋宗達は17世紀前半の江戸時代に活躍した画家である。8代将軍足利義政の時代の東山文化を代表する画家は水墨画の雪舟，大和絵の土佐光信，狩野正信・元信父子である。

4．朝廷や公家を法的に規制した禁中並公家諸法度は1615年に江戸幕府によって出されたものである。

5．将軍を補佐する管領は，細川・斯波・畠山の3氏（三管領）である。侍所の長官である所司は，赤松・一色・山名・京極の4氏（四職）である。

正答　2

市役所上・中級

B日程

No. 79 日本史 室町時代 平成30年度

室町時代に関するア～オの記述のうち，妥当なもののみをすべて挙げているのはどれか。

ア．鎌倉時代に国ごとに設置した守護を廃止し，全国のほとんどの地域を直接の支配下に置いた。

イ．日本が臣下の礼をとるという朝貢貿易の形式で，中国の明との貿易が開始された。この貿易に際して，日本からの船は，明が公認した貿易の証として発給した勘合という割符を携行することが義務付けられた。

ウ．幕府は農民の自治的組織である惣の結成を禁じた。その結果農民らによる土一揆はほとんど発生しなかった。

エ．商工業者が同業組合を作り，貴族や神社に座役納入や労働供与を行う見返りに生産や販売の独占権を得ることは，自由な商業活動の促進のため，室町時代を通じて禁じられた。

オ．公家や武家だけでなく庶民が楽しむ文芸が広まり，御伽草子と呼ばれる通俗短編小説が流行し，絵入りのものも多く書かれた。

1 ア，イ
2 ア，ウ
3 イ，オ
4 ウ，エ
5 エ，オ

解説

ア：鎌倉時代に設置された守護は，大犯三カ条に基づく軍事警察権のみを職権とする地方官だったが，室町時代に入ると，南北朝内乱期に刈田狼藉（不法な作物の刈り取り）の取り締まりや使節遵行（判決を実力で守らせる）の権限を与えられて権限が強化され，半済令に基づく国人・地侍の家臣化や土地の一円支配，段銭徴収など国衙機能も吸収して領主化した守護大名となり，守護領国制を展開した。室町幕府の将軍の権威は一時期を除いてそれほど強くなく，有力守護大名の連合政権的な性格が強かった。

イ：妥当である。

ウ：荘園や公領には，惣と呼ばれる自治的組織が形成され，室町中期には，惣を基盤とする土一揆が数多く発生した。

エ：公家・神社を本所と仰いで種々の座役を負う代わりに販売独占などの特権を受ける同業組合を座といい，鎌倉・室町時代に畿内を中心に発達した。その特権を自由な商業の障害になるとして廃したのは，織田信長や豊臣秀吉の楽市・楽座政策である。

オ：妥当である。『物くさ太郎』『一寸法師』『浦島太郎』などが有名である。

よって，妥当なものはイとオであり，正答は**3**である。

正答 3

No. 80 B日程 日本史 織豊政権 平成27年度

織豊政権に関する次の記述のうち，妥当なのはどれか。

1　織田信長はキリスト教は弾圧したが，高野山金剛峯寺や比叡山延暦寺などの仏教勢力とは良好な関係を築いた。

2　織田信長は関所を撤廃し，楽市楽座制を実施して，領内の市や座が持っていた排他的・独占的・同業組合的特権を廃止した。

3　豊臣秀吉は検地によって荘園の所有権が地主にあることを保障し，それと同時に地主を年貢の負担者とした。

4　豊臣秀吉は有力大名の武器を取り上げそれを農民に分配したため，武士と農民の身分が流動的になった。

5　豊臣秀吉は朝鮮からの攻撃に対して出兵し，朝鮮半島のほぼ全域を征服することに成功した。

解説

1. 織田信長は比叡山延暦寺を焼き討ちし，一向宗と戦ったが，その仏教との対抗関係や貿易，南蛮文化への関心などからキリスト教を保護した。

2. 妥当である。

3. 秀吉は太閤検地を行い，一地一作人の原則を確立して，検地帳に実際にその土地を耕作する農民を登録し，農民の土地の所持権を保障するとともに年貢負担者とした。

4. 刀狩りは農民から武器を没収したもので，兵農分離が進んだ。

5. 朝鮮侵略（文禄・慶長の役）は，朝鮮の攻撃に対抗したものではなく秀吉が行った侵略戦争である。結果は失敗に終わり，秀吉の病没により戦果を得ないまま撤退し，豊臣政権崩壊の大きな要因となった。

正答　2

市役所上・中級

C日程

No. 81 日本史 近代以前の日本の都市 平成22年度

近代以前の日本の繁栄した都市に関する次の記述のうち，妥当なのはどれか。

1 奈良は，神道が盛んで仏教が広まらないので，それが遷都の一因となった。

2 鎌倉には，室町時代においては，政治にかかわる主要な機関が置かれることはなかった。

3 京都は，有力守護大名や将軍家の継嗣問題をきっかけとした応仁の乱で荒廃したが，16世紀には復興した。

4 堺は，織豊政権時代には直轄領となったため，自治が失われ，経済的にも衰退した。

5 江戸は，江戸時代には大名などの蔵屋敷が集まり，大商業都市として「天下の台所」と呼ばれた。

解説

1．奈良は仏教が重視され，鎮護国家の思想とともに仏教が広まった。平安京への遷都の原因は桓武天皇が奈良時代の仏教政治を一掃するためであった。

2．室町時代において，鎌倉には地方機関として関東を統轄する鎌倉府が置かれ，足利尊氏の第４子の基氏が初代鎌倉公方（鎌倉府長官）として赴任した。

3．正しい。京都は，応仁の乱（1467〜77年）によって荒廃したが，1500年には町衆によって祇園祭も復活し，戦乱後，東山文化が繁栄するなど復興していった。

4．室町時代末期から堺は南蛮貿易や日明貿易の拠点として栄え，自由都市と知られていたが，織田信長による直轄領となっても，その経済力は維持されていた。

5．江戸時代に「天下の台所」と呼ばれたのは，大商業都市の大坂である。江戸は幕府の中心であり，将軍と将軍に仕える武士が住んでいたので，「将軍のお膝元」と呼ばれた。

正答 3

市役所上・中級

No. 82 C日程

日本史 法制史 平成17年度

各時代の法律に関する次の記述のうち，妥当なものはどれか。

1 大宝律令・養老律令で律令制が整備され，中央には太政官と神祇官の二官が置かれ，神祇官の下に八省が設置された。地方は国・郡・里に分けられ，九州北部には大宰府が置かれた。

2 御成敗式目は鎌倉時代に制定された法律であるが，武家社会だけではなく，公家や農民にまで適用された。

3 承久の乱によって疲弊した御家人を救済するため，鎌倉幕府によって永仁の徳政令が発布され，御家人の所領の売買が禁じられ，すでに売買した所領や質入れした所領を御家人に戻すことが規定された。

4 分国法は喧嘩両成敗などの規定をとり入れた江戸時代の法令で，各藩ごとに大名に権力を集中させ，幕藩体制を維持させる目的で制定された。

5 武家諸法度は江戸幕府が大名を統制するために制定したもので，金地院崇伝が起草したが，将軍が替わるたびに修正されて発布された。

解説

1．大宝律令（701年制定）・養老律令（718年制定）で律令制が整備されたが，太政官と神祇官の二官のうち，太政官の下に八省が設置された。

2．御成敗式目は1232年に鎌倉幕府の３代執権北条泰時によって制定された武家法で，御家人のみに適用された。

3．元寇によって疲弊した御家人を救済するため，御家人の所領の売買禁止，すでに売買した所領や質入れした所領を御家人に戻すことを定めた永仁の徳政令が1297年に発布された。

4．分国法は戦国家法とも呼ばれるように，戦国時代に戦国大名が領地を支配するために制定した法令であり，『甲州法度次第』などには喧嘩両成敗などの規定がとり入れられていた。

5．正しい。

正答 5

No. 83 C日程 日本史 貿易史 令和2年度

中世～近世の日本の貿易史に関するア～エの記述のうち，妥当なもののみをすべて挙げているのはどれか。

ア　平安時代末期に成立した平氏政権は日宋貿易を行い，大量に輸入された宋銭が国内通貨として流通した。

イ　室町時代には中国の明との間で勘合貿易が行われていたが，3代将軍足利義満の時代に倭寇の活動が活発化すると，義満は勘合貿易をいったん停止した。

ウ　戦国時代にはスペイン・ポルトガル両国との南蛮貿易が始まり，中国産生糸や鉄砲などが輸入され，銀などが輸出された。

エ　江戸時代に入ると次第に貿易が制限されるようになり，最終的に日本に来航する貿易船はオランダ船のみとなった。

1　ア，イ
2　ア，ウ
3　ア，エ
4　イ，エ
5　ウ，エ

解説

ア：妥当である。

イ：勘合貿易を始めたのが3代将軍足利義満である。明の太祖洪武帝に，倭寇の取締りと朝貢を促された義満は，朝貢貿易の利益に目をつけ，1404年に日明貿易を開始した。倭寇と区別するために勘合という証票を用いたため，この貿易を勘合貿易ともいう。日明貿易は幕府に多大な利益をもたらしたが，明に臣従する朝貢貿易であることに批判があり，4代将軍義持は日明貿易をいったん停止した。その後，6代将軍義教が，明銭の必要性と貿易の利益に着目して日明貿易を再開した。

ウ：妥当である。

エ：徳川家康は貿易の利益に注目し，江戸時代の初期には積極的な平和外交が進められ，貿易も奨励された。しかし，幕府は次第にキリスト教の拡大と西南大名の富強化を恐れるようになり，鎖国政策がとられるようになった。禁教令と貿易制限は次第に強められ，1639年のポルトガル船の来航禁止と1641年のオランダ商館の長崎出島への移設で鎖国が完成した。しかし，長崎では，オランダだけでなく中国との貿易も認められた。

以上から，妥当なものはアとウであり，**2**が正答となる。

正答　2

市役所上・中級

No. 84 C日程

日本史　戦国時代　令和4年度

戦国時代に関する次の記述のうち，妥当なもののみすべて挙げているものはどれか。

ア　国一揆や一向一揆が各地で起こり，北陸地方の加賀では，一向宗門徒が蜂起して守護を滅ぼし，それ以後約100年間にわたって，僧侶・国人・農民の合議体制による支配が行われた。

イ　地方の有力武将の中には，応仁の乱以後に室町幕府から新たに守護に任命され，領土支配を確立するものが現れた。戦国大名の多くは，そのような形で幕府の権威を利用して地位を確立した大名であった。

ウ　分国法は戦国大名が領国統治のために制定した施政方針や法令であり，家臣の統制のために，喧嘩を両成敗とする規定なども見られた。

エ　鉄砲が伝来すると，戦国大名たちは競って鉄砲を求め，国内でも大量に生産されるようになった。鉄砲の伝来は戦術にも影響を与え，従来の騎馬による一騎打ちを中心とする戦法から足軽鉄砲隊を中心とする集団戦法へと変化した。

オ　戦国大名たちは全国支配の主導権を巡って激しく争った。その中から，尾張の織田信長が各地の戦国大名を倒して京都に入り，さらに九州や奥州を平定して全国統一を果たした。

1　ア，イ，オ
2　ア，ウ，エ
3　ア，エ，オ
4　イ，ウ，エ
5　イ，ウ，オ

解説

ア：妥当である。

イ：応仁の乱で守護大名が京都で戦っている間に，彼らの地元では守護代や有力な国人が力を伸ばし，守護大名を倒して戦国大名にのし上がった。中には守護大名がそのまま戦国大名となる例もあったが，戦国大名たちは幕府の権威によらず，すべて実力で自己の地位を確立した大名である。

ウ：妥当である。

エ：妥当である。

オ：信長が入京したことまでは正しい。信長は将軍足利義昭を追放して室町幕府を滅ぼし，新しい政治を行おうとしたが，本能寺の変で倒れた。全国統一事業を受け継ぎ，全国平定を完成したのは豊臣秀吉である。

よって，妥当なものはア，ウ，エであり，正答は**2**である。

正答　2

政治　経済　社会　日本史　世界史　地理

市役所上・中級
C日程

No. 85 日本史 江戸幕府の統治政策 令和3年度

江戸幕府の統治政策に関する次の記述のうち，妥当なのはどれか。

1 大名は江戸常住とし，大名の妻には江戸と領国とを一年おきに行き来させた。

2 大名は，親藩・譜代・外様の3つに区分され，外様大名は江戸近郊に領地を与えられた。

3 朝廷に対しては禁中並公家諸法度を発布して厳しく統制し，朝廷や公家を監視するための役職を設置した。

4 農民に対しては自由に農業を行わせ，田畑の売買を認めた。

5 市場の独占を懸念し，株仲間の結成は江戸時代を通じて認められなかった。

解説

1．大名と大名の妻の扱いが逆である。大名には一年おきに江戸存府と在国を繰り返させ，大名の妻子は江戸常住とした。これを参勤交代制という。

2．大名が親藩（徳川氏一門の大名）・譜代（主に三河以来の徳川氏の家臣であった大名）・外様（関ヶ原の戦い以後に徳川氏に従った大名）に区分されたことは正しいが，領地については誤り。江戸近郊や全国の要地には親藩・譜代を配置し，外様大名は東北や中国，九州地方などの辺境に配置した。

3．妥当である。

4．農民に対しては厳しい統制を加えた。貧農が富農に田畑を売り，富農へ土地が集中することや，田畑家屋敷を持ち，年貢・諸役を負担する本百姓の没落が起こることを防ぐため，1643年に田畑永代売買の禁止令を出し，農地の売買を禁止した。

5．株とは営業権のことで，株仲間とは，江戸時代に幕府や諸藩が許可した商工業者の同業組合のことである。江戸時代，株仲間は禁止された時期もあり，推奨された時期もある。幕府は初め，金座・銀座など一部の株仲間以外の結成は認めていなかったが，享保の改革により公認され，田沼時代には大幅認可された。その後，天保の改革で株仲間解散令が出されたが，改革の失敗により再興され，廃止されたのは明治時代になってからである。

正答 3

No. 86 A日程 日本史 江戸時代の学問 平成17年度

江戸時代の学問に関する次の記述のうち，妥当なものはどれか。

1 『古事記』や『日本書紀』を研究する国学は『古事記伝』を著した本居宣長によって始められた。本居宣長の影響を受けた平田篤胤は『大日本史』を著し，尊王攘夷運動に影響を与えた。

2 蘭学を学んだ前野良沢や杉田玄白らは『ターヘル＝アナトミア』を翻訳した『解体新書』を公刊し，伊能忠敬は幕府の命で正確な地図である『大日本沿海輿地全図』を作成した。

3 林子平はその著書『海国兵談』で鎖国を批判したため，幕府によって処罰された。この事件は蛮社の獄と呼ばれているが，学者の高野長英，渡辺崋山は鎖国を支持し，幕府に保護された。

4 鎌倉時代に上下の秩序を重視する朱子学が導入され，江戸幕府は禅僧の藤原惺窩に学んだ林羅山を登用することで，朱子学を発展させたが，朱子学は江戸末期には禁止された。

5 山鹿素行は朱子学を批判して日本陽明学を説き，伊藤仁斎は『論語』などの原典批判によって古典を学ぶ古義学を唱え，『聖教要録』を著した。荻生徂徠は古典に直接触れる古文辞学を提唱し，経世済民の重要性を説いた。

解説

1．『古事記』や『日本書紀』を研究し日本古来の精神を解き明かす国学は，17世紀後半の荷田春満の頃に始められた。18世紀末には本居宣長が荷田春満に学んだ賀茂真淵の教えを受け，『古事記伝』を著した。本居宣長の影響を受けた平田篤胤は復古神道を大成し，『古道大意』を著した。『大日本史』は徳川光圀が編纂し，さらに水戸藩が編集を引き継いだ歴史書で，尊王攘夷思想に影響を与えた。

2．正しい。

3．林子平は1791年に刊行した『海国兵談』でロシアの南下への警戒と国防の必要性を説いたが，この書物は幕府によって没収された。蛮社の獄は，1839年に洋学者の高野長英と渡辺崋山がモリソン号（アメリカ船で1837年に漂流民返還と通商を求めて来航した）事件で幕府批判をしたことから処罰された事件である。

4．鎌倉時代に禅僧から朱子学が導入され，江戸時代には禅僧の藤原惺窩に学んだ林羅山をはじめとする林家によって朱子学は幕府の重要な学問として発展した。寛政の改革では朱子学が官学化されるなど，より重要視されるようになった。

5．山鹿素行は江戸時代初期の儒学者であるが，『聖教要録』を著し，朱子学を批判したため，流罪となった。日本陽明学を説いたのは中江藤樹である。伊藤仁斎は『論語』などの原典批判によって古典を学ぶ古義学を唱え，『童子問』『論語古義』を著した。荻生徂徠については正しい。

正答 2

市役所上・中級

B日程

No. 87 日本史 日中関係の歴史 平成20年度

日中関係の歴史に関する次の記述のうち，妥当なものはどれか。

1 日本が倭と呼ばれていた4世紀頃は，中国と対等な関係を結んで交易し，中国の支援を背景にして，朝鮮半島への影響力を強めていた。

2 遣唐使が廃止されると，国風文化が優勢となり，それまでに伝えられた中国の文化が否定され，漢詩などは国内で見られなくなった。

3 室町幕府は建国されたばかりの明と勘合貿易を始めたが，これは民間貿易であり，朝貢の形式は採用されなかった。

4 江戸時代の儒学者，山鹿素行は『中朝事実』を著して中国を日本よりも下に見る考え方を世間に広めた。

5 1871年に結ばれた日清修好条規は，日本が外国と結んだ最初の対等な条約であるが，その対等主義に日本側が不満を示し，批准まで時間がかかった。

解説

1．4世紀頃，日本は朝鮮半島南部での軍事および外交的立場を有利にしようとして中国の南朝（宋）に朝貢していた。

2．国風文化は中国文化を否定したり拒絶したものではなく，大陸文化の消化・吸収が進んでいた。公的な男性貴族の社会では漢字・漢文が正式なものとして用いられていたので，漢詩も勅撰集が作られるなど，人気を博していた。

3．明は倭寇の禁止を足利義満に求め，貿易も朝貢の形式をとるよう求めたので，勘合貿易では中国での滞在費，運搬費とも明側の負担となった。

4．「中朝」の主張は，明や清を「中華」とみなす考え方に対抗して日本を「中朝」として重視するもので，素行は赤穂で執筆している。

5．正しい。日清修好条規で両国は相互に開港，領事裁判権も相互に認め合っていた。

正答 5

B日程

No. 88 日本史 明治時代初期の政策 令和4年度

明治時代初期の諸政策に関する次の記述のうち，妥当なものはどれか。

1 政府は神道国教化策を打ち出し，神仏分離令を発した。そのため，各地で廃仏毀釈が起こり，仏寺や仏像が破壊された。

2 政府は江戸時代以来の身分秩序を改め，華族・士族・平民に再編した。平民には，苗字をつけること，華族・士族との婚姻の自由などを認めたが，住居移転・職業選択の自由については厳しく制限した。

3 政府は近代的な軍隊の創設をめざし，徴兵令を発布した。新しい軍隊では，平民のみが徴兵の対象となり，士族はその対象とならなかった。

4 政府は土地の所有者に地券を発行し，土地の所有権を公認した。そして，土地に対する課税を廃止して収穫高を課税対象とし，納税者はこれまでの土地所有者から耕作者に変更された。

5 政府は近代的な統一国家建設のために教育制度の改革に乗り出し，学制を公布した。公立学校を設立して男子教育を義務教育としたが，女子教育は義務化されなかった。

解説

1．妥当である。

2．身分秩序を再編したこと，平民に苗字の使用や華族・士族との婚姻の自由を認めたことは正しいが，住居移転・職業選択についてもその自由は認められた。

3．徴兵令は国民皆兵を主旨とし，満20歳に達した男子は，身分の区別なく徴兵検査を経て3年間の兵役に服すべきことを規定していた。大幅な免役規定はあったが，それに該当する者は，①官吏，②官・公立専門学校生徒，③戸主および長男，④代人料270円以上の納金者，であった。

4．地租改正に関する記述である。土地の所有者に地券を発行し，土地所有権を公認したことは正しい。しかし，課税対象はこれまでの収穫高から地価に変更され，納税者はこれまでの耕作者から土地所有者に変更された。

5．学制の序文である「被仰出書（おおせいだされしょ）」は，教育の機会均等を原則として国民皆学の精神をうたい，男女とも等しく教育を受けるべきだと宣言している。

正答 1

市役所上・中級

B日程

No. 89 日本史 大正から昭和初期の日本の政治経済 平成29年度

大正時代から昭和初期における日本の政治経済に関するア～オの記述のうち，妥当なもののみをすべて挙げているのはどれか。

ア　普通選挙実現の要求が高まり，1925年に普通選挙法が制定され，満25歳以上の男子全員に対して納税額にかかわりなく選挙権が与えられた。ただし，労働運動や共産主義運動の高まりが警戒され，治安維持法も同時に制定された。

イ　内閣総理大臣は，明治政府に貢献した元老か軍人出身者が任命され，政党出身者が就任することはなかった。

ウ　日本経済は，第一次世界大戦から1930年代まで，世界恐慌の影響を受けることもなく一貫して好景気であった。

エ　1931年に関東軍が満州事変を起こし，翌年には満州国を建国して，関東軍による満州支配の体制を完成させた。

オ　軍の青年将校らが五・一五事件や二・二六事件を起こし，軍部はそれらを未然に防げなかったとして批判され，影響力を低下させた。

1　ア，イ　　**2**　ア，エ　　**3**　イ，ウ
4　ウ，オ　　**5**　エ，オ

解説

ア：妥当である。

イ：妥当でない。すでに1898（明治31）年に不完全ながら最初の政党内閣である隈板内閣が成立していたが，明治時代は超然内閣（政党の動向に制約されない政治姿勢の内閣）が多かった。大正時代に入ると「閥族打破・憲政擁護」をスローガンとする第一次護憲運動で長州閥の桂太郎内閣が崩壊し，米騒動後には寺内正毅官僚超然内閣が倒れ，原敬の本格的政党内閣が成立するなど，藩閥・軍人・官僚出身の総理大臣と政党出身の総理大臣が混在する状態であった。第二次護憲運動で護憲三派内閣が成立した後は，昭和初期まで政党内閣が続いたが，1932（昭和７）年の五・一五事件で犬養毅首相が暗殺されて政党政治が崩壊した。

ウ：妥当でない。第一次世界大戦中は大戦景気で好況であったが，1920年の戦後恐慌で一転し，以後1930年代まで，関東大震災による震災恐慌（1923年），金融恐慌（1927年），昭和恐慌（1930年）と恐慌が続いた。

エ：妥当である。

オ：妥当でない。前半は妥当である。五・一五事件（1932〔昭和７〕年）は，海軍青年将校を中心とする急進派が軍部独裁政権の樹立を企て犬養毅首相を殺害した事件である。計画は失敗したが，内外に与えた影響は大きく，政党政治は崩壊し，軍部の政治的進出・ファシズムの進展を決定的なものにした。二・二六事件（1936〔昭和11〕年）は，陸軍の皇道派青年将校らが軍部独裁政権の出現を期し，部隊を率いて永田町一帯を占領し，高橋是清蔵相，斎藤実内大臣らを殺害した事件である。この事件も鎮圧されたが，岡田啓介内閣が倒れ，陸軍の統制派を中心に軍部の影響力が拡大し，陸・海軍大臣現役武官制が復活して軍備拡張計画が推進された。

以上から，妥当なものはアとエであり，正答は**2**である。

正答　2

市役所上・中級

C日程

No. 90 日本史 第一次世界大戦前後の日本 平成26年度

第一次世界大戦前後の日本に関する次の記述のうち，妥当なのはどれか。

1 第一次世界大戦が始まっても，日本は厳正中立の立場をとって参戦しなかったが，途中からドイツに宣戦布告して大戦に参加した。

2 第一次世界大戦中，日本は中国に対して二十一カ条の要求を出し，最後通牒を発してほとんどの要求を認めさせたため，中国では反日感情が高まった。

3 第一次世界大戦中，ロシア革命により世界で初めて社会主義国が生まれると，日本はシベリア・北満州へ出兵したが，大戦終了とともに撤兵した。

4 第一次世界大戦中，欧米への輸出が途絶えたため，日本経済は不況に陥ったが，戦争が終わると一転して空前の好景気になり，多くの成金が生み出された。

5 第一次世界大戦後，アメリカの提唱で招集されたワシントン会議において，日本は英・米と同じ主力艦の保有比率が認められて軍備を拡大した。

解説

1．第一次世界大戦（1914～18年）勃発当時，日本はイギリスと日英同盟協約（1902～21年），ロシアと日露協約（1907～17年）を締結しており，イギリスがドイツに宣戦布告すると，第二次大隈重信内閣は日英同盟を理由にドイツに宣戦布告し，英・仏・露の三国協商国（連合国）側に立って大戦に参加し，戦勝国となった。なお，大戦勃発当初「厳正なる中立」政策をとって大戦に参加しなかったのはアメリカで，参戦したのは1917年４月である。

2．妥当である。中国では，袁世凱政府が日本の要求を受け入れた５月９日を「国恥記念日」と呼び，抗日運動の起点とされた。

3．いわゆるシベリア出兵（1918～22年）であるが，日本は大戦終了後も駐兵を続けた。そのため，諸外国からの批判を受け，1922年に北樺太を除いて撤兵を完了した。なお，北樺太からの撤兵は，1925年に日ソ基本条約を締結してソ連との国交を樹立したことにより実行された。シベリア出兵は，世界で初めて出現した社会主義国ソヴィエト連邦に対する干渉戦争であり，直接には，アメリカがシベリアに取り残された連合国側のチェコスロヴァキア軍救出を名目とする共同出兵を提唱したのを受けて実施された。

4．第一次世界大戦中と大戦後の日本の経済状況は逆である。大戦が始まると，日本は，連合国には軍需品を，中国市場には綿糸・綿布を，アメリカには生糸を輸出するなど大幅な輸出超過となり，空前の好景気（大戦景気）となった。しかし，戦後になってヨーロッパ諸国が復興してくると，1920年の戦後恐慌をきっかけに慢性的な不況に陥った。

5．1921年，アメリカの提唱で開かれたワシントン会議で取り決められた海軍軍縮条約では，主力艦の保有比率は，英・米＝５に対して日本＝３であった。ワシントン会議の目的は，英・米・日の建艦競争を終わらせることと，第一次世界大戦によって勢力を拡大した日本の膨張を抑えることであった。軍縮条約のほか，太平洋の現状維持を取り決めた四カ国条約，中国の主権尊重，中国における各国の商工業上の門戸開放・機会均等を取り決めた九カ国条約が結ばれ，ワシントン体制と呼ばれるアジア・太平洋地域における新しい国際秩序が形成され，日本もこれを受け入れた（協調外交）。

正答 2

市役所上・中級

B日程

No. 91 日本史 1930年代の日本 平成24年度

1930年代の日本に関する次の記述のうち，妥当なものはどれか。

1 犬養内閣の蔵相高橋是清は，金解禁を実施して円の金兌換を停止し，金本位制を離脱して管理通貨制度に移行した。

2 浜口内閣が，補助艦の総トン数を取り決めたロンドン海軍軍縮条約に調印したことに対して，立憲政友会や海軍軍令部，右翼は，これを統帥権の干犯として攻撃した。

3 関東軍は，奉天郊外の盧溝橋で満鉄線を爆破し，一気に満州の主要地域を占領する満州事変を起こし，中国と全面戦争に突入した。

4 国内では国家改造運動が活発となり，前蔵相の井上準之助を暗殺した三月事件，三井合名理事長の団琢磨を暗殺した十月事件などのテロ事件が相次いで起こった。

5 陸軍皇道派の青年将校は，千数百名の兵を率いて首相官邸などを襲い，犬養毅首相を暗殺して政党内閣を倒した二・二六事件を起こした。

解説

1．高橋是清が実施したのは金解禁（金輸出の解禁）ではなく金輸出の再禁止である（1931年12月）。金解禁とは，金兌換を再開して金本位制に復帰することであり，1930年，浜口雄幸内閣の蔵相井上準之助によって実施された。しかし，ちょうどアメリカで始まった世界恐慌に遭遇したため，正貨が海外へ流出するなど深刻な不況にみまわれた（昭和恐慌）。そこで，次の犬養内閣の蔵相高橋是清は，金輸出の再禁止を行って金本位制から離脱し，管理通貨制度へ移行したのである。

2．正しい。

3．満州事変は1931年９月18日，盧溝橋ではなく柳条湖で，関東軍が満鉄線を爆破した事件である。また，日本の軍事行動は中国の排日運動を激化させたが，中国との全面戦争にまでは突入していない。日中が全面戦争に突入するのは，1937（昭和12）年７月７日，北京郊外盧溝橋で起こった盧溝橋事件がきっかけである。

4．井上準之助と団琢磨の暗殺は血盟団事件と呼ばれ，1932年の２月から３月にかけて，いずれも日蓮宗の行者である井上日召の影響を受けた青年が，それぞれ実行した事件である。三月事件，十月事件は，1931年３月と10月に，陸軍青年将校の秘密結社桜会と右翼指導者大川周明が軍部政権樹立をめざしたクーデタ計画で，いずれも未発に終わった。

5．二・二六事件は，1936（昭和11）年，北一輝の思想的影響を受けた陸軍皇道派の一部青年将校らが，約1400名の兵を率いて，首相官邸・警視庁などを襲い，斎藤実内大臣・高橋是清蔵相・渡辺錠太郎教育総監らを殺害したクーデタである。犬養首相が暗殺され政党内閣を倒した事件は，1932（昭和７）年の海軍青年将校による五・一五事件である。

正答 2

No. 92 日本史 第二次世界大戦前後の対外関係 平成22年度

第二次世界大戦前後の日本の対外関係に関する次の記述のうち，妥当なのはどれか。

1 ヨーロッパで第二次世界大戦が始まると，日本は中国で満州事変を起こし，満州国を建国した。

2 ドイツが独ソ不可侵条約を破ると，日本も日ソ中立条約を破棄して，ソ連に宣戦布告し，第二次世界大戦に参戦した。

3 日本がハワイの真珠湾を攻撃し，太平洋戦争が始まったが，国際的な非難を受けたため，国際連盟を脱退した。

4 広島や長崎に原爆を投下され，日本が無条件降伏をすると，ドイツ，イタリアも無条件降伏した。

5 敗戦後，サンフランシスコ平和条約に基づき，日本はアメリカを中心とする連合国の支配から解放されたが，日本の主権は北海道，本州，四国，九州に限定された。

解説

1. ヨーロッパで第二次世界大戦が始まったのは1939年９月のドイツによるポーランド侵攻からである。日本が中国で満州事変を起こしたのが1931年，満州国の建国が1932年のことで，順序が逆である。

2. 独ソ不可侵条約は1939年８月にドイツとソ連との間で調印された中立条約である。日ソ中立条約は1941年４月に日本とソ連との間で調印された条約で，その有効期間は５年とされていたが，1945年２月のヤルタ会談後，ソ連がこの条約を破棄し，対日参戦した。

3. 日本がハワイの真珠湾を攻撃したのは1941年12月である。日本が国際連盟を脱退したのは1933年のことで，国連のリットン調査団による報告書に基づく勧告後のことである。したがって順序が逆である。

4. 広島や長崎に原爆を投下され，日本が無条件降伏をしたのは1945年８月であるが，ドイツの無条件降伏は1945年５月７日，イタリアの無条件降伏は1943年９月であるから，順序が逆である。

5. 正しい。日本は1951年のサンフランシスコ平和条約で主権を回復したが，沖縄・小笠原はアメリカの統治下に置かれた。

正答 5

市役所上・中級

C日程

No. 93 日本史 政党と内閣 令和2年度

日本の政党と内閣の歴史に関するア～オの記述のうち，妥当なもののみをすべて挙げているのはどれか。

ア　明治時代には自由民権運動が起こり，政府が国会の開設を決定すると，板垣退助を党首とする政党や，大隈重信を党首とする政党が結成された。

イ　明治時代の半ばには国会が開かれるようになったが，政府は超然主義を唱える藩閥政府が続いた。大正時代には民主主義を求める運動が起こったが，衆議院の政党を基盤とする内閣が成立することはなかった。

ウ　昭和初期には，軍部が政治的発言力を強め，政党の役割は低下した。日中戦争が勃発し拡大する中で，すべての政党は解散し，大政翼賛会が発足した。

エ　第二次世界大戦後は，1955年以降，社会党が３分の２弱の議席を持って政権を担い，およそ３分の１の議席を持つ自由民主党が野党第一党となる状況が40年ほど続いた。この状況を55年体制という。

オ　1990年代は自由民主党政権が続いたが，2001年の総選挙で民主党が大勝し，政権交代が起こった。

1　ア　　**2**　ア，イ，ウ　　**3**　ア，ウ
4　イ，エ，オ　　**5**　ウ，エ，オ

解説

ア：妥当である。

イ：超然主義とは，議会や政党の意思に制約されずに政治を行う政治姿勢のことで，藩閥や官僚によって組織された明治～大正初期の内閣がとった態度である。国会開設後しばらくは超然主義の藩閥政府が続いたが，1898（明治31）年には，不完全ながら日本初の政党内閣である隈板内閣（第一次大隈重信内閣）が成立した。そして，大正時代に入ると大正デモクラシーの思想が広まり，米騒動による寺内正毅内閣倒壊の後は，本格的政党内閣である原敬内閣が成立した。

ウ：妥当である。

エ：社会党と自由民主党が逆である。55年体制は，自由民主党が社会主義体制を批判して政権の座にあり続け，社会党が対米依存で戦争に巻き込まれる危険性を訴えて，憲法改正阻止に必要な３分の１の議席を確保し，主要野党の地位を保った体制である。

オ：55年体制が崩壊したのは1993年である。消費税導入や自由民主党幹部の汚職事件などに対する国民の反発を背景に，細川護熙（もりひろ）が日本新党を結成するなどの新党ブームが起こり，1993年の総選挙で自由民主党が大敗した。非自民の８党派連立による細川護熙内閣が成立して自由民主党の長期単独政権が終わり，ここに55年体制は崩壊した。しかし，非自民政権は長くは続かず，1996年には自由民主党の橋本龍太郎が組閣し，以降自由民主党政権が続いた。2001年に成立したのは自由民主党の小泉純一郎内閣で，民主党による政権交代が起きるのは2009年の鳩山由紀夫内閣の成立によってである。しかし，それも長くは続かず，2012年成立の第二次安倍内閣より再び自由民主党政権が復活している。

以上から，妥当なものはアとウであり，**3**が正答となる。

正答　3

A日程

No. 94 日本史 占領下の日本 令和4年度

太平洋戦争敗戦後の占領下の日本に関する次の記述のうち，妥当なものはどれか。

1 2回にわたる農地改革では，大地主が増加し，小作人が自作農になることは推奨されなかった。

2 三井・三菱などの財閥は解体され，持ち株会社やカルテルなどを禁止する独占禁止法が制定された。

3 選挙法が改正され，戦前は男女ともにあった納税資格制限を撤廃し，普通選挙制が実現した。

4 労働組合法・労働関係調整法・労働基準法の，いわゆる労働三法が制定されて労働運動が盛んになり，官公庁労働者の一斉ストライキ，二・一ゼネストも実施された。

5 学校での教育勅語の奉読と修身の授業は停止されたが，男女は別学とされ，義務教育期間は6年のままだった。

解説

1. 1946～50年にかけての2回にわたる農地改革の結果，不在地主の農地所有は不可とされ，在村地主の小作地は1町歩（北海道は4町歩）に制限された。不在地主の貸付農地全部と在村地主の1町歩（北海道は4町歩）を超える農地は政府が強制的に買い上げ，小作人に廉価で売却したため，自作農は大幅に創出され，大地主は従来の経済力を失った。

2. 妥当である。

3. 1925年制定の普通選挙法により，すでに納税資格制限は戦前から撤廃されていたが，女性に選挙権が与えられていなかった。1945年の選挙法改正により女性参政権が認められ，男女平等の普通選挙制（選挙権年齢は満25歳以上から満20歳以上に引下げ）が実現した。

4. 労働三法が制定されたことは正しいが，二・一ゼネストは，占領政策の転換により，GHQの指令で中止させられた。

5. 教育勅語の奉読と修身の授業が停止となったことは正しいが，民主主義の教育理念を示して1947年に制定された教育基本法は，男女共学や義務教育9年制を規定した。

正答 2

市役所上・中級

C日程

No. 95 日本史 第二次世界大戦後の日本 令和元年度

第二次世界大戦後の日本の対外関係に関するア～オの記述のうち，妥当なもののみをすべて挙げているのはどれか。

ア　主権の回復：1950年代にサンフランシスコ平和条約が締結され，日本は主権を回復した。この時，同時に沖縄が日本に返還された。

イ　アメリカとの関係：1950年代に日米安全保障条約が締結され，アメリカ軍が引き続き日本国内に駐留することとなり，1960年代に行われた改定により，アメリカの日本防衛義務が規定された。

ウ　ソ連との関係：1950年代に日ソ共同宣言が調印された。これにより，ソ連の賛成を得て，日本の国際連合への加盟が実現した。

エ　中華人民共和国，台湾との関係：1970年代に，中華人民共和国，台湾の双方と国交を回復した。これを受けて，アメリカ合衆国も両国との国交を回復した。

オ　韓国，北朝鮮との関係：韓国とは2000年代に国交を回復した。北朝鮮とは，2010年に日朝首脳会談を行い，国交回復に向けた交渉が進められている。

1　ア，イ　　**2**　ア，エ　　**3**　イ，ウ
4　ウ，オ　　**5**　エ，オ

解説

ア：前半は妥当である。日本は，1951年のサンフランシスコ講和会議において，連合国48か国とサンフランシスコ平和条約を締結して，主権を回復し独立を達成した（吉田茂内閣）。しかし，沖縄については，サンフランシスコ平和条約第３条において，小笠原諸島とともに，国連の信託統治制度に基づいてアメリカの施政権下に置くことが決められた。沖縄の施政権の日本復帰は，1971年に佐藤栄作内閣が沖縄返還協定に調印して翌1972年に実現した。

イ：妥当である。日米安全保障条約は，1951年，サンフランシスコ平和条約が結ばれた日の同日午後に調印された。日米新安保条約（日米相互協力および安全保障条約）は1960年に締結され（岸信介内閣），日本の防衛力増強の義務も規定された。

ウ：妥当である。1956年の日ソ共同宣言で日ソの国交が回復し，同年末に日本の国連加盟が実現した。しかし，北方領土問題が解決されておらず，旧ソ連およびロシアとの間で平和条約はまだ結ばれていない。

エ：中国は一貫して台湾を中国の不可分の領土の一部とする立場をとっており，双方と国交を回復するということはあり得ない。戦後，台湾の中華民国政府は1949年の中華人民共和国成立後も正式な中国政府として国際連合での代表権を得ていた。しかし，中国の国力が高まるにつれ，中国を承認する国が増え，1971年の国連総会は中華人民共和国の代表権を圧倒的多数で決議し，国連代表権を台湾から中国へと移行した。翌1972年にはアメリカのニクソン大統領が訪中し，中華人民共和国を中国における唯一正当の政府として承認した。これに衝撃を受けた日本も，田中角栄首相が訪中し，中華人民共和国を中国の唯一の合法政府と認めるとする日中共同声明を発表して国交を樹立し，台湾とは断交となった。米中の正式な国交樹立は，カーター大統領と鄧小平との交渉によって1979年に成立し，米国と台湾は断交となった。しかし，日米とも台湾との経済関係などは維持している。

オ：韓国との国交については，1965年に佐藤栄作内閣が朴政権との間で日韓基本条約を結び，国交正常化が果たされた。北朝鮮との関係は，小泉首相が拉致問題解決のため2002年に訪朝して金正日総書記と会談し，日朝平壌宣言に署名して国交正常化交渉が再開された。しかし，北朝鮮の核開発問題や拉致問題などがあり，交渉は進んでいない。

以上から，妥当なものはイとウであり，**3**が正答となる。

正答　3

No. 96　B日程　日本史　20世紀後半の日本　令和元年度

20世紀後半の日本の政治と経済に関する次の文章中の下線部ア～オのうち，妥当なもののみをすべて挙げているのはどれか。

＜政治＞

1955年以降，ア自由民主党が衆議院議席の３分の２を超える議席を占めて政権を維持し，野党第一党である社会党と対立するようになった。この体制は55年体制と呼ばれて長期にわたって続き，イ自由民主党は，1990年代前半に政権を失って初めて野党となった。

＜経済＞

1950年代半ば頃から，高度経済成長と呼ばれる急速な経済成長が続いた。しかし，ウ1970年代前半に発生した石油危機を契機に，日本経済は戦後初のマイナス成長となり，高度経済成長は終了して安定成長の時代に入った。対米貿易については，エ1980年代に日本の貿易赤字が大幅に拡大し，日米貿易摩擦が激化した。1980年代後半にはオ地価の下落によりバブル経済となった。

1　ア，ウ
2　ア，エ
3　イ，ウ
4　イ，オ
5　エ，オ

解説

ア：冷戦の展開により，対米依存・憲法改正を唱える保守勢力と，非武装中立・憲法擁護を唱える革新勢力との対立構図が明確となり，1955年，左右に分裂していた社会党が合同して，憲法改正阻止に必要な３分の１の議席を確保した。これに対し，保守勢力の日本民主党と自由党も合併して自由民主党となり（保守合同），これ以後，自由民主党が衆議院議席の３分の２弱を占めて政権与党を維持し，社会党が主要野党として対立する55年体制が38年間続いた。

イ：妥当である。1993年の非自民８党派連立による細川護熙（もりひろ）内閣の成立によって，自民党の長期単独政権は終了し，55年体制が崩壊した。

ウ：妥当である。1973年に起きた第一次石油危機の打撃は大きく，1974年には国民総生産の伸びが戦後初めてマイナスとなった。

エ：アメリカでは，1970年代半ば頃から，日本の巨額の貿易黒字に対する反発が生じていた。

オ：1980年代中頃から進んだ円高不況対策としての超低金利政策によって「カネ余り現象」が生じ，行き場を失った大量の資金が生産面以外の土地や株式などの投機に流れ，地価や株価などの資産価値が異常に高騰するバブル経済が発生した。

以上から，妥当なものはイとウであり，**3**が正答となる。

正答　3

市役所上・中級 C日程

No. 97 世界史 ルネサンス期 平成20年度

ルネサンス期に関する次の記述のうち妥当なものはどれか。

1 ミケランジェロは神聖ローマ皇帝の支援を受け，システィナ礼拝堂の大井壁画「天地創造」や正面祭壇画の「最後の審判」を描いた。

2 イタリアのダンテやイギリスのシェークスピアは，当時主流となっていたアラビア語を用いて作品を著した。

3 ポーランドのコペルニクスはローマ・カトリック教会の支持する地動説に対し，科学的な立場から天動説を唱えた。

4 ネーデルランドのエラスムスは16世紀最大の人文主義者であり，ローマ・カトリック教会を批判した『愚神礼賛』を著した。

5 マキャヴェリはその著書『君主論』において，統治者は暴力や狡智よりも愛や善意，道徳で政治を治めるべきと唱えた。

解説

1 ミケランジェロはローマ・カトリック教会のローマ教皇の依頼を受け，作品の制作活動に取り組んだ。システィナ礼拝堂の天井壁画「天地創造」はローマ教皇ユリウス２世の依頼で描き，正面祭壇画の「最後の審判」はローマ教皇パウルス３世の依頼で描いた。

2．イタリア・ルネサンス初期のフィレンツェ貴族であったダンテはイタリア語（トスカナ語）で『神曲』を著した。また，イギリスのエリザベス１世時代の詩人で劇作家でもあったシェークスピアは英語で多くの作品を著した。

3．ポーランドの聖職者で天文学者でもあったコペルニクスは，科学的な立場から地動説を唱えた。一方，ローマ・カトリック教会では天動説が教会公認の学説であった。

4．正しい。『愚神礼賛』はネーデルランドの人文主義者エラスムスがイギリス滞在中に著したものである。

5．フィレンツェの外交官であったマキャヴェリはその著書『君主論』で，統治者は「獅子の勇猛と狐の狡智を兼ねた人物」である必要性を説いた。

正答 4

No. 98 C日程 世界史 西ヨーロッパ中世世界の変容 令和2年度

西ヨーロッパ中世世界の変容に関する次の記述の下線部ア～エのうち，内容が妥当なもののみをすべて挙げているのはどれか。

ア キリスト教の聖地であるローマは，7世紀以降イスラーム教徒の支配下にあった。11世紀末より，教皇の呼びかけによる聖地回復のための十字軍派遣が数次にわたり行われ，イ 最終的に聖地回復の目的は達成された。十字軍は西ヨーロッパ世界に大きな影響を与え，経済面では，ウ 地中海を経ての東方貿易が発達し，イタリア諸都市が繁栄した。キリスト教徒による国土回復運動の動きはほかにも見られ，エ 現在のスペイン・ポルトガルの地域は8世紀以来イスラーム教徒の支配下にあったが，11世紀以降キリスト教徒による国土回復運動（レコンキスタ）が行われ，15世紀に完了した。

1 ア，ウ
2 ア，エ
3 イ，ウ
4 イ，エ
5 ウ，エ

解説

ア：ローマ市内にあるバチカン市国もキリスト教の聖地であるが，7世紀以降イスラーム教徒の支配下にあったキリスト教の聖地はイェルサレムである。

イ：約200年の間に計7回（回数には異説もある）行われたが，結局，聖地回復はできなかった。

ウ：妥当である。

エ：妥当である。

以上から，妥当なものはウとエであり，**5**が正答となる。

正答 5

市役所上・中級

No. 99 A日程

世界史 宗教改革 平成16年度

宗教改革に関する次の記述のうち，妥当なものはどれか。

1 ルターは農奴制廃止を求めて自ら農民を指導し，ドイツ農民戦争を起こした。

2 ユグノー戦争が起こったことにより，アンリ４世はナントの勅令を発し，ユグノーを徹底的に弾圧した結果，戦争は終結した。ユグノーらは海外へ流出し，フランスの経済に打撃を与えた。

3 非宗教的な動機から始まったイギリスの宗教改革の結果，イギリス国教会が創設された。エリザベス１世が初代の国教会首長となったが，儀式などはカトリック色が強い。

4 スペインは旧教の復活をめざし，イエズス会を創設した。その結果，旧教が再び大きな影響を与えることになった。

5 ネーデルラントはスペインの旧教政策に反発し，ユトレヒト同盟を結んで，オランダとして独立した。しかし，その後，国内の産業は疲弊してしまい，オランダは衰退していった。

解説

1．ドイツ農民戦争（1524〜25年）を起こしたのはミュンツァーである。ミュンツァーはルターの影響を受けた人物であるが，ルター自身はこの農民を指導していない。最終的にルターはこの戦争を弾圧する諸侯側を支持した。

2．フランスで起こったユグノー戦争（1562〜98年）はユグノーとカトリックの戦いであるが，1598年に国王のアンリ４世はナントの勅令を発し，ユグノーにも信教の自由を認めた。ユグノーを徹底的に弾圧したのはルイ14世で，1685年にナントの勅令を廃止したため，ユグノーらは海外へ亡命し，フランスの経済に打撃を与える結果となった。

3．イギリス国教会を創設したのはヘンリ８世である。離婚を認めないローマ教皇に対し，1534年に首長法を出して，イギリス国教会の設立を宣言した。エリザベス１世は1559年に統一法を出して，イギリス国教会の体制を最終的に統一した女王である。

4．正しい。スペインではイグナティウス＝ロヨラが中心となって，1534年にイエズス会が創設された。1540年にはローマ教皇に認可され，海外布教に努めた。これによって，旧教（カトリック）が海外で大きな影響を与えることになった。

5．ネーデルラントの北部７州がスペインの旧教政策に反発し，1579年にユトレヒト同盟を結んで抵抗した。1581年にはスペインからネーデルラント連邦共和国（オランダ）として独立した。その後，オランダは発展し，17世紀には国際金融の中心にまでなった。

正答 4

No. 100 B日程 世界史 15～17世紀のヨーロッパ 平成17年度

15～17世紀のヨーロッパに関する次の記述のうち，妥当なものはどれか。

1 古代ギリシアやローマの古典文化が否定され，カトリック教会の権限が拡大し，教会を中心にヒューマニズムの思想が広まり，ルネサンスが起こった。

2 エルベ川以西では，穀物を輸出するために，直営地経営が行われるようになり，農民と地主の関係が変化し，自営農民が増加した。

3 スペインやポルトガルが南米の銀山から大量の銀をヨーロッパに流入させた結果，ヨーロッパで物価が上昇する価格革命が起こった。

4 宗教改革によってカトリックとプロテスタントの対立が深まった。フランスではユグノー戦争が起こり，カトリックとユグノーが戦ったが，ブルボン家のアンリ4世がカトリックからプロテスタントに改宗し，戦争を終結させた。

5 ロシアのエカチェリーナ2世は軍備の拡大を行うとともに，清とネルチンスク条約を結んで国境を画定させ，農奴制を強化した。

解説

1．14世紀から16世紀にかけて，ヨーロッパでは古代ギリシアやローマの古典文化を研究し，教会中心の考え方から人間を中心に考えるヒューマニズムの思想が広まり，イタリアのフィレンツェで最初にルネサンスが起こっている。

2．エルベ川以西ではなく，エルベ川以東の東ヨーロッパでは穀物を西ヨーロッパに輸出するために，領主による直営地経営が行われるようになり，領主による農奴支配が強まった。

3．正しい。

4．フランスのユグノー戦争（1562～98年）ではブルボン家のアンリ4世がプロテスタントからカトリックに改宗し，1598年のナントの勅令で，ユグノーに信仰の自由を与え，戦争を終結させた。

5．軍備を拡大し，1689年に清とネルチンスク条約を結んで国境を画定させたのはロシア皇帝のピョートル1世（在位1682～1725年）である。ロシアのエカチェリーナ2世（在位1762～96年）は18世紀のロシア皇帝で，農奴制を強化した。

正答 3

市役所上・中級

C日程

No. 101 世界史 18世紀後半～19世紀のアメリカ 令和4年度

18世紀後半～19世紀のアメリカに関する次の記述のうち，妥当なもののみをすべて挙げているものはどれか。

ア　独立達成後に制定されたアメリカ合衆国憲法は，立法・行政・司法の三権を集中して持つ大統領制を特色とした。

イ　第5代大統領モンローは，ヨーロッパとアメリカ大陸との相互不干渉を主張するいわゆるモンロー主義を宣言した。これはこの後約1世紀にわたりアメリカの外交政策の基本方針となった。

ウ　19世紀後半には，保護貿易主義と奴隷制反対を唱える北部と，自由貿易主義と奴隷制支持を唱える南部の対立が深刻化し，南北戦争が勃発した。

エ　南北戦争後は石油・鉄鋼業を中心に資本主義がめざましく発展した。19世紀末には海外市場の確保に乗り出し，ヨーロッパよりも早くアフリカに進出してアフリカ分割の主役となった。

オ　19世紀末，アメリカ＝メキシコ戦争に勝利したアメリカは，キューバを事実上の保護国とした。さらにモンロー主義を変更してアフリカに進出し，スエズ運河の建設に着手した。

1　ア，イ
2　ア，エ
3　イ，ウ
4　ウ，オ
5　エ，オ

解説

ア：1787年に制定されたアメリカ合衆国憲法は，世界最初の民主的成文憲法であり，中央政府が強くなりすぎないよう三権分立の制度が定められていた。

イ：妥当である。

ウ：妥当である。

エ：南北戦争後に資本主義が発展し，19世紀末に海外市場の確保に乗り出したことは正しい。しかし，ヨーロッパ列強はそれよりも早い19世紀後半からアフリカを侵略して植民地として分割し，20世紀初めにアフリカで独立を保っていたのはエチオピアとリベリアの2国のみであった。

オ：アメリカ＝メキシコ戦争は1846～48年に行われた戦争である。キューバを事実上の保護国としたのは，1898年にアメリカが勝利した，アメリカ＝スペイン戦争によってである。またその頃より，モンロー主義を拡大解釈してラテンアメリカ進出を正当化し，カリブ海政策を進め，パナマ運河の建設に着手した。スエズ運河はすでにフランス人のレセップスによって完成されていた（1869年）。

よって，妥当なものはイ，ウであり，正答は**3**である。

正答　3

No. 102 B日程 世界史 19世紀の欧米諸国 平成26年度

19世紀の欧米諸国での出来事に関する次の記述のうち，妥当なのはどれか。

1 イギリスでは，自由党・労働党の二大政党が選挙結果に基づいて政権を交互に担当する議会政治が確立された。

2 フランスでは，ナポレオン３世による殖産興業政策によって国内産業が成長した結果，アジアなどへの対外的進出には消極的になった。

3 イタリアでは，サルデーニャ王国が中心となって統一が進められ，1861年，教皇領がローマ教皇より寄進された結果，イタリア王国が成立した。

4 ドイツでは，プロイセンが統一の中心となり，宰相ビスマルクによる鉄血政策によって大ドイツ主義に基づくドイツ帝国が成立して，分立していた各邦は消滅した。

5 アメリカでは，南北戦争後の南部の再建は共和党の主導の下で進められ，奴隷制度も連邦憲法の修正によって正式に廃止された。

解説

1．労働党ではなく保守党である。労働党が結成されたのは1906年である。19世半ばにトーリー党は保守党，ホイッグ党は自由党と呼ばれるようになり，ヴィクトリア女王（在位1837～1901年）の時代には保守党のディズレーリ，自由党のグラッドストンによってさまざまな改革が行われた。

2．ナポレオン３世（在位1852～70年）が国内産業の育成に努めたことは正しいが，帝政（第二帝政）に対する国内の不満をそらすために，クリミア戦争（1853～56年），アロー戦争（第二次アヘン戦争，1856～60年），イタリア統一戦争（1859年），インドシナ出兵（1858～67年）など相次いで対外出兵を行った。

3．1861年にイタリア王国が成立したが，それは千人隊を率いるガリバルディが両シチリア王国を占領し，これをサルデーニャ王に譲渡したのをきっかけに成立したのである。しかし，成立当初のイタリア王国にはヴェネツィアと教皇領は含まれておらず，ヴェネツィアは1866年の普墺戦争の際に併合し，教皇領は1870年の普仏戦争の際に占領した。しかし，ローマ教皇はこれに反発してヴァチカンの教皇庁によって，1929年の和解（ラテラン条約）までイタリア政府と対立を続けた。

4．大ドイツ主義ではなく小ドイツ主義であり，ドイツ帝国が成立しても各邦は消滅しなかった。小ドイツ主義はプロイセンを中心にして，オーストリアを排除した統一方式であり，大ドイツ主義はオーストリアのドイツ人地域とベーメン（ボヘミア）を含む旧神聖ローマ帝国領を復活して大ドイツを建設しようとする統一方式である。フランクフルト国民議会（1848年）の失敗後，統一の主導権はプロイセンのユンカー層に移り，プロイセンは1866年のプロイセン=オーストリア戦争（普墺戦争）でオーストリアを破り，ドイツ統一運動からオーストリアを排除した。また成立したドイツ帝国は，22の邦（君主国）と３つの自由市で構成される連邦国家で，各邦の政治の仕組みは変わらなかった。

5．妥当である。1865年，合衆国憲法修正13条として制定された。

正答 5

市役所上・中級

A日程

No. 103 世界史 第一次世界大戦後の世界 令和4年度

第一次世界大戦後の世界の状況に関する次の記述のうち，妥当なものはどれか。

1 第一次世界大戦の講和には無賠償の原則が適用され，戦勝国であるイギリスやフランスは，敗戦国であるドイツに対し，賠償金や領土の割譲を要求しなかった。

2 第一次世界大戦中，戦後の独立を条件としてイギリスに対する戦争協力を行ったインドは，戦後すぐに独立を達成した。

3 第一次世界大戦後，イギリスは経済的に大いに繁栄し，アメリカは経済が停滞した。

4 国際連盟が設立され，イギリス・フランスなどは常任理事国となったが，アメリカは参加しなかった。

5 ワシントン会議が開かれ軍縮について話し合われたが，海軍の軍縮は実現されなかった。

解説

1. パリ講和会議の結果，連合国がドイツに結ばせたヴェルサイユ条約は対独報復的・懲罰的な性格の強いものとなった。内容は，アルザス・ロレーヌのフランスへの返還，ポーランド回廊のポーランドへの割譲，すべての海外領土・植民地の放棄，巨額の賠償金等々である。

2. イギリスは，戦後の自治を見返りとして，インドに兵員や物資の供給などの協力をさせたが，戦争に勝利した後も形式的な自治しか認めず，独立を求める民族運動を抑圧した。

3. イギリスとアメリカの説明が逆である。イギリスは多額の戦債を負って経済不振に陥り，アメリカは大戦中に連合国に軍事物資を供給して経済発展を遂げ，債務国から債権国となった。

4. 妥当である。

5. ワシントン海軍軍縮条約が結ばれ，海軍主力艦の保有トン数の比率を，米5：英5：日3：仏1.67：伊1.67と定めた。

正答 4

No. 104 世界史　ロシア革命とソ連　平成29年度

ロシア革命とソヴィエト社会主義共和国連邦に関するア～エの記述のうち，妥当なもののみをすべて挙げているのはどれか。

ア　第一次世界大戦中，レーニン指導下のボリシェヴィキ（後のロシア共産党）が革命を成功させ，労働者や兵士からなるソヴィエト（評議会）にすべての権力を集中させてソヴィエト政権を樹立した。

イ　ロシアは第一次世界大戦勃発時にドイツ側に立って参戦したが，革命後にドイツへ宣戦布告し，戦後は賠償金や領土の割譲を要求した。

ウ　ロシア革命後，周辺諸国は革命の波及を恐れ，英・米・仏・日の4か国の軍隊はシベリアに出兵した。

エ　ソヴィエト社会主義共和国連邦の発足後，ウクライナやアフガニスタンの独立要求を承認し，ソ連は単一民族国家となった。

1　ア，イ　　**2**　ア，ウ　　**3**　イ，ウ
4　イ，エ　　**5**　ウ，エ

解説

ア：妥当である。1917年11月にソヴィエト政権が成立した。

イ：妥当でない。第一次世界大戦前の国際関係は，英・仏・露の三国協商と独・墺（オーストリア）・伊（第一次世界大戦では協商国側で参戦）の三国同盟の二大陣営が対立する構図であり，ロシアは三国協商の一員として英・仏の側に立って参戦した。しかし，大戦の途中でロシア革命が勃発してソヴィエト政権が樹立され，ソヴィエト政府は1918年にドイツとブレスト＝リトフスク条約を結び，単独講和をして戦争を終えた。大戦後のパリ講和会議（1919年）は米・英・仏の3か国が主導権を握り，ソヴィエト政府は参加できなかった。

ウ：妥当である。

エ：妥当でない。1922年にロシア＝ソヴィエト共和国とウクライナ，ザカフカース，ベラルーシ（白ロシア）の4ソヴィエト共和国が連合してソヴィエト社会主義共和国連邦（ソ連，ソ連邦，ソヴィエト連邦）が発足した。以後，1940年までに15共和国からなる連邦国家を形成したソ連は，人口2億8,000万（1989年）からなる多民族国家であった。後の1991年にソ連が解体するとき，バルト3国をはじめとするウクライナなどほとんどの共和国がソ連邦からの離脱を宣言し，ソ連共産党も解散して，ロシア連邦を中心に独立国家共同体（CIS）が結成された。アフガニスタンはソ連邦内の共和国であったことはなく，19世紀後半からイギリスの保護領であったが，1919年に独立を達成した。1979年にソ連の軍事侵攻を受けて親ソ政権が樹立されたが，1989年にソ連の撤退が完了した。

以上から，妥当なものはアとウであり，正答は**2**である。

正答　2

市役所上・中級

B日程

No.105 世界史 世界恐慌 令和2年度

1929年に始まった世界恐慌時の各国の状況に関するア～ウの記述と国名の組合せとして，妥当なのはどれか。

ア　計画経済に基づく五か年計画によって，重工業化の推進や農業の集団化・機械化が進められており，世界恐慌の影響はほとんど受けなかった。

イ　農業調整法と全国産業復興法による生産調整や価格の安定化，TVAなどの大規模公共事業による雇用の拡大，ワグナー法による団結権・団体交渉権の保障などを内容とするニューディール政策が実施された。

ウ　世界恐慌による最も大きな経済的打撃を受ける中で，1930年代に一党独裁体制が敷かれ，軍需産業の振興，大規模公共事業を行って，失業者を吸収した。

	ア	イ	ウ
1	アメリカ合衆国	ソ連	ドイツ
2	アメリカ合衆国	ドイツ	ソ連
3	ソ連	アメリカ合衆国	ドイツ
4	ソ連	ドイツ	アメリカ合衆国
5	ドイツ	アメリカ合衆国	ソ連

解説

ア：ソ連に関する記述である。第一次世界大戦中に起こったロシア革命により社会主義国となっていたソ連では，社会主義の計画経済に基づく第一次五か年計画が1928年から始められており，世界恐慌の影響はほとんど受けずに工業生産が伸びた。

イ：アメリカ合衆国に関する記述である。ニューディール政策は，フランクリン=ローズヴェルト大統領が実施した不況克服政策である。

ウ：ドイツに関する記述である。第一次世界大戦の敗戦国で，巨額の賠償金を課せられていたドイツは，世界恐慌によって最も大きな打撃を受け，社会情勢が悪化した。そのような中で，ヴェルサイユ条約に反対するナチ党が台頭し，1932年の総選挙で第一党となってヒトラー内閣が成立した。ヒトラーは全権委任法を制定してナチ党以外の政党を解散させ，一党独裁を確立し，軍事色の強い統制経済を行った。

よって，正答は**3**である。

正答 3

No. 106 C日程 世界史 第二次世界大戦 平成28年度

第二次世界大戦に関する次の記述のうち，妥当なのはどれか。

1　1932年にヒトラー内閣が誕生し，全権委任法が成立してナチ党の独裁体制が樹立されると，ドイツは1933年に国際連盟を脱退し，1935年にはヴェルサイユ条約の軍事条項を破棄して再軍備を宣言した。これに警戒感を抱いたアメリカ，イギリス，フランスはドイツに先制攻撃を仕掛け，第二次世界大戦が勃発した。

2　第二次世界大戦が始まると，ドイツはソ連に対して宣戦布告した。ドイツの電撃作戦を前にソ連は戦争から早期離脱し，フランスはドイツに対して優位に戦局を進めた。

3　日本は1941年にアメリカに宣戦布告し，アジア太平洋戦争が開始された。また，中国とソ連にも宣戦布告し，中国の全土およびシベリア東部を占領した。

4　第二次世界大戦が終了すると，ヤルタ会談やポツダム会談が開かれた。そこでは主に戦後構想についての話し合いが行われ，国際連合の運営方法や日本やドイツの占領政策の方針が決定づけられた。

5　第二次世界大戦ではそれまでの戦争以上に民間人の死亡者数が増加した。その背景には，総力戦体制が敷かれ民間人も軍事工場等に動員され，それらに対して攻撃が行われたこと，敵の戦意喪失のための都市への戦略爆撃が行われたことなどがある。

解説

1．前半は妥当である。しかし，ドイツの動きに対し，イギリスは英独海軍協定を結ぶなど対独宥和(ゆうわ)政策をとった。さらに，ドイツはラインラント進駐，オーストリア併合を行い，ズデーテン地方の割譲を要求し，それへの対応を協議するミュンヘン会談が開かれたが，ここでもイギリス・フランスが対独宥和政策をとり，ドイツを増長させた。宥和政策はドイツの関心がソ連に向けられることを期待したものであったが，その期待が外れてドイツが独ソ不可侵条約を結びポーランドに侵攻すると，イギリス・フランス両国はドイツに宣戦布告し，1939年に第二次世界大戦が始まった。

2．ドイツは航空機と戦車などを集中投入する電撃作戦によりポーランドの西半分を占領し，戦いを優勢に進めて1940年にはフランスも占領した。41年にドイツが独ソ不可侵条約を破ってモスクワに迫ると，ソ連も激しく抵抗し，43年のスターリングラードでのソ連軍の勝利を契機に戦局が転換した。

3．日本はすでに1937年に日中戦争を開始していた。しかし，点と線（都市と道路・線路）の占領しかできず，列強も中国を支援したことから，日中戦争は長期化し経済的に困窮した。また，39年にはノモンハン事件でソ連にも敗れたことから，日ソ中立条約で北方を固め，資源を求めてフランス領インドシナ南部に進出した。それがアメリカを刺激し，石油輸出を止められ，日米交渉が決裂すると，日本はハワイの真珠湾と英領マレー半島を奇襲攻撃し，アメリカ・イギリスに宣戦布告した。

4．両会談とも戦争終結前の第二次世界大戦末期に開かれた（1945年２月：ヤルタ会談，５月：ドイツ降伏，７月：ポツダム会談，８月：日本降伏）。両会談で戦後構想が話し合われ，戦後の国際政治体制の出発点となったことは妥当であるが，ヤルタ会談ではソ連の対日参戦（秘密協定），ポツダム会談では日本の降伏条件など，戦争終結に向けての話し合いも行われた。

5．妥当である。第二次世界大戦の民間人死亡者数は約3,800～5,500万人といわれ，第一次世界大戦の民間人死亡者数は約700万人といわれる。

正答　5

市役所上・中級

C日程

No. 107 世界史 中国史 平成23年度

中国の歴史に関する次の記述を年代順に並べたものとして，正しいのはどれか。

ア　官吏登用のための試験である科挙が導入された。

イ　銀の輸入量が増大し，銀を通貨として使うことが多くなり，納税に銀を用いることが認められるようになった。

ウ　江南地方の農業開発が目覚ましく，収穫量が増加した。また，世界初となる紙幣が発行され交換に使われるようになった。

エ　孔子，孟子，荀子などの思想家が活躍した。

オ　中国を統一した始皇帝が皇帝の称号を初めて用い，度量衡の統一などを行った。

1　エ→オ→ア→ウ→イ

2　オ→ア→エ→イ→ウ

3　エ→ア→オ→イ→ウ

4　オ→エ→ア→イ→ウ

5　エ→ア→オ→ウ→イ

解説

ア：隋（581～618）の時代である。それまで強大な勢力を振るってきた門閥貴族を抑圧するため，九品中正を廃止して，新たに学科試験による官吏登用法を導入したことが後に，科挙と称された。

イ：明（1368～1644）の時代である。メキシコ銀の流入など，銀の流通が盛んになり，貨幣経済がすみずみまで浸透していった。

ウ：宋（960～1279）の時代である。「蘇湖（江浙）熟すれば天下足る」といわれたように江南地方の農業開発が進展し，商業上の決済のために商人が発行した手形である「交子・会子」が国家の紙幣として発行された。

エ：春秋時代（前770～前403）末期から戦国時代（前403～前221）である。孔子，孟子，荀子などの思想家は諸子百家といい，春秋時代末期から戦国時代に現れた。

オ：秦の始皇帝の在位は前221年から前210年である。それまでの「王」に対し，「皇帝」という称号を初めて用いた。

したがって，年代順に並べると，エ→オ→ア→ウ→イとなり，正答は**1**である。

正答　1

No. 108 B日程 世界史 モンゴル帝国と元 平成28年度

モンゴル帝国と元に関する次の記述のうち，妥当なもののみをすべて挙げた組合せはどれか。

ア　13世紀初めにチンギス=ハンによって創建された大モンゴル帝国は，チンギス=ハンやその子孫たちが各地に遠征を行い，東アジア・西アジア・南ロシアにいたる世界帝国に発展した。

イ　漢人が優遇され，科挙に合格して官僚となれるのは漢人だけだった。

ウ　貨幣は銅銭・金・銀が使用されていたが，やがて交鈔と呼ばれる紙幣が通貨としての機能を果たすようになった。

エ　海上貿易は，海賊取締りなどを強化したために衰退した。

1　ア，イ
2　ア，ウ
3　イ，ウ
4　イ，エ
5　ウ，エ

解説

ア：妥当である。

イ：妥当でない。元の中国統治は伝統的な官僚制による中央集権体制で行ったが，モンゴル人と色目人（中央アジア・西アジア出身者）が優遇され，漢人と呼ばれる金の支配下にあった人々や，南人と呼ばれる南宋の支配下にあった人々は不利であった。中央政府の首脳部はモンゴル人で占められ，色目人は財務官僚として採用された。当初科挙は停止されのちに復活したが，漢人や南人が官界や政界で活躍する機会は少なかった。

ウ：妥当である。

エ：妥当でない。広州・泉州などの都市に市舶司を置いて海上交通路を整備した。西アジアとの海上貿易もさかんに行われ，イスラーム商人の往来も多かった。

以上から，妥当なものはアとウであり，正答は**2**である。

正答　2

市役所上・中級

No. 109 B日程

世界史　日清戦争後の中国　平成21年度

日清戦争後の中国の歴史に関する次の記述のうち，妥当なものはどれか。

1　日清戦争の敗北をきっかけに列強は中国分割に乗り出し，ドイツは広州湾を，ロシアは旅順・大連を，イギリスはマカオと九竜半島を，フランスは膠州湾を相次いで租借した。

2　「滅満興漢」をとなえて山東省で蜂起し，北京の外国公使館地域を占拠した義和団に対して，清朝は８か国連合軍の軍事力を利用してこれを鎮圧した。

3　1911年10月10日，武昌で軍隊の革命派が蜂起したのをきっかけに，清朝の全省は清朝からの独立を宣言して，北洋軍閥の袁世凱を臨時大総統として擁立して中華民国を建国した。

4　第一次世界大戦が勃発すると，日本は対華二十一カ条要求をつきつけて，山東省のドイツ権益の継承を認めさせた。大戦後も，日本は山東省を国連の委任統治領として第二次世界大戦の敗北まで支配した。

5　盧溝橋事件をきっかけに日本が軍事行動を拡大すると，国民政府は共産党と第二次国共合作を行い，ここに日中両国は全面的な戦争状態に入った。

解説

1．ドイツが租借したのは広州湾ではなく膠州湾で，ドイツ人宣教師の殺害を口実に租借した(1898年)。イギリスが租借したのは，マカオではなく威海衛である（1898年)。ロシアが旅順・大連を租借したのに対抗して，その対岸の威海衛を租借したのである。なおマカオはポルトガル領である。フランスが租借したのは膠州湾ではなく広州湾である（1899年)。

2．「滅満興漢」を唱えたのは太平天国で，義和団のスローガンは「扶清滅洋」である。義和団は山東半島を根拠地とする，義和拳という武術をよくする白蓮教系の排外主義的結社である。清朝は義和団の蜂起を利用して列強に宣戦を布告したが，日本とロシアを主力とする８か国連合軍に敗れた（北清事変)。敗れた清国は北京議定書を結び，賠償金の支払いと外国軍隊の北京駐屯を認めさせられた。

3．辛亥革命のとき，独立を宣言したのは14省である。また，革命側は帰国した孫文を臨時大総統として擁立し，南京で中華民国の建国を宣言したのである。しかし，革命側には清朝を倒すだけの力はなく，結局，清朝の実力者袁世凱が，皇帝の退位と共和政の維持を条件に，孫文から臨時大総統の地位を譲り受けて北京で就任し，宣統帝溥儀を退位させて清朝を倒した。

4．ヴェルサイユ条約では，日本が山東省のドイツ権益を継承することが認められたが，ワシントン会議における九カ国条約によって，中国の領土・主権尊重，中国における各国の経済上の門戸開放・機会均等が取り決められた。それより，山東省のドイツ権益は中国に返還された。パリの講和会議では，中国も戦勝国側として参加し，山東省の返還を求めたが認められなかった。そのため，中国はヴェルサイユ条約には調印せず，また５月４日には，北京大学の学生を中心に抗議デモが行われ，これをきっかけに排日運動が中国全土に拡大した（五・四運動)。なお，日本が委任統治権を得たのは，赤道以北の旧ドイツ領南洋諸島である。

5．正しい。

正答　5

市役所上・中級

C日程

No. 110 世界史 第二次世界大戦後の中国 平成27年度

第二次世界大戦後の中国に関する次の記述のうち，妥当なのはどれか。

1 共産党が中華人民共和国を建国すると，直ちに国際連合に加盟して安全保障理事会の常任理事国となった。

2 毛沢東はプロレタリア文化大革命により劉少奇らを攻撃して失脚させたが，そのため中国社会は深刻な混乱に陥った。

3 プロレタリア文化大革命後，鄧小平らは農業の集団化など一連の社会主義政策を進めて中国経済を成長させた。

4 民主化を要求して起こった天安門事件をきっかけに，政府は全人代を設けて民衆の要求を受け入れた。

5 香港は一国二制度という条件付きでイギリスから返還され，直ちに社会主義制度が導入された。

解説

1. 中華人民共和国が建国されたのは1949年で，国際連合に加盟したのは1971年である。国際連合が発足したのは1945年10月で，そのとき，中国を代表していたのは蔣介石の国民党が率いる中華民国政府であり，安全保障理事会の常任理事国であった。その後，国民党は，共産党との内戦に敗れて台湾に逃れたが，国連の代表権は維持したままであった。一方，中華人民共和国は建国以来，国連に対して中国の代表権を要求し続けたが，アメリカなどの反対で長い間実現しなかった（代表権問題）。ようやく1971年の国連総会で，「中華人民共和国政府の代表が国連における中国の唯一の合法的な代表」であることが認められ，中華人民共和国が安全保障理事会の常任理事国となった。

2. 妥当である。毛沢東は大躍進運動の失敗で1959年に国家主席を劉少奇に譲ったが，1966年に始まったプロレタリア文化大革命（文化大革命）で劉少奇・鄧小平らを実権派（走資派）として失脚させることに成功した。しかし，闘争のために動員した紅衛兵などの大衆運動が方向性を失って暴走し，中国社会を混乱に陥れた。

3. プロレタリア文化大革命後，再度復権した鄧小平を中心とした指導部がとったのは農業の集団化による社会主義政策ではなく，人民公社の解体，農業生産の請負制，外国資本・技術の導入などによる社会主義市場経済化，いわゆる「改革・開放政策」である。

4. 天安門事件（六・四事件，1989年）では，民主化を要求して天安門広場に集まった学生・労働者に対して，政府は人民解放軍を用いてこれを弾圧し，民衆の要求を受け入れなかった。全人代（全国人民代表大会）は1954年に設立された一院制の議会で，最高権力機関として位置づけられている。

5. 香港は1997年７月１日に，今後50年間は資本主義制度を維持したまま，防衛と外交を除いた高度の自治を保証することでイギリスから返還されたので，直ちに社会主義制度が導入されたわけではない。一国二制度（一国両制）とは，１つの国家に２つの経済制度（社会主義と資本主義）が併存することを認める考えで，本来は台湾統一のために構想された戦略である。現在は，香港と，ポルトガルから返還されたマカオに適用されている。

正答 2

No. 111 B日程 世界史 第二次世界大戦後の東南アジア 平成19年度

第二次世界大戦後の東南アジア諸国に関する次の記述のうち，妥当なものはどれか。

1 ベトナムではアメリカとフランスの連合軍に対する独立戦争が膠着し，いったんは休戦が成立したものの，1976年まで戦争が続いた。

2 カンボジアでは第二次世界大戦中に，アウンサンが日本軍との協力を受け入れる形で独立戦争を始め，大戦の終結とともに独立した。その後は軍政が続き，アウンサン=スー=チーが民主化運動を指導している。

3 インドネシアは独立運動の中心人物だったスカルノの下で非同盟主義政策をとり，一時は国連から脱退したが，スハルト政権は開発優先の姿勢を示し，国際協力に積極性を示した。

4 フィリピンは1946年の独立後，経済の実権を握る中国人に対抗するためにタガログ人優先政策をとり，これに反発したシンガポールが1965年に分離独立した。

5 タイでは1957年の独立達成以来，軍部が実質的な政治の実権を握る状態が1981年まで続き，アキノ元上院議員暗殺をきっかけに民主主義政権が樹立された。

解説

1．第一次インドシナ戦争の際はベトナムはフランスに対する独立戦争を展開していたが，1954年のジュネーヴ休戦協定の成立でフランスは撤退した。以後は南北に分断されたベトナムで，アメリカの支援を受けた南ベトナムと北ベトナムが戦争を継続，アメリカが介入の度合いを強め，1976年のベトナム統一まで戦闘が続いた。

2．記述はミャンマー（ビルマ）についてのもので，アウンサンの娘がアウンサン=スー=チーである。カンボジアは1953年に独立を認められたものの国内の混乱が続き，ベトナム戦争の影響も受けて政情は安定しなかった。

3．正しい。インドネシアではスカルノがクーデタで失脚，実権を掌握したスハルトは国連復帰をすぐに実行した。

4．中国系住民に対抗するためマレー人優先政策を採用し，シンガポールの分離独立を招いたのはマレーシアである。フィリピンではアメリカによる経済的支配が独立後も続いていた。

5．タイは第二次世界大戦中も独立を維持した国であるが，軍部によるクーデタも頻発し，民主主義政権の誕生は1992年になってからであった。アキノ元上院議員暗殺をきっかけに民主化が進展したのはフィリピンである。

正答 3

B日程

No. 112 世界史 近現代のヨーロッパ各国 令和3年度

ヨーロッパ各国に関するア〜カの記述について，①イギリスに関するもの，②フランスに関するもの，③ドイツに関するものに正しく分類しているのはどれか。

ア　2度の世界大戦に敗れ深刻な打撃を受けたが，経済の奇跡的復興を遂げ，現在は世界有数の工業国となっている。

イ　かつては，内陸の鉄山に近い地域で鉄鋼業が盛んだったが，資源の枯渇により，近年では，原料輸入に便利な臨海工業地域が発展している。

ウ　炭田と河川の水運によって世界有数となった工業地域を中心に近代工業が発展した。

エ　18世紀後半に世界に先駆けて産業革命を起こし，「世界の工場」と呼ばれて，世界各地に植民地を拡げた。

オ　18世紀後半，国民の旧制度（アンシャン＝レジーム）への不満を背景に革命が起こり，絶対王政が倒された。

カ　第二次世界大戦後は植民地が独立し，経済的に不振が続いた。1973年にECに加盟し，新自由主義的政策を進めて80年代後半には経済の回復が進んだが，2020年にはEUを離脱した。

1　①イとウ　②アとオ　③エとカ

2　①ウとエ　②イとカ　③アとオ

3　①エとオ　②ウとカ　③アとイ

4　①エとカ　②イとオ　③アとウ

5　①オとカ　②ウとエ　③アとイ

解説

ア：ドイツは第一次・第二次世界大戦に敗れ，経済も大打撃を受けたが，1950年代にアメリカ合衆国の援助を受け入れ，奇跡的な経済復興を遂げた。

イ：フランスでは，鉄鉱石の産地であるロレーヌ地方のメスやナンシーなどで古くから鉄鋼業が発達していたが，鉄鉱石の不足によって，近年では原料の輸入に便利なフォスやダンケルクなどの製鉄所の役割が大きくなり，臨海工業地域が発展している。

ウ：ドイツでは，ルール炭田の石炭とライン川の水運によって世界有数の工業地域となったルール工業地域を中心に，近代工業が発展した。

エ：産業革命は，18世紀後半にまずイギリスで最初に始まった。イギリスは産業革命から1世紀の間，「世界の工場」と呼ばれて海外に植民地を拡げ，「大英帝国」として繁栄した。

オ：旧制度（アンシャン＝レジーム）とは革命前のフランスの政治・社会体制のことである。

カ：イギリスは，第二次世界大戦後の経済不振に産業の国有化などで対応したが，1960〜70年代の経済力の衰えは「イギリス病」と呼ばれた。1973年にECに加盟してヨーロッパ諸国との連携を強め，1980年代にはサッチャー首相が新自由主義的政策を進め，国営企業の民営化などで経済の回復が進んだ。2016年の国民投票の結果を受けてEU離脱交渉を進め，2020年，正式にEUを離脱した。

よって，①イギリスはエとカ，②フランスはイとオ，③ドイツはアとウであり，正答は**4**である。

正答　4

市役所上・中級

C日程

No. 113 世界史 湾岸戦争～イラク戦争 平成30年度

冷戦終結直後に起きた湾岸戦争，今世紀初頭に起きたアフガニスタン戦争，イラク戦争に関するア～オの記述のうち，妥当なもののみをすべて挙げているのはどれか。

ア．湾岸戦争において，クウェートに侵攻したイラクに対し，アメリカは国連安保理決議に基づき，多国籍軍を組織して攻撃し，短期間で勝利した。

イ．日本は，湾岸戦争後に自衛隊を中東地域に派遣したが，イラク戦争でフセイン政権が崩壊した後は，国内での反対が強く，復興支援のための自衛隊派遣を行わなかった。

ウ．イスラーム急進派組織アル・カーイダによる9.11同時多発テロ事件は，アメリカがアフガニスタン戦争でタリバーン政権を崩壊させたことに対する報復として実行された。

エ．アフガニスタン戦争でタリバーン政権が崩壊した後も，イラク戦争でフセイン政権が崩壊した後も，アメリカは現地の治安維持を国連に任せ，数か月で撤退を完了した。

オ．イラク戦争開始に当たり，アメリカはイラクが大量破壊兵器を保有していると主張したが，フセイン政権崩壊後，大量破壊兵器は発見されなかった。

1 ア，イ
2 ア，オ
3 イ，ウ
4 ウ，エ
5 エ，オ

解説

ア：妥当である。

イ：湾岸戦争の際に日本が行った支援は財政支援のみである。湾岸戦争を機に，日本でも国連への協力のあり方と憲法解釈を巡って議論が高まり，1992年に自衛隊の海外派遣を可能とするPKO協力法が成立した。イラク戦争後は，2003年にイラク復興支援特別措置法が時限立法として成立し，これに基づき，陸・海・空の自衛隊員がイラクへ派遣され，イラク国民への人道支援に当たった。

ウ：2001年に引き起こされた9.11同時多発テロ事件は，イスラーム急進派組織アル・カーイダの指導者ビン＝ラーディンの指示によるものとされ，アメリカは，アフガニスタンに潜伏していると見られたビン＝ラーディンの引き渡しをタリバーン政権に求めた。しかし，タリバーン政権がそれを拒否したため，アメリカはアフガニスタンをテロ支援国家と認定し，英軍とともにアフガニスタン空爆を行い，タリバーン政権は崩壊した。

エ：アフガニスタン戦争の終了後は，国際連合の主導で「暫定行政機構」が設置され，新憲法の下で大統領に就任したカルザイが政権を担当したが，タリバーンの再結成などでアフガニスタンの治安は回復しなかった。そのため，アメリカ軍は長期間にわたりアフガニスタン駐留を続けている。なお，2019年，アメリカとタリバーンの間で，アフガニスタンに駐留しているアメリカ軍の一部を撤退させることに大筋で合意した。イラクでも戦争終結後のアメリカの占領政策はうまくいかず，爆弾テロなどが続いて民主的な安定政権は樹立されなかった。しかし，2009年にイラク戦争に反対していたオバマが大統領に就任し，2011年末にイラクからの完全撤退を果たした。

オ：妥当である。開戦に際し，アメリカはイラクが大量破壊兵器を隠し持っているとしてイラク攻撃を主張したのに対し，フランス・中国・ロシア・ドイツなどは国連による大量破壊兵器の査察継続を主張して反対し，イラク攻撃への国連決議は得られなかった。

よって，アとオが妥当であるので，正答は**2**である。

正答 2

市役所上・中級

No. 114 C日程

世界史 中東の現代史 平成25年度

中東で起きたア～オの出来事について，その発生時期を正しく組み合わせたものはどれか。

ア　国境問題，ペルシア湾岸地域の覇権などをめぐってイランとイラクとの間に戦争が行われた。

イ　パフレヴィー朝の独裁政治に対して，シーア派の指導者であるホメイニ師が，イスラム教に基づく共和国を樹立する革命を実現した。

ウ　イスラエル占領地におけるパレスチナ人の暫定自治を認めるパレスチナ暫定自治協定が調印された。

エ　イラクがクウェートの石油資源をねらって同国に侵攻し，アメリカを中心とする多国籍軍とイラクの間で湾岸戦争に発展した。

オ　サウジアラビア等の石油輸出機構が親イスラエルの国に対して石油の輸出を規制し，石油価格が高騰した。

	1970～1979年	1980～1989年	1990～1999年
1	ア，イ	ウ，オ	エ
2	ア，オ	イ，ウ	エ
3	ウ，オ	ア	イ，エ
4	イ，オ	ア	ウ，エ
5	イ，ウ	エ，オ	ア

解説

ア：イラン-イラク戦争（1980～88年）についての記述である。国境問題でイラクが侵攻したことが発端となり，小競り合いの後，戦争は長期化し消耗戦が続いた。

イ：イラン革命（1979年）に関する記述である。亡命中のホメイニ師が帰国して指導者となった。

ウ：パレスチナ暫定自治協定は1993年に調印された。調印後，ガザ地区とヨルダン川西岸のイェリコで自治が開始された。

エ：イラクのクウェート侵攻は1990年，湾岸戦争は1991年の出来事である。湾岸戦争において，イラクはイスラエルへのミサイル攻撃で応戦したが，大敗してクウェートから撤退した。

オ：第一次石油危機（1973年）に関する記述である。

以上より，正答は**4**である。

正答　4

市役所上・中級

No. 115 四日市市

地理 ハイサーグラフ 平成18年度

次のハイサーグラフは温帯の４つの気候区分を表している。ハイサーグラフと気候区分の組合せとして妥当なのどれか。

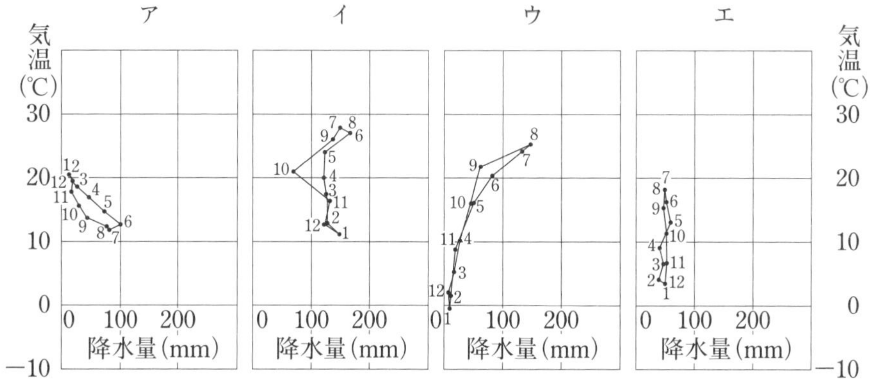

	ア	イ	ウ	エ
1	温暖湿潤気候	温暖冬季少雨気候	地中海性気候	西岸海洋性気候
2	地中海性気候	西岸海洋性気候	温暖冬季少雨気候	温暖湿潤気候
3	地中海性気候	温暖湿潤気候	温暖冬季少雨気候	西岸海洋性気候
4	西岸海洋性気候	温暖湿潤気候	地中海性気候	温暖冬季少雨気候
5	西岸海洋性気候	地中海性気候	温暖湿潤気候	温暖冬季少雨気候

解説

ア：地中海性気候（Cs）が当てはまる。ハイサーグラフは南半球のケープタウンで，１～２月の夏に乾燥し，７～８月の冬に降水量が多くなる。

イ：温暖湿潤気候（Cfa）が当てはまる。ハイサーグラフはニューオーリンズで，降水量が多く，気温の年較差が大きい。

ウ：温暖冬季少雨気候（Cw）が当てはまる。ハイサーグラフはチンタオで，夏に降水量が多く，冬に乾燥する。

エ：西岸海洋性気候（Cfb）が当てはまる。ハイサーグラフはパリ（Cfb）で，偏西風と暖流の影響で気温の年較差が小さく，降雨量も年間を通して安定している。

正答 3

No. 116 C日程

地理　世界の気候　平成17年度

世界の気候に関する次の記述のうち，妥当なものはどれか。

1　熱帯雨林気候は，年中高温多雨で，スコールが見られる。アマゾン川やコンゴ川の流域がこの気候である。

2　ツンドラ気候は，夏でも摂氏０度を超える日がない気候であり，コケが生育できない。グリーンランドはこの気候である。

3　西岸海洋性気候は偏西風の影響で，気温の年較差が大きく，落葉広葉樹が多い。

4　地中海性気候は大陸東岸で見られ，降水量が一年中一定であり，オリーブやブドウなどが栽培されている。

5　ステップ気候は乾燥気候であり，穀物が育たず，遊牧も行われていない。デカン高原がこの気候で有名である。

解説

1．正しい。

2．夏でも摂氏０度を超える日がなく，コケが生育できないのは氷雪気候である。グリーンランドは氷雪気候である。ツンドラ気候はコケや地衣類が生育する。

3．西岸海洋性気候は偏西風の影響で，冬が高緯度の割に温暖である。気温の年較差は小さく，落葉広葉樹が多い。

4．地中海性気候は，降水量が冬に多く，夏は乾燥する。

5．ステップ気候は乾燥気候で，降水量が少ないが，小麦が栽培され，遊牧が行われている。インドのデカン高原はサバナ気候である。

正答　1

市役所上・中級

No. 117　B日程

地理　北半球の気圧帯　平成21年度

北半球の気圧帯についての次の図に関する記述のうち，妥当なものはどれか。

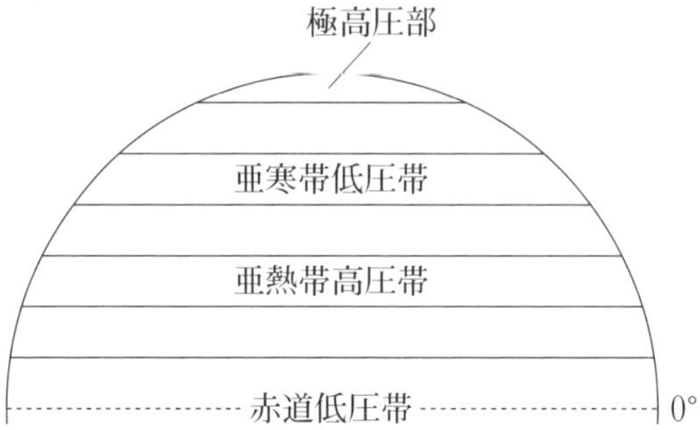

1　赤道低圧帯下では，フェーン現象がよく起こる。
2　赤道低圧帯から亜熱帯高圧帯へは，貿易風が恒常的に吹いている。
3　亜熱帯高圧帯下では，砂漠が形成されているところが多い。
4　亜熱帯高圧帯から亜寒帯低圧帯へは，サイクロンが恒常的に吹いている。
5　亜寒帯低圧帯から極高圧部へは，極東風が恒常的に吹いている。

解説

1．赤道低圧帯下は，かつて赤道無風帯と呼ばれていた。上空 5 km 付近に西風が吹いている。フェーンはアルプス山脈北側に吹く高温乾燥の風である。
2．貿易風は亜熱帯高圧帯から赤道低圧帯に向け恒常的に吹く東風である。
3．正しい。回帰線砂漠である。
4．亜熱帯高圧帯から亜寒帯低圧帯に向けて吹く風を偏西風という。サイクロンは南アジアを襲う熱帯低気圧である。
5．極東風は極高圧部から亜寒帯低圧帯に恒常的に吹いている風である。

正答　3

市役所上・中級

C日程

No. 118 地理 世界の農牧業 平成21年度

世界の農牧業に関する次の記述のうち妥当なものはどれか。

1 焼畑農業では一度焼畑を行うと何十年も土地が利用できなくなるなど，土地生産性が低いため，耐乾性の小麦，ぶどうなどの栽培が中心となっている。

2 遊牧は主に寒冷地でトナカイを使って行われるが，高山地域のチベット高原ではリャマを使い，アンデス山脈ではヤクを使用して行われている。

3 アジア式稲作農業は水田で集約的に行われる農業で，インドや中国で行われており，特に稲作は土地生産性が高い。

4 オアシス農業は1年中降水量がある熱帯地域で行われ，イランではカナート，北アフリカではフォガラと呼ばれる地下水路が発達している。

5 混合農業はヨーロッパ中部で行われている穀物の栽培と家畜の飼育を結びつけた農業のことで，小麦，エン麦などが栽培されている。

解説

1. 耐乾性の小麦，ぶどうなどの栽培が中心となっているのは地中海式農業である。焼畑農業は森林地を焼いてできた畑に草木灰を肥料にして，キャッサバ，タロイモなどを栽培する原始的な農業で，一度焼畑を行うと何十年も土地が利用できなくなるので数年で放棄されたり，他の地域へ移動して行われる。

2. 遊牧は寒冷地や高山地域だけでなく，乾燥地域でも行われている。高山地域のチベット高原ではウシ科の家畜のヤクが，アンデス山脈ではラクダ科のリャマとアルパカが使用されている。

3. アジア式稲作農業は水田で集約的に行われる農業で，東アジアを中心に行われ，この地域での土地生産性は高いが，南アジアのインドは灌漑技術の遅れから土地生産性が低くなっている。

4. オアシス農業はサハラ砂漠などの降水量の少ない乾燥地域で行われている。地下水路の名称については正しい。

5. 正しい。

正答 5

B日程　〈改題〉

No. 119 地理　世界のエネルギー　平成22年度

世界のエネルギーに関する記述として，妥当なものの組合せはどれか。

ア　石油の埋蔵地域としては，中東諸国以外には，ベネズエラ，カナダ，ロシアなどがある。

イ　石炭は，中国で最も多く産出され，粗鋼の生産に利用されている。

ウ　天然ガスは，地球にやさしく，多く利用されてきたが，世界全体では，近年利用率が減少気味である。

エ　発電源別の総発電量は，世界全体では，水力が最も多い。

オ　日本やフランスでは，原子力発電の利用率は低下傾向にある。

1　ア，イ
2　ア，ウ
3　イ，エ
4　ウ，オ
5　エ，オ

解説

ア：妥当である。

イ：妥当である。

ウ：天然ガスの利用率は年々高まる傾向にある。世界の天然ガスの消費量は，2000年には25,064億m^3であったが，2022年には39,413億m^3となっている。

エ：世界の発電量別の構成比は，火力61.2％，水力15.0％，再生可能エネルギー14.6％の順である（2022年）。

オ：原子力発電の利用率は，日本では2011年３月の東日本大震災の後に低下し，2014年に０になったが，最近は再び増えつつある（2022年度は5.0％）。フランスでは70％台の水準でほぼ横ばいで推移していたが，近年は低下傾向にある（2022年は63.0％）。

よって，ア，イの組合せである**1**が正答である。

データ出所：『世界国勢図会2023／24』

正答　1

No. 120　A日程　〈改題〉

地理　世界の産油国　平成18年度

世界の主な産油国に関する次の記述のうち，妥当なものはどれか。

1　ロシアでは，西シベリアのチュメニ油田，バクー油田が主要な油田である。2018年の原油輸出量は世界第3位であり，近年の生産・輸出の増加，原油価格の高騰により，国内経済は好調である。

2　アメリカ合衆国は，カリフォルニアと五大湖沿岸に国内最大級の油田を持つが，それらの施設は精製施設の老朽化により生産が減少している。その一方で，原油の消費量は増加し，日本，ドイツに次いで多くなっている。

3　サウジアラビアは世界有数の産油国であり，その油田は紅海沿岸に集中している。2018年の原油輸出量は世界第1位であるが，原油の国内消費は減少傾向にある。

4　中国は西部の油田開発によって，1990年代に自給を達成した。国内最大級の油田である大慶油田は東北地方にあり，北京までパイプラインで結ばれている。

5　ノルウェーはかつて北海大陸棚の海底油田を主としていたが，近年では生産が減少し，それに代わって，沿岸のオイルサンドの採掘が盛んになっている。西ヨーロッパではイギリスに次ぐ原油産出国である。

解説

1. バクー油田はロシアではなくアゼルバイジャンの油田である。ロシアの主要な油田は西シベリアのチュメニ油田，ウラル・ボルガ油田である。原油輸出量（2020年）は，ロシアは世界第2位で，世界第1位はサウジアラビア，世界第3位はイラクである。

2. アメリカ合衆国の国内最大級の油田は，メキシコ湾岸油田やアラスカ（ブルドーベイ油田）であり，生産量は増加している。また，原油消費量は世界第1位である（2022年）。

3. サウジアラビアは世界有数の産油国であるが，油田はペルシア湾沿岸に集中している。また，サウジアラビアの原油輸出量は世界第1位である（2020年）が，近年では国内に石油化学工業が発達し，原油の国内消費が増加している。

4. 正しい。大慶（ターチン）油田は中国最大級の油田である。なお，中国では近年，大慶油田のほかに，国内最大級の油田として慶城（チンチョン）油田（甘粛省）が発見された。

5. 北海ではイギリス水域の北海油田よりもノルウェー水域の北海油田のほうが原油の産出量が多く，ノルウェーが西ヨーロッパ最大の原油産出国である（2022年）。オイルサンドの採掘は極めて少ない。

データ出所：『世界国勢図会2023／24』，「グローバルノート 2021年」ほか

正答　4

市役所上・中級

B日程

No. 121 地理 世界の海峡と運河 平成26年度

世界の海峡および運河に関する次の記述のうち，妥当なのはどれか。

1 ジブラルタル海峡は，大西洋と地中海を結ぶ海峡で，北岸はスペイン，南岸はモロッコである。なお，北岸にはイギリス領がある。

2 スエズ運河は，紅海と地中海を結ぶ運河である。現在，トルコが支配しており，重要な資金源になっている。

3 パナマ運河は，カリブ海と太平洋を結ぶ運河である。現在，アメリカ合衆国が支配している。

4 ホルムズ海峡は，ペルシャ湾と紅海を結ぶ海峡で，海峡の両端にはアメリカ合衆国の基地が点在している。

5 マラッカ海峡は，マレー半島の先端シンガポール付近からカリマンタン島間にある海峡である。中東から日本への石油輸送ルートとして重要である。

解説

1．妥当である。

2．スエズ運河の位置の記述は正しいが，エジプト政府が直轄するスエズ運河庁が所有運営している。しかし，国際協定における規定も存在し，航行の自由が保障されている。

3．1999年12月にパナマに完全返還された。現在はパナマ運河庁（ACP）が管理している。また，大規模な拡張工事をしている。閘門式運河である。

4．ホルムズ海峡はペルシャ湾の出口にある海峡。石油の重要な輸送路である。現在，イランと欧米・湾岸アラブ諸国との間や，湾岸アラブ諸国間で緊張が高まっているが，米軍基地はない。

5．マラッカ海峡は，マレー半島とスマトラ島間にある海峡で，石油輸送ルートとして重要である。

正答 1

No. 122 C日程

地理 六大陸と三大洋 令和3年度

地球上の六大陸（ユーラシア大陸・アフリカ大陸・北アメリカ大陸・南アメリカ大陸・オーストラリア大陸・南極大陸）と三大洋（太平洋・大西洋・インド洋）に関するア～エの記述のうち，妥当なもののみをすべて挙げているのはどれか。

ア　六大陸の中で，面積が最も大きい大陸はユーラシア大陸で，最も小さい大陸はオーストラリア大陸である。

イ　ユーラシア大陸と北アメリカ大陸はいずれも全土が北半球に位置し，アフリカ大陸と南アメリカ大陸は全土が南半球に位置している。

ウ　三大洋の中で，面積が最も大きい海洋は太平洋で，最も小さい海洋はインド洋である。

エ　陸地と海洋の起伏については，陸地の最高高度は海洋の最深深度よりも大きく，陸地の平均高度は海洋の平均深度よりも大きい。

1　ア，イ
2　ア，ウ
3　ア，エ
4　イ，ウ
5　ウ，エ

解説

ア：妥当である。

イ：ユーラシア大陸と北アメリカ大陸については正しいが，アフリカ大陸はその中部のケニアやコンゴ民主共和国などを赤道が通り，南アメリカ大陸はその北部のアマゾン川付近に赤道が通っており，いずれも全土が南半球に位置しているわけではない。

ウ：妥当である。

エ：世界最高峰のエヴェレスト山（チョモランマ）の標高は8,850m（1999年のGPS調査による）で，海洋の最深深度は太平洋のマリアナ海溝の水面下10,911mなので最深深度のほうが大きい。

　また，陸地の平均高度は約840m，海洋の平均深度は約3,700mなので，海洋の平均深度のほうが大きい。

よって，妥当なのはアとウであり，正答は**2**である。

正答　2

市役所上・中級
C日程
No. 123

地理　ヨーロッパの民族・言語・宗教　平成23年度

ヨーロッパの民族・言語・宗教に関する次の記述のうち，妥当なものはどれか。

1　ラテン民族は，主にスペイン，イタリア，ギリシアなどに居住し，プロテスタントが多い。

2　ゲルマン民族は，イギリス，ドイツ，ノルウェーなどに多く居住し，カトリック教徒が多い。

3　EU（欧州連合）の市民を対象にしたアンケートによると，ドイツ語を母語とする人が最も多く，母語以外として使用できる人も含めると，ドイツ語を話すことができる人は全体の50％を超える。

4　ヨーロッパでは，インド・ヨーロッパ語族の言語を公用語とするところがほとんどだが，ハンガリーやフィンランドなどそれ以外の語族を公用語とする国もある。

5　唯一神アッラーの信仰を説くイスラム教の信者は，北アフリカから西アジア・中央アジアにかけての乾燥地域に限られ，ヨーロッパではほとんど見られない。

解説

1．ラテン系民族は，主として南ヨーロッパの地中海沿岸に居住し，ラテン系の言語を用いる民族である。プロテスタントではなく，カトリック教徒が多い。

2．ゲルマン系民族は，主として北西ヨーロッパに居住し，ゲルマン系の言語を用いる民族である。カトリック教徒ではなく，プロテスタントが多い。

3．ドイツ語を母語とする者が最も多いというのは正しいが，後半は誤り。半数以上の人が話せるのは英語である。

4．正しい。ハンガリーの公用語であるマジャール語（ハンガリー語），フィンランドの公用語であるフィンランド語はいずれもウラル語族に属し，インド・ヨーロッパ語族ではない。ウラル語族に属する言語としては，他にエストニア語がある。

5．イスラム教の信者は，ヨーロッパの人口の5～10％程度を占めているといわれる。なかでも，アルバニアをはじめとするバルカン半島で多い。

正答　4

C日程

No.124 地理 世界の三大宗教 平成29年度

世界の三大宗教に関する次の記述の下線部ア～オのうち，妥当なものの組合せはどれか。

キリスト教は西アジアで生まれ，その後，ヨーロッパや南北アメリカ，オーストラリアへと広まった。いくつかの宗派に分かれており，カトリックは$_{ア}$イタリア，スペイン，メキシコなどで信仰されている。一方，ギリシャやロシアには$_{イ}$プロテスタントが多い。

イスラム教も西アジアで生まれ，その後，交易や征服によって北アフリカ，南アジア，東南アジアへと広まった。現在も東南アジアでは，$_{ウ}$マレーシア，インドネシアなどに多くの信者がいる。

仏教は南アジアで生まれ，その後，東南アジア，東アジアへと広まった。現在も南アジアでは，$_{エ}$インド，スリランカに多くの信者がいる。仏教は大きく2つの宗派に分かれ，日本や中国では$_{オ}$上座部仏教が普及している。

1 ア，イ
2 ア，ウ
3 イ，エ
4 ウ，オ
5 エ，オ

解説

ア：妥当である。カトリックはヨーロッパのラテン民族とラテンアメリカを中心に信仰されている。

イ：妥当でない。ギリシャやロシアは正教会（東方正教会）の信者が多い。正教会（東方正教会）は，ローマ＝カトリック教会から別れ，主に東ローマ（ビザンツ）帝国内に普及したキリスト教で，スラブ民族とギリシャ，東ヨーロッパを中心に信仰されている。ギリシャ正教としてコンスタンティノープルを中心としていたが，東ローマ帝国滅亡後は，ロシア正教，セルビア正教など各国ごとに分立している。

ウ：妥当である。

エ：妥当でない。仏教はインドで創始されたが，現在，インドでは振るわず，ヒンドゥー教がインドで最大の信徒を持つ民族宗教となっている。スリランカは仏教国であり，妥当である。

オ：妥当でない。仏教には上座部仏教や大乗仏教があり，上座部仏教はスリランカやインドシナ半島に伝わり，大乗仏教は中国・朝鮮・日本などに伝わった。

以上から，妥当なものはアとウであり，正答は**2**である。

正答 2

市役所上・中級

No. 125 B日程 〈改題〉

地理　東南アジア諸国　平成24年度

東南アジアの国々についての説明と国名の組合せとして妥当なものはどれか。

A　イギリスから独立した。イスラム教が国教で，多民族国家である。ルックイースト政策により，急速に工業化を進めている。

B　スペインの植民地時代はカトリックの，アメリカ合衆国統治時代はプロテスタントの組織的布教を受けたため，国民の大多数がキリスト教を信仰している。油やし，パイナップル，バナナなどの栽培が盛んである。

C　フランスから独立した。メコン川下流のデルタ地帯では米の栽培が盛んで，生産量は世界第５位（2021年），輸出量は世界第３位（2021年）である。

	A	B	C
1	マレーシア	フィリピン	ベトナム
2	カンボジア	ベトナム	タイ
3	マレーシア	カンボジア	タイ
4	フィリピン	ベトナム	カンボジア
5	フィリピン	タイ	マレーシア

解説

A：イギリスから独立し，イスラム教が国教で，ルックイースト政策（日本・韓国など東方の国を手本にしようとした政策）を進めたのはマレーシアである。

B：スペインの植民地，アメリカ合衆国の統治を経た国で，国民の大多数がキリスト教を信仰しているのはフィリピンである。なお，ベトナムとカンボジアはフランスから独立した。タイはどこの国の植民地にもならず，独立国（緩衝国）であった。ベトナム，カンボジア，タイの国民の大多数は仏教を信仰している。

C：メコン川下流のデルタ地帯で米の栽培が盛んなのはベトナムである。タイはチャオプラヤ川流域の平野，カンボジアはメコン川中流域で米作が盛んである。

よって，正答は**1**である。

データ出所：『世界国勢図会2023／24』ほか

正答　1

B日程 〈改題〉

No. 126 地理 北アフリカ諸国 平成23年度

次の地図にある北アフリカの国々（A～E）に関する次の記述のうち，妥当なものはどれか。

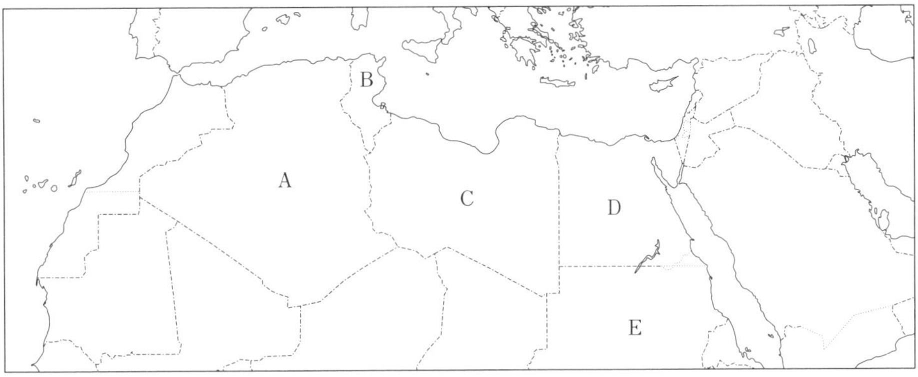

1　Aはアルジェリアで，アトラス山脈が東西にのびている。この山脈より南は熱帯雨林気候(Af) である。

2　Bはチュニジアである。イタリアから独立した。カルタゴの遺跡をはじめ，多くの世界遺産登録地がある。

3　Cはリビアである。フランスから独立した。石油資源に恵まれ，アフリカで最大の産出量(2022年) を誇っている。

4　Dはエジプトである。ナイル川流域を中心に発達してきた。国民の大多数はキリスト教徒で，国内に宗教的対立はほとんどない。

5　Eはスーダンである。北部のアラブ系住民とキリスト教徒や土着信仰などアフリカ系住民が多い南部とに対立があったが，2011年に南部が独立した。

解説

地図のA～Eの国名はすべて正しい。

1. アルジェリアを東西に延びるアトラス山脈の南部は砂漠気候（BW）が広がっている。アフリカで熱帯雨林気候が分布しているのは，赤道付近のコンゴ民主共和国，ガボンやナイジェリアの沿岸部などである。

2. チュニジアはフランスから独立した。世界遺産の記述は正しい。

3. リビアはイタリアから独立した。なお，石油の産出量がアフリカで最大の国はアルジェリアである（世界の1.6%）。リビアの石油産出量は世界の1.2%である（ともに2022年）。

4. エジプトはイギリスから独立した。国民の大多数はイスラーム（イスラム教徒）であるが，宗教的対立が見られる。

5. 正しい。南部の南スーダンは，2011年７月に独立したアフリカ54番目の独立国である。

データ出所：『世界国勢図会2023／24』

正答　5

市役所上・中級

C日程

No. 127 地理 アメリカ合衆国の産業 平成27年度

アメリカ合衆国の産業に関する次の記述のうち，妥当なのはどれか。

1 シェールオイルの採取技術の発達で，世界有数の原油輸出国になった。

2 穀物メジャーは，世界の穀物価格を左右する存在であるとともに，本拠地があるため，TPP の参加に積極的ではない。

3 WTO と協力し，貿易の自由化をめざしている。そのため，特定の国，地域との FTA の締結はしていない。

4 ドルは世界の基軸通貨として，貿易などの国際取引で広く使われている。ニューヨークは，世界の金融業の中心地である。

5 かつてメキシコ湾岸で発達した自動車工業は衰退したが，代わって五大湖沿岸のシリコンヴァレーなどでは，IC 産業が盛んになった。

解説

1．シェールオイルの採取技術が向上したことで，天然ガスの生産量が急増している。なお，2020年現在，アメリカ合衆国は中国に次いで世界第２位の原油輸入国である。

2．穀物メジャーは，農産品市場の自由化の進展などをめざす TPP（環太平洋経済連携協定：2015年に12か国で合意。署名地はオークランド〔ニュージーランド〕）を推進してきたが，2017年にアメリカ合衆国のトランプ政権は TPP から離脱した。そのため，2018年３月に同国を除く11か国で新協定（TPP11）に署名し，同年12月に発効した。2021年には，中国と台湾，エクアドルが加盟申請し，2023年には，イギリスの加盟が合意に達するなど注目を集めている。

3．アメリカ合衆国は，WTO（世界貿易機関：参加国164）と協力し，貿易自由化をめざしてきたが，保護貿易を指向するトランプ政権は WTO 紛争処理制度の見直しを求め，機能停止が続いていた。バイデン政権は協調路線に回帰しつつあるが，新型コロナウイルス，ロシアのウクライナ侵攻で多角的貿易体制の揺らぎが心配されている。なお，FTA（自由貿易協定）は，中東，アジア，中南米諸国と締結している。

4．妥当である。ニューヨークのマンハッタン島には世界最大規模の証券取引所がある。

5．自動車工業は，五大湖沿岸のデトロイトを中心に発達した。また，IC 産業が盛んなシリコンヴァレーは，西海岸のサンノゼ（カリフォルニア）を中心とした地域である。

データ出所：『世界国勢図会2023／24』

正答 4

市役所上・中級

No. 128　C日程

地理　アメリカの地理　平成28年度

次の地図において，サンフランシスコ，ニューヨーク，ロッキー山脈，ミシシッピ川が注ぐ海について正しく組み合わされているのはどれか。

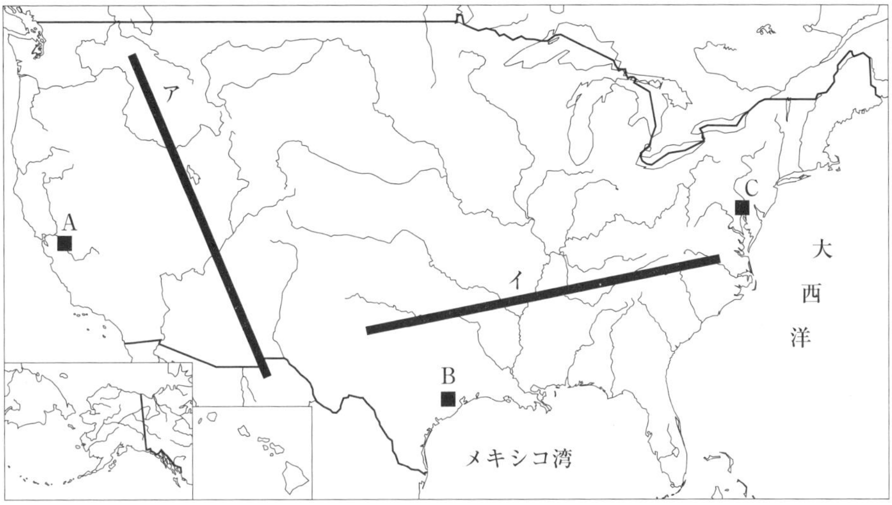

	サンフランシスコ	ニューヨーク	ロッキー山脈	ミシシッピ川が注ぐ海
1	A	B	ア	大西洋
2	A	C	ア	メキシコ湾
3	B	A	イ	メキシコ湾
4	B	C	イ	大西洋
5	C	A	ア	メキシコ湾

解説

サンフランシスコは「A」である。サンフランシスコは，アメリカ合衆国西部の太平洋沿岸に位置する商工業都市で，アメリカ西岸第一の貿易港である。

ニューヨークは「C」である。ニューヨークは，アメリカ合衆国北東部のハドソン川河口に位置する同国最大の商工業都市である。メガロポリスの中心都市でもあり，世界の政治・経済の中心地でもある。

ロッキー山脈は「ア」である。ロッキー山脈は，北アメリカの西岸部を南北に走る大山脈である。

ミシシッピ川が注ぐ海は「メキシコ湾」である。ミシシッピ川は，アメリカ合衆国の中央部を南へ流れメキシコ湾に注ぐ河川である。

なお，地図中の「B」はヒューストンである。ヒューストンは，アメリカ合衆国南部の港湾・工業都市で，宇宙基地があることでも知られる。

よって，正答は**2**である。

正答　2

市役所上・中級

No. 129 C日程

地理　日本の農畜産物　令和2年度

日本の農畜産物に関するア～エの記述のうち，妥当なもののみをすべて挙げているのはどれか。

ア　米の収穫量を地方別に見ると，第1位が北陸地方，第2位が北海道である。

イ　日本の果樹栽培は地域ごとに特徴がある。和歌山県，静岡県，愛媛県はみかんの主産地で，山梨県，長野県はぶどうの主産地である。

ウ　野菜の生産は，関東一都六県以外の地域で盛んであり，一都六県内では近郊農業が行われているが，生産量は少ない。

エ　畜産は北海道，九州南部，大都市近郊で盛んであり，北海道では乳用牛や肉用牛，鹿児島県，宮崎県では豚や肉用若鶏（ブロイラー），肉用牛が多い。

1　ア，イ
2　ア，エ
3　イ，ウ
4　イ，エ
5　ウ，エ

解説

ア：地方別に見ると，第1位は東北地方，第2位は関東・東山（山梨県・長野県）地方，第3位は北陸地方，第4位は九州・沖縄地方，第5位は北海道である（2022年産）。ちなみに，都道府県別で見ると，第1位は新潟県，第2位は北海道，第3位は秋田県である（2022年産）。

イ：妥当である。みかんの生産量は，第1位は和歌山県，第2位は愛媛県，第3位は静岡県であり（2021年産），ぶどうの生産量は，第1位は山梨県，第2位は長野県，第3位は岡山県である（2021年産）。

ウ：関東地方の農業は畑作が中心で，大消費地に近く，野菜の近郊農業が盛んであり，生産量も多い。たとえば，2021年産において，千葉県は大根，埼玉県はネギ，ほうれん草，栃木県はいちご，群馬県はキャベツ，茨城県は白菜，メロン，ピーマンが生産高第1位であった。

エ：妥当である。

以上から，妥当なものはイとエであり，**4**が正答となる。

データ出所：『日本国勢図会2023／24』

正答　4

No. 130 B日程

地理　日本の河川　令和4年度

日本の河川に関する次の記述のうち，妥当なもののみをすべて挙げているのはどれか。

ア　石狩川：北海道の石狩山地に源を発し，上川盆地・石狩平野を流れて日本海にそそぐ。中下流域のほとんどは湿原が広がる原野となっており，国立公園に指定されている。蛇行が多く，三日月湖が多く残されている。

イ　利根川：湖として日本で2位の面積を持つ霞ケ浦に源を発して関東平野を南下し，房総半島西岸から東京湾にそそぐ。利根川水系は，かつて江戸で消費される水のほとんどを供給していたが，現在は東京都の水源とはなっていない。

ウ　淀川：日本最大の湖である琵琶湖から流れ出る瀬田川は，名前を変えながら京都府，大阪府を流れ，最終的には淀川として大阪湾へと流れ出る。淀川水系は，大阪市をはじめ近畿圏で生活する多くの人々の水道水源となっている。

エ　四万十川：高知県西部を流れ太平洋にそそぐ。蛇行を繰り返していることと勾配が非常に緩やかなことが特徴である。「日本最後の清流」とも呼ばれ，その自然景観とともに，流域に多くかかる沈下橋などが観光資源となっている。

1　ア，ウ
2　ア，エ
3　イ，ウ
4　イ，エ
5　ウ，エ

解説

ア：湿原が広がる原野で，国立公園の一部に指定されているのはサロベツ原野で，石狩川流域ではない。サロベツ原野は，北海道北部に広がる泥炭地湿原である。石狩川流域も泥炭地が多かったが，中下流域の上川盆地や石狩平野は，明治時代以降屯田兵村が置かれて大規模な開拓が行われ，北海道の稲作の中心地となっている。また，市街地も発達し，人口も多い。それ以外の記述は正しい。

イ：利根川は新潟と群馬の県境にある丹後山に源を発して関東平野を流れ，千葉県銚子市で太平洋にそそぐ河川である。江戸上水の起源は小石川上水であり，それが神田上水へと発展し，さらに玉川上水が建設され，江戸時代後半は主に神田・玉川の2上水が江戸の暮らしを支えていた。その後近代化が進んでも，昭和30年代までは水源の多くを多摩川水系に依存してきたが，高度経済成長期に急増した水道需要に対応するため利根川を水源とする大規模拡張事業が行われ，現在の東京都の水源は，約8割が利根川水系および荒川水系，約2割が多摩川水系となっている。

ウ：妥当である。

エ：妥当である。

よって，妥当なものはウ，エであり，正答は**5**である。

正答　5

市役所上・中級

B日程

No. 131 数学 絶対値記号を含む不等式の計算 平成28年度

$|x|<a\,(a>0)$ のとき，$-a<x<a$ となる。$|2x-6|<4$ であるとき，$p<x<q$ となるとすると，$p+q$ の値として妥当なのはどれか。

1 2
2 4
3 6
4 8
5 10

解説

絶対値の問題である。$|2x-6|<4$ は，問題文が示すように，$-4<2x-6<4$ となる。

$-4<2x-6$ より，

$2<2x$

$1<x$

また，$2x-6<4$ より，

$2x<10$

$x<5$

よって，$1<x<5$ となり，$p=1$，$q=5$ である。

以上より，$p+q=6$ となり，正答は**3**である。

正答 **3**

No. 132 C日程

数学 式の計算 平成24年度

$-1<a<\frac{1}{3}$のとき，$\sqrt{(3a-1)^2}-\sqrt{(a+1)^2}$を簡単にしたものとして正しいのはどれか。

1 $2a-2$
2 $-4a$
3 $4a$
4 $2a+1$
5 $-4a-2$

解説

$$\left[\sqrt{a^2}=|a|=\begin{cases}a\,(a\geqq 0\text{ のとき})\\ -a\,(a\leqq 0\text{ のとき})\end{cases}\right]$$

$-1<a<\frac{1}{3}$より　$3a-1<0$，$a+1>0$　となる。

$$\sqrt{(3a-1)^2}=-(3a-1)$$
$$=-3a+1$$
$$\sqrt{(a+1)^2}=a+1$$

したがって，

$$\sqrt{(3a-1)^2}-\sqrt{(a+1)^2}=-3a+1-(a+1)$$
$$=-4a$$

であり，正答は**2**である。

正答 2

市役所上・中級 A日程

No. 133 数学 **二次方程式** 平成20年度

x, y についての二次方程式 $xy+4x-3y-14=0$ は，変形すると $(x-\boxed{ア})(y+4)=2$ となる。したがって，この方程式によって表される曲線は，直角双曲線 $y=\dfrac{\boxed{イ}}{x}$ を x 軸方向に[ウ]，y 軸方向に－4だけ移動させたものである。

上文中の[ア]～[ウ]に該当する数は次のうちどれか。

	ア	イ	ウ
1	2	3	－2
2	2	－3	2
3	3	－2	－3
4	3	2	3
5	3	2	－3

解説

$(x-\boxed{ア})(y+4)=2$ の左辺を展開して整理すると，$xy+4x-\boxed{ア}\times y-(\boxed{ア}\times 4+2)=0$ となるので，$xy+4x-3y-14=0$ と比較して，$\boxed{ア}\times y=3y$，$\boxed{ア}\times 4+2=14$ でなければならない。すなわち，$\boxed{ア}=3$ と判明する。

そこで，$(x-3)(y+4)=2$ を $y+4=\dfrac{2}{x-3}$ と書き換えると，この式が表す曲線は，直角双曲線 $y=\dfrac{2}{x}$ を x 軸方向に3，y 軸方向に－4だけ移動したものであることがわかる。つまり，$\boxed{イ}=2$，$\boxed{ウ}=3$ である。

よって，正答は**4**である。

(注) 一般に，曲線 $y=f(x)$ は，x 軸方向に p，y 軸方向に q だけ平行移動すると，$y-q=f(x-p)$ で表される曲線に移る。

正答 4

市役所上・中級

C日程

No. 134

数学　三次方程式の解と係数　平成21年度

x に関する三次方程式 $x^3+ax^2+bx+4=0$ は3つの異なる解を持つ。そのうち2つの解が二次方程式 $x^2-3x+2=0$ の解と一致するとき，a，b に該当する数の組合せとして正しいのは次のうちどれか。

	a	b
1	-1	-4
2	-1	-2
3	1	-4
4	1	2
5	1	4

解説

$x^2-3x+2=(x-2)(x-1)=0$ より，二次方程式 $x^2-3x+2=0$ の解は $x=1$，2 である。この2つの解が三次方程式 $x^3+ax^2+bx+4=0$ の解でもあるのだから，

$x=1$ を左辺に代入して，

$1^3+a\times1^2+b\times1+4=0$ より，$a+b=-5$　……①

$x=2$ を左辺に代入して，

$2^3+a\times2^2+b\times2+4=0$ より，$2a+b=-6$　……②

②−①より，

$a=-6-(-5)=-1$

これを①に代入して，

$b=-5-(-1)=-4$

よって，正答は**1**である。

正答　1

市役所上・中級

B日程

No. 135 数学 3直線に囲まれた領域の面積 令和2年度

3直線$y-2x=2$，$2x+5y=10$，$x+y=5$によって囲まれた領域の面積として正しいのは次のうちどれか。

1 5
2 6
3 7
4 8
5 9

解説

3直線を以下のように①～③とする。

$y-2x=2$ ……①

$2x+5y=10$ ……②

$x+y=5$ ……③

3直線①，②，③を座標平面上に描くと，次図のようになる。

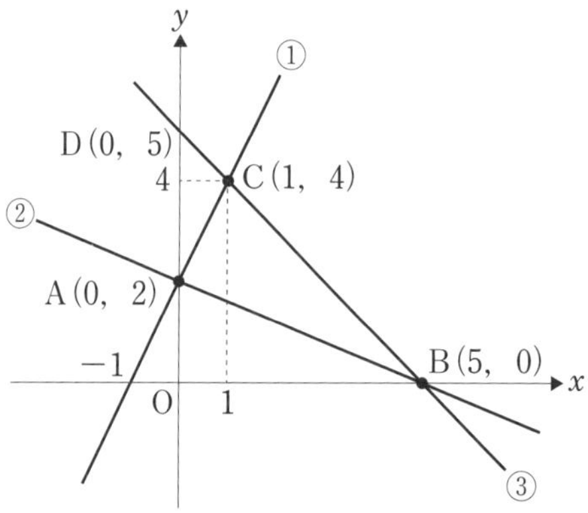

①と③の交点C(1, 4)の座標を求めるには，①と③を連立させて解けばよい。

すなわち，①より，$y=2x+2$を③に代入して，

$x+2x+2=5$ $\therefore$ $x=1$

したがって，$y=2x+2=2\times1+2=4$

3直線①，②，③によって囲まれた領域は△ABCであり，

$$\triangle ABC=\triangle DOB-\triangle AOB-\triangle ACD=\frac{1}{2}\times5\times5-\frac{1}{2}\times5\times2-\frac{1}{2}\times3\times1=6$$

よって，正答は**2**である。

正答 2

（参考）x切片a，y切片bの直線は，$\frac{x}{a}+\frac{y}{b}=1$（$ab\neq0$）と表される。たとえば，$y-2x=2$は，$\frac{y}{2}+\frac{x}{-1}=1$となるので，$y$切片は2，$x$切片は−1であることがわかる。

図は，直線 $l : y=2x+5$，直線 $m : y=-\frac{1}{3}x+\frac{1}{3}$ を示したものである。ここにさらに，直線 $n : y=-ax-1$ を加えて三角形ができないとき，a がとりうる値の組合せとして，妥当なものはどれか。

1　-3，$\frac{1}{3}$，2

2　-3，$\frac{1}{2}$，1

3　-2，$\frac{1}{3}$，1

4　-2，$\frac{1}{3}$，3

5　-2，$\frac{1}{2}$，3

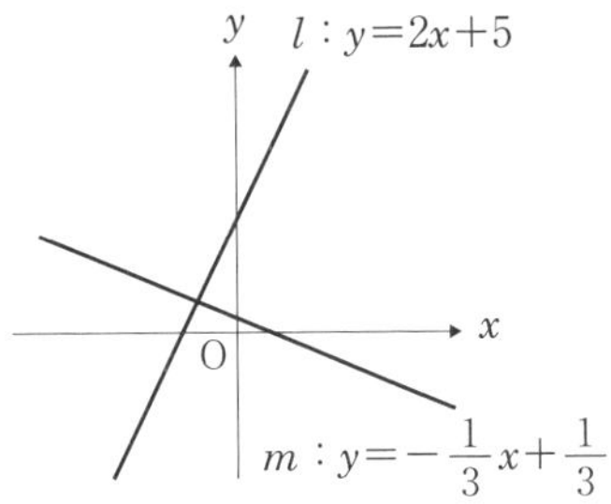

解説

三角形ができないのは，２直線が平行なときと，３直線が１点で交わるときである。２直線が平行な場合には，直線の傾きが等しくなる。$-a=2$，$-\frac{1}{3}$ より，$a=-2$，$\frac{1}{3}$ の場合である。

次に，直線 l と m の交点を求める。

$$y=2x+5=-\frac{1}{3}x+\frac{1}{3}$$

$$2x+\frac{1}{3}x=\frac{1}{3}-5$$

両辺に３をかけて，

$$6x+x=1-15$$
$$7x=-14$$
$$x=-2$$

これより，$y=2x+5=2\times(-2)+5=1$

したがって，交点は $(-2,\ 1)$ である。直線 n がこの交点を通ると３つの直線が１点で交わることになるので，

$$1=-a\times(-2)-1$$
$$2a=2$$

これより，この場合は $a=1$ とわかる。以上から，三角形ができないのは -2，$\frac{1}{3}$，１の３つの場合である。

よって，正答は**3**である。

正答　3

市役所上・中級 B日程

No.137 数学 一次関数 平成29年度

xy 平面において，次の式で表される直線 l，m がある。

$l : ax-y+a+b=0$

$m : 4x-ay-1=0$

直線 l，m は平行であり，l は第一象限（$x>0$ かつ $y>0$ の範囲）を通らない。以上から，a の値と，b の値の取りうる範囲が決まるが，これらの組合せとして，妥当なのはどれか。

1 $a=-4$，$b \leqq 4$　**2** $a=-2$，$b \leqq 2$　**3** $a=-2$，$b \geqq 2$

4 $a=2$，$b \leqq -2$　**5** $a=2$，$b \geqq -2$

解説

l の式を変形する。

$y=ax+a+b$ ……①

m の式を変形する。

$ay=4x-1$

$y=\frac{4}{a}x-\frac{1}{a}$ ……②

（$a=0$ であれば，$l : y=b$，$m : x=\frac{1}{4}$ となり，l，m は平行とはならない。よって，$a \neq 0$）

①から，l の傾きは a となる。

②から，m の傾きは $\frac{4}{a}$ となる。

図Ⅰ

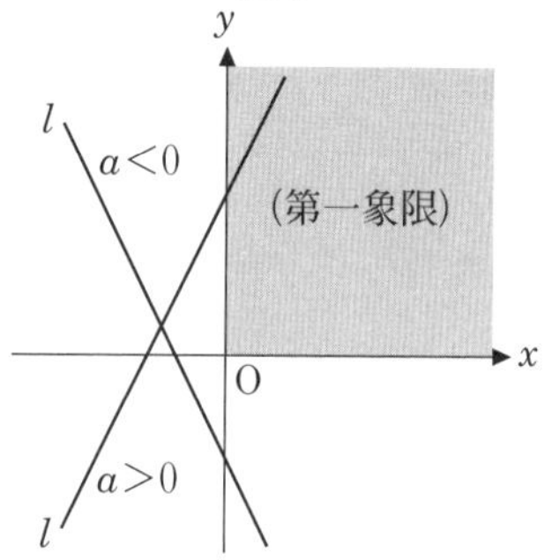

直線 l，m は平行であり，傾きが等しいので，$a=\frac{4}{a}$ となり，変形すると，

$a^2=4$

$a=\pm 2$

a の値が正であると，直線 l の傾きが正となり，必ず第一象限を通ってしまう（図Ⅰ）。よって，

$a=-2$

$a=-2$ を①に代入すると，

$y=-2x-2+b$

この直線が，第一象限を通らないようにするには，y 切片が 0 または負であればよい（図Ⅱ）。よって，

$-2+b \leqq 0$

$b \leqq 2$

よって，正答は**2**である。

図Ⅱ

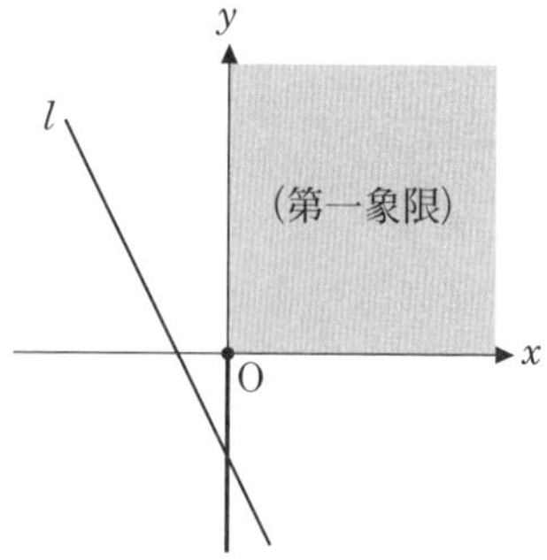

正答 2

No. 138 C日程 数学 関数のグラフ 平成30年度

xy 平面上で直線 $x-ay+b-4=0$ （a，b は定数）が第１象限，第２象限，第３象限のすべてを通るとき，定数 a，b の範囲として正しいのはどれか。

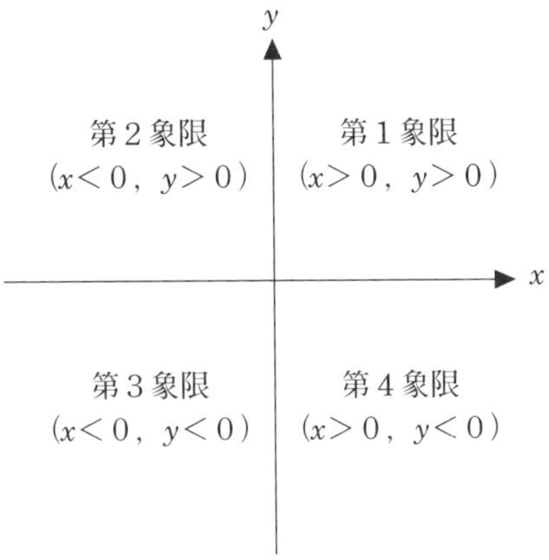

1　$a<0$，$b>4$
2　$a<0$，$b<4$
3　$a=0$，$b>4$
4　$a=0$，$b<4$
5　$a>0$，$b>4$

解説

（1）$a\neq0$ のとき

$x-ay+b-4=0$ を $y=\dfrac{1}{a}x+\dfrac{b-4}{a}$ と変形して考えると，直線が第１象限，第２象限，第３象限のすべてを通るためには，傾きが正，x 切片が負であればよいから，

$\dfrac{1}{a}>0$ より，$a>0$　　…①

$y=0$ のとき，$x+b-4=0$ となり，$x=-b+4<0$ より，$b>4$　　…②

（2）$a=0$ のとき

この場合，直線は x 軸に垂直になるので，第１象限，第２象限，第３象限のすべてを通ることはできない。

したがって，求める a，b の範囲は，①と②である。

(注) 座標軸上の点は，どの象限にも属さないことに注意する。

以上より，正答は**5**である。

正答　5

数学　二次関数　平成27年度

関数$y=(x+2)(x-4)$について，グラフのy切片と関数の最小値の組合せとして正しいのはどれか。

1　y切片：-8，最小値：-16
2　y切片：-8，最小値：-9
3　y切片：-8，最小値：-8
4　y切片：-16，最小値：-8
5　y切片：-16，最小値：-9

解説

与えられた二次関数の式の右辺を展開すると，

$$y=(x+2)(x-4)=x^2-2x-8$$

したがって，y切片の値は-8である。

平方完成すると，

$$y=x^2-2x-8=(x-1)^2-1-8=(x-1)^2-9$$

したがって，$x=1$のとき，最小値は-9である。

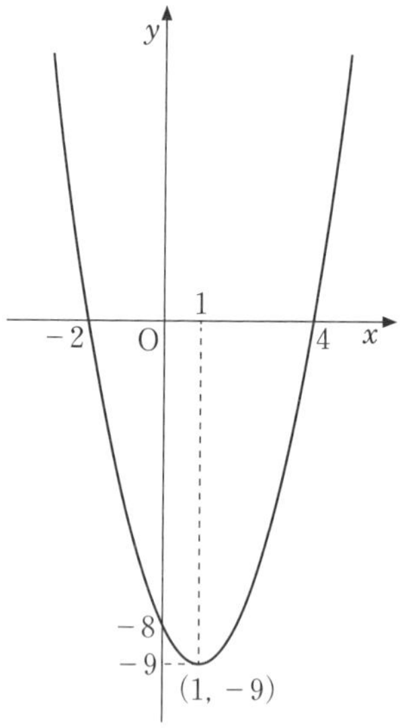

よって，正答は**2**である。

正答　2

市役所上・中級

No. 140　C日程

数学　二次関数　平成22年度

下図のように直線 $y=x$ と放物線 $y=-x^2+7x-5$ がある。x 軸に垂直な直線と直線 $y=x$，放物線 $y=-x^2+7x-5$ との交点をA・Bとする。線分ABの長さを d とすると，d の最大値はいくらか。ただし，$1\leqq x\leqq 5$ とする。

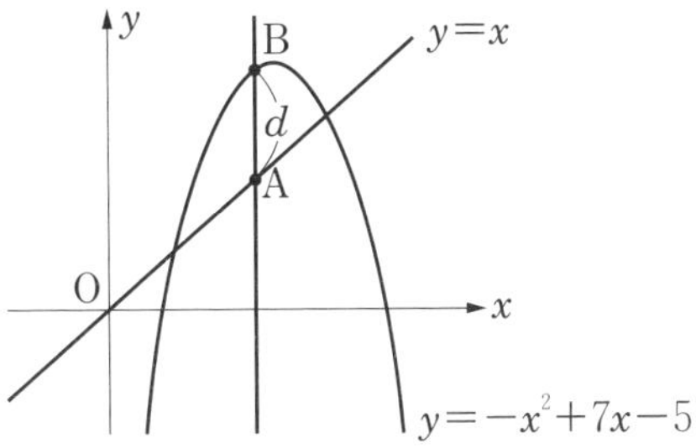

1　2

2　$\frac{5}{2}$

3　3

4　$\frac{7}{2}$

5　4

解説

$y=x$ と $y=-x^2+7x-5$ の交点は，

$x=-x^2+7x-5$

$x^2-6x+5=0$

$(x-5)(x-1)=0$

$x=1,\ 5$　よって，$(1,\ 1)$，$(5,\ 5)$ となる。

x 軸に垂直な直線を $x=k$ とすると，

A$(k,\ k)$　　B$(k,\ -k^2+7k-5)$ となる。

線分ABの長さ $d=(-k^2+7k-5)-k$ より，

$d=-k^2+6k-5$

$=-(k^2-6k)-5$

$=-\{(k-3)^2-9\}-5$

$=-(k-3)^2+4$

$k=3$ のとき，d は最大値4となる（条件 $1\leqq x\leqq 5$ を満たす）。

よって，正答は**5**である。

正答　**5**

No. 141 C日程 数学 二次関数と直線の交点がなす図形 令和3年度

座標平面上において，放物線$y=x^2$と直線$y=16$の交点をA，Bとし，放物線$y=x^2$と直線$y=4$の交点のうちx座標が正となるほうの点をCとする。このとき，△ABCの面積として最も妥当なのはどれか。

1 12
2 18
3 24
4 48
5 64

解説

まず，点A，Bのx座標を求める（Aのx座標を負，Bのx座標を正とする）。$y=x^2$に$y=16$を代入して，$16=x^2$ ∴ $x=-4, 4$

よって，A(−4，16)，B(4，16)を得る。

同様に，点Cのx座標を求めると，$4=x^2 (x>0)$ ∴ $x=2$

よって，C(2，4)を得る。

以上より，グラフは次図のようになるので，△ABCの面積を計算するには，ABを底辺とみなすと，AB=8，高さは12となり，

△ABC$=8\times12\div2=48$

と計算される。

よって，正答は**4**である。

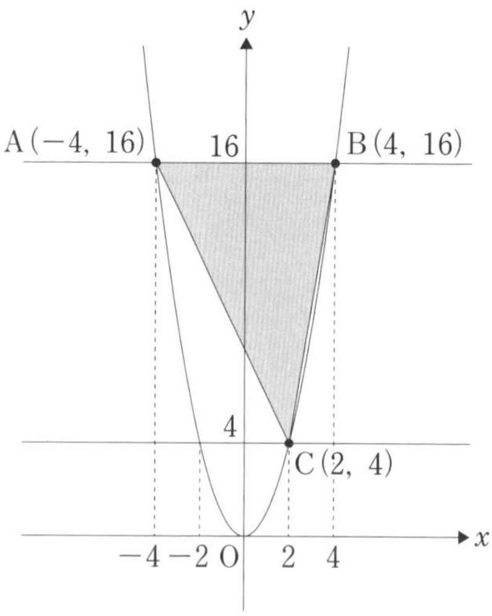

正答 4

No. 142 数学 関数とグラフ 平成20年度

$y=|x^2-2x-7|$ が $y=k$ と3点で交わるとき，k の値はいくつか。

1 2
2 3
3 5
4 7
5 8

解説

$y=x^2-2x-7$
$=(x-1)^2-1-7$
$=(x-1)^2-8$
頂点（1，−8）より，
$y=|x^2-2x-7|$ のグラフは右図のようになる。
$y=k$ と3点で交わるのは，$y=8$ のときである。

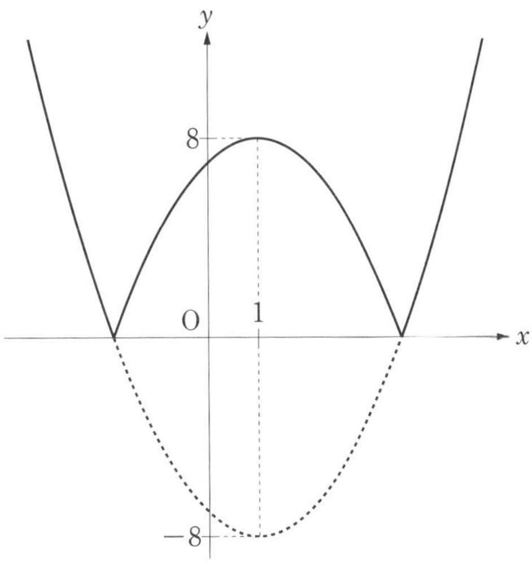

正答 **5**

市役所上・中級 C日程

No. 143 数学 連立不等式 平成25年度

a，b ともに実数とする。以下の連立不等式において，解が $1<x<2$ となるとき，$a+b$ の値として妥当なものはどれか。

$$\begin{cases} x^2-a<0 \\ x-b>0 \end{cases}$$

1 4
2 5
3 6
4 7
5 8

解説

$$\begin{cases} x^2-a<0 & \cdots\cdots (1) \\ x-b>0 & \cdots\cdots (2) \end{cases}$$

式 (1) において，$a \leqq 0$ のとき，これを満たす実数 x は存在せず，さらには題意の $1<x<2$ を満たさない。よって，$a>0$。不等式を解くと，$-\sqrt{a}<x<\sqrt{a}$ ……①

式 (2) より，$x>b$ ……②

ここで，b の位置関係について考える。①，②を数直線で表すと，題意の $1<x<2$ を満たすためには，b は $-\sqrt{a}$ と $\sqrt{a}$ の間に位置する必要がある。

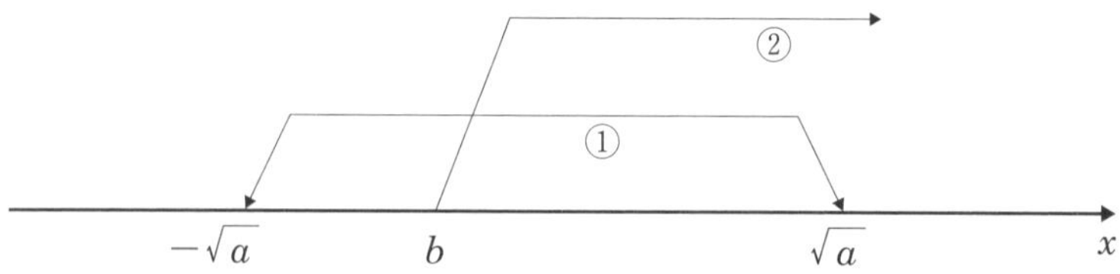

仮に $b \leqq -\sqrt{a}$ あるいは，$b \geqq \sqrt{a}$ であった場合は，題意の $1<x<2$ を満たさない。よって，数直線において連立不等式 (1)，(2) の範囲は $b<x<\sqrt{a}$ である。

題意の $1<x<2$ となるための a，b それぞれの値は，$(a,\ b)=(4,\ 1)$。設問は $a+b$ の値を求めるので，$a+b=5$

よって，正答は**2**である。

正答 2

数学 最小値

平成17年度

$1 \leqq x \leqq 3$ のとき，$x+\dfrac{2}{x}$ の最小値はいくらか。

1 0
2 $\sqrt{2}$
3 $\sqrt{3}$
4 $2\sqrt{2}$
5 3

解説

$f(x)=x+\dfrac{2}{x}$ と置く。

$$f'(x)=1-\frac{2}{x^2}$$

$f'(x)=0$ のとき，$x=\pm\sqrt{2}$ となる。

x	$\cdots$	$-\sqrt{2}$	$\cdots$	(0)	$\cdots$	$\sqrt{2}$	$\cdots$	(3)	$\cdots$
$f'(x)$	$+$	0		$-$		0		$+$	
$f(x)$	↗	極大		↘		極小		↗	

$1 \leqq x \leqq 3$ より，$x=\sqrt{2}$ のとき最小値をとるので，

$$f(\sqrt{2})=\sqrt{2}+\frac{2}{\sqrt{2}}=2\sqrt{2}$$

が最小値であり，正答は**4**である。

正答 4

市役所上・中級

No. 145 B日程

数学 領域の面積 平成16年度

次の不等式で表される領域の面積を求めよ。

$|x|+|y|\leqq 4 \qquad x(x-y)\leqq 0$

1 2
2 4
3 6
4 8
5 10

解説

$|x|+|y|\leqq 4$ …①

$x\geqq 0,\ y\geqq 0$ のとき　$x+y\leqq 4$　$\therefore y\leqq -x+4$

$x\geqq 0,\ y\leqq 0$ のとき　$x-y\leqq 4$　$\therefore y\geqq x-4$

$x\leqq 0,\ y\geqq 0$ のとき　$-x+y\leqq 4$　$\therefore y\leqq x+4$

$x\leqq 0,\ y\leqq 0$ のとき　$-x-y\leqq 4$　$\therefore y\geqq -x-4$

$x(x-y)\leqq 0$ …②

$\begin{cases} x\geqq 0 \\ x-y\leqq 0 \end{cases} \rightarrow \begin{cases} x\geqq 0 \\ y\geqq x \end{cases}$

$\begin{cases} x\leqq 0 \\ x-y\geqq 0 \end{cases} \rightarrow \begin{cases} x\leqq 0 \\ y\leqq x \end{cases}$

①かつ②の領域は，次のグラフのようになり，面積は，

$\left(4\times 2\times \frac{1}{2}\right)\times 2=8$

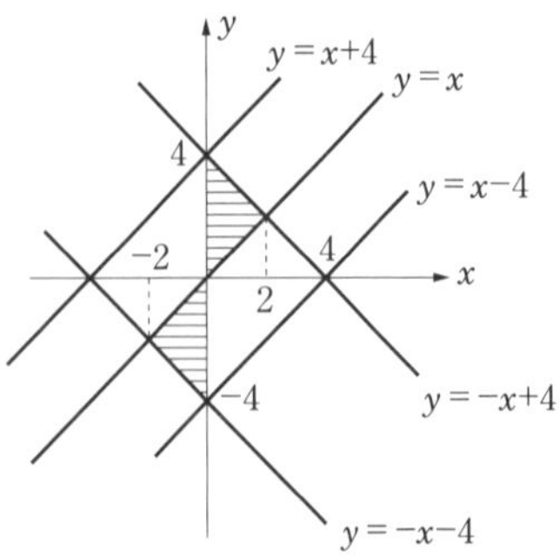

よって，正答は**4**である。

正答　**4**

数学　面積計算　平成24年度

図のように，壁際の土地をロープで囲んで敷地を作る。ロープの全長は36m，敷地の形は長方形であり，壁際の辺にはロープを置かないものとする。このとき，敷地の最大面積はいくらか。

1　154m^2
2　156m^2
3　158m^2
4　160m^2
5　162m^2

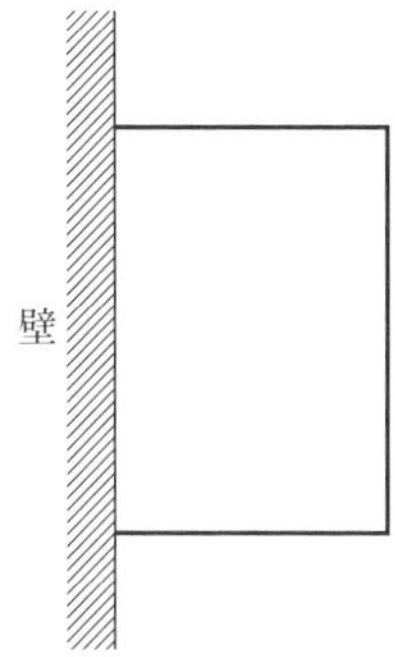

解説

長方形の敷地の横の辺の長さを x〔m〕，敷地の面積を S〔m^2〕と置くと，題意より，縦の辺の長さは $36-2x$〔m〕であるから，

$$S=x\times(36-2x)$$
$$=-2x^2+36x$$
$$=-2(x-9)^2+162$$

となる。したがって，S は $x=9$ のときに最大となり，そのときの値は162〔m^2〕である。

よって，正答は**5**である。

正答　5

市役所上・中級 C日程

No.147 数学 面積計算 平成23年度

南北7m，東西30mの敷地がある。そこに東西を横断する道を1本，南北に横断する道を2本つくる。道幅は同じである。このとき，道の面積は敷地から道の面積を引いた部分の$\frac{1}{4}$に等しいとき，道幅は何mになるか。

1 0.6m
2 0.8m
3 1.0m
4 1.2m
5 1.4m

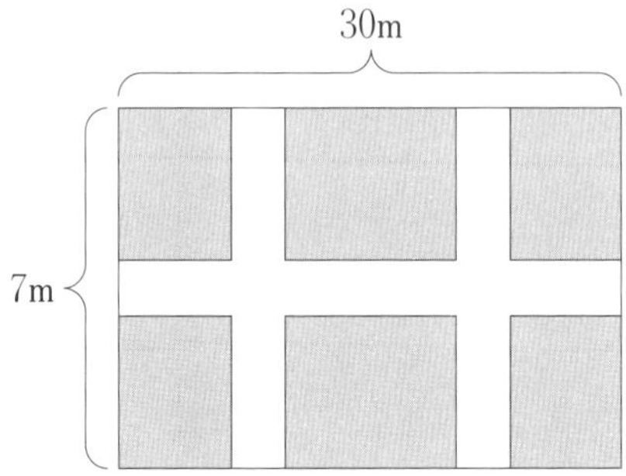

解説

「道」の面積が，「敷地から道の面積を引いた部分」の面積の$\frac{1}{4}$になるとき，前者と後者の面積比は1：4になるので，「道」の面積は「敷地」の面積の$\frac{1}{5}$になる。つまり，「敷地から道の面積を引いた部分」の面積は，

$$30\times7\times\left(1-\frac{1}{5}\right)=168\ \text{〔m}^2\text{〕}$$

となる。

ここで，道幅をx〔m〕とすると，下図のとおり，「敷地から道の面積を引いた部分」の面積は，$(7-x)(30-2x)$〔m〕となる。

したがって，

$$(7-x)(30-2x)=168$$
$$2x^2-44x+210=168$$
$$x^2-22x+21=0$$
$$(x-1)(x-21)=0$$
$$x=1,\ 21$$

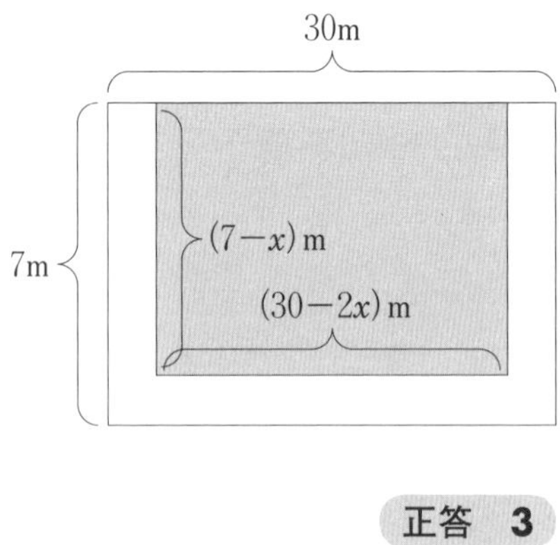

道幅は7m未満なので，道幅は1.0mであり，正答は**3**である。

正答 3

市役所上・中級

No. 148 B日程

数学　確　率　平成17年度

現金100万円を貯金するか投資するとき，貯金すれば１％の利子が得られ，投資の場合，ある確率で120万円になり，失敗すると70万円になるという。

このとき，投資の成功する確率が何％以上のときに投資を行うか。

1　60％
2　61％
3　62％
4　63％
5　64％

解説

投資が成功する確率を a％とすると，投資するときの期待値は，

$$\frac{a}{100}\times120+\left(1-\frac{a}{100}\right)\times70$$

これが，貯金するときよりも大きくなるときに投資することになるので，

$$\frac{a}{100}\times120+\left(1-\frac{a}{100}\right)\times70>100\times1.01$$

$$120a+7000-70a>10100$$

$$50a>3100$$

$$a>62$$

よって，投資の成功する確率が63％以上のときに投資を行うことになり，正答は**4**である。

正答　4

市役所上・中級

No. 149 C日程

物理 力のつりあい 平成25年度

以下の空欄ア～エに当てはまるものの組合せとして妥当なものはどれか。

下図のように，x−y 平面上において，原点Oを結び目としてロープが張られ，以下の3方向にそれぞれ，F_B[N]（x 軸と60°をなす方向），10[N]（x 軸の負の方向），F_C [N]（y 軸の負の方向）の力が働き，つり合っている。

いま，x 軸の正の方向にはたらく力を F_B を用いて表すと（　ア　）[N] であり，同様に y 軸の正の方向に働く力にも F_B を用いて表すと（　イ　）[N] である。

ここで，x 軸の負の方向には10[N] の力がはたらいているので，F_B の大きさは（　ウ　）[N] であることがわかり，F_C の大きさは（　エ　）[N] である。

	ア	イ	ウ	エ
1	$\frac{1}{2}F_B$	$\frac{\sqrt{3}}{2}F_B$	20	10
2	$\frac{1}{2}F_B$	$\frac{\sqrt{3}}{2}F_B$	20	$10\sqrt{3}$
3	$\frac{1}{2}F_B$	$\frac{\sqrt{3}}{2}F_B$	10	10
4	$\frac{\sqrt{3}}{2}F_B$	$\frac{1}{2}F_B$	20	$\frac{10\sqrt{3}}{3}$
5	$\frac{\sqrt{3}}{2}F_B$	$\frac{1}{2}F_B$	10	10

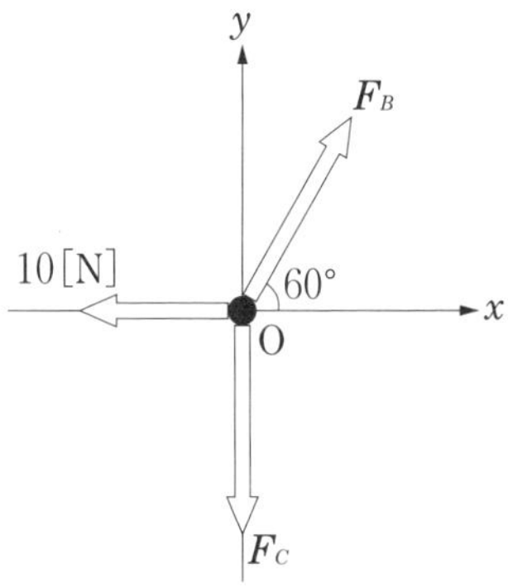

解説

ア：x 軸の正の方向にはたらく力は F_B の x 成分より，$F_B\cos 60^\circ=\frac{1}{2}F_B$

イ：同様に y 軸の正の方向にはたらく力は F_B の y 成分より，$F_B\sin 60^\circ=\frac{\sqrt{3}}{2}F_B$

この時点で，正答は **1**～**3** のいずれかである。

次に，x 軸方向，y 軸方向それぞれの力のつりあいを考える（物理では，x 軸方向にかかる力と y 軸方向にかかる力は，それぞれ独立して考えることができる）。

図より，x 軸方向，y 軸方向それぞれの力のつりあいは，x 軸方向，y 軸方向それぞれの正の方向を＋として，

x 軸：$\frac{1}{2}F_B-10=0 \iff F_B=20$[N] ……ウ

y 軸：$\frac{\sqrt{3}}{2}F_B-F_C=0 \iff F_C=\frac{\sqrt{3}}{2}F_B=10\sqrt{3}$[N] ……エ

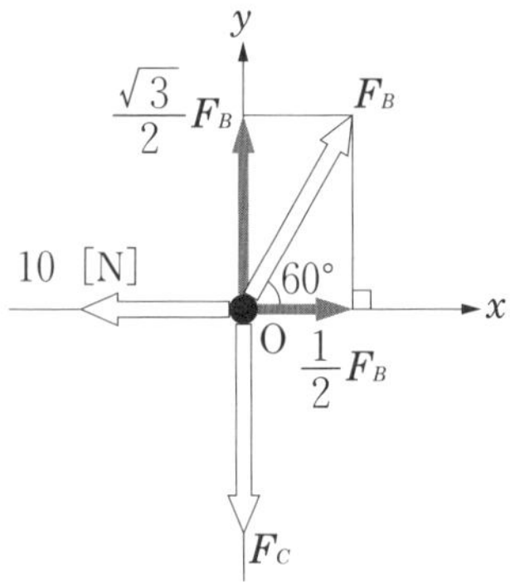

1～**3** のうち，ウ，エの値を満たすのは，**2** だけである。

よって，正答は **2** である。

正答　2

物理　力のつりあい　平成23年度

同じ重さのおもりをつけた長さ3dの棒が天井からヒモでつるされ，図Ⅰ・図Ⅱのように水平を保って静止している。このとき，$\frac{F_B}{F_A}$の値は，次のうちどれになるか。

なお，棒の重さは無視できるものとする。

1　$\frac{1}{3}$

2　$\frac{1}{2}$

3　$\frac{2}{3}$

4　1

5　$\frac{3}{2}$

図Ⅰ

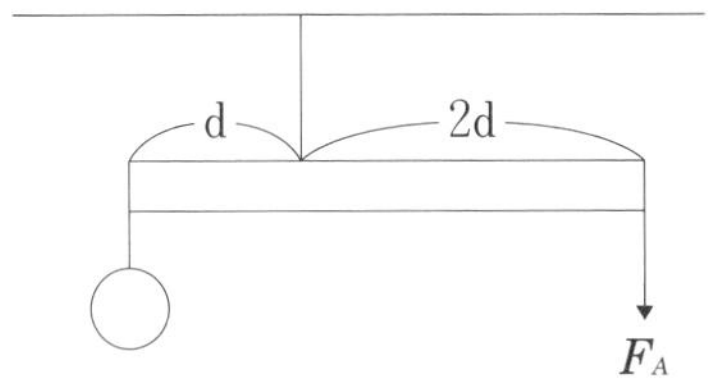

図Ⅱ

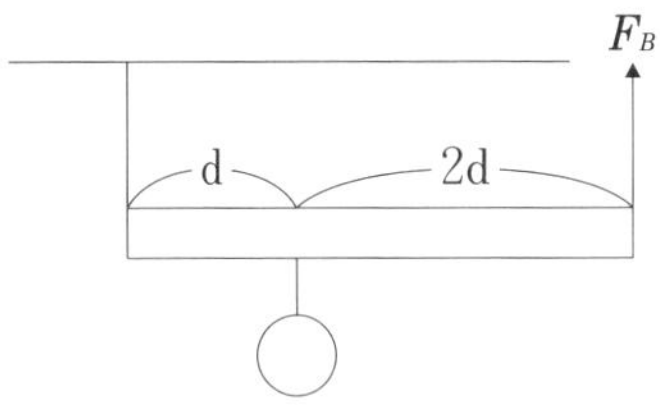

解説

図Ⅰについては，(支点からの長さ)×(おもりの重さ)が等しいときにつりあうので，おもりの質量をm，重力加速度をgとすると，

$$d \times mg = 2d \times F_A$$

$$F_A = \frac{1}{2}mg$$

である。

図Ⅱについては，重力の$m \times g$を，支点からの長さに反比例するように各支点に分かれてかかるので，$F_B = \frac{1}{3}mg$　である。

したがって，

$$\frac{F_B}{F_A} = \frac{\frac{1}{3}mg}{\frac{1}{2}mg} = \frac{2}{3}$$

よって，正答は**3**である。

正答　3

市役所上・中級 C日程

No. 151 物理　物体を引く力　平成17年度

物体をそりで引く。このとき，

図Ⅰは，重さ w，体積 v の物体をそりで引く。このときの力を f とする。

図Ⅱは，重さ w，体積 $\frac{1}{2}v$ の物体をそりで引く。

図Ⅲは，重さ $\frac{1}{2}w$，体積 v の物体２個を２台のそりで引く。

図Ⅱ，Ⅲのときに必要な力を f を使って表すとき，妥当なものの組合せはどれか。ただし，そりと地面の動摩擦係数はどれも一定であるとする。

図Ⅰ

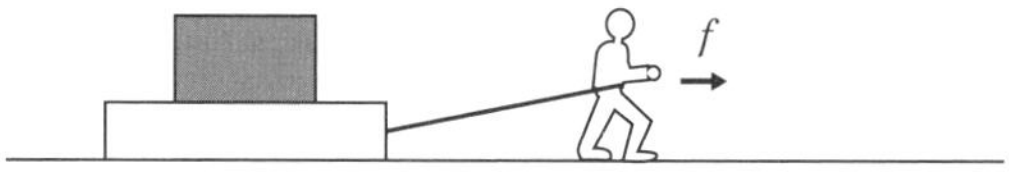

図Ⅱ

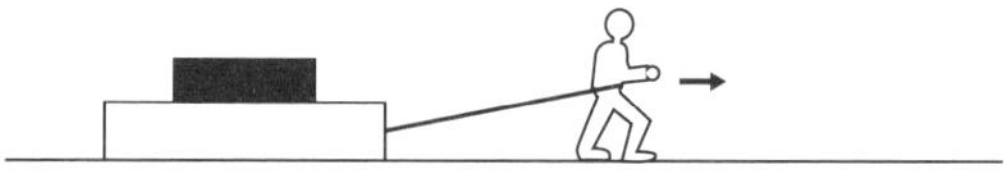

図Ⅲ

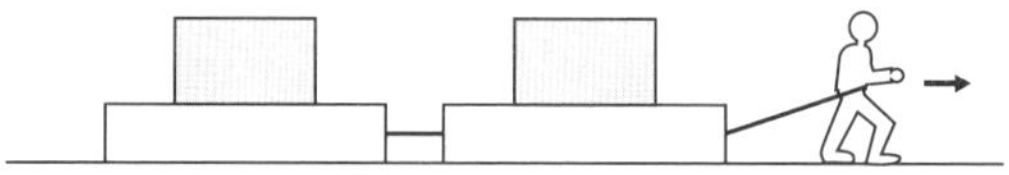

	図Ⅱ	図Ⅲ
1	f	f
2	f	$2f$
3	$2f$	$2f$
4	$2f$	f
5	$\frac{1}{2}f$	$2f$

解説

物体を引く力は，重さ×動摩擦係数であり，この場合，体積は関係しない。動摩擦係数を μ とすると，

図Ⅰでは，$f=\mu w$ である。

図Ⅱでは，μw となり f である。

図Ⅲでは，$\mu\times\frac{1}{2}w\times2=\mu w$ となり f である。

よって，正答は**1**である。

正答　1

No. 152 B日程 物理 風船にはたらく浮力と重力 平成24年度

地上で風船を飛ばす実験を行った。飛んで行かないように風船を手で持っている状態（　A　）と，手を放して風船が上空に向かって飛び始めた状態（　B　）とを比較したとき，風船にはたらいている浮力F，重力G，手で引く力Tの間の大小関係を正しく示しているのは，次のうちどれか。

	A	B
1	$G+T<F$	$F>G$
2	$G+T=F$	$F>G$
3	$G+F<T$	$F>G$
4	$G+F=T$	$F=G$
5	$F+T<G$	$F=G$

解説

（A）風船にはたらいている力は，鉛直方向上向きに浮力F，下向きに重力Gと手で引く力Tであり，風船は静止しているのでこれらの力はつり合っている。したがって，$G+T=F$が成り立つ。

（B）風船にはたらいている力は浮力Fと重力Gだけであり，風船は上空に向かって鉛直方向上向きの加速度で動き始めている。したがって，$F>G$が成り立つ。

よって，正答は**2**である。

正答　2

市役所上・中級

B日程

No. 153 物理 水を密閉した容器内にかかる圧力 平成28年度

圧力に関する次の記述中の空欄ア～ウに該当する語句の組合せとして，妥当なのはどれか。

圧力は，面を垂直に押す力を，面積で割った値で表される。4 m^2の面を2Nの力で押した場合の圧力は（　ア　）Paである。

断面積1 cm^2のピストンAと，断面積2 cm^2のピストンBで水を密閉した下図のような装置がある。パスカルの原理によれば，密閉した容器内で静止している流体の一部に圧力を加えると，その圧力は同じ大きさで流体のどの部分にも伝わる。したがって，この装置のピストン（　イ　）を押すと，ピストン（　ウ　）に2倍の力がかかる。これによって，小さい力で大きな力を得ることができるため，自動車のブレーキなどに利用されている。

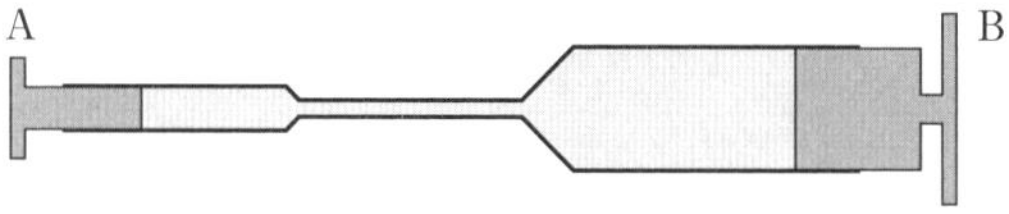

	ア	イ	ウ
1	0.5	A	B
2	2	A	B
3	0.5	B	A
4	2	B	A
5	8	B	A

解説

ア：圧力〔Pa〕＝面を垂直に押す力〔N〕÷面積〔m^2〕である。よって，2÷4＝0.5〔Pa〕となる。

イ・ウ：パスカルの原理によると，容器のあらゆる面にはたらく圧力は等しいのだから，力〔N〕＝面積〔m^2〕×圧力〔Pa〕より，ある面の面積に比例して，その面にかかる力が大きくなる。ピストンBはピストンAの2倍の面積であり，2倍の力がかかる。したがって，イにはA，ウにはBが入る。

よって，正答は**1**である。

正答　1

静止していたラジコンが，一直線上を東から西へ向かって図に示されたような加速度で動いた。このとき，3秒後におけるラジコンの速さは［ A ］m/sで，その向きは［ B ］向きである。また，ラジコンがスタート地点から見て最も西へ離れた位置にいるのは動き始めてから［ C ］秒後である。

上の文の空欄A～Cに該当する数字や語句の正しい組合せは，次のうちどれか。

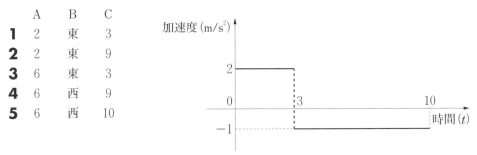

	A	B	C
1	2	東	3
2	2	東	9
3	6	東	3
4	6	西	9
5	6	西	10

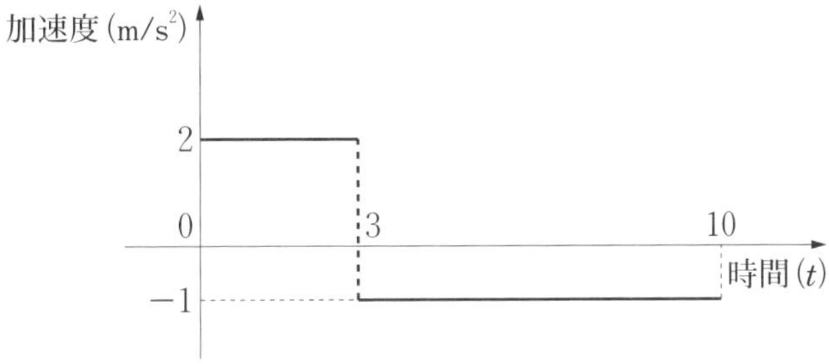

解説

加速度−時間の図より，ラジコンは最初の3秒間は加速度2 m/s²で加速しながら西へ向かって進む。3秒後からは加速度−1m/s²で減速しながら西へ向かって進むので，10秒後より前に速度が0 m/sになった場合は，その時点で向きを変え，東へ向かって加速度1 m/s²で加速しながら進む。したがって，10秒後より前に速度が0 m/sになった場合は，その時点でラジコンはスタート地点から最も西へ離れていることになる。

等加速度直線運動において，速度v[m/s]，加速度a[m/s²]，変位x[m]，時間t[s]の間には次の関係式が成り立つ。

$v=v_0+at$，$x=v_0t+\frac{1}{2}at^2$ （v_0は初速度）

したがって，西向きを正とした場合，スタートから3秒後の速度v_1は，$v_0=0$に注意して，$v_1=0+2\times3=6$[m/s]となるから，この時点でラジコンは西へ向かって6 m/sの速度で進んでいることになる（A，B）。

次に，3秒後以降は加速度が−1m/s²に変わるので，速度が0 m/sになるまでの時間t_1を求めると，$v_0=6$に注意して，$0=6+(-1)\times t_1$より，$t_1=6$[s]，したがって，$3+6=9$[s]より，スタートから9秒後にラジコンの速度は0 m/sになる。これは10秒後より前であるから，この時点でラジコンはスタート地点から西へ最も離れていることになる（C）。

以上から，正答は**4**である。

正答 4

市役所上・中級
C日程
No. 155
物理　自由落下する2小球間の距離　平成24年度

空中から小球Aを静かに落とし，その2秒後に同じ地点から小球Bを同様に落とした。このとき，AとBの2つの小球の間の距離と時間の関係を表したグラフとして正しいのはどれか。なお，2つの小球は同じもので，空気抵抗は無視するものとする。

1
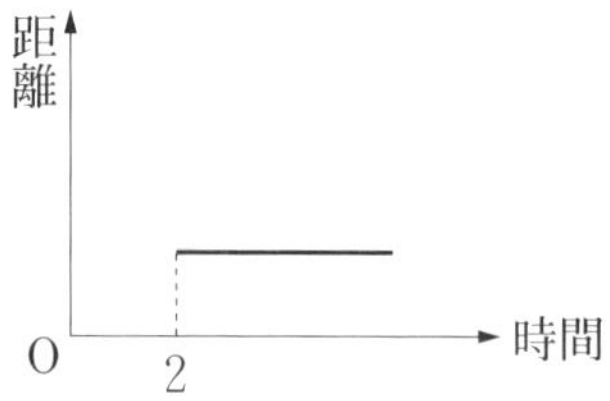

2
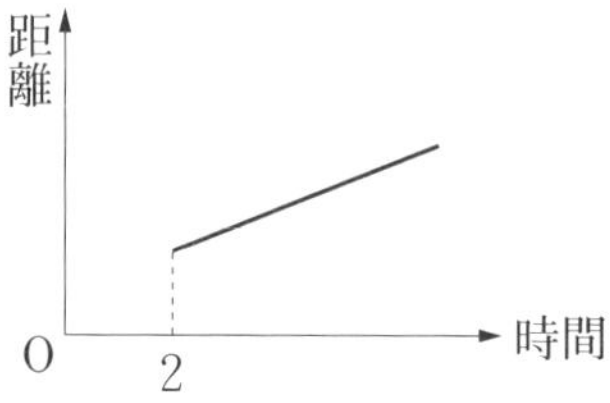

3
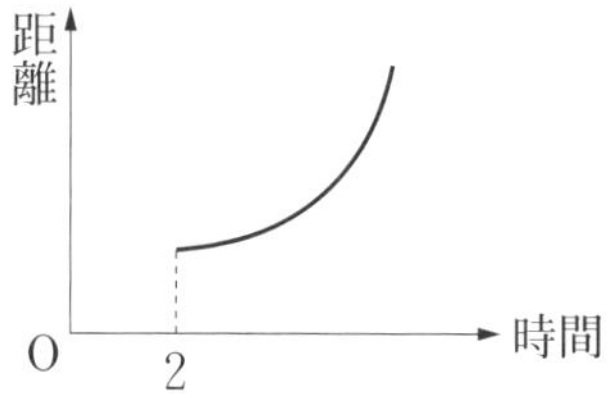

4
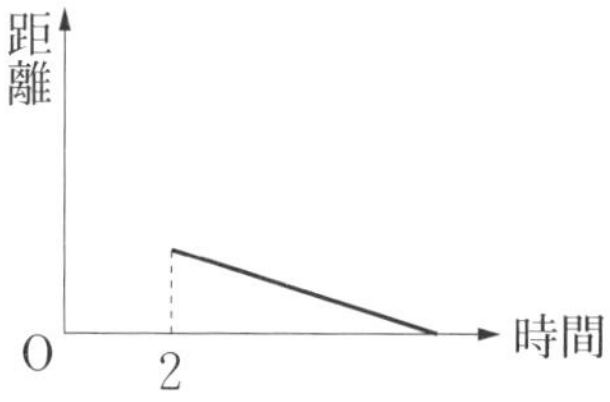

5
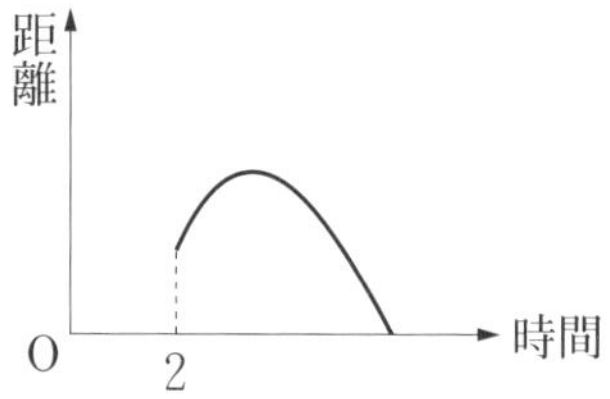

解説

自由落下における落下距離（y）を表す式は，

$$y=\frac{1}{2}gt^2$$ 〔gは重力加速度（9.8m/s^2），tは時間〕

小球Aの落下距離を$y=\frac{1}{2}gt^2$とすると，その2秒後に落とした小球Bの落下距離は$y=\frac{1}{2}g(t-2)^2$となる。

この2つの球の間の距離は，

$$\frac{1}{2}gt^2-\frac{1}{2}g(t-2)^2=\frac{1}{2}g(t^2-t^2+4t-4)=2gt-2g \qquad (t\geqq 2)$$

これはtについての一次関数の直線を表す式で，時間に比例して距離が増大することがわかる。

したがって正答は**2**となる。

正答　2

No. 156 B日程 物理 ドップラー効果 令和元年度

ドップラー効果に関する次の文章中の空欄ア～ウに当てはまるものの組合せとして，妥当なのはどれか。ただし，音速を340m/s，１波長分を１個の波とする。

振動数800Hzの音源は１秒間に800個の波を送り出し，その波は次々と周囲に伝搬していく。音源が静止している場合，音波は１秒間に340m進み，この間に800個の波が送り出されているから，この音波の波長は$\frac{340}{800}$＝0.425〔m〕となる。いま，音源が20m/sの速さで観察者（観察者は静止）に近づく場合を考える。この場合，観察者から340m手前の地点で音源から送り出された波は１秒後に観察者に届くが，この間に音源は観察者のほうに20mだけ近づいているから，観察者が観察する音波の波長は（　ア　）となる。また，観察される音波の振動数は，（　イ　）となる。すなわち，音源が静止しているときより音は（　ウ　）聞こえる。

	ア	イ	ウ
1	0.2m	840Hz	高く
2	0.3m	770Hz	低く
3	0.4m	850Hz	高く
4	0.5m	860Hz	高く
5	0.6m	780Hz	低く

解説

音源が静止していても動いていても音速と１秒間に送り出される波の数は変化しないことに注意する。また，波の基本式である伝搬速度＝波長×振動数は音波の場合にも成り立つ。

音源から送り出された波が１秒後に観察者に届いたとすると，最初の時点での音源と観察者の距離は340mであるが，この１秒間に音源は20m観察者に近づき，同時に800個の波を送り出している。したがって，音源と観察者の距離は340－20＝320〔m〕に変化し，その距離の中に800個の波が含まれていることになる。したがって，観察者が観察する波長は320÷800＝0.4〔m〕となる（ア）。ここで，波の基本式により，観察者が観察する波の振動数は340÷0.4＝850〔Hz〕となる（イ）。すなわち，振動数が800→850〔Hz〕と増加するので，音は高く聞こえる（ウ）。

よって，正答は**3**である。

正答　3

市役所上・中級 No.157 C日程

物理 光の屈折 平成22年度

右図のように，中に水の入った三角柱があり，その先に横棒が目と同じくらいの高さにある。

横棒を目で見たときの光路として正しいのはア・イのどちらか。また，横棒の見え方はウ・エ・オのどれか。

両者を正しく組み合わせたものを選べ。

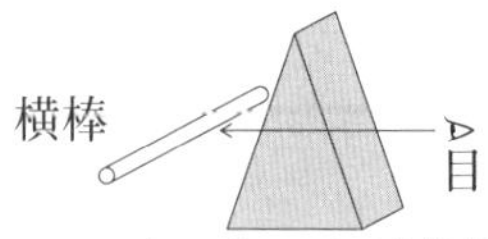

水の入った三角柱

1 ア，ウ
2 ア，エ
3 イ，ウ
4 イ，エ
5 イ，オ

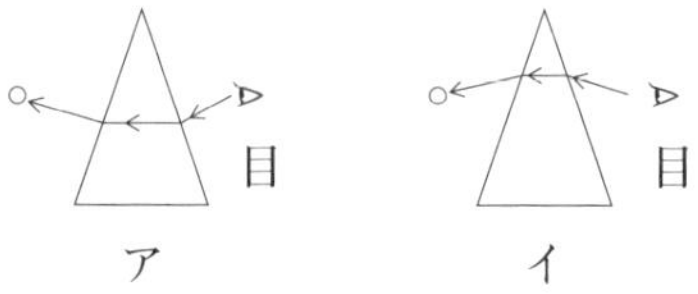

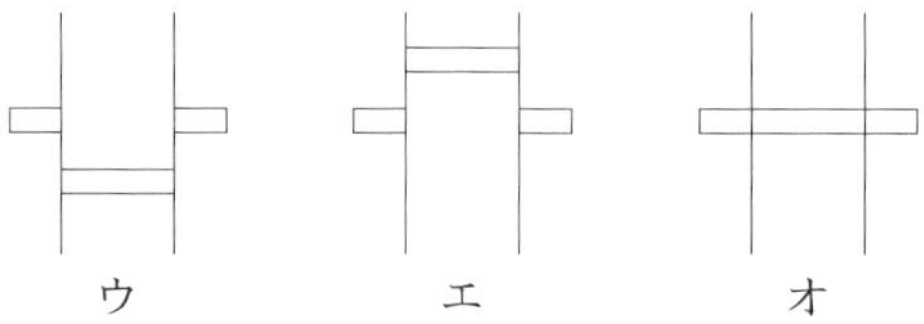

解説

光が異なる媒質の境界を斜めに通過するとき屈折する。

空気中から水中へと進む場合には，

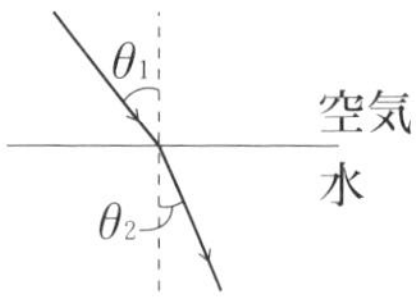

入射角 θ_1 ＞屈折角 θ_2 となる。また，水中から空気中へと進む場合には，

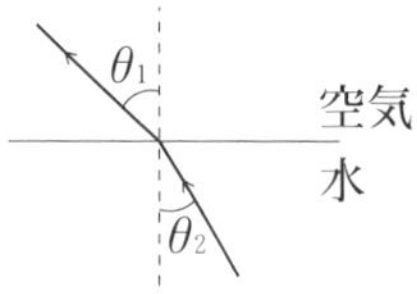

入射角 θ_2 ＜屈折角 θ_1 となる。

したがって，光路は下図のようになる。…イ

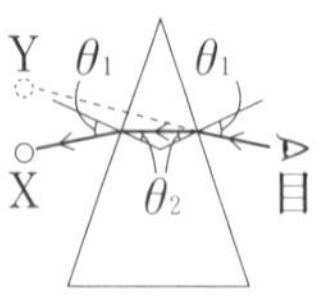

また，横棒Xに由来する光は，水面で屈折を起こしており，このため，Xの見かけ上の位置はYとなる。したがって，上に見える。…エ

以上より，正答は**4**である。

正答 4

No. 158 物理 電気抵抗の比 平成29年度

発熱量と抵抗の関係に関する次の文章中の空欄㋐，㋑に当てはまる比の組合せとして，妥当なのはどれか。ただし，発生する熱はすべて水に与えられ，逃げないものとする。

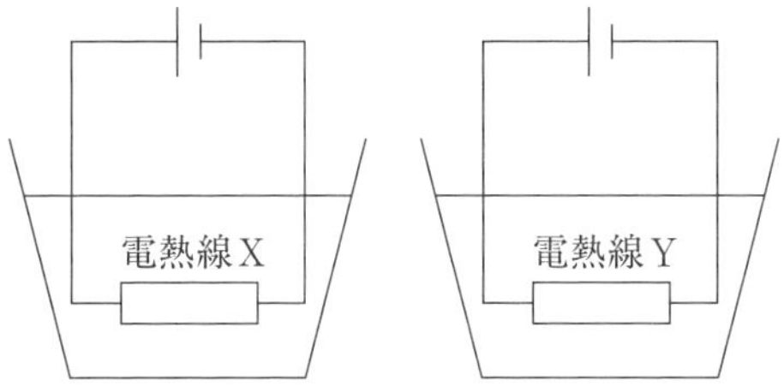

図のように，2つの電熱線XとYをそれぞれ同じ量の水が入った容器の中に入れ，同じ電圧の電源と接続して，温度を測ったところ，1℃上昇するのにかかった時間は，電熱線Xで2分，電熱線Yで3分であった。このとき，電熱線Xから2分間に発生した発熱量と，電熱線Yから3分間に発生した発熱量が等しく，「発熱量＝電力×時間」であることから，電力の比は，電熱線X：電熱線Y＝（　㋐　）となる。また，「電力＝電圧×電流」で，同じ電圧の電源を使っていることから，電流の比は，電熱線X：電熱線Y＝（　㋐　）となる。そうすると，オームの法則から，「電圧＝電流×抵抗」であるので，抵抗の比は，電熱線X：電熱線Y＝（　㋑　）とわかる。

	㋐	㋑
1	2：3	2：3
2	2：3	3：2
3	1：1	2：3
4	3：2	2：3
5	3：2	3：2

解説

電力について，問題文にあるとおり，発熱量が等しければ，電力と時間は反比例の関係となる。電熱線XとYでは，時間の比が2：3なので，電力の比は3：2となり，これが㋐に入る。また，電圧が等しければ，電力と電流は比例の関係にあるので，電流の比も3：2である。

次に，オームの法則から，電圧が等しければ，電流と抵抗は反比例の関係にある。したがって，抵抗の比は2：3であり，これが㋑に入る。

よって，正答は**4**である。

正答　4

市役所上・中級

No. 159 三原市 物理 電気回路 平成20年度

次の図のA～Dの抵抗の発熱量の関係として正しいのはどれか。

ただし，発熱量(Q)は，$Q=I^2Rt$〔I：電流，R：抵抗，t：時間〕で求めることができる。

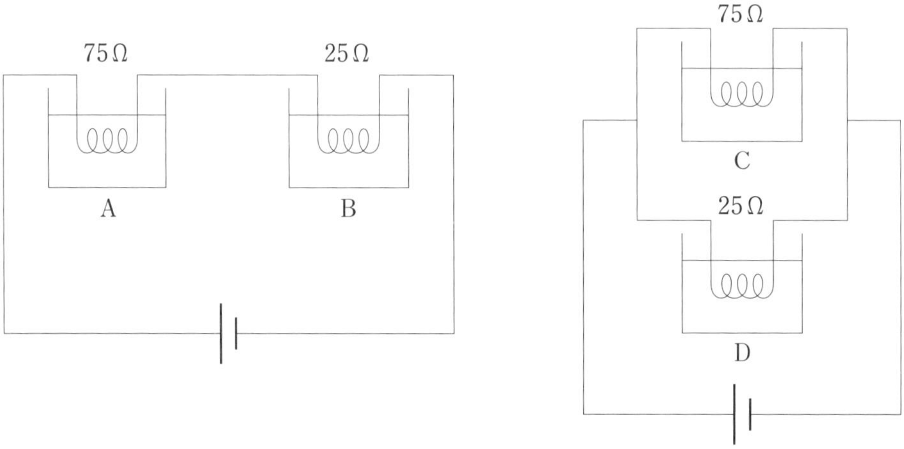

1　A＜B，C＝D
2　A＝B，C＞D
3　A＜B，C＞D
4　A＞B，C＜D
5　A＞B，C＝D

解説

AとBは直列回路なので，電流(I)は等しい。よって発熱量(Q)は抵抗(Ω)の値に比例することになる。

A：B＝75：25
　＝3：1　で，A＞Bとなる。

次に，CとDについては，並列回路なので，電圧(V)が等しい。

$Q=I^2Rt$ にオームの法則 $I=\dfrac{V}{R}$ を代入すると，

$$Q=\left(\frac{V}{R}\right)^2Rt$$

$$Q=\frac{V^2}{R}t$$

となる。すなわち発熱量(Q)は，抵抗(R)の値に反比例することになる。

C：D＝$\dfrac{1}{75}$：$\dfrac{1}{25}$
　＝1：3　で，C＜Dとなる。

正答　4

市役所上・中級

C日程

No. 160

物理　電力の輸送や利用　平成30年度

電力の輸送や利用に関する次の文章のA～Dの箇所について，ア・イから正しい語句を選んだ組合せは次のうちどれか。

電圧や電流において，電圧，電流の向きが一定の電流を直流，電圧，電流の向きが周期的に変化する電流を交流という。たとえば，乾電池から得られる電気はA｛ア：直流，イ：交流｝である。発電所でつくられた電気は電線を介して需要地まで運ばれるが，その際，電力損失を小さくするために，一般にB｛ア：数Vの低電圧，イ：数十万Vの高電圧｝で送電される。送電された電気は需要地ではコンセントなどを通じて利用されるが，日本では100Vまたは200Vの電圧の交流として供給されており，その周波数はC｛ア：日本全国で100Hz，イ：東日本では50Hz｝となっている。コンセントに電化製品を接続すると，それに合わせた電力供給が行われ，たとえば20Wと60Wの電化製品の場合，D｛ア：20W，イ：60W｝の製品のほうが大きい電力を消費する。

	A	B	C	D
1	ア	ア	イ	イ
2	ア	イ	イ	イ
3	ア	ア	ア	イ
4	イ	イ	ア	ア
5	イ	ア	ア	ア

解説

A：乾電池から供給される電気は直流である〔ア〕。

B：高電圧で送電したほうが発熱による電力損失が少なくて済むので，発電所から送電する際には，変圧器により高い電圧に上げてから送電される〔イ〕。

C：日本では，東日本50Hz，西日本60Hzの2種類の周波数の交流が使われている〔イ〕。

D：記号W（ワット）は電力の単位であり，60Wは20Wより電力消費が大きいことを示している〔イ〕。なお，変圧器は交流でのみ有効な機器であり，これが送電において交流が用いられる主な理由である。

以上より，正答は**2**である。

正答　2

数学
物理
化学
生物
地学
文章理解
判断推理
数的推理
資料解釈

市役所上・中級

B日程

No. 161 物理 炭素原子の放射性同位体 平成30年度

炭素原子の放射性同位体$^{14}_{6}C$に関する次の記述の空欄ア～ウに該当する数値の組合せとして，正しいのはどれか。

炭素原子の放射性同位体$^{14}_{6}C$の原子核を構成する陽子は（　ア　）個，中性子は（　イ　）個である。$^{14}_{6}C$の半減期は5370年であるから，遺跡などで発掘された木材に残存する$^{14}_{6}C$の$^{12}_{6}C$に対する割合を調べれば，その遺跡の年代を推定できる。ある木材に残存する$^{14}_{6}C$の$^{12}_{6}C$に対する割合が生きている木の４分の１だったとき，その木は（　ウ　）年前に伐採されたと推定できる。

	ア	イ	ウ
1	6	8	5370×２
2	6	8	5370×４
3	7	7	5370×４
4	8	6	5370×２
5	8	6	5370×４

解説

$^{14}_{6}C$は，質量数が14，原子番号が６であるから，陽子数は６個である〔ア〕。したがって，中性子数は14－６＝８より８個である〔イ〕。

自然界に存在する$^{14}_{6}C$は，その崩壊数と宇宙線による生成数とがつりあい，その存在比はほぼ一定と考えられるので，植物が光合成によって取り込んだCO_2に含まれる$^{14}_{6}C$の存在比も一定である。一方，死んだ植物体内の$^{14}_{6}C$の数は崩壊によって減少するのみである。したがって，遺跡の木材の$^{14}_{6}C$の存在比を測定すれば，その遺跡の年代を推定できる。

木材中の$^{14}_{6}C$が崩壊によって減少し，木として生存していたときの４分の１になったと考えられるので，遺跡が今からt年前のものとすると，半減期の公式において，木材が伐採された当初の$^{14}_{6}C$の数をN_0，崩壊しないで残った数をNとして，

$$\frac{N}{N_0}=\left(\frac{1}{2}\right)^{\frac{t}{5370}}=\frac{1}{4}=\left(\frac{1}{2}\right)^2$$

となるので，t=5370×２〔年前〕であることがわかる〔ウ〕。

したがって，正答は**1**である。

正答　1

市役所上・中級

No. 162 B日程

化学　化学反応式と物質量　令和4年度

酸素 O_2 0.2mol をオゾン発生装置に通して放電したところ，次の反応により酸素の一部がオゾン O_3 に変化した。

$3O_2 \rightarrow 2O_3$

このとき，オゾンが0.06mol 生成したとすると，反応しなかった酸素の物質量として妥当なものはどれか。

1 0.11mol
2 0.12mol
3 0.14mol
4 0.16mol
5 0.17mol

解説

与えられた化学反応式から，3 mol の酸素から 2 mol のオゾンが生成されることがわかる。したがって，0.06mol のオゾンが生成されるために必要な酸素の物質量は，

$$0.06\times\frac{3}{2}=0.09\ \text{〔mol〕}$$

と計算される。このとき，反応せずに残った酸素の物質量は，

$$0.2-0.09=0.11\ \text{〔mol〕}$$

となる。

よって，正答は**1**である。

正答　1

No. 163 B日程 化学 窒素と水素の化学反応式 平成27年度

窒素と水素を（　X　）molずつ用意し，どちらか一方の気体がなくなるまで反応させると，アンモニアが6 mol発生し，最初の気体のうち残ったのは（　Y　）molの気体である。このとき，XとYに入る数値の組合せとして，妥当なのは次のうちどれか。

	X	Y
1	3	1
2	6	2
3	6	3
4	9	3
5	9	6

解説

窒素 N_2と水素 H_2からアンモニア NH_3が発生する化学反応式は，

$$N_2 + 3H_2 \longrightarrow 2NH_3$$

3 mol　　9 mol　　6 mol

であり，係数比がモル比を表すことからアンモニア NH_3が6 mol発生したときに，窒素 N_2が3 molと水素 H_2が9 molで反応したことがわかる。したがって，Xは9 molで，残った気体は窒素 N_2の9−3=6〔mol〕である。

よって，正答は**5**である。

正答　5

No. 164 C日程

化学　金属の性質　平成26年度

次のA～Dは，金属の性質を示したものである。A～Dの金属の名称を示した組合せとして，正しいのはどれか。

A．軽くて丈夫なジュラルミンの主成分であり，航空機などに用いられる。

B．室温で液体の金属である。有毒であるが，温度計や蛍光灯に用いられる。

C．熱や電気をよく伝えるので，電線に用いられる。さびると緑青を生じる。

D．炎色反応は赤色を示し，携帯機器の二次電池の素材としても利用される。

	A	B	C	D
1	アルミニウム	水銀	金	リチウム
2	アルミニウム	水銀	銅	リチウム
3	アルミニウム	鉛	金	カリウム
4	鉄	鉛	銅	リチウム
5	鉄	鉛	金	カリウム

解説

A：ジュラルミンの主成分はアルミニウムである。合金であるジュラルミンは，アルミニウムに銅，マグネシウム，マンガンなどを少量加えた軽合金で，軽くて強度が大きく，航空機の機体のほか車両の構造体にも利用される。

B：常温で唯一液体で存在する金属は水銀である。水銀の単体の蒸気やその化合物は有毒であるが，まだまだ理化学用温度計や蛍光灯などに用いられている。

C：電線に用いられるのは銅である。金属は一般に熱や電気をよく伝えるが，金属の中で銀に次いで銅が良好なので，銅は電線に用いられる。銅は湿気の下でさびると，青緑色の緑青（ろくしょう）を生じる。

D：炎色反応が赤色を示すのはリチウムである。リチウムは時計・電卓用のリチウム・マンガン一次電池や携帯機器用のリチウムイオン二次電池の素材として利用されている。

よって，正答は**2**である。

正答　2

市役所上・中級

C日程

No. 165 化学 気体の性質 平成20年度

気体の性質に関する次の記述のうち，正しいものはどれか。

1 水素は，無色無臭の気体で，水に溶けやすく，助燃性が高い。その助燃性を生かし，燃料電池などに利用されている。

2 二酸化炭素は，無色無臭の水に溶けにくい気体で，点火すると酸素と爆発的に反応する。

3 酸素は，無色無臭の気体で，空気中の約20％を占める。さまざまな物と結びついて，酸化させる。

4 窒素は，無色無臭の非常に有毒な気体で，水に溶けにくい。冷えると冷却効果のある物質になる。

5 アンモニアは，無色無臭の気体で，水に非常によく溶けて強塩基性を示す。捕集方法は，上方置換が適している。

解説

1．水素は無色無臭の気体で，水に溶けにくい。また可燃性があり，点火すると酸素と爆発的に反応する。

2．二酸化炭素は無色無臭の気体で，水に溶けやすく弱酸性を示す。これを炭酸水という。

3．正しい。酸素は，無色無臭の気体で，水にわずかに溶ける。化学的に大変活性が高く，多くの元素と化合する。

4．窒素は，無色無臭の気体で，水に溶けにくい。空気中の約80％を占めており，無毒である。

5．アンモニアは，無色で刺激臭のある気体である。空気より軽いので，上方置換で捕集するというのは正しい。

正答 3

化学 元素周期表と元素の性質 平成28年度

次の図は元素周期表の略図で，第6周期までを示してあり，水素Hはすでに書き込んである。①から⑦の領域の元素と，それぞれに含まれる元素の性質を説明したア～エの記述の組合せとして，妥当なのはどれか。

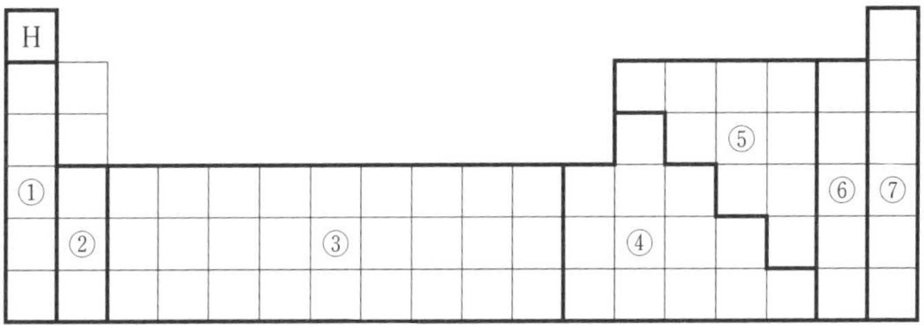

ア　最外殻に2つの電子を有し，これらを失って陽イオンになりやすい。単体は常温の水と反応して水素を発生する。

イ　すべて金属元素であり，鉄Fe，銅Cuなどが含まれる。周期表で隣り合う元素が互いによく似た性質を示す。

ウ　単原子分子であり，ほとんど化合物をつくらない。大気中にわずかに存在する。

エ　電気陰性度が高く，電子を1つ受け取って陰イオンになりやすい。単体は有色，有毒で酸化力が強い。

	ア	イ	ウ	エ
1	①	④	③	⑥
2	②	③	⑦	⑥
3	②	④	⑦	①
4	⑥	③	④	②
5	⑥	④	⑦	①

解説

ア：2族の一部のアルカリ土類金属で，②が当てはまる。上から順にカルシウムCa，ストロンチウムSr，バリウムBaである。それぞれ炎色反応を示し，橙色，紅色，黄緑色になる。

イ：遷移元素で，③が当てはまる。遷移元素は，典型元素とは異なり，同族であってもその性質が規則的ではない。典型元素と比べて一般に融点が高く，密度が大きい。

ウ：希ガスで⑦が当てはまる。上から順にヘリウムHe，ネオンNe，アルゴンAr，クリプトンKr，キセノンXe，ラドンRnである。最外殻が完全に電子で満たされており，ほかの原子や分子と結合して化合物をつくることはほとんどない。

エ：ハロゲンで，⑥が当てはまる。上から順にフッ素F，塩素Cl，臭素Br，ヨウ素I，アスタチンAtである。最外殻電子が7つなので，電子を1つ受け取って安定配置になりやすい。相手を酸化する酸化力が強く，電子を受け取って，陰イオンになりやすい。

よって，正答は**2**である。

正答　2

No. 167 C日程 化学 元素の周期表と原子の性質 平成29年度

図は，元素周期表の第1周期から第3周期までを示したものである。この周期表に関するア～エの記述のうち，妥当なもののみをすべて挙げているのはどれか。

	1	2	…	13	14	15	16	17	18
1	H								He
2	Li	Be		B	C	N	O	F	Ne
3	Na	Mg		Al	Si	P	S	Cl	Ar

ア　第1周期から第3周期までの元素は，周期表の右にいくほど原子量と電子の数が増加する。

イ　1族に属する元素は1価の陰イオンに，17族に属する元素は1価の陽イオンになる。

ウ　18族に属するHe（ヘリウム），Ne（ネオン），Ar（アルゴン）は単原子分子であるため，反応性が弱い。

エ　第3周期に属する元素で，14～18族のものは常温常圧で気体である。

1　ア，イ
2　ア，ウ
3　ア，エ
4　イ，エ
5　ウ，エ

解説

ア：妥当である。周期表は，元素が原子番号（陽子の数）の順に並んでいるが，原子量は陽子と中性子の数で決まる。よって，原子番号と原子量はその順が逆転することがある（ArとK，CoとNi，TeとIなど）。しかし，第1周期から第3周期までは原子量の順に並んでおり，右にいくほど増加する。また，電子の数は，原子番号（陽子の数）に一致するので，電子の数も，右にいくほど増加する。

イ：妥当でない。1族に属する元素は1個の電子を失って安定し，1価の陽イオンになる。また，17族に属する元素は1個の電子を得て安定し，1価の陰イオンになる。

ウ：妥当である。18族（希ガス）は，最外殻が完全に電子で満たされており，化学的に安定な電子配置をすでにとっているので，他の原子や分子と結合することはほとんどない。このため，1つの原子でありながら分子として振る舞うため，単原子分子と呼ばれる。

エ：妥当でない。第3周期に属する元素で，14～18族のものは，Si，P，S，Cl，Arである。このうち，ClとArは常温常圧で気体であるが，Si，P，Sは常温常圧で固体である。

以上から，妥当なものはアとウであり，正答は**2**である。

正答　2

No. 168 B日程 化学 物質の性質 令和3年度

私たちの生活で身近に見られる有機化合物に関するア～エの記述に当てはまるものの組合せとして最も妥当なのはどれか。

ア　水と任意の割合で混ぜ合わせることのできる無色透明の液体で，燃料などに使用される。海外では，この有機化合物と酒を混合したものを飲み，中毒死する事件が発生している。

イ　無色で強い刺激臭のある気体で，合成樹脂の材料として使われる。また，いわゆる「シックハウス症候群」の原因物質としても知られる。

ウ　この有機化合物を多数結合して得られる合成樹脂は，水道のパイプなどに使用されるが，燃焼するとダイオキシンその他の有毒ガスを発生するので注意が必要である。

エ　この有機化合物を材料とする合成繊維は，耐日光性，即乾性に優れているが，静電気を起こしやすい。また，この合成繊維はPETボトルの原料でもある。

	ア	イ	ウ	エ
1	メタノール	ホルムアルデヒド	塩化ビニル	エチレングリコール
2	メタノール	アセトン	塩化ビニル	アクリロニトリル
3	メタノール	ホルムアルデヒド	エチレン	アクリロニトリル
4	エタノール	アセトン	エチレン	アクリロニトリル
5	エタノール	ホルムアルデヒド	塩化ビニル	エチレングリコール

解説

ア：メタノール CH_3OH についての記述である。メタノールはメチルアルコールとも呼ばれ，燃料以外に工業原料としても重要である。メタノールには引火性がある。また，有毒であるので，誤って飲用することのないよう注意する必要がある。

イ：ホルムアルデヒド HCHO についての記述である。ホルムアルデヒドとフェノールを材料として合成されるフェノール樹脂は，耐熱性，電気絶縁性，耐薬品性に優れ，プリント配線板等に用いられる。ホルムアルデヒドは，生活環境中では建材，塗料，接着剤などの原料として使われているが，毒性が強く，「シックハウス症候群」の原因物質の一つとされている。

ウ：塩化ビニル $CH_2{=}CHCl$ についての記述である。この物質を付加重合して得られるポリ塩化ビニルは，耐水性，耐薬品性，着色性に優れ，シート，水道管，容器等に用いられる。しかし，加熱によって有害な塩化水素を発生し，特に800℃以下での加熱焼却ではダイオキシンを発生するので問題となっている。

エ：エチレングリコール $HO\text{-}CH_2\text{-}CH_2\text{-}OH$ についての記述である。この物質とテレフタル酸を縮合重合して得られるポリエチレンテレフタレート（PET）は，ナイロンに次ぐ引っ張り強度を示し，耐日光性，即乾性に優れ，シャツや水着などの材料として使われる。さらに，PETボトルの原料としても重要である。

よって，ア：メタノール，イ：ホルムアルデヒド，ウ：塩化ビニル，エ：エチレングリコールが当てはまり，正答は**1**である。

正答　1

No. 169 C日程

化学 中和滴定 平成16年度

水酸化ナトリウムは，二酸化炭素を吸収しやすい性質を持ち，空気中の二酸化炭素と次のように反応する。

$2NaOH + CO_2 \rightarrow Na_2CO_3 + H_2O$

このため，水酸化ナトリウム水溶液は，使用前に中和滴定により正確な濃度を求める必要がある。

今，1.0mol/Lに調製し，保存しておいた水酸化ナトリウム水溶液が1.0L ある。この水酸化ナトリウム水溶液10.00mL をとり，1.20mol/L のシュウ酸標準液を滴下したところ，2.50mL を滴下したところで中和点に達した（シュウ酸は２価の酸）。

このとき，次の文中の空欄ア，イに当てはまるものの組合せとして正しいものはどれか。

保存後の水酸化ナトリウム水溶液中に存在していた水酸化ナトリウムは［ア］mol であり，水酸化ナトリウムと反応した二酸化炭素は［イ］mol である。

	ア	イ
1	0.6	0.2
2	0.6	0.4
3	0.6	0.8
4	0.4	0.2
5	0.4	0.8

解説

保存後の NaOH を $x$mol/L とすると，

$$x \times \frac{10}{1000} = 1.2 \times \frac{2.5}{1000} \times 2$$

$$10x = 6$$

$$x = 0.6 \quad \cdots\cdots ア$$

初めは1.0mol あったため，1.0−0.6＝0.4〔mol〕の NaOH が0.2mol の二酸化炭素と反応したことになる。……イ

$2NaOH + CO_2 \rightarrow Na_2CO_3 + H_2O$

0.4mol　0.2mol

よって，正答は**1**である。

正答 1

No.170 C日程 化学 ボルタ電池 平成23年度

以下の文章の空欄に正しい語句を補ったとき，その組合せとして正しいものはどれか。

銅と亜鉛版を希塩酸に入れて電池を作ることとする。亜鉛と銅では，亜鉛のほうがイオン化傾向が（　ア　）ので亜鉛から（　イ　）が放たれ，陽イオンになって溶け出す。そのとき電流は図の矢印で（　ウ　）方向へ流れる。

	ア	イ	ウ
1	高い	電子	左
2	高い	電子	右
3	高い	陽子	右
4	低い	陽子	左
5	低い	電子	右

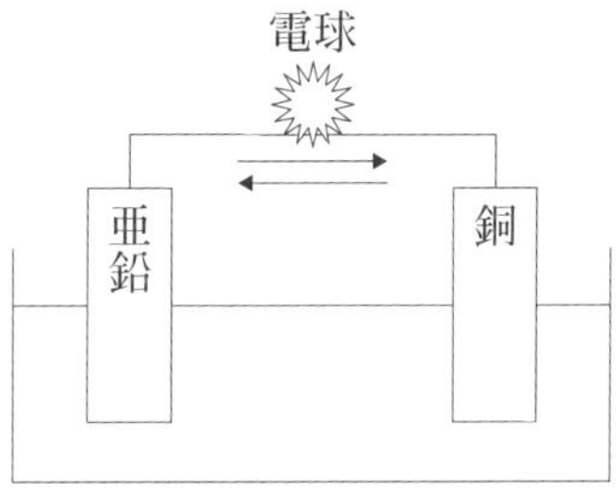

解説

ア：溶液中における金属元素のイオンへのなりやすさを，イオン化傾向と呼ぶ。亜鉛と銅では，亜鉛のほうがイオン化傾向が「高い」。

イ：電池では，イオン化傾向が高いほうが「電子」を放出し，陽イオンになる。

ウ：電流は，電子の方向と反対側に流れる。亜鉛が電子を放出し，図の右方向に電子が流れるので，電流は「左」方向に流れる。

したがって，正しい組合せは「ア：高い，イ：電子，ウ：左」であり，正答は**1**である。

正答　1

市役所上・中級

No. 171 B日程

化学　気体の捕集方法　令和2年度

次のア～ウの気体を発生させ，上方置換，下方置換，水上置換のいずれかの方法で捕集する。このとき，気体の捕集方法の組合せとして，妥当なのはどれか。

ア　亜鉛や鉄などの金属に希硫酸をかけると，無色・無臭の気体が発生する。この気体は燃料や燃料電池に利用される。

イ　過酸化水素水に酸化マンガン(Ⅳ) を加えると，無色・無臭の気体が発生する。この気体は空気中の21％を占めている。

ウ　塩化アンモニウムと水酸化ナトリウムの混合物を加熱すると発生し，この気体は無色で特有の刺激臭を持つ。

	ア	イ	ウ
1	上方置換	上方置換	水上置換
2	上方置換	水上置換	下方置換
3	上方置換	下方置換	水上置換
4	水上置換	水上置換	上方置換
5	下方置換	上方置換	水上置換

解説

気体の捕集方法の原則は次のとおり。

水に難溶な気体には水上置換を用いる。水に溶ける気体の場合は，分子量が空気の平均分子量29より大きいときは下方置換，小さいときは上方置換を用いる。

ア：亜鉛 Zn に希硫酸 H_2SO_4を加えた場合の反応式は，$Zn + H_2SO_4 \rightarrow ZnSO_4 + H_2$となり，水素が発生する。水素は水に難溶であるので，水上置換を用いる。

イ：過酸化水素水 H_2O_2に酸化マンガン(Ⅳ) MnO_2を加えた場合の反応式は，$2H_2O_2 \rightarrow 2H_2O + O_2$となり，酸素 O_2が発生する（MnO_2は触媒として働き，H_2O_2が分解される）。酸素は水に難溶であるので，水上置換を用いる。

ウ：この場合の塩化アンモニウム NH_4Cl と水酸化ナトリウム NaOH の反応式は，$NH_4Cl + NaOH \rightarrow NaCl + H_2O + NH_3$となり，アンモニア NH_3が発生する。アンモニアは水に溶けやすく，分子量は17であるから，上方置換を用いる。

よって，正答は**4**である。

正答　4

No. 172 B日程 化学 気体と捕集方法 平成17年度

塩化アンモニウムに水酸化カルシウムを混合し，加熱することで得られる気体の名称と，捕集方法の組合せとして妥当なものはどれか。

1 酸素，上方置換
2 二酸化炭素，上方置換
3 塩素，下方置換
4 水素，水上置換
5 アンモニア，上方置換

解説

題意より，

$2NH_4Cl + Ca(OH)_2 \xrightarrow{加熱} CaCl_2 + 2H_2O + 2NH_3$ であるから，発生する気体はアンモニア(NH_3)である。

アンモニアは大変水に溶けやすく，空気より軽いので，上方置換で捕集する。

よって，正答は**5**である。

正答 5

市役所上・中級

No. 173　C日程

化学　アンモニア接触還元法　平成25年度

ディーゼルエンジンの排気ガス（主に窒素酸化物 NO_x）による大気汚染を改善するために排煙脱硝法がある。その一つのプロセスとして，触媒を用いてアンモニアと NO_x を反応させ，無害な窒素（N_2）と水蒸気（H_2O）に分解させるアンモニア接触還元法がある。その基本反応は，以下の２式で表される。

$4NO+4NH_3+O_2 \rightarrow 4N_2+6H_2O$

$NO+NO_2+2NH_3 \rightarrow 2N_2+3H_2O$

上記の基本反応において，NO_2 が 1 mol，NO が 7 mol 消費されたときのアンモニア（NH_3）の消費量（mol）はいくらか。ただし，NO_2，NO はすべて反応で消費されるものとする。

1　4
2　5
3　6
4　7
5　8

解説

ポイント：注目する物質の係数ではなく，係数の比で考える。

NO が１つ目の式の反応において x mol 消費され，２つ目の式の反応において y mol 消費されたとする。このとき，NO_2 は y mol，NH_3 が $(x+2y)$ mol 消費されることになる。

$4NO+4NH_3+O_2 \rightarrow 4N_2+6H_2O$……①
（x mol　x mol）

$NO+NO_2+2NH_3 \rightarrow 2N_2+3H_2O$……②
（y mol　y mol　$2y$ mol）

題意より，NO_2，NO それぞれの mol 数との関係式は次のようになる。

NO_2：$y=1$

NO：$x+y=7 \Leftrightarrow (x,\ y)=(6,\ 1)$

これより，NH_3 の消費量は，$x+2y=6+2\times1=8$〔mol〕

よって，正答は**5**である。

正答　5

A日程

No.174 化学 有機化合物の分離操作 平成18年度

フェノール（C_6H_5OH），安息香酸（C_6H_5COOH），トルエン（$C_6H_5CH_3$）の混合物を含むエーテル溶液がある。この溶液を分液ロートに入れ，次の抽出操作によってこれら3種の化合物を分離した。

まず，このエーテル溶液に炭酸水素ナトリウム（$NaHCO_3$）水溶液を加えてよく振り，水層とエーテル層に分離した後，水層に濃塩酸（HCl）を加えると（　ア　）が抽出される。次に，水層を除いた後，エーテル層に水酸化ナトリウム（NaOH）水溶液を加えてよく振り，水層とエーテル層に分離した後，水層に二酸化炭素（CO_2）ガスを通じると（　イ　）が抽出される。最後に，エーテル層のエーテルを蒸発させると（　ウ　）が抽出される。

空欄ア～ウに入る化合物名の組合せとして正しいものは次のうちどれか。ただし，酸に関する次の性質を考慮すること。

① 弱酸の塩に強酸を加えると，強酸の塩が生成され弱酸が遊離する。

② フェノールと安息香酸は酸性，トルエンは中性である。

③ 酸性の強さは，安息香酸＞炭酸＞フェノールの順となっている。

	ア	イ	ウ
1	安息香酸	トルエン	フェノール
2	安息香酸	フェノール	トルエン
3	フェノール	安息香酸	トルエン
4	フェノール	トルエン	安息香酸
5	トルエン	安息香酸	フェノール

解説

まず，このエーテル溶液に炭酸水素ナトリウム水溶液を加えると，安息香酸のほうが炭酸（H_2CO_3）より酸性が強いので，次のように反応して，安息香酸のナトリウム塩 C_6H_5COONa ができ，これが水層に移る。

$NaHCO_3 + C_6H_5COOH \rightarrow C_6H_5COONa + H_2O + CO_2$

さらにこの水層に塩酸を加えると，塩酸のほうが安息香酸より酸性が強いので，次のように反応して安息香酸が遊離する（ア）。

$C_6H_5COONa + HCl \rightarrow NaCl + C_6H_5COOH$

次に，エーテル層に水酸化ナトリウム水溶液を加えると，フェノールと水酸化ナトリウムの間に中和反応が起こって，フェノールのナトリウム塩 C_6H_5ONa ができ，これが水層に移る。

$C_6H_5OH + NaOH \rightarrow C_6H_5ONa + H_2O$

さらにこの水層に二酸化炭素ガスを通じる（炭酸を加えたのと同じ）と，炭酸はフェノールより酸性が強いので，次のように反応してフェノールが遊離する（イ）。

$C_6H_5ONa + CO_2 + H_2O \rightarrow NaHCO_3 + C_6H_5OH$

最後に，エーテル層のエーテルを蒸発させれば，残りのトルエンが抽出される（ウ）。

なお，安息香酸，フェノール，トルエンはいずれも水に溶けにくくエーテルに溶けやすいが，安息香酸とフェノールは塩をつくると，水に溶けやすくエーテルに溶けにくくなることに注意する。

よって，正答は**2**である。

正答 2

No. 175 C日程 生物 動物細胞と植物細胞の構造体 令和3年度

動物細胞と植物細胞に見られる構造体に関する次の記述のうち，最も妥当なのはどれか。

1　核：染色体の複製が行われる器官である。染色体は細胞分裂前には核外にあるが，細胞分裂時には核膜孔を通って核内に集まり，核内で染色体が複製される。

2　ミトコンドリア：植物細胞のみに存在し，遺伝情報が転写されたmRNAをもとにアミノ酸をつないでタンパク質を合成する翻訳を行う。

3　液胞：液胞膜に包まれており，内部を満たしている液には炭水化物，タンパク質，アミノ酸，無機塩類などが含まれている。成熟した植物細胞で発達している。

4　細胞膜：水や水溶性の物質を通す全透性の膜であり，細胞の保護や細胞の形の保持に役立っている。

5　葉緑体：光合成を行う器官である。光エネルギーと酸素をもとにタンパク質が合成され，その際に二酸化炭素が生じる。

解説

1．染色体は細胞分裂前には，核外ではなく，核膜に包まれて核内にある。細胞分裂が始まると核膜が消失するので，核と細胞質との境界は明瞭でなくなる。核は染色体の複製が行われる器官であると同時に，細胞の生きるはたらきの総司令部であり，物質の代謝，遺伝において重要な働きをしている。RNA合成の材料や核内で作られたRNA類は，核膜孔を通って出入りする。

2．ミトコンドリアは，植物細胞にも動物細胞にも見られる。ミトコンドリアでは呼吸の反応の一部（解糖系以外）が行われ，生命活動に必要なエネルギー源であるATPが取り出される。また，タンパク質の合成が行われるのはリボソームにおいてである。

3．妥当である。液胞は一部の動物細胞にも見られるが，発達はしていない。

4．細胞膜は全透性ではなく半透性を示す。ただし，完全な半透性ではなく，栄養分や不要分を選択的に通し，また，能動輸送によっても物質やイオンが膜を通って移動する。

5．葉緑体では，光エネルギーと二酸化炭素をもとに炭水化物が合成され，その際に水が分解されて酸素を生じる。

正答　3

市役所上・中級

No. 176　C日程

生物　植物体の構成　平成16年度

植物体の構成に関する次の記述のうち，正しいものはどれか。

1　根毛は，根の表皮細胞が細長く伸びたものであり，根毛から土中の水や，無機物がとり入れられている。

2　道管は，細長い筒状の細胞であり，細胞壁が木化した死細胞である。葉からの栄養分の通路である。

3　茎は，分裂組織があり，これが分裂・増殖し，永久細胞となる。成長ホルモンであるオーキシンは日の当たるほうに働くので，茎の中心部の細胞より，外側の細胞のほうがより分裂している。

4　葉肉は，さく状組織，海綿状組織，表皮でできており，木部や師部は，さく状組織間にある。

5　葉の表皮には孔辺細胞に囲まれた小さな透き間があり，気孔と呼ばれる。気孔は葉の裏側より表側に多い。

解説

1．正しい。根毛は表皮組織である。

2．道管は細胞壁が厚く死んだ細胞がつながったものであり，根から吸収した水と無機塩類が上昇する通路である。

3．分裂組織は，茎や根の先端部にある成長点と茎にある形成層である。オーキシンは，日光の当たらないほうへと移動するため，茎の中心部の細胞のほうが外側のものよりもより分裂をする。

4．さく状組織の細胞は円筒状で細胞間の透き間は比較的小さく，海綿状組織の細胞は決まった形を持たない。木部や師部は海綿状組織間にある。

5．気孔は，葉の裏側に多くあり，一般に日中に開いて光合成に必要な二酸化炭素の吸収および水分の放出（蒸散）を行っている。

正答　1

市役所上・中級

No. 177 C日程

生物　減数分裂と体細胞分裂　平成18年度

減数分裂と体細胞分裂に関する次の記述のうち，妥当なものはどれか。

1　どちらも核中のDNA量は分裂の準備期間である中間期に倍加する。

2　体細胞分裂は有糸分裂であるが，減数分裂は無糸分裂なので紡錘体は形成されない。

3　減数分裂の結果，1核当たりの染色体数は半減するが，DNA量はそのままである。

4　単複相植物においては減数分裂は胞子から配偶子を形成する際に行われる。

5　体細胞分裂では二価染色体が形成され異型分裂が行われる。

解説

1. 正しい。中間期にDNA量が倍加するのは減数分裂，体細胞分裂に共通である。

2. 減数分裂，体細胞分裂ともに有糸分裂である。

3. 減数分裂では染色体数，DNA量ともに半減する。

4. 減数分裂は胞子体が胞子を形成する際に行われる。

5. 体細胞分裂ではなく，減数分裂に関する記述である。

正答　1

生物　同義遺伝子　平成24年度

ナズナの遺伝は〔Cc〕〔Dd〕の２つの遺伝子によって決まり，C，Dはc，dより優性である。今，ウチワ形〔CD〕とヤリ形〔cd〕をかけ合わせたらウチワ形（F_1）になった。そこでF_1どうしを自家受精させたとき，ウチワ形とヤリ形の比率として正しいのはどれか。

なお，ウチワ形はC，Dの両方が入っている場合，または，C，Dのどちらかが入っている場合に発現するとする。

1　1：1
2　5：3
3　3：1
4　13：3
5　15：1

解説

ウチワ形〔CCDD〕とヤリ形〔ccdd〕をかけ合わせてできるF_1はすべてウチワ形〔CcDd〕となる。

F_1どうしをかけ合わせてできるF_2は，ウチワ形：ヤリ形＝15：1となる。よって，正答は**5**である。

	CD	Cd	cD	cd
CD	CCDD	CCDd	CcDD	CcDd
Cd	CCDd	CCdd	CcDd	Ccdd
cD	CcDD	CcDd	ccDD	ccDd
cd	CcDd	Ccdd	ccDd	ccdd

これは，ナズナの果実の形をウチワ形にする優性遺伝子（C，D）が２つあり，どちらか１つでも存在すれば，ウチワ形が発現するためである。

このように，１つの形質の発現に２組以上の優性遺伝子が関係し，そのうち１つでもあれば特定の形質を発現できる場合，これらの同じはたらきをする優性遺伝子を同義遺伝子という。

正答　5

市役所上・中級 No. 179 B日程

生物 遺伝 平成16年度

次の文中の空欄ア～ウに当てはまる語句の組合せとして正しいものはどれか。

ある犬の毛の色の遺伝は，〔A，a〕〔B，b〕の2つの遺伝子によって決まり，A，Bはa，bより優性である。

〔A，B〕黒，〔A，b〕茶，〔a，B〕クリーム，〔a，b〕白，である。今，白と黒の犬をかけ合わせたら，黒と茶の子犬が1：1の割合で生まれた。このとき黒の親犬の遺伝子型は（　ア　）。さらに，黒と茶の子犬をかけ合わせたら，孫犬の黒は（　イ　）の確率で生まれ，黒：茶：クリーム：白＝(　ウ　)である。

	ア	イ	ウ
1	AABB	$\frac{9}{16}$	9：3：3：1
2	AABb	$\frac{3}{8}$	3：3：1：1
3	AaBB	$\frac{3}{8}$	3：3：1：1
4	AABb	$\frac{1}{8}$	1：3：3：1
5	AaBb	$\frac{1}{8}$	1：3：3：1

解説

ア：黒色の親と，白色の親を交配して生まれたF_1が黒色：茶色＝1：1だったので，黒色の親の遺伝子型はAABbである。

イ：表より，F_2の黒〔AB〕の確率は$\frac{3}{8}$である。

ウ：表よりF_2は，

〔AB〕：〔Ab〕：〔aB〕：〔ab〕＝3：3：1：1

である。

よって，正答は**2**である。

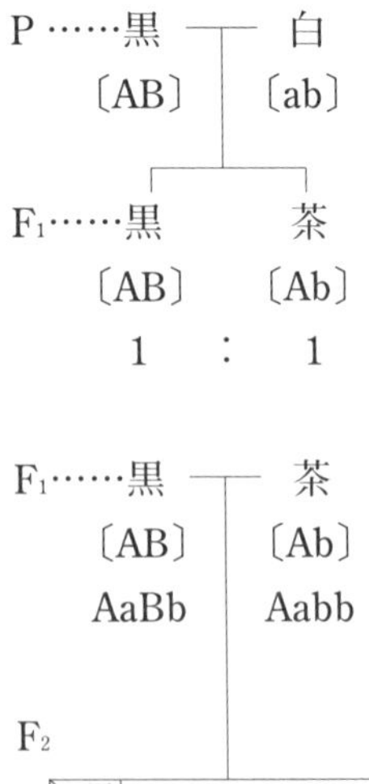

茶＼黒	AB	Ab	aB	ab
Ab	AABb	AAbb	AaBb	Aabb
ab	AaBb	Aabb	aaBb	aabb

正答 2

市役所上・中級

No. 180　C日程

生物　呼　吸　平成26年度

酸素を用いて有機物を分解し，ATP を作り出すはたらきを呼吸という。呼吸に関する次の記述のうち，妥当なのはどれか。

1　呼吸が行われる細胞小器官は，動物ではミトコンドリア，植物では葉緑体である。

2　呼吸で作られる ATP は，多くの生命活動のエネルギー源である。

3　呼吸で分解される有機物は主にタンパク質であり，タンパク質を使い切ると炭水化物や脂肪が分解される。

4　呼吸によって有機物が分解されると，窒素と水が生じる。

5　激しい運動をしている動物の筋肉組織では，有機物の分解に酸素ではなく乳酸が使われる。

解説

1．呼吸が行われる細胞小器官は，動物，植物ともにミトコンドリアである。葉緑体は光合成を行う細胞小器官であり，植物だけに存在する。呼吸の過程は 3 段階に分かれている。第一段階は解糖系と呼ばれ，細胞質基質に存在し，グルコースがピルビン酸まで分解される。この過程は酸素を用いない有機物分解反応の発酵と共通であり，2 ATP が生成される。ピルビン酸はミトコンドリア内部のマトリックスへ運ばれ，第二段階のクエン酸回路に入り，水素と電子，二酸化炭素に分解される。クエン酸回路ではグルコース 1 分子につき 2 ATP が生成される。解糖系やクエン酸回路で生じた水素と電子はミトコンドリア内膜に存在する第三段階の電子伝達系へ運ばれ，そこで電子が受け渡される過程で34ATP が生成される。

2．妥当である。呼吸では，有機物の分解で放出されたエネルギーを用いて ATP（アデノシン三リン酸）が合成される。ATP は筋収縮や神経活動，DNA やタンパク質などの有機物の合成といった多くの生命活動に利用される。ATP はアデノシンにリン酸が 3 つ結合した構造で，2 番目と 3 番目のリン酸の結合部が高エネルギーリン酸結合と呼ばれ，多くのエネルギーを貯えている。ATP を利用する場合は 3 番目のリン酸が 1 つはずれ，ADP（アデノシン二リン酸）とリン酸に分解される。

3．呼吸に使われる有機物は，主に炭水化物のグルコースである。グルコースが不足してくると，脂肪を脂肪酸とグリセリンに分解した後，脂肪酸はクエン酸回路に，グリセリンは解糖系に入れて利用する。脂肪も不足してくると，タンパク質がアミノ酸に分解されて利用される。

4．呼吸の主な基質であるグルコースや脂肪を分解した場合，水と二酸化炭素が放出される。タンパク質を分解した場合はアンモニアも放出されるが，窒素が単体で放出されることはない。

5．激しい運動をしている動物の筋肉組織では，呼吸が盛んに行われる結果，酸素不足となる。酸素がない状態でも呼吸の第一段階の解糖系だけは進行し，少ないながらも ATP を作る。この反応過程は解糖と呼ばれ，最終的に乳酸が生成され筋肉中に蓄積される。同じ反応を乳酸菌が行う場合は乳酸発酵と呼ばれる。

正答　2

生物　アルコール発酵　平成17年度

次のアルコール発酵に関する設述のうち，妥当なものはどれか。

こうじ $\xrightarrow{a}$ ブドウ糖（グルコース） $\xrightarrow{b}$ ピルビン酸 $\xrightarrow{c}$ アセトアルデヒド $\xrightarrow{d}$ エタノール

1　a には，乳酸菌が働く。

2　b の段階は，呼吸の解糖系と同じである。ここで2分子のATPが生産される。

3　c では，脱水素酵素の働きで，二酸化炭素を放出し，アセトアルデヒドになる。

4　d では，解糖系で生じた水素によって酸化され，エタノールとなる。

5　酸素が多い条件下では好気呼吸を行い，無酸素条件下では発酵をする。これは，他の発酵にもいえる。

解説

1．アルコール発酵は，酵母菌などの微生物が行う。乳酸菌は，乳酸をつくる乳酸発酵を行う。

2．正しい。

3．ピルビン酸が，無酸素条件下で，脱炭酸酵素（デカルボキシラーゼ）の働きによって，CO_2 を放出し，アセトアルデヒドになる。

4．アセトアルデヒドは，解糖系で生じた水素によって還元され，エタノールとなる。

5．酵母菌は，無酸素条件下ではアルコール発酵を行い，酸素がある条件下では好気呼吸を行う。これは，酵母菌が，細胞の中にミトコンドリアを持つからであり，他の発酵とは異なる。

正答　2

No. 182　C日程

生物　光合成　平成21年度

下のグラフは，ある陽性植物について25℃の室温のもとで50cm² の葉で1時間に行われる光合成量を，光－光合成曲線の形で示したものである。このグラフによれば，暗室で光合成による CO_2 の吸収が行われていないときの呼吸による CO_2 の排出量は［　A　］mg である。一方，光が十分に当たっている状態での光合成による CO_2 の吸収量は［　B　］mg である。また，光合成による CO_2 の吸収量が11mg であるとき，放出される O_2 の量は［　C　］mg である。ただし，光合成全体の化学反応式は $6CO_2+12H_2O \rightarrow C_6H_{12}O_6+6H_2O+6O_2$ と表すことができ，CO_2 の分子量は44，O_2 の分子量は32であるとする。

上の文の空欄A～Cに当てはまる数値の組合せとして妥当なのはどれか。

	A	B	C
1	2	11	8
2	9	9	11
3	2	9	8
4	9	11	11
5	2	9	11

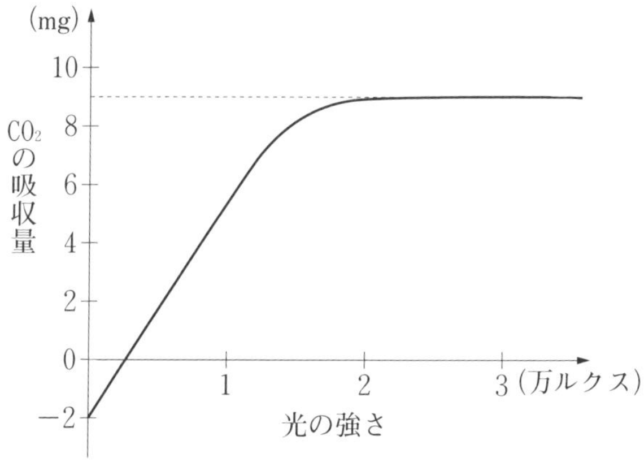

解説

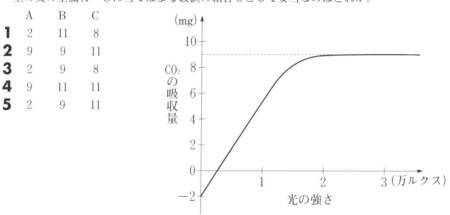

光合成量は吸収される CO_2 量によって測定できるが，植物は光の有無とは無関係に常に呼吸によって CO_2 を排出しているので，

真の光合成量＝見かけの光合成量＋呼吸量

という関係が成り立っている。すなわち，植物は呼吸によって排出された CO_2 も光合成に利用しており，足りない分の CO_2 を体外から吸収しているのである。このため，光－光合成曲線における CO_2 の吸収量は見かけの光合成量を示しており，光がまったくないときの CO_2 の吸収量が呼吸による CO_2 の排出量に相当する。

グラフでは光がまったくないときの CO_2 の吸収量が－2mg となっているので，呼吸による CO_2 の排出量は2mg であることがわかる（A）。

次に，光が十分にあるときの CO_2 の吸収量はグラフより9mg（見かけの光合成量）であるから，光合成による CO_2 の吸収量（真の光合成量）は9mg＋2mg＝11mg となる（B）。

光合成全体の化学反応式より，光合成で吸収される CO_2 の量と結果として放出される O_2 の量との間には，（左辺の）6mol の CO_2 が（右辺の）6mol の O_2 に対応するという量的関係がある。すなわち，光合成においては1mol の CO_2 から1mol の O_2 が生じることがわかる。

11mg の CO_2 は $11\times10^{-3}\div44=\frac{1}{4}\times10^{-3}$[mol] であるから，これに対応して放出される O_2 の量は，

$32\times\frac{1}{4}\times10^{-3}=8\times10^{-3}$[g]，すなわち8mg である（C）。

以上から，正答は**1**である。

正答　1

市役所上・中級

No. 183 A日程

生物 ヒトの体温 令和4年度

ヒトの体温は，内分泌系と自律神経系がかかわって一定に保たれている。これに関する次の文中の空欄ア～ウに当てはまる語句の組合せとして，妥当なものはどれか。

・体温が上がると交感神経の働きによって，肝臓の代謝が（　ア　）。
・体温が下がると（　イ　）の働きによって，皮膚の立毛筋が収縮する。これが鳥肌である。
・体温が（　ウ　）と交感神経の働きによって，心臓の拍動が促進される。

	ア	イ	ウ
1	促進される	副交感神経	上がる
2	促進される	交感神経	上がる
3	促進される	副交感神経	下がる
4	抑制される	交感神経	下がる
5	抑制される	副交感神経	上がる

解説

空欄アについて，体温が上がると交感神経の働きによって肝臓の代謝が抑制される。したがって，空欄アには「抑制される」が入る。肝臓は体内でも温度が高い臓器であり，代謝が抑制されると肝臓から放出される熱量が減少するからである。

空欄イについて，立毛筋の収縮をさせるのは交感神経である。したがって，空欄イには「交感神経」が入る。

空欄ウについて，心臓の拍動が促進され，脈拍が増加するのは，体温が下がったときである。したがって，空欄ウには「下がる」が入る。心臓からの拍動が促進されると，血流量の増加も促され，血液を通して発熱量が増えるからである。

よって，正答は**4**である。

正答　**4**

B日程

No. 184 生物 ヒトの血液の有形成分 平成28年度

ヒトの血液の有形成分に関する次の記述のうち，妥当なのはどれか。

1 血液の有形成分は，赤血球，白血球，血小板に分けられる。単位体積当たりに最も多く含まれるのは，白血球である。

2 血小板は骨髄の幹細胞が分化したもので，有核の細胞片である。数時間で機能が低下し，肝臓で破壊される。

3 赤血球はヘモグロビンを多く含む。ヘモグロビンは鉄を含む赤色の色素であり，酸素の多いところでは酸素を取り込み，少ないところでは酸素を離す性質がある。

4 白血球はマクロファージやB細胞を含む。マクロファージは抗体を分泌し，B細胞は食作用によって病原体を取り込み，分解する。

5 血液型は医療行為において重要であり，たとえばABO式やRh式の分類法は，血小板の構造の型によって分類したものである。

解説

1. 最も多く含まれるのは，赤血球である。血液1 mm^3中に，白血球は4,000～9,000個程度含まれるのに対し，赤血球は男性で500万個，女性で450万個程度含まれる。

2. 血小板は骨髄の造血幹細胞が分化したものであり，無核の細胞片である。寿命は7～10日程度であり，ひ臓で破壊される。

3. 妥当である。

4. 白血球の一種であるマクロファージは食作用によってウイルスや細菌などの抗原を除去する。B細胞やT細胞も白血球の一種であり，T細胞の指示によって，B細胞が抗体産生細胞になって抗原に対応した抗体を産生する。

5. ABO式やRh式の血液型は，赤血球の細胞膜表面の抗原によって分類される。

正答 3

市役所上・中級

No. 185 C日程

生物　ヒトの血液の循環　令和2年度

ヒトの血液の循環に関する次の文中の空欄ア～ウに当てはまる語句の組合せとして，妥当なのはどれか。

右図は，ヒトの血液の循環を模式的に表したものである。このうち，上側の四角の部分に入るのは，図Ⅰ～図Ⅲのうち（　ア　）である。また，右図のａの部分を流れるのは（　イ　）の血液であり，血管が太くて弾力性が小さいのは（　ウ　）の部分である。

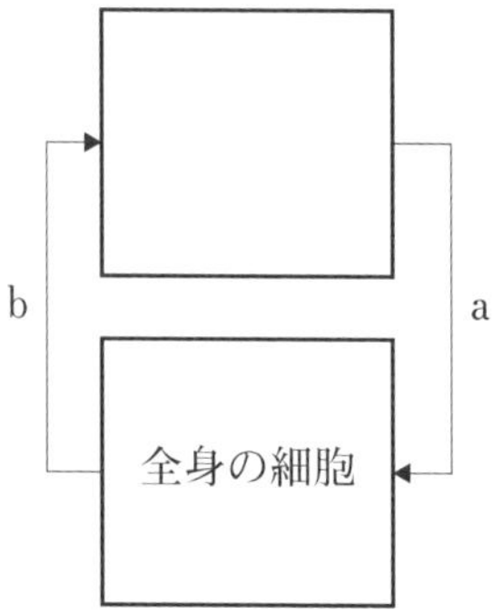

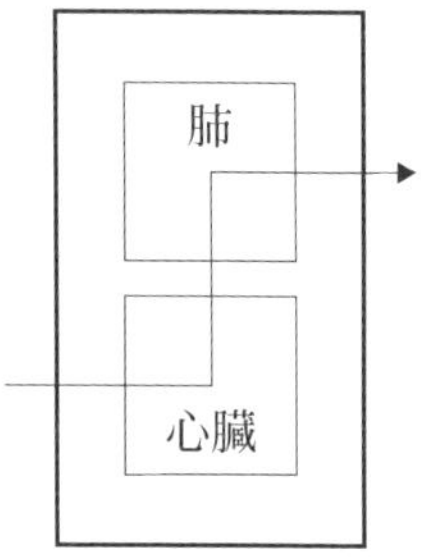

図Ⅰ

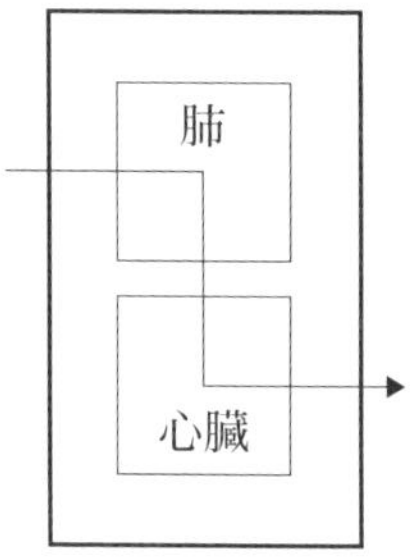

図Ⅱ

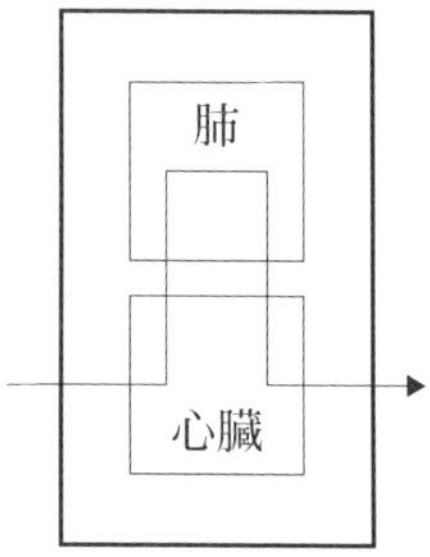

図Ⅲ

	ア	イ	ウ
1	図Ⅰ	鮮紅色	a
2	図Ⅱ	暗赤色	b
3	図Ⅱ	鮮紅色	b
4	図Ⅲ	暗赤色	a
5	図Ⅲ	鮮紅色	b

解説

ヒトなどの肺呼吸を行う動物では，血液の循環は肺循環と体循環とに分けられる。

肺循環は，心臓から肺を経由して心臓に戻ってくる循環で，心臓の右心房 → 心臓の右心室 → 肺動脈 → 肺 → 肺静脈 → 心臓の左心房 → 心臓の左心室という経路で血液が流れる。これは，図Ⅲに相当する（ア）。肺循環では肺静脈内を酸素含有量が多く鮮紅色の血液（動脈血）が流れる。この血液は心臓の左心室を経て体循環へと向かう。したがって，ａの部分は大動脈であり，鮮紅色の動脈血が流れる（イ）。また，ｂの部分は大静脈であり，血管が太くて硬く（弾力に欠ける），酸素含有量が少なく暗赤色の静脈血が流れる（ウ）。

よって，正答は**5**である。

正答　**5**

No. 186 B日程 生物 酵素 平成18年度

酵素に関する次の記述のうち，正しいものはどれか。

1 酵素は生体内の化学反応を促進するが，その過程で自分自身も変化してしまうため，それを補うために生体内では絶えず大量の酵素が新しく作られている。

2 酵素の主成分はタンパク質であり，その構成アミノ酸の種類・数・結合順序を指令するのは細胞内の核にある DNA である。

3 酵素は，アミラーゼ，ペプシンなどの消化酵素に見られるように，大部分が細胞の外に出て働く。

4 酵素には本体のタンパク質に補酵素と呼ばれる非タンパク質が結合して初めて機能するものも多いが，補酵素は熱に弱いので酵素は高温では活性を失う。

5 酵素は水素イオン濃度に敏感で，たとえば唾液アミラーゼは pH4 付近，ペプシンは pH8 付近で最もよく機能する。

解説

1．酵素は生体触媒と呼ばれ，生体内の化学反応を促進させるが自分自身は変化せず使い回しが効くので大量につくる必要はない。

2．正しい。

3．大部分の酵素は細胞内液に溶けた状態や細胞膜などの生体膜にくっついた状態で働く。

4．補酵素は熱に比較的強い低分子の有機化合物である。酵素が熱に弱いのは本体であるタンパク質が高温では変質してしまうためである。

5．唾液アミラーゼの最適 pH は pH7 付近，酸性の強い胃の中で働くペプシンのそれは pH2 付近である。

正答 2

生物　脳　平成17年度

次のア～ウは，大脳，小脳，延髄のいずれかの働きであるが，妥当なものの組合せはどれか。

ア　手足などの随意運動の調節や，反射的にからだの平衡を保つ中枢。

イ　視覚や聴覚，精神活動の中枢。

ウ　呼吸，血管収縮，心臓の拍動，だ液の分泌，飲み込み反射などの中枢。

	大脳	小脳	延髄
1	ア	イ	ウ
2	ア	ウ	イ
3	イ	ア	ウ
4	イ	ウ	ア
5	ウ	ア	イ

解説

それぞれの機能は次のとおり。

大脳：随意運動，視覚，聴覚などの中枢。記憶・言語など精神活動の中枢。

間脳：自律神経（体温，血糖量）の中枢。物質交代（水分，食物摂取）の中枢。

小脳：運動の調節，平衡感覚の中枢。

中脳：眼球運動，瞳孔反射の中枢。

延髄：呼吸，血管収縮，心臓の拍動，飲み込みなどの中枢。

以上より，アは小脳，イは大脳，ウは延髄であり，正答は**3**である。

正答　3

市役所上・中級

No. 188 B日程

生物　ヒトの神経系　令和4年度

ヒトの神経系に関する次の記述のうち，最も妥当なものはどれか。

1 神経系は，ニューロン（神経細胞）から構成される。1つのニューロン内では神経伝達物質の移動によって興奮が伝わり，ニューロンとニューロンの間では電流によって興奮が伝わる。

2 脳は，大脳，間脳，中脳，小脳，延髄などからなる。感覚の中枢やさまざまな随意運動の中枢は大脳にあり，言語や記憶の中枢は間脳にある。

3 自律神経系は，交感神経と副交感神経とからなる。休息時には副交感神経の働きが強まり，心臓の拍動は抑制され，血圧は低下する。

4 外界からの刺激は感覚器（受容器）で受容される。眼には光を受容する網膜，身体の傾きや回転を受容する水晶体などの感覚器があり，耳には音を受容する感覚器がある。

5 熱いものに触れたときに瞬間的に手を引っ込めるなど，無意識に起こる反応を反射という。反射において，興奮は感覚器→感覚神経→運動神経→効果器という経路で伝わり，中枢神経には伝わらない。

解説

1. 1つのニューロン内では電流によって興奮が伝わり，ニューロンとニューロンの間では神経伝達物質によって興奮が伝わる。ニューロンとニューロンの接続部はシナプスと呼ばれ，シナプスでは神経伝達物質（アセチルコリンやノルアドレナリンなど）の移動によって興奮が伝わる。

2. 言語や記憶の中枢は大脳にある。それ以外の記述は正しい。

3. 妥当である。

4. 眼の水晶体はカメラのレンズに相当するもので，身体の傾きや回転を受容する感覚器ではない。耳には，音を受容するコルチ器，身体の傾きを受容する前庭，身体の回転を受容する半規管などの感覚器がある。それ以外の記述は正しい。

5. 脊髄反射（膝蓋腱反射など）の場合，興奮は中枢神経には伝わらないが，反射には延髄反射（唾液や涙の分泌，くしゃみとせきなど）や中脳反射（瞳孔反応など）もあり，これらの場合，興奮は中枢神経にも伝わる。

正答　3

数学
物理
化学
生物
地学
文章理解
判断推理
数的推理
資料解釈

市役所上・中級

No. 189 C日程

生物　ヒトの自律神経系，ホルモン　平成25年度

ヒトの自律神経系や，ホルモンに関する記述として妥当なものはどれか。

1　副交感神経の刺激により，体表の血管と立毛筋は収縮し，発汗が促進される。

2　交感神経には消化器官の運動を促進する働きがあり，副交感神経には消化器官の運動を抑制する働きがある。

3　自律神経系と内分泌系の中枢は，大脳にある。

4　インスリンは，すい臓のβ細胞から分泌されるホルモンであり，グルコースの細胞内への取り込みやグリコーゲンの合成を促進させる。

5　一つの内分泌腺から，複数のホルモンが分泌されることはない。

解説

1．副交感神経ではなく，交感神経の働きである。副交感神経は，立毛筋と発汗には影響を与えず，刺激により体表の血管（顔面血管）は拡張する。よって，誤り。以下の表で，交感神経と副交感神経それぞれの役割を覚えておくとよい。ここでポイントは，交感神経と副交感神経は互いに相反する働きをすることである（立毛筋と発汗は除く）。

自律神経系の働き

	瞳孔	気管支	心臓の拍動	胃腸の運動	立毛筋	発汗	顔面血管	呼吸
交感神経系	拡大	拡張	促進	抑制	収縮	促進	収縮	促進
副交感神経系	縮小	収縮	抑制	促進	—	—	拡張	抑制

—：影響を与えない

2．**1**の表中（「胃腸の運動」）より，交感神経の「促進」と副交感神経の「抑制」が逆。よって，誤り。一般に交感神経は，勉強や運動のように注意力を集中させて目的に向かって行動することに働く。一方で，副交感神経は，消化（＝本肢の消化器官の運動が該当）や吸収・排出など生命を維持するための基本的な活動を盛んにするときに働く。

3．自律神経系と内分泌系の中枢は，間脳の視床下部にある。よって，誤り。大脳には新皮質と系統発生的に古い皮質があり，新皮質にはさまざまな運動や感覚の中枢のほか，学習や経験による行動や，言語や記憶・理解・判断のような精神活動を営む中枢がある。一方で古い皮質には，感情に基づく行動や本能行動に関する中枢がある。

4．正しい。インスリンは，すい臓の（ランゲルハンス島）β細胞から分泌されるホルモン，グルコースの細胞内への取込みを促進してグリコーゲンを合成することが特徴としてある。また，インスリンはヒトの体内では唯一，血糖量（血液内のブドウ糖の濃度）を減少させるホルモンである。血糖量が減少する＝ブドウ糖の血中濃度が薄くなる，ことを意味するが，多数のブドウ糖が多数のブドウ糖の一つの塊（＝合成）であるグリコーゲンとなることで血中濃度が薄くなるのである。

5．一つの内分泌腺から，複数のホルモンが分泌されることは一部だが存在する。よって，誤り。その内分泌腺の例を3つ挙げれば，間脳の視床下部，脳下垂体前葉，副腎皮質である。因みに，間脳の視床下部からは放出ホルモン・放出抑制ホルモン，脳下垂体前葉からは成長ホルモン・甲状腺刺激ホルモン・副腎皮質刺激ホルモン，副腎皮質からは糖質コルチコイド・鉱質コルチコイドがそれぞれ分泌される。

正答　4

No. 190 C日程

生物　ヒトの体の器官の構造と機能　平成27年度

ヒトの体の器官の構造と機能に関する次の記述のうち，妥当なのはどれか。

1　鼻や口から取り込まれた空気は，気管を通って肺に入り，肺胞ではそれを取り巻く毛細血管へ酸素が吸収される。

2　心臓から各器官へ向かう血管と，各器官から心臓へ向かう血管を比較すると，後者のほうが血管の壁が厚い。

3　だ液のアミラーゼはデンプンとタンパク質を消化する。消化されたもののほとんどは大腸で吸収される。

4　肝臓の機能には，体内で生成される有害な尿素をアンモニアに変える働きや，余分なブドウ糖をインスリンに変えて蓄える働きなどがある。

5　脳の中で最も大きいのは大脳であり，心臓拍動や呼吸運動，内臓機能の調整などを行う。

解説

1．妥当である。鼻や口から取り込まれた吸気は，気管から枝分かれする気管支を通り，その先の肺胞に入る。肺胞はブドウの房のように球状の袋が多数集まった構造の薄い膜でできており，その外側表面には毛細血管が張り巡らされている。吸気中の酸素は肺胞内側表面の薄い水の膜に溶け込んで溶存酸素となり，それが拡散して毛細血管内の赤血球に受け渡される。反対に，血しょう中の二酸化炭素は毛細血管から肺胞内へ溶存二酸化炭素の状態で移動し，呼気となって口や鼻から放出される。

2．心臓から各器官へ血液を送り出す血管が動脈，各器官から心臓へ血液を戻す血管が静脈である。動脈は心臓の心室の収縮によって高い圧力を受けるため，それに耐えられるように筋肉が発達し，その結果，血管壁は厚くなっている。逆に，静脈は，各器官の毛細血管を通った後の血液が集まるため，血管にかかる圧力は小さい。そのため，血管壁は薄く，血液の逆流を防ぐための弁が存在する。

3．だ液アミラーゼが消化分解するのはデンプンだけである。タンパク質を消化分解する消化酵素は，胃液に含まれるペプシン，すい液に含まれるトリプシンである。消化されたものの吸収は小腸の柔毛で行われ，大腸は主に水分の吸収を行う。

4．肝臓の機能のうち，尿素に関するものはオルニチン回路と呼ばれる化学反応回路である。体内で有機窒素化合物が代謝されると，最終的に老廃物としてアンモニアが生成される。アンモニアは水に溶けやすい性質であるが，毒性が強いため，濃縮して尿として排出することができない。肝臓のオルニチン回路では血液中のアンモニアを毒性の低い尿素に作り変えており，それを腎臓で濃縮して尿として排出する。ブドウ糖に関しては，血糖値が高くなった場合に，すい臓ランゲルハンス島Ｂ細胞から血糖値を下げる命令ホルモンとしてインスリンが分泌される。肝臓がインスリンを受け取ると，血液中のブドウ糖を積極的に吸収し，デンプンの一種であるグリコーゲンに作り変えて貯蔵する。貯蔵されたグリコーゲンは，血液中のグルコースが運動などで不足した場合にグルコースに分解されて利用される。

5．脳は，大きく大脳，間脳，中脳，小脳，延髄の５つの部位に分けることができる。ヒトの場合，最も大きいのは大脳である。大脳は，感覚認識や随意運動の中枢として働くとともに，記憶や思考，創造など高度な精神活動の中枢でもある。心臓拍動や呼吸運動，消化器官の働きなどを自動的に調節しているのは延髄である。

正答　1

市役所上・中級

B日程

No. 191 生物 ヒトの消化管 平成30年度

ヒトの消化管に関する次の記述の下線部ア～エのうち，妥当なもののみを挙げているのはどれか。

消化管とは，口の中に入った食物の通路で，食道，胃，小腸，大腸からなる。口の中に入った食物は歯で細かくすりつぶされ，唾液と混合される。ア唾液には消化酵素は含まれないが，食物を飲み込みやすくする働きがある。食道から胃に入った食物は，胃液と混合され，消化される。イ胃液は酸性の消化液で，食物と一緒に摂取された細菌を殺す働きも持つ。小腸に入った食物は，肝臓やすい臓から分泌される消化液と混合され，本格的に消化される。小腸，大腸は，消化管の中でも特に長い器官である。小腸と大腸は，内壁における柔毛（絨毛）と呼ばれる突起の有無によって区別される。ウ柔毛が見られるのは大腸である。消化された栄養素は，小腸，大腸で吸収されるが，エ大部分が小腸で吸収され，大腸では主として水分が吸収される。

1 ア，イ
2 ア，ウ
3 イ，ウ
4 イ，エ
5 ウ，エ

解説

ア：唾液には消化酵素アミラーゼが含まれ，デンプンやグリコーゲンが麦芽糖にまで分解される。

イ：妥当である。胃液は塩酸HCl を含むので，強酸性である。胃液に含まれる消化酵素ペプシンはタンパク質を分解するが，強酸性の下で働く（最適pHは2）。

ウ：小腸壁には無数の柔毛があり，消化された栄養素はそこから吸収される。

エ：妥当である。小腸は消化と吸収の一大中心である。小腸では，胆汁，すい液，腸液が分泌され，多くの消化酵素の働きで炭水化物，タンパク質，脂肪が分解される。

よって，イとエが妥当であるので，正答は**4**である。

正答 **4**

No. 192 C日程

生物　脊椎動物　平成29年度

脊椎動物に関する次の記述のうち，妥当なのはどれか。

1　脊椎動物は全動物の種のうち50％を占めている。

2　脊椎動物の進化の過程は，魚類から両生類，両生類からハ虫類，ハ虫類から鳥類，鳥類からホ乳類の順である。

3　一般に，両生類は肺呼吸をしない。幼生はえら呼吸であり，成体は皮膚呼吸である。

4　一般に，ハ虫類は変温動物であり，うろこがある。具体例としては，ヘビやワニが挙げられる。

5　一般に，ホ乳類の心臓は２心房２心室で構成されている。しかし，魚類や両生類には心房と心室の区画がない。

解説

1．最も種の数が多いのは，脊椎(せきつい)動物ではなく昆虫類である。昆虫類は，地球上の動物種全体の７割以上を占める。

2．ホ乳類は，鳥類ではなく，ハ虫類の一部から進化したと考えられている。

3．両生類の成体は，肺呼吸および皮膚呼吸を行う。

4．妥当である。

5．ホ乳類の心臓は２心房２心室であるが，魚類は１心房１心室，両生類は２心房１心室である。

正答　4

市役所上・中級

No. 193 C日程

地学　地球と太陽の位置関係　平成21年度

図Ⅰ，図Ⅱは夏至または冬至のいずれかの日における太陽に対する地球の位置関係を示したものである。図中のA地点における昼の時間は図Ⅰのほうが図Ⅱよりも［　ア　］。図ⅠにおいてはA地点のほうがB地点よりも昼の時間が［　イ　］。図Ⅱにおいて，B地点では南中時の太陽は天頂よりも［　ウ　］に見える。

上文中の空欄ア～ウに入る語句の正しい組合せは，次のうちどれか。

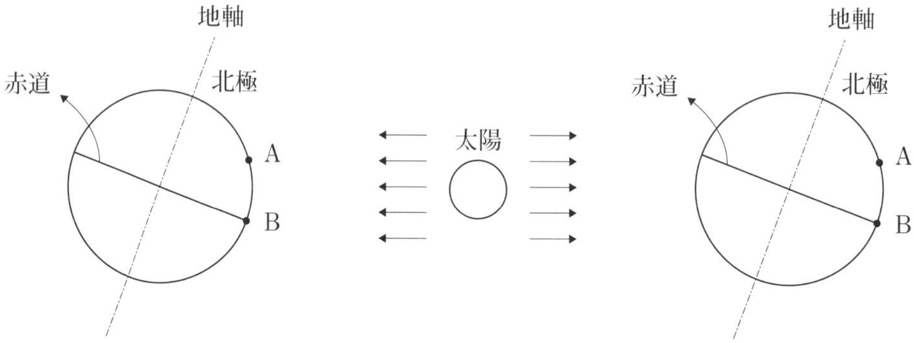

〈図Ⅰ〉　〈図Ⅱ〉

	ア	イ	ウ
1	短い	短い	北
2	短い	長い	南
3	長い	長い	南
4	長い	短い	北
5	長い	短い	南

解説

地球の自転軸は公転面に垂直な方向から約23.4°傾いている。このため，1年周期で太陽の南中高度が変化し四季の変化が生じる。

図Ⅰは（北半球の）夏至の日における地球と太陽の位置関係を表しており，太陽は北緯23.4°の緯線（北回帰線）の真上から地球を照らしている。一方，図Ⅱは（北半球の）冬至の日における地球と太陽の位置関係を表しており，太陽は南緯23.4°の緯線（南回帰線）の真上から地球を照らしている。

図Ⅰにおいて，赤道上では昼と夜の時間がほぼ等しくなっているが，北半球では緯度が高くなるほど昼の時間が長くなっていく（イ）。

図Ⅱにおいて，やはり赤道上では昼と夜の時間がほぼ等しくなっているが，北半球では緯度が高くなるほど昼の時間が短くなっていく。したがって，図ⅠのA地点では昼の時間＞夜の時間，図ⅡのA地点では夜の時間＞昼の時間となるので，A地点での昼の時間は図Ⅰのほうが図Ⅱよりも長い（ア）。なお，赤道上では季節にかかわらず一年中，夜の時間≒昼の時間となっていることに注意する。

上述したように，図Ⅱにおいては南中高度が最も高いのは南回帰線上の地点であり，赤道上のB地点はそれより北に位置しているので，B地点では南中時の太陽は天頂よりも南に寄った位置に見える（ウ）。なお，春分の日，秋分の日には，太陽は赤道の真上にあり，南中高度は赤道上の地点において最大となっている。

以上より，正答は**3**である。

正答　3

地学 太陽の日周運動 令和2年度

太陽の日周運動に関する次の文中の空欄A～Cに当てはまる語句や記号の組合せとして，妥当なのはどれか。

図Ⅰ～図Ⅲは，地表から見た太陽の日周運動を示したものである。東京の場合，図Ⅰにおけるaは（　A　）のときの太陽の動きを示している。また，東京の場合，春分または秋分のときの太陽の動きは図Ⅱにおける破線のようになるが，東京より緯度の低い那覇では（　B　）のようになる。一方，南半球のシドニーでは，春分または秋分のときの太陽の動きは図Ⅲにおける（　C　）のようになる。

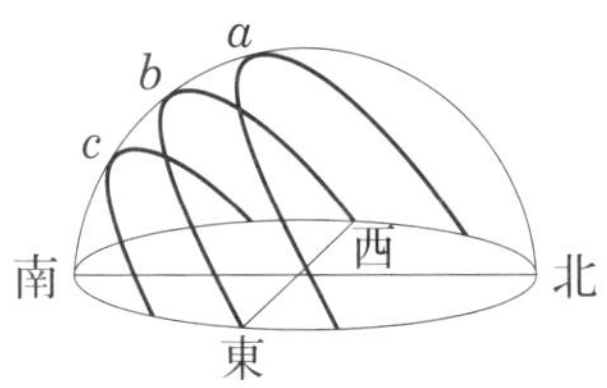

図Ⅰ

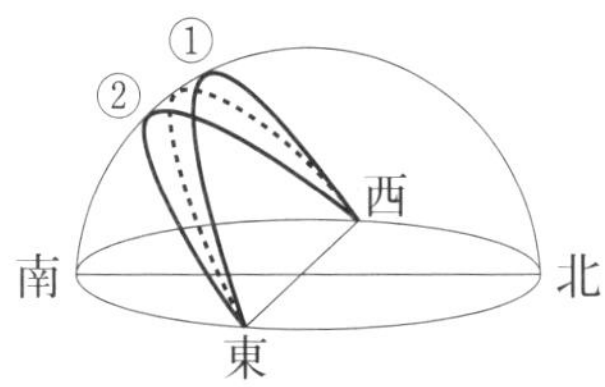

図Ⅱ

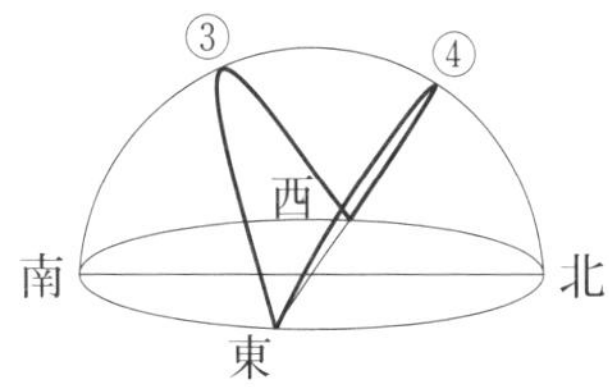

図Ⅲ

	A	B	C
1	夏至	①	③
2	夏至	①	④
3	冬至	②	③
4	冬至	①	④
5	夏至	②	③

解説

A：「夏至」が当てはまる。図Ⅰは北半球（中緯度）での太陽の日周運動を図示したものであり，東京に当てはまる。東京では，春分と秋分のときは，bのように，真東から太陽が上り，南に高く上った後，真西に沈む。夏至のときは，aのように，太陽が北寄りの東から出て南の空に高く上り（南中高度最高），北寄りの西に沈む。冬至のときは，cのように，太陽は南寄りの東から出て南の空に低く上り（南中高度最低），南寄りの西に沈む。

B：「①」が当てはまる。図Ⅱでは，東京における春分と秋分のときの太陽の動きが破線で示されているが，東京より緯度の低い那覇では東京より南中高度が高くなるので，那覇における太陽の動きは①のようになる。

C：「④」が当てはまる。南半球のシドニーでは，北半球の東京とは南北の関係が逆になり，春分と秋分のときは，真東から太陽が上り，北に高く上った後，真西に沈むので，太陽の動きは図Ⅲの④のようになる。

よって，正答は**2**である。

正答　2

C日程

No. 195 地学 太陽系の惑星 平成20年度

太陽系の惑星に関する記述のうち，正しいものはどれか。

1 水星は太陽に最も近く，大気がない。自転の向きが他の惑星とは反対で，東から西へ自転している。

2 金星は最も明るく見える惑星で，明けの明星，宵の明星として知られる。二酸化炭素を主とする厚い大気が存在し，表面温度は500℃近くにもなる。

3 火星は，両極に極冠と呼ばれる白く輝く部分をもつ。また，地球と同様，四季の変化があり，温度も−10℃～30℃くらいである。

4 木星は，太陽系最大の惑星である。表面には，しま模様と大赤斑が見られる。衛星を４個もつことでも知られている。

5 土星は，太陽系で最も密度の小さい惑星である。赤道面と一致する環をもっている。水素を主成分とする大気があるが，そのほとんどは低温のため固体となっている。

解説

1. 水星は，自転周期が約59日と長い。その向きは，西から東へと自転している。

2. 正しい。自転の向きが他の惑星とは反対で，東から西へ自転している。

3. 火星は，二酸化炭素を主成分とする大気が存在するが，太陽からの距離が地球より遠いので，温度は昼が０～10℃，夜は−100℃にもなる。

4. 木星の衛星は約40個あり，ガリレオが発見した４個は木星の自転方向とは逆の東から西へ公転している。

5. 土星は水素，メタン，アンモニアを含む大気が気体で存在する。環は氷を主とした無数のかたまりが土星の周りを自転しているものと考えられている。

正答 2

No. 196 C日程

地学 太陽系の惑星 平成28年度

太陽系の惑星に関する次の記述のうち，妥当なのはどれか。

1 太陽系で最も外側の軌道上を公転するのは，冥王星である。冥王星の外側を公転する海王星は，惑星ではなく準惑星に分類される。

2 鉄などの金属や岩石が主成分となっている地球型惑星は，水星，金星，火星であり，これらはすべて地球の内側を公転している。

3 太陽系最大の惑星である木星は，二酸化炭素を主成分とする大気に覆われている。表面は青白く，望遠鏡で観察すると縞模様が見られる。

4 地球以外で水が存在する惑星は水星である。かつては火星にも水と氷が存在したが，現在は存在しない。

5 惑星によって衛星の数は異なる。木星のように，10個以上の衛星を持つ惑星も存在する。

解説

1. 太陽系で一番外側の軌道上を公転する惑星は，海王星である。2006年，国際天文学連合により惑星の定義が新たに定められた際に，冥王星は惑星から外され，準惑星に分類された。

2. 地球型惑星は，水星，金星，地球，火星である。また，火星は地球の外側の軌道上を公転している。

3. 木星の大気の主成分は水素とヘリウムである。また，木星は青白くなく，やや黄色っぽく見える。

4. 2011年に水星周回軌道に乗ることに成功したNASAの水星探査機メッセンジャーの観測データから，水星の極域のクレーター内部に大量の氷が存在しうることがわかっている。火星にはかつて水が流れてできたと考えられる河川の跡などの地形が確認されており，現在も氷の形で存在していると考えられている。

5. 妥当である。木星の衛星は，イオ・エウロパ・ガニメデ・カリストの四大衛星が特に大きく有名であるが，その他にも小さな衛星が数十個確認されている。

正答 5

No. 197　C日程　地学　日本の季節の天候　平成29年度

わが国の季節の天候に関する次のA～Eの記述のうち，妥当なもののみをすべて挙げているのはどれか。

A　春は，太平洋から高気圧と低気圧が交互に日本海に向けて通過するため，天気が安定しない。

B　梅雨は，南からの温かい気団と北からの冷たい気団が拮抗して停滞前線を形成するため，曇りや雨の日が続く。南からの温かい気団が徐々に勢力を増すと，冷たい気団が北に追いやられ，梅雨が明ける。

C　夏は，ユーラシア大陸が暖められてシベリア気団が形成され，高温で乾燥した風が日本海の水蒸気を吸収し，日本列島を太平洋に向けて通過する。

D　夏から秋にかけては，低緯度で発達した台風が日本列島を通過するため，暴風雨や高潮をもたらす。

E　冬は，南高北低の気圧配置となり，太平洋から湿った冷たい風が吹き荒れる。

1　A，C
2　A，E
3　B，D
4　B，E
5　C，D

解説

A：妥当でない。春は大陸付近に移動性高気圧と温帯低気圧が発生しやすく，これらが偏西風の影響で東に移動して日本海から太平洋に向けて通過する。

B：妥当である。

C：妥当でない。シベリア気団は，冷たく乾燥した空気が特徴であり，冬に発達する。夏は，南東海上からの小笠原高気圧に覆われて，日本列島では蒸し暑い晴天が続く。

D：妥当である。

E：妥当でない。冬は西高東低の気圧配置となり，シベリア高気圧から吹き出す寒冷・乾燥な季節風が日本海で熱と水蒸気を供給されて，日本海側では雪を降らせ，山を越えた太平洋側では乾いた風となって平野部に吹き降りる。

以上から，妥当なものはBとDであり，正答は**3**である。

正答　3

No. 198 B日程

地学　日本付近の天気　平成26年度

日本付近の天気に関する次の記述のうち，妥当なのはどれか。

1　冬になるとシベリア低気圧が発達し，南西から北へ冷たい風が吹く。そのため日本海側に大雪が降る。

2　春になるとオホーツク海高気圧が日本を覆うため，晴れた乾燥した日が数週間も続くことがある。

3　6～7月には温暖前線と寒冷前線が交互に現れ，それらが梅雨前線となる。雨の多い日が続くが，梅雨前線が南下することによって梅雨が明けて夏になる。

4　夏には北太平洋高気圧が日本付近に張り出し，南高北低型の気圧配置になる。太平洋高気圧は気温も湿度も高いため蒸し暑い気候となる。

5　夏から秋にかけて，熱帯地方で発生した大型の台風が日本を縦断する。台風は前線を伴っており，中心からは外側に向かって風や雨が吹き出ている。

解説

1. 冬には大陸でシベリア高気圧が発達し，日本付近には低温で乾燥した北西の季節風が吹く。これが日本海を渡る間に熱と水蒸気を供給され日本海側に大雪をもたらす。

2. 春には上空の偏西風の影響が強くなり，大陸南部で生まれた移動性高気圧と温帯低気圧が交互に日本を東進する。したがって，晴れた乾燥した日が数週間も続くことはない。

3. 6～7月には北にオホーツク海高気圧，南に北太平洋高気圧が張り出し，その境で前線が停滞して梅雨前線となる。梅雨明けは，北太平洋高気圧によって梅雨前線が北に押し上げられることによって起こる。

4. 妥当である。

5. 台風は前線を伴ってはいない。台風の中心に向かって北半球では反時計回りに雨風が吹き込んでいる。

正答　4

No. 199　B日程

地学　海流　平成24年度

海流に関する次の記述のうち，妥当なものはどれか。

1　亜熱帯還流は亜熱帯高圧帯を取り巻くように流れる海流であり，北半球では反時計回りに，南半球では時計回りに流れている。

2　潮目付近は海藻や木片が集積し激しく波立っていることが多いため，魚種は多いが漁には向かない。

3　海流は定常的に吹く風の影響を受け，北太平洋では，貿易風の影響を受けて北太平洋海流が，偏西風の影響を受けて北赤道海流が形成される。

4　海洋の高水位の中心は西岸に片寄っているため，西岸では東岸より圧力傾度力が大きくなり海流の流れが強くなっている。

5　太平洋を北から南に南下する親潮は北太平洋海流から分流した寒流で，水温は低いが塩分が多く，プランクトンなどの栄養分が豊富である。

解説

1．亜熱帯還流は転向力の影響を受け，北半球では時計回りに，南半球では反時計回りに流れている。

2．海洋において物理的・化学的性質が異なる水塊の境界を潮境といい，これが海面に現れたものを潮目という。潮目では海藻や木片が集積しさざ波が立っていることが多い。潮目付近は，寒暖両系の魚群が密集し，プランクトンが繁殖しやすいため，有利な漁場となることが多い。親潮と黒潮の接触する三陸沖などが好例。

3．北太平洋では南西偏西風の影響を受けて北太平洋海流が，北東貿易風の影響を受けて北赤道海流が形成される。

4．正しい。海水にはたらく転向力の大きさが緯度によって異なるため，海洋の高水位の中心は（海洋の）西岸に片寄っている。このため西岸では東岸より海流の流れが強い。これを西岸強化という。

5．親潮は北太平洋海流から分流したものではなく，北太平洋北部を反時計回りに流れる亜寒帯循環の一部である。また水温は低く，塩分は少ない。北太平洋海流は亜熱帯還流の一部であり，高水位になっている海洋の中心の周りを時計回りに流れている。

正答　4

No. 200 C日程 地学 地球の構造 平成19年度

次の文章の正誤の組合せとして，正しいのはどれか。

ア．大陸地殻は５～10km，海洋地殻は30～50kmの厚さである。マントルの主成分は，Feであり，核の主成分はSiO_2である。

イ．地球の表面積の約70％は海が占めており，南半球では約90％が海，北半球では陸と海がほぼ同じ面積である。海底はインド洋，大西洋では大陸棚を除くとほぼ平坦な海盆になっているが，太平洋では日付変更線に沿って南北に海嶺が連なっている。

ウ．大気中の空気は窒素と二酸化炭素で80％を占めている。オゾン層は，対流圏にあるオゾン層の濃い層のことである。オゾンは，太陽からの紫外線を吸収して，高温層をつくっている。

	ア	イ	ウ
1	正	正	正
2	正	正	誤
3	誤	正	誤
4	誤	誤	正
5	誤	誤	誤

解説

ア．誤り。大陸地殻は30～50km，海洋地殻は５～10kmの厚さである。マントルは，下部はFeやMgの酸化物，硫化物，上部はかんらん岩質岩石からなっている。核はFe，Niの金属からできている。

イ．誤り。北半球の陸地：海洋の割合は4：6，南半球では2：8である。インド洋や大西洋でも海嶺が走っているので平坦とはいえない。また，太平洋の東には東太平洋海嶺が走っている。

ウ．誤り。大気の組成は，窒素78.09％，酸素20.95％，アルゴン0.93％，二酸化炭素0.03％他。オゾン層は成層圏の20～30km付近にあるオゾンの濃い層のことをいい，生物に有害な紫外線を吸収し，高温層を作っている。

よって，ア誤，イ誤，ウ誤であり，正答は**5**である。

正答　5

市役所上・中級

No. 201 B日程 地学 海洋 令和4年度

海洋で見られる現象に関する次の記述のうち，最も妥当なものはどれか。

1 海の表層の海流は，海洋上を吹く風の影響を受けている。たとえば北太平洋では，低緯度海域で吹く貿易風と中緯度海域で吹く偏西風の影響を受けて，反時計回りに循環する巨大な還流が形成されている。

2 北極や南極の周辺では，表層の海水が冷やされ，密度の大きい海水ができる。この海水が深層にまで沈み込み，海底に沿って移動することで，地球規模の深層循環を形成している。

3 海水面は1日に4回程度ずつ昇降を繰り返す。この現象を潮汐という。潮汐は，海洋上の気圧の変化によって，海水面が引き上げられたり押し下げられたりすることが原因で生ずる。

4 海底で地震が発生すると，津波が発生することがある。津波が押し寄せてから次に押し寄せるまでの時間は長くても数分程度であり，第二波以降は津波の高さが急激に小さくなっていくという特徴がある。

5 ペルー沖には深層から湧き上がる海水の流れがあり，この流れが強まるとラニーニャ現象が発生する。ラニーニャ現象が発生するとペルー沖およびその周辺の海面水温は平年より高くなり，日本では冷夏・暖冬傾向となる。

解説

1．この循環を亜熱帯還流というが，この還流は，貿易風および偏西風の影響とともに転向力の影響も受けて，北半球では時計回りに，南半球では反時計回りに流れている。すなわち，北太平洋ではこの還流は時計回りに循環する。

2．妥当である。

3．潮汐は，主として月と太陽の引力によって生じる海面の昇降現象で，通常は満潮と干潮が1日2回ずつ（海水面の昇降としては4回）現れる。天文潮と呼ばれることもある。気圧，風，海水温などの変動によっても潮位の変化は生じるが，これは気象潮と呼ばれる。

4．津波では数分～100分程度の周期で海面が上下動を繰り返す。また，第二波以降高さが急激に小さくなるとは限らない。

5．ペルー沖で見られるこの湧き上がる海水は冷たいので，この流れが強まるとペルー沖およびその周辺の海面水温は広範囲にわたって平年より低下する。これがラニーニャ現象である。ラニーニャ現象が起こると，日本では暑い夏と寒い冬になる傾向がある。一方，ペルー沖およびその周辺の海面温度が広範囲にわたって平年より高くなる現象をエルニーニョ現象といい，これが起こると日本では冷夏と暖冬になる傾向がある。

正答 2

市役所上・中級

No. 202 B日程

地学　日本の地形　平成18年度

日本の地形に関する次の記述のうち，正しいものはどれか。

1　溶岩と爆発による噴出物とが交互に重なってできた美しい形の火山をコニーデと呼ぶが，日本には富士山をはじめとしてこのタイプの火山が多い。

2　安山岩～流紋岩質の溶岩が上昇してきてドーム状の火山体を形成したものをトロイデと呼ぶが，日本では伊豆大島の三原山にその典型が見られる。

3　日本列島の地質構造はフォッサマグナを境に西南日本と東北日本に区分され，フォッサマグナの西縁は特に明瞭な断層となっていて中央構造線と呼ばれている。

4　東北日本の太平洋側には新生代第三紀の地層が分布し，日本で石油を産出する主な地域と重なっている。

5　陸繋島(りくけいとう)は，海岸と沖の島との間の沿岸流が弱いため，そこに沿岸流によって運ばれた砂や礫(れき)が堆積して陸とつながったもので，日本では三保の松原がその典型例である。

解説

1．正しい。

2．日本でトロイデといえるのは，箱根双子山や昭和新山などである。

3．フォッサマグナの西縁を走っているのは糸魚川ー静岡構造線である。

4．グリーンタフ地域のことであるが，この地域は東北日本の日本海側に分布している。

5．三保の松原は砂嘴(さし)の典型例である。砂嘴は，沿岸流により運ばれた砂や礫が，入江の一端から鳥のくちばし状に長く突き出た形に堆積したものである。陸繋島(りくけいとう)の例としては，神奈川県の江ノ島が知られている。

正答　1

No. 203 A日程

地学 岩石の風化 平成18年度

岩石は大気や水に長い間さらされていると，変質したり細かく砕かれたりする。これを風化作用というが，風化作用には機械的風化作用と化学的風化作用がある。これらに関する次の記述のうち，正しいものはどれか。

1 花こう岩の主成分である石英は雨水に溶けやすい性質があるため，花こう岩が長い間風雨にさらされると機械的風化作用によって泥岩ができる。

2 石灰岩地域では雨水に溶けている O_2 の作用で岩石の主成分である $CaCO_3$ が溶かされ，化学的風化作用によってカルスト地形や鍾乳洞などの特異な地形が形成される。

3 熱帯多雨地方では機械的風化作用が著しく，風化されにくい部分が地表に残ってボーキサイトなどの残留鉱床をつくることが多い。

4 黒雲母を多く含んだ岩石では，CO_2 を含んだ水によって黒雲母が変質し，化学的風化作用によってカオリンなどの粘土鉱物に変わる。

5 岩石を構成するさまざまな鉱物の熱膨張率は種類ごとに異なるため，気温の変化を繰り返すうちに岩石内部に透き間を生じ，機械的風化作用によって岩石は崩壊していく。

解説

1．石英は化学的に安定なので水には溶けない。花こう岩を構成する他の鉱物（長石類や黒雲母）は化学的風化作用により変質して水に流されてしまうが石英は最後まで残るので，花こう岩地域では石英の白砂海岸や河原ができることが多い。

2．石灰岩の主成分である炭酸カルシウム（$CaCO_3$）は，O_2 ではなく CO_2 を含んだ水と反応し，炭酸水素カルシウム（$Ca(HCO_3)_2$）となって水に溶ける。

3．熱帯多雨地方では化学的風化作用が著しいが，それによって溶けて失われることの少ない元素だけが地表に濃縮されることがある。ボーキサイトはこのようにしてアルミニウムが濃縮されて残留鉱床となったものである。

4．黒雲母ではなく長石類についての記述である。長石類は化学的風化作用によってカオリン（白陶土）などの粘土鉱物に変わる。

5．正しい。

正答 5

No. 204 C日程

地学　火　山　平成27年度

火山に関する次の記述のうち，妥当なのはどれか。

1　マグマの粘り気が小さい火山の形状はドーム型で，マグマの粘り気の大きい火山は傾斜の緩やかな形状となる。

2　火山ガスの成分は主に窒素と二酸化炭素で，水蒸気はほとんど含まれない。

3　火砕流の流下速度は，人間が歩くほどの速さである。

4　日本にある活火山はおよそ10程度で，気象庁により24時間監視されている。

5　関東ローム層や九州のシラスは，火山灰が堆積したものである。

解説

1．マグマの粘り気はマグマ中の二酸化ケイ素の量と関係があり，高温（1,200℃程度）のマグマでは二酸化ケイ素の量は重量％で45％以下で，粘性が低く，マグマはさらさらした状態であるから，溶岩台地やなだらかな盾状火山を形成する。一方，低温（1,000℃以下が目安）では粘性が高くなり（二酸化ケイ素の量は重量％で66％以上），爆発的な噴火が多く見られ，鐘状火山などドーム型の火山を形成する。中間の温度では，一般に成層火山が形成される。

2．火山ガスの成分は，水蒸気，二酸化炭素，二酸化硫黄等で，ほかに一酸化炭素，硫化水素，塩化水素などを含む。

3．火砕流の流下速度は，時速数十 km から百数十 km にもなる。

4．日本の活火山は現在111で，常時監視されているのはその半分に満たない50である。

5．妥当である。

正答　5

市役所上・中級

No. 205 B日程

地学 火 山 平成23年度

火山に関する次の記述のうち，正しいものはどれか。

1 マグマには二酸化ケイ素が含まれているが，その含有量が多いほど火山は緩やかに噴火し，含有量が少ないほど火山は激しく噴火する。

2 火山ガスは噴火の際に多量に放出されるものであり，噴火していないときには火山ガスの放出はほとんどないため中毒事故が起こる危険性は少ない。

3 火山の噴火は突然起こり，その予兆となる現象は特にないため火山の噴火を事前に予知することは困難である。

4 火砕流は高温の火山ガスと火山砕屑物が一体となって流動化したもので，地面との摩擦が少ないため100km/hを超える高速で一気に遠くまで流れ下ることがある。

5 流紋岩質マグマによる噴火では，溶岩流と火山灰降下の両方が見られ，それらが層状に重なると成層火山が形成される。

解説

1．マグマは二酸化ケイ素の含有量が多いほど粘性が大きくなって流れにくくなるため，噴火は激しくなり，二酸化ケイ素の含有量が少ないと粘性が小さくなって流れやすくなるため，噴火は緩やかになる。

2．火山ガスは，水蒸気のほかにCO_2，SO_2，H_2Sなどを含んでおり，噴火していないときでも常時放出されていることが多い。そのためSO_2，H_2Sなどの有毒成分による中毒には十分な注意が必要である。

3．噴火の前兆現象としては，土地の傾動，地磁気の変化，微小な火山性地震などがあり，観測網を整備することによりある程度予知することは可能である。

4．正しい。

5．流紋岩質マグマではなく安山岩質マグマによる噴火についての記述である。流紋岩質マグマは低温で粘性が大きいため，これによる噴火では小規模でこんもりと盛り上がった溶岩ドームが形成されることが多い。

正答 4

No.206 C日程

地学　火　山　平成17年度

火山に関する次の記述のうち，妥当なものはどれか。

1　伊豆大島や三宅島の火山の噴火は，火山灰が上空10,000m まで達するような激しい爆発型であり，ガスを大量に含む粘性の非常に大きな安山岩質マグマが噴出するため，火砕流を生じる。

2　雲仙火山の噴火では，玄武岩質の溶岩ドームが噴火口をふさいでしまい，それまでの火口ではなかった所から割れ目が生じて噴火し，いくつもの火口が並んで生じる割れ目噴火が起こった。

3　富士山や浅間山は，噴火の際，空中に噴出された火砕物質や火山灰の上に火砕流と火口から噴出した溶岩が積み重なって形成されたものであり，コニーデと呼ばれる。

4　桜島は，頻繁に噴火を繰り返し，大量の火山灰を噴出しているが，粘性の大きい玄武岩質のマグマが火口で冷え固まって溶岩円頂丘を形成しており，火砕流や溶岩流が起こることのない鐘型火山である。

5　火山によって阿蘇山や十和田湖のように直径数 km から数十 km のカルデラが見受けられるが，これは大量のガスを含む粘性の大きいマグマが大爆発をしたため火口が吹き飛んだものであり，溶岩円頂丘の最終的な形である。

解説

1．伊豆大島や三宅島の火山は粘性が小さく，流動性が大きい玄武岩質マグマを噴出している。

2．雲仙火山は，比較的粘性が大きく，流動性が小さい安山岩質マグマを噴出する。

3．正しい。富士山は，小規模噴火を繰り返したため，溶岩流と火山灰などの堆積が交互に見られる成層火山として有名。

4．桜島の火山は，玄武岩質マグマではなく，安山岩質マグマを噴出する。

5．カルデラは，火山性のくぼ地である。粘性の大きなマグマのみではなく，粘性の小さなマグマでも形成される。

正答　3

市役所上・中級
A日程

No.207 文章理解　現代文（要旨把握）　平成11年度

次の文の要旨として，妥当なものはどれか。

「必要」というコンセプトはふつう，最も原的なものであるように考えられている。「必要」として一般に社会理論で想定されているものは，第一に典型的には食料，それから，衣料と住居，衛生的な上下水道，等々である。これらの基礎的な必要は，何のための必要だろうか。生きるための必要である。それから，快適に，健康に，安心して，楽しく，歓びをもって，生きるための必要である。

中国の古い言い伝えでは，昔々理想的な社会があって，そこでは人びとは充分に生きて，生きることに足りて死んでいったという。何年か前にあるイタリア人が，生きることの歓びをすべて味わいつくしたといって，幸福に自死したという報道を聞いたことがある。

生きることが一切の価値の基礎として疑われることがないのは，つまり「必要」ということが，原的な第一義として設定されて疑われることがないのは，一般に生きるということが，どんな生でも，最も単純な歓びの源泉であるからである。語られず，意識されるということさえなくても，ただ友だちといっしょに笑うこと，朝の大気の中を歩くこと，こういう単純なエクスタシーの微粒子たちの中に，どんな生活水準の生も，生でないものの内には見出すことのできない歓びを感受しているからである。このような直接的な歓喜がないなら，生きることが死ぬことよりもよいという根拠はなくなる。

どんな不幸な人間も，どんな幸福を味わいつくした人間も，なお一般には生きることへの欲望を失うことがないのは，生きていることの基底倍音のごとき歓びの生地を失っていないからである。あるいはその期待を失っていないからである。歓喜と欲望は，必要よりも，本原的なものである。

必要は功利のカテゴリーである。つまり手段のカテゴリーである。効用はどんな効用も，この効用の究極に仕える欲望がないなら意味を失う。欲望と歓喜を感受する力がないなら意味を失う。このように歓喜と欲望は，「必要」にさえも先立つものでありながら，なお「上限」は開かれていて，どんな制約の向こうがわにでも，新しい形を見出してゆくことができる。

1　生きることが死ぬことに勝るのは，どのような生活水準にあっても，意識するしないにかかわらず，生きているということからしか得られない歓びがあるという点にある。

2　人が生きてゆくためには，生きるための「必要」を満たさなければならないが，その「必要」が満たされたからといって，生きることの歓びが生まれるわけではない。

3　生きるための必要という意味で「必要」は最も原的なものであると考えられているが，生きることの歓びこそがこれに先立つ本原的なものであり，どのような「必要」の限度をも超えることができる。

4　どのような生活水準にあっても，人は生きることに歓びを求めるものだが，その欲望には限度がなく，次々に生きてゆくための新しい「必要」が生み出されて人の欲望を駆り立てている。

5　「必要」とは生きるための必要であり，一切の価値の基礎と考えられているが，どのような「必要」も，それに先立つ歓喜と欲望を感受することができなければ意味を失う。

解説

本文は，人は生きるためにさまざまな基礎的なものを「必要」とするが，どんな人生を生きる人でも，生きることの「歓び」を味わい，生への「欲望」を持っており，この「歓喜」と「欲望」こそ本原的なものであり，これらを支えるために「必要」が生み出される，という内容になっている。

1．第三段落の内容に触れているのみで，「必要」ということに触れていないので，要旨としては不適切なので，誤りである。

2．本文に「生きるということが，どんな生でも，最も単純な歓びの源泉である」と述べている。「『必要』を満たすこと」と「生きることの歓び」との関連を要旨として述べるのは，本文からずれるので，誤り。

3．「生きることの歓びこそが……どのような『必要』の限度をも超える」の部分が不適切。本文の最後の部分は，どんな制約があっても，人は生きるために新しい形を見いだして，生きることの歓びを味わい，生への欲望を抱き続けることができる，という意味である。ゆえに，誤り。

4．「欲望には限度がなく，……人の欲望を駆り立てている」は本文の内容からずれるので，誤りである。

5．正しい。

正答　5

No. 208 文章理解　現代文（要旨把握）　平成11年度

次の文の要旨として妥当なものはどれか。

たしかに死は，人間にふりかかる最大の暴力ないし災厄として，ながらく不安や恐怖の最後の対象だった。人はそれを理不尽なしかし逃れがたい運命として，暗黙の諦観をもって受け入れもしたが，死という生存の剝奪ないし消滅が逃れられない定めであるからこそ，恐るべき死の不安を和らげるためにも霊魂の不滅を信じたり，また生の悲惨からの救済として永遠の来世を仮想したり，あるいはまた，永世や来世への希望に頼ることなく，死への思い煩いを一切無意味なものとして生の現実から排除する知恵をあみだす努力をしたりしてきた。いずれにせよ死は，人間の意志や権能を超えた有無を言わせぬある威力の発露であり，それが人間の力を超えているがゆえに，ひとはそれだけ深く死に捉えられ，それゆえにまた根深く死からの解放を願ってきた。

だが，霊魂の不滅も神による救済も信じられなくなり，人間が人間以外の威力に依存しなくなると，死は逆に人間の生にとってもっとも重要な構成要素となる。死は生を終結させるが，その死なくしてまた生は完結しない。死を究極の可能性として生に取り込むこと，それによってはじめて人間の自律性と生の完全無欠は保証される。生を完結する死が人間のものにならない限り，絶対的主体としての人間の自律性は成立しないのだ。つまり，神を，超越を廃棄する以上，死は「私の死」にならなければならない。死が「私」の自由にしうる「私の」ものにならなければ，誕生に始まり死に終わる「私の生」は，ついに「私の」ものとはならない。死はしたがって，事故のように外部から運命として「私」に降りかかりただ単純に「私」を消滅させるものではなく，ある弁証法によって「私」に内属させられるのでなければならない。たとえばリルケは，自分の身内に果実のように成長し熟してゆく生そのものであるかのような死を想定し，それを熟視しようとした。彼のような近代人にとって，死はおのれの生の最終的かつ根元的な可能性であって，それこそが置き換えのきかない「私」の存在の固有性を根拠づけるものだった。

1　死は，神の救済や霊魂の不滅を用いて説明されてきた。しかし，近代人はそうした説明を信じようとはせず，死を観察し，操作しようと試み，死を生の対極に追いやることによって，自らの生に対する自律性を強め，死から解放されることをめざした。

2　死は，誕生によって始まる人間の生を完結させるものであるから，もともと生の一部と考えられてきた。しかし近代になると人間は，生の固有性を根拠づけるものとしての死を廃棄しようとして，神々の救済や霊魂の不滅といった説明のしかたに満足しなくなった。

3　死は，霊魂が自由になることによって人間が絶対的自律性を獲得する機会であると，長い間考えられてきた。しかし，霊魂の不滅といった超越的なものを信じない近代人は，死を熟視することによって，死を生の究極的な形態ととらえるようになった。

4　死は，人間にとって逃れがたい運命であるから，それから逃れることが人類にとっての課題であった。人間はいつの時代も，霊魂の不滅を信じて来世に希望を託したり，自らの死を徹底的に観察して内属させることによって，死の運命から逃れようとした。

5　死は，長い間超越者から与えられる生の剝奪であると考えられ，恐怖の対象であった。神や霊魂をもはや信じなくなった近代人は，死を自らの自律性の発露の機会としてとらえ，死から逃れるよりもそれを生の一部として取り込もうとした。

解説

死が人間の力を超えているがゆえに，人間は死からの解放を願ってきたが，人間が人間以外の威力に依存しなくなると，死は人間の生にとって重要な構成要素となる。死を究極の可能性として生に取り込むことで，人間の自律性と生の完全無欠が保証される。近代人にとって死はおのれの生の最終的かつ根元的な可能性であって，置き換えのきかない「私」の存在の固有性を根拠づけるものであることが述べられた文章である。

1．近代人が死を観察し，操作しようと試み，死を生の対極に追いやることではなく，「死を究極の可能性として生に取り込むこと」で，人間の自律性と生の完全無欠が保証されたとあるので，誤り。

2．死はもともと生の一部と考えられてきたのではなく，人間の力を超えるものと考えられてきたと述べられている。

3．長い間，人は死を不安や恐怖の対象とし，暗黙の諦観をもって受け入れたりしてきたが，逃れられないからこそ死からの解放を願ってきた。死を絶対的自律性を獲得する機会であると考えるようになったのは近代以降である。

4．死の運命から逃れようとした点は本文前半で述べられているが，前半だけの内容では要旨として不十分である。

5．正しい。

正答　5

市役所上・中級

A日程

No. 209 文章理解　現代文（要旨把握）　平成10年度

次の文の要旨として妥当なものはどれか。

私たちにとって経験とは，ただなにかの出来事に出会うことでもなければ，ただ意志的，能動的に振る舞うだけでも足りない。身体をそなえた主体として，パトス的つまり情念的・受苦的なものに脅かされるという状態，一見意志的な能動性とは正反対なような状態に身を委ねることも，欠いてはならないわけだ。この状態を欠くとき，せっかくの能動性も明快であるかわりに，抽象的であるにとどまり，空転するのである。それに，身体をそなえた主体として，私たちが情念的・受苦的なものに脅かされる状態に身を委ねるということは，私（われ）をただ自立しているものとしてだけ考えないということでもある。だから，私たちが情念的・受苦的なものからの脅かしを試煉としつつそれに耐えるならば，経験を成り立たせる私たちの能動性は，まさに肉体をもった具体的なものとして強化されるだけではなく，世界や他者との関係性の観点をも含みうるものにもなるのである。そして，世界や他者との関係性ということがはっきり組みこまれるとき，身体をそなえた主体として私たちの一人一人は，いっそう深く現実とかかわるようになる。そこで，そのような関係性の結節点である矛盾や障碍にたじろぐことなく生きていくことが，私たちが現実と深くかかわり，経験を成り立たすために必要になったのである。

1　私たちは身体を備えた主体であり，世界や他者との関係性において生きているのであるから，能動的・主体的な存在であるだけでなく，情念的・受苦的な存在でもある。

2　経験は私たちと現実との関係性であるから，私たちは，能動的に振る舞うだけでなく世界や他者にぶつかりそれらを身をもって受け止めることで，現実とのかかわりを深め，経験を成り立たせることができる。

3　私たちは現実に対して能動的に振る舞うだけではなく，矛盾や障害を拒否せず受け入れることによって，経験の根源である私と他者との関係性を正しく認識できる。

4　経験とは自らの意志による能動的な出会いだけではなく，情念的・受苦的なものからの脅かしに身をゆだねることでもあり，外部との関係性の中で生きることによって私の自立が達成される。

5　私たちは何かに出会ったとき，他者からの脅かしに受動的に耐えなければならないが，能動的・主体的に対することで，それらを経験として自らのものとすることができる。

解説

出典は，中村雄二郎『哲学の現在』〈Ⅳさまざまな知　経験の構造と常識の両義性〉。

精神だけでなく「身体をそなえた主体として」ある私たちは，どうしても情念的・受苦的な存在となる。現実の矛盾の中で苦しんで，あちらこちらにぶつかりながら生きざるをえなくなる。それでも苦しみを受けとめ，たじろがずに生きていくとき，私たちの能動性は強化され，現実と深くかかわるようになり，経験を成り立たせることができる，と述べている。

1．「経験」ということを中心にまとめていない点で，妥当ではない。

2．正しい。筆者のいう「経験」の説明になっている。

3．「矛盾や障害を拒否せず受け入れる」は少々ずれた表現なので，誤り。本文に「矛盾や障碍にたじろぐことなく生きていく」とある。また，「経験」を中心にまとめておらず，「経験の根源である……」以下も本文には書かれていない。（注「障碍（しょうがい）」は，現代表記では「障害」と書き替えている）

4．「私の自立が達成される」が，妥当ではない。

5．「他者からの脅かしに……」以降が不適当である。

正答　2

B日程

No. 210 文章理解　現代文（要旨把握）　平成11年度

次の文の要旨として妥当なものはどれか。

〈自己中心化〉というのは，身が自己組織化することによって自己を中心にして世界とかかわることです。そのような中心化に応じて自然というものが差異化され，意味をもったものとして分節化されてくる。それはまた時間のなかでの関係化ですから，同時に歴史化でもあります。身はすでに分節化され制度化された，意味をもった文化的世界のなかに生まれ，それを受け容れながら，同時にまた文化的分節を集合的に再分節化することによって自己組織化します。

中心化というのは関係化の否定ではなくて，まさに関係化の一面であり，他との関係において中心化が行われます。そのような他なるものに現実的に，あるいは仮設的に中心を移すことによって，〈脱中心化〉が行われます。自分の身の原点が〈いま・ここ〉ですが，中心化だけであれば〈いま・ここ〉以外はない。その〈いま・ここ〉に癒着した視点を仮設的に変換することによって，別な時，別な場所も〈いま・ここ〉になりうるという交換可能性が把握される。そのことによって時・空間の把握も可能になってくる。また他者との関係という対他的な関係でいえば，人の身になるという操作でもあるわけです。つまり私は他者の視点に身を置くことによって，他者との関係のなかで自己を再組織化し，自己に再中心化する。

それによって，最初にあった自他未分の共生的な中心化を脱し，他者と自己自身とのかかわりのなかで自己形成を行ってゆく。だから脱中心化は無中心化ではなく，より広いかかわりのなかで再中心化を行うことです。中心化─脱中心化─再中心化というダイナミックな過程のなかで，自他の人称的・役割的な交換可能性と，つねに〈いま・ここ〉である原点としての身の交換不可能性との双極的な把握において自己が自覚され，形成されてゆきます。

1　人は，自己中心化─脱中心化─再中心化という過程を経ることによって，〈いま・ここ〉における他者と自己との関係は固定的なものであることに気づくようになる。

2　人は，自分の身の原点が常に固定されている場合には自分中心に存在する世界しか認識できず，他者とのかかわりを通して自己を形成していくことができない。

3　人は自己を世界の中心に置いて世界を制度化することによって，より広い世界が認識できるようになる。

4　人は自己を中心に置いて世界を分節化するが，やがて，他者の視点に立ち他者とかかわることで自己を再組織化して再び新しい世界を作り，その過程の中で自己を形成していく。

5　人は，脱中心化によって自己中心の〈いま・ここ〉の世界から外の世界へ視点を移し，他者の存在を認識するようになるが，それにより他者への理解が深まり，よりよき自己を形成していく。

解説

自己の中心化──脱中心化──再中心化というダイナミックな過程を経て，自分と他者との人称的・役割的な交換可能性と，自分の身の原点（〈いま・ここ〉）の交換不可能性が把握でき，自己が自覚され，形成されることが述べられた文章である。

1．他者と自己との関係は固定的なものではなく，本文では交換可能なものであると述べられているので，誤り。

2．本文の一部分しか述べられておらず，全体の要旨としては妥当でない。要旨としては自己が形成されていく過程まで触れる必要がある。

3．世界を制度化するのではなく，自己を中心化（組織化）させ，さらに人の身になること，他者の視点に身を置くこと（脱中心化・分節化・制度化）で，他者との関係の中で自己を再組織化（再中心化・再分節化・再制度化）し，自己が自覚され，形成されるとあるので，誤り。

4．正しい。

5．他者への理解が深まって，自己形成されるのではなく，他者とのかかわりの中で自己形成される。ゆえに，誤り。

正答　4

数学　物理　化学　生物　地学　文章理解　判断推理　数的推理　資料解釈

No. 211 文章理解　現代文（内容把握）　平成11年度

ア～オのうち，次の文の内容と一致するものの組合せとして妥当なものはどれか。

すべてのものごとは，同時に二つのヴェクトルをもって動いているのではなかったか。家族愛は美しい。しかしこれは家族エゴの原因でもある。人はみな生れ故郷を愛しなつかしむ。しかし郷土愛は地域エゴのもう一つの形態でもある。愛国心が何故悪いか，という人がいる。歴史をひもとくまでもあるまい。愛国心は自民族中心主義に結びつき，多くの戦争と殺戮の原因をなしてきた。問題は絶えず動いている二分法が硬直化して実体論的二項対立になってしまうこと，自/他が分けられることではなくて，他者が客体化され，対象化されることではあるまいか。実体と錯視される〈他者〉の痛みは，実体として錯視される〈我〉に共有できるはずがない。

しかし，動きが絶えず形となろうとする一方，形は絶えず突き崩されて動きに戻るのではないだろうか。すべては同時にAであり非Aである。よく知られたわらべ歌に「かごめ，かごめ」というのがある。「かごめ　かごめ　かごのなかの鳥は　いついつ出やる　夜明けの晩に　つるとかめがすべった　うしろの正面だあれ」

この歌では「夜明け」と「晩」，「うしろ」と「正面」というまったく逆の時間と空間が同時に現出している。「かごめ」にしてからが「籠目」なのか「かこめ」なのか「かがめ」なのか「かもめ」なのか。

一方では自己同一性をもつ実体と錯視されるコードの世界が，他方では永遠の運動に向かって開かれる〈コードなき差異〉がある。これこそ，一切の指向対象を生み出す以前の差異であり，「きれいで汚いもの」，「とまっていて動くもの」なのではあるまいか。

ア　この世の中のすべての事象は，さまざまな方向性を同時に携えている。
イ　人間が他人と痛みを共有できないのは，他者を実体として錯視してしまうからである。
ウ　ある事象を二分法で認識すること自体に問題がある。
エ　「かごめ，かごめ」の歌には，解釈の定まらない事象を客体化しうる言葉が使われている。
オ　すべての事象は自己同一性を持つ実体である。

1　ア，イ
2　ア，エ
3　イ，オ
4　ウ，エ
5　ウ，オ

解説

ア：誤り。さまざまな方向性ではなく，本文冒頭で「同時に二つのヴェクトルをもって動いている」と述べられ，また，第二段落で「すべては同時にAであり非Aである」と述べられている。

イ：正しい。第一段落で「実体と錯視される〈他者〉の痛みは，実体として錯視される〈我〉に共有できるはずがない」と述べられている。

ウ：誤り。「問題は絶えず動いている二分法が硬直化して実体論的二項対立になってしまうこと，自/他が分けられることではなくて，他者が客体化され，対象化されること」と述べられているように，二分法で認識することではない。

エ：誤り。「かごめ，かごめ」の歌は，「すべては同時にAであり非Aである」ことを表す歌として挙げられている。

オ：正しい。本文では「すべては同時にAであり非Aである」と述べたうえで，第五段落でAに相当する「自己同一性をもつ実体と錯視されるコードの世界」と，非Aに相当する「永遠の運動に向かって開かれる〈コードなき差異〉」があると述べられている。したがって，すべての事象は「自己同一性を持つ実体」である。

よって，正答は**3**である。

正答　3

次の文中の空欄にア～エの文を正しい順序に並べ替えて入れるとき，その順序として妥当なものはどれか。

ものが名をもち，あるいは命名され，ひとがものの名を知り，ことばを知ることは，必ずしも私たち人間に幸いばかりをもたらしたのではなかった。まず，名やことばを知ることによって，命名されぬ以前のものを直接見ることができなくなる，ということがある。もう少し正確にいえば，名や既成のことばにとらわれて，虚心にありのままのものを見にくくなる。そして，もともと名やことばは，ものやことをそのまま表わすわけではないが，とくにことばと事物とのギャップが大きい時代になると，多くの場合，人々は，事物と離れた名やことばばかりを相手にせざるをえなくなる。

詩人によって「ことばを知った」ことが呪詛されたり，言語的コミュニケーションにかわる非言語的コミュニケーションが重視されるようになったりするゆえんである。だが，「ことばを知った」ことを呪詛する詩もことばによって書かれているわけだし，非言語的コミュニケーションも，これを正当に位置づけ，基礎づけようとすれば，言語によって，言語理論との結びつきにおいてはじめてなされよう。沈黙もまた，それが深い意味をもちうるのは，ただ，言語活動との緊張関係のうちに，あえて黙っているときだけである。

ア　思うに，それは，言語活動が人間と深く結びついて，切っても切れない――否定しても否定をとおして結びつく――関係にあるからであろう。

イ　そして，言語は，その本来の姿においても，ものごとを直接そのまま表わすわけではない。

ウ　すなわち，これらの例を通じてうかがえるように，言語の拒否は，裏側から逆に言語の存在を確立することになるというパラドックスが，そこにはある。

エ　むしろ，なにかを直接に隠すことによって表現する。それが言語表現というものであろう。

1　イ　ア　エ　ウ
2　イ　ウ　ア　エ
3　ウ　ア　イ　エ
4　ウ　イ　エ　ア
5　エ　ウ　イ　ア

解説

空欄の前では，詩人による「ことばを知った」ことへの呪詛，非言語的コミュニケーション，沈黙の例が挙げられ，いずれも言語の関係で正しく位置づけられ，意味を持つことが述べられている。ここへつながる文章は，選択枝からイ，ウ，エを検討すれば，「すなわち，これらの例を通じて」とあるウが最適である。「これらの例」は前述した詩人による「ことばを知った」ことへの呪詛，非言語的コミュニケーション，沈黙が当てはまる。ウでパラドックス（逆説）がある点が触れられ，それは「否定しても否定をとおして結びつく――関係」にあると述べられているアへと続く。その後には，言語は「ものごとを直接そのまま表わすわけではない」と述べるイ→「むしろ，なにかを直接に隠す」と述べるエにつながる。

よって，正答は**3**である。

正答　3

市役所上・中級

B日程

No. 213 文章理解　英文（要旨把握）　平成11年度

次の文の要旨として妥当なものはどれか。

It is often said that the Japanese are not a religious people. I wonder if this is not a mistake arising from the fact that relations between gods and men continue to be uncomplicated. Many things that are in their way religious, therefore, do not strike us Westerners as such. They are not absolute and inexorable enough. The observances of Shinto are not earnest enough to be acknowledged as religious. The essential element of the religious, the recognition of gods, is present all the same, and so perhaps the Japanese are more religious than the common view has them to be.

1　日本の神道の行事は生活と密接な関係を持っており，西洋人に比べて日本人は宗教を重んずる国民といえる。

2　日本における神々と人間の関係は西洋人からは理解されにくいが，日本人は通常いわれているよりも宗教的である。

3　日本の神道は西洋の宗教と違い，完全さを厳しく追求しないので，宗教とはいえない。

4　日本人は，根本には神を人間の生活にとって不可欠なものと思う気持ちを持っており，西洋人と違う形ではあるが十分宗教的である。

5　日本人は神道の行事に宗教的意味を置いていないので，西洋人から見ると，そこに宗教的真剣さがあるとは思えない。

解説

全訳〈日本人は無宗教な人々だとしばしばいわれる。これは神と人間の間の関係が単純であり続けたという事実から生じた誤解ではないだろうかと私は思う。彼らにとっては宗教的な多くのものごとが，われわれ西洋人にはそういうものとして思えないのである。日本人は極めて絶対的で，無情ということではない。神道行事が非常に熱心なものではないため，宗教とは認められていないのである。それでもなお宗教の本質的要素，神の認識は存在し，だから多分，日本人は一般にそう見られる以上にもっと宗教的なのである。〉

1．日本の神道の行事が生活と密接な関係を持っているとは述べられていないので，誤り。

2．正しい。

3．日本の神道が「西洋の宗教と違い完全さを厳しく追求しない」とは述べられていないので，誤り。

4．日本人が神を人間の生活にとって不可欠なものであると思っているとは述べられていないので，誤り。

5．日本人が「神道の行事に宗教的意味を置いていない」とは述べられていないので，誤り。

正答　2

No. 214 文章理解　英文（要旨把握）　平成9年度

次の文の要旨として妥当なものはどれか。

Even when a first-class author has enjoyed immense success during his lifetime, the majority have never appreciated him so sincerely as they have appreciated second-rate men. He has always been reinforced by the ardour of the passionate few. And in the case of an author who has emerged into glory after his death the happy sequel has been due solely to the obstinate perseverance of the few. They could not leave him alone ; they would not. They kept on savouring him, and talking about him, and buying him, and they generally behaved with such eager zeal, and they were so authoritative and sure of themselves, that at last the majority grew accustomed to the sound of his name and placidly agreed to the proposition that he was a genius ; the majority really did not care very much either way.

1　作家の真の価値は彼を理解する少数の支持者が存在するかどうかにかかっており，多くの人に人気があるからといって一流とはいえない。

2　一流の作家が評価されその名をとどめるのは，少数の賛美者が熱心に支持し続けるおかげである。

3　真に一流の作家は，少数の熱心な賛美者だけでなく多くの人によって理解され支持されるものである。

4　一流の作家は少数の真の理解者に支持されるのに対し，二流の作家はむしろ多くの人に好まれ支持される。

5　真に一流の作家は初めはだれにも認められないとしても，時代を経るといずれは多くの人の高い評価を受けるものである。

解説

全訳〈一流作家が生涯のうちに大成功を博したときでも，多くの人は二流の作家を評価するほどには彼を心から評価しようとはしない。一流作家を支持してきたのは，常に少数の熱烈なファンの熱意である。ある作家が死後になって栄誉を受けることがあれば，そのような幸いな成り行きをもたらしたのは，ひとえに少数のファンの強い忍耐のおかげである。そのようなファンは作家を放っておくことができないし，そうするつもりもない。彼らは作品を読み続け，作家について語り続け，作品を買い続け，いつもそのように熱心に振る舞う。彼らは厳然として揺るぎのない確信を持っているため，ついには大衆もその作家の名前になじみ，彼が天才であったという考えに次第に同意する。どの道大衆は，実のところどちらでも大してかまわないのである。〉

1．「作家の真の価値」が「少数の支持者が存在するかどうかにかかっている」とは述べていない。「一流の作家」が少数の人々に支持されることを述べているので，誤り。

2．正しい。第2文以降で述べられている。

3．多くの人が賛美するのが真に一流の作家であるとは述べていないし，一流の作家について「真」か否かという区別もしていないので，誤り。

4．冒頭の部分とは合っているが，一流の作家と二流の作家の支持者の比較にポイントがあるのではない。第2文以降は一流の作家を支持する少数者をテーマにしているので，誤り。

5．少数の人々に支持され続けることによって，やがて多くの人の評価を得ることがあると述べているので，誤り。

正答　2

市役所上・中級

C日程

No. 215 文章理解　英文（内容把握）　平成11年度

次の文の内容と一致するものはどれか。

A human being is an animal that tells lies. On the average, a person tells a lie once every eight minutes. The total for one day comes to nearly 200, according to a psychology report in the United States. A "lie" sounds serious, but in this case, the lies consisted of statements and conversations in workplaces and in connection with work. Therefore, compliments and flattery such as, "That dress is very becoming!" or "Sacrifice sale! Only ¥100!" were perhaps included among "lies."

The frequency of telling lies is high among store clerks, receptionists, doctors, politicians, journalists and lawyers. It can be said that the frequency is high in those occupations that call for contact with people and for asking people for something. For instance, one makes a request, "Please give me just 15 minutes of your time," when wanting to interview a busy person for a whole hour. This is a lie. But the report concluded with an emphasis on the importance of daily "small lies," pointing out that lies are a necessity in maintaining the normal social functions.

1 Since lying is morally detested, we seldom tell lies.
2 Compliments and flattery are the sort of lies that are most disliked.
3 Occupations such as politicians and lawyers require diligence.
4 Human society cannot function properly if it were not for small lies.
5 However trivial, lies hinder people from communicating smoothly.

解説

全訳〈人間はうそをつく動物である。平均すると，8秒間に1回うそをついている。アメリカ合衆国の心理学の報告によると，1日の合計はほとんど200回近くになる。うそというと深刻に聞こえるが，この場合，うそは職場や仕事上の人間関係に関する意見や会話から成り立っている。それゆえ，「その服はよく似合っているね」「赤字セール！　たった100円！」といったお世辞やへりくだりはおそらく「うそ」に含まれている。

うそをつく頻度は店員や受付係，医者，政治家，ジャーナリスト，弁護士で高い。頻度は人と接触を求めたり，何か人に頼むような職業で高い。たとえば，忙しい人に丸1時間インタビューしたいとき，ある人が「15分だけお時間いただけないでしょうか」とお願い事をするとしよう。これはうそである。しかし，この報告は普通の社会的機能を維持していく際に，うそは必要であるということを指摘し，日常の「小さなうそ」の重要性を強調して終わった。〉

1.「うそは道徳上嫌われるので，われわれはめったにうそをつかない」。本文では，人間はうそをよくつくことが述べられているので，誤り。

2.「お世辞やへりくだりは最も嫌われるうその一種である」。お世辞やへりくだりにはうそが含まれていることが述べられているだけで，最も嫌われるうそとはされていないので，誤り。

3.「政治家や弁護士のような職業は勤勉さが要求される」。本文では政治家や弁護士などがうそをつきやすいと述べられているので，誤り。

4. 正しい。「人間社会は，小さなうそがなければ，ほとんど機能することはできない」。

5.「どんなにささいなものでも，うそは人々のコミュニケーションをスムーズに行えないようにする」。小さなうそは社会が機能するうえで大切であることが述べられているので，誤り。

正答　4

No. 216 C日程 文章理解 英文（内容把握） 平成11年度

次の文の内容と一致するものはどれか。

High-tech advances in genetics will be paralleled by a variety of decidedly low-tech interventions to help prevent, or in some cases even reverse, disease. If, for example, a person's genetic map reveals a heightened chance of heart disease, then a number of simple lifestyle change —— don't smoke, get lots of exercise, eat your vegetables —— can substantially reduce the risk. Though this may sound like a pretty modest prescription for such a major killer, it has proved effective and cost-efficient. "If people make these intensive changes, serious heart disease is reversible," says Dean Ornish. "Given the fact that last year in the U.S. some $20 billion was spent on heart surgery, it's clear that there are ways to make this kind of health care available at a much lower cost." Ornish is currently studying whether what is true of heart disease is also true of prostate cancer, diabetes and hypertension. If so, a new medical paradigm might soon emerge : treat the patient, not the disease.

1 心臓病をはじめとする命にかかわる病気の治療には，普段の生活態度を改善するだけでは効果がなく，ハイテク治療が何より効果的である。

2 これからの医療では，心臓病などの病気の治療にも精神的なケアをとり入れていく必要がある。

3 心臓病にはロウテクの治療法が有効であることが証明されたため，費用のかかるハイテクを駆使した遺伝子治療は次第になされなくなっていくだろう。

4 これからの医療では，病気そのものを扱うのではなく，患者を総合的に扱っていくようになるだろう。

5 生活態度の改善は，心臓病だけでなく，がんなどの他の病気の治療にも効果的であることが証明された。

解説

全訳〈遺伝子におけるハイテク治療の進歩は，場合によっては逆行するが，病気の予防の助けとなる，明らかに一種のロウテク治療と比較されるだろう。たとえば，もし，人の遺伝子地図が心臓病にかかる高い確率を明らかにするなら，そのとき，たばこを吸わず，十分な運動をし，野菜を食べるような質素な生活様式に変えることは十分に心臓病のリスクを減らすことができる。このことは，そういった重大な殺し屋（致命的要因）にとってはかなり適切な処方箋のように聞こえるけれども，効果的で費用効率がよいことを証明してきた。「もし人々がこのように激しく変わるならば，重い心臓病は回復する」とディーン＝オルニッシュは言っている。「アメリカでは昨年約200億ドルが心臓病治療に使われたという事実があるが，もっと低コストで代替できるこの種のヘルスケアをする方法があることは明らかだ」。オルニッシュは心臓病についていえることが，前立腺がん，糖尿病，高血圧症においてもいえるかどうかについて，目下研究している。もしそうであるなら，すぐに新しい医学の典型は病気を扱うのではなく，患者を扱うようになるかもしれない。〉

1．本文ではハイテク治療が何より効果的とされてはおらず，ロウテク治療や生活態度の改善などを含む患者自身の生活改善を述べているので，誤り。

2．精神的なケアだけではなく，生活の改善が具体的に挙げられているので，誤り。

3．費用のかかるハイテク治療が次第になされなくなっていくとは述べられていないので，誤り。

4．正しい。

5．生活態度の改善の例は心臓病で述べられているだけであるので，誤り。

正答 4

市役所上・中級

C日程

No. 217 文章理解　英文（内容把握）　平成9年度

次の文の内容と一致するものはどれか。

A lot of westerners have the misimpression that Japan has been in a prolonged recession, which is technically not true. Japan has been growing in fits and starts*. This is a country where the size of the labor force peaked about a year ago.

In most economies, you're looking for economic growth mainly to create new jobs. Japan doesn't need to do that very much now. In fact, perhaps a bigger worry for Japan is how to fill the jobs that are going to come open. Japan may face a situation like it did back in the bubble years, when it has to look to immigrant labor for much more of its work force than it does today. So, even though I think economic growth will be still pretty modest for the foreseeable future, I don't see that as a huge concern. I think Japan will muddle along.

*in fits and starts　ときどき思い出したように

1　欧米人は，日本の長期不況は終わりつつあるという間違った印象を持っている。
2　日本は1年前には労働力の規模がピークであったが，その後急速に労働需要は落ち込んでいる。
3　今の日本の気がかりは，増大する失業者に対してどう雇用を提供するかという点である。
4　日本は労働需要を満たすため，今以上に外国人労働者に頼らなければならないという，バブル期に経験したような状況になるかもしれない。
5　近い将来の日本経済はまあまあの状態が続くとしても，日本人が現状を懸念材料と見ていない点が問題である。

解説

全訳〈日本は長引く不況にあるという間違った印象を持っている欧米人は多いが，その印象は厳密にいえば真実ではない。日本はときどき思い出したように成長してきた。この国は労働力の規模が1年前にピークに達してしまった国である。

ほとんどの経済では，主として新たな雇用を創出するという理由で経済成長を期待している。日本では今や新たな雇用の創出はあまり必要とされていない。実際に，日本にとっての大きな懸念は，たぶん開放されつつある雇用をどのような方法で満たすことができるかということであるだろう。日本は今日以上に外国人労働者に労働力の多くを依存しなければならないという，バブル期に戻ったような状況に直面するかもしれない。それゆえ，経済成長はまだ当面かなり緩やかなままだろうと私は考えているが，大きな懸念材料とは考えていない。私は日本がその場しのぎでやっていくだろうと思う。〉

1．本文冒頭で述べられている間違った印象は，日本の長期不況が終わりつつあるという印象ではないので，誤り。
2．労働需要の落込みについては述べられていないので，誤り。
3．失業者の増大に関しては具体的に述べられていないので，誤り。
4．正しい。
5．本文の著者が日本に対して懸念材料はないと見ているので，誤り。

正答　4

No. 218 A日程 文章理解 英文（内容把握） 平成10年度

次の文の内容と一致するものはどれか。

There are many fairy tales in which the disparate aspects of one personality are projected onto different figures, such as one of the stories of the Thousand and One Nights, “Sindbad the Seaman and Sindbad the Porter.” Often called simply “Sindbad the Sailor” and occasionally “Sindbad's Marvelous Travels”, this story shows how little those who take the true title away from this tale understand what is essential to the story. The altered names stress the story's fantastic content, to the detriment of its psychological meaning. The true title suggests immediately that the story is about the opposite aspects of one and the same person : that which pushes him to escape into a faraway world of adventure and fantasy, and the other part which keeps him bound to common practicality — his id and his ego, the manifestation of the pleasure principle and the reality principle.

1 おとぎ話の主人公はしばしば複数の人間のいろいろな個性を一身に背負って登場してくる。

2 『シンドバッドの不思議な旅』の物語は，船乗りシンドバッドと荷担ぎシンドバッドの２人が旅をする話である。

3 『船乗りシンドバッドと荷担ぎシンドバッド』の表題から荷担ぎシンドバッドの部分を削ってしまった者は，この物語の本質をほとんど理解していない。

4 この物語の元の表題には，現実の世界から空想の世界へ逃避したいという人間の強い願望が反映されている。

5 この物語の改変された表題は，人間の快楽を求める側面であるイドと現実に適応しようとする側面であるエゴとの葛藤を暗示している。

解説

全訳〈童話には，１人の人物の相反する面が別々の登場人物に投影されているものが多いが，その例として千一夜物語の中にある『船乗りシンドバッドと荷担ぎシンドバッド』がある。この話はしばしば簡単に『船乗りシンドバッド』，また，ときには『シンドバッドの不思議な旅』とも呼ばれるが，この話を読めば原題を削った人々がいかにこの物語の本質を理解していないかがわかる。改題は物語の空想的な内容を強調しすぎて，その心理学的な意味を損ねている。原題なら，その物語が同一人物の相反する側面を描いていると即座にわかる。その側面とは，冒険とファンタジーに満ちた遠くの世界へ逃避するよう駆り立てる面と，他方では平凡な現実に縛りつけておく面とである。すなわちイドとエゴ，快楽原理と現実原理とを表している。〉

1．本文では「１人の人物の相反する面が別々の登場人物に」とあるので，「複数の人間のいろいろな個性を一身に背負って」が誤り。

2．「２人が旅をする」とは書かれていないので，誤り。

3．正しい。原文の５～６行目に該当する。

4．これのみでなく，相反する面も投影しているとあるので，誤り。

5．「改変された表題」ではなく，「もとの表題」が暗示しているのである。よって，誤り。

正答 3

市役所上・中級 B日程

No. 219 文章理解 英文（内容把握） 平成9年度

次の文の内容と一致するものはどれか。

For a people taught from childhood not to draw attention to themselves, the Japanese sure do love to sing in front of others.

According to one estimate, about 16.5 million times a day, somebody in Japan grabs a microphone and sings, accompanied by recorded music.

But karaoke, as this Japanese phenomenon is called, is more than just a way for drunken "salarymen" to release the day's tensions. Its popularity is so broad, and its devotees so eager to spend money to hear themselves sing, that karaoke has become the product every branch of Japan's variegated electronics industry wants to cultivate, and sell, as its own.

With $10 billion a year in sales at stake, karaoke has become the test application for many of the most advanced audio, video, computer and telecommunications technologies being developed in Japan.

Video disks, high-definition television, cable television, computer networks, personal computers, even car navigation systems, have been harnessed to provide music to which one can sing along.

Throughout the world there is still some doubt as to what all the new interactive video and 500-channel cable systems will be used for. In Japan at least, karaoke will be one of the answers.

1 日本人は，子供の頃は歌うことに興味がないのに，大人になると人前で歌うのが好きになる。

2 カラオケの人気は広範囲にわたっているので，多様な電子工学産業が育成，販売したがる製品となった。

3 現在カラオケは，10億ドル市場に成長し，音響や映像，コンピュータや通信の市場をはるかに超えている。

4 ビデオ・ディスク，コンピュータ・ネットワーク，パーソナル・コンピュータ，そしてカー・ナビゲーション・システムなどは，それに合わせて歌える音楽を提供するのには不向きである。

5 日本ではカラオケが行き渡っているので，双方向テレビや500チャンネルを持つケーブルテレビなどは必要とされないであろう。

解説

全訳〈自分自身に注意を引かないよう子供の頃から教えられてきた民族の割には，日本人は他人の前で歌うことが本当に好きである。

ある推計によると，日本では1日におよそ1,650万回も，録音された音楽に合わせてだれかがマイクを握り，歌を歌っているのである。

しかし，このようなカラオケと呼ばれている日本の現象は，酔っ払った「サラリーマン」がその日一日の緊張感を解きほぐすための唯一の方法というどころか，それ以上のものである。その人気は大いに広がり，カラオケ好きが自分が歌うのを聞くために金をつぎ込むことに熱狂した結果，カラオケは，日本のさまざまな電子工学産業部門が自社製品として開発し販売したい製品になった。

年間販売金額100億ドルをかけて，カラオケは，日本で開発されたオーディオ，ビデオ，コンピュータ，そして遠隔通信技術といった最先端技術のほとんどに適応できる試作品となった。

ビデオ・ディスク，高画質テレビ，ケーブルテレビ，コンピュータ・ネットワーク，パーソナル・コンピュータ，さらにカー・ナビゲーション・システムに至るまで，それに合わせて歌うことのできる音楽を提供するのに利用されてきている。

世界的に，新しい双方向ビデオテレビや500チャンネルのケーブルテレビ・システムはなんのためにこれから利用されていくのかということについて，まだいくらかの疑問がある。少なくとも日本では，その疑問の一つの答えとなるものがカラオケなのである。〉

1．子供の頃は歌うことに興味がないということは述べられていないので，誤り。

2．正しい。

3．カラオケは100億ドル市場に成長したとあるので，誤り。

4．「ビデオ・ディスク……カー・ナビゲーション・システムなどは」，それに合わせて歌える音楽が提供できるようになってきているので，誤り。

5．日本では新しい双方向ビデオテレビや500チャンネルのケーブルテレビ・システムがカラオケに利用されるだろうと述べられているので，誤り。

正答 2

市役所上・中級 C日程

No.220 判断推理 命題と論理 平成23年度

「バレエを見たことがある人は，オペラを見たことがない」という命題が成立するために必要な命題の組合せはどれか。

ア：バレエを見たことがある人は，ミュージカルを見たことがない。
イ：バレエを見たことがない人は，ミュージカルを見たことがある。
ウ：バレエを見たことがない人は，ミュージカルを見たことがない。
エ：オペラを見たことがある人は，ミュージカルを見たことがある。
オ：オペラを見たことがない人は，ミュージカルを見たことがない。

1 アとエ
2 アとオ
3 イとエ
4 イとオ
5 ウとエ

解説

バレエを見た人を「バ」，バレエを見ていない人を「$\overline{\text{バ}}$」のように表すと，問題の命題は，ア：バ→$\overline{\text{ミ}}$，イ：$\overline{\text{バ}}$→ミ，ウ：$\overline{\text{バ}}$→$\overline{\text{ミ}}$，エ：オ→ミ，オ：$\overline{\text{オ}}$→$\overline{\text{ミ}}$となる。また，導き出す命題は，バ→$\overline{\text{オ}}$と表せる。よって，バから$\overline{\text{オ}}$につなげることを目標にする。

まず，アを用いれば，バ→$\overline{\text{ミ}}$となるが，これだけでは$\overline{\text{オ}}$につながらない。そこで，次に各命題の対偶を考える。命題の逆および裏は必ずしも真ではないが，対偶は常に真であるからである（これは，図のようにA→Bを図示したとき，$\overline{\text{B}}$の集合が，$\overline{\text{A}}$の集合に含まれていることからわかる）。

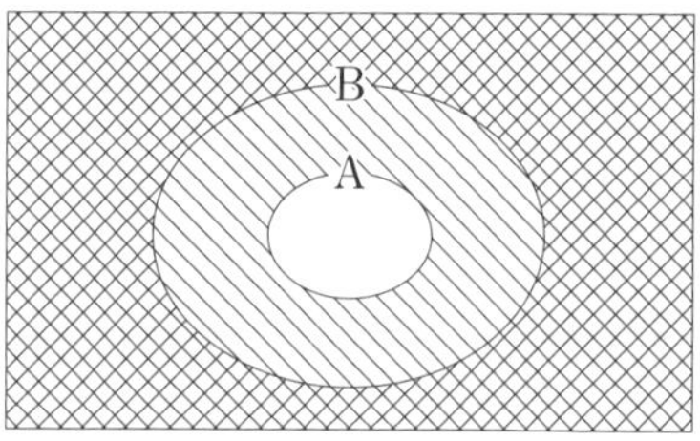

問題の各命題の対偶は，ア対：ミ→$\overline{\text{バ}}$，イ対：$\overline{\text{ミ}}$→バ，ウ対：ミ→バ，エ対：$\overline{\text{ミ}}$→$\overline{\text{オ}}$，オ対：ミ→オとなる。

ここで，アとエ対を合わせて考えると，バ→$\overline{\text{ミ}}$→$\overline{\text{オ}}$となり，導き出したい命題バ→$\overline{\text{オ}}$が導かれることになる。よって，アとエを含む**1**が正答である。

正答 1

判断推理　命　題　平成29年度

あるクラスで海外旅行の経験についてアンケートを取ったところ，次のことがわかった。

○　イタリアに行ったことがある人はエジプトに行ったことがない。

○　ペルーに行ったことがある人は中国に行ったことがない。

このとき，「エジプトに行ったことがある人は中国に行ったことがない」をいうためには，次のうちどの条件があればよいか。

1　中国に行ったことがない人はイタリアに行ったことがない。

2　エジプトに行ったことがある人はペルーに行ったことがない。

3　イタリアに行ったことがない人はペルーに行ったことがない。

4　中国に行ったことがある人はイタリアに行ったことがない。

5　ペルーに行ったことがない人はイタリアに行ったことがある。

解説

命題を論理式で表す（「行ったことがない」を$\overline{\qquad}$で表す）。

①イタリア→$\overline{\text{エジプト}}$

②ペルー→$\overline{\text{中国}}$

を使用して，「エジプト→$\overline{\text{中国}}$」を作ることを考える。①の対偶である「エジプト→$\overline{\text{イタリア}}$」を使用すると，「エジプト→$\overline{\text{中国}}$」の最初と最後が与えられているので，次のようにまとめることができる。

求める命題：エジプト ――――――――――→ $\overline{\text{中国}}$

条件の命題：エジプト→$\overline{\text{イタリア}}$　　　ペルー→$\overline{\text{中国}}$

（エジプト→$\overline{\text{イタリア}}$：①の対偶，ペルー→$\overline{\text{中国}}$：②）

これより，「$\overline{\text{イタリア}}$→ペルー」もしくは対偶の「$\overline{\text{ペルー}}$→イタリア」があれば，求める命題のように三段論法でつながることがわかる。

よって，正答は**5**である。

正答　5

ある社員食堂において，注文されたメニューについて次のことがわかっているとき，確実にいえるのはどれか。

・ラーメンを注文した人は，サラダを注文しなかった。
・八宝菜を注文した人は，唐揚げを注文しなかった。
・唐揚げを注文しなかった人は，ラーメンを注文した。

1 唐揚げを注文した人は，サラダを注文しなかった。
2 八宝菜を注文した人は，サラダを注文しなかった。
3 八宝菜を注文しなかった人は，サラダを注文した。
4 サラダを注文しなかった人は，唐揚げを注文しなかった。
5 ラーメンを注文した人は，八宝菜を注文した。

解説

命題を論理式にして考える。論理式で表すと次のようになる。ここで上線は「注文しなかった」という否定を表す。

・ラーメン→$\overline{\text{サラダ}}$……①
・八宝菜→$\overline{\text{唐揚げ}}$……②
・$\overline{\text{唐揚げ}}$→ラーメン……③

②→③→①の順につなげると次のようになる。

八宝菜→$\overline{\text{唐揚げ}}$→ラーメン→$\overline{\text{サラダ}}$

この論理式を使用して，選択肢を検討する。

1．誤り。「唐揚げ→$\overline{\text{サラダ}}$」となり，問題文の論理式からは導くことができない。
2．正しい。「八宝菜→$\overline{\text{サラダ}}$」となり，問題文の論理式から確実にいえる。
3．誤り。「$\overline{\text{八宝菜}}$→サラダ」となり，問題文の論理式の裏になり，確実にはいえない。
4．誤り。「$\overline{\text{サラダ}}$→$\overline{\text{唐揚げ}}$」となり，問題文の論理式の逆になり，確実にはいえない。
5．誤り。「ラーメン→八宝菜」となり，問題文の論理式の逆になり，確実にはいえない。

正答 2

No. 223 判断推理　論　理　平成25年度

あるサークルの会員について，身長については，高い，中程度，低いに分類し，体重については，重い，中程度，軽いに分類したところ，ア～ウのことがわかった。これらのことから確実にいえるのは，次のうちどれか。

ア　身長が高い人は，体重が軽くない。

イ　身長が低い人は，体重が重くない。

ウ　体重が中程度の人は，身長が高い。

1　体重が重い人で，身長が中程度の人はいない。
2　体重が軽い人は，全員身長が低い。
3　身長が中程度の人で，体重が軽い人はいない。
4　体重が重くない人は，全員身長が低い。
5　身長が高くない人で，体重が中程度の人はいない。

解説

与えられたア～ウの命題について，その対偶を考えると次のようになる。

エ　体重が軽い人は，身長が高くない。

オ　体重が重い人は，身長が低くない。

カ　身長が高くない人は，体重が中程度ではない。

この場合，身長，体重とも三段階に分類されているので，たとえば「身長が高い」の否定形は「身長が低い」ではなく「身長が高くない」でなければならない。「身長が高い」に該当しない場合，「身長が中程度」と「身長が低い」の２通りがあるからである。

そして，与えられた命題ア～ウ，およびそれらの対偶であるエ～カは，三段論法を組んで推論していく内容になっていないので，各選択肢について，エ～カのいずれかと一致するかどうかを検討すればよい。

1．イの対偶であるオ「体重が重い人は，身長が低くない」より，身長が低くない人には身長が中程度の人も含まれるので，体重が重い人で，身長が中程度の人がいる可能性がある。

2．アの対偶であるエ「体重が軽い人は，身長が高くない」より，体重が軽い人の中に，身長が中程度の人がいる可能性がある。

3．ウの対偶であるカ「身長が高くない人は，体重が中程度ではない」より，体重が軽い人がいる可能性がある。

4．この記述と一致する命題はア～カの中に存在しない。「体重が重くない人は，全員身長が低い」は命題イの逆であるが，原命題が真であっても，その逆が真であるとは限らない。

5．正しい。命題カは「身長が高くない人は，体重が中程度ではない」となっているので，確実である。

正答　5

市役所上・中級

No. 224 C日程

判断推理　論　理　令和元年度

以下の条件から論理的にいえることはどれか。

・時計を買った人は化粧品を買った。

・化粧品を買った人は本を買った。

・時計を買わなかった人は洋服を買った。

1　本を買った人は洋服を買わなかった。

2　時計を買わなかった人は本を買わなかった。

3　化粧品を買わなかった人は洋服を買わなかった。

4　時計を買った人は洋服を買わなかった。

5　本を買わなかった人は洋服を買った。

解説

条件を論理式でまとめる。

時計→化粧品

化粧品→本

$\overline{\text{時計}}$→洋服

3つ目を対偶の「$\overline{\text{洋服}}$→時計」にして1つにまとめると以下のようになる。

$\overline{\text{洋服}}$→時計→化粧品→本

これより，選択肢を検討すると，選択肢**5**の「$\overline{\text{本}}$→洋服」の対偶である「$\overline{\text{洋服}}$→本」は論理的にいうことができる。

以上より，正答は**5**である。

正答　5

市役所上・中級

No. 225 B日程

判断推理　発言からの推理　平成27年度

A，B，C，D，Eの５人が，Aを先頭にしてこの順で縦１列に並んでいる。この５人に，白い帽子３個，黒い帽子２個から各人に１個ずつかぶらせる。５人は自分の帽子の色はわかっており，また自分より前方に並んでいる者の帽子は見えるが，自分より後方に並んでいる者の帽子は見ることができない。白い帽子をかぶっている者は必ず正しいことを述べ，黒い帽子をかぶっている者は必ず正しくないことを述べるとしたところ，Cは全員の帽子の色が判断できて，「Dの帽子の色は黒である」と述べ，Dは「Bの帽子の色は白である」と述べた。このとき，A，B，Eがかぶっている帽子の色の組合せとして，正しいのはどれか。

	A	B	E
1	白	黒	黒
2	白	黒	白
3	黒	白	白
4	黒	黒	白
5	黒	白	黒

解説

Cが全員の帽子の色を判断できるのは，A～C３人が白い帽子をかぶっている場合および，A～C３人のうち２人が黒い帽子をかぶっている場合である。①A～C３人が白い帽子をかぶっている場合，Cは必ず正しいことを述べるので，Cの発言は条件と矛盾しないが，Dは黒い帽子をかぶっているので，その発言は「Bの帽子の色は黒である」でなければならない。②BおよびCが黒い帽子をかぶっている場合，Cは必ず正しくないことを述べるので，「Dの帽子の色は黒である」は条件と矛盾しないが，Dは白い帽子をかぶっているので，その発言は「Bの帽子の色は黒である」でなければならない。③AおよびCが黒い帽子をかぶっている場合，Cの発言は「Dの帽子の色は黒である」，Dの発言は「Bの帽子の色は白である」となり，全体として矛盾が生じない。④AおよびBが黒い帽子をかぶっている場合，Cの発言は「Dの帽子の色は白である」，Dの発言は「Bの帽子の色は黒である」でなければならない。したがって，「A＝黒，B＝白，E＝白」という組合せとなる。

	A	B	C	D	E
①	白	白	白	黒	黒
②	白	黒	黒	白	白
③	黒	白	黒	白	白
④	黒	黒	白	白	白

よって，正答は**3**である。

正答　3

市役所上・中級

No. 226　B日程

判断推理　発言からの推理　平成26年度

A～Eの5人はフィギュアスケートの選手である。この5人の中から大会に出場する代表3人を選出することになり，A，B，Cの3人は次のように予想した。

A 「私は代表に選出されるだろう。Cは代表に選出されるだろう」

B 「私は代表に選出されるだろう。Eは代表に選出されないだろう」

C 「私は代表に選出されるだろう。Dは代表に選出されないだろう」

3人とも，予想の一方は当たったが，もう一方は当たらなかった。このとき，確実にいえるのは次のうちどれか。

1　A，Cは代表に選出された。

2　A，Eは代表に選出された。

3　B，Cは代表に選出された。

4　B，Dは代表に選出された。

5　D，Eは代表に選出された。

解説

まず，Aの予想の前半が当たり，後半が当たらなかったとすると，Aは選出され，Cは選出されない。このとき，Cの予想の前半は当たっていないので，後半は当たりということになり，Dも選出されない（表Ⅰ）。ここで，Bの予想を考えてみる。Bの予想の前半が当たらず（Bは選出されない），後半が当たり（Eは選出されない）だとすると，代表に選出されたのはA1人だけということになってしまう。Bの予想の前半が当たり（Bは選出される），後半が当たらなかった（Eは選出される）とすると，代表に選出された3人はA，B，Eとなり，矛盾しない。次にAの予想の前半が当たらず（Aは選出されない），後半が当たった（Cは選出される）とすると，Cの予想の前半が当たっており，後半は当たっていない（Dは選出される）ので，この段階で，CとDは代表に選出されたことになる（表Ⅱ）。ところが，Bの予想については，前半が当たっていれば（後半は当たっていない），BもEも選出され，前半が当たっていなければ（後半は当たっている），BもEも選出されない，という関係になり，どちらにしても，代表に選出されるのは3人という条件を満たせない。したがって，条件を満たせるのは表ⅠでBの予想の前半が当たっていたときだけであり，代表はA，B，Eの3人である。

表Ⅰ

A	Aは選出される	○	Cは選出される	×
B	Bは選出される		Eは選出されない	
C	Cは選出される	×	Dは選出されない	○

表Ⅱ

A	Aは選出される	×	Cは選出される	○
B	Bは選出される		Eは選出されない	
C	Cは選出される	○	Dは選出されない	×

以上より，正答は**2**である。

正答　2

No. 227 B日程 判断推理 発言からの推理 平成25年度

A～Dの４人が福引に参加したところ，４人のうちの１人が１等に当たった。福引を行う前に，４人は以下のように結果を予想していたが，このうち２人の予想だけが正しく，他の２人の予想は誤りであった。このとき，正しいのはどれか。

A 「私は１等が当たると思う」
B 「Cは１等に当たらないと思う」
C 「Dは１等に当たらないと思う」
D 「Cの予想は当たると思う」

1 １等に当たったのはAである。
2 Bの予想は正しかった。
3 １等に当たったのはCである。
4 Cの予想は誤りだった。
5 １等に当たったのはDである。

解説

まず，CとDが予想として述べた内容の関係を確認しておく。Dは，「Cの予想は当たると思う」と述べているので，Cの予想が正しければDの予想も正しく，Cの予想が正しくなければDの予想も正しくない，という関係にある。ここから，正しい予想をした２人の組合せは，AとB，CとDのどちらかである。そこで，Aの予想が正しいとすると，Aが１等を引いたのでBの予想も正しいが，このとき，C，Dの予想も正しくなってしまう。つまり，Aの予想は正しくない。そうなると，C，Dの予想は正しくなければならず，また，Bの予想である「Cは１等に当たらないと思う」が正しくないのだから，１等に当たったのはCである。

よって，正答は**3**である。

正答 3

市役所上・中級 C日程

No.228 判断推理　文章条件推理　平成28年度

片側2車線ある高速道路の走行車線を，A，B，C，Dの4台の自動車が縦一列に並んで走っている。この後の4台の自動車の動きに関して，次のことがわかっているとき，確実にいえるのはどれか。

ア　4台の自動車は，いずれも一度だけ追い越し車線に出て，他の3台の自動車のうちの2台を追い越し，再び走行車線に戻った。

イ　4台の自動車は，いずれも同じインターチェンジで高速道路から降りた。

ウ　Dは一度も追い越されることがなかった。

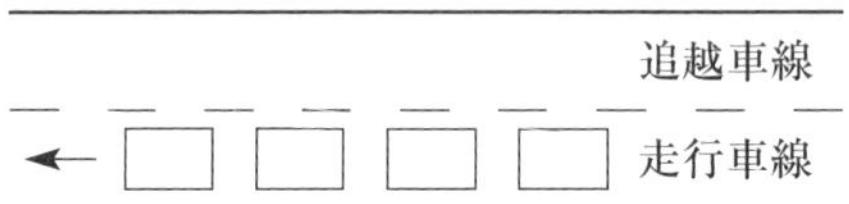

1　AはBに追い越されなかった。
2　Bは，4台のうち最後に高速道路から降りた。
3　BはCを追い越した。
4　CはDに追い越された。
5　Dは，4台のうち最初に高速道路から降りた。

解説

「4台の自動車は，いずれも一度だけ追い越し車線に出て，他の3台の自動車のうちの2台を追い越した」「Dは一度も追い越されることがなかった」という条件から，Dに関する走行順序の変化として，次の図Ⅰ，図Ⅱの2通りが考えられる。ただし，図Ⅰ，図Ⅱとも，P，Q，RがA，B，Cのいずれと対応するかは決定できない。

図Ⅰ

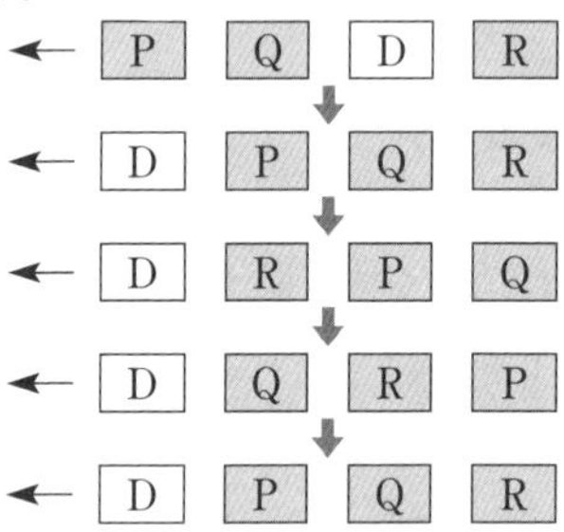

図Ⅱ

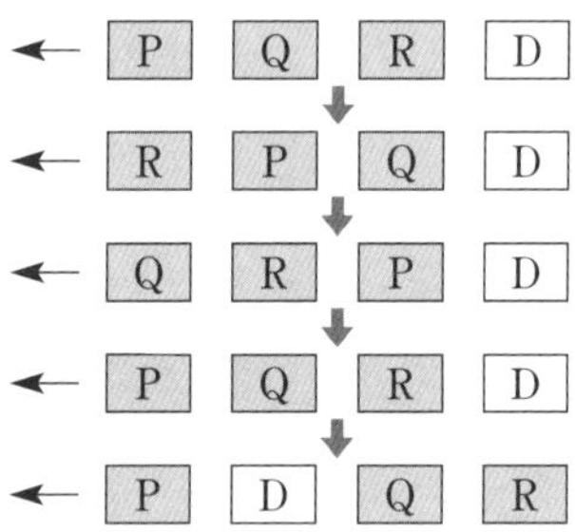

図Ⅰ，図Ⅱのいずれにおいても，P，Q，R間ではそれぞれ他の2台に一度ずつ追い越されることになるので，AはBに追い越されており，**1**は誤りである。図Ⅰ，図Ⅱのどちらにおいても，最後に高速道路を降りた自動車であるRについては，A，B，Cの3台に可能性がある。つまり，最後に高速道路を降りた自動車を確定することはできず，**2**は誤りである。図Ⅰ，図Ⅱのどちらにおいても，Dに追い越されない自動車が1台あるが，これがA，B，Cのいずれであるかは確定できず，**4**も誤りである。また，図Ⅰで最初に高速道路を降りたのはDであるが，図ⅡではPに関してA，B，Cのすべてに可能性がある。つまり，A～Dのいずれも最初に高速道路を降りた可能性があり，**5**も誤りである。**3**については，選択肢**1**に関して述べたとおり，P，Q，R間ではそれぞれ他の2台に追い越されることになるので，BはCを追い越している。

よって，**3**は確実であり，正答は**3**である。

正答　3

判断推理　対応関係　平成27年度

A～Eの５人でプレゼント交換を行うことになった。５人はそれぞれ自分以外の１人にプレゼントを渡し，自分以外の１人からプレゼントを受け取った。これについて以下のことがわかっているとき，正しいのはどれか。

ア　Bにプレゼントを渡した者は，Aからプレゼントを受け取った。

イ　Aにプレゼントを渡した者は，Dからプレゼントを受け取った。

ウ　Eは，自分がプレゼントを渡した相手からプレゼントを受け取った。

1　AはCにプレゼントを渡した。

2　BはEにプレゼントを渡した。

3　CはDにプレゼントを渡した。

4　DはBにプレゼントを渡した。

5　EはAにプレゼントを渡した。

解説

Eは，自分がプレゼントを渡した相手からプレゼントを受け取っているが，条件ア，イより，その相手はA，B，Dのいずれでもない。つまり，EはCとの間でプレゼント交換を行っている。そうすると，Bにプレゼントを渡してAからプレゼントを受け取ったのはD，Aにプレゼントを渡してDからプレゼントを受け取ったのはBである。

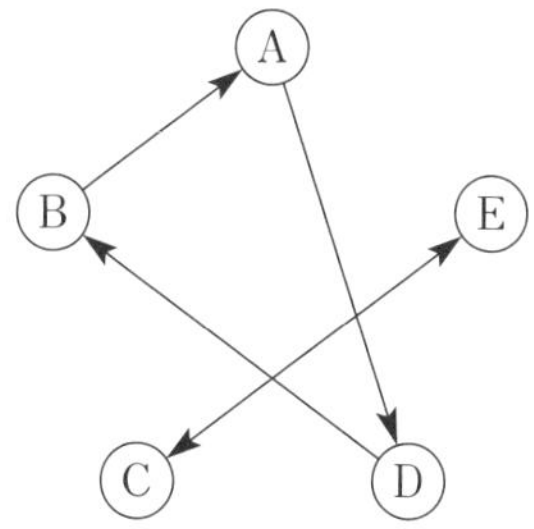

よって，正答は**4**である。

正答　4

市役所上・中級 C日程

No.230 判断推理 対応関係 平成26年度

A～Fの６人にTシャツを１枚ずつ配布することになった。Tシャツの色はピンク，イエロー，ブルーの３色で，サイズはそれぞれの色にMとLの２通りがあり，全部で６種類である。６人には事前に色とサイズについての希望を確認し，在庫があれば希望どおりに配布する。希望するTシャツの在庫がない場合は，希望と同色でサイズ違い，または希望するサイズで色違いのTシャツを配布することとした。以下のことがわかっているとき，確実にいえるのはどれか。

ア．A，B，Cの３人は，ピンクのMサイズを希望したが，在庫が１枚もなかったので，３人には全員異なる種類のTシャツが配布された。

イ．D，E，Fの３人は，イエローのLサイズを希望したが，在庫が１枚しかなかったので，それはDに配布された。EとFにはそれぞれ異なる種類のTシャツが配布された。

ウ．AとEに配布されたTシャツは，サイズは同じであるが，色が異なっていた。

エ．BとEに配布されたTシャツは，色は同じであるが，サイズが異なっていた。

1　Aに配布されたTシャツは，サイズがMであった。

2　Cに配布されたTシャツは，色がピンクであった。

3　BとCには，サイズが同じで色が異なるTシャツが配布された。

4　BとFには，色もサイズも異なるTシャツが配布された。

5　CとFには，色もサイズも同じTシャツが配布された。

解説

A，B，Cの３人が希望したピンクのMサイズは在庫が１枚もなかったので，実際に配布されたのはピンクのLサイズ，イエローのMサイズ，ブルーのMサイズで，３人にはそれぞれ異なる種類が１枚ずつ配布されている。D，E，Fの３人が希望したイエローのLサイズは在庫が１枚だけで，これはDに配布されたから，E，Fに配布されたのは，ピンクのLサイズ，ブルーのLサイズ，イエローのMサイズのうちの異なる２枚である。AとEには，サイズが同じで色が異なるTシャツが配布されているが，これは，AがブルーのMサイズでEがイエローのMサイズの場合（表Ⅰ）と，AがピンクのLサイズでEがブルーのLサイズの場合（表Ⅱ）の２通りが考えられる。しかし，表Ⅰの場合は，BとEに色が同じでサイズが異なるTシャツが配布されたという条件を満たすことができない（BにイエローのLサイズが配布されることはない）。したがって，A，Eに関して可能性があるのは表Ⅱの場合だけで，このとき，CにはイエローのMサイズが配布されていることになる。ただし，Fに配布されたのがピンクのLサイズなのか，イエローのMサイズなのかは確定できない。

表Ⅰ

		ピンク	イエロー	ブルー
L	希望		D，E，F	
	在庫		1	
	配布		D	
M	希望	A，B，C		
	在庫	0		
	配布		E	A

表Ⅱ

		ピンク	イエロー	ブルー
L	希望		D，E，F	
	在庫		1	
	配布	A	D	E
M	希望	A，B，C		
	在庫	0		
	配布		C	B

この表Ⅱより，**1**，**2**は誤り，**4**，**5**は確実とはいえず，確実にいえるのは**3**だけである。よって，正答は**3**である。

正答　3

判断推理　対応関係　平成25年度

あるスーパーでは，月曜日から土曜日まで，肉，魚，野菜，果物のうちの少なくとも1つの売り場でセールを行っている。ア～オのことがわかっているとき，確実にいえるのは，次のうちどれか。

ア　各売り場とも，月曜日から土曜日までのうち，3回ずつセールを行うが，3日連続して行うことはない。

イ　肉と魚は同じ日にセールを行うことはない。

ウ　月曜日は魚，火曜日は肉のセールを行わない。また，土曜日は果物のセールを行わない。

エ　月曜日から土曜日まで，セール売り場の組合せがまったく同じになることはない。

オ　水曜日と木曜日は3つの売り場でセールを行う。

カ　月曜日から土曜日までで，魚と野菜の両方がセールになる曜日が2日ある。

1　月曜日には野菜のセールが行われる。

2　火曜日にセールを行う売り場は2つである。

3　水曜日には魚のセールがある。

4　木曜日には肉のセールがある。

5　金曜日には肉のセールがある。

解説

どの売り場も6日間のうち3回セールを行うが，肉と魚が同じ日にセールを行うことはないので，月曜日から土曜日まで必ず肉か魚のどちらかはセールを行っている。そうすると，月曜日に魚，火曜日に肉のセールを行わないならば，月曜日には肉，火曜日には魚のセールが行われている。また，水曜日と木曜日は3つの売り場でセールが行われるが，肉と魚のどちらかは行わないので，野菜と果物のセールが行われる。さらに，3日連続してセールを行うことはないので，火曜日と金曜日には野菜も果物もセールを行わない。果物は土曜日にセールを行わないので，果物がセールを行うもう1日は月曜日である。まとめると表Iとなる。

セール売り場の組合せがまったく同じになることはないので，水曜日と木曜日に関しては，一方が肉，他方が野菜のセール日となる。この結果，魚と野菜の両方がセールになるもう1日は土曜日で，金曜日に肉のセールが行われることになる。ここまでで表IIとなるが，肉と魚のもう1日のセール日は，水曜日か木曜日か確定できない。

表I

	月	火	水	木	金	土	
肉	○	×					3
魚	×	○					3
野菜		×	○	○	×		3
果物	○	×	○	○	×	×	3
			3	3			

表II

	月	火	水	木	金	土	
肉	○	×			○	×	3
魚	×	○			×	○	3
野菜	×	×	○	○	×	○	3
果物	○	×	○	○	×	×	3
			3	3			

よって，正答は**5**である。

正答　5

市役所上・中級 C日程

No.232 判断推理 対応関係 平成25年度

ある会社では，ある日の13時から19時の間に６つの会議が行われた。１時間の会議が３つ，２時間の会議が２つ，３時間の会議が１つあり，そのうちの２つは社員全員参加であった。また，３時間の会議は15時から18時に行われた。会議室は２部屋あり，１部屋で同時に２つ以上の会議を行わず，どの社員も１つの会議に参加している間は他の会議に参加することはできない。

このとき，確実にいえるのはどれか。

1 18時から19時の間は社員全員が同じ会議に参加していた。
2 社員全員が参加したの会議のうち１つは２時間の会議であった。
3 ２時間の会議のうち１つは13時から15時の間に行われた。
4 ２時間の会議の次は必ず１時間の会議が行われた。
5 ２時間の会議は連続して行われた。

解説

会議の合計時間数は，（１時間×３部屋）＋（２時間×２部屋）＋（３時間×１部屋）＝10〔時間〕であり，会議室の利用可能時間は，６時間×２部屋＝12〔時間〕であるから，合計で２時間，部屋が空く。また，社員全員が参加する２つの会議の時間はもう１つの部屋で会議を行うことができないので，部屋が空く時間に１時間の会議が２つ行われることがわかる。

よって，１時間の会議と３時間の会議について会議室の利用状況をまとめると以下の３通りが考えられる（３時間の会議を「③」などと表す。「①空」とは１部屋で１時間の会議を行い，別の部屋が空いていることを表す）。

〈表Ⅰ〉

<table>
<tr><td>13～</td><td>14～</td><td>15～</td><td>16～</td><td>17～</td><td>18～</td></tr>
<tr><td rowspan="2">①
空</td><td rowspan="2">①
空</td><td colspan="3">③</td><td></td></tr>
<tr><td></td><td></td><td></td><td></td></tr>
</table>

〈表Ⅱ〉

<table>
<tr><td>13～</td><td>14～</td><td>15～</td><td>16～</td><td>17～</td><td>18～</td></tr>
<tr><td rowspan="2">①
空</td><td></td><td colspan="3">③</td><td rowspan="2">①
空</td></tr>
<tr><td></td><td></td><td></td><td></td></tr>
</table>

〈表Ⅲ〉

<table>
<tr><td>13～</td><td>14～</td><td>15～</td><td>16～</td><td>17～</td><td>18～</td></tr>
<tr><td></td><td rowspan="2">①
空</td><td colspan="3">③</td><td rowspan="2">①
空</td></tr>
<tr><td></td><td></td><td></td><td></td></tr>
</table>

さらに，２時間の会議を２つ，１時間の会議を１つ書き加える。表Ⅲは２時間の会議を２つ加えることができず不適であり，表Ⅰ，表Ⅱは以下のようになる。

〈表Ⅰ〉

<table>
<tr><td>13～</td><td>14～</td><td>15～</td><td>16～</td><td>17～</td><td>18～</td></tr>
<tr><td rowspan="2">①
空</td><td rowspan="2">①
空</td><td colspan="3">③</td><td>①</td></tr>
<tr><td colspan="2">②</td><td colspan="2">②</td></tr>
</table>

〈表Ⅱ〉

<table>
<tr><td>13～</td><td>14～</td><td>15～</td><td>16～</td><td>17～</td><td>18～</td></tr>
<tr><td rowspan="2">①
空</td><td>①</td><td colspan="3">③</td><td rowspan="2">①
空</td></tr>
<tr><td colspan="2">②</td><td colspan="2">②</td></tr>
</table>

よって，正答は**5**である。

正答 5

A～Eの5人に，サッカー，野球，水泳，柔道について，どのスポーツが得意かを尋ねた。以下のことがわかっているとき，確実にいえるものはどれか。

・サッカーが得意な人数は野球よりも多い。
・Bは得意なスポーツが3つある。
・Cが得意なスポーツは1つだけで，DとEはそのスポーツが得意ではない。
・野球が得意だと答えた者は，Eを含めて3人いた。
・柔道が得意と答えた者は水泳も得意である。
・A～Eの5人とも，得意なスポーツの組合せは異なっていた。

1 Aは柔道が得意である。
2 Eは水泳が得意である。
3 得意なスポーツが2つある者は2名である。
4 Bは水泳が得意ではない。
5 4つのスポーツすべてが得意と答えた者はいない。

解説

上から順に条件を（1）～（6）とおく。（4）よりEは野球が得意であるから（3）よりCは野球が得意ではない。（3）よりCが得意なスポーツは1つだけなので，（5）よりそれは柔道ではない。Cがサッカーが得意だとすると，（3）よりD，Eはサッカーが得意ではなく，サッカーが得意な者の人数が多くても3人となり（1）に反する。よってCの得意なスポーツは水泳であり，（3）よりDとEは水泳が得意ではない。また，（5）よりDとEは柔道が得意ではない。〈表Ⅰ〉

さらに，（1）よりサッカーが得意なのはCを除いた4人であることがわかる。Dが野球が得意であるとEと組合せが同じになり（6）と反するため，Dは野球が得意ではない。よって，（4）よりAとBは野球が得意である。（2），（5）よりBは柔道が得意ではなく水泳が得意である。（6）よりAはB，Eと組合せが異なるので柔道が得意であり，（5）より水泳も得意であることがわかる。〈表Ⅱ〉

〈表Ⅰ〉

	サ	野	水	柔	
A					
B					3
C	×	×	○	×	1
D			×	×	
E		○	×	×	
		3			

〈表Ⅱ〉

	サ	野	水	柔	
A	○	○	○	○	4
B	○	○	○	×	3
C	×	×	○	×	1
D	○	×	×	×	1
E	○	○	×	×	2
	4	3	3	1	

よって，正答は**1**である。

正答 1

No. 234 判断推理 対応関係 令和元年度

B日程

佐藤君は月曜日から金曜日の５日間にＡ社からＤ社の４社の面接を受けた。面接には一次面接と二次面接があり，各日とも午前と午後の時間帯があり，同じ日の各時間帯で複数回面接を受けることはなかった。

次のことがわかっているとき，確実にいえるのはどれか。

・二次面接はどの会社も一次面接の翌々日以降にあった。
・月曜日の午前の面接はなく，午後はＡ社の一次面接であった。
・Ｄ社の一次面接と他社の二次面接の日時が重なったため，重なった他社の二次面接は受けなかったが，残りの３社は二次面接まで受けた。
・二次面接まで受けた会社のうち，一次面接と二次面接の時間帯が異なるのは１社のみであった。
・Ｃ社の面接は午後にはなかった。
・最後に受けた面接はＤ社ではなかった。

1　火曜日の午後にＢ社の面接を受けた。
2　水曜日の午後はどこの面接も受けなかった。
3　木曜日の午前，午後ともに面接を受けなかった。
4　金曜日の午前にＣ社の面接を受けた。
5　Ｂ社の二次面接は受けなかった。

解説

表を使用してまとめる。一次面接を「１」，二次面接を「２」と表すことにする。条件のうち「月曜日の午前の面接はなく，午後はＡ社の一次面接であった」「Ｃ社の面接は午後にはなかった」をまずは当てはめる。

	月	火	水	木	金
午前	×				
午後	Ａ１				

Ｃ

「二次面接はどの会社も一次面接の翌々日以降にあった」より，一次面接はどの会社も水曜日までに受けていることになり，そのうち，「Ｄ社の一次面接と他社の二次面接が重なった」より，Ｄ社の一次面接は水曜日で，重なった他社の二次面接はＡ社であったことがわかる。すると，Ｄ社の二次面接は翌々日の金曜日になるが，「最後に受けた面接はＤ社ではなかった」より，Ｄ社の二次面接は金曜日の午前になる。

	月	火	水	木	金
午前	×		Ｄ１		Ｄ２
午後	Ａ１				

Ｃ

Ｃ社は一次面接，二次面接ともに午前に受けているので，火曜日と木曜日の午前となる。残りはＢ社の一次面接と二次面接であるが，「最後に受けた面接はＤ社ではなかった」より，Ｂ社の二次面接は金曜日になる。また，Ｄ社の一次面接が午前中だとするとすべての会社が一次面接と二次面接の時間帯が同じになるので，Ｄ社の一次面接は水曜日の午後となり，Ｄ社は一次面接と二次面接の時間帯が異なる。「一次面接と二次面接の時間帯が異なるのは１社のみであった」より，Ｂ社の一次面接は午後に受けているので，残り火曜日の午後となる。

	月	火	水	木	金
午前	×	Ｃ１		Ｃ２	Ｄ２
午後	Ａ１	Ｂ１	Ｄ１		Ｂ２

よって，正答は**1**である。

正答　1

No. 235 判断推理 対応関係 平成28年度

2種類の照明A，Bが設置された部屋がある。この部屋の東西南北の壁には照明のスイッチが1つずつあり，それぞれ，「Aを点灯させる」「Bを点灯させる」「Aを消灯させる」「Bを消灯させる」のいずれかに対応している。照明A，Bがどちらも消灯している状態で，東，西，南，北の順にスイッチを1回ずつ押したところ，照明Aは点灯，照明Bは消灯となった。この状態で，東のスイッチと西のスイッチを押すと，Aは消灯，Bは点灯となった。さらに，西のスイッチと北のスイッチを押すと，Aは消灯，Bも消灯になった。このとき，各スイッチについて確実にいえるのはどれか。

1 東にあるのは照明Aを消灯させるスイッチであり，西にあるのは照明Aを点灯させるスイッチである。

2 東にあるのは照明Aを消灯させるスイッチであり，西にあるのは照明Bを点灯させるスイッチである。

3 西にあるのは照明Bを点灯させるスイッチであり，北にあるのは照明Bを消灯させるスイッチである。

4 南にあるのは照明Aを点灯させるスイッチであり，北にあるのは照明Bを消灯させるスイッチである。

5 東にあるのは照明Bを点灯させるスイッチであり，南にあるのは照明Aを点灯させるスイッチである。

解説

最初に，東，西，南，北の順にスイッチを1回ずつ押したところ，照明Aは点灯，照明Bは消灯となっている。この場合，照明Aについては「消灯スイッチ→点灯スイッチ」の順，照明Bについては「点灯スイッチ→消灯スイッチ」の順に押されている。そこで，東西南北のスイッチについて，対応する機能についての可能性を考えると，表の6通りが考えられる。ここで，「東のスイッチと西のスイッチを押すと，Aは消灯，Bは点灯となった」を考えると，①，⑥は可能性がない。さらに，「西のスイッチと北のスイッチを押すと，Aは消灯，Bも消灯になった」を考えると，③，⑤も可能性がない。ここまでで可能性があるのは②，④の2通りとなり，確実にいえるのは「南にあるのは照明Aを点灯させるスイッチであり，北にあるのは照明Bを消灯させるスイッチである」だけである。

	東	西	南	北	
①	A消灯	A点灯	B点灯	B消灯	×
②	A消灯	B点灯	A点灯	B消灯	
③	A消灯	B点灯	B消灯	A点灯	×
④	B点灯	A消灯	A点灯	B消灯	
⑤	B点灯	A消灯	B消灯	A点灯	×
⑥	B点灯	B消灯	A消灯	A点灯	×

よって，正答は**4**である。

正答 4

市役所上・中級

B日程

No. 236 判断推理 数量関係 平成27年度

A，B，Cの３人が，１～４の数字が１つずつ書かれた４枚のカードを用いて，次のようなゲームを３回行った。

> 毎回，裏返しにした４枚のカードから，各人が１枚ずつ引いて，カードに書かれた数が最も小さい者をその回の勝者とし，勝者はそのカードに書かれた数を得点とする。

次のア～オのことがわかっているとき，正しいのはどれか。

ア　Aは１回目，Bは３回目に勝者となった。

イ　Cは１回目に３のカードを引いた。

ウ　Aが２回目に引いたカードと，Cが３回目に引いたカードは同じであった。

エ　Bの得点は２点であり，また，Bは１回だけ３のカードを引いた。

オ　A，Bの得点は，いずれもCの得点より高かった。

1　Aは２回目に３のカードを引いた。

2　各人が引いた３回のカードに書かれた数の総和が最も小さいのはAである。

3　Bは１回目に２のカードを引いた。

4　３回とも，３のカードと４のカードはどちらも必ず誰かが引いた。

5　Cは１回も勝者とならなかった。

解説

各回のゲームで，勝者となる可能性があるのは，１のカードまたは２のカードを引いた者である。Bは３回目に勝者となっており，１回目に３のカードを引いたのはCだから，Bが３のカードを引いたのは２回目である。そうすると，Bが勝者となったのは３回目だけだから，Bが３回目に引いたカードは２である（表Ⅰ）。Aが２回目，Cが３回目に引いたカードは，３回目にBが引いたカードが２（勝者）だから３以上であるが，Bが２回目に３のカードを引いているので，４のカードでなければならない。ここから，２回目の勝者はCとなるが，Cの得点はA，Bより低いので，Cが２回目に引いたカードは１，Aが１回目に引いたカードは２である。さらに，Aが３回目に引いたのは３のカード，Bが１回目に引いたのは４のカードとなり，表Ⅱのようにすべて確定する。

表Ⅰ

	１回目	２回目	３回目
A			
B		3	2
C	3		

表Ⅱ

	１回目	２回目	３回目
A	2	4	3
B	4	3	2
C	3	1	4

よって，正答は**4**である。

正答　4

No. 237 B日程 判断推理 数量関係 平成30年度

ある店で，りんご150円，なし120円，オレンジ100円で販売している。AとBの購入について次のことがわかっているとき，確実にいえるのはどれか。

・Aは1310円分，Bは850円分買った。
・AとBの買ったなしの個数の差は２個であった。
・Aの購入個数はオレンジよりりんごのほうが多かった。

1 Aはりんごを５個買った。
2 Bは全部で11個買った。
3 Bはオレンジとりんごのみを買った。
4 Bはオレンジを最も多く買った。
5 AとBでオレンジを５個買った。

解説

１つ目の条件より，Aの合計で十の位の10円より，10円を作ることができる「なし」を何個買ったかを考える。10円を作るには，十の位を１か６にしなければいけないが，「なし」の十の位である２で，奇数である１は作れないので，十の位を６にする必要がある。このことより，Aは「なし」を３個，８個，13個，16個……となるが，13個以上買うと「なし」だけで1310円を超えてしまうので，３個か８個となる。

同様にBの十の位が５なので，Bは「なし」を０個，５個，10個…となるが，10個以上買うと「なし」だけで850円を超えてしまうので，０個か５個となる。

２つ目の条件より，「なし」の個数の差が２個なので，Aが３個，Bが５個と確定する。Bは残り850−120×５＝250円分となるので，りんご１個，オレンジ１個と決まる。

	なし（120円）	りんご（150円）	オレンジ（100円）	合計
A	３個（360円）	950円		1310円
B	５個（600円）	１個（150円）	１個（100円）	850円

Aは残りは950円となる。この50円を作るにはりんごを奇数個買ったことになる。りんごとオレンジの個数の可能性は以下のようになる。

りんご	１個	３個	５個
オレンジ	８個	５個	２個

しかし，３つ目の条件より，りんごのほうを多く買っているので，りんごが５個，オレンジが２個と確定する。

以上より，正答は**1**である。

正答 1

数学 物理 化学 生物 地学 文章理解 判断推理 数的推理 資料解釈

No.238 判断推理　数量相互の関係　平成30年度

A～Fの6人は男子学生，女子学生，男性社会人，女性社会人のいずれかで，女性社会人は少なくとも1人はいることがわかっている。この中からア～ウのように4人を選んだときの女性と学生の人数は次のようであった。このとき，A～Fの6人について確実にいえるのは次のうちどれか。

	A	B	C	D	E	F	女子	学生
ア	○	○	○	○			1人	1人
イ		○	○	○	○		1人	1人
ウ	○	○			○	○	2人	3人

1　男性は3人である。
2　男子学生は1人である
3　女子学生は2人である。
4　男性社会人は2人である。
5　女性社会人は2人である。

解説

学生の人数に着目する。アとイではB，C，Dが被っているので，アよりB，C，Dの中に学生が1人いるときとAが学生のときで場合分けをする。B，C，Dの中に学生が1人いるときは，アとイよりAとEは社会人となる。しかし，この場合はウの中で学生が3人にならないので異なる。よってAは学生でB，C，Dは社会人となる。またウよりEとFは学生になる。

	A	B	C	D	E	F	女性
	学生	社会	社会	社会	学生	学生	
ア	○	○	○	○			1人
イ		○	○	○	○		1人
ウ	○	○			○	○	2人

女性社会人は少なくとも1人はいるので，B，C，Dの中に女性が1人いる。これでアとイの女性の人数の条件が満たされるので，AとEは男性となる。するとウの中で女性は2人いるのでBとFは女性になる。これよりCとDは男性になる。

	A	B	C	D	E	F
	学生	社会	社会	社会	学生	学生
	男性	女性	男性	男性	男性	女性
ア	○	○	○	○		
イ		○	○	○	○	
ウ	○	○			○	○

以上より，正答は**4**である。

正答　4

No. 239 C日程 判断推理 数量関係 平成29年度

表と裏にそれぞれ数字が書かれた，白色，赤色，青色のカードが１枚ずつある。これら３枚のカードをそれぞれ表または裏にして並べたとき，表れている数字の和が表のようになった。このとき，３枚のカードの裏面に書かれている数字の和として，正しいのはどれか。

	白色	赤色	青色	計
①	表	表	表	6
②	裏	表	裏	12
③	裏	裏	表	11
④	表	裏	裏	13

1 13
2 14
3 15
4 16
5 17

解説

表に示された４通りのうち，②～④の３通りについて，その総和を求めると，36（＝12＋11＋13）である。この②～④の総和は，白色，赤色，青色の３枚のカードとも，表が１回，裏が２回の合計となっている。３枚のカードについて，その表の数字の和は，①の場合の６である。これを②～④の総和である36から除くと30となるが，これは３枚のカードの裏の数字について，その和の２倍となっている。したがって，３枚のカードの裏面に書かれている数字の和は，

$$30\times\frac{1}{2}=15$$

である。

よって，正答は**3**である。

正答 3

市役所上・中級

No. 240　B日程

判断推理　順序関係　平成26年度

A～Eの5人が縦1列に並んでいる。以下のことがわかっているとき，確実にいえるのはどれか。

○　AとBの間に1人並んでいる。
○　CとDの間に1人並んでいる。
○　BはCより後ろに並んでいる。
○　DとEの間に2人並んでいる。

1　Aは5人の真ん中に並んでいる。
2　Bは1番後ろに並んでいる。
3　Cは前から2番目に並んでいる。
4　DはBよりも前に並んでいる。
5　Eは前から4番目に並んでいる。

解説

問題で与えられた条件を図に表してみると，(1)～(4) のようになる。

(1)

A		B
	or	
B		A

(2)

C		D
	or	
D		C

(3)

C
B

(4)

D		E
	or	
E		D

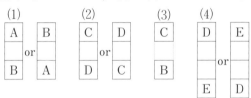

ここで，(2)と(4)を結合すると，(5)の(ア)（イ)の2通りが考えられるが，(5)の(ア)の並び順だと，(1)および(3)を同時に満たすことができない。(5)の(イ)の並び順だと，(6)のように(1)および(3)を満たす並び順が2通り可能となる。この(6)における2通りから，確実にいえるのは「Cは前から2番目に並んでいる」だけである。

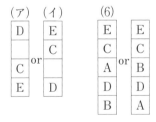

(ア)（イ)

(ア)		(イ)
D		E
		C
C	or	
E		D

(6)

E		E
C		C
A	or	B
D		D
B		A

よって，正答は**3**である。

正答　3

判断推理　規則性　令和元年度

図のように，同じ大きさの円を互いが接するように三角形の形に並べていく。三角形の各辺が4個の円からなる正三角形を作ると，円と円の接点の個数は全部で18個となる。

同様にして，各辺が10個の円からなる正三角形を作ると，円と円の接点の個数は全部でいくつになるか。

1　81
2　108
3　135
4　153
5　180

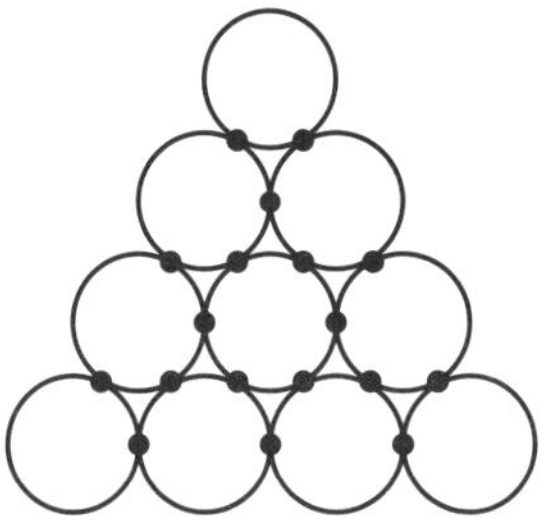

解説

三角形の1辺の円の個数と接点の個数を書き並べると以下のようになる。

1辺の円の個数	1	2	3	4	…
接点の個数	0	3	9	18	…

接点がどの場所にできるかを考えると図のように円と円の隙間1か所につき3個の接点がある。

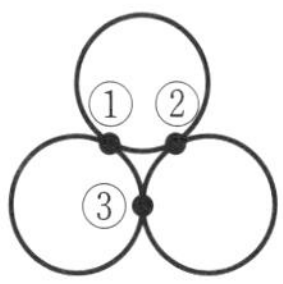

1辺の円の個数が2個のとき隙間の個数が1個で1辺の円の個数が1個増えるごとに隙間が，2個，3個，4個……と増えていく。

1辺の円の個数が10個のとき，隙間の個数は

$1+2+\cdots\cdots+9=45$〔個〕

となるので，接点の個数は

$45\times3=135$〔個〕

となる。

よって，正答は**3**である。

正答　3

市役所上・中級

No. 242 A日程

判断推理　操作手順　平成25年度

A～Dの４人があみだくじを行った。４人のスタート位置は図のようであり，Aは１段目，Bは２段目，Cは３段目，Dは４段目にそれぞれ横に１か所だけ線を書き加えた。その結果，当たりとなったのはDであった。ア，イのことがわかっているとき，正しいものは次のうちどれか。

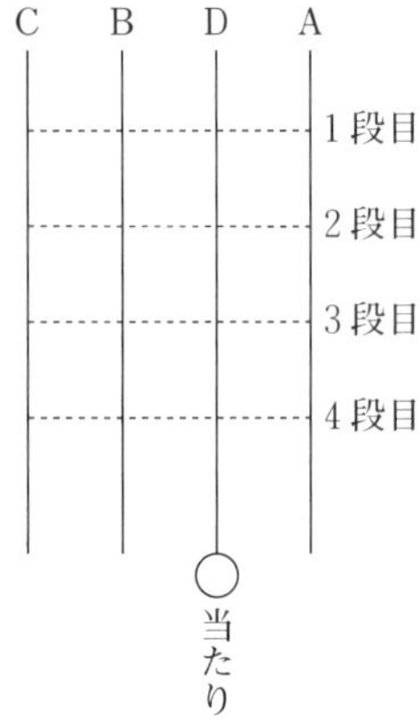

ア　Dは，横の線を書き加えなくても当たりだった。

イ　Cは，Aが横に線を書き加えた位置の真下に横の線を書き加えれば当たっていた。

1　AはCよりも左側の位置に到達した。

2　Bが横に移動したのは２回だった。

3　CはBよりも右側の位置に到達した。

4　DはBよりも右側に横の線を書き加えた。

5　Aが横に移動したのは３回だった。

解説

Dは横の線を書き加えなくても当たりだったのだから，Dは４段目の最も左側に横の線を書き加えたことになる。そして，Dが当たるためには，Dは(1)横に１回も移動しない，(2)左右に１回ずつ移動する，(3)左右に２回ずつ移動する，のいずれかでなければならないが，Dが書き加えた線が最も左側であることから，左右に２回ずつ移動して当たりとなることはない。そうすると，Dが書き加えた線が最も左側で，Dが当たりとなるのは10通りあることになる。

このうち，条件イを満たすのは下図の場合だけであり，この１通りに確定する。このとき，４人の到達位置は左からC，B，D，A（スタート時の位置関係と同じ）となる。

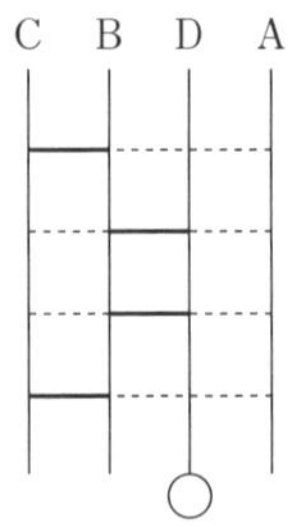

よって，正答は**2**である。

正答　2

3×3の配置でボタンがついている装置がある。このボタンには○か×のいずれかが表示されるようになっている。その中から1つのボタンを押すと，そのボタンとそれに隣接する（斜めは含まない）ボタンに表示される記号が，○は×に，×は○に変わる。たとえば，図Ⅰのような場合に一番左の列の上から2番目のボタンを押すと，図Ⅱのように変わる。

図Ⅰ

○	○	×
○	×	×
×	○	○

⇒

図Ⅱ

×	○	×
×	○	×
○	○	○

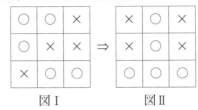

次のア，イ，ウの配列のうち，2回ボタンを押すことによってすべてのボタンが○になる配置をすべて挙げているのはどれか。

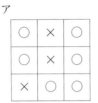

ア

○	×	○
○	×	○
×	○	○

イ

○	×	○
○	×	○
×	○	×

ウ

×	○	×
×	○	×
○	×	○

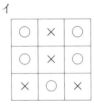

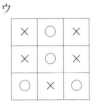

1 ア　　**2** イ　　**3** ア，ウ
4 イ，ウ　　**5** ア，イ，ウ

解説

2回目にボタンを押してすべてのボタンが○になるためには，最後で(1)角を押す場合，(2)周りの真ん中を押す場合，(3)中央を押す場合のおのおのの直前で次のような状態でなければならない。「→」のボタンは2回目に押すボタンの一例を示している。

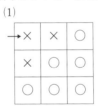

(1)

→×	×	○
×	○	○
○	○	○

(2)

×	○	○
→×	×	○
×	○	○

(3)

○	×	○
×	→×	×
○	×	○

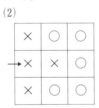

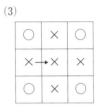

アは，一番左の列の一番上のボタンを押すと次のようになる。これは(2)と同じ状態なので，2回ボタンを押すとすべてが○になる。
ウは，左から2列目の一番上のボタンを押すと次のようになる。これは(3)と同じ状態なので，2回ボタンを押すとすべてが○になる。

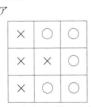

ア

×	○	○
×	×	○
×	○	○

ウ

○	×	○
×	×	×
○	×	○

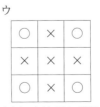

イは，ウと○・×が逆になっており，どこを押しても(1)～(3)と同じ状態を作ることはできない。
したがって，2回ボタンを押すことによって，すべてのボタンが○になる配置はアとウである。
よって，正答は**3**である。

正答　3

判断推理　操作手順　平成25年度

1から6の数字が表に書かれた6枚のカードがある。これらをすべて裏にして右図のように並べる。カードを1枚めくり，そのカードの表に書かれている数だけ時計回りに進み，進んだ位置にあるカードをめくる。この手順で作業を繰り返し行い，進んだ先のカードがすでに表になっていたら，その時点で作業は終了とする。

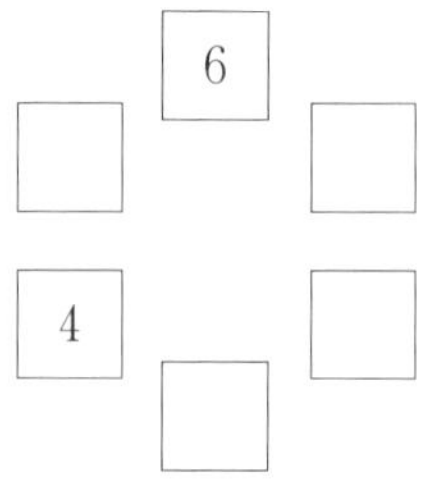

今，この手順で作業を行ったところ，すべてのカードが表となり，4と6のカードは右図の位置にあった。このとき，確実にいえるものはどれか。

1　1と2のカードは隣り合っている。
2　4と5のカードは隣り合っている。
3　最初にめくったカードは1である。
4　2番目にめくったカードは2である。
5　最後にめくったカードは3である。

解説

右図のようにカードをそれぞれa～fとすると，dの表には4が，fの表には6が書いてある。たとえば「dをめくって4」が出ることを「d4」と表す。「f6」が出ると，時計回りに6進んでもまた同じ位置に戻り作業が終了するので，「f6」は最後に出たことがわかる。

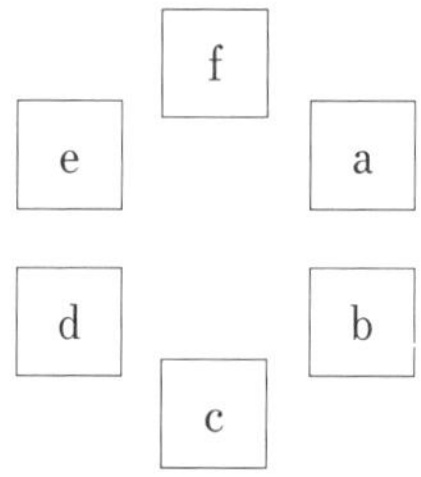

最後から作業を戻して考えていくと，図Ⅰのようになり，c1，d4，b3，e2，a5，f6の順に出たことがわかる。また，配置は図Ⅱとなる。

〈図Ⅰ〉

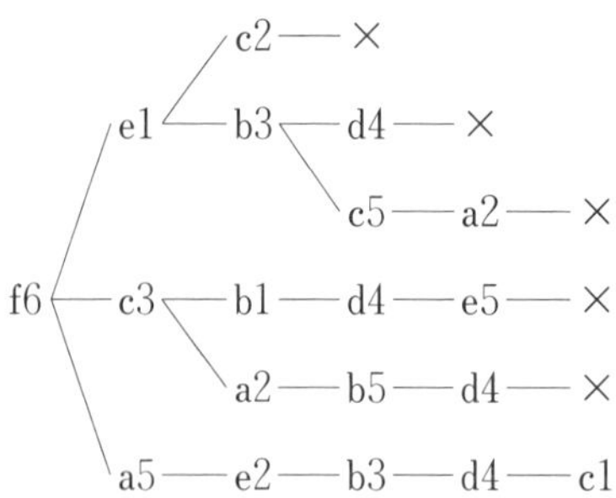

〈図Ⅱ〉

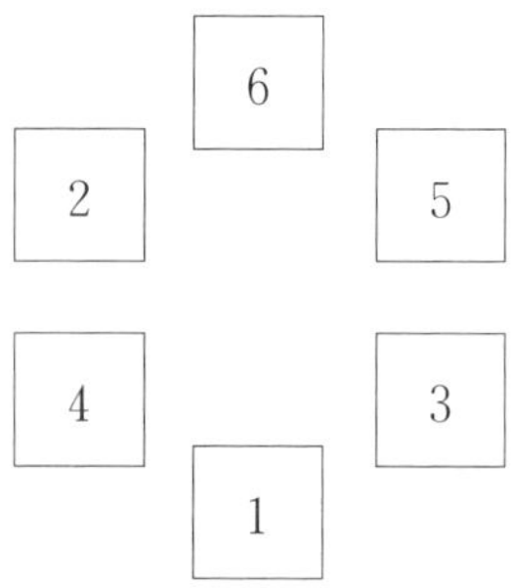

よって，正答は**3**である。

正答　3

No. 245 判断推理　操作手順

図1のように5枚のカードが並べられている。これを①～④の手順に従って移動させると図2のようになった。このとき，［ア］と［イ］に当てはまる数字の和として妥当なのはどれか。

図1

1	2	3	4	5

図2

4	5	2	3	1

①5のカードを［ア］のカードの右隣に移動する。
②1のカードを4のカードの右隣に移動する。
③4のカードを［イ］のカードの右隣に移動する。
④2のカードを5のカードの右隣に移動する。

1　3
2　4
3　5
4　6
5　7

解説

③の移動の後に4はイのカードの右にあったはずなのに，図2の段階で4は一番左に来ているので，④の移動でイのカードは移動したことがわかる。よってイには「2」が入る。つまり③の移動後には「245」となっている。つまり③の前は4が抜けて「25」と並んでいたことになる。これより①の移動で5のカードを2のカードの右隣りに移動したことになるので，アには「2」が入る。アには2，イには2のカードが入ることがわかり，手順を示すと以下のようになる。

1	2	3	4	5

↓①5のカードを2のカードの右隣に移動する。

1	2	5	3	4

↓②1のカードを4のカードの右隣に移動する。

2	5	3	4	1

↓③4のカードを2のカードの右隣に移動する。

2	4	5	3	1

↓④2のカードを5のカードの右隣に移動する。

4	5	2	3	1

以上より，アには2，イには2が入るので，アとイの和は4より，正答は**2**である。

正答　2

市役所上・中級

B日程

No. 246 判断推理 操作の手順 令和2年度

白いカードが9枚，黒いカードが1枚の合計10枚のカードが黒いカードを一番上にして重ねられている。上からの7枚のカードを取り，そのままの順番で一番下に移動させる。この作業を6回繰り返したとき，黒いカードは上から何枚目にあるか。

1 5枚目
2 6枚目
3 7枚目
4 8枚目
5 9枚目

解説

カードに上から1～10の番号を付けて実際に移動させてみる。黒いカードは1である。

はじめ	1	2	3	4	5	6	7	8	9	10
1回目	8	9	10	1	2	3	4	5	6	7
2回目	5	6	7	8	9	10	1	2	3	4
3回目	2	3	4	5	6	7	8	9	10	1
4回目	9	10	1	2	3	4	5	6	7	8
5回目	6	7	8	9	10	1	2	3	4	5
6回目	3	4	5	6	7	8	9	10	1	2

以上から，6回目の移動の後，1である黒のカードは上から9枚目にある。
よって，正答は**5**である。

正答 **5**

No. 247 A日程 判断推理 操作の手順 令和4年度

A，B，Cの３人が合わせて72枚のコインを持っている。初めにAがBとCに，BとCが持っているコインの枚数と同じ枚数のコインをそれぞれに渡した。その後BがAとCに，その時点でAとCが持っているコインの枚数と同じ枚数のコインをそれぞれに渡した。その結果，３人とも24枚のコインを持っていた。最初にAが持っていたコインの枚数は何枚か。

1 39枚
2 42枚
3 45枚
4 48枚
5 51枚

解説

最後の状態から戻して考える。

最後にBが渡す前にAとCは24枚の半分である12枚をそれぞれ持っていた。つまり，Bは渡す前は24＋12＋12＝48〔枚〕持っていたことになる。

これはAからもらった後の状態なので，その前にBは半分の24枚，Cは半分の６枚を持っていたことになる。つまり，Aは渡す前は12＋24＋６＝42〔枚〕持っていたことになる。

よって，正答は**2**である。

正答 **2**

市役所上・中級

No. 248 B日程 判断推理 操作手順 平成29年度

A～Eの５枚の写真があり，左から「ABCDE」の順に並んでいた。この状態から２枚の写真を選んで入れ替える作業を３回すると，「CEABD」の順で写真は並んでいた。２回目の作業後にEがAよりも左にあったとすると，確実にいえるのはどれか。

1　最初にAとCを入れ替えた。
2　最初にBとEを入れ替えた。
3　Eは２回入れ替えた。
4　BとDを入れ替えた回があった。
5　２回目の作業後にBはDより左にあった。

解説

最初の状態と最後の状態を比較すると，AとCが入れ替わっており，BとDとEが入れ替わっている。BとDとEを入れ替えるのに最低２回の作業が必要となる。したがって，作業の回数はAとCで１回，BとDとEで２回行われたことになる。

２回目の作業後にAより左にEがあったので，最初に一番左にあったAは，２回目の作業後までにCと入れ替えられている。そして，左から３番目にくるAよりも左にEを並べないといけないので，２回目の作業後までにBとEの入れ替えも行われている。入れ替えの順番は確定しないので，①「AとC」⇒「BとE」と②「BとE」⇒「AとC」の２通りのパターンが考えられる。

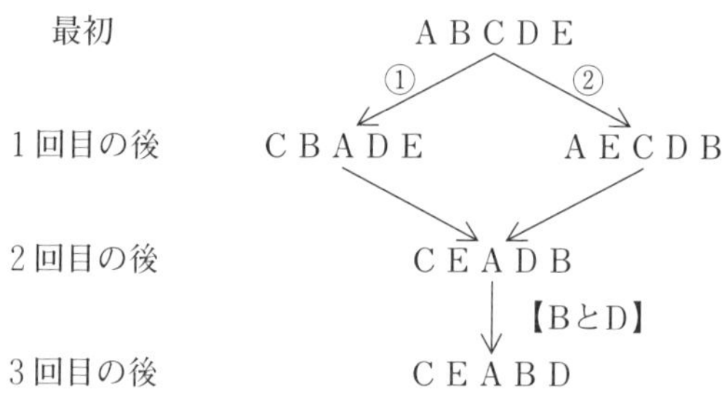

よって，正答は**4**である。

正答　4

判断推理　位置関係

A～Jの10軒の家が，図のように東西に伸びる道路の北側と南側に５軒ずつ並んで建っている。以下のことがわかっているとき，正しいのはどれか。

ア．北側の東から２軒目はAである。

イ．EとGは隣り合っており，Eの道路を挟んだ向かい側はHである。

ウ．IはE，Fとは異なる側であり，Eより西側，Fより東側に建っている。

エ．B，C，Dの３軒は同じ側に建っており，BとCの間には２軒建っている。また，BはCよりも西側に建っており，BとDは隣り合っていない。

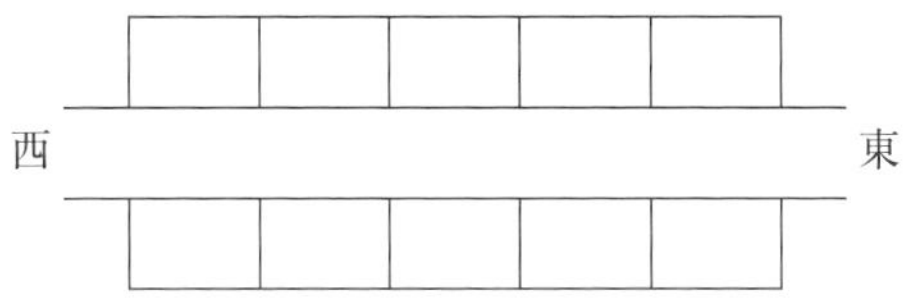

1　BとGは道路を挟んで向かい合っている。
2　BとHは隣り合っている。
3　CとFは道路を挟んで向かい合っている。
4　Cは東側の端に建っている。
5　DとJは道路を挟んで向かい合っている。

解説

条件エより，B，C，Dの３軒の位置関係は図Ⅰのような２通りが考えられる。

図Ⅰ

B			C	D	または	B		D	C

このとき，北側の東から２軒目がAなので，B，C，Dの位置関係が図Ⅰのいずれであっても，北側ということはありえない。したがって，B，C，Dの３軒が建っているのは南側である。そうすると，条件イ，ウより，E，F，Gは同じ側に建っているが，E，F，Gが南側だと，南側に６軒建っていることになってしまうので，E，F，Gは北側で，ここから，H，Iは南側となり，残るJは北側に建っている（図Ⅱ）。ここで，EとGが隣り合っており，IはEより西側，Fより東側という条件を考えると，北側の西端からF，G，Eの順に並び，南側の中央がH，その西隣りがIでなければならない。そうすると，Bは南側の西端，Dは東端で，CはDの西隣りとなる。そして，Jが北側の東端である（図Ⅲ）。

図Ⅱ

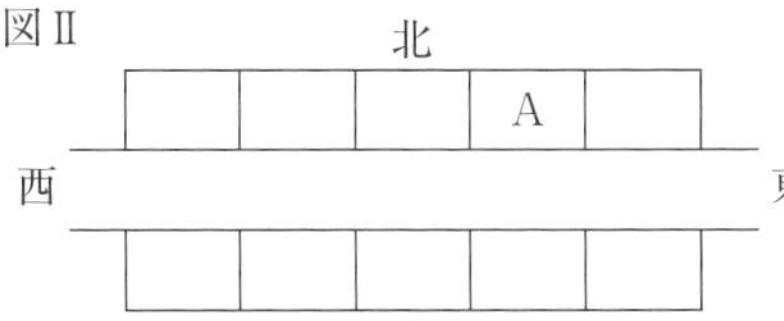

A E F G J

B C D H I

図Ⅲ

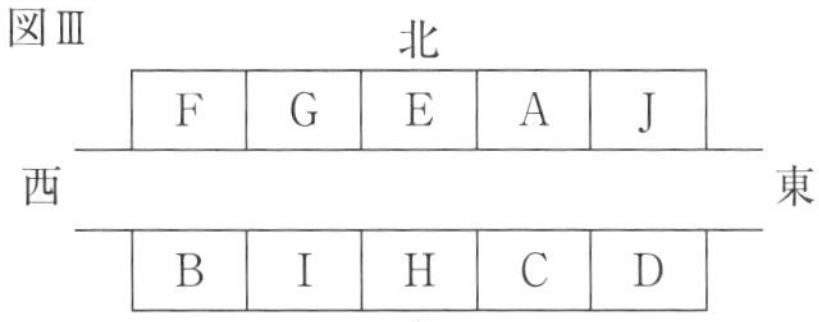

よって，正答は**5**である。

正答　5

数学 物理 化学 生物 地学 文章理解 判断推理 数的推理 資料解釈

市役所上・中級

B日程

No. 250 判断推理　位置関係　平成29年度

A～Hの８人がT字の通路を挟んだ図のような８つの区画の場所でバーベキューを行った。図の上下左右いずれかが東西南北に対応している。次のことがわかっているとき，確実にいえるのはどれか。

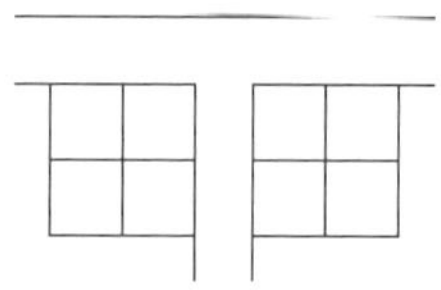

○　Aの区画は東側，Eの区画は南側，Fの区画は北側がそれぞれ通路に面していた。
○　Bの区画はEの区画と接していたが，通路とは接していなかった。
○　Cの区画の東隣の区画はGの区画と通路を挟んで向かい合っていた。
○　Dの区画はGの区画に接していた。

1　Fの区画はAの区画の西側であった。
2　AとCの区画は接していた。
3　Hの区画はAの区画と接していた。
4　Dの区画とEの区画は接していた。
5　Hの区画は通路に面していた。

解説

上を北として１つ目の条件を図示すると図Ⅰのようになる。

図Ⅰ

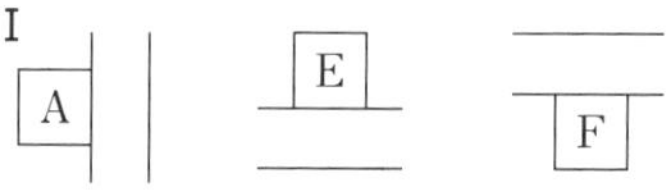

EとFより，通路を挟んで上下に区画があり，Aより，東側にも道路があるので，図Ⅱのような向きで区画が並んでいたことがわかる。

２つ目の条件より，Bは北側の区画になるが，Eと接していて，通路とは接していなかったので，BとEは図Ⅲのように確定する。また，３つ目の条件より，CとGの位置関係も１通りに確定し，これより，４つ目の条件のDはGの北側に確定する（図Ⅳ）。

１つ目の条件のFはCの東となり，AはFの南となる。残りのHはCの南になり，図Ⅴのように決まる。

図Ⅱ　図Ⅲ　図Ⅳ　図Ⅴ

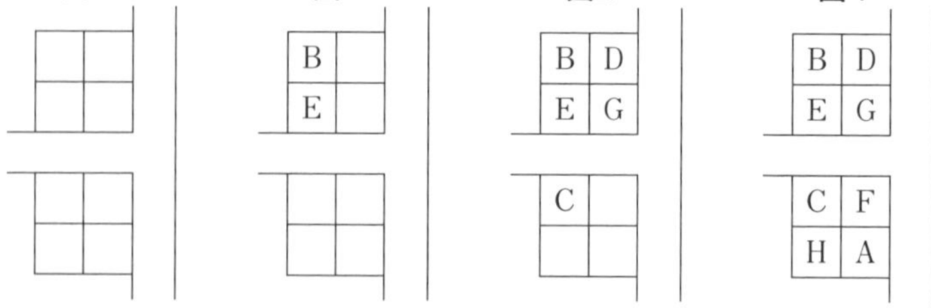

よって，正答は**3**である。

正答　3

紙テープを3回折ったところ，図のように等間隔でA～E 5か所の折り目ができた。破線で示したA，C，Dが谷折り，実線で示したB，Eが山折りである。3回折るまでテープを広げることはなく，折ったことによりテープが重なっている場合は，重なった状態で一緒に折ったとすると，次のうちで確実にいえるのはどれか。

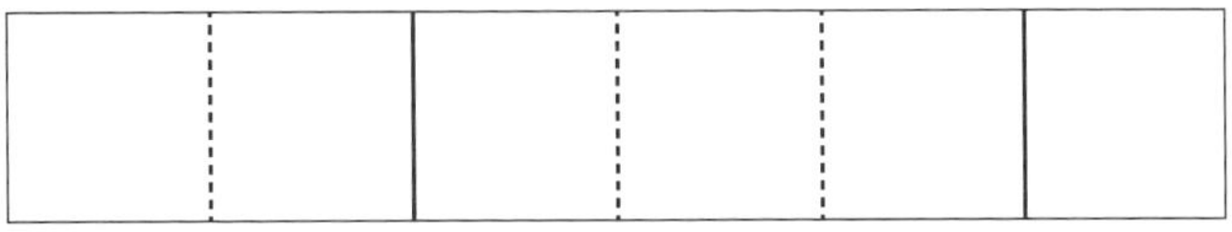

1 AとDは同時にできた折り目である。
2 AとEは2回目にできた折り目である。
3 Bは1回目にできた折り目である。
4 CとEは3回目にできた折り目である。
5 BとDは同時にできた折り目である。

解説

3回折って5か所の折り目ができるためには，最初に中央のCで折る必要がある。そして，2回目と3回目で2か所ずつの折り目ができることになる。また，隣りどうしの折り目が同時にできることはなく，山折りどうし，谷折りどうしが同時にできることもない。つまり，AとE，BとDが同時にできた折り目である。ただし，AとE，BとDのどちらを先（2回目）に折ったのかは確定できない。

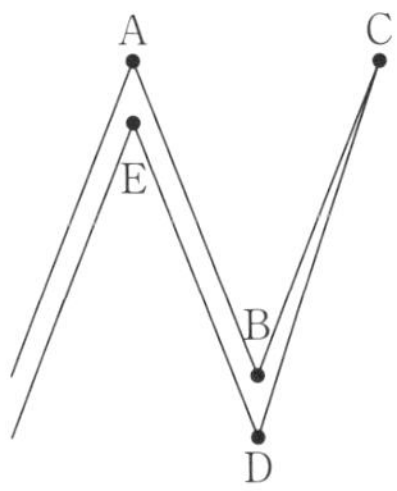

よって，正答は**5**である。

正答 5

図1のような，大きさの等しい3枚の正方形をつなぎ合わせ，そのうちの1枚に穴を開けたA，B 2種類の図形がある。この2種類の図形A，Bを合計8枚用いて，重ねることなく敷き詰めて図2のような長方形を作成した。このとき，使用した図形Aの枚数として正しいのはどれか。ただし，A，Bのどちらも，回転させても裏返してもよいものとする。

図1
A　B
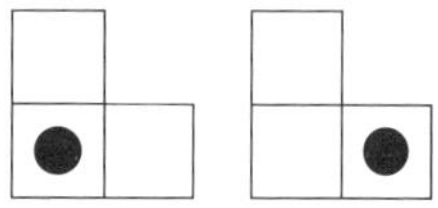

図2
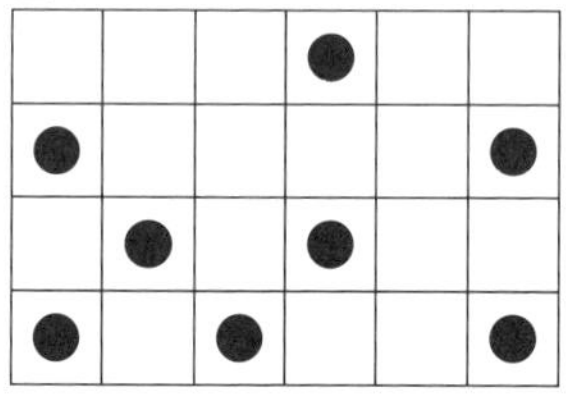

1　2枚
2　3枚
3　4枚
4　5枚
5　6枚

解説

問題の図2で開いている穴を❶～❽としてみる（図Ⅰ）。❶，❷については，❹，❺との位置関係から図形Aでなければならない。そうすると，❹は図形Bとなり，さらに❻も図形Bでなければならない。この結果，❽の部分は図形Aとなるので，❺，❼は図形Bとなり，残る❸は図形Aである（図Ⅱ）。

図Ⅰ
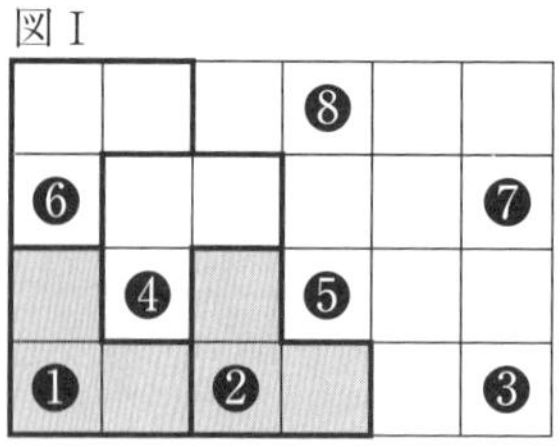

図Ⅱ
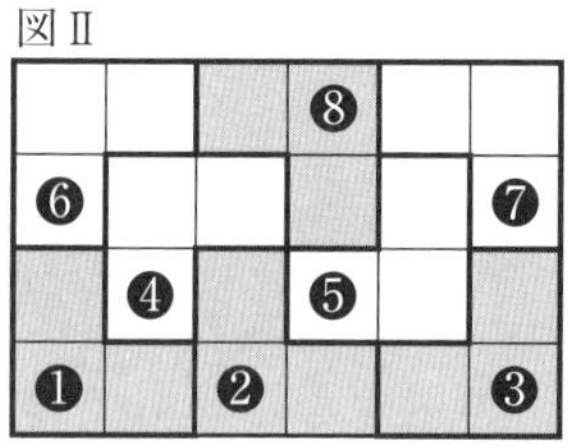

よって，使用した図形Aは4枚であり，正答は**3**である。

正答　3

下図のようなブロックを，白・黒・茶の３色で，同じ色が隣接しないように着色する。下図のように２か所が白・黒となるとき，A・Bはそれぞれ何色になるか。

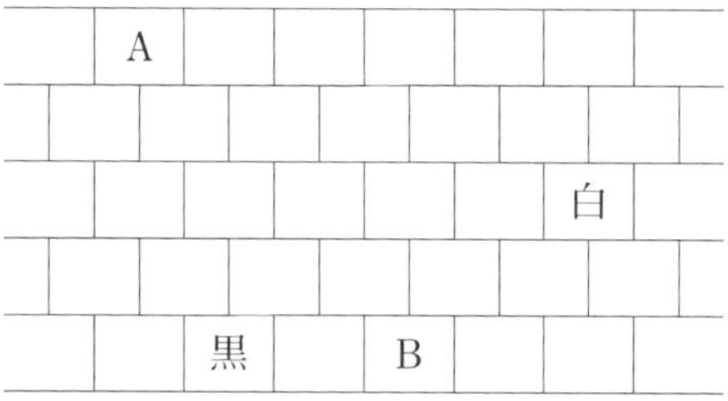

	A	B
1	白	茶
2	黒	白
3	茶	白
4	茶	黒
5	茶	茶

解説

同じ色が隣接しないという条件から，白の周囲には黒または茶が，黒の周囲には白または茶がくることになる。そこで黒と決められたブロックの周囲にくる色を，○または×と表すと図１のようになる。このとき，(1)○が白かつ×が茶の場合と，(2)×が白かつ○が茶の場合の２通りが考えられる。

次に，○と×がともに隣接するブロックには，黒しか入りえないので，黒を入れていく（図２）。

さらに，黒と○がともに隣接するブロックは×，黒と×がともに隣接するブロックは○，○と×がともに隣接するブロックは黒を入れて，すべて色を入れていく（図３）。

図３から，はじめから白と決められていたブロックに×が入ったので，場合分け（２）の×が白かつ○が茶に決定する。よって，A・Bがともに○つまり茶となっている**5**が正答である。

正答 5

図１

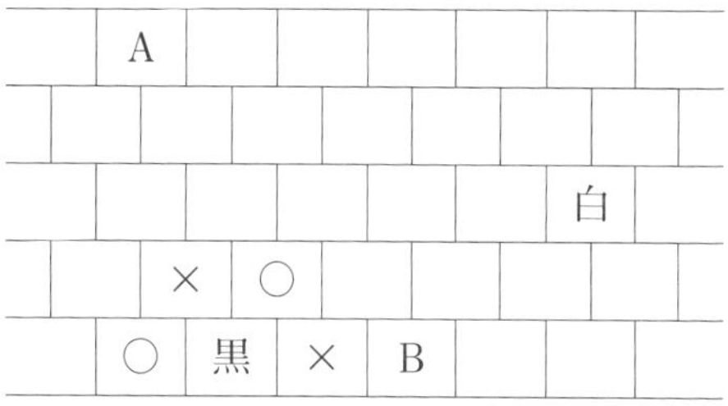

図２

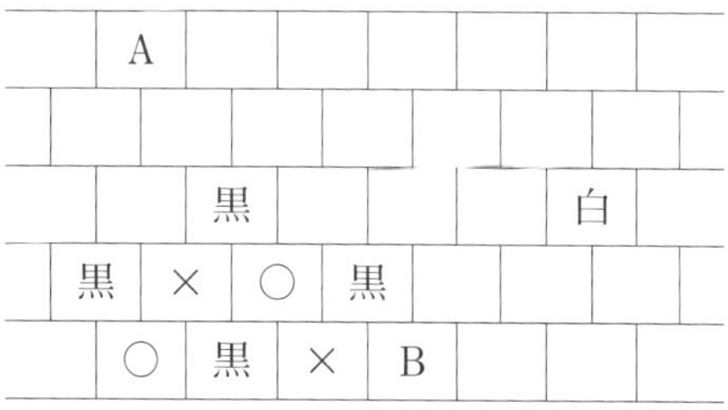

図３

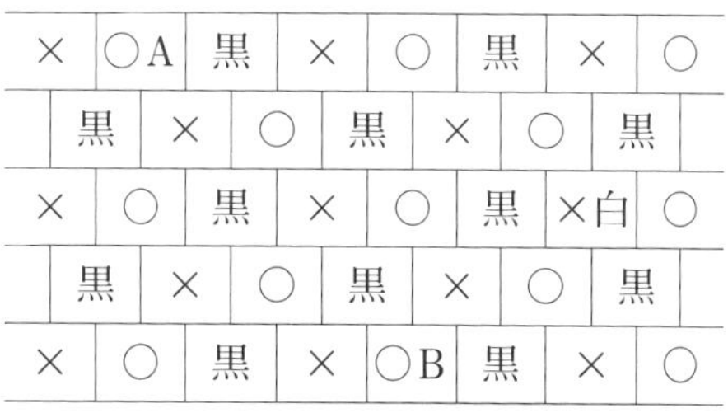

市役所上・中級 C日程

No.254 判断推理 平面図形 令和3年度

正方形ABCDがある。この正方形の頂点Aから辺BC上または辺CD上に向けて，頂点Cから辺AB上または辺AD上に向けて正方形を区切るように線を引く（ただし，頂点に向けた線は引かない）。たとえば，次のような線を引くと，正方形は4つに区切られる。

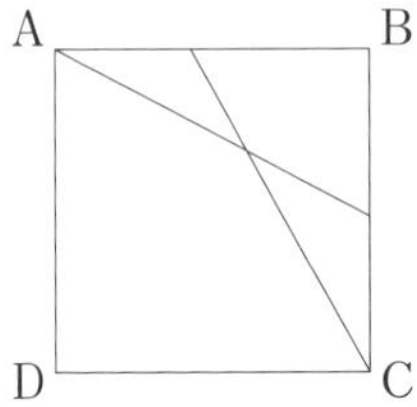

同様の方法で，Aから2本，Cから2本の線を引くとき，正方形を何か所に区切ることができるか。ありうる数をすべて挙げているのはどれか。

1　4，5，6，7，8

2　4，6，8

3　5，6，7，8，9

4　5，7，9

5　6，8，9

解説

線は他の線と交わると，そこで分割がされるので，分割の個数が増えていく。交点の数で順に場合分けをする。

⑴交点が0個

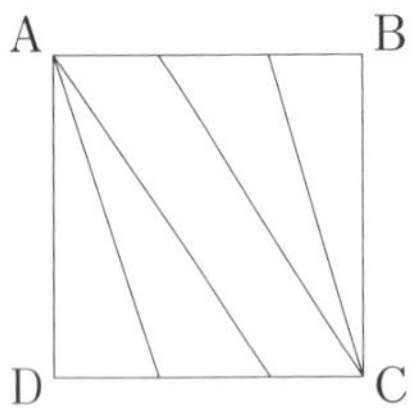

5個に分割

⑵交点が2個

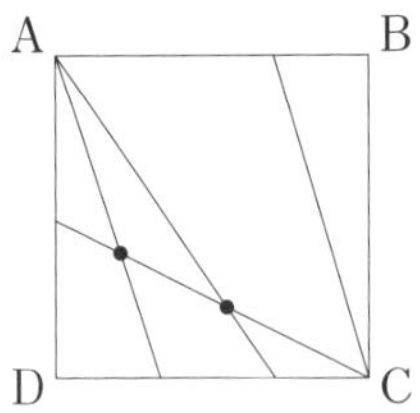

7個に分割

⑶交点が4個

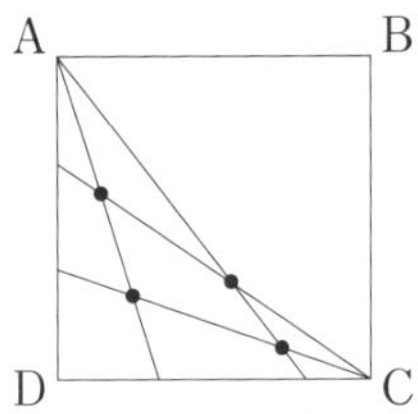

9個に分割

交点が1個と3個となる場合については，頂点に向けた線は引くことができないので，これはありえない。

したがって，交点の数は0個，2個，4個の3通りになり，分割の個数は5個，7個，9個となる。

よって，正答は**4**である。

正答　4

図のように，正三角形12枚を組み合わせて作った図形がある。この12枚の正三角形を赤または黒に塗り分けるが，正三角形４枚で構成される正三角形については，必ず赤と黒の正三角形が２枚ずつ含まれているようにする。今，A，B，Cの正三角形はいずれも黒に塗った。このとき，ア，イ，ウの正三角形の色の組合せとして，正しいのはどれか。

	ア	イ	ウ
1	黒	黒	赤
2	黒	赤	赤
3	赤	赤	赤
4	赤	赤	黒
5	赤	黒	黒

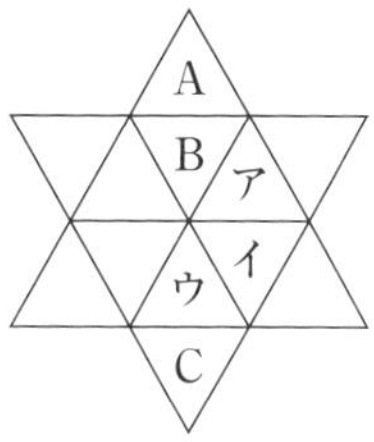

解説

図Ｉのように，A，B，Cの正三角形は黒で塗り，また，中央部分の（小）正三角形をそれぞれア，イ，ウ，エ，オとする。

図Ｉ

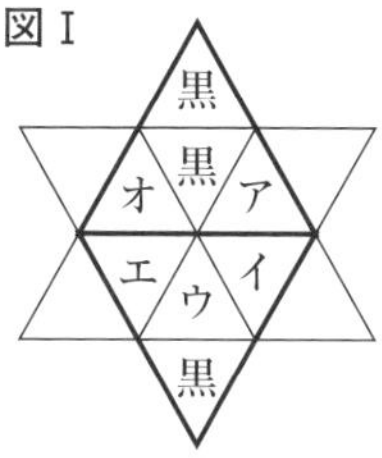

このとき，正三角形４枚で構成される正三角形については，必ず赤と黒が２枚ずつ含まれていなければならないので，アおよびオは赤である。

そして，イ，ウ，エについては，赤が２枚と黒が１枚の組合せとなる。この場合，イ，ウ，エの色の塗り分けは図Ⅱのように３通り（イ，ウ，エのうちのいずれか１枚が黒）あるが，(イ，ウ，エ)＝(赤，赤，黒)，(黒，赤，赤）の場合は，どうしても赤３枚，黒１枚で構成される部分ができてしまう（図Ⅱの左図と中央図）。(イ，ウ，エ)＝(赤，黒，赤）の場合（図Ⅱの右図）だけ，正三角形４枚で構成されるいずれの正三角形も，赤，黒を２枚ずつ含むことが可能であり，(ア，イ，ウ)＝(赤，赤，黒）という組合せとなる。

図Ⅱ

よって，正答は**4**である。

正答 4

市役所上・中級

No. 256 B日程

判断推理　色の塗り分け　平成29年度

正四面体の頂点と辺の中点に図のように球が付いており，次のルールに従ってこれらの球に色を塗る。

○　1つの球を1色で塗る。

○　直線上の球はすべて異なる色で塗る。

このとき，塗り分けることができる色数の最少数（ア）と，そのとき最も多く使用する色の数の最大数（イ）の組合せとして，正しいのはどれか。

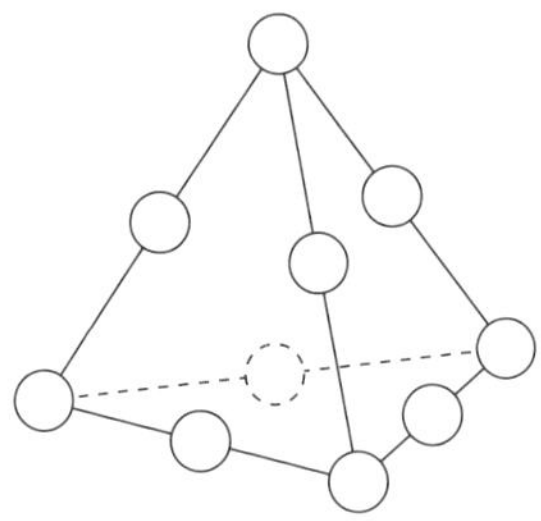

	ア	イ
1	3色	4個
2	3色	5個
3	4色	3個
4	4色	4個
5	4色	5個

解説

立体を真上から見た図にして考える。条件に沿う形で最少の色で塗るためには，真ん中の頂点をAで塗るとすると，他の頂点の1つはAが使用できないのでBとなり，もう1つの頂点はAもBも使用できないのでCとなり，最後の1つはDとなる（図Ⅰ）。

辺の中点の色は，辺の両端の頂点と異なる色で塗る。Aをより多く使用するとすると，たとえば，図Ⅱのような塗り方になる。

図Ⅰ

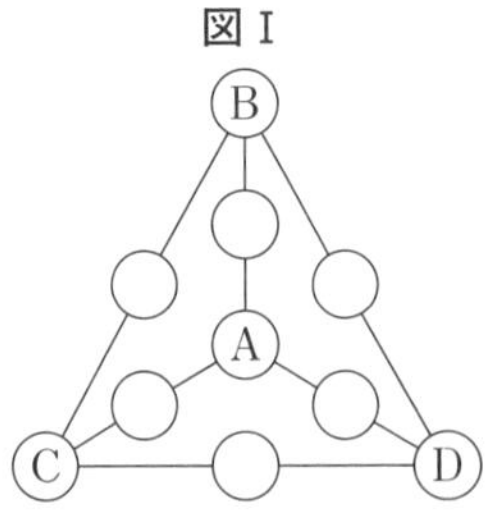

図Ⅱ

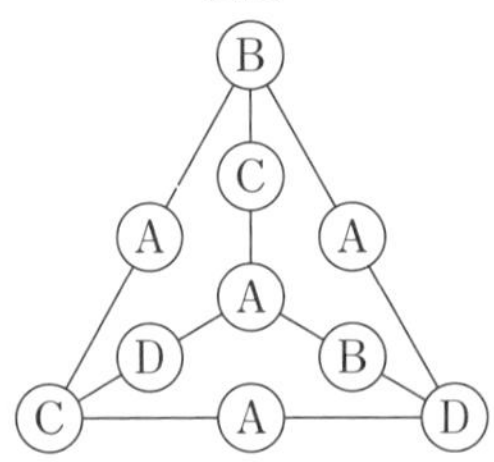

以上より，塗り分けは最低でも4色必要となり，最も多く使用するAは4個必要となる。

よって，正答は**4**である。

正答　4

C日程

No. 257 判断推理　平面構成　平成27年度

図のような，３種類の三角形Ａ～Ｃが１つずつある。ＡおよびＣの三角形を，Ｂの三角形に等しい長さの辺で重ならないようにつなぎ合わせるとき，何通りのつなぎ方があるか。ただし，回転させたり裏返したりして同一になるものは１通りとする。

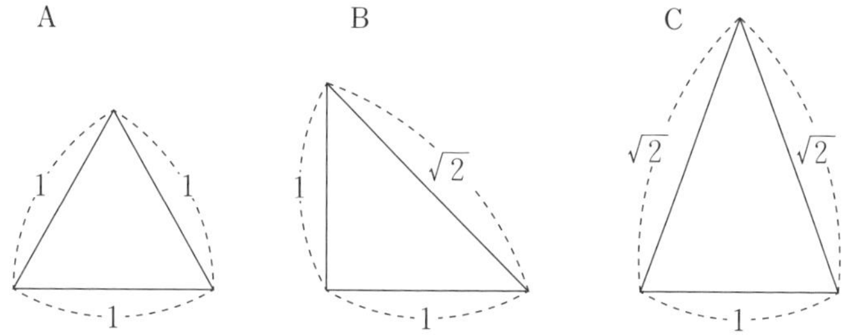

1　２通り
2　３通り
3　４通り
4　５通り
5　６通り

解説

図Ⅰの３通りが可能である。

図Ⅰ

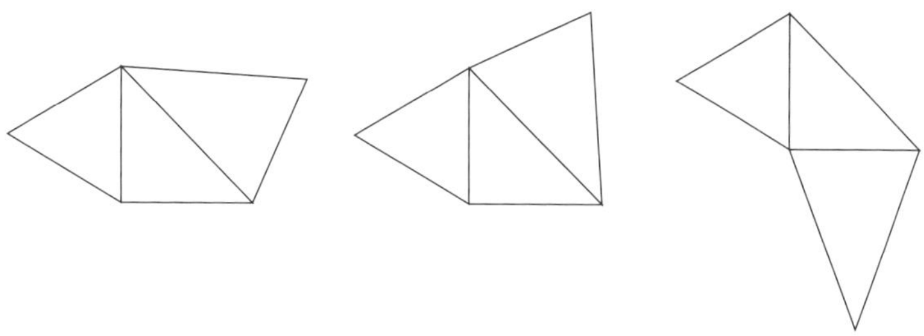

図Ⅱのようにつなげても，裏返して回転させるとすべて図Ⅰと一致する。

図Ⅱ

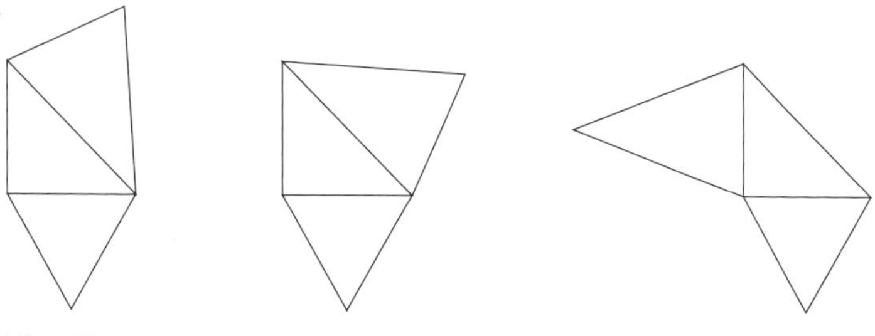

よって，正答は**2**である。

正答　**2**

市役所上・中級
No. 258　B日程
判断推理　平面構成　令和2年度

次に示すア～カの図形は，いずれも正方形を組み合わせた図形である。これら6つの図形のうち5つの図形を透き間なく，かつ，重ねることなく並べて，図1のような5×6の長方形の枠を埋めていく。カの図形を図1の灰色の箇所に置くとすると，使用しない図形はどれか。ただし，図形は回転させてもよいが，裏返さずに使用するものとする。

1　ア
2　イ
3　ウ
4　エ
5　オ

ア
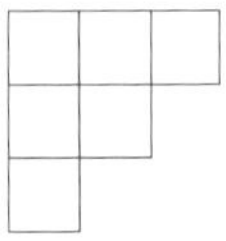
イ
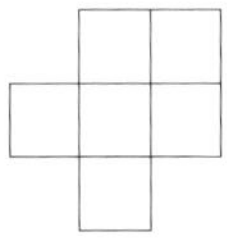
ウ
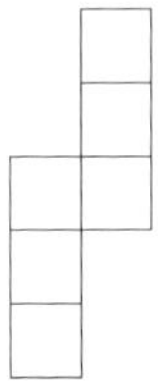
図1
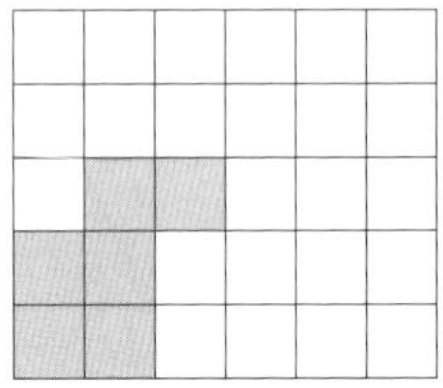
エ
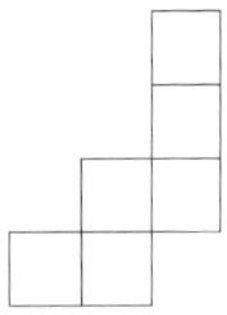
オ
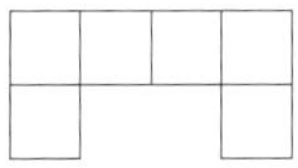
カ
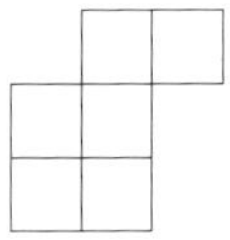

解説

問題の図1において，カの右下と左上の透き間に入る図形を考える。

次の図Ⅰの①の箇所に透き間なく入れることができる図形として，イとオが考えられるが，イを入れた場合は，その右側にはオしか入らず，イとオの間に透き間ができてしまう。よって，①の箇所にはオが入る。②の箇所はアかオとなるが，オは①で使用するので，アが入る。

次に，図Ⅱの③の箇所には，残りの図形ではイしか入れることができない。

このとき，図Ⅲのように，残りの透き間はエの形になっているので，ここにはエが入る。

図Ⅰ
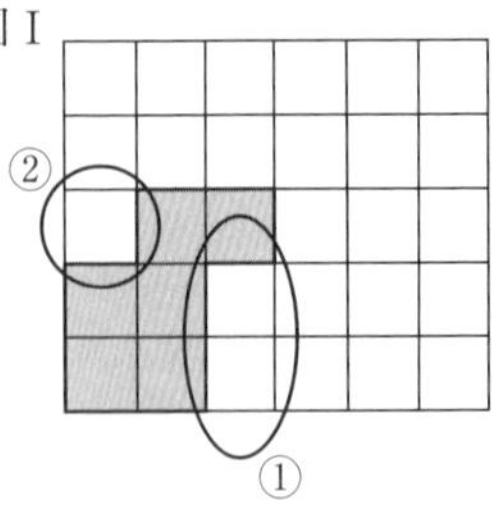

図Ⅱ
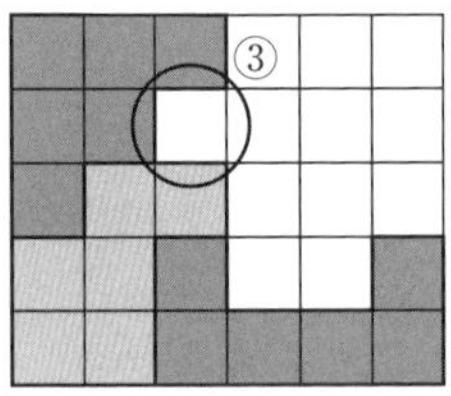

図Ⅲ
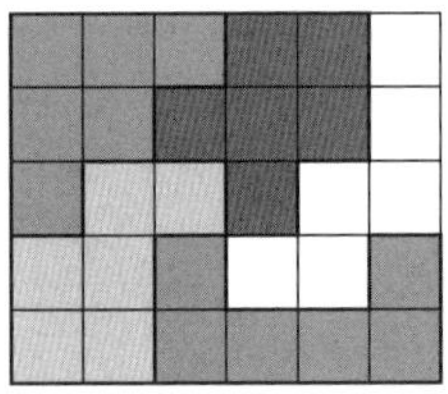

よって，使用しない図形はウなので，正答は**3**である。

正答　3

No.259 判断推理　折り紙　平成24年度

正方形の紙を次のように縦に1回，横に2回折り，それを元の大きさに広げると，折り目に対して3つの交点ができる。

ここで，縦に3回折って，その後に横は何回以上折れば200個以上の交点をつくることができるか。

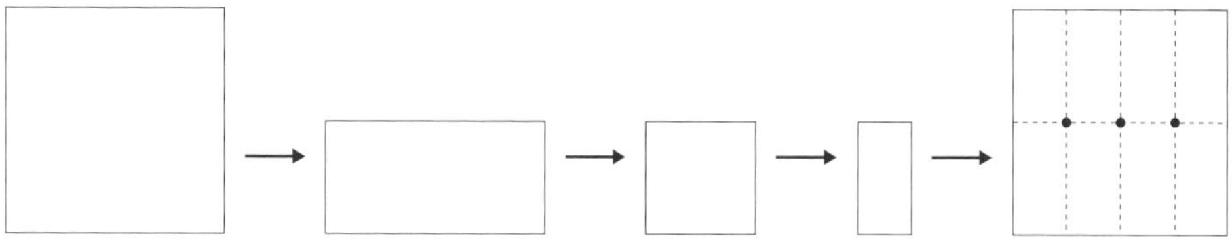

1　4回
2　5回
3　6回
4　7回
5　8回

解説

縦に3回折ると重なる紙の枚数は 2^3 であり，横の折線の本数は，$2^3-1=7$ である。

次に，横に n 回折ると，縦の折線の本数は (2^n-1) である。

このとき，交点の個数は，$7\times(2^n-1)$ である。

これが200以上になればよいから，

$$7\times(2^n-1)\geqq 200$$

$$2^n\geqq\frac{200}{7}+1=29.5\cdots$$

$2^4<29.5\cdots<2^5$ より，式を満たす最小の n の値は5である。

すなわち，横は最低で5回折ればよいので，正答は**2**である。

正答　**2**

市役所上・中級

B日程

No.260 判断推理　折り紙と重ね合わせ　平成28年度

図のように，正方形の紙を破線に沿って折った後，灰色部分を切り落とした。この紙を広げたときの形として，正しいのはどれか。

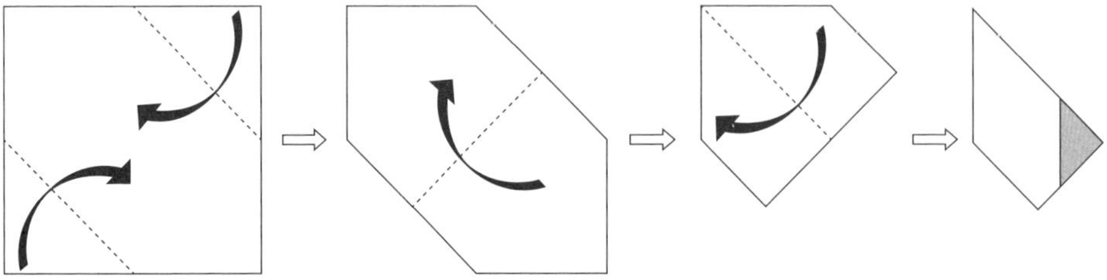

1

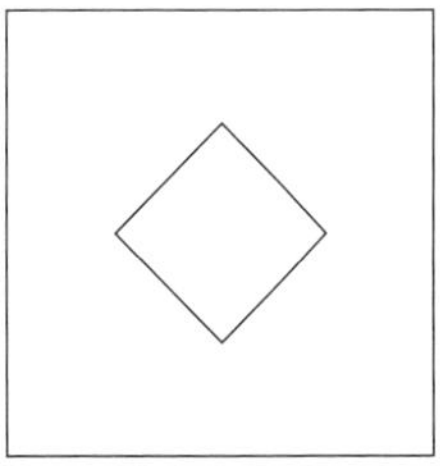

2

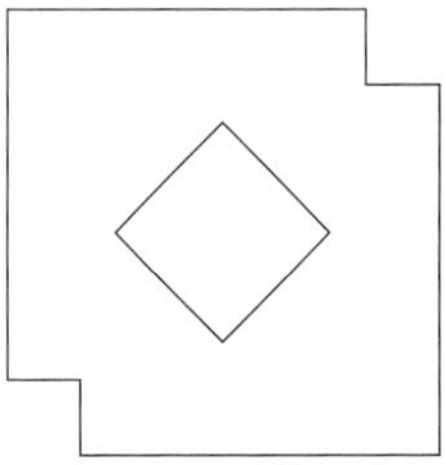

3

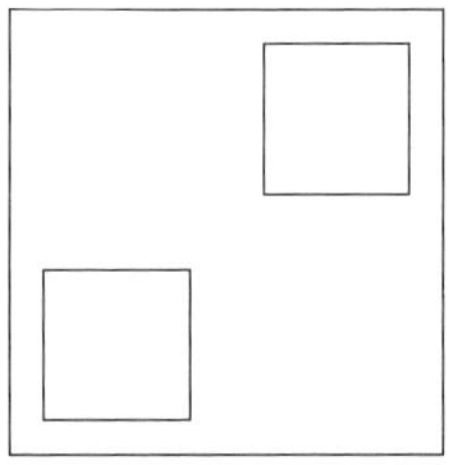

4

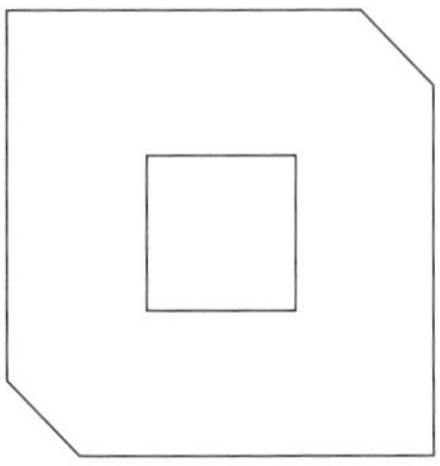

5

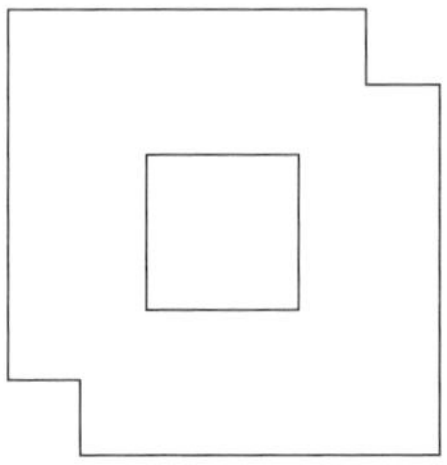

解説

折って切り落とした状態から，逆順で紙を広げていけばよい。このとき，切り落とした部分も折り目で線対称となるようにしていく。そうすると，次図のようになる。

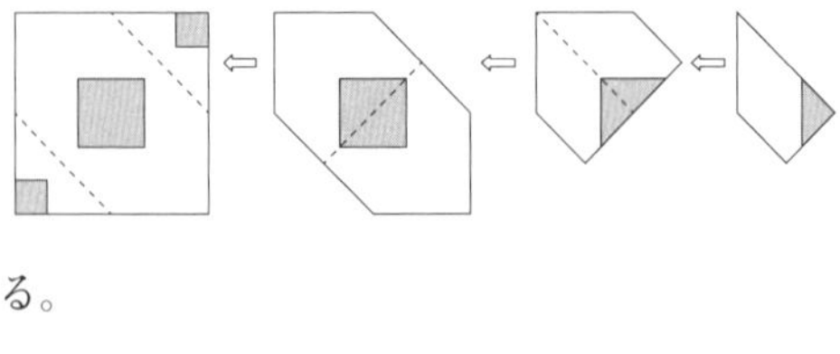

よって，正答は**5**である。

正答　5

No. 261 判断推理 最短経路 令和2年度

図のように，同じ長さの線で作った正三角形を組み合わせて，大きな正三角形を作った。この正三角形の線の上を通り，Aから出発してBを経由し，Cに最短で到達する経路は全部で何通りか。ただし，同じ線を複数回通ってもよい。

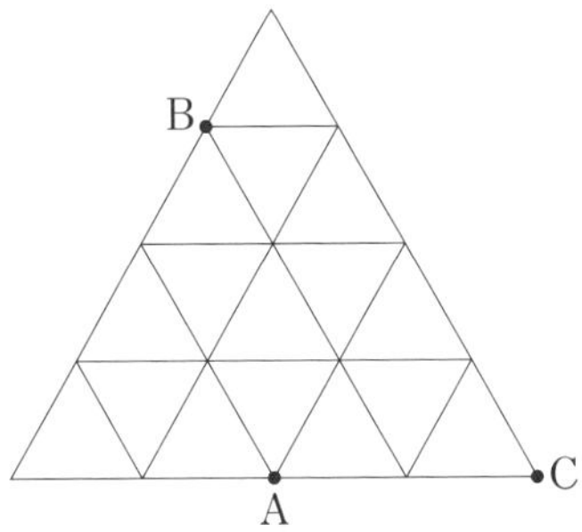

1　8通り
2　9通り
3　10通り
4　12通り
5　16通り

解説

AからBまで最短で到達するには，右上か左上にしか進むことができない。すなわち，図1の太線で示した線のみである。全部で3回の移動のうち，右上への移動を何回目にするかを考える。右上への行き方は1回目から3回目の3通りある。

BからCまで最短で到達するには，右か右下にしか進むことができない。すなわち，図2の太線で示した線のみである。全部で4回の移動のうち，右への移動を何回目にするかを考える。右への行き方は1回目から4回目の4通りある。

AからBへの移動が3通り，BからCへの移動が4通りあるので，全部で，3×4＝12〔通り〕の経路がある。

図1

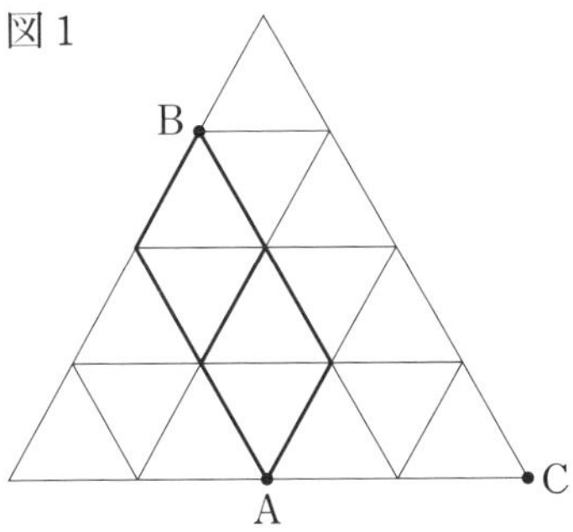

図2

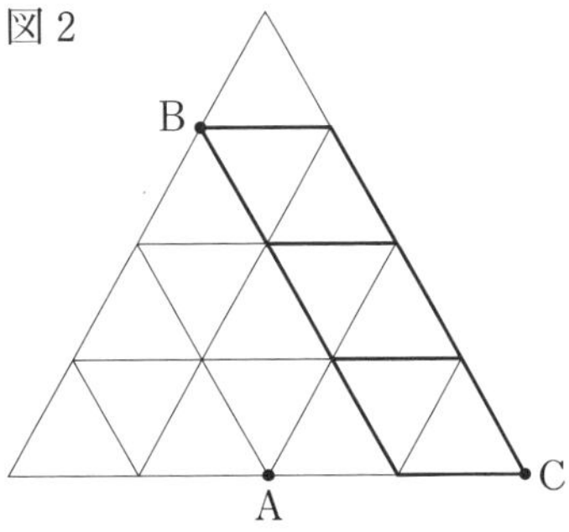

よって，正答は**4**である。

正答　4

市役所上・中級

No. 262 C日程 判断推理

軌　跡

平成27年度

図のように，正方形 ABCD の辺 AD 上に，正方形 ABCD と同じ大きさの正方形３つをＬ字型につなげた図形が置かれている。このＬ字型の図形が，正方形 ABCD の周囲を矢印の方向に滑ることなく回転して，再び辺 AD 上に戻るとき，図形上の点Ｐが描く軌跡として正しいのはどれか。

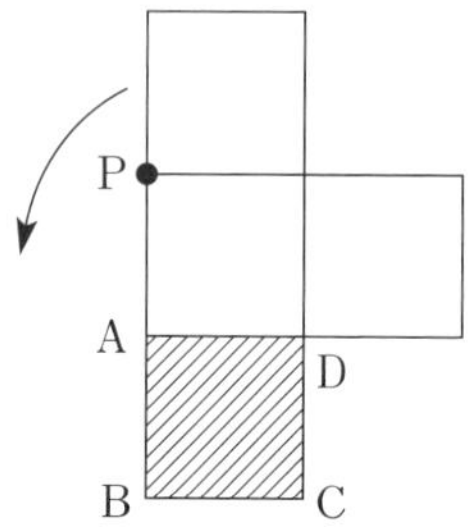

1

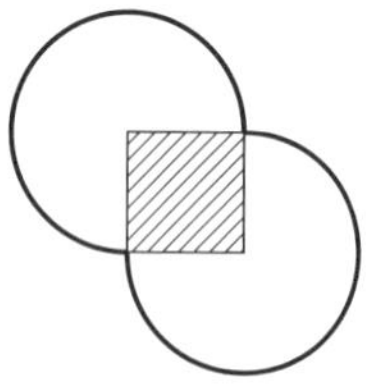

2

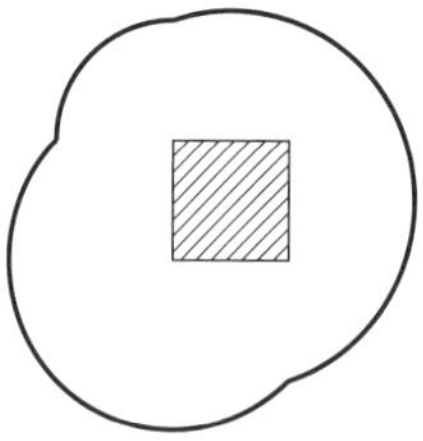

3

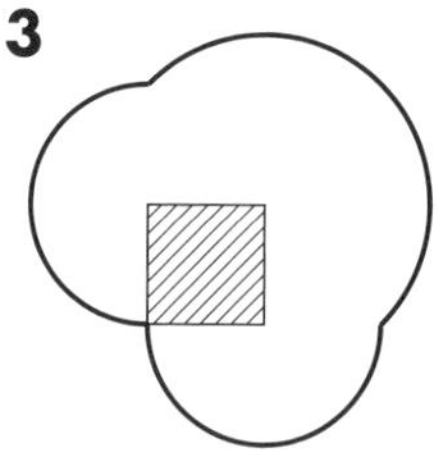

4

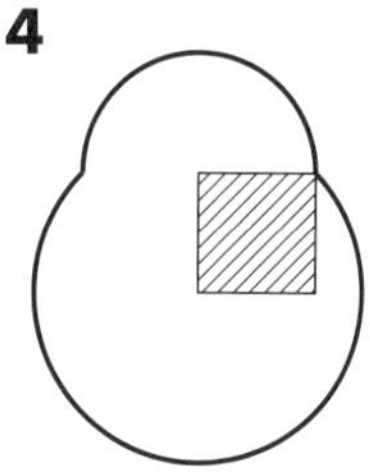

5

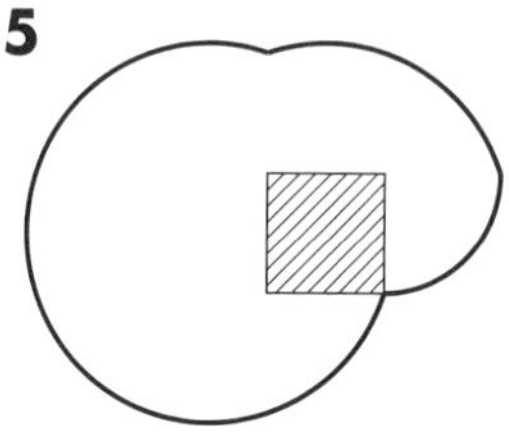

解説

正方形 ABCD の周囲を回転するのはＬ字型の変則的図形なので，再び辺 AD 上に戻ったとき，最初の状態とは異なる配置となる。正方形 ABCD の周囲をＬ字型の図形が回転していくと，次図のようになり，点Ｐの軌跡は太線の弧を描く。

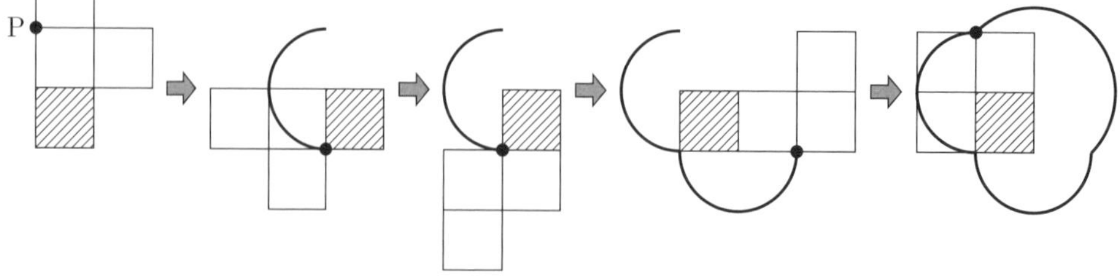

よって，この図より，正答は**3**である。

正答　3

B日程

No. 263 判断推理 軌　跡 平成26年度

1辺の長さ3の正方形の内部に，縦1，横2の長方形を図のように置き，正方形の内側に沿って矢印の方向に滑らないように回転させる。長方形が正方形の内部を1周するとき，長方形の頂点Pが描く軌跡として，正しいのはどれか。

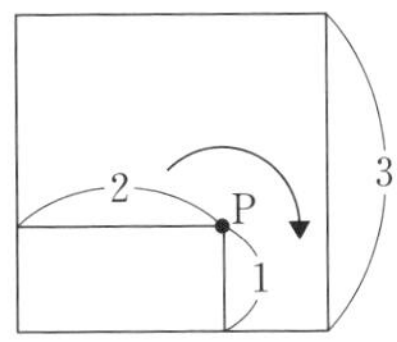

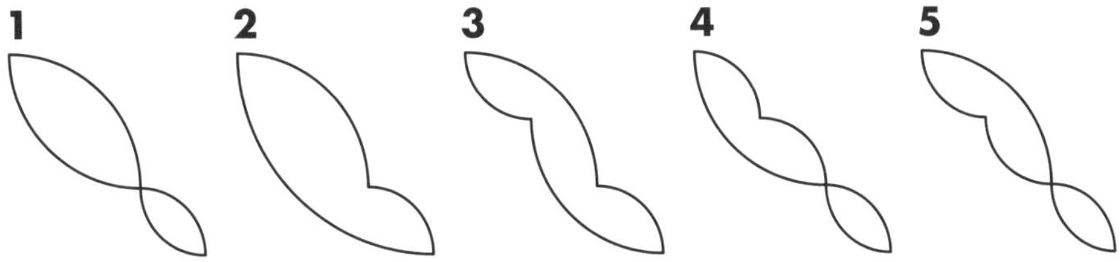

解説

長方形が正方形の内側に沿って回転移動するとき，毎回，図の○印の頂点を回転の中心として，長方形の頂点Pは図に太線で示す軌跡を描く。

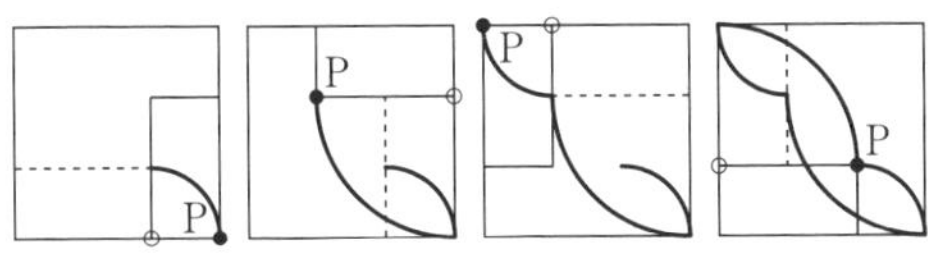

よって，正答は**3**である。

正答　3

軌　跡

図のような台形を滑ることなく回転させたとき，点Pの軌跡として妥当なのはどれか。

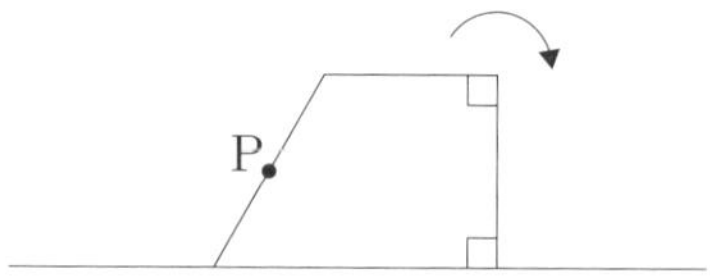

1

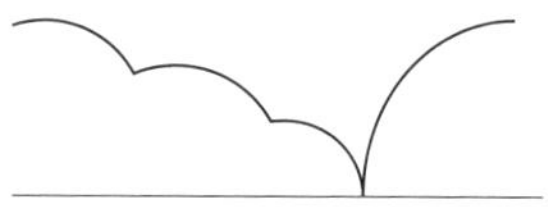

2

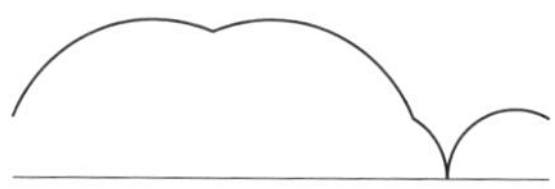

3

4

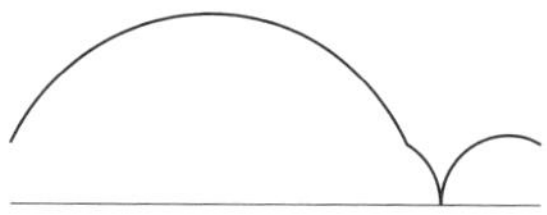

5

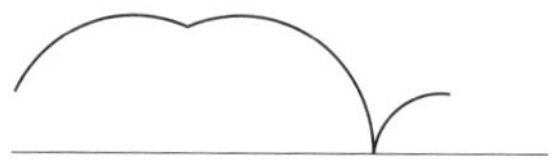

解説

点Pは四角形の頂点以外の点なので，4回回転すると，4個の円弧を描く。よって，**4**，**5**は誤り。

また，1回転目で円弧が止まる位置は，スタート時より高いところとなる。よって，**1**，**3**は誤り。

実際に回転させると，次のようになる。

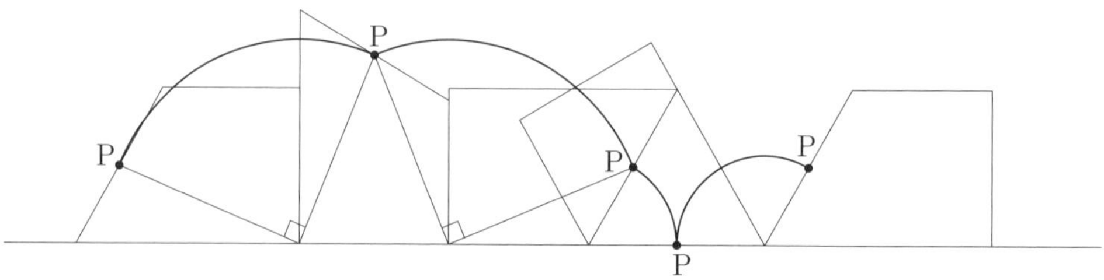

よって，正答は**2**である。

正答　2

軌　跡

ある図形を直線ℓ上を滑ることなく1回転させたところ，図形上の点Pが下図のような軌跡を描いた。回転させた図形として妥当なのはどれか。

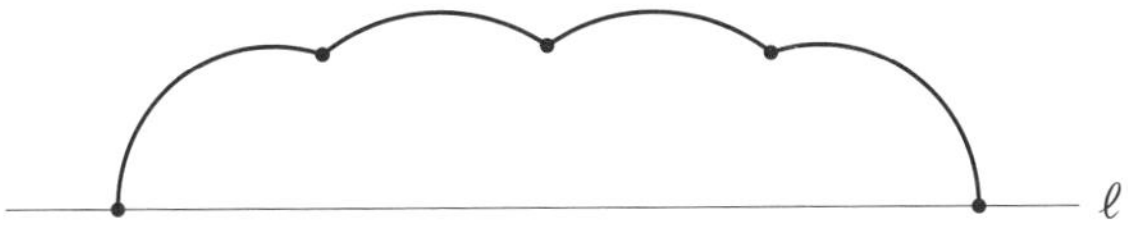

1

2

3

4

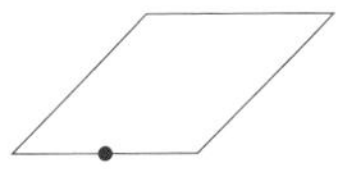

5

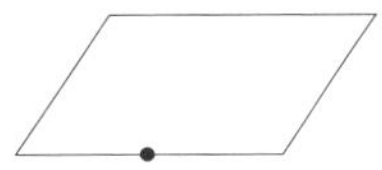

解説

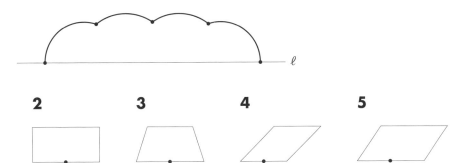

選択肢はすべて多角形上の点なので，軌跡は円弧を描くことがわかる。右に1回転がったとき，回転角度は，**1**と**2**は直角，**3**は鈍角，**4**と**5**は鋭角であるが，図では明らかに鈍角なので，正答は**3**である。

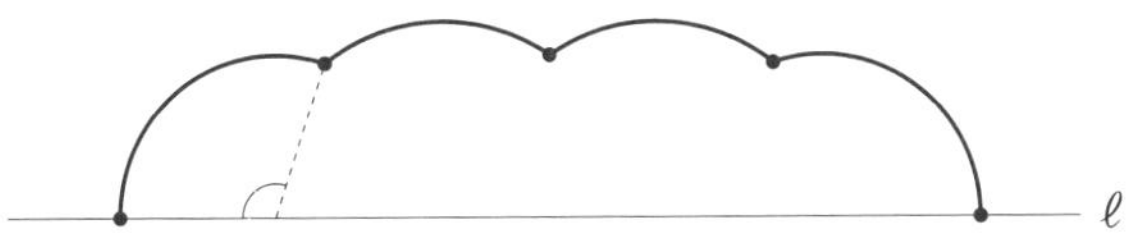

ちなみに，それぞれの軌跡は以下のようになる。

1

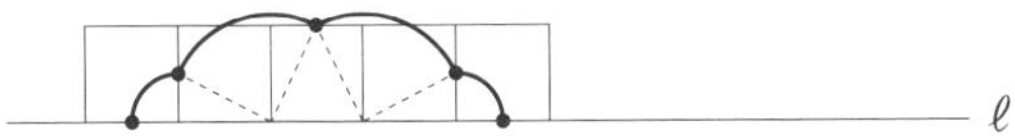

2

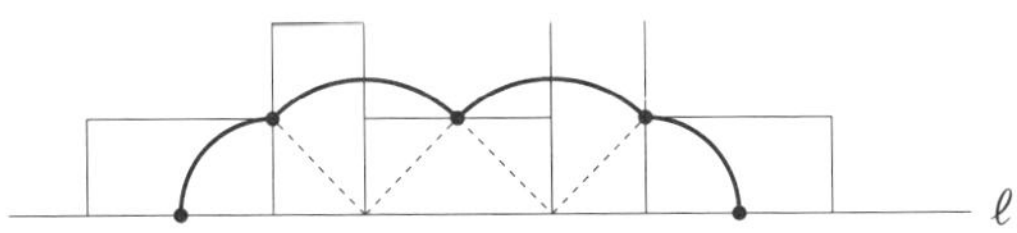

4

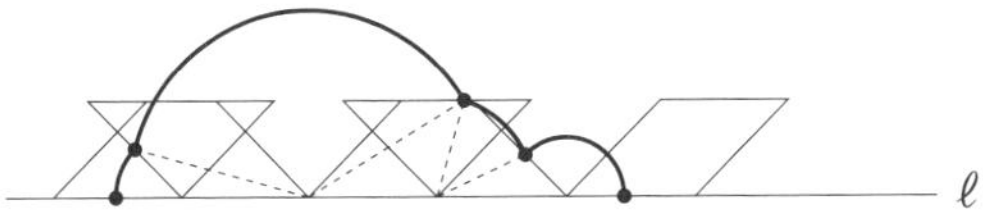

5

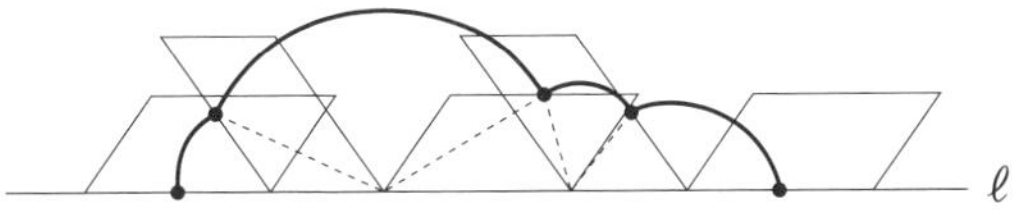

正答　3

No. 266 判断推理　軌　跡　平成23年度

1辺が3cmの正方形の中に，直径2cmの円がある。円周上には点Pがあり，点Pは円周上を自由に動く。また，円は正方形の内部を自由に動く。このとき，点Pの移動可能な範囲を正しく示しているものはどれか。

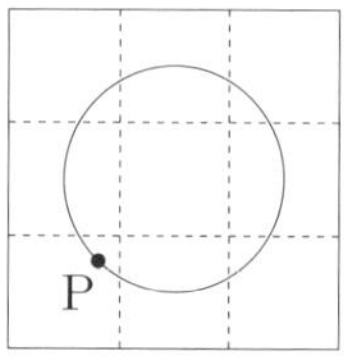

1

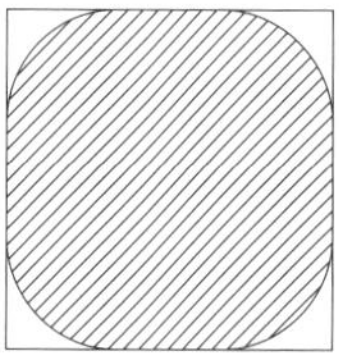

2

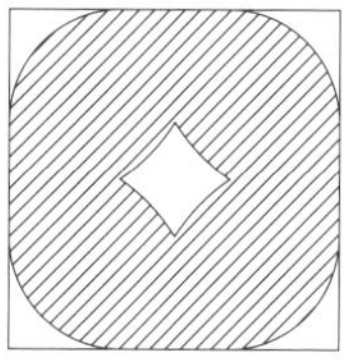

3

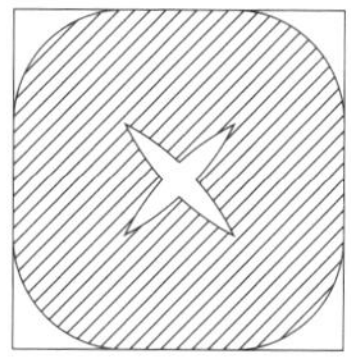

4

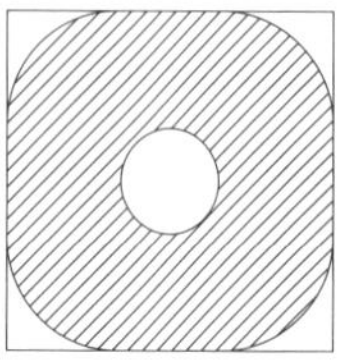

5

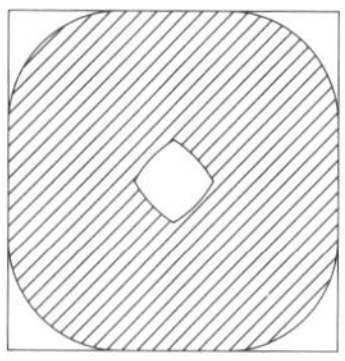

解説

点Pは円周上を自由に動くことができるので，点Pは円の周が移動できる範囲をすべて移動できる。ここで，円を図1～図4のように辺に沿わせて，隅から隅に移動させていく。そのとき円の周が通過したところを斜線部で示す。

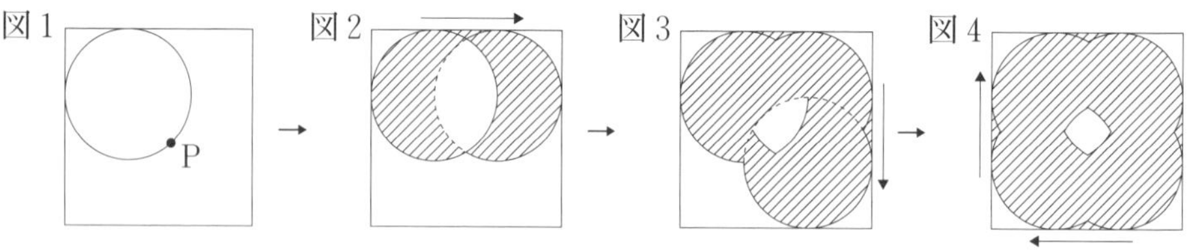

以上が，円の周つまり点Pが移動できる範囲であり，**5**が正しい。

正答　5

No. 267 判断推理　軌　跡　平成29年度

図のような，3mの幅でタイヤの付いた車がある。この車が円の一部を滑ることなく曲がる際に，内側のタイヤは6回転，外側のタイヤは8回転していることがわかった。

この車が，中心が同じ円を移動する際，外側のタイヤが描く円の半径はいくらか。

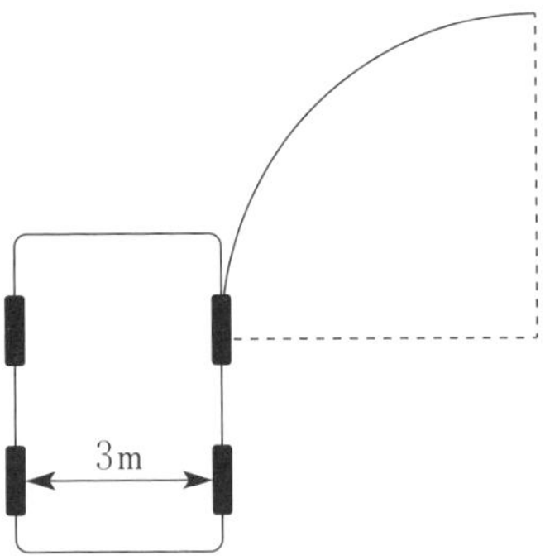

1　10m
2　12m
3　14m
4　16m
5　18m

解説

内側のタイヤと外側のタイヤの回転数より，内側が描く円弧と外側が描く円弧の比は6：8と判断できる。この長さの比が円の中心からの距離の比と等しくなる。円の中心から内側のタイヤまでの距離を$6a$，外側のタイヤまでの距離を$8a$と置くと，その差である$2a$が内側と外側のタイヤの距離の3mになる。この車の外側のタイヤが描く円の半径は$2a$の4倍の$8a$なので，半径も3mの4倍の12mになる。

よって，正答は**2**である。

正答　**2**

No. 268 判断推理 展開図 平成26年度

図のような正方形の紙の向かい合う2辺を貼り合せて円筒を作った後，ハサミを1回だけ使って1枚に切り開いた。このとき，その展開図としてありえない図形はどれか。

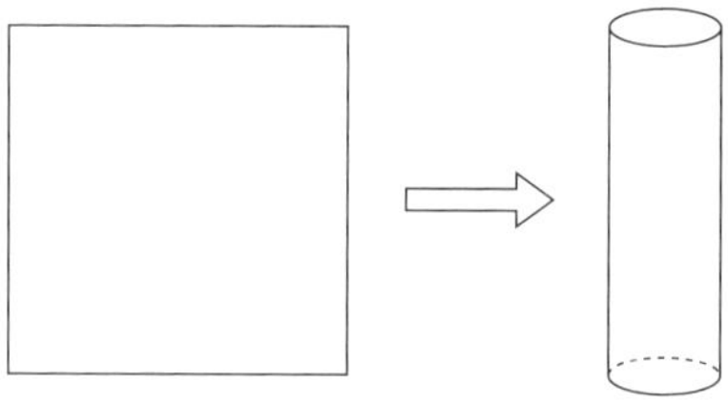

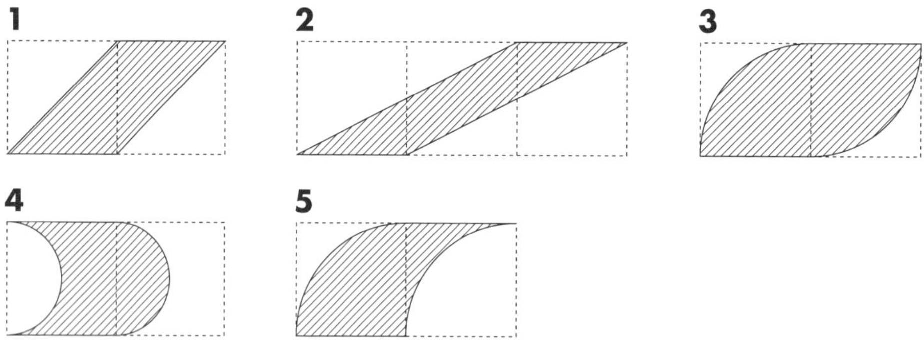

解説

ハサミを1回だけ使って1枚に切り開いたのだから，選択肢の図を左側の正方形内に平行移動させたとき，1枚の正方形に収まればよい。下の図のように，**1**，**2**，**4**，**5**は1枚の正方形に正しく収まるが，**3**は中央部分が重なってしまい，1枚の正方形には収まらない。したがって，展開図として成り立たない。

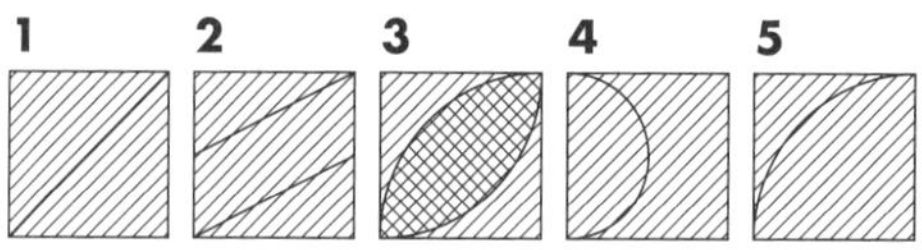

よって，正答は**3**である。

正答 3

判断推理　展開図　令和4年度

底面の円周の長さが1，高さが12の円柱がある。図Ⅰのように，点Aからその真下にある点Bまで，たるまないように糸を巻きつける。この円柱の側面を，A，Bを通る直線で展開した図に糸の跡を描くと，図Ⅱのように，互いに平行な斜めの線になる。糸の長さが20であるとき，円柱に巻かれた糸は何周するか。

1　16周
2　17周
3　18周
4　19周
5　20周

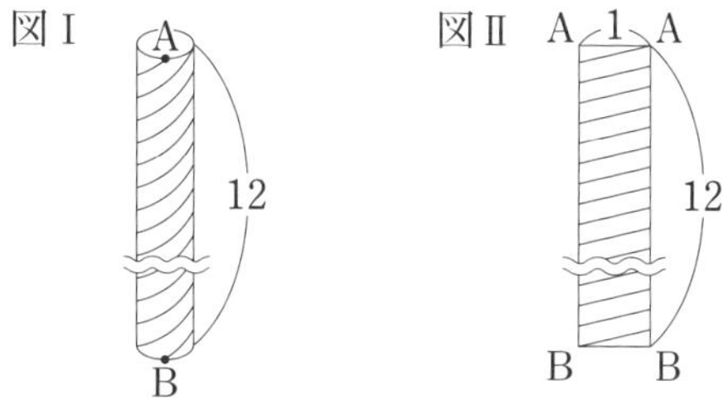

解説

図Ⅱの糸の跡の斜めの線をつないで直線にして考える。次の図のように図Ⅱの展開図を横に2枚つなげると，最初の2周分の斜めの線は1本の直線になる。

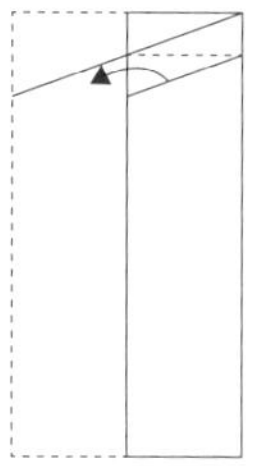

同様につなげていくと，斜めの線は次の図のような直角三角形の斜辺になる。円柱の高さが12で，斜めの線＝糸の長さが20なので，12：20＝3：5より，この直角三角形は，3：4：5の直角三角形であることがわかる。したがって，三角形の横の長さは16である。

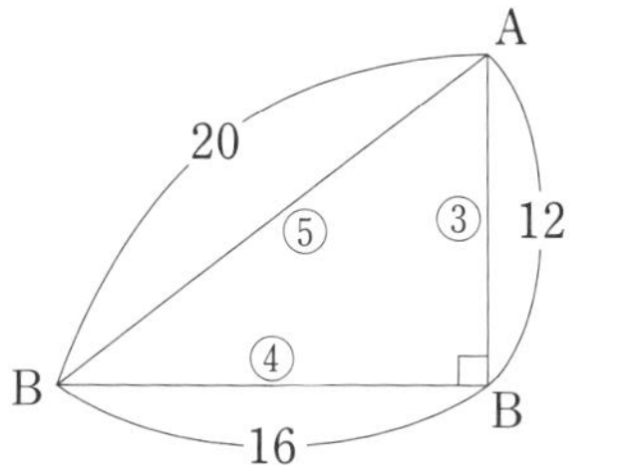

横の長さは，図Ⅱの展開図を16枚横につなげた長さである。すなわち，糸は16周巻かれたことになる。

よって，正答は**1**である。

正答　1

判断推理　展開図　令和2年度

図のような正四面体 ABCD がある。BC の中点をM，BD の中点をNとし，AMN を含む平面で切断する。このとき，図形 ABMN の展開図として，正しいのはどれか。

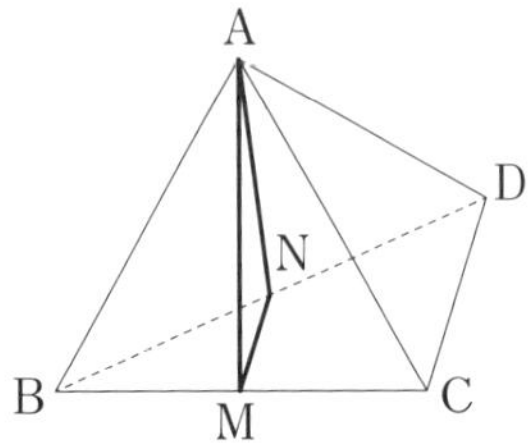

1

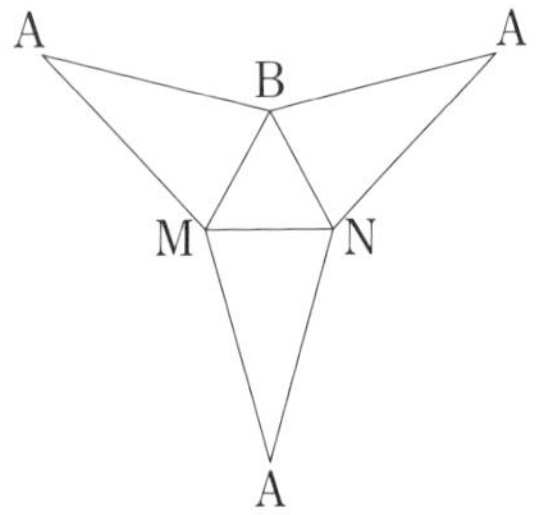

2

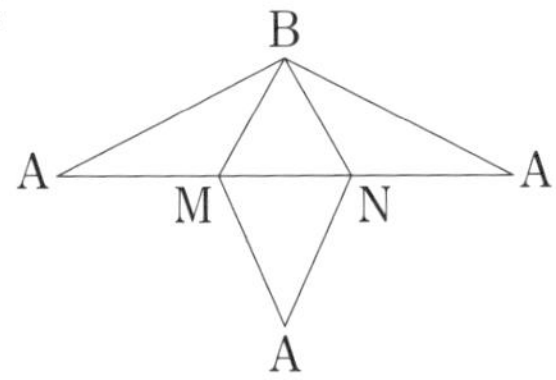

3

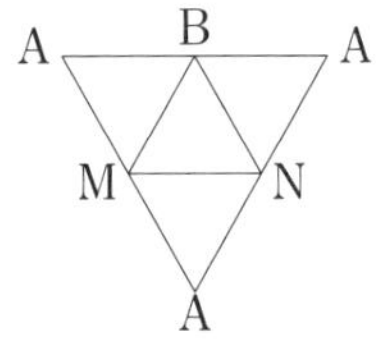

4

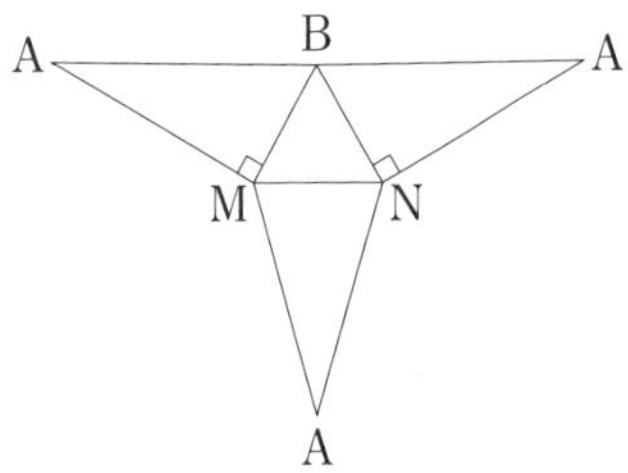

5

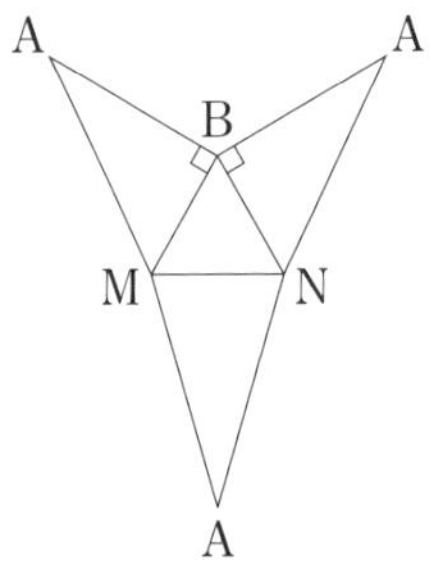

解説

Mは BC の中点なので，AM は△ABC の高さの長さとなり AM⊥BC となる。Nも同様に AN⊥BD となる。

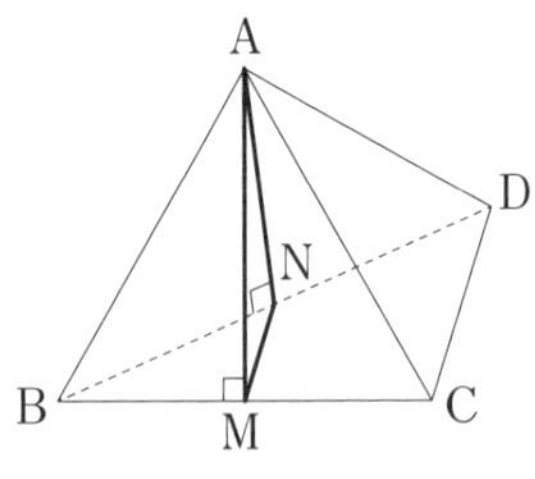

∠AMB および∠ANB が直角となっているのは**4**のみである。

よって，正答は**4**である。

正答　4

No. 271 判断推理　サイコロの回転　平成27年度

向かい合う面の目の和が7であるサイコロを図1のように置き，x 方向に4回，y 方向に1回転がしたところ，図2のようになった。このとき，y 方向に転がしたのは何回目か。

図1

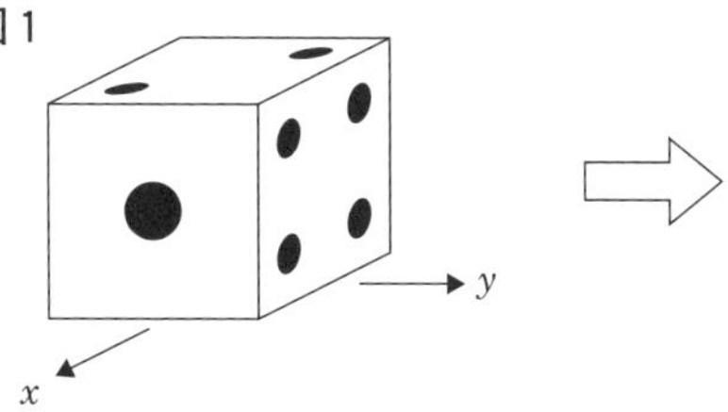

図2

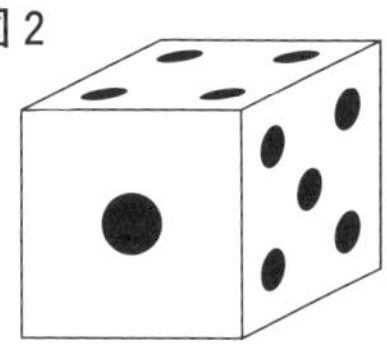

1　1回目
2　2回目
3　3回目
4　4回目
5　5回目

解説

サイコロの最初の目の配置は図Ⅰのようになっており，5の目は底面にある。5の面を y 方向に転がして右側面にしようとすると，y 方向に3回転がさなければならない。y 方向には1回しか転がせないので，x 方向に2回転がすことによって，5の目が上面となったときに y 方向に転がせばよい。つまり，y 方向に転がすのは図Ⅱのように3回目となる。

図Ⅰ

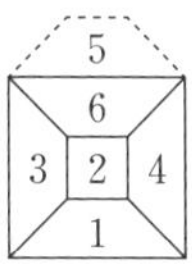

図Ⅱ

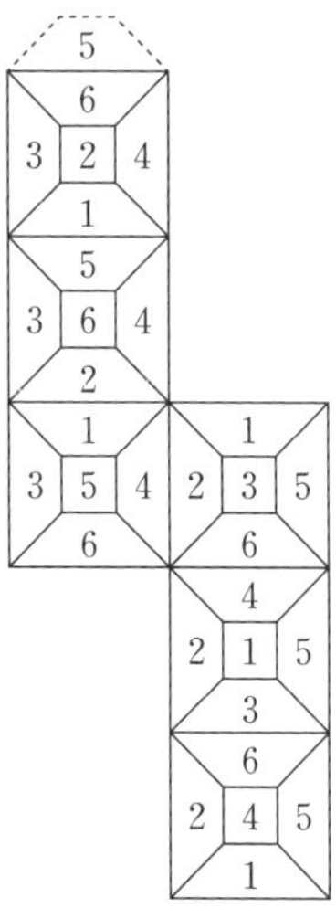

よって，正答は**3**である。

正答　3

判断推理　サイコロの目　平成23年度

左図のような展開図となるサイコロを，右図のように4個組み合わせた。接する面どうしが同じ目であるとき，A面の目はいくつか。

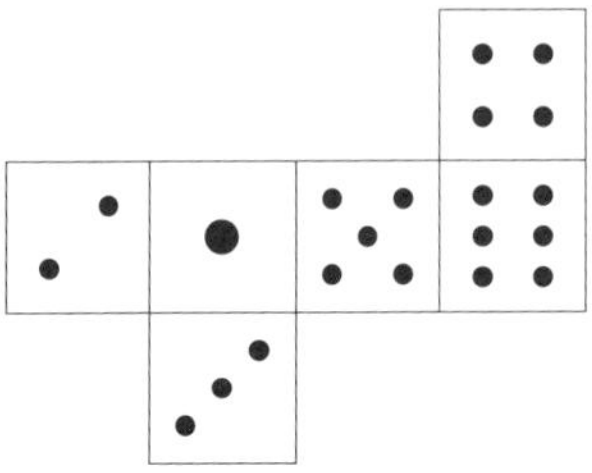

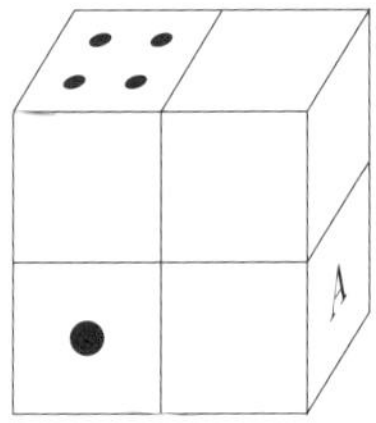

1　1　　**2**　2　　**3**　3　　**4**　4　　**5**　5

解説

サイコロの6面の数字の配置を平面で表現したものを五面図という（図1）。

図1

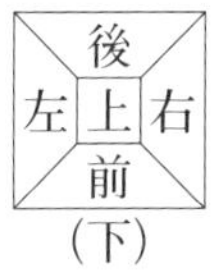

問題の右図を五面図で表すと，図2のようになる。なお，相対する面の目の和は7であり，接する面どうしは同じ目である。

図2

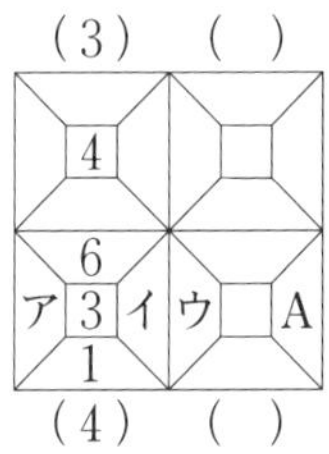

また，サイコロの展開図において，同じ頂点に集まる点をつなぐと図3のようになるので，図4のようにサイコロの展開図は書き換えられる。

図3

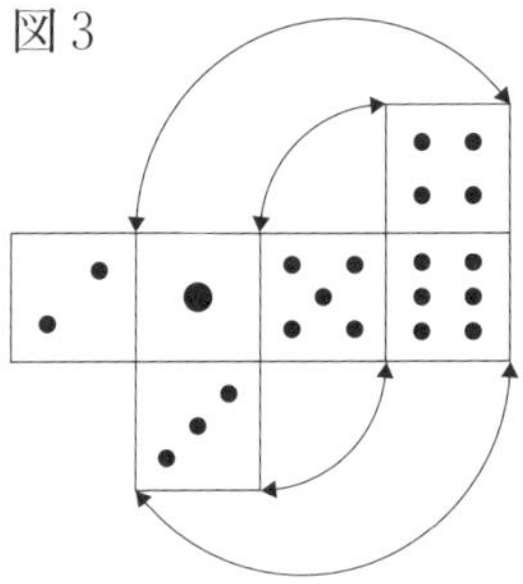

図4

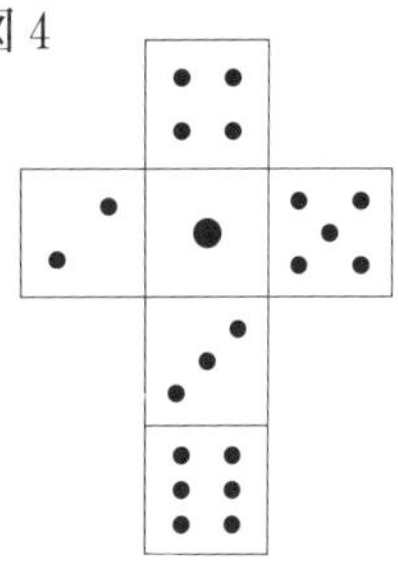

図4のサイコロの展開図を参考に，図2のア・イ・ウの面をうめていくと図5のようになる。

図5

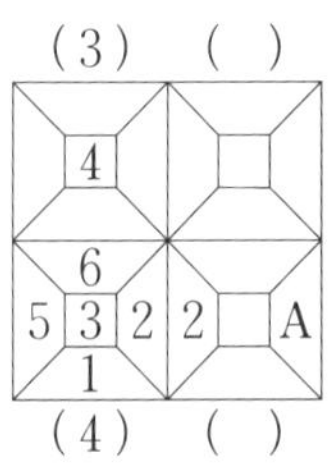

以上より，図5のA面は5の目になるので，正答は**5**である。

正答　**5**

空間図形

30cm×30cm×40cm の直方体の水槽に，10cm×30cm×10cm の直方体を図１のように４本入れ，そこへ図２のように高さが10cm になるまで水を入れる。これを，図３のように傾けていくと，水はA，B，Cの順に流れていく。BからCに水が落ち始める瞬間の図の x の値はいくらか。

なお，図２および図３は，水槽を真正面から見た図である。

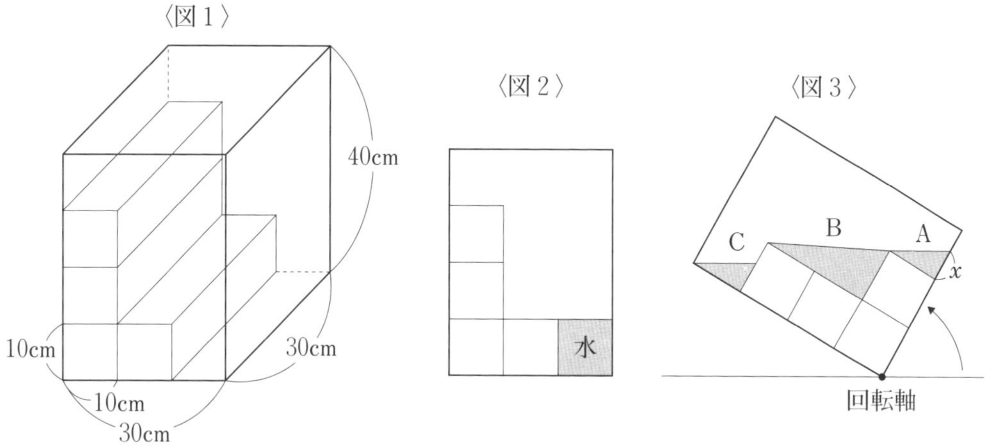

1 3 cm　**2** 3.5cm　**3** 4 cm　**4** 4.5cm　**5** 5 cm

解説

平面で考える。BからCに水が落ち始める瞬間は右図のようなときである。

Aの三角形の面積は $\frac{1}{2}\times10\times x=5x$〔$cm^2$〕である。

Bの三角形はAと相似であり，相似比は2：1なので，面積比は4：1となり，面積は $5x\times4=20x$〔cm^2〕である。

AとBの和が元々の水の面積である100cm^2 と等しいので，

$$5x+20x=100$$

$$25x=100 \qquad \therefore x=4$$

よって，正答は**3**である。

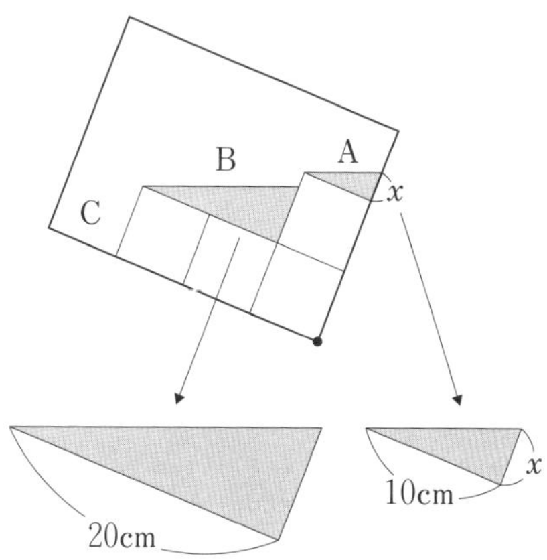

正答 3

図Ⅰのような３つの面に矢印が描かれた立方体がある。この立方体を４つ使って図Ⅱのように置いた。図Ⅱの立方体は互いに接する面の矢印の向きが同じ向きになるように置かれている。今，図Ⅱにおいて，一番右の立方体が上面のみに矢印が描かれているように見えるとき，ア～ウの面について，矢印の有無の組合せとして正しいものはどれか。

図Ⅰ

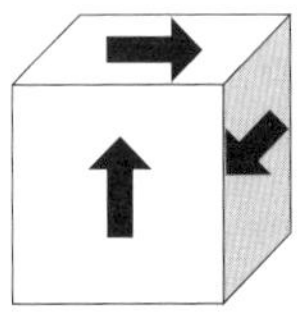

図Ⅱ

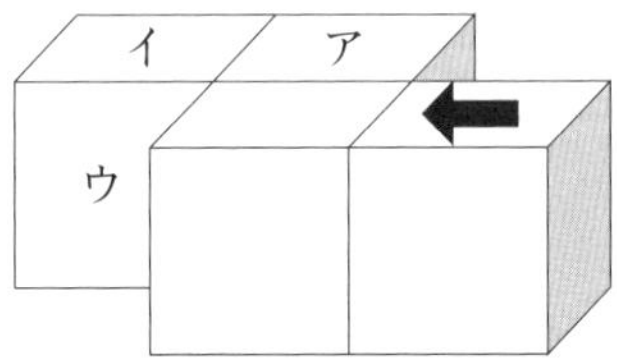

	ア	イ	ウ
1	矢印あり	矢印なし	矢印なし
2	矢印あり	矢印あり	矢印なし
3	矢印あり	矢印あり	矢印あり
4	矢印なし	矢印あり	矢印あり
5	矢印なし	矢印なし	矢印あり

解説

まず，図Ⅰの矢印が１点を中心に時計回りで回っている点に注目する。このとき，矢印の描かれている面の向かいの面には矢印が描かれていない。この点に注意しながら，上から見た図を調べると，以下の図１のようになる。矢印の描かれる３面の集まる頂点（●印）に注目すると，この点は矢印の先の右側にあるのが，ポイントとなる。

図１（もとの立方体）

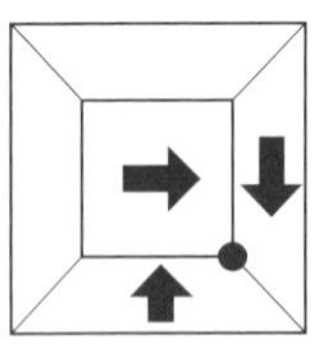

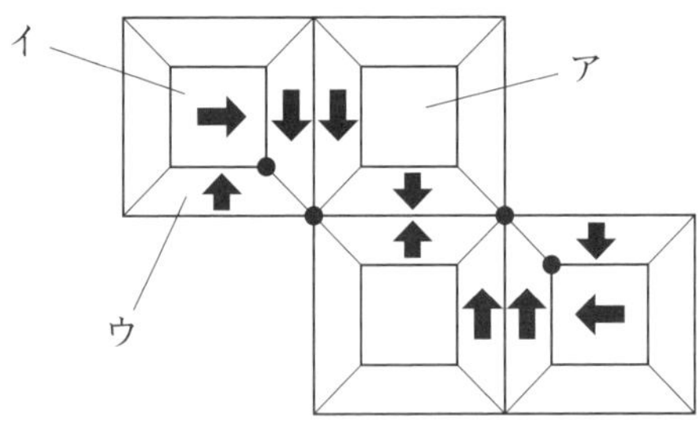

この図から，アの面には矢印が描かれておらず，イとウの面には矢印が描かれている。以上のことから，正答は**4**である。

正答　4

正六角形の各頂点および中心の位置に，赤，白，青のポールを立てた。同じ色のポールは高さが等しく，ポールの高さの比は，赤：白：青＝1：2：3である。この状態をある方向から見た場合，ありえる図として，正しいのはどれか。

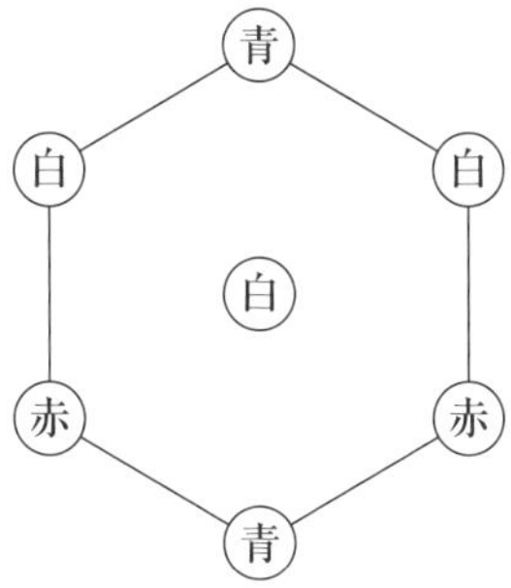

1

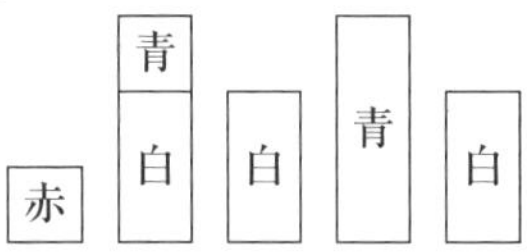

2

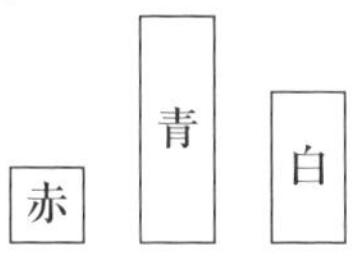

3

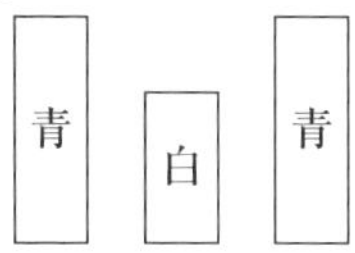

4

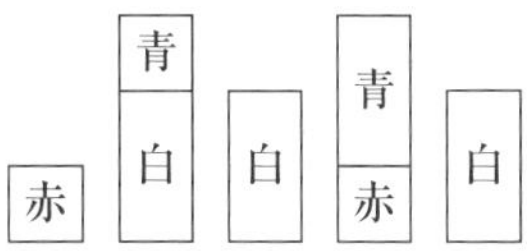

5

解説

図に示すA～Lの方向から見ると，A～Fの場合はポールが3か所，G～Lの場合はポールが5か所に見えることになる。

A～Fの方向から見た場合，**2**のように左側に赤いポールだけが見えるということはない。また，**3**のように両側に青いポールだけが見えるということもない。

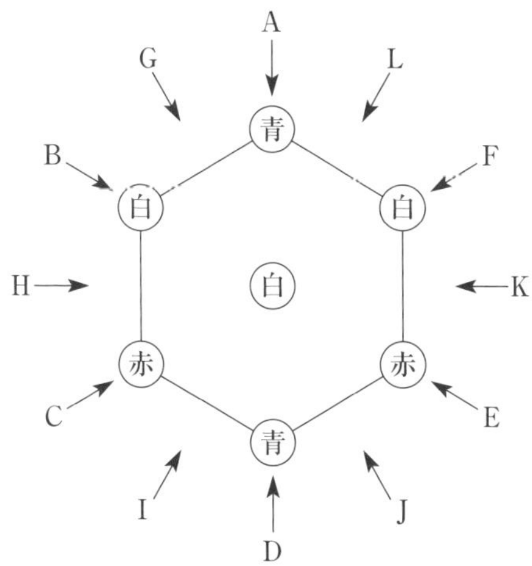

G～Lの方向から見た場合，**4**のように左端が赤，右端が白となるのはJまたはLの方向から見た場合であるが，Jから見た場合としては左から2番目，Lから見た場合としては右から2番目のポールが合致しない。また，G～Lのいずれの方向から見ても中央のポールは白であり，**5**のように見えることはない。

これに対し，**1**の場合はLの方向から見た図として，矛盾せずに成り立っている。

よって，正答は**1**である。

正答　1

市役所上・中級

No. 276 B日程

判断推理　空間図形　平成20年度

次の図は，同じ大きさの立方体を6個組み合わせたものである。この立体の底面を含む表面全部を赤色に塗る。その後，この立体を分解してア～ウのように組み替えたとき，立体の表面全部を赤色にすることができる場合をすべて挙げた組合せとして正しいものは，次のうちどれか。

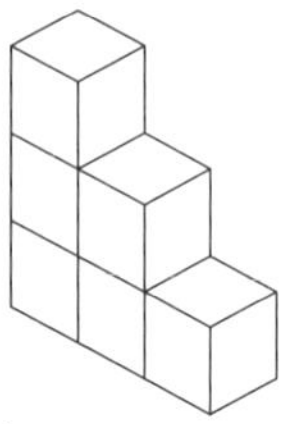

ア

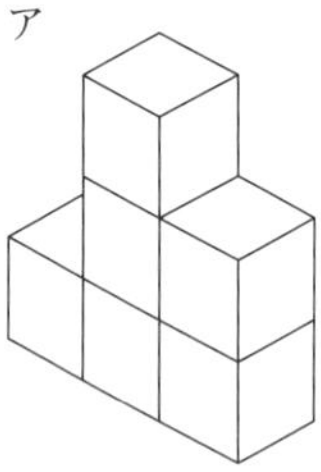

イ

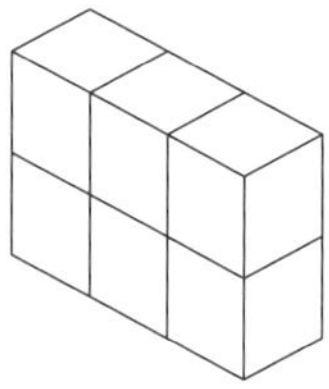

ウ

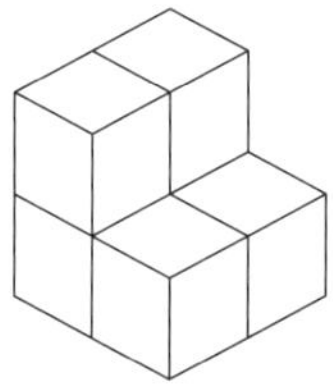

1　アのみ
2　イのみ
3　アとイ
4　アとウ
5　イとウ

解説

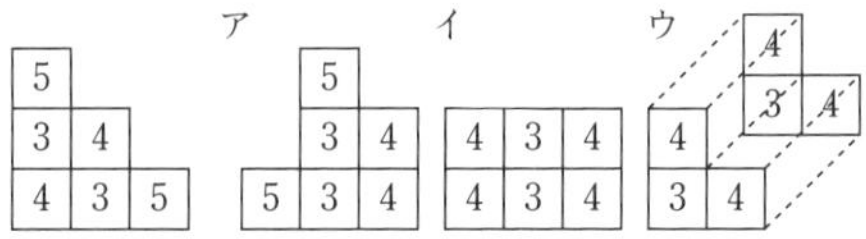

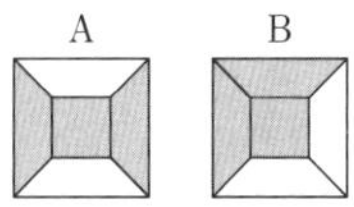

問題の図において，それぞれの小立方体が何面塗られているかを考えると，3面塗られているのが2個，4面塗られているのが2個，5面塗られているのが2個である。アの場合，やはり3～5面塗られているのが2個ずつであり，底面の3個を除く2段目と3段目の3個を180°回転させ，その後全体をもう一度180°回転させれば可能である。イに関しては3面塗られた立方体を挟むように4面塗られた立方体と5面塗られた立方体を配置すれば，やはり可能である。これに対し，ウに関しては3面塗られた立方体の塗られた面の配置が問題となる。問題の図において3面塗られた立方体は，次図のAのように1列に並んだ3面が塗られている。一方，ウにおいて3面が塗られていなければならない立方体は，Bのように1つの頂点に集まる3面が塗られている必要があり，問題図の立体を組み替えてウとした場合に，どうしても塗られていない面が外側に現れてしまうことになる。

したがって，ア，イは可能であるがウは不可能で，正答は**3**である。

正答　3

No. 277 判断推理 立体図形

B日程　令和2年度

図のように，同じ大きさの立方体64個を透き間なく積み上げてできた立体がある。この立体に●の箇所から反対側まで穴を空け貫通させたとき，穴の空いていない立方体はいくつあるか。

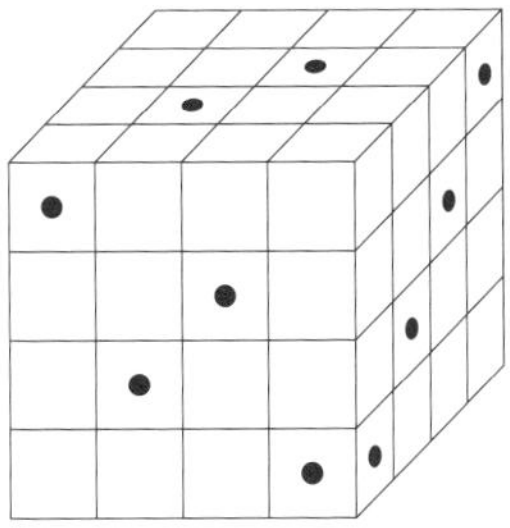

1 28個
2 29個
3 30個
4 31個
5 32個

解説

立体をスライスして考える。一番上の段を1段目として，一番下の段を4段目とする。

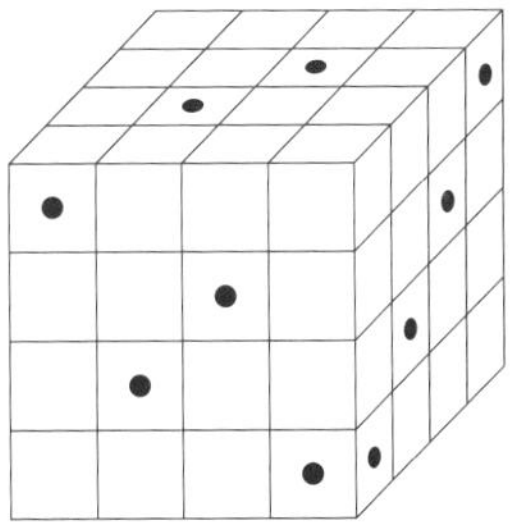

各段をスライスして，貫通しているところを図示すると，次のようになる。

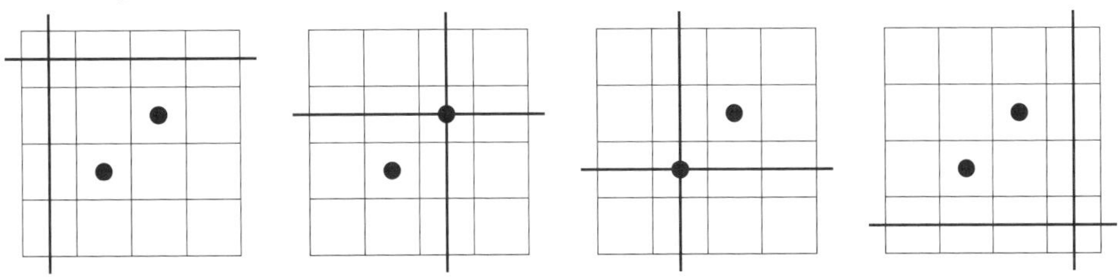

以上から，貫通していない立方体は1段目から順に7個，8個，8個，7個となるので，合計は7+8+8+7=30〔個〕である。

よって，正答は**3**である。

正答 3

空間図形

透明な長方形のガラス板が６枚ある。この６枚のガラス板について，図Ⅰのように２枚は上側に，２枚は下側に黒い丸印をつけた。この３種類のガラス板を六角柱状に並べて図Ⅱのアおよびイの方向から見たら，それぞれ図Ⅲのように見えた。これを，図Ⅱで示した正面方向から見たときの見え方として正しいものは，次のうちどれか。

図Ⅰ

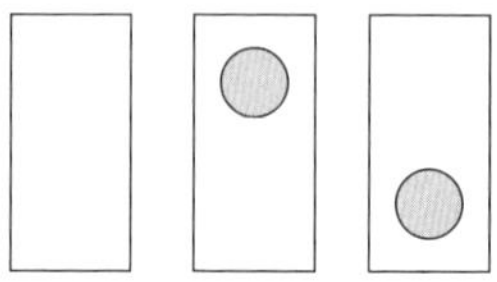

図Ⅱ

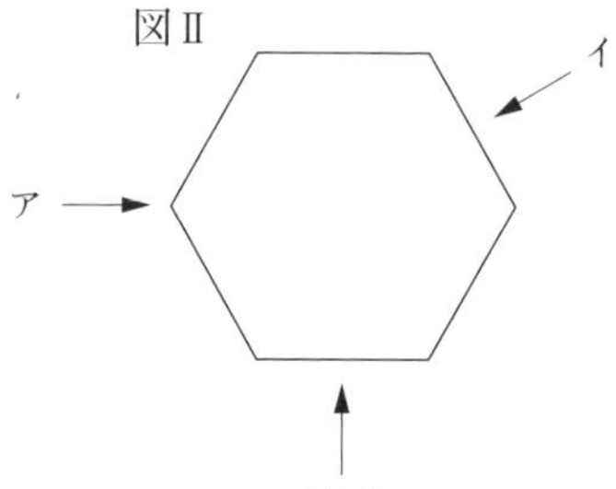

図Ⅲ

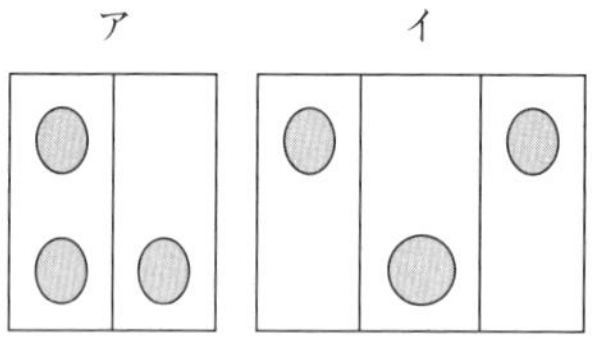

1

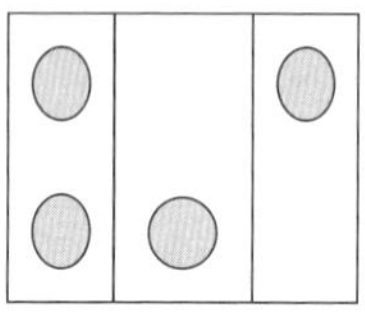

2

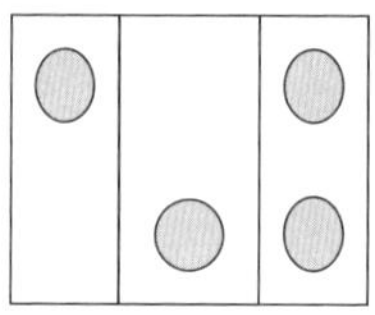

3

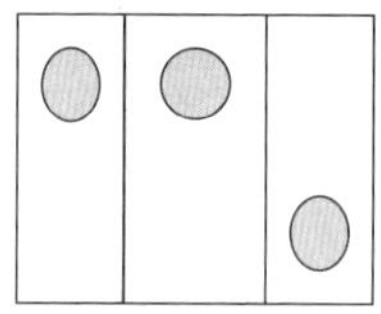

4

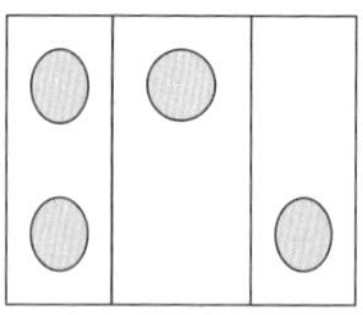

5

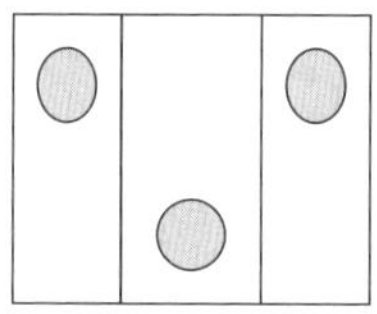

解説

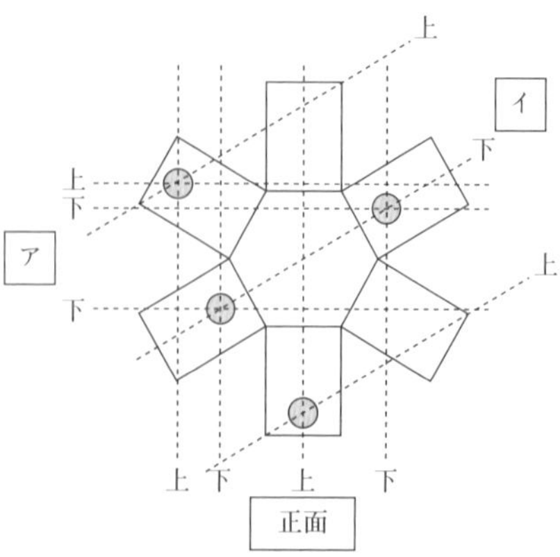

黒い丸印は上側に２枚，下側に２枚ある。これとアの方向，イの方向からの見え方を考えると，次の模式図のように，両方向からの上側，下側が一致する部分に黒い丸印が存在することになる。これで４か所の黒い丸印の位置が決まるので，正面から見た図は**4**が正しく，これが正答である。

正答　4

正面図，平面図，側面図が次のようになる立体として，可能性があるのはどれか。

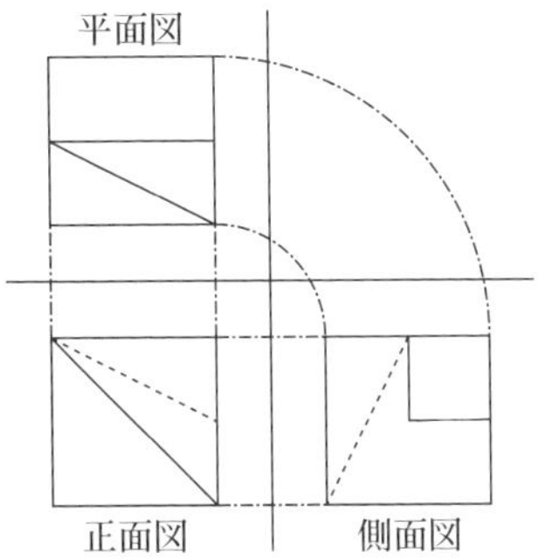

1

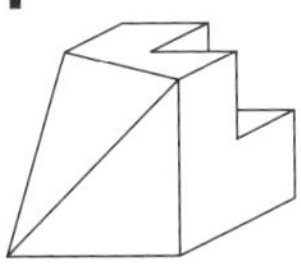

2

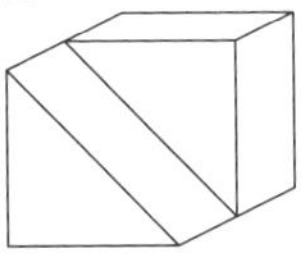

3

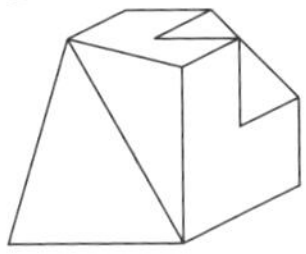

4

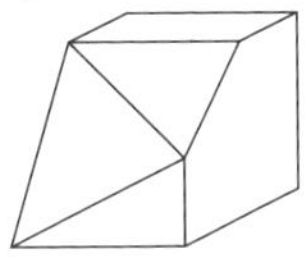

5

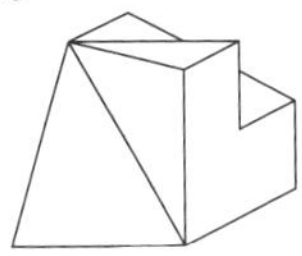

解説

消去法で検討すればよいが，正面図，平面図，側面図のすべてを検討する必要はなく，いずれか１面が異なっていれば可能性がない。この場合，与えられた投影図に存在しない線が描かれれば，その立体の投影図である可能性はない。**1**～**4**について，与えられた投影図と異なる面の図として，以下のように考えられる。

1

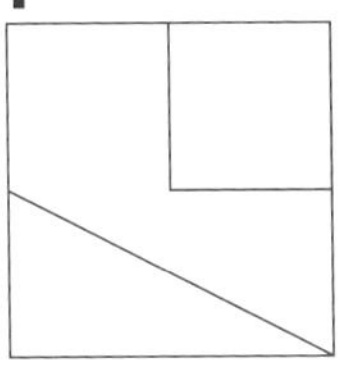

平面図

2

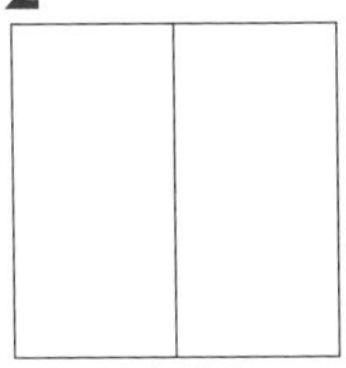

側面図

3

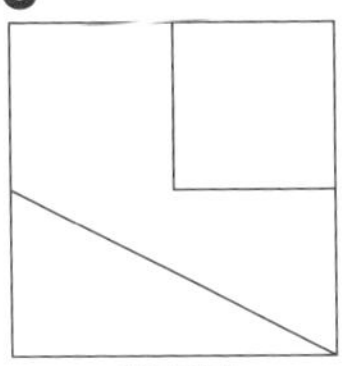

平面図

4

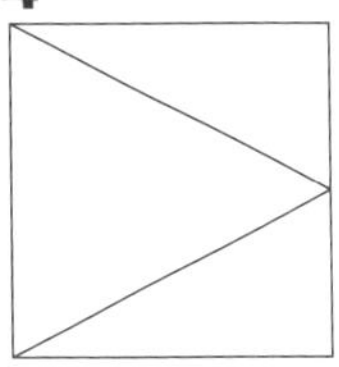

正面図

これに対し，**5**では隠れている部分を次のように補ってみれば，投影図の３面が一致することがわかる。

5

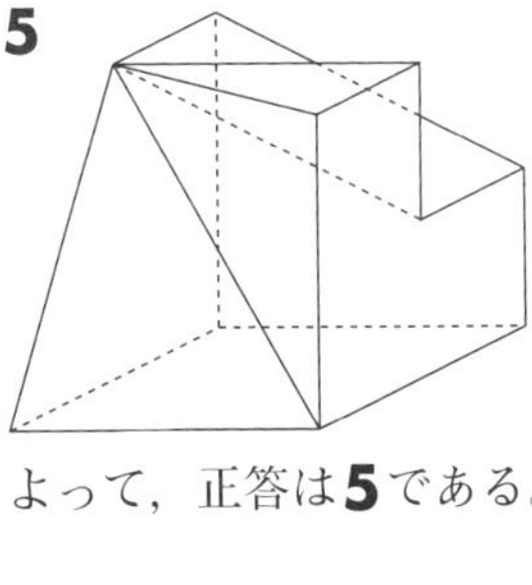

よって，正答は**5**である。

正答　**5**

市役所上・中級

No. 280 B日程 判断推理

立体の切断

平成29年度

図Ⅰの円柱を，A，Bを通る平面で切断したら図Ⅱのようになった。このとき，Aは地面に接している。この切断面上のPとA，Qを通る平面で切断したとき，切り口はどのような形になるか。ただし，A，P，Qの位置関係は平面で見ると図Ⅲのようになる。

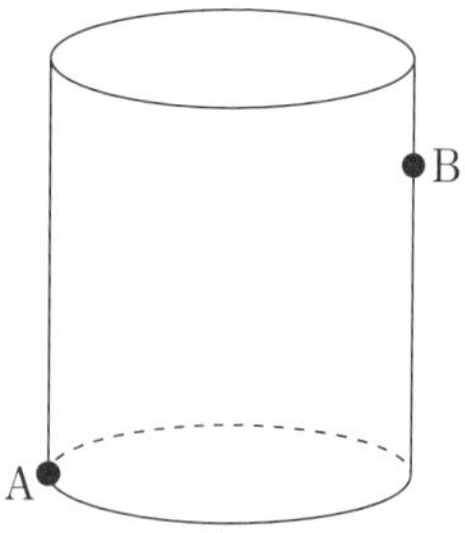

図Ⅰ

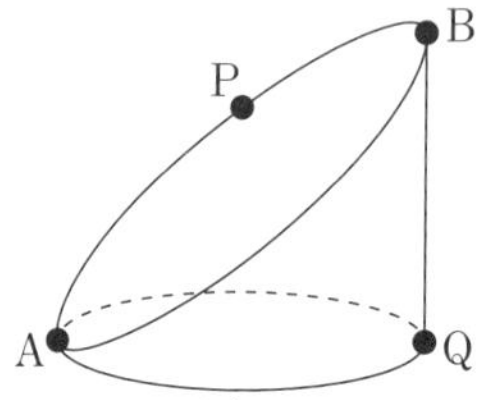

図Ⅱ

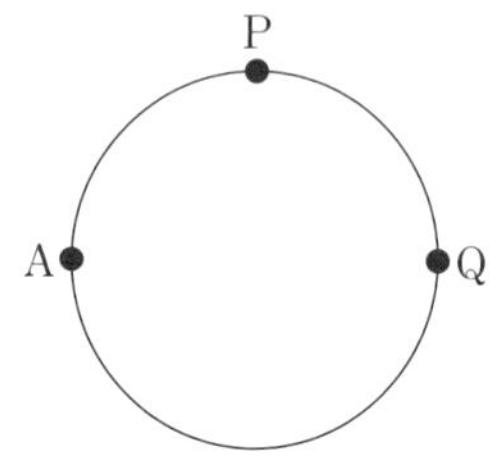

図Ⅲ

1

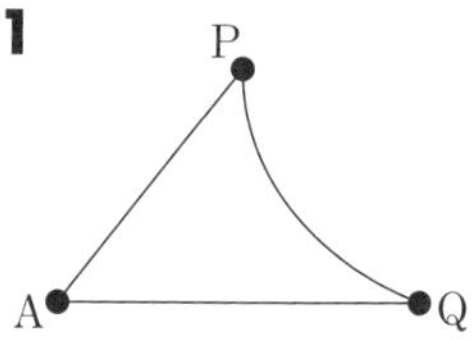

2

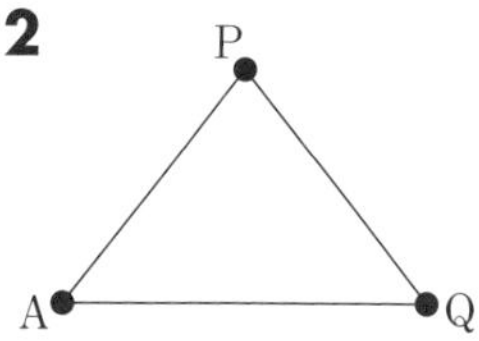

3

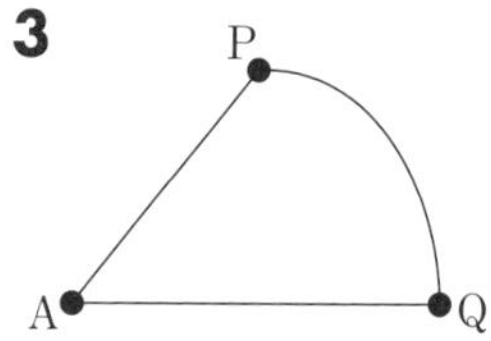

4

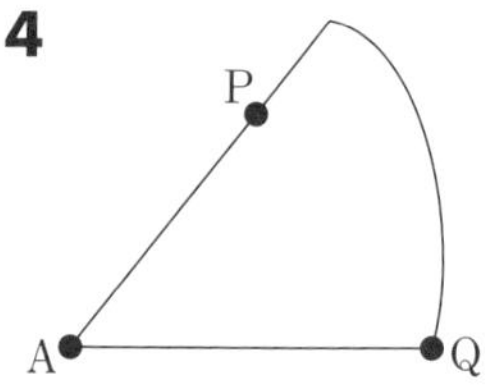

5

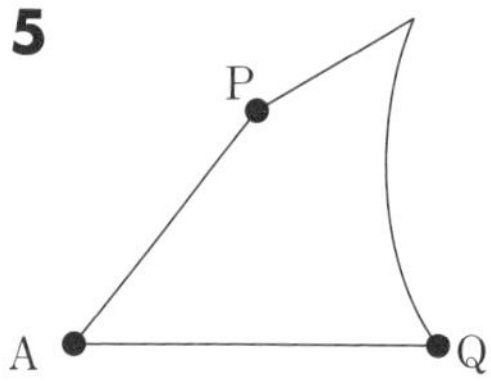

解説

APとAQは平面上の2点間なので，直線で結ばれる。

PQ間は円柱の側面上なので，側面に沿って曲がって次図のように切断される。

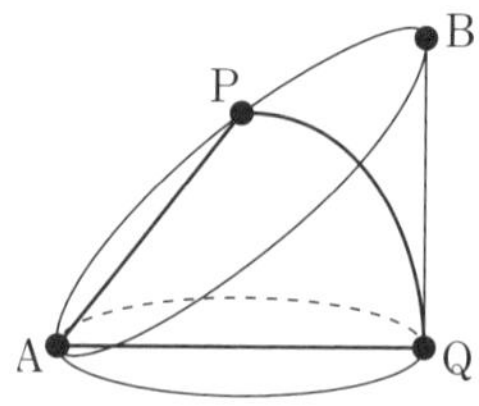

よって，正答は**3**である。

正答 3

判断推理　立体構成と切断　平成30年度

一辺が10cmの立方体２個を，図のように一辺が５cmの正方形で重なるように貼り付ける。この立体を線分ＰＱと線分ＲＳを通る平面で切断したときの切断面として正しいのはどれか。

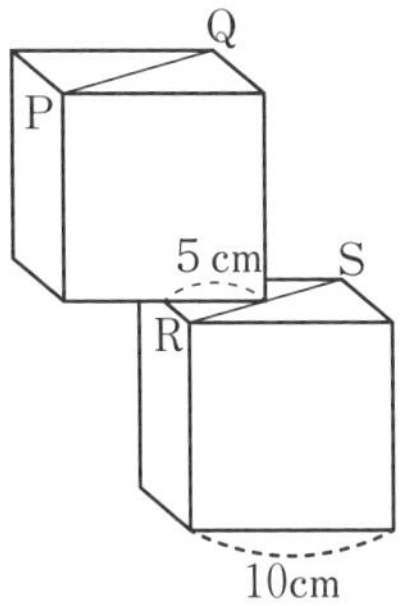

1 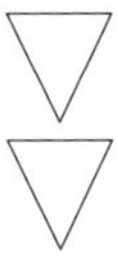

2 

3 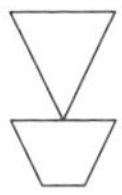

4 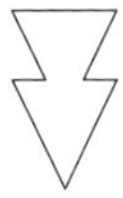

5 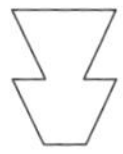

解説

上に重なっている立方体と線分ＲＳとが接している頂点をＴとする。切断面はＲＳを通ることからＴも必ず通る。切断面は同一面上の点は直線で結ばれるのでＲＴとＱＴは直線となる。

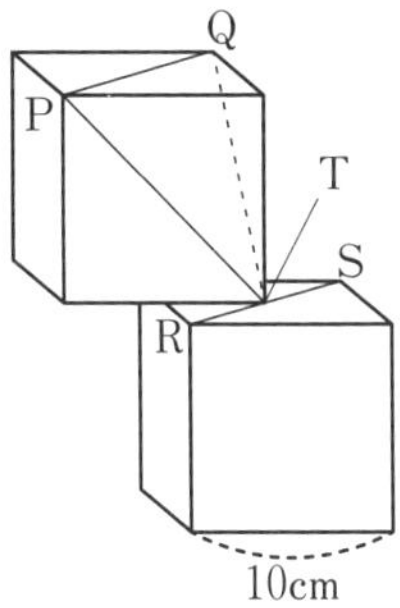

平行面は平行に切断されるので，下の立方体も同様に切断される。

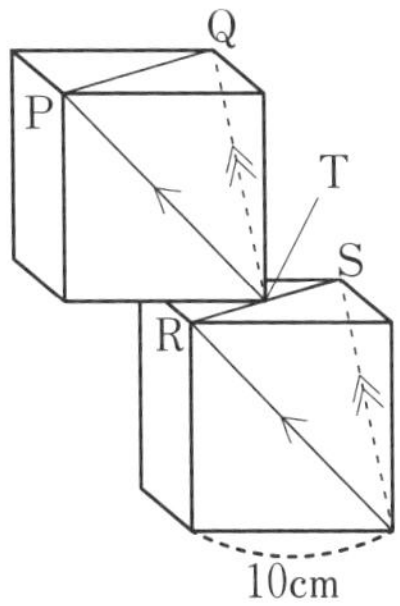

以上より，正答は**2**である。

正答　2

市役所上・中級

No. 282　A日程

判断推理　立体構成と切断　平成25年度

同じ大きさの立方体27個を積み重ねて大きな立方体を作った後，上段の中央にある立方体を1個取り除いた。ここから，図のように4点A，B，C，Dを通る平面でこの立体を切断したとき，切断面として現れる図形として正しいものは次のうちどれか。

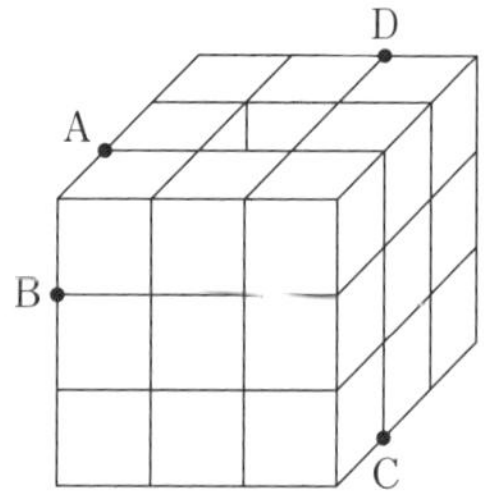

1
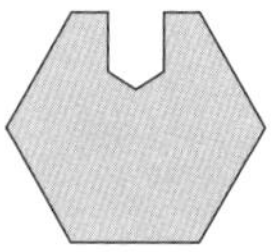

2
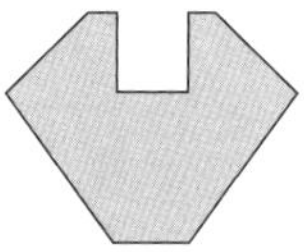

3
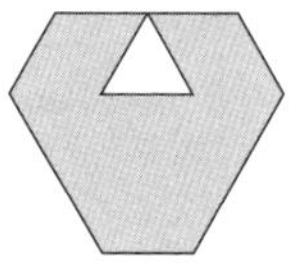

4
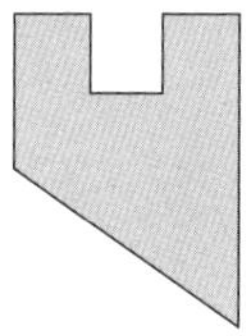

5
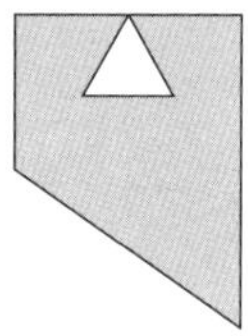

解説

立体を平面で切断する場合の切断面については，①同一平面上の2点を結ぶ直線分がその平面の切り口になる，②平行な平面には平行な切り口ができる，という2点から考えるのが基本である。そこでまず，点Aと点B，点Aと点Dを直線で結ぶと，それぞれの平面における切り口となる。

次に，点Cを通りABに平行な直線，ADに平行な直線を考えると，それぞれ図ⅠにおけるCF，CEとなる。BとE，DとFはそれぞれ同一平面上にあるので，これらを結ぶと，切断面である六角形ABECFDとなる。

大立方体の上段中央は立方体が1個抜けているので，この部分を確認するために，切断面を大立方体の各段に区切って考えてみると，図Ⅱのようになる。この図を合成すると図Ⅲのようになり，切断面の図形としては六角形の上部中央で正三角形を抜いた形状となる。

図Ⅰ

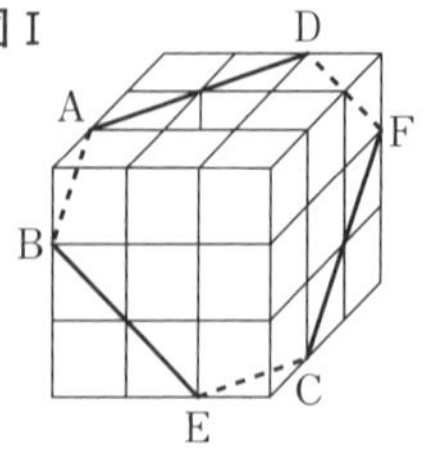

図Ⅱ

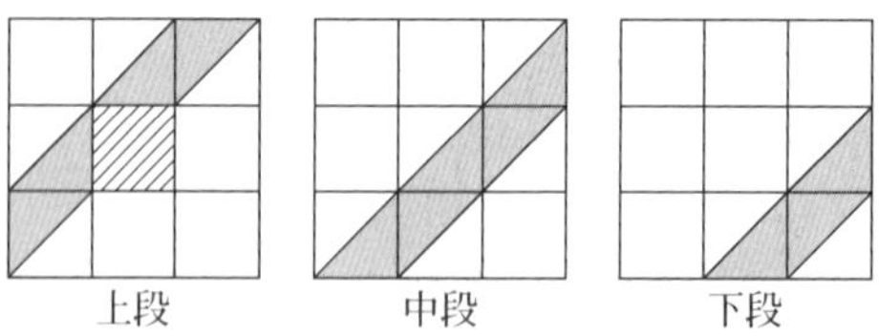

図Ⅲ

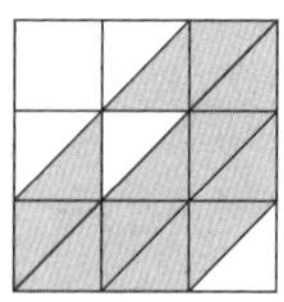

よって，正答は**3**である。

正答　3

市役所上・中級

No. 283 B日程 判断推理

立体の回転

令和元年度

図のような円柱があり，上面に点P，下面に点Qをとり，PQを結ぶ。上面から見たときに，円の中心Oと点P，点Qが作る角度は120°であった。この円柱を一回転させたとき，線分PQが通る領域を正面から見た図として正しいのはどれか。

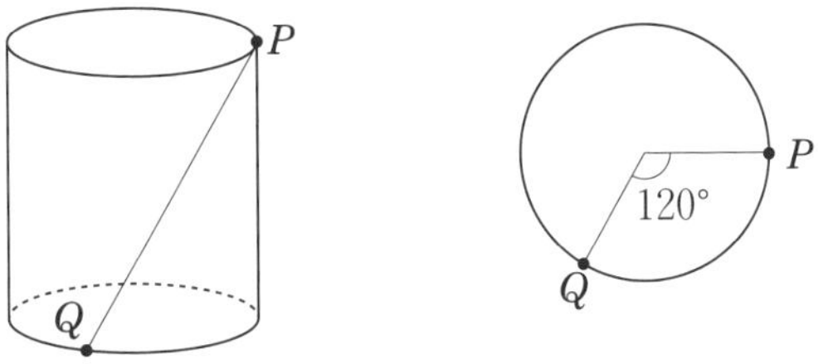

1 

2 

3 

4 

5 

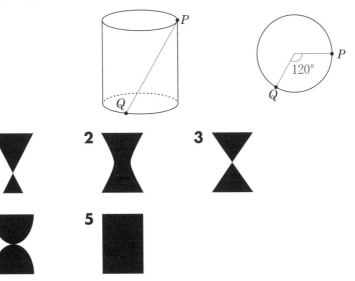

解説

円柱回転させ，点Pと点Qが端にきたときを正面図で示すと以下のようになる。

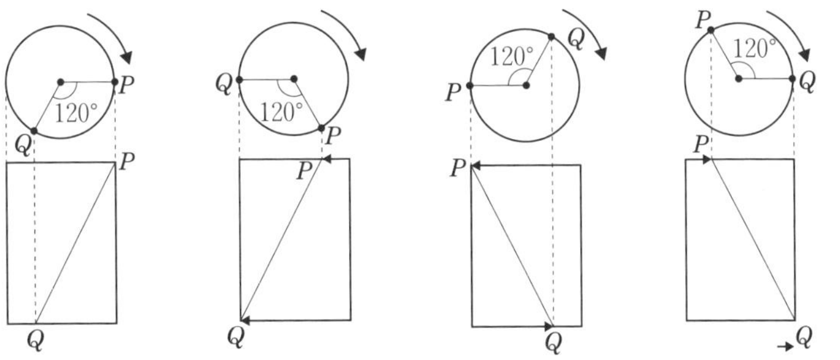

これらの線の動きをまとめると以下のようになる。

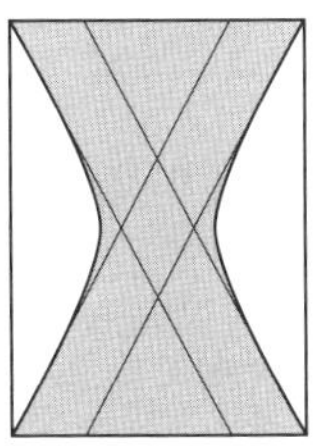

よって，正答は**2**である。

正答　2

No. 284 数的推理　連立方程式　平成28年度

あるイベントの入場チケットは，大人用が１枚1,200円で，子ども用は１枚900円と500円の２種類あり，900円のチケットには特製グッズが付属している。ある日のチケットの販売枚数は，３種類合計で700枚，その販売金額は570,000円であった。また，子ども用チケットの販売枚数のうち，４割が特製グッズ付きであった。この日の子ども用特製グッズ付きチケットの販売枚数として，正しいのはどれか。

1　150枚
2　200枚
3　250枚
4　300枚
5　350枚

解説

大人用チケットの販売枚数をx，子ども用特製グッズ付きチケットの販売枚数をyとする。子ども用特製グッズ付きチケットの販売枚数は，子ども用チケットのうちの４割だから，特製グッズなしの500円のチケットの販売枚数は，子ども用チケットのうちの６割であり，その販売枚数は$\frac{3}{2}y$である。ここから，

$$\begin{cases} x+y+\frac{3}{2}y=700 & \cdots\cdots① \\ 1200x+900y+500\times\frac{3}{2}y=570000 & \cdots\cdots② \end{cases}$$

となる。

①より，$x+\frac{5}{2}y=700$，$2x+5y=1400$

②より，$1200x+1650y=570000$，$8x+11y=3800$である。

$4(2x+5y)=5600$，$8x+20y=5600$だから，

$$\begin{array}{rr} & 8x+20y=5600 \\ -) & 8x+11y=3800 \\ \hline & 9y=1800 \end{array}$$

となり，$y=200$である。したがって，子ども用特製グッズ付きチケットの販売枚数は200枚である。

よって，正答は**2**である。

正答　2

B日程

No. 285 数的推理　方程式　令和3年度

ある幼稚園では，クラス会の開催に向けてアメとチョコレートを購入した。アメとチョコレートは同じ個数を購入して，参加者全員に同じ個数ずつ配った。アメは，ある個数ずつ全員に配ったところ9個余った。次に，チョコレートを1人当たりの個数がアメより2個多くなるように配ろうとしたところ，13個不足した。このとき，参加者の人数として，正しいのは次のうちどれか。

1　10人
2　11人
3　12人
4　13人
5　14人

解説

アメを1人に対してx個配り，参加者がy人いたとする。

アメの個数は，「ある個数ずつ全員に配ったところ9個余った」より，$(xy+9)$個と表すことができる。

一方，チョコレートの個数は，「1人当たりの個数がアメより2個多くなるように配ろうとしたところ，13個不足した」より，$y(x+2)-13=xy+2y-13$となり，$(xy+2y-13)$個と表すことができる。

アメとチョコレートの個数は等しいので，次のようになる。

$$xy+9=xy+2y-13$$
$$2y=22$$
$$y=11$$

よって，参加者は11人いたことになるので，正答は**2**である。

正答　2

方程式

ある商品を仕入れ定価をつけた。1日目は定価の2割引きで売ったところ，いくつか売れ残り，売上げは72,000円であった。2日目に残りの商品を定価の3割引きで売ったところ，1日目より100個多く売れ，売上げは84,000円であった。このとき，1日目と2日目の販売価格の差はいくらか。

1 30円
2 60円
3 90円
4 120円
5 150円

解説

ある商品の定価をa円，1日目に売れた個数をb個とする。

1日目は定価の2割引きで売ったので，

$0.8ab=72000$

$ab=90000$ ……①

となる。また，2日目は定価の3割引きで売り，販売個数は1日目より100個多かったので，

$0.7a(b+100)=84000$

$0.7ab+70a=84000$ ……②

となる。①を②に代入すると，

$a=300$

となる。

これより，1日目の販売価格は300×0.8=240〔円〕，2日目の販売価格は300×0.7=210〔円〕となるので，差は30円である。

よって，正答は**1**である。

正答 1

ある山にはロープウェイと徒歩の２通りの行き方がある。この山に登山客が80人来て，このうち行きにロープウェイを使った人が40人，帰りにロープウェイを使った人が20人いた。また，行きも帰りもロープウェイを使わなかった人は，行きと帰りの両方でロープウェイを使った人の６倍の人数であった。このとき，行きと帰りの両方でロープウェイを使った人は何人か。ただし，山に登った人は全員下山したものとして考える。

1　３人
2　４人
3　５人
4　６人
5　７人

解説

行きと帰りの両方でロープウェイを使った人を x 人として条件を線分図で表すと以下のようになる。

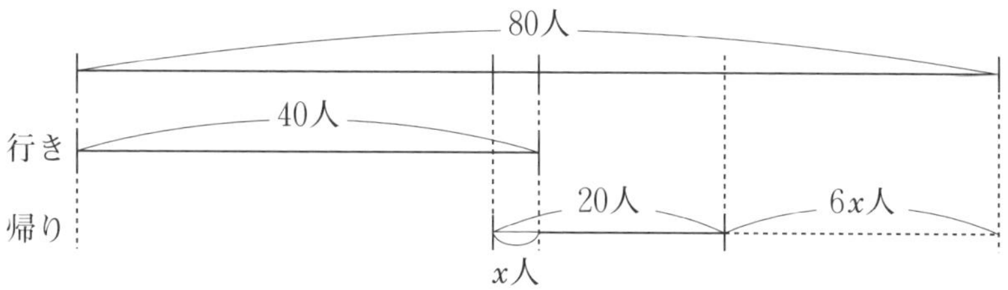

合計人数より以下のような式を作ることができる。

$40+20+6x-x=80$

$x=4$

以上より，線分が重なっている箇所，つまり行きと帰りの両方でロープウェイを使った人の数は４人となる。

よって，正答は**2**である。

正答　2

市役所上・中級

No. 288 C日程

数的推理 不等式 平成23年度

ある品物を25個仕入れ，原価の2割の利益を見込んで定価を設定し，販売した。しかし，売れ残りが発生したので，定価の4割引で販売したところすべて売れた。後ほど調べると，あと1個でも定価で販売できていなかった場合，赤字となっていたことがわかった。定価で販売した品物は何個か。

1 13個
2 14個
3 15個
4 16個
5 17個

解説

原価をa円とすると，定価は$1.2a$円となり，その定価を4割引した値段は，$1.2a\left(1-\frac{4}{10}\right)=0.72a$〔円〕である。

また，原価a円で，25個仕入れたのだから，仕入れ総額は，$25a$円である。

定価で販売した品物をx個とすると，4割引で販売したのは$25-x$〔個〕である。

問題文より，現実には赤字は発生していないのだから，(売り上げ)≧(仕入れ総額)であり，

$1.2ax+0.72a(25-x)\geqq 25a$ ……①

一方，あと1個定価で売れなかった場合を考える。この場合，定価で販売した品物は$x-1$〔個〕となり，4割引で販売したのは$25-(x-1)=26-x$〔個〕である。

このとき，赤字となるのだから，(仕入れ総額)＞(売り上げ) であり，

$25a>1.2a(x-1)+0.72a(26-x)$ ……②

①と②を併せて，

$1.2ax+0.72a(25-x)\geqq 25a>1.2a(x-1)+0.72a(26-x)$

各辺をaで割り，展開して，まとめると，

$0.48x+18\geqq 25>0.48x+17.52$ ……③

③の$0.48x+18\geqq 25$より，

$x\geqq 14.5\cdots$ ……④

③の$25>0.48x+17.52$より，

$15.5\cdots>x$ ……⑤

④と⑤から，xは自然数なので，$x=15$となる。

以上より，定価で15個販売しており，正答は**3**である。

正答 3

No. 289 C日程

数的推理　整　数　平成29年度

3個の正の整数（N, x, y）がある。（N, x, y）について，次の関係が成り立つとき，$x+y$ の最小値として，正しいのはどれか。

（1） Nを7で割ると，商がxで，余りが4となる。

（2） Nを11で割ると，商がyで，余りが8となる。

1 16
2 18
3 20
4 22
5 24

解説

（1）より，$N=7x+4$，（2）より，$N=11y+8$ なので，

$$N=7x+4=11y+8$$

である。ここから，

$$7x=11y+4$$

となり，$(11y+4)$ は7の倍数である。この $(11y+4)$ について，$y=1$ から順に挙げてみると，

15，26，37，48，59，70，……

になり，最小の7の倍数は，$y=6$ のときの70であることがわかる。このとき，$x=10$であり，$x+y$ の最小値は16（$=10+6$）になる。

よって，正答は**1**である。

正答　1

数的推理　整　数　令和元年度

M と N は正の整数で，a は1ケタの正の整数である。M を a で割ると3余り，N を a で割ると4余る。また，$M \times N$ は a で割ると割り切れる。このとき103を a で割ったときの余りはいくつか。

1　1
2　3
3　4
4　5
5　7

解説

$M=am+3$，$N=an+4$と表すことができる。

このとき，m と n を正の整数とすると $M \times N$ は

$$M \times N=(am+3)(an+4)$$
$$=a(amn+4m+3n)+12$$

となる。

この数を a で割ったときの余りが0なので，12は a で割ることができる。つまり，a は12の約数である。

12の約数は，1，2，3，4，6，12の6個であるが，余りの3や4よりも大きくて，1ケタの数は6のみである。これより a は6と決まる。

103を6で割ると，$103 \div 6=17 \cdots 1$となるので，正答は**1**である。

正答　**1**

数的推理　整　数　平成25年度

a は３ケタの整数である。a は23で割り切れるが，40では割り切れない。a^2は40で割り切れる。このとき，a を７で割ったときの余りはいくつになるか。

1　1
2　2
3　3
4　4
5　5

解説

a が23で割り切れることから，a^2は23^2を因数に持つ。また，a^2は40（$=2^3\times5$）で割り切れることから，

$$a^2=23^2\times2^3\times5\times n=(23\times2)^2\times2\times5\times n \quad (n \text{ は整数})$$

と表すことができる。さらに，a^2は整数の２乗であるから，$2\times5\times n$ は（$2\times5\times m)^2$と置き換えることができ，

$$a^2=(23\times2\times2\times5\times m)^2 \quad (m \text{ は整数})$$

と表すことができる。したがって，

$$a=23\times2\times2\times5\times m=460m$$

となる。

$m=2$ のとき，a は40で割り切れてしまい，$m\geqq3$ のとき，a は４ケタ以上の整数になってしまう。ゆえに，$m=1$ であり，$a=460$であることがわかる。このとき，

$$460\div7=65\ldots5$$

より，余りは５である。

よって，正答は**5**である。

正答　5

C日程

No. 292 数的推理　整　数　平成25年度

AとBの２人が的当てゲームを行った。的は右図のようになっており，中心の黒い部分に当たると５点，白い部分に当たると１点加算される。ゲーム終了時点で以下のことがわかっているとき，Bが５点の部分に当てた本数として正しいのはどれか。

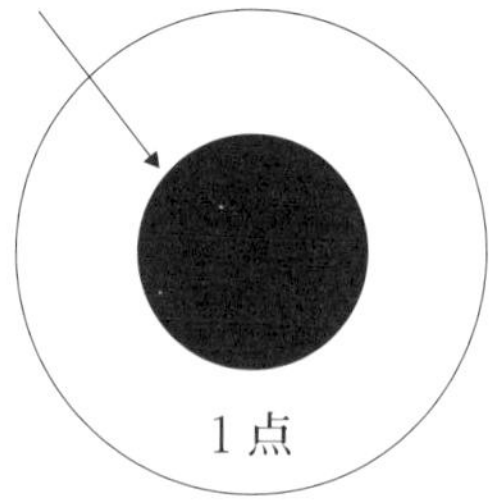

・Aは５点の部分と１点の部分に当てた本数が同じであった。
・AはBよりも３回多く的に当てた。
・AとBが的に当てた合計本数は10本以上15本以下であった。
・AとBの合計得点差は５点以下であり，Aが勝った。

1　１本
2　２本
3　３本
4　４本
5　５本

解説

条件を上から順に①～④とする。②，③より，AとBが的に当てた本数の組合せとして考えられるのは，(A，B)＝(9，6)，(8，5)，(7，4)のいずれかである。しかし，①からAが的に当てた回数は偶数回なので，Aは８本，Bは５本に確定する。

Aの合計得点は，５点×４本＋１点×４本＝24点である。ここで④から，Bの得点は19点以上23点以下である。

Bが的に当てたのは５本なので，Bが５点の部分に当てた本数をxとするとBの合計得点は，$19 \leqq 5x+(5-x) \leqq 23$〔点〕である。これを満たす$x$は４だけであり（Bの合計得点は21点），正答は**4**である。

正答　**4**

No. 293 C日程 数的推理 整数問題 令和3年度

ある２ケタの整数M，Nがあり，M：N＝5：7である。Mは６で割り切ることができ，Nは４で割り切ることができる。このとき，Nの十の位と一の位の和はいくつか。

1 8
2 9
3 10
4 11
5 12

解説

M，Nは２ケタの整数であり，M：N＝5：7と表されるので，これに該当するMは10以上100未満の５の倍数である。しかし，M＝75のときにはN＝105となり，Nは２ケタの整数という条件に合わないことから，条件を満たすMは70以下で，

M＝10，15，20，25，……，70

である。

ここで，Mは６で割り切ることができるという条件に着目すると，Mは５と６の公倍数ということになり，この条件を満たすMは30と60だけである。

⑴M＝30のとき

M：N＝5：7より，N＝42となる。しかし，これは，Nは４で割り切ることができるという条件に合わないので，(M，N)＝(30，42) の組合せは不適である。

⑵M＝60のとき

M：N＝5：7より，N＝84となる。84は４で割り切ることができるので，(M，N)＝(60，84) の組合せは問題文の条件を満たす。

以上から，M＝60，N＝84と決まり，Nの十の位と一の位の和は，8＋4＝12となる。

よって，正答は**5**である。

正答 5

市役所上・中級

No. 294 C日程

数的推理　整数の性質　平成22年度

お菓子が95個ある。これらを3個入りの箱，5個入りの箱，10個入りの箱に詰め込みたい。全部で20箱できるとき，5個入りの箱の個数として妥当なものはどれか。ただし，5個入りの箱は3個入りの箱より多い。

1　8箱
2　10箱
3　12箱
4　14箱
5　16箱

解説

まず，箱の数に注目する。そこで，3個入りの箱の数をx箱，5個入りの箱の数をy個と置くと，10個入りの箱の数は，$20-x-y$〔箱〕となる。次に，お菓子の個数に注目すると，3個入りの箱に入っているお菓子の総数は$3x$個，5個入りの箱は$5y$個，10個入りの箱は，$10(20-x-y)$〔個〕となるので，これらの総数は，

$$3x+5y+10(20-x-y)=-7x-5y+200 \text{〔個〕}$$

となる。よって，$-7x-5y+200=95$という等式が成り立つ。ここで，x，yは自然数であることに注意すると，この等式を変形して，$7x+5y=105$より，

$$5y=105-7x,\ y=\frac{105-7x}{5}$$

となる。今，105は5の倍数であることから，$7x$すなわちxも5の倍数でなければならない。xを5，10，……の順に代入して，(x，y) の組について表にまとめると以下のようになる。

x	5	10	15
y	14	7	0

5個入りの箱は3個入りの箱より多いので，$y>x$であることから，5個入りの箱の個数としてありうるのは，$x=5$，$y=14$のみである。

よって，5個入りの箱の個数は14箱となるので，正答は**4**である。

正答　4

C日程

数的推理　整数の性質　平成22年度

2つの自然数A，Bがある。Aは2ケタの自然数，Bは1ケタの自然数である。A+Bは4で割り切れる数で，A÷Bは9である。このとき，AとBの組合せとしてありうるものは何通りあるか。

1　3通り
2　4通り
3　5通り
4　6通り
5　7通り

解説

まず，A÷Bが9であることから，Aが9の倍数であることがわかる。このうち，2ケタの自然数は18から99まで10個ある。これを利用して，AとBの組合せを考えると，

(A，B)=(18，2)，(27，3)，(36，4)，……，(99，11)

がある。

ここで，A+Bをみると，順に20，30，40，……，110となり，10ずつ増えるが，4で割り切れる数は20から順に1つおきに現れる。つまり，題意に適するA+Bは，20，40，60，80，100の5通りとなる。

ただし，A+B=100となるのはAが90，Bが10の場合であり，「Bは1ケタの自然数」という条件に合致しない。したがって，AとBの組合せとしてありうるのは4通りである。

よって，正答は**2**である。

正答　2

市役所上・中級

No. 296 C日程

数的推理　整数問題　令和4年度

正の整数 a，b，c について次のことがわかっているとき，$a+b+c$ の値として正しいものはどれか。

・a は5よりも大きいが，a と b の平均は5よりも小さい。

・a と c の差は3で，b と c の差は8である。

・a，b，c のうちで2番目に大きい数は奇数である。

1 16
2 17
3 18
4 19
5 20

解説

1つ目の条件より，$b \geqq 5$ だと a と b の平均が5より大きくなってしまうので，a と b の大小関係は $b<5<a$ となる。また，a と b の平均が5より小さいので，5と a の差より，5と b の差のほうが大きくなければならない。b が4のとき，そのような a は存在しないので，b は3以下である。a，b，c ともに正の整数なので，以下の場合を考える。

b が3のとき，5との差は2なので，a は6である。b が2のとき，5との差は3なので，a は6か7である。b が1のとき，5との差は4なので，a は6か7か8である。以上をまとめると次のようになる。

b	a
3	6
2	6か7
1	6か7か8

2つ目の条件の後半より，b と c の差は8なので，それぞれ次のようになる。

b	a	c
3	6	11
2	6か7	10
1	6か7か8	9

この中で，a と c の差が3で，2番目に大きい数になる a が奇数になるのは，b が2で a が7のときのみである。これより $a=7$，$b=2$，$c=10$ と決定し，

$$a+b+c=7+2+10$$
$$=19$$

となる。

よって，正答は**4**である。

正答　4

数的推理　整数の性質　平成30年度

2ケタの自然数Nがある。Nで240と555を割ると割り切れず，余りはそれぞれ30になった。この自然数Nの十の位と一の位の和として正しいのはどれか。

1　3
2　6
3　8
4　10
5　12

解説

Nで240と555を割ると30余るので，その30を引いた数である210と525はNで割り切ることができる。つまり，Nは210と525の公約数である。

210と525を素因数分解すると次のようになる。

```
7)210  525
5) 30   75
3)  6   15
    2    5
```

Nは210と525の公約数なので7と5と3を組み合わせた積で成り立っており，2ケタの自然数で，余りの30よりも大きな数になるので，7×5の35となる。

よって，十の位と一の位の和は$3+5=8$となるので，正答は**3**である。

正答　3

1～9の数字が書かれたカードがある。ここから，3枚のカードを引いて戻すという作業を3回行った。引いたカードの数について次のことがわかっているとき，確実にいえるのはどれか。

○　1回目，2回目，3回目のすべてで3枚のカードの積は等しかった。
○　1回目と2回目は「4」のカードのみ同じであった。
○　2回目に「2」のカードを引いた。
○　3回目に「1」のカードを引いた。
○　1回目と3回目で同じカードは引かなかった。

1　2回目と3回目で同じカードは引かなかった。
2　「3」のカードは全部で2回引いた。
3　1回目に「8」のカードを引いた。
4　2回目に「6」のカードを引いた。
5　3回目に「9」のカードを引いた。

解説

条件を表にまとめる。その際，「積は等しかった」という条件を考えるために素因数分解したものも記入する。

（1回目と3回目：同じカードなし）

1回目	「4」$=2^2$			「4」以外同じカードなし	積が同じ
2回目	「2」	「4」$=2^2$			
3回目	「1」				

ここで，積を考える。2回目で2は3回以上出てくるので，3回目でも3回以上使用しなければならない。1から9までの数の中で2を含んでいるのは次のようになる。

1個含む：2，6（$=2\times3$）
2個含む：4（$=2^2$）
3個含む：8（$=2^3$）

1回目で「4」を引いているので，5つ目の条件より，3回目では「4」は引いていない。3回目のあと2枚で2を3回以上使用するためには「8」を引かなければならない。

1回目であと1回以上2を使用しなければならないが，条件の範囲内で2の倍数で使用できるのは「6」のみである。ここまでをまとめると次のようになる。

（1回目と3回目：同じカードなし）

1回目	「4」$=2^2$	「6」$=2\times3$		「4」以外同じカードなし	積が同じ
2回目	「2」	「4」$=2^2$			
3回目	「1」	「8」$=2^3$			

2回目のあと1枚は，1回目と同じ積にするには3を含んでいなければならない。3を含む数は，「3」「6」「9」のいずれかであるが，「6」は1回目で引いているので，2回目では引いていない。「3」を引いていたとすると，積を同じにするには1回目のあと1枚が「1」になるが，このカードが3回目と同じになるので「3」も引いていない。よって，2回目のあと1枚は「9」と確定する。これにより，積は$2^3\times3^2$と決まるので，残りのカードは次のように決定する。

1回目	「4」$=2^2$	「6」$=2\times3$	「3」	積が同じ（$2^3\times3^2$）
2回目	「2」	「4」$=2^2$	「9」$=3^2$	
3回目	「1」	「8」$=2^3$	「9」$=3^2$	

よって，正答は**5**である。

正答　5

No. 299 C日程 数的推理 覆面算 平成27年度

次の数式において，a，bには1ケタの正の整数が入り，○，△には＋，－，×，÷のいずれかの記号が入る。このとき，aとbの和として正しいのはどれか。

$9\times a$ ○ b △$10=-25$

1 10
2 12
3 14
4 16
5 18

解説

aは自然数なので，$9\times a>0$である。bも1ケタの自然数なので，演算結果を-25とするためには，

$$(9\times a)-(b\times 10)=-25$$

とする必要がある。

$(b\times 10)$，-25は5の倍数なので，$(9\times a)$ も5の倍数でなければならず，ここから，$a=5$となる。

$45-(b\times 10)=-25$より，

$$b\times 10=70$$

$$b=7$$

となる。

したがって，

$$a+b=5+7=12$$

よって，正答は**2**である。

正答　2

No. 300 数的推理 覆面算 平成26年度

A，B，C，Dは１～９のそれぞれ異なる自然数である。次の計算式が成り立つとき，A＋B＋C＋Dの値として，正しいのはどれか。

```
   A C        A B        B A
 + B D      + C D      + C D
 -----      -----      -----
   □ 5      □ □ 3      □ □ 1
```

1 20
2 21
3 22
4 23
5 24

解説

右の計算式から，A＋D＝１ではないので，A＋D＝11である。左の計算式から，A＋B≦９なので，A＝９，D＝２は条件を満たさない。A＝８，D＝３だと，中央のB＋Dについて，B＋D＝３，B＋D＝13のどちらについても，これを満たすBが存在しない。(A＝７，D＝４，B＝９)，(A＝６，D＝５，B＝８)，(A＝５，D＝６，B＝７)，(A＝４，D＝７，B＝６)のいずれも，やはり条件を満たすことができない。したがって，(A＝３，D＝８，B＝５)，(A＝２，D＝９，B＝４) のどちらかであるが，A＝２，D＝９，B＝４だと，左の式からC＝６で，A＋C＝８（中央の式）となるので，やはり条件を満たさない。ここから，A＝３，D＝８，B＝５で，C＝７以外になく，下に示す式のようになる。

```
   37       35       53
 + 58     + 78     + 78
 ----     ----     ----
   95      113      131
```

したがって，A＋B＋C＋D＝3+5+7+8＝23である。
よって，正答は**4**である。

正答 4

No. 301 C日程 数的推理 比・割合 平成27年度

ある試験の受験者は，男性と女性が50％ずつであった。この試験に合格したのは受験者の85％で，不合格者の60％が男性である。また，男性の場合，合格者数と不合格者数の差は320人である。このとき，女性の合格者数として正しいのはどれか。

1 400人
2 420人
3 440人
4 460人
5 480人

解説

受験者数を，男性，女性とも100x 人（全体で200x 人）としてみる。受験者の85％が合格しているので，合格者数は170x 人（＝200x×0.85），不合格者数は30x 人である。不合格者30x 人のうち，60％が男性だから，男性の不合格者数は18x 人（＝30x×0.6）で，ここから，男性の合格者数は82x 人となる。また，女性の不合格者数は12x 人，合格者数は88x 人である。ここで，

$82x-18x=320$

$64x=320$

より，$x=5$である。

したがって，女性の合格者数は，

$88x=88\times5=440$

より，440人である。

よって，正答は**3**である。

正答 3

ある学校の3年生は，生徒数が200人以下で，男女比は，男子：女子＝8：7，志望別に見ると，文系志望：理系志望＝6：5である。このとき，文系志望の男子と理系志望の女子との人数の差として，正しいのはどれか。

1 7人
2 9人
3 11人
4 13人
5 15人

解説

男子：女子＝8：7なので，生徒数は15(＝8＋7)の倍数でなければならず，文系志望：理系志望＝6：5なので，生徒数は11(＝6＋5)の倍数でなければならない。つまり，生徒数は11と15の公倍数である。11と15の最小公倍数は，11と15に共通な素因数がないので，11×15＝165である。165×2＝330で200を超えてしまうので，生徒数は165人である。そうすると，男子の人数は88人 $\left(=165\times\frac{8}{8+7}\right)$，女子の人数は77人，文系志望は90人，理系志望は75人となる。

ここで，男子の文系志望者数を x，理系志望者数を y，女子の文系志望者数を p，理系志望者数を q とすると，表のように表せる。ここから，$x+p=90$…①，$p+q=77$…②となる。①－②を考えると，

$$(x+p)-(p+q)=x-q=90-77=13$$

となり，文系志望の男子と理系志望の女子との人数の差は13人である。

	文系志望	理系志望	計
男子	x	y	88
女子	p	q	77
計	90	75	

よって，正答は**4**である。

正答 4

市役所上・中級

No. 303 B日程

数的推理　比・割合　平成29年度

ある試験では，昨年の受験者数は3,000人であった。今年の試験では，合格者は昨年に比べ60％増えて，不合格者は昨年に比べ20％減少した。また，今年の試験の合格率は80％であった。今年の受験者数は何人であったか。

1　2,000人
2　2,500人
3　3,000人
4　3,500人
5　4,000人

解説

昨年の合格者数を x〔人〕として，条件を表にまとめる。

	昨年		今年
受験者数	3000〔人〕		
合格者数	x〔人〕	60％増	$1.6x$〔人〕
不合格者数	$3000-x$〔人〕	20％減	$0.8(3000-x)$〔人〕

今年の合格率は80％であったので，合格者数と不合格者数の比は4：1ということになる。これより，

$$1.6x : 0.8(3000-x) = 4 : 1$$
$$0.8(3000-x) \times 4 = 1.6x$$
$$x = 2000$$

となる。これより，今年の合格者は，

$$1.6 \times 2000 = 3200 〔人〕$$

不合格者は，

$$0.8 \times (3000-2000) = 800 〔人〕$$

であることがわかる。

以上より，今年の受験者数は，3200＋800＝4000〔人〕となる。

よって，正答は**5**である。

正答　5

市役所上・中級

C日程

No. 304 数的推理　濃　度　令和3年度

濃度10％の食塩水300gがある。この食塩水に水を足して濃度６％の食塩水を作った。ここへ濃度14％の食塩水300gを足すと，食塩水の濃度は何％になるか。

1　８％
2　９％
3　10％
4　11％
5　12％

解説

濃度の定義は「濃度〔％〕$=\frac{\text{溶質の質量}}{\text{溶液の質量}}\times 100$」である。この定義をこの問題に当てはめると，

「濃度〔％〕$=\frac{\text{食塩の量}}{\text{食塩水の量}}\times 100$」である。この式を利用して順次計算をしていく。

濃度10％の食塩水300gには食塩は300×0.1＝30〔g〕含まれている。この食塩で６％の食塩水を作るには，食塩水の量を30÷0.06＝500〔g〕にしなければいけない。つまり，水は200g足していたことがわかる。

また，濃度14％の食塩水300gには食塩は300×0.14＝42〔g〕含まれている。先ほど作った濃度６％の食塩水500gにこの食塩水を足すと，食塩水の量は500＋300＝800〔g〕となり，溶けている食塩の量は30＋42＝72〔g〕となる。

したがって，混ぜてできる食塩水の濃度は，72÷800×100＝9より，９％である。

よって，正答は**2**である。

正答　2

市役所上・中級

No. 305

B日程

数的推理　濃　度　平成28年度

食塩水が100g入っている容器Aと，水が100g入っている容器Bがある。まず，容器Aから食塩水20gを取り出し，容器Bに入れてよくかき混ぜる。その後，容器Bから20g取り出して容器Aに入れ，よくかき混ぜたところ，容器Aおよび容器Bに入っている食塩水の濃度の差が4％となった。初めに容器Aに入っていた食塩水の濃度として，正しいのはどれか。

1　5.5％
2　6.0％
3　6.5％
4　7.0％
5　7.5％

解説

初めに容器Aの食塩水に含まれている食塩の量をxgとすると，その濃度はx％である。容器Aから100gの$\frac{1}{5}$である20gを容器Bに移すと，その中に含まれている食塩の量はxgの$\frac{1}{5}$だから，$\frac{1}{5}x$gである。このとき，容器Bには120gの食塩水が入っていることになり，ここから，120gの$\frac{1}{6}$である20gを容器Aに移すと，その中に含まれている食塩の量は，$\frac{1}{5}x$gの$\frac{1}{6}$で，$\frac{1}{30}x$gとなる。そうすると，容器Aの食塩水に含まれる食塩の量は，残っていた$\frac{4}{5}x$gの食塩と，戻ってきた$\frac{1}{30}x$gの食塩との和である$\frac{5}{6}x$g$\left(=\frac{4}{5}x+\frac{1}{30}x\right)$となり，その濃度は$\frac{5}{6}x$％である。容器Bでは100g中$\frac{1}{6}x$gが食塩となっているから，その濃度は$\frac{1}{6}x$％である。$\frac{5}{6}x$％と$\frac{1}{6}x$％との差である$\frac{4}{6}x$％が4％なのだから，$x$％$\left(=\frac{6}{6}x\text{％}\right)$は6％ということになる。

よって，正答は**2**である。

正答　2

濃 度

濃度が12％の食塩水に水を100g加えると４％の食塩水になった。この食塩水に塩を30g加えると，何％の濃度の食塩水になるか。

1 12％
2 14％
3 16％
4 18％
5 20％

解説

12％の食塩水がxgあったとすると，食塩は0.12xg含まれていたことになる。これに100gの水を加えて４％の食塩水ができるので次の式ができる。

$$\frac{0.12x}{x+100}=0.04$$

$$x=50$$

よって，食塩水は最初50gあり，食塩は６g含まれていたことになる。この食塩水に水を100g加えて４％にしたのち，食塩を30g加えるので以下の式になる。

$$\frac{6+30}{50+100+30}=0.2$$

これより，濃度は20％となり，正答は**5**である。

正答 5

市役所上・中級

No. 307 C日程

数的推理　数量関係　平成21年度

A，Bの２人はそれぞれ100万円の資産を持っており，Aはこれを円建て預金に，Bはドル建て預金にした。どちらも期間は１年で，円建て預金は金利１％，ドル建て預金は金利２％である。また，預け入れる際の為替レートは１ドル100円であったが，１年後の為替レートは１ドル99円であった。１年後にA，Bが受け取る金額の差として正しいものは，次のうちどれか。

1　Aが受け取る金額よりBが受け取る金額のほうが200円多い。
2　Aが受け取る金額よりBが受け取る金額のほうが100円多い。
3　AとBが受け取る金額は等しい。
4　Bが受け取る金額よりAが受け取る金額のほうが100円多い。
5　Bが受け取る金額よりAが受け取る金額のほうが200円多い。

解説

Aの預金は円建てで，金利は年１％だから，１年後に受け取る金額は，100万×1.01＝101万〔円〕である。

Bの場合，預け入れる際の為替レートが１ドル100円なので，100万円＝１万ドルで，ドル建て預金の金利が年２％だから，１年後には，１万×1.02＝１万200〔ドル〕となる。しかし，１年後の為替レートは１ドル99円となっているので，10200×99＝1009800 より，100万9,800円となる。

したがって，受け取る金額はAのほうが200円多いことになり，正答は**5**である。

正答　5

No.308 数的推理 利益算 令和4年度

ある商品を400個仕入れ，原価に対し５割の利益を上乗せして定価とし，販売を始めた。ちょうど300個が売れた時点で，売れ残りが生じると思われたので，定価の４割引きで売ったところ，売り切れた。全体としては，売上総額から仕入れ総額を引いた利益が42,000円であった。このとき，原価はいくらか。

1 200円
2 300円
3 400円
4 500円
5 600円

解説

原価をx〔円〕とすると，定価は$1.5x$〔円〕で，定価の４割引きは$1.5x(1-0.4)=0.9x$〔円〕となる。これより，定価で１個売ったときは$0.5x$〔円〕の利益で，４割引きで売ったときは$0.1x$〔円〕の減益になる。300個は定価で，100個は４割引きで売ったので，利益に関して次の式を作ることができる。

$$0.5x\times300-0.1x\times100=42000$$
$$140x=42000$$
$$x=300$$

したがって，原価は300円である。
よって，正答は**2**である。

正答 2

数的推理　数量関係　平成24年度

150人の生徒がいる。サッカーと野球が好きか調査したところ，サッカーが好きな生徒の８割は野球が好きであり，野球が好きな生徒の６割はサッカーが好きであることがわかった。どちらも好きではない生徒が35人であるとき，サッカーが好きな生徒は何人いるか。

1　60人
2　68人
3　75人
4　84人
5　90人

解説

サッカーが好きな生徒を x〔人〕，野球が好きな生徒を y〔人〕とする。

サッカーが好きな生徒のうち，野球が好きな生徒は $0.8x$〔人〕，好きではない生徒は $0.2x$〔人〕とおける。

また，野球が好きな生徒のうち，サッカーが好きな生徒は $0.6y$〔人〕，好きではない生徒は $0.4y$〔人〕とおける。

これらを図示すると右のようになる。

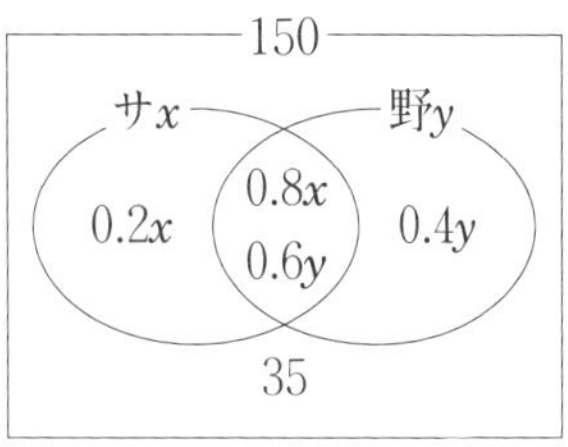

サッカーと野球の両方を好きな生徒の人数より，

$0.8x=0.6y$　すなわち，$4x=3y$　……①

生徒の数が150人であることから，

$0.2x+y+35=150$　すなわち，$x+5y=575$　……②

①②を連立させると，

$$\begin{cases} 4x=3y \\ x+5y=575 \end{cases}$$

②より，$x=575-5y$ を①に代入して，

$$4(575-5y)=3y$$
$$2300-20y=3y$$
$$23y=2300 \qquad \therefore y=100$$

よって，$x=575-5\times100=75$〔人〕

サッカーが好きな生徒は75人となり，正答は**3**である。

正答　3

市役所上・中級

C日程

No. 310 数的推理 仕事算 令和2年度

空の水槽があり，ホースA，B，Cを用いて，この水槽に水をためる。ホースAのみを使用すると10分，ホースBのみを使用すると12分，ホースCのみを使用すると15分で水槽がいっぱいになる。

ホースA，B，Cの3つを同時に用いる場合には，この水槽をいっぱいにするのにかかる時間はいくらか。

1 3分
2 4分
3 5分
4 6分
5 7分

解説

各ホースの1分当たりの仕事量を求める。全体の仕事量を1とすると，各ホースの1分当たりの仕事量は，ホースAが$\frac{1}{10}$，ホースBが$\frac{1}{12}$，ホースCが$\frac{1}{15}$となる。よって，この3つのホースを同時に使用すると，1分当たりの仕事量は，

$$A+B+C=\frac{1}{10}+\frac{1}{12}+\frac{1}{15}$$
$$=\frac{1}{4}$$

である。したがって，この3つのホースで1の仕事を終えるのに，$1\div\frac{1}{4}=4$〔分〕かかることになる。

よって，正答は**2**である。

正答 2

数学 物理 化学 生物 地学 文章理解 判断推理 数的推理 資料解釈

No. 311 B日程 数的推理 仕事算 令和3年度

300Lで満水になる水槽がある。この水槽に，空の状態から1本のホースを用いて注水したところ，水槽の底には穴が空いていて，常に一定量の水が漏れ出していたため，満水になるまでに30分かかった。また，同じ性能のホースをもう1本追加し，2本のホースで同様に注水を行ったところ，満水になるのに12分かかった。このとき，水槽からは毎分何Lの水が漏れ出ているか。ただし，ホースで注水する量は，常に一定であるものとする。

1 4L
2 5L
3 6L
4 7L
5 8L

解説

ホース1本が注水する量を1分当たりxL，水槽から水が漏れ出る量を1分当たりyLとする。

1本のホースを用いて注水したところ，「満水になるまでに30分かかった」より，以下の式を作ることができる。

$30x-30y=300$

$x-y=10$ ……①

また，「2本のホースで同様に注水を行ったところ，満水になるのに12分かかった」より，以下の式を作ることができる。

$12x\times2-12y=300$

$2x-y=25$ ……②

①②を解くと，$x=15$，$y=5$となる。

よって，水槽からは毎分5Lの水が漏れ出ているので，正答は**2**である。

正答 2

市役所上・中級
No. 312 B日程
数的推理 仕事算 平成30年度

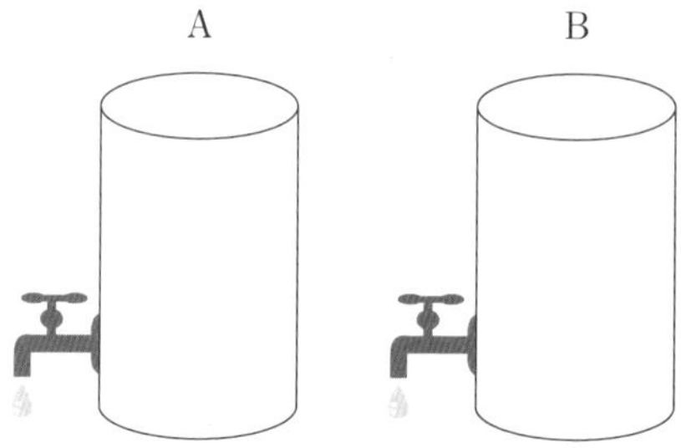

図のように蛇口のついた同じ大きさのタンクが２つある。それぞれの蛇口をひねると常に一定の量の水を排出することができる。タンクの水が満タンの状態から蛇口をひねって水を排出したとき，Ａのタンクは30分で，Ｂのタンクは50分で空になった。では，２つのタンクの水が満タンの状態から開始して，タンクＢから水を排出し，10分後にＡを排出し始めると，Ａを排出してから何分後にタンクの水の量は同じになるか。

1　12分後
2　15分後
3　18分後
4　21分後
5　24分後

解説

１分当たりの仕事量を考える。

ＡとＢのタンクはそれぞれ30分と50分で空になるので，Ａ，Ｂの蛇口の１分当たりの仕事量は

$$\mathrm{A}:\frac{1}{30}\quad \mathrm{B}:\frac{1}{50}$$

となる。

Ａから排出し始めてから x 分後に同じ量の排出量になるとすると，Ｂは10分前から排出しているので $x+10$ 分排出していることになる。排出量が同じになるには，

$$\frac{1}{50}(x+10)=\frac{1}{30}x$$

$$x=15$$

より，Ａが排出し始めてから15分後になる。

よって，正答は**2**である。

正答　2

B日程

No. 313 数的推理　速さ・時間・距離　平成27年度

AとBが1,000m走を行った。2人は同時にスタートしたが，Aがゴールしたとき，Bはゴールの手前200m地点を走っていた。2人が同時にスタートして同時にゴールするためには，①Aのスタート地点を［ア］m後方にずらす，もしくは，②Bの走る速さを［イ］倍にすればよい。

アおよびイに当てはまる数値の組合せとして，正しいのはどれか。

	ア	イ
1	200	1.2
2	200	1.25
3	250	1.2
4	250	1.25
5	300	1.25

解説

Aが1,000m走ったとき，Bは800m走っている。2人の走った距離の比は，A：B＝1000：800＝5：4だから，2人の走る速さの比も，A：B＝5：4である。Bが1,000m走る間にAが何m走るかを考えると，A：B＝5：4＝1250：1000だから，Aは1,250m走る。つまり，Aのスタート地点を250m後方にずらせば，AとBは同時にゴールする。また，Aの走る速さはBの$\frac{5}{4}$＝1.25倍だから，Bの走る速さを1.25倍にすれば，AとBは同時にゴールする。

よって，正答は**4**である。

正答　4

市役所上・中級 A日程

No. 314 数的推理　速さ・距離・時間　令和4年度

ある長さのトンネルを全長150mの列車Aが秒速25mで通過し，同じトンネルを全長300mの列車Bが秒速20mで通過した。列車全体がトンネルに入っている時間，すなわち列車の最後尾がトンネルに入ってから，列車の先頭がトンネルから抜けるまでの時間は列車Aも列車Bも同じであった。このとき，このトンネルの長さはいくらか。

1　900m
2　950m
3　1,000m
4　1,050m
5　1,100m

解説

「列車の最後尾がトンネルに入ってから，列車の先頭がトンネルから抜ける」を図示すると次のようになる。

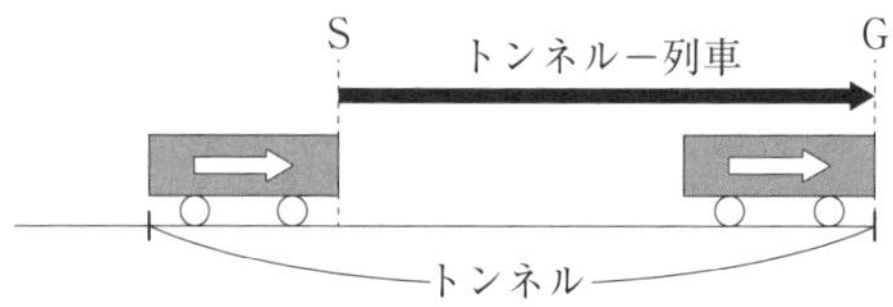

つまり，移動距離はトンネルの長さから列車の全長を引いた距離になる。トンネルの長さをxmとすると，列車全体がトンネルに入っている時間が列車Aも列車Bも同じであることから，以下の式を作ることができる。

$$(x-150)\div25=(x-300)\div20$$

$$x=900$$

これより，トンネルの長さは900mとなる。

よって，正答は**1**である。

正答　1

No. 315 C日程 数的推理 速さ・時間・距離 令和3年度

A，B，Cの３人がスタート地点から同じ方向に同時に走り始めた。３人の速さは，AはBより速く，BはCより速かった。出発して10秒後にAとCとの差は10mになり，出発して30秒後にAとBとの差は10mになった。このとき，BとCとの差が10mになるのは出発して何秒後か。

1 15秒後
2 20秒後
3 25秒後
4 30秒後
5 35秒後

解説

３人の速さを，Aから順にa〔m/秒〕，b〔m/秒〕，c〔m/秒〕と置く。また，条件より，$a>b>c$である。

「出発して10秒後にAとCとの差は10m」より，AとCの差の速度で２人の間の距離が開いていくので，

$$10(a-c)=10$$

$$a-c=1 \quad \cdots\cdots ①$$

となる。また，「出発して30秒後にAとBとの差は10m」より，AとBの差の速度で２人の間の距離が開いていくので，

$$30(a-b)=10$$

$$3a-3b=1 \quad \cdots\cdots ②$$

となる。①×3−②より，

$$\begin{array}{rr} & 3a \qquad -3c=3 \\ -) & 3a-3b \qquad =1 \\ \hline & 3b-3c=2 \end{array}$$

$$b-c=\frac{2}{3}$$

となる。したがって，BとCとの差が10mになるのにかかる時間は，BとCとの速さの差である$b-c$〔m/秒〕で10mの差がつくときなので，

$$時間=10\div\frac{2}{3}=15〔秒〕$$

となる。

よって，正答は**1**である。

正答 1

No. 316 数的推理　速さ・距離・時間　令和2年度

長さ100mの普通列車が鉄橋を渡る際に，列車の先頭が渡り始めてから最後尾が通過するまでに45秒かかる。同じ鉄橋を，普通列車の1.2倍の速度で走る長さ160mの急行列車が同様に通過するのに40秒かかる。このとき，この鉄橋の長さはいくらか。

1　400m
2　600m
3　800m
4　1,000m
5　1,200m

解説

普通列車の速さを v〔m/秒〕，鉄橋の長さを x〔m〕とする。

普通列車が鉄橋を通過するのに $x+100$〔m〕移動している。よって，「距離＝速さ×時間」より，

$x+100=45v$　……①

となる。同様に，急行列車が鉄橋を通過するのに $x+160$〔m〕移動している。急行列車の速さは $1.2v$〔m/秒〕より，

$x+160=1.2v\times 40$　……②

となる。

①，②を連立して v と x を求めると，$v=20$〔m/秒〕，$x=800$〔m〕となる。

よって，正答は**3**である。

正答　3

B日程

No. 317 数的推理 速さ・時間・距離 平成30年度

1周が600mの円形のジョギングコースがある。このコースをAとBが同時に出発する。AとBが反対方向で走り始めると2分ごとにすれ違い，同じ方向で走り始めると10分ごとにAがBを追い抜くことがわかっている。このとき，Aの速度はいくらか。

1 分速160m
2 分速170m
3 分速180m
4 分速190m
5 分速200m

解説

Aの速度をx m／分，Bの速度をy m／分とする。反対方向で走り始めると2分ごとにすれ違うので，出会い算の公式より，

$2(x+y)=600$

$x+y=300$ …①

となる。また，同じ方向で走り始めると追いかけ算の公式より，

$10(x-y)=600$

$x-y=60$ …②

となる。①②を計算すると$x=180$，$y=120$となる。

よって，Aの速さは分速180mなので，正答は**3**である。

正答 3

市役所上・中級

No. 318 B日程

数的推理　速さ・時間・距離　平成29年度

AとBはそれぞれの家から a m と b m 離れた図のような位置にある喫茶店で12時に待合せの約束をした。

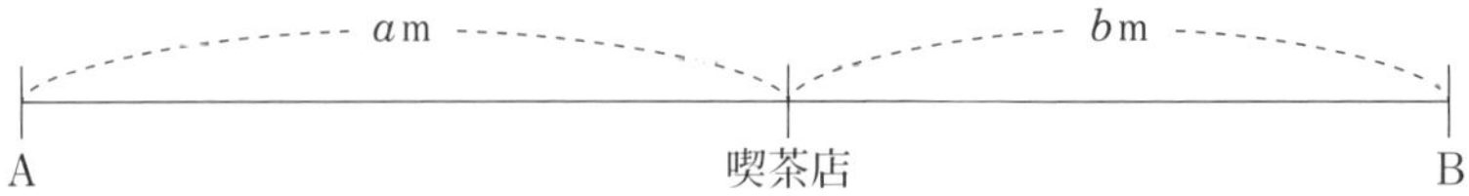

AとBは11時に家を出て，12時に着くように歩き始めた。Aはちょうど半分まで歩いたところで家のかぎを閉め忘れたことに気づき，Aが歩いていた速さの2倍の速さで家まで戻った。そして，家からBの2倍の速さで喫茶店に向かい，AとBは同時に12時に喫茶店に着いた。このとき，a と b の比はいくらか。

　$a:b$

1　4：3
2　5：4
3　1：1
4　2：3
5　1：2

解説

AとBは1時間で着くように出発しているので，それぞれの速さは，a〔m/時〕，b〔m/時〕となる。Aの距離，速さ，時間を表でまとめる。

	気づくまで	家に戻るまで	喫茶店まで
距離	$\frac{a}{2}$	$\frac{a}{2}$	a
速さ	a	$2a$	$2b$
時間	$\frac{1}{2}$	$\frac{1}{4}$	$\frac{a}{2b}$

AはBと同じ12時に喫茶店に着いているので，Aの時間の合計が1時間となる。

$$\frac{1}{2}+\frac{1}{4}+\frac{a}{2b}=1$$

$$b=2a$$

以上より，$a:b=1:2$ となる。

よって，正答は**5**である。

正答　5

市役所上・中級

No. 319　B日程

数的推理　流水算　令和元年度

1周が500mの流れるプールがある。流れは時計回りに流れている。AとBの2名がこのプールで泳ぐが，Bの静水時の速さはAの静水時の速さの2倍である。ある地点からAは時計回りに，Bは反時計回りに泳ぎ始めたところ，スタート地点から時計回りに200mの地点でAとBが出会った。Aの静水時の速さは，プールの流れる速さの何倍か。

1　2倍
2　3倍
3　4倍
4　5倍
5　6倍

解説

Aの静水時の速さをxm/分，Bの静水時の速さを$2x$m/分，プールの流れる速さをym/分とおく。

Aは時計回りに泳ぐので，プールの流れる速さのym/分が加算されるので，Aの速さは$x+y$〔m/分〕，Bは反時計回りに泳ぐので，$2x-y$〔m/分〕となる。スタート地点から時計回りに200mの地点で出会ったので，Aは200m，Bは300m泳いだことになる。この距離を泳ぐ時間が等しいので次の式が成り立つ。

$$\frac{200}{x+y}=\frac{300}{2x-y}$$

$$200(2x-y)=300(x+y)$$

$$4x-2y=3x+3y$$

$$x=5y$$

これよりAの静水時の速さであるxm/分はプールの流れる速さであるym/分の5倍であることがわかる。

よって，正答は**4**である。

正答　4

No. 320 数的推理 流水算 平成25年度

川の下流のA地点から，1,600m上流のB地点までボートを漕いで行くことにした。静水でのボートを漕ぐ速さは毎分100mで，川の流れの速さは毎分50mである。A地点からボートを漕ぎ始めて，5分漕いだら1分漕ぐのをやめて休憩することを繰り返すと，A地点からボートを漕ぎ始めてからB地点に到着するまでにかかる時間として正しいものは，次のうちどれか。ただし，ボートを漕がずに休憩している間は，ボートは川の流れの速さに従って下流に流されていくものとする。

1 45分
2 46分
3 47分
4 48分
5 49分

解説

ボートを漕ぐ速さは毎分100m，川の流れの速さは毎分50mだから，ボートを漕いでこの川を上っていく速さは，100−50=50より，毎分50mである。これを5分間続けると，50×5=250より，250m進む。しかし，そこから1分間は漕ぐのをやめて下流に50m(=流れの速さ)流されるので，6分間で進んだ距離は200m(=250−50)となる。

この6分単位で考えると，これを7回繰り返した時点で(=42分後)，200×7=1400より，1,400m進んでいる(41分で1,450m進んで，その後の1分間で50m流される)。この42分後からさらに200m進めば1,600m進んだことになり，B地点に到着する。200÷50=4より，42分後からボートを4分漕げばよいので，A地点からB地点までにかかる時間は46分である。

よって，正答は**2**である。

正答 **2**

No.321 数的推理 年齢算 令和2年度

3人の兄弟がおり，現在の長男の年齢は三男の年齢の2倍である。数年後，次男が20歳になると，三男の年齢は長男の年齢の$\frac{8}{11}$倍になるという。このとき，次男の現在の年齢は何歳か。

1 8歳
2 9歳
3 10歳
4 12歳
5 15歳

解説

現在の三男の年齢をxと置くと，長男，次男，三男の年齢について，現在と次男が20になるy年後の年齢を表にまとめると，以下のようになる。

	現在	y年後
長男	$2x$歳	$2x+y$歳
次男		20歳
三男	x歳	$x+y$歳

y年後には，三男の年齢は長男の年齢の$\frac{8}{11}$倍なので，

$$x+y=\frac{8}{11}(2x+y)$$

$$x=\frac{3}{5}y$$

となる。xは三男の年齢なので，正の整数でなければならない。そのためには，yは5の倍数である必要がある。yに5，10，15，……を順に代入すると，以下のようになる。

	(1)	(2)	(3)
y	5	10	15
x	3	6	9
長男：$2x+y$	11	22	33
三男：$x+y$	8	16	24

(1)や(3)以降の場合は，このとき次男が20歳という条件に反する。よって，$x=6$，$y=10$の(2)と決まる。ここまでをまとめると，以下のようになる。

	現在	10年後
長男	$2\times6=12$歳	22歳
次男	$20-10=10$歳	20歳
三男	6歳	16歳

よって，次男の現在の年齢は10歳となり，正答は**3**である。

正答 3

市役所上・中級
C日程

No. 322 数的推理 年齢算 平成24年度

今年は2012年である。3年後の2015年に昭和45年生まれの人は45歳になる。21年後の2033年に昭和A年生まれの人はA歳になり，25年後の2037年に昭和B年生まれの人はB歳になる。このとき，A＋Bの値はいくつか。

1 102
2 104
3 106
4 108
5 110

解説

昭和45年生まれの人は3年後に45歳なので，21年後（さらに18年後）の2033年には63歳になる。

昭和A年生まれの人を，この人よりもa年後に生まれたと考えると，昭和（$45+a$）年生まれであり，a歳年下であるから2033年には（$63-a$）歳となる。

すなわち，$\mathrm{A}=45+a$，かつ，$\mathrm{A}=63-a$　が成り立つ。

よって，

$$45+a=63-a$$
$$2a=18$$
$$a=9 \qquad \therefore \mathrm{A}=45+9=54$$

Bについても同様に，昭和（$45+b$）年生まれと考えると，2037年には（$67-b$）歳となる。

すなわち，$\mathrm{B}=45+b$，かつ，$\mathrm{B}=67-b$　が成り立つから，

$$45+b=67-b$$
$$2b=22$$
$$b=11 \qquad \therefore \mathrm{B}=45+11=56$$

ゆえに，$\mathrm{A}+\mathrm{B}=54+56=110$ となり，正答は**5**である。

正答　**5**

下の図のような二等辺三角形ABCがある。頂点Bから∠ABCの二等分線を引き，辺ACとの交点をDとする。点Dから辺BCと平行な直線を引き辺ABとの交点をEとするとき，線分DEの長さとして正しいものは，次のうちどれか。

1 $\frac{\sqrt{5}-1}{2}$

2 1

3 $\frac{\sqrt{5}}{2}$

4 $\sqrt{5}-1$

5 $\frac{\sqrt{5}+1}{2}$

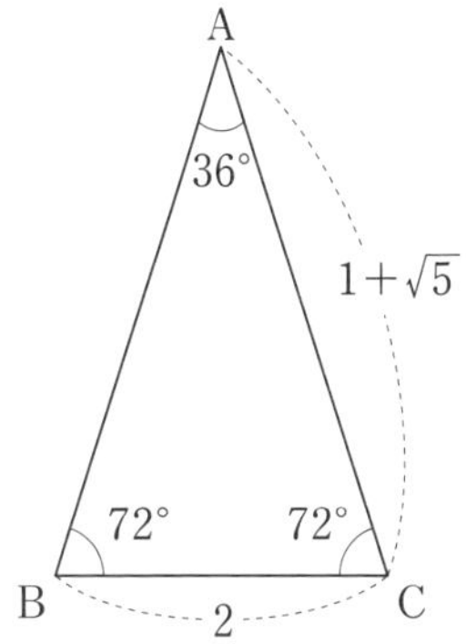

解説

∠ABCの二等分線を引くと，∠ABD＝∠CBD＝36°となる。この結果，∠BDC＝180－(36＋72)＝72°で，△BDCは△ABCと相似の二等辺三角形となり，BD＝BC＝2である。

また，△DABは∠DAB＝∠DBA＝36°の二等辺三角形だから，DA＝2である。ここから，△AED≡△BDCであり，DE＝DC＝$(1+\sqrt{5})-2=\sqrt{5}-1$となる。

よって，正答は**4**である。

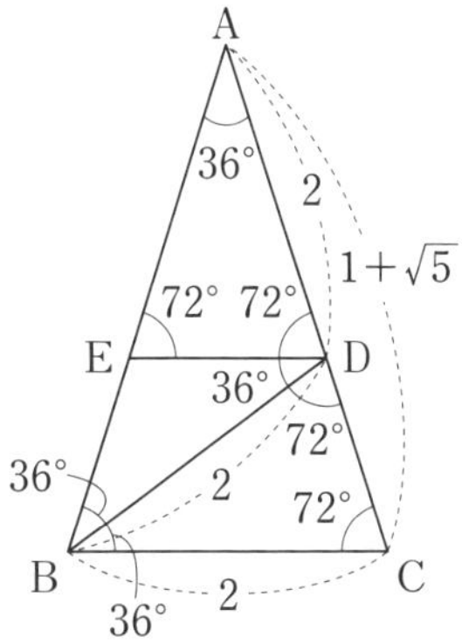

正答 4

1マス1cmの方眼紙に，右のような図を描いた。
点AからBCに垂線を下ろし，その交点をDとする。
このとき，線分ADの長さとして正しいのは次のうちどれか。

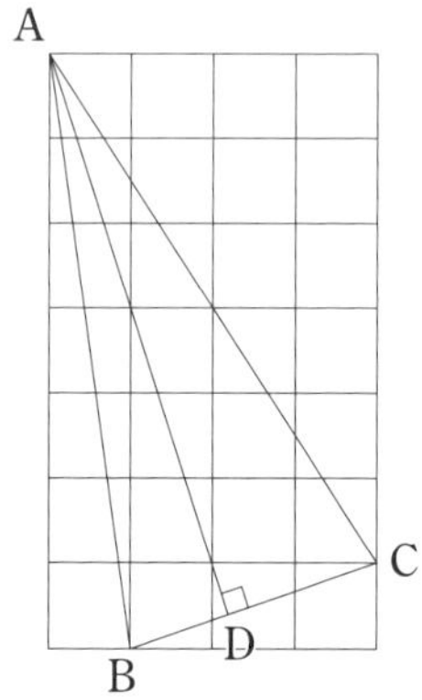

1 $\frac{10\sqrt{10}}{5}$

2 $\frac{5\sqrt{10}}{12}$

3 $\frac{11\sqrt{10}}{5}$

4 $\frac{3\sqrt{10}}{5}$

5 $\frac{13\sqrt{10}}{5}$

解説

「ピックの公式」を用いて，三角形ABCの面積Sを求めると，

$$S=\frac{4}{2}+10-1=11$$

また，辺BCの長さは三平方の定理により，

$$BC=\sqrt{3^2+1^2}=\sqrt{10}$$

このとき，$S=\frac{1}{2}\times BC\times AD=\frac{1}{2}\times\sqrt{10}\times AD=11$であるから，

$$AD=\frac{22}{\sqrt{10}}=\frac{22\sqrt{10}}{10}=\frac{11\sqrt{10}}{5}$$

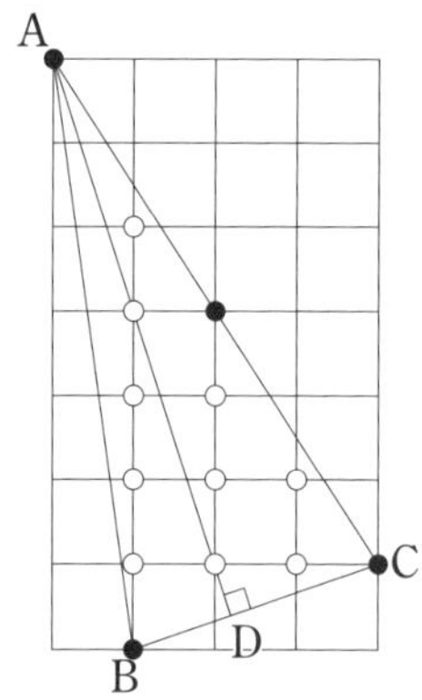

注：ピックの公式
方眼上に描かれた図形の面積は，格子点（方眼の交点）を数えることにより求めることができる。
図形の辺上の格子点（右図の●）の個数をa，図形内部の格子点（右図の○）の個数をbとすると，その面積Sは，

$$S=\frac{a}{2}+b-1$$

として求められる。
ただし，本問では長方形の面積から外側の3つの三角形の面積を引くことでも三角形ABCの面積を求めることができる。

正答　3

数的推理　平面図形　平成18年度

次の図は，扇形と半円を組み合わせたもので，AB＝DE である。斜線部分P，Q，R，Sの面積に関して，(P＋Q)＝(R＋S)であるとき，∠BAC の角度として正しいものはどれか。

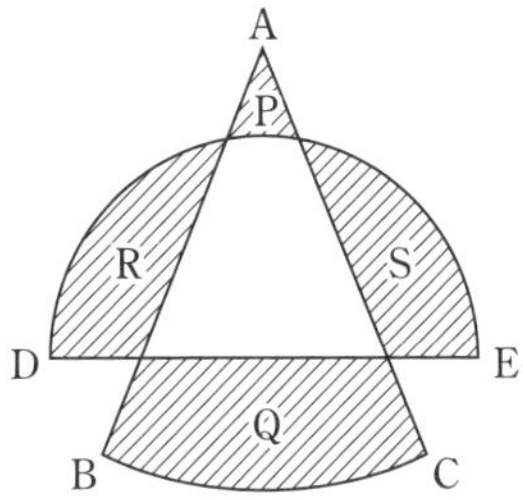

1　30°
2　45°
3　60°
4　75°
5　90°

解説

(P＋Q)＝(R＋S)なのだから，中央の白い部分の面積を T とすれば，(P＋Q＋T)＝(R＋S＋T)が成り立ち，この扇形と半円の面積が等しいことになる。扇形の半径は半円の直径と等しいので，扇形の半径は半円の半径の 2 倍ある。半円（中心角180°の扇形である）の半径が 2 倍になれば面積は 4 倍となるので，問題の扇形と半円の面積が等しくなるためには，扇形の中心角が半円の$\frac{1}{4}$であればよい。

よって，

$$180\times\frac{1}{4}=45$$

となるので，扇形の中心角は45°であり，正答は**2**である。

正答　2

市役所上・中級 C日程

No.326 数的推理 平面図形 平成22年度

半径12cm の円の紙がある。これを図 I のように中心Oと円周上の点が一致するように折る。次に，折り目のついた円周上の点をA，Bとし，AとO，BとOが重なるように折り，この操作を順次繰り返すと，正六角形ができる。その1辺の長さとして，妥当なものはどれか。

図 I

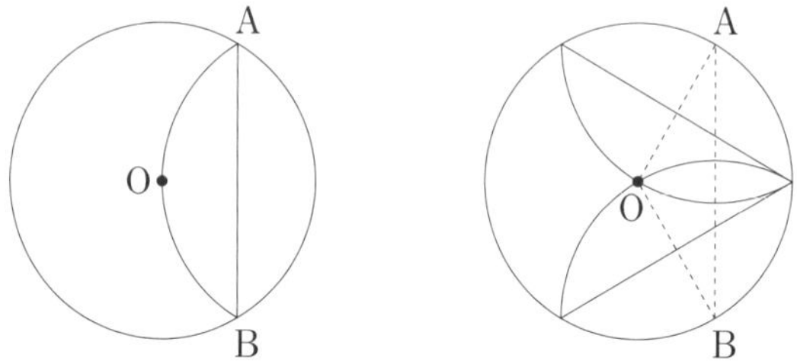

1　3 cm
2　$3\sqrt{3}$ cm
3　$3\sqrt{6}$ cm
4　4 cm
5　$4\sqrt{3}$ cm

解説

まず，折り目 AB を底辺とした三角形 OAB はOA＝OB の二等辺三角形なので，円の中心 Oから底辺 AB に引いた垂線の足をH（図1）とすると，OH は AB と垂直に交わり，長さは半径の半分の 6 cm となる。よって，三角形 OAH は∠AOH＝60°の直角三角形となる。

一方，図2において，AとOが重なるように折ったときの折り目 A′B′について，OA との交点を H′，AB との交点を I と置くと，三角形 OHI と三角形 OH′I は合同になっている（2つの三角形は直角三角形で，OH＝OH′，OI が共通）。同様に，BとOが重なるように折ったときの折り目 A″B′について，OB との交点を H″，AB との交点を I′と置くと，三角形 OHI′と三角形 OH″I′は合同になっている（2つの三角形は直角三角形で，OH＝OH″，OI′が共通）。

以上の点から，∠IOH＝∠IOH′＝30°となるので，IH：OH＝1：$\sqrt{3}$ より，IH：6＝1：$\sqrt{3}$ となる。ここから，$\sqrt{3}$ IH＝6 と変形でき，IH＝$2\sqrt{3}$〔cm〕。I′H も同様なので，I′H＝$2\sqrt{3}$〔cm〕。よって，II′＝IH＋I′H＝$4\sqrt{3}$〔cm〕。

図1

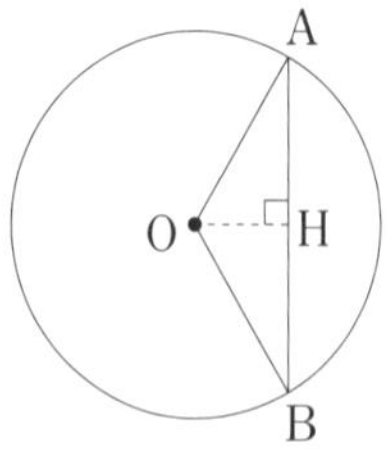

図2

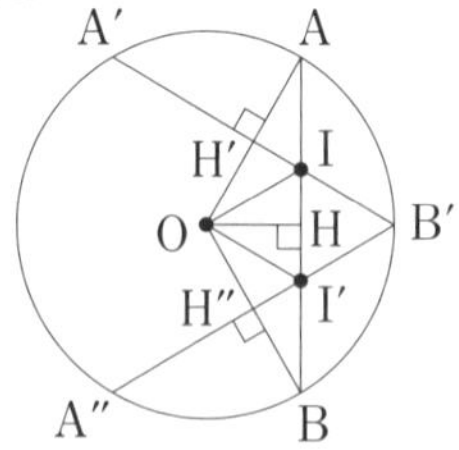

図3

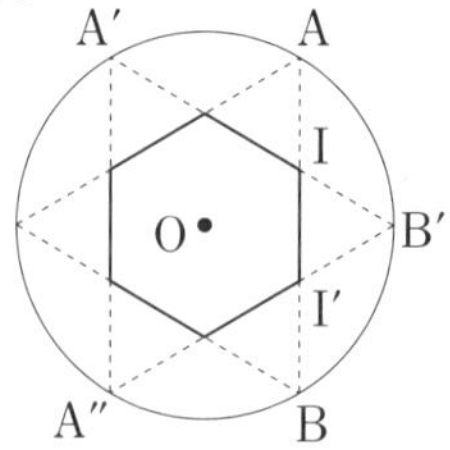

上の操作を繰り返していくと，図3の実線部分のように正六角形ができる。ここで，II′は正六角形の1辺をなしているので，この1辺の長さは $4\sqrt{3}$ cm となり，正答は**5**である。

正答　5

No. 327 数的推理 平面図形 平成18年度

中央市，長岡市

図のように半径が$6r$の円を下から中心Oを通るように折り曲げ，同様にして左からも折り目どうしが直交するように折り曲げた。このとき，斜線部分の周の長さとして正しいのは次のうちどれか。

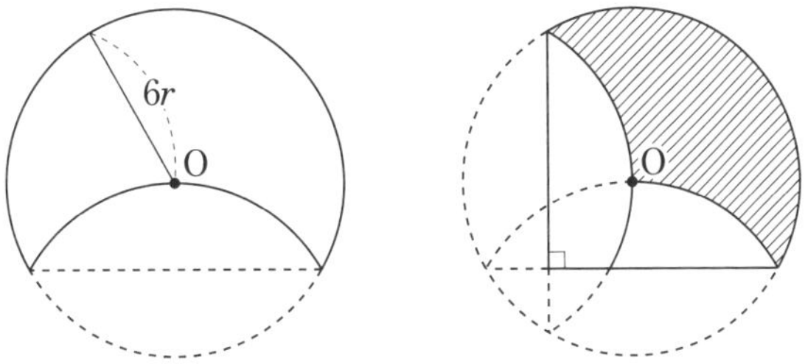

1 $9\pi r$
2 $10\pi r$
3 $11\pi r$
4 $12\pi r$
5 $13\pi r$

解説

右図においてAOとBOはともに円の半径であり，BOとABは折れ線に対して線対称である。3辺の長さが等しいので△AOBは正三角形であり，△A′OB′も同様である。

斜線部分は，扇形からグレー部分を取り除いてできる図形であり，その周の長さは，

中心角150°の弧＋中心角60°の弧×2

で求められる。したがって，

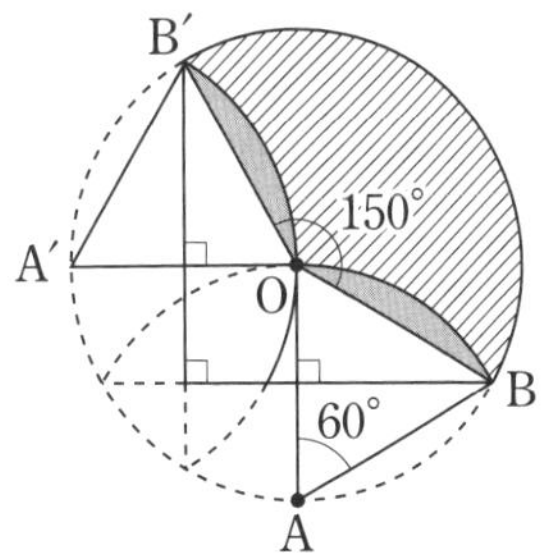

$$6r\times2\times\pi\times\frac{150^\circ}{360^\circ}+6r\times2\times\pi\times\frac{60^\circ}{360^\circ}\times2$$

$$=6r\times2\times\pi\times\left(\frac{5}{12}+\frac{2}{12}\times2\right)$$

$$=r\times\pi\times(5+4)$$

$$=9\pi r$$

正答 1

数的推理　平面図形　平成17年度

図の三角形ABCにおいて，辺BCは3cmであり，これを1：2に分けた点Dがある。辺ABと平行にDから直線を引き，辺ACとの交点をEとする。このとき，辺DEの中点Fを通る点Aからの直線と辺BCの交点をGとする。DGは何cmか。

1　0.2cm
2　0.3cm
3　0.5cm
4　0.6cm
5　0.8cm

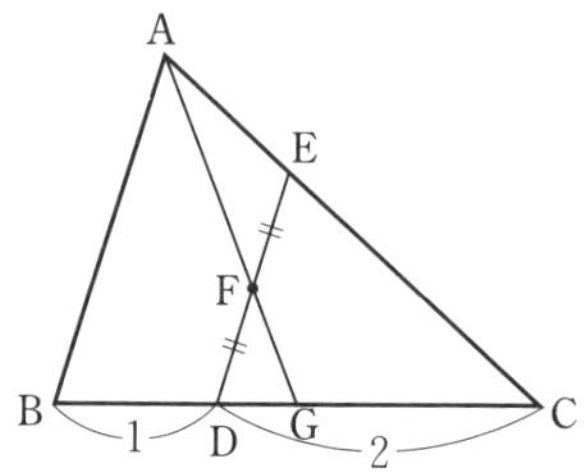

解説

△CABと△CEDは相似であり，相似比は3：2である。点FはEDの中点であるから，

AB：FD＝3：1

なので，DGを$x$cmと置けば，△ABGと△FDGが相似であることから，

$1+x：x＝3：1$

である。これを解くと，x＝0.5〔cm〕とわかる。

正答　3

1辺が8cmの正方形ABCDがある。辺CDと辺BCの中点をE，Fとし，AEとDFを結んでできた直線の交点をPとする。また図の点線は辺ABを点Pの部分まで折り曲げたときの折り目である。このとき図のAGの長さは次のうちどれか。

1 2.8cm
2 3.0cm
3 3.2cm
4 3.4cm
5 3.6cm

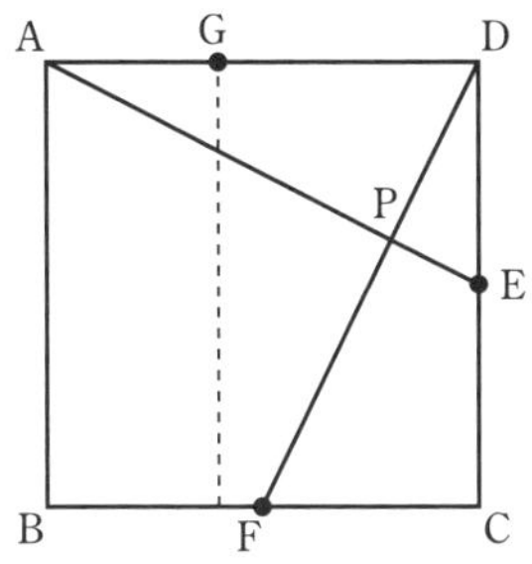

解説

PからAD，FCに下ろした垂線との交点をそれぞれ，G′，Hと置く。
△DFCで，FC：DC＝1：2である。
さらに，△DFC∽△PFH∽△PDG′であることが容易にわかる。
よって，DG′：PG′＝1：2
DG′＝$x$cmと置くと，PG′＝2$x$cmとなる。
また，PG′：DE＝AG′：ADだから，
$2x:4=8-x:8$

これを解いて，$x=\frac{8}{5}$

AGの長さは，$\left(8-\frac{8}{5}\right)\times\frac{1}{2}=\frac{16}{5}=3.2$〔cm〕

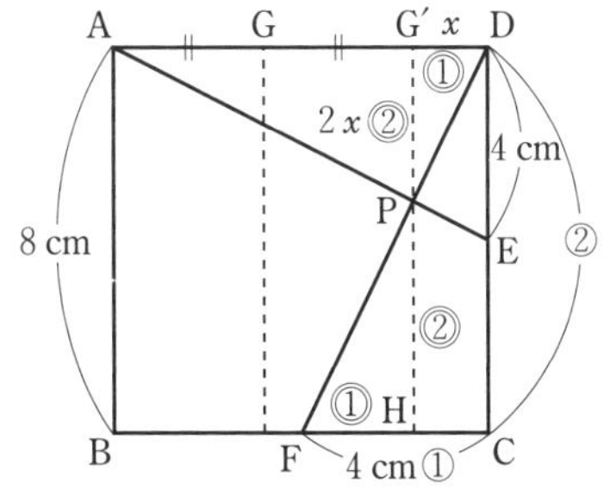

正答 3

No. 330 A日程 数的推理 平面図形 平成15年度

次の図の四角形ABCDは1辺の長さが10の正方形である。EP=3，FQ=2のとき，斜線部分の四角形EFGHの面積として，正しいものは次のうちどれか。

1 47
2 49
3 51
4 53
5 55

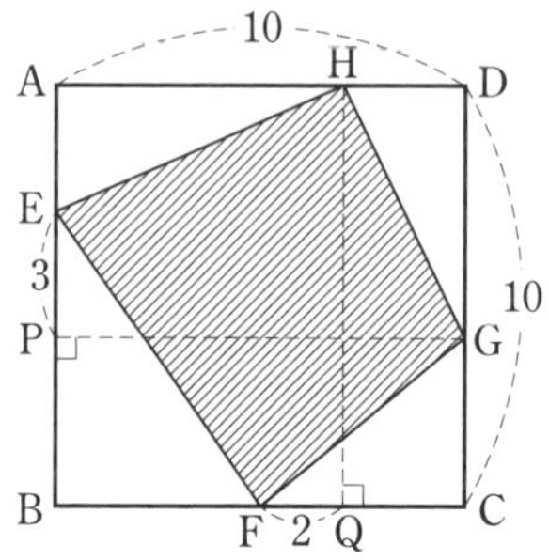

解説

次のように問題の図に補助線を引いてみる。

図において，△HEL$=\frac{1}{2}$AELH，△EFI$=\frac{1}{2}$EBFI，△FGJ$=\frac{1}{2}$JFCG，△GHK$=\frac{1}{2}$GDHKとなる。

ここで，この4つの長方形（AELH，EBFI，JFCG，GDHK）の面積は，正方形ABCDから長方形IJKLを除いて求められる。長方形IJKLにおいて，IJ=EP=3，IL=FQ=2なので，求める面積は，

四角形EFGH$=\frac{1}{2}\times(100-2\times3)+2\times3$

$=47+6=53$

よって，正答は**4**である。

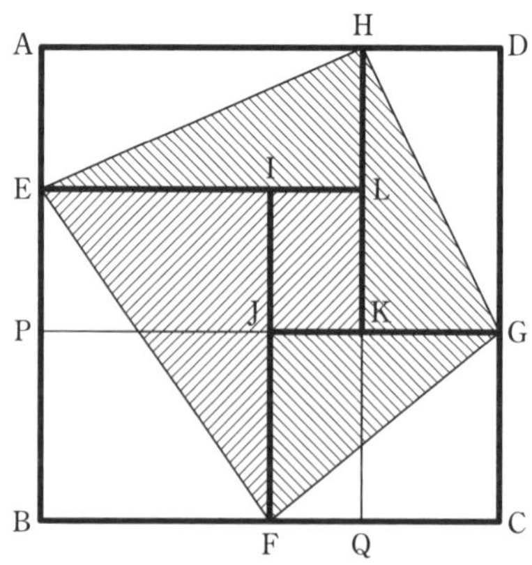

正答 4

市役所上・中級

B日程

No. 331 数的推理　平面図形　平成15年度

次の図のように平行四辺形ABCDの内部に1点Pを取り，各頂点と点Pを結んだところ，△ADP＝8 cm^2，△ABP＝9 cm^2，△BCP＝16cm^2となった。点PからADに平行な線分を引き，辺CDとの交点をQとするとき，△DPQの面積として，正しいものは次のうちどれか。

1　3 cm^2
2　4 cm^2
3　5 cm^2
4　6 cm^2
5　7 cm^2

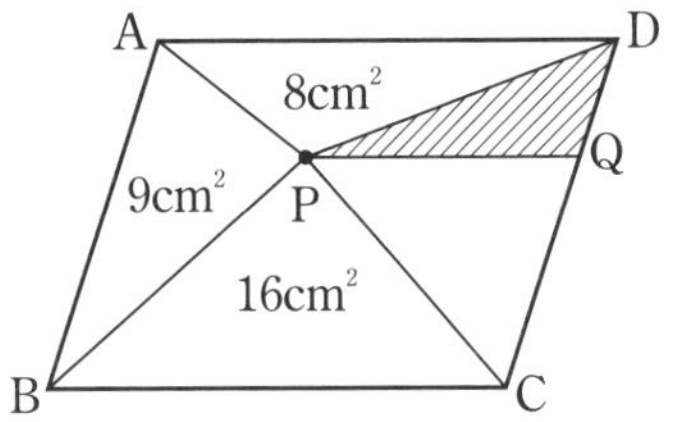

解説

PQを延長して辺ABとの交点をRとする。△ADPの面積は平行四辺形ARQDの面積の$\frac{1}{2}$だから，平行四辺形ARQDの面積は8×2＝16〔cm^2〕。同様に△BCPの面積は平行四辺形RBCQの$\frac{1}{2}$だから，平行四辺形RBCQの面積は16×2＝32〔cm^2〕であり，ここから平行四辺形ABCDの面積は16＋32＝48〔cm^2〕である。したがって，△CDPの面積は48－(8＋9＋16)＝15〔cm^2〕。次の図のHP，KPはそれぞれ△ADP，△BCPの高さに当たり，底辺の長さが等しく面積の比は1：2だから，HP：KP＝1：2。これは，△DPQと△CPQにおいてPQを底辺としたときの高さの比にも当たるから，△DPQと△CPQは△CDPを1：2に分けることになる。

よって，△DPQの面積は5 cm^2となり，正答は**3**である。

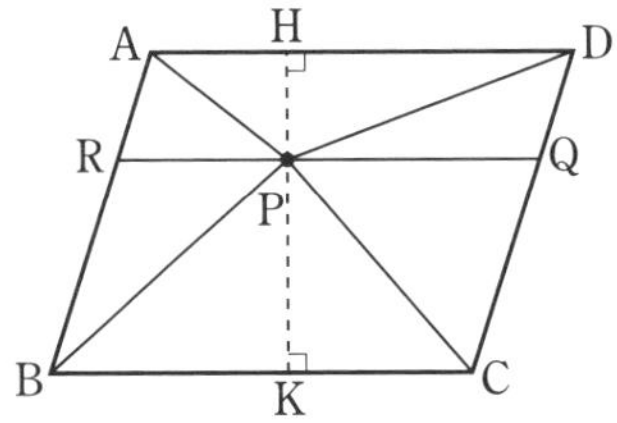

正答　3

市役所上・中級 No. 332 C日程

数的推理　平面図形　平成15年度

赤，青，黄，緑，黒の同じ大きさの正方形の折り紙が1枚ずつある。この5枚の折り紙を部分的に重なるようにして敷き並べ，次の図のように大きな正方形を作った。見えている部分の面積は，赤が240cm²，青が200cm²，黄が160cm²である。黒の折り紙の見えている部分の面積として，正しいものは次のうちどれか。

1　48cm²
2　52cm²
3　56cm²
4　60cm²
5　64cm²

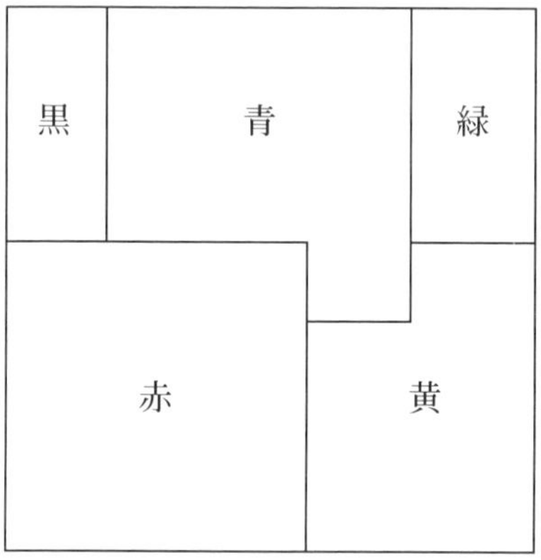

解説

折り紙の1辺を x，大きな正方形の1辺を $x+y$ とすると，黒の見えている部分の縦，黄の見えている部分の横（下）の長さがそれぞれ y となる。次の図のように，青と黄の重なっている部分の面積を a，赤と青の重なっている部分の面積を b とすると，青の見えている部分の面積は $xy+a=200$，黄の見えている部分の面積は $xy-a=160$ となり，

$(xy+a)-(xy-a)=2a=200-160=40$

$a=20$

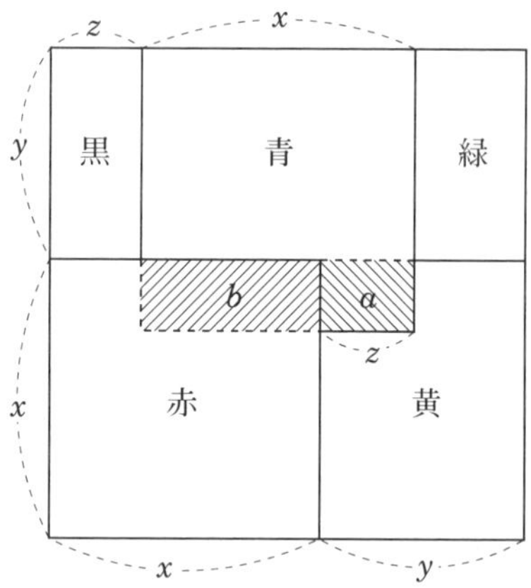

である。b 部分の面積は 240−200=40 だから，

$a:b=1:2$ で，a の横の長さ z は x の$\frac{1}{3}$となり，

これは黒の見えている部分の横の長さと等しい。また，青の見えている部分の a を除いた面積は180だから，$x:y=240:180=4:3$ となる。黒の見えている部分の縦（y）は折り紙の1辺の$\frac{3}{4}$，横（z）は$\frac{1}{3}$だから，その面積は，

$240\times\frac{3}{4}\times\frac{1}{3}=60$〔cm²〕

よって，正答は**4**である。

正答　4

No. 333 C日程 数的推理 平面図形 平成15年度

次の図のように半径の等しい２つの円Ｏ，Ｐがあり，一方の円の中心は互いに他方の円の円周上にある。２点Ｘ，Ｙは図のように２円の円周の一方の交点Ａを同時に出発し，Ｘは円Ｏの円周上を左回りに，Ｙは円Ｐの円周上を右回りにそれぞれ周回する。点Ｘが円Ｏを３周する間に点Ｙは円Ｐを２周したとすると，点Ｘがちょうど10周したときの点Ｙの位置として，妥当なものは次のうちどれか。

1　点Ｂ上
2　点Ｄ上
3　点Ｏ上
4　点Ｂと点Ｏの間
5　点Ｏと点Ａの間

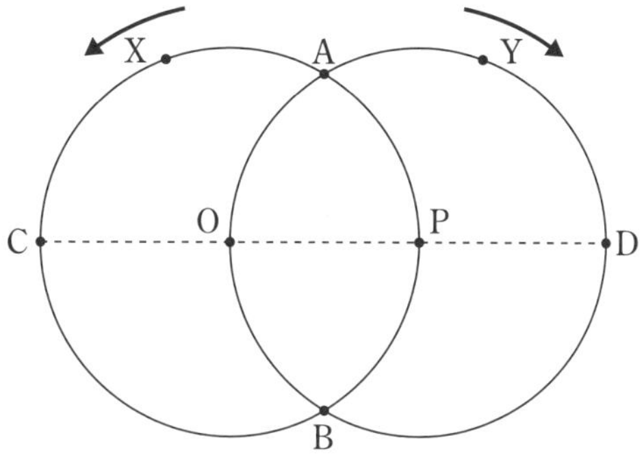

解説

点Ｘと点Ｙが同時に交点Ａを出発し，点Ｘが３周する間に点Ｙは２周するのだから，点Ｘが10周したときに点Ｙは，

$$10\times\frac{2}{3}=\frac{20}{3}=6\frac{2}{3}\text{〔周〕}$$

している。半径の等しい２つの円が互いの円周上に中心があるように配置すると，次の図のように，△OPA，△OPBは３辺の長さが等しいので正三角形となる。したがって，Ａ，Ｂ，ＣおよびＡ，Ｂ，Ｄはそれぞれ円Ｏ，円Ｐの円周を三等分する点である。点Ｙが点Ａを出発して$6\frac{2}{3}$周したなら，ちょうど点Ｂにいることになる。

よって，正答は**1**である。

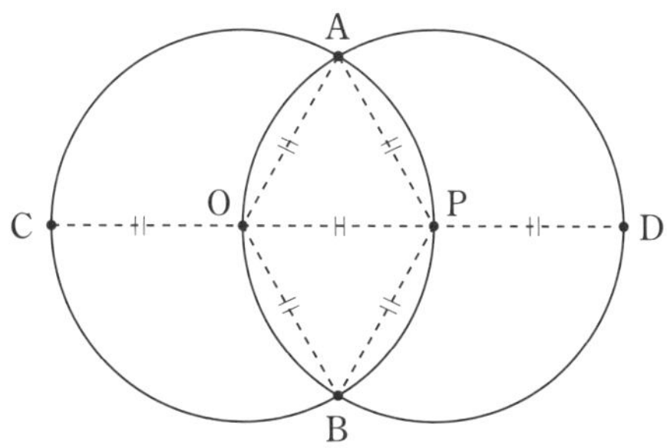

正答　1

市役所上・中級 C日程

No. 334 数的推理 立体の展開図と体積 平成25年度

下図の正方形の点線を折りたたみ，△ABCを底面とする円すいを組み立て，底面から12cmのところまで水を入れた。この三角すいを△ABDが底面となるように置き，同量の水を入れたとき，水の高さは底面から何cmになるか。

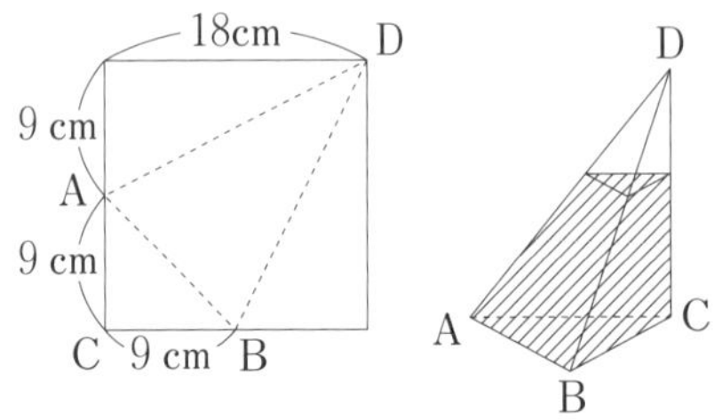

1　3 cm
2　4 cm
3　$4\sqrt{3}$ cm
4　6 cm
5　$6\sqrt{3}$ cm

解説

△ABCを底面としたとき，辺CDは底面に対して直角であるから，三角すいABCDの高さは18cmである。よって，三角すいABCDの体積は，

$$9\times9\times\frac{1}{2}\times18\times\frac{1}{3}=243\ \text{〔cm}^3\text{〕}$$

である。

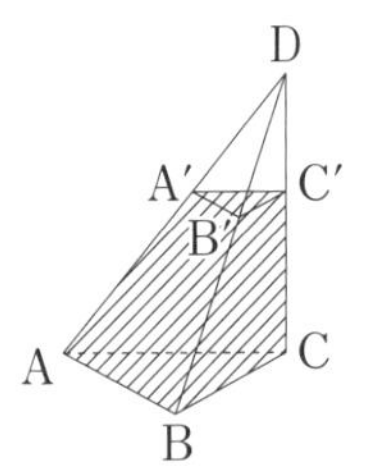

右から，三角すいABCDと三角すいA′B′C′Dは相似な立体であり相似比は18：6＝3：1，体積比は$3^3：1^3$＝27：1となる。

一方，△ABDを底面としたときも水の量は変わらないので，右図において，三角すいABDCと三角すいA″B″D″Cの体積比は27：1であり，三角すいABDCと三角すいA″B″D″Cは相似な立体であるから相似比は3：1となり，この場合も$\frac{2}{3}$の高さまで水が入っているといえる。

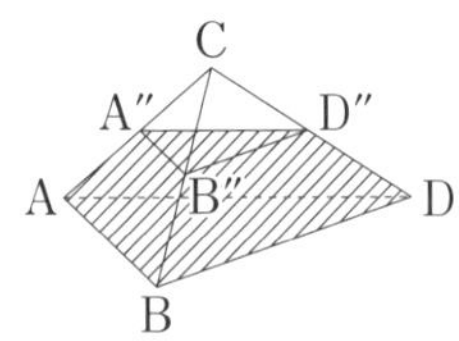

三角すいABDCの高さをx〔cm〕とすると，その体積は，

$$\left\{18^2-\left(18\times9\times\frac{1}{2}\times2+9\times9\times\frac{1}{2}\right)\right\}\times x\times\frac{1}{3}=243 \qquad \therefore\ x=6$$

したがって，三角すいABDCの水の高さは，$6\times\frac{2}{3}=4$〔cm〕

よって，正答は**2**である。

正答　2

No. 335 数的推理 空間図形 平成21年度

2匹の蜂A，Bをそれぞれ同じ長さのひもに繋ぎ，図のようにひもの反対側の端を蜂Aについては立方体の頂点に，蜂Bについては立方体の上面の辺の中点に固定した。蜂Aが移動できる部分の体積をV_a，蜂Bが移動できる部分の体積をV_bとするとき，V_aとV_bの比として正しいものは，次のうちどれか。ただし，2匹の蜂は立方体の内部には入れないものとし，ひもの長さは立方体の1辺の長さの$\frac{1}{2}$より短い。

1 $V_a : V_b = 4 : 3$
2 $V_a : V_b = 5 : 4$
3 $V_a : V_b = 6 : 5$
4 $V_a : V_b = 7 : 6$
5 $V_a : V_b = 8 : 7$

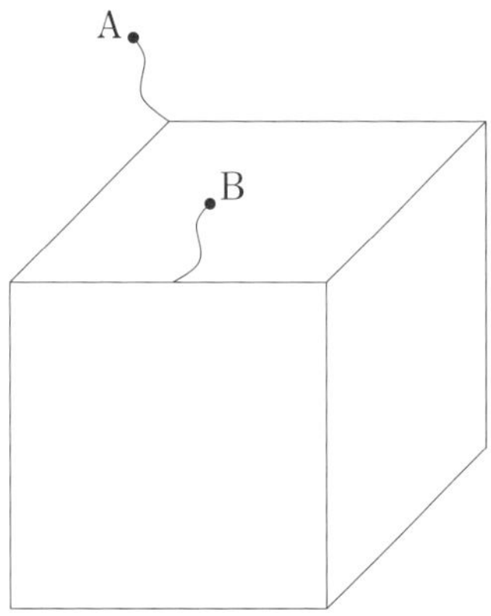

解説

蜂をつないだひもの反対側を中空の1点に固定したとき，蜂が移動できるのは紐の長さを半径とする球の範囲となる。ただし，蜂Aの紐は立方体の頂点に，蜂Bの紐は辺の中点で固定されているので，蜂Aは球の$\frac{1}{8}$，蜂Bは球の$\frac{1}{4}$に該当する部分が立方体の内部となり，そこには移動できない。ひもの長さは同一なので，両者が移動できる範囲の体積V_aとV_bの比は，

$$V_a : V_b = \left(1-\frac{1}{8}\right) : \left(1-\frac{1}{4}\right) = \frac{7}{8} : \frac{3}{4} = 7 : 6$$

となる。

よって，正答は**4**である。

正答 **4**

容積24m^3の立方体の容器がある。この容器一杯に水を入れてふたをした後，図のように面の中央（面の対角線の交点部分）に小さな穴を開ける。容器内に残る水の最大量は，A，B 2か所に穴を開けた場合（　ア　）m^3であり，A，B，C 3か所に穴を開けた場合（　イ　）m^3である。ア，イに当てはまる数の組合せとして正しいものは，次のうちどれか。ただし，容器は傾けてもよい。

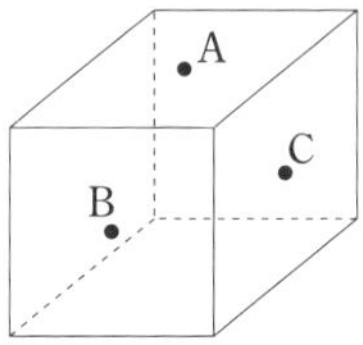

	ア	イ
1	18	20
2	18	21
3	20	18
4	21	18
5	21	20

解説

A，B 2か所に穴を開けた場合，容器内に残る水の量が最大となるのは図Ⅰの場合で，図の灰色部分には水が残らない。この部分の体積は，底面積が立方体の$\frac{1}{8}$となる三角柱だから，全体の$\frac{1}{8}$。全体の$\frac{7}{8}$に水が残り，その体積は$24\times\frac{7}{8}=21$である。

A，B，C 3か所に穴を開けた場合は図Ⅱのようになり，灰色の三角すい部分には水が残らない。この三角すいの体積は，立方体の$\frac{1}{2}\times\frac{1}{3}=\frac{1}{6}$だから，全体の$\frac{5}{6}$に水が残り，その体積は$24\times\frac{5}{6}=20$である。

したがって，ア=21，イ=20となり，正答は**5**である。

図Ⅰ

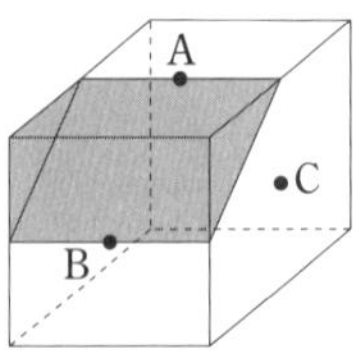

図Ⅱ

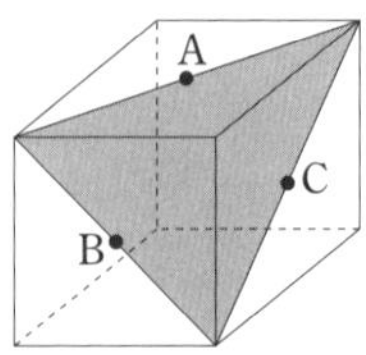

正答　5

図の三角柱を，まずA−M−Nを通る平面で切り（MとNはそれぞれ，BE，CFの中点），さらに，A−E−Fを通る平面で切る。立体A−MNFEの体積はもとの三角柱の体積の何倍か。

1 $\frac{1}{6}$

2 $\frac{2}{9}$

3 $\frac{1}{4}$

4 $\frac{1}{3}$

5 $\frac{3}{8}$

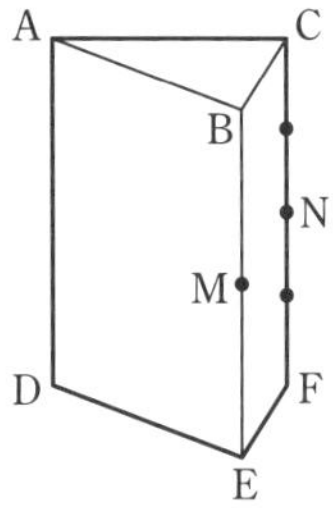

解説

まず，問題の三角柱をA−E−Fを通る平面で切ると，三角すいA−DEFができる。この体積はもとの体積の$\frac{1}{3}$である。すると，残りの四角すいA−CBEFの体積はもとの三角柱の体積の$\frac{2}{3}$である。

さらにこの四角すいをA−M−Nを通る平面で切ると，A−CBMNとA−MNFEの2つの四角すいができるが，これらは高さと底面積が等しいので，体積も等しい。

よってA−MNFEの体積はもとの三角柱の体積の$\frac{1}{3}$であり，正答は**4**である。

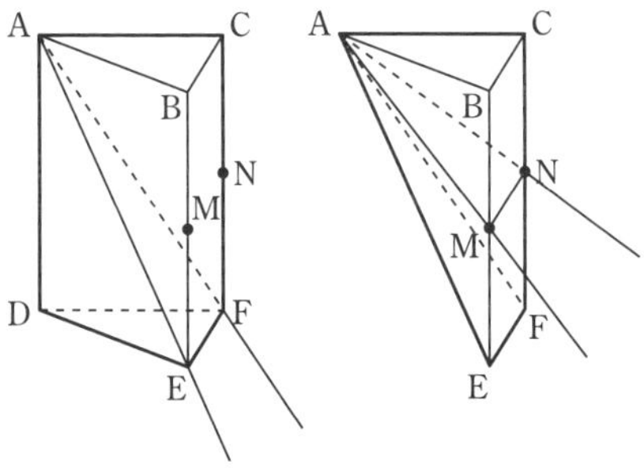

正答 4

市役所上・中級

No. 338　C日程

数的推理　立体図形　令和2年度

底面が20cm×20cmの直方体の水槽に高さ10cmまで水が入っている。この水槽に底面を水平に保ったまま円柱をこの水中に沈めていき，円柱の底面が水槽の底面に着いたとき，水面の高さは16cmとなって，円柱の上部は水面から出ていた。このとき，この円柱の底面積はいくらか。

1　100cm^2
2　120cm^2
3　150cm^2
4　180cm^2
5　200cm^2

解説

水槽の水面が6cm高くなったので，水面下の増えた体積は，

$20\times20\times6=2400$〔cm^3〕

である。水面が6cm高くなった分のこの水の量は，高さ16cmの水中に入っている部分の円柱の体積と等しいので，円柱の底面積をsとすると，

$s\times16=2400$

$s=150$〔cm^2〕

となる。

よって，正答は**3**である。

正答　3

No. 339 C日程 数的推理 場合の数 平成26年度

100～999までの３ケタの自然数900個のうち，同じ数字が２個以上含まれている数の個数として正しいのはどれか。

1 180個
2 216個
3 252個
4 288個
5 324個

解説

余事象となる，各ケタの数字がすべて異なる数の個数から考えてみる。百の位については，１～９の９通り，十の位は百の位に使われた数字のほかに０も含まれるので，やはり９通り，一の位は百の位と十の位に使われた数字以外の８通り（やはり０も含まれる）となるので，9×9×8＝648 より，648個ある。これ以外は同じ数字が２個以上含まれることになるので，900－648＝252 より，252個である。

よって，正答は**3**である。

正答 3

No. 340 数的推理 場合の数 平成23年度

ある会社で内線を設置することにした。番号は３ケタである。番号を以下の条件をすべて満たすように設定するとき，番号は何通りになるか。

・３ケタの数字はそれぞれ何番でもよく，０が先頭でもよいが，３つの数字はすべて異なる。
・番号には１か２のうち一つだけを必ず入れる。
・番号には９か０のうち一つだけを必ず入れる。

1 72通り
2 144通り
3 216通り
4 288通り
5 360通り

解説

説明のために，３つの条件を順に①～③とする。

まず，用いる３つの数字を選ぶ。条件②より，１か２のうち１つが選ばれ，その選び方は２通り。

同様に，条件③より，９か０のうち１つが選ばれ，その選び方は２通り。

また，条件①～③より，３つ目の数字は３～８の数字から１つ選ばれるので，その選び方は６通り。

よって，３つの数字の選び方は，積の法則より，$2\times2\times6=24$〔通り〕。

次に，選ばれた異なる３つの数字の並べ方は，そのおのおのに対して，$3!=6$〔通り〕。

以上より，求める場合の数は，積の法則より，$24\times6=144$〔通り〕であり，正答は**2**である。

正答 2

(参考) 積の法則：ある事柄Aの起こり方が m 通り，そのおのおのに対して，事柄Bの起こり方が n 通りあるとすると，AとBがともに起こる場合の数は $m\times n$ 通りである。

次の図のような立方体の各頂点と中心部分に，赤球，黄球，青球各１個，白球６個から１個ずつ選んで取り付ける場合，中心部分には赤球，黄球，青球のいずれかを取り付けるものとすると，何通りの配置が考えられることになるか。ただし，回転させて同じ配置となる場合は１通りと数えるものとする。

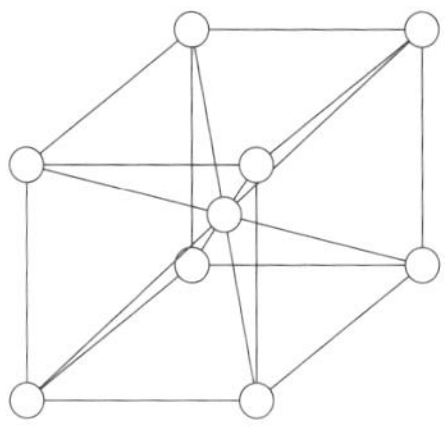

1　9通り
2　12通り
3　15通り
4　18通り
5　21通り

解説

白球以外の赤球，黄球，青球を取り付ける配置は次の図のように３通りである。この３通りのいずれも，仮に中心部分に赤球を取り付けると黄球，青球の取り付け方は１通りずつしかない（回転させると同じ位置になる）。よって，中心部分に赤球，黄球，青球のいずれを配置するかで３通りが考えられる。したがって，3×3＝9〔通り〕で，正答は**1**である。

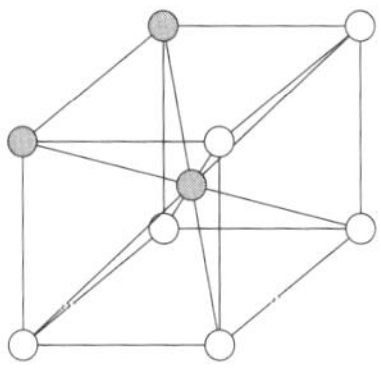

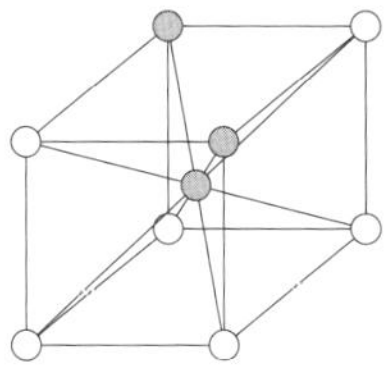

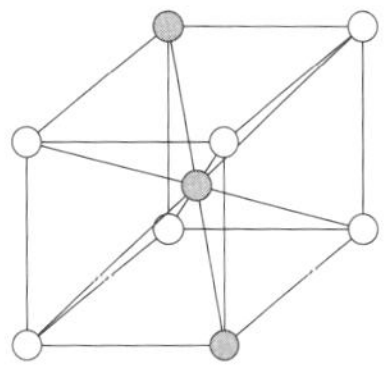

正答　1

市役所上・中級

No. 342 C日程

数的推理　確　率　令和2年度

大きさの異なる3つのサイコロがある。このサイコロを3つ同時に振って，3つのサイコロの出た目の和が5となる確率はいくらか。

1 $\frac{1}{108}$

2 $\frac{1}{54}$

3 $\frac{5}{216}$

4 $\frac{1}{36}$

5 $\frac{1}{18}$

解説

3つのサイコロを振って出る目の出方は全部で6^3通りである。

出た目の和が5となる目の組合せは（3，1，1）か（2，2，1）である。（3，1，1）の目の組合せのとき，3の目が出るのは3個のサイコロのいずれかであるので，3通りある。（2，2，1）の目の組合せも，1の目が出るのは3個のサイコロのいずれかであるので，3通りある。よって，出た目の和が5となるのは全部で6通りである。

したがって，求める確率は，

$$\frac{6}{6^3}=\frac{1}{36}$$

となる。

よって，正答は**4**である。

正答　4

No. 343 資料解釈　実数　表　平成11年度

次の表は，発電所の総数と最大出力の計および主な原動力別発電所数とその最大出力を表にしたものである。この表から判断できる事柄として誤っているものは，次のうちどれか。

（単位：出力1,000 kw）

		年度末区分	昭和60年度(1985)	平成2年度(1990)	平成7年度(1995)
計		発電所数	2,632	3,537	4,311
		最大出力	169,399	194,730	226,994
原動力別	水　力	発電所数	1,629	1,682	1,712
		最大出力	34,337	37,831	43,455
	火　力	発電所数	979	1,829	2,559
		最大出力	110,161	124,984	141,665
	原子力	発電所数	16	17	18
		最大出力	24,686	31,645	41,356

1　すべての発電所数に対して水力発電所数の占める割合は，減少してきた。
2　火力発電所の最大出力は，いずれの年度も発電所の最大出力の計の6割を超えている。
3　平成7年度の発電所1か所当たりの最大出力は，火力発電のほうが水力発電の2倍より多い。
4　水力発電，火力発電，原子力発電のうち，昭和60年度から平成7年度までの10年間で最大出力の増加率が最も高いのは火力発電である。
5　原動力別で見ると，水力，火力，原子力以外の発電による最大出力の計がすべての発電所の最大出力の計に対して占める割合は，増加してきた。

解説

1．正しい。5年ごとの推移を見ると，水力発電所数の伸びは5％未満であるが，発電所総数の伸びは2割以上であり，水力発電所数の割合は減少しているといえる。
2．正しい。最大出力計の6割を計算すると，昭和60年度は169,399×0.6≒101,639〔千kw〕，平成2年度は194,730×0.6＝116,838〔千kw〕，平成7年度は226,994×0.6≒136,196〔千kw〕である。
3．正しい。水力は43,455÷1,712≒25.4〔千kw〕，火力は141,665÷2,559≒55.4〔千kw〕である。
4．誤り。火力発電の増加率は3割程度であるが，原子力は5割以上の増加である。
5．正しい。水力，火力，原子力以外の最大出力を計算すると，昭和60年度は，169,399−(34,337＋110,161＋24,686)＝215〔千kw〕，平成2年度は194,730−(37,831＋124,984＋31,645)＝270〔千kw〕，平成7年度は226,994−(43,455＋141,665＋41,356)＝518〔千kw〕である。すべての発電所の最大出力の計に対して占める割合は，昭和60年が，215÷169,399×100≒0.13，平成2年度が，270÷194,730×100≒0.14，平成7年度が，518÷226,994×100≒0.23であり，増加してきた。
よって，正答は**4**である。

正答　4

図は，ある地域における養殖牡蠣の生産量と生産額に関するグラフである。この図から確実にいえるのは次のうちどれか。

1 2013年からの生産量の累計が3,000トンを超えたのは2017年である。

2 2013年から2019年の7年間の平均生産額は10億円以上である。

3 2014年と2015年の生産額を比較すると，生産額は前年に比べ同額増加しているが，対前年増加率は減少している。

4 2013年から2019年の7年間の中で前年に比べ生産量が増加しているが，生産額が減少している年は1年だけである。

5 生産額に対する生産量の割合が最も高いのは2018年である。

解説

1．2013年からの生産量は，2013年から順に4.5，5.8，7.0，5.1，5.9，4.5，5.8〔百トン〕となっている。2017年まででは，4.5＋5.8＋7.0＋5.1＋5.9＝28.3となっているので，読み方に誤差があったとしても30〔百トン〕を超えていない。初めて超えるのは次の年の2018年である。

2．生産額が10億円を超えているのは，この期間では2014年と2015年で，その額は10.5億円と13億円なので，他の年の10億円を下回っている額のほうが大きい。よって，平均生産額は10億円を超えていない。

3．正しい。生産額は2014年，2015年ともに前年に比べ2.5億円増加しており，同額である。一方，対前年増加率は前年に対しての増加数の割合であり，前年の値は，2014年より2015年のほうが大きいので，増加率は減少することになる。

4．7年間の中で前年に比べ生産量が増加している年は2014年，2015年，2017年，2019年と4年あるが，この中で前年に比べ生産額が減少しているのは2017年と2019年の2年である。

5．生産額に対する生産量の割合は，$\frac{生産量}{生産額}$となる。2018年は分母の生産額が上がっており，分子の生産量が減少しているので，少なくとも2017年よりも2018年のほうが生産額に対する生産量の割合は少ない。よって，最も高いのは2018年ではない。

正答 3

資料解釈　実数　図　平成18年度

図は，ある国における自動車の月別輸出台数とその前年同月比増加率の推移を示している。この図に関する記述ア～ウの正誤を正しく組み合わせているのは次のうちどれか。

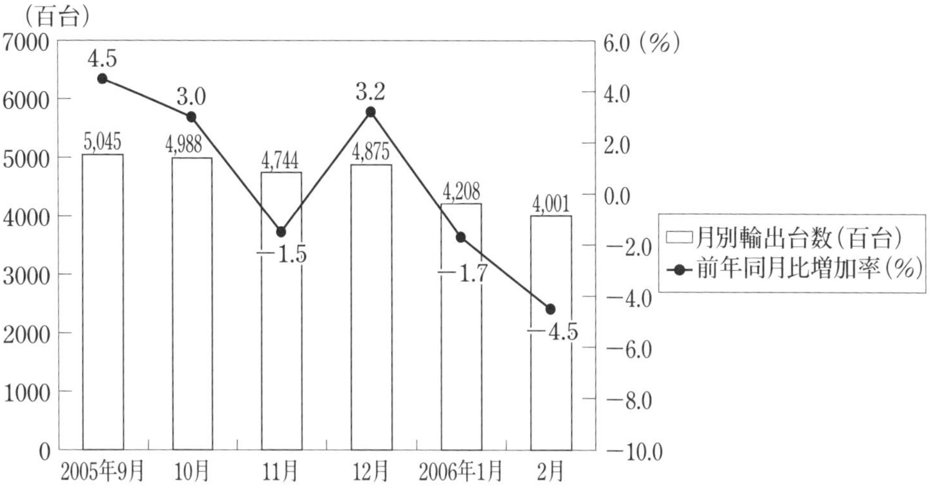

ア　2004年11月～2005年２月の期間において，月別輸出台数は毎月減少している。

イ　2004年９月～2004年12月の期間において，月別輸出台数が最も多かったのは11月である。

ウ　2004年９月～2005年２月の期間において，月別輸出台数が500,000台を上回った月はない。

	ア	イ	ウ
1	正	誤	正
2	正	正	誤
3	誤	正	正
4	誤	正	誤
5	誤	誤	誤

解説

2005年９月～2006年２月の月別輸出台数と前年同月比増加率に基づいて2004年９月～2005年２月の月別輸出台数を計算すると，

2004年９月が$\frac{5045}{(1+0.045)}$≒4828［百台］　　2004年10月が$\frac{4988}{(1+0.030)}$≒4843［百台］

2004年11月が$\frac{4744}{(1-0.015)}$≒4816［百台］　　2004年12月が$\frac{4875}{(1+0.032)}$≒4724［百台］

2005年１月が$\frac{4208}{(1-0.017)}$≒4281［百台］　　2005年２月が$\frac{4001}{(1-0.045)}$≒4190［百台］

となっている。以上の数値に基づいて，ア～ウを検討すればよい。

ア．正しい。

イ．誤り。2004年９月～2004年12月の期間において，月別輸出台数が最も多かったのは10月である。

ウ．正しい。

以上より，**1**が正しい。

正答　1

市役所上・中級

No. 346 C日程

資料解釈　実数　図　平成17年度

図は，ある地域で処理されるゴミを一般ゴミとビン・缶・その他に分け，それぞれの処理量と全体でのリサイクル率の推移を示したものである。この図に関する記述ア～ウの正誤を正しく組み合わせているのは次のうちどれか。ただし，ビン・缶・その他はすべてがリサイクルされている（リサイクル率＝100%）とする。

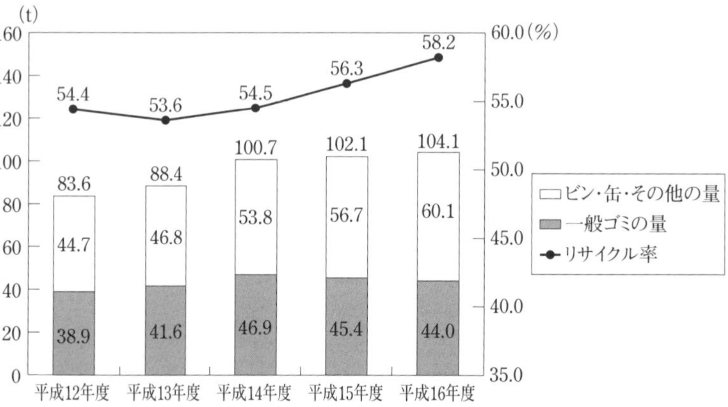

ア　ゴミ全体に占めるビン・缶・その他の割合は毎年増加している。
イ　一般ゴミのリサイクル量は平成14年度のほうが13年度より多い。
ウ　一般ゴミのリサイクル率は常に2%以下である。

	ア	イ	ウ
1	正	誤	正
2	正	正	誤
3	誤	正	正
4	誤	正	誤
5	誤	誤	誤

解説

ア．誤り。総ゴミ処理量に占めるビン・缶・その他の割合は，平成12年度が$\frac{44.7}{83.6}\fallingdotseq 0.535$，13年度が$\frac{46.8}{88.4}\fallingdotseq 0.529$となっており，この間にわずかではあるが減少している。

イ．正しい。ビン・缶・その他はすべてがリサイクルされているのだから，一般ゴミのリサイクル量は「総ゴミ処理量×リサイクル率－ビン・缶・その他の量」で計算される。したがって，一般ゴミのリサイクル量は，平成13年度が88.4×0.536－46.8≒0.582［t］，14年度が100.7×0.545－53.8≒1.08[t]となっていて14年度のほうが多い。

ウ．誤り。一般ゴミのリサイクル率は$\frac{一般ゴミのリサイクル量}{一般ゴミの量}$で計算される。したがって，平成14年度において，一般ゴミのリサイクル率は$\frac{1.08}{46.9}\fallingdotseq 0.023$となり，2%を上回っている。

以上より，**4**が正しい。

正答　4

次の図は米類と牛肉について，１人当たりの年間購入量の推移を，昭和55年から平成７年にかけての15年にわたって５年ごとに，年齢階層別に調べたものである。これに関する記述ア～ウの正誤を正しく組み合わせているものはどれか。

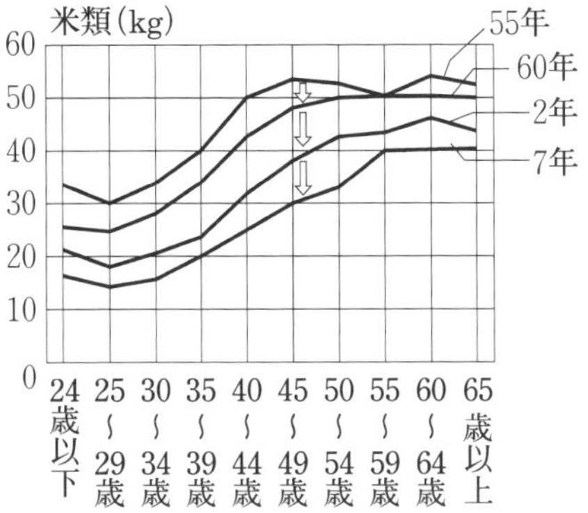

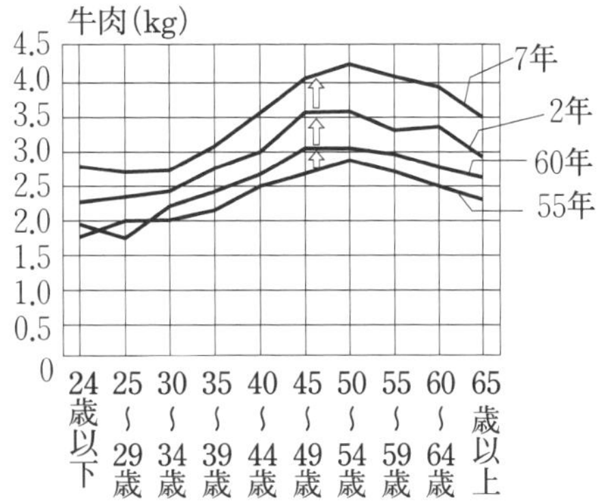

ア　米類について，昭和55年に55～59歳であった者の購入量は，60年には55年より増加している。

イ　米類について，昭和55年に35～39歳であった者の購入量は，55年から平成７年まで調査年ごとに減少し続けている。

ウ　牛肉について，昭和55年に30～34歳であった者の購入量は，15年間で２倍程度に増加している。

	ア	イ	ウ
1	正	正	誤
2	正	誤	正
3	誤	正	正
4	誤	誤	正
5	誤	誤	誤

解説

ア：昭和55年に55～59歳であった者は，60年には60～64歳である。米類のグラフより，両者ともに50 kg で横ばいである。したがって，誤り。

イ：昭和55年に35～39歳であった者は，５年ごとに，40～44歳（昭和60年），45～49歳（平成２年），50～54歳（平成７年）となっていく。米類のグラフより，昭和55年から60年にかけては上昇しているので，調査年ごとに減少し続けているとはいえない。したがって，誤り。

ウ：牛肉のグラフより，昭和55年の30～34歳の年間購入量は2.0 kg であり，平成７年の45～49歳の4.1 kg は，その約２倍である。したがって，正しい。

よって，正答は**4**である。

正答　4

No. 348 C日程 資料解釈 構成比 図 平成16年度

図は，ある国の勤労者世帯をその預金額の少ない順に整理し，横軸に世帯の累積度数比率，縦軸に預金の累積金額比率をとって，両者の関係を示したものである。次のア～ウの記述のうち，この図からいえることとして妥当なもののみをすべて選んでいるのはどれか。

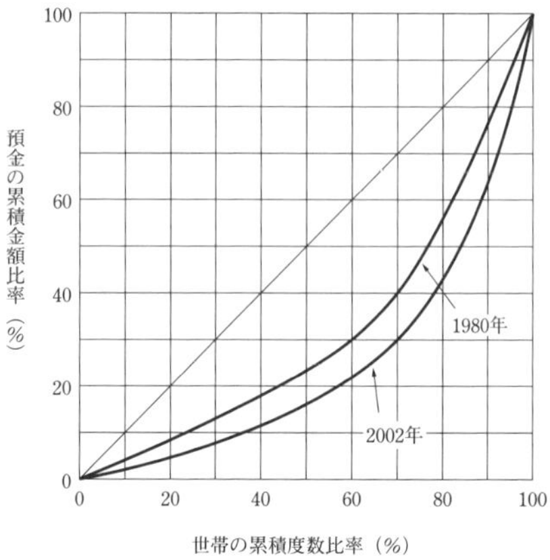

ア　勤労者世帯における預金額の格差は，1980年より2002年のほうが大きい。

イ　1980年において，預金額の少ないほうから25%以上75%未満の間にある世帯の預金額を合計すると，全世帯の預金総額の約$\frac{1}{3}$を占める。

ウ　2002年において，預金額の少ないほうから０%以上40%未満の間にある世帯の預金の平均額は，60%以上80%未満の間にある世帯の預金の平均額の$\frac{1}{5}$以下である。

1　ア
2　イ
3　ア，イ
4　ア，ウ
5　ア，イ，ウ

解説

本問の図は，ローレンツ曲線図表と呼ばれるタイプのものであり，ある集団の構成員の数量属性について格差の大小を視覚的に表現するために用いられる。ローレンツ曲線図表では，左下から右上に引かれた対角線を均等分布線と呼び，構成員の数量属性に格差がない（全員の値が等しい）場合に相当する。この均等分布線からローレンツ曲線が離れるにつれ，構成員の数量属性の格差が大きくなる。

また，世帯の累積度数比率＝$\frac{\text{世帯の累積度数}}{\text{全世帯数}}$，預金の累積金額比率＝$\frac{\text{預金の累積金額}}{\text{全世帯の預金総額}}$であることに注意すること。

ア：正しい。1980年の曲線より2002年の曲線のほうが均等分布線から離れているので，預金額の格差は1980年より2002年のほうが大きいといえる。

イ：正しい。1980年のグラフから累積度数比率の25%，75%に対応する累積金額比率の値を読み取ると，それぞれ11%，46%となっている。したがって，25%以上75%未満の間にある世帯の預金の合計額が全世帯の預金総額に占める割合は 46－11＝35〔%〕となり，約$\frac{1}{3}$である。

ウ：誤り。2002年のグラフから累積度数比率の40%，60%，80%に対応する累積金額比率の値を読み取ると，それぞれ12%，22%，43%となっている。したがって，０%以上40%未満の間にある世帯の預金の合計額が全世帯の預金総額に占める割合は 12－0＝12〔%〕，60%以上80%未満の間にある世帯のそれは 43－22＝21〔%〕である。今，全世帯数をA，預金総額をBとすると，０%以上40%未満の間にある世帯の預金の平均額は$\frac{B\times 0.12}{A\times(0.40-0)}$，60%以上80%未満の間にある世帯のそれは$\frac{B\times 0.21}{A\times(0.80-0.60)}$である。ここで，$\frac{B}{A}$は共通であるからそれを消去して，$\frac{0.12}{0.40-0}$と$\frac{0.21}{0.80-0.60}$を比較すると，$\frac{0.12}{0.40-0}\times 5=\frac{0.30}{0.20}>\frac{0.21}{0.80-0.60}$であるから，前者は後者の$\frac{1}{5}$を超えている。

以上から，アとイが正しく，ウが誤りであるから，正答は**3**である。

正答　3

No. 349 B日程

資料解釈　指数　図　平成11年度

次の図は，米，畜産，園芸（野菜・果樹・花き）の３部門の生産額を，ブロック別に，さらにその中で中山間と都市・平地の２つの地域に分けて，示したものである。縦軸，横軸は，それぞれ，米の生産額を100とした場合の，園芸の生産額の比率と，畜産の生産額の比率である。この図に関するア～ウの記述の正誤を正しく示しているものは，次のうちどれか。

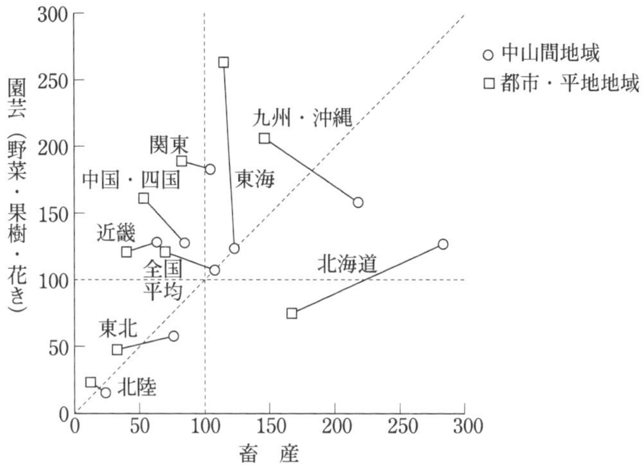

ア　米の生産額の割合の最も高いブロックは北陸である。

イ　都市・平地地域での生産額については，多い順に園芸，米，畜産であるブロックが２つある。

ウ　全国平均で見ると，中山間地域では，米，畜産，園芸の３部門の生産額はほとんど等しい。

	ア	イ	ウ
1	正	正	誤
2	正	誤	正
3	正	誤	誤
4	誤	正	誤
5	誤	誤	正

解説

ア：正しい。北陸は園芸の割合も，畜産の割合も最小なので，米の割合は最高であるといえる。

イ：誤り。生産額が園芸，米，畜産の順であれば園芸の指数が100より大きく，畜産の指数が100未満である。このような数値を示しているのは，関東，中国・四国，近畿の３ブロックがある。

ウ：正しい。園芸，畜産とも米に対する指数が105程度であり，３部門の生産額がほとんど等しいといえる。

よって，正答は**2**である。

正答　2

No. 350 資料解釈　指数　図　平成11年度

次の図は，ある会社の製品の1989～98年の10年間の生産量と在庫量について，1985年の値を100とした指数で表したものである。この図に関するア～ウの記述の正誤を正しく示しているものは，次のうちどれか。

ただし，生産された製品は出荷されるか，あるいは出荷されずに在庫として累積していくかのどちらかである。

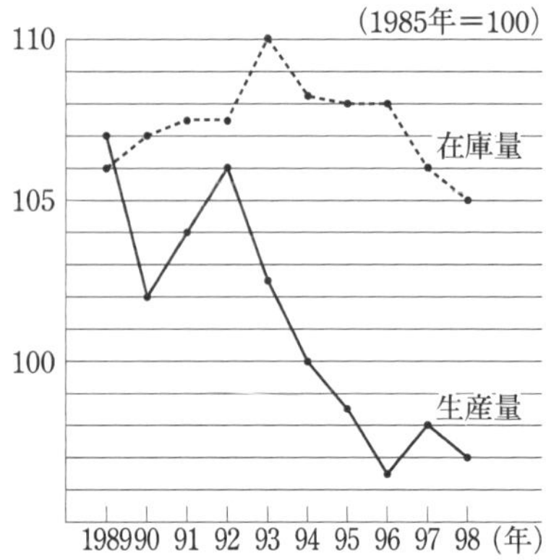

ア　1989年から93年まで，在庫量は毎年，前年に比べて５％以上増え続けた。

イ　1985年の生産量は，この10年間の１年当たりの平均生産量よりも多い。

ウ　出荷量については，1991年から92年にかけての増加量と1995年から96年にかけての減少量はほぼ同じである。

	ア	イ	ウ
1	正	正	誤
2	正	誤	正
3	誤	正	正
4	誤	正	誤
5	誤	誤	正

解説

ア：誤り。1989年から93年までの在庫量の伸びは110÷106≒1.04〔倍〕であるが，毎年５％増え続けていれば，1.05^4≒1.22〔倍〕になっているはずである。

イ：誤り。1989年から98年までの生産量の指数を平均すると，(107＋102＋104＋106＋102.5＋100＋98.5＋96.5＋98＋97)÷10≒101.2であり，1985年の生産量のほうが，わずかであるが少ない。

ウ：正しい。変動が小さければ，出荷量の増減は，近似的に$\frac{在庫量}{生産量}$の数値によって判断することができる。この数値は，1991年から92年までは，$\frac{107.5}{106}\div\frac{107.5}{104}$≒0.98〔倍〕，1995年から96年までは，$\frac{108}{96.5}\div\frac{108}{98.5}$≒1.02〔倍〕になっているので，出荷量の増減はほぼ等しいと考えられる。

よって，正答は**5**である。

正答　5

市役所上・中級
専門試験

過去問&解説
No.351～No.500

市役所上・中級

No. 351 C日程 政治学 政治思想 平成27年度

政治思想に関する次の記述のうち，妥当なのはどれか。

1 T. ホッブズは，王権の由来を神に求める王権神授説を唱え，王権は王の身体と同一視されるとして絶対王政を積極的に擁護した。

2 J. ロックは，統治権が王に委託された時点で統治に関する一切の権利は民衆の手を離れるとして，人民の抵抗権を否定した。

3 C.L. モンテスキューは，絶対的権力は絶対的に腐敗するとの観点から三権分立を主張し，特に違憲立法審査権を重要視した。

4 J. マディソンは，古代ギリシャのポリスを理想として掲げ，小規模な国家でなければ民主政治は実現できないと主張した。

5 J.S. ミルは，あらゆる欲求に対して人間は平等であるとしたJ. ベンサムの功利主義に対し，人間の欲望には質的な差異があるとして，これを修正した。

解説

1. ホッブズは王権神授説を否定し，社会契約論の立場を打ち出した。これにより，統治の正統性の根拠は，神ではなく人民の合意に求められることとなった。

2. ロックは，人民の合意に基づいて統治権が王に「信託」されていると考えた。そこで，自然権を侵害する王に対して，人民は抵抗権を持つと主張した。

3. モンテスキューは三権分立を主張したが，違憲立法審査権を提唱したわけではない。なお，「絶対的権力は絶対的に腐敗する」という格言は，イギリスのアクトン卿が残したものである。

4. マディソンは，大規模な国家であれば内部で多元的な利益が牽制し合うことになり，1つの徒党が権力を握ることを防げるとして，大規模国家を正当化した。

5. 妥当である。ベンサムの立場が量的功利主義と呼ばれるのに対して，ミルの立場は質的功利主義と呼ばれている。

正答 5

No. 352 C日程

政治学　福祉と政治　平成25年度

福祉と政治に関する次の記述のうち，妥当なものはどれか。

1　J.M.ケインズは，「供給は需要を創出する」とするセイの法則を受け入れたうえで，政府による積極的な市場介入こそが，安定した雇用や富の再配分などの好ましい結果を生むと主張し，福祉国家の正当性に理論的根拠を与えた。

2　J.ロールズは，人間がみずからの社会的地位や能力などをいっさい知りえないとされる原初状態を想定することで，平等な自由原理，格差原理・機会均等原理からなる正義の２原理を導き出し，福祉国家の正当性に理論的根拠を与えた。

3　K.マルクスは，国家は個人の不可侵の権利を保護するために設立されたものである以上，生命，契約，所有権に関する個人の権利を防衛するという限定的な役割を超えて活動するべきではないと主張し，福祉国家を拡張国家と呼んで批判した。

4　T.H.グリーンは，たとえ個人の自己実現と人格的成長を妨げる障害を除去するためであっても，国家が積極的に活動することは個人の自由を不可避的に侵害すると考え，福祉国家を否定的にとらえた。

5　福祉国家の成立には，社会民主主義政権の強力な後押しが不可欠であるため，社会民主主義を掲げる政党が長期政権を担ったことのないアメリカやわが国では，福祉国家化はほとんど進んでいない。

解説

1．ケインズは，「供給は需要を創出する」とするセイの法則を批判したうえで，政府が公共事業を実施して有効需要を創出するなどの介入を行わない限り，市場を安定的に維持することはできないと主張した。

2．妥当である。ロールズは，原初状態に置かれた人間が，推論を重ねることでどのような正義の原理を選び取るだろうかと考え，平等な自由原理，格差原理・機会均等原理という「正義の２原理」を導き出した。このうち，平等な自由原理とは「各人は，他の人々の類似した自由と両立しうる限り，最も広範な基本的自由への平等な権利をもつ」とするものであり，格差原理・機会均等原理とは「社会経済的不平等は，最も不遇な人々に最大の利益をもたらすように，かつ公正な機会均等の条件の下ですべての人々に開かれた地位と職務とに付属するように，取り決められるべきである」とするものである。

3．マルクスはR.ノージックの誤り。マルクスは，資本家階級が労働者階級を支配・搾取している現状を批判したうえで，労働者階級が革命を起こして社会主義社会を建設し，万人の平等を実現するべきであると主張した。

4．T.H.グリーンは，個人が自己実現と人格的成長を成し遂げうることを積極的自由ととらえ，国家は積極的自由の実現を妨げるさまざまな障害（貧困など）を積極的に除去するべきだと主張した。したがって，グリーンは福祉国家を肯定的にとらえていたといえる。

5．社会民主主義政権の成立が福祉国家化を後押しするのは事実であるが，強力な社会民主主義政権を欠く場合であっても，福祉国家化は進展しうる。程度の差こそあれ，先進国では例外なく福祉国家化が進んでおり，アメリカやわが国も福祉国家に位置づけられている。

正答　2

市役所上・中級

No. 353 A日程

政治学　政治権力　平成24年度

政治権力に関する次の記述のうち，妥当なものはどれか。

1　H. ラズウェルは，いかなる大規模組織も少数者による支配を免れることはできないとして，寡頭制の鉄則を主張した。

2　M. ウェーバーは，富や技能といった社会的価値の付与と剥奪が権力を生むとし，権力を維持するためには，必ずしもその権力が正当化される必要はないとした。

3　C. メリアムは，政治権力を正当化するうえで，人々の感情に働きかけるミランダはほとんど効果を持たず，人々の知性に働きかけるクレデンダこそが大きな役割を果たしていると主張した。

4　C. W. ミルズは，アメリカ社会を考察し，政治・経済・軍事のエリートたちが政治権力を握っていると主張して，これをパワー・エリートと呼んだ。

5　R. ミヘルスは，大規模組織ではさまざまな対抗勢力が台頭しやすいため，少数者による支配は生まれにくくなると主張した。

解説

1. 寡頭制の鉄則を主張したのはミヘルスである。ラズウェルは独自の権力論を展開したが，本肢のような主張は行っていない。

2. 社会的価値の付与と剥奪が権力を生むとしたのは，ラズウェルである。また，ウェーバーは，権力を安定的に維持させるにはその正当化が必要であるとした。そして権力が正当なものとして受け入れられた状態を「支配」と呼び，伝統的支配，合法的支配，カリスマ的支配という3つの類型を提示した。

3. メリアムは，政治権力を正当化するうえで，ミランダとクレデンダがともに重要な役割を果たしていると主張した。

4. 正しい。ミルズはアメリカ社会を考察し，底辺に位置する一般大衆が政治的無関心に追いやられている一方，政治・経済・軍事のエリートたちが一枚岩的に団結し，政治を動かしていると主張した。

5. ミヘルスは，組織運営における効率性の要請，権力を求めるリーダーの心理，大衆の無能力と指導者願望などを理由として，大規模組織では必ず少数者による支配が生まれると主張した。これを寡頭制の鉄則という。

正答　4

市役所上・中級

No. 354　B日程

政治学　民主主義　平成23年度

民主主義に関する次の記述のうち，妥当なものはどれか。

1　古代ギリシャのポリス（都市国家）では，成年男子自由民が民会に参加して重要な政策を決定し，これを職業的な官僚制が実施するという形で民主主義が実践されていた。

2　トクヴィルは，『アメリカにおけるデモクラシー』の中で民主主義と社会主義の結合可能性を指摘し，社会民主主義の実践を通じて社会の平等化を進めていくべきであると指摘した。

3　ダールは，公的異議申立てと包括性という２つの指標を用いて政治体制を分類し，両者の程度が高い政治体制をポリアーキーと呼んだ。

4　吉野作造は民本主義の概念を提唱し，その特徴として，政治の目的が一般民衆の利福に置かれていること，政策の決定が一般民衆の意向によること，主権を一般民衆が持つことという３点を挙げた。

5　現代社会においては，平等化の進展とともに，指導者の権威の低下，制度や規範の権威の低下，政府への要求・圧力の増大などの現象が顕著となっており，ガバナビリティが向上している。

解説

1．古代ギリシャのポリスでは，成年男子自由民が民会に参加して重要な政策を決定するとともに，くじ引きで行政官を選出し，政策の執行に当たらせていた。この点で，ポリスの民主主義はきわめて徹底したものであった。

2．トクヴィルは，『アメリカにおけるデモクラシー』の中で民主主義と自由主義の結合可能性を指摘し，自由民主主義に基づく政治運営を提唱した。その一方で，トクヴィルは個人の自由を抑圧するものとして社会主義を批判的にとらえており，社会主義と民主主義は結びつかないと主張した。

3．妥当である。ダールは，実現可能な民主主義の形態をポリアーキーと呼び，これを公的異議申立て（自由化）および包括性（参加）という２つの尺度において高い程度にあるものと定義した。

4．吉野作造の唱えた民本主義は，政治の目的が一般民衆の利福に置かれていること，政策の決定が一般民衆の意向によることという２つの特徴を持つものであった。ここで主権の所在はあいまいにされており，たとえば天皇主権と民本主義は両立しうるものと考えられていた。

5．現代社会においては，平等化の進展とともに，指導者の権威の低下，制度や規範の権威の低下，政府への要求・圧力の増大などの現象が顕著となっており，統治が困難化している。こうした状況を，ハンティントンらは「ガバナビリティの低下」と呼んだ。

正答　3

市役所上・中級

No. 355 B日程

政治学　政治学理論　平成22年度

政治学理論に関する次の記述のうち，妥当なものはどれか。

1　D.イーストンは，要求および支持という「入力」が政治システムによって政策という「出力」に変換され，これがフィードバックにより新たな入力につなげられていくという過程を想定し，政治システム論を確立した。

2　G.アーモンドは，S.ヴァーバとともに比較政治文化研究を行い，アメリカ，イギリス，フランス，ドイツなどの欧米先進国では参加型文化が根づいており，したがってデモクラシーに親和的であると主張した。

3　R.ミヘルスは，組織の規模が拡大するとともに内部で諸勢力の衝突が起こり，最終的には均衡が実現することを実証研究によって証明し，大規模組織では必ず少数者による支配が生まれるとする寡頭制の鉄則を批判した。

4　C.メリアムは，政治学において主流とされてきた行動論的政治学が数量的・実証的研究を偏重し，政治学の社会的有意性を軽んじてきたと批判し，自ら脱行動論革命を主張した。

5　A.ベントレーは，当時の政治学が政治制度の静態的研究に終始していた点を批判して，これを「死んだ政治学」と呼び，自らは人々の政治行動を支えている非合理的な政治心理の研究を推し進めた。

解説

1. 正しい。イーストンは，政治学にシステム論的視点を導入し，アーモンドの比較政治学やK.W.ドイッチュのサイバネティクス理論に大きな影響を与えた。

2. アーモンドとヴァーバは，イギリスやアメリカの政治文化を参加型文化，(西) ドイツやイタリアの政治文化を臣民型文化，メキシコの政治文化をパロキアル（未分化）型文化と位置づけた。デモクラシーに親和的な政治文化では，参加型が大きな役割を果たし，それは臣民型と未分化型を結び付けるため，結果として，3類型の混合により均衡していくととらえられた。

3. ミヘルスは，ドイツ社会民主党などを実証的に研究し，大規模組織では必ず少数者による支配が生まれると主張した。これを寡頭制の鉄則という。

4. メリアムは，学問横断的に流行していた行動論的視点を政治学に導入し，いわゆる行動論的政治学を確立した。脱行動論革命を主張したのは，イーストンである。

5. ベントレーは，従来の政治学を「死んだ政治学」と呼び，自らは集団が動かしている政治過程の研究を推し進めた。人々の政治行動を支えている非合理的な政治心理の研究を推し進めたのは，G.ウォーラスである。

正答　1

No. 356 B日程

政治学 エリート論 平成26年度

エリート論に関する次の記述のうち，妥当なのはどれか。

1 パレートは，マルクス理論を継承し，資本家と労働者の階級闘争によりエリートと非エリートとが入れ替わり，「エリートの周流」が起きるとした。

2 モスカは，支配する者が少数で支配される者が多数であるというのは，政治社会の情勢によるとした。

3 ミヘルスは，国家や政党のみならず，労働組合や教会も，少数のエリート支配では規模が拡大するとその運営が困難になって，多数による支配になり，権力が分散するとした。

4 ダールは，第二次世界大戦後のアメリカについて分析し，政治的に優勢である少数のエリートによって支配されている一元的な民主主義体制であるとした。

5 ミルズは，1950年代のアメリカのエリートの権力構造を分析し，政治・軍事・経済の３つの領域においてエリートが支配しているとする「パワー・エリート論」を唱えた。

解説

1. パレートは，イタリア・エリート学派の１人であり，マルクスの学説に対する批判的立場から「エリートの周流」を主張した。パレートによれば「エリートの周流」は，階級闘争の結果生ずるのではなく，「残基」（＝本能に対応する情緒的部分）によって生ずるものである。

2. モスカは，支配階級と被支配階級はあらゆる社会に存在し，少数者による階級が多数者である階級を圧倒し，指導すると述べている。なお，モスカもイタリア・エリート学派と目される。

3. ミヘルスは寡頭制の鉄則を主張し，いかなる民主的な組織も，組織が拡大すれば，民主的な要素が減衰し，寡頭支配に陥ると述べた。なお，ミヘルスもまたイタリア・エリート学派の１人とされている。

4. ダールは多元的民主主義の立場に立ち，彼のニューヘヴン調査においてもコミュニティレベルにおける権力の多元性を明らかにしている。

5. 妥当である。

正答 5

市役所上・中級 B日程

No. 357 政治学 政 党 令和 4 年度

政党に関する次の記述のうち，妥当なもののみをすべて挙げているのはどれか。

ア　政党は利益集約機能を持つ。この利益集約機能とは，市民や利益集団から表出された政治に対するさまざまな要求を調整して，具体的な政策の形にまとめ，提示する機能である。

イ　政党は，政治家となる人材を発掘，育成する機能を持つ。たとえば，政党は所属議員から議会内の各種委員会の委員を選び，委員会での活動を通じて議員を育成している。

ウ　政党は，国民の政治的社会化の機能を持つ。現代の民主主義国家では，国が直接的に国民に政策に関する教育をすることができないので，政党がこの機能を独占的に担う。

エ　一般的に，政党は政治的指導者を選抜する機能を持ち，日本やイギリスの政党にはこの機能がある。だが，アメリカでは，国民が大統領を選出するので，政党にこの機能がない。

1　ア，イ
2　ア，イ，ウ
3　ア，エ
4　イ，ウ，エ
5　ウ，エ

解説

ア：妥当である。利益集約機能は，民主政治の担い手としての政党に期待される重要な機能の一つである。なお，利益集約機能に対して，政治に対する要望を表出する機能を，利益表出機能という。政党には利益集約機能だけでなく，利益表出機能もある。ただし，利益表出機能は圧力団体によっても担われている。

イ：妥当である。我が国の国会では，国会議員はいずれかの委員会に属しているが，どの委員会の委員を務めるかを決めているのは，議員の所属政党（国会内では会派と呼ばれる）である。このように，公職に人材を補充する機能を，政治的補充（政治的リクルートメント）機能という。なお，国会審議は主に委員会で行われており，委員会に出席し，ときに質問に立つことで，政策や政治問題に関する知識など，政治家としての能力は育まれる。

ウ：政府広報などによって，国も政策に関して国民に周知している。また，政治的社会化とは人を政治の世界に誘導するということだが，それは政党や国だけでなく，個人，マスメディアや学校，家族なども担い手となる。

エ：アメリカの二大政党（民主党と共和党）も，大統領の候補者を選ぶことにより，政治的指導者の選抜の機能を果たしている。アメリカ大統領選挙は，二大政党が各州で予備選挙や党員集会を行って選んだ候補者による，事実上の一騎打ちとなっている。

よって，妥当なものはア，イであり，正答は**1**である。

正答　1

政治学　選挙制度　令和2年度

選挙制度に関する次の記述のうち，妥当なのはどれか。

1　小選挙区制では，当選者の決定に結びつかない死票が少ないため，民意の多様性が議席に反映されやすい。

2　小選挙区制では，各政党の得票率がわずかに変化しただけでも，各政党の獲得議席数が大きく変化しやすい。

3　比例代表制は，イギリスの下院議員総選挙で採用されているが，このほかの先進国で採用されている例は少ない。

4　比例代表制は，候補者にではなく政党に投票することから，大政党に有利であり，二党制になりやすい。

5　比例代表制は，日本の衆議院議員総選挙と参議院議員選挙で採用されているが，両者とも都道府県を1つの選挙区として実施されている。

解説

1．死票とは，落選者に投じられた票のことである。小選挙区制では定数が1名だけなので，死票が大量に生じやすい。また，小選挙区制では当選者は最多得票の1名だけであるため，少数派に支持される政党の候補者の当選のチャンスは皆無に等しい。ゆえに，民意の多様性が議席に反映されにくい選挙制度である。

2．妥当である。小選挙区制では，得票率51％で当選した候補者が，次回の選挙では得票率49％で落選ということもありうる。ゆえに，各政党の得票率が前回選挙よりも数％変わっただけでも，選挙結果は劇的に変化しやすい。

3．イギリスの下院議員総選挙は小選挙区制で行われている。ゆえに，保守党と労働党の二党制である。また，経済協力開発機構（OECD）加盟国である日本やドイツ，イタリアなどでは比例代表制が採用されているので，比例代表制が採用されている先進国は少ないとはいえない。

4．比例代表制では，各政党にその得票数に応じて議席が配分される。ゆえに，小さい政党でも議席獲得のチャンスがあり，多党制になりやすい。大政党に有利で二党制になりやすいのは，小選挙区制の特徴である。

5．衆議院議員総選挙で導入されている比例代表選挙は，全国を11の選挙区（ブロック）に分けて実施されている。また，参議院議員選挙における比例代表選挙は，全国を1つの選挙区として実施されている。

正答　2

No. 359 B日程

政治学　政党制　令和3年度

政党制に関する次の記述のうち，M. デュヴェルジェが提唱した内容として妥当なのはどれか。

1　政党は，どの国においても，民主化が進むにつれて，議員中心の名望家政党から広範な有権者を組織化する大衆政党へと変化するとした。

2　1960年代，多くの政党は特定の支持者を対象とした選挙戦略を放棄し，選挙民全体の支持を取り込もうと努力する包括政党になったとした。

3　小選挙区制は，第3党を排除しようとする心理的ないし機械的要因があることを指摘し，小選挙区制は二大政党制をもたらすとした。

4　政党制について，政党の数やイデオロギー的な距離により，二党制，穏健な多党制，分極的多党制などに分類し，それぞれの政党制の政党間競争の特色を示した。

5　政党制の本質について，合理的選択論を応用し，抽象的なイデオロギー空間に分布する有権者の投票を競い合う空間競争システムであると説明した。

解説

1. 名望家政党，大衆政党という用語は，M. ウェーバーによって提唱されたものである。彼は，政党の発展段階について，政党の最も初期において見られた貴族政党，制限選挙の下，各地の名望家を主たる担い手とする名望家政党，20世紀における普通選挙制度の確立を背景に発達し，大衆を組織し，その担い手とする大衆政党に類型化した。

2. 包括政党（キャッチ・オール・パーティー）という用語は，O. キルヒハイマーが唱えた。

3. 妥当である。デュヴェルジェは「小選挙区制は二大政党制を促す一方，比例代表制は多党制を促す」という傾向を見いだし，後に「デュヴェルジェの法則」と呼ばれるようになった。

4. 政党制に関する「二党制」「穏健な多党制」「分極的多党制」などの分類は，G. サルトーリによる。彼は，政党の数とイデオロギー的な距離に着目し，政党制について，「一党制」「ヘゲモニー政党制」「一党優位政党制」「二党制」「穏健な（限定的）多党制」「分極的（極端な）多党制」「原子化政党制」に分類した。

5. 合理的選択論による政党制の説明は，A. ダウンズによるものである。彼は，有権者が選好するイデオロギーの分布についての状況に関連づけながら，政党制の特徴を呈示した。

正答　3

市役所上・中級

No. 360　B日程

政治学　民主主義における議会制度　平成24年度

民主主義における議会制度に関する次の記述のうち，正しいものはどれか。

1　大統領制では，政府と議会がともに国民の選挙に基づいて成立するため，政府の議会からの独立性が強く，議院内閣制に比べて強い政府が生まれやすい。

2　アメリカでは，二大政党の党議拘束が弱く，各議員が支持者の利益を反映させようと活動するため，ポルズビーはこれを変換型議会の代表例とした。

3　イギリスでは，二大政党が院内で激しい討論を重ねつつも，最終的には譲歩の精神に基づいて政策を形成しているため，ポルズビーはこれをアリーナ型議会の代表例とした。

4　日本では，議会における審議時間の長さが政府立法に対する野党の抵抗力を強めているため，モチヅキはわが国の国会のヴィスコシティは低いと結論づけた。

5　日本では，いわゆる55年体制の成立以降，連立政権が成立することはきわめてまれとなっており，少なくとも衆議院における少数党が与党となって組閣したことはない。

解説

1．大統領制では，大統領の所属政党と議会の多数党が一致するとは限らない。そのため，大統領と議会はしばしば対立して政治の停滞を招き，その意味で弱い政府が生まれやすい。これに対して，議院内閣制では，政府を支える与党が議会でも多数を占め，政府の政策を支持するため，強い政府が生まれやすい。

2．正しい。ポルズビーは，議員が支持者の要求を政策に変換するために活動しているような議会を変換型議会と呼び，アメリカをその典型例とした。これに対して，与野党が政策をめぐり院内で激突し合っているような議会をアリーナ型議会と呼び，イギリスをその典型例とした。

3．イギリスでは，野党が政府の政策案を厳しく批判し，院内で論争を仕掛けている。これに対して，与党が「譲歩の精神」を発揮して政策案の大幅修正に応じることはまれであり，政府案は与党の賛成多数でそのまま成立するのが一般的である。

4．日本では，議会における審議時間が短く，しかも会期末までに成立しなかった法案は原則として廃案とされる。したがって，数多くの政府法案を成立させたい内閣は，野党の抵抗に対して譲歩を余儀なくされており，その点でわが国の国会のヴィスコシティ（＝政府立法を妨げる抵抗力の強さ）は高いとされている。

5．1993年に自民党の長期政権（いわゆる55年体制）が崩壊した後は，わが国でも連立政権が頻繁に成立するようになった。近年では，民主党と国民新党，自民党と公明党などの連立政権が樹立されている。また，少数党が与党となることもあり，たとえば1993年に成立した細川内閣の場合，衆議院で第５位の議席数しかもたない日本新党をはじめとして，社会党，新生党，公明党，民社党などの少数党が与党となって政権を支えていた（最も多くの議席を有していた多数党の自民党は野党であった）。

正答　2

市役所上・中級

C日程

No. 361 政治学 アメリカの政治と社会情勢 令和元年度

アメリカの政治と社会情勢に関する次の記述のうち，妥当なのはどれか。

1 1960年代にベトナム戦争の激化の影響でアメリカでは若者による反戦運動が高まったことから，志願兵制が廃止され，18歳以上の男女を対象に徴兵制が導入された。アメリカは現代も世界各地に軍事拠点を設けているが，その背景には徴兵制の存在がある。

2 1970年代に連邦最高裁判所は女性の人工妊娠中絶の権利を認める判決を下したが，現在もこの判決を批判するプロライフ派とこの判決に賛成するプロチョイス派との間には激しい対立があり，人工妊娠中絶問題は大統領選挙においても争点となっている。

3 1990年代以降，有権者登録をする者が有権者全体の50％を下回っていることから，トランプ政権は，投票率を向上させるために，自動車運転免許の更新時に有権者登録を行うモーターボーター制度の導入を検討している。

4 アメリカでは，マイノリティの政治的影響力が高まりつつあるが，アフリカ系市民は共和党支持，キューバ系市民は民主党を支持する傾向がある。また，マイノリティの中でもとりわけ政治的影響力が強いのは，メキシコ系市民である。

5 政治資金は政治活動の源泉であることから，その調達方法等に法的な制約はない。しかし，政治広告などの活動は厳しく制約されており，このことが政治家による政治資金集めを実質的に制約している。

解説

1．アメリカでは1973年に徴兵制が廃止され，志願兵制に移行した。また，アメリカでは女性に兵役が義務づけられたことはない。

2．妥当である。英語でpro-は「支持」などの意味を持つ接頭辞である。ゆえに，pro-lifeは生命尊重で中絶反対，pro-choiceは選択尊重で中絶容認の意味となる。保守派はキリスト教の価値観を尊重する立場からプロライフ派となり，リベラル派は女性の人権尊重の立場からプロチョイス派となる傾向にある。「ロー対ウェイド事件」において，1973年に連邦最高裁は人工妊娠中絶を憲法上の権利として認める判決を下したが，今もなお人工妊娠中絶問題はアメリカを二分する政治的争点の一つとなっている。

3．一時期は有権者登録をした人の割合は50％近くに落ち込んだが，近年は持ち直している。また，1993年の全米有権者登録法の制定により，自動車運転免許の申請・更新時に有権者登録を行うことは，すでに可能となっている。

4．アフリカ系など，有色人種の市民は民主党を支持する傾向があり，キューバ系市民は伝統的に共和党支持者が多い。また，マイノリティの中でも政治的・経済的影響力が強いことで知られているのは，ユダヤ系市民である。

5．政治資金の調達方法などは，厳しく規制されている。また，アメリカでは政治広告が自由に行われている。選挙時には大量のテレビCMが放映され，対立候補の誹謗中傷（ネガティブキャンペーン）も当然のごとく行われている。

正答 2

No. 362 C日程

政治学 二院制 平成26年度

二院制に関する次の記述のうち，妥当なのはどれか。

1 ドイツでは，各州の政府構成員からなる連邦参議院が設けられており，連邦議会とともに法案の審議を行っている。

2 フランスでは，労働組合および経営者団体からおのおの半数ずつ選出された者を，大統領が上院議員に任命している。

3 イギリスでは，世襲貴族が上院を構成していたが，現在ではイングランド，スコットランド，ウェールズの各地域をそれぞれ1つの選挙区として，住民の直接公選により議員を選んでいる。

4 アメリカでは，各州の利益を代表するために上院が設けられており，その議員は州知事によって任命されている。

5 戦前の日本では，世襲華族により構成される枢密院が設けられており，直接公選によって選ばれる衆議院議員と対抗して，事実上の二院制を形成していた。

解説

1．妥当である。ドイツの上院に当たる連邦参議院は，各州の利益を代表する場とされている。その議員は州政府によって任命されるが，実際には各州の政府構成員が上院議員に就任している。

2．フランスの上院（元老院）議員は，下院議員および地方議員の代表者によって選出されている。労使の団体から選出されているわけではない。

3．イギリスの上院（貴族院）は，世襲貴族，一代貴族，聖職者によって構成されている。公選制がとられているわけではない。

4．アメリカの上院は各州の利益を代表する場とされているが，その議員は州ごとに選挙で選ばれている。かつては州議会による間接選挙とされていたが，1913年以降は各州住民による直接選挙に改められている。

5．戦前の日本では，世襲華族により構成される貴族院が，衆議院とともに二院制を構成していた。枢密院は天皇の諮問機関であり，元勲（＝明治維新に功績のあった者）および練達の人（＝熟練・精通している者）を構成員としていた。

正答 1

市役所上・中級 B日程

No. 363 政治学 利益集団 平成28年度

利益集団に関する次の記述のうち，妥当なのはどれか。

1　20世紀に入り，伝統的な紐帯から解放された大衆の間で個人主義が台頭したことを受けて，利益集団に自ら参加する人々の数は大幅に減少し，利益集団の活動は全般的に停滞するようになった。

2　トルーマンは，人間の行動は合理的であるとする合理的選択論の立場から，諸個人は対価を支払わずに，非排除性を持つサービスの便益を受けようとすると指摘し，利益集団は自然発生することはないとした。

3　ダールは，既存の特殊利益集団と官庁との結びつきにより利益集団の新規参入が妨げられていることを「利益集団自由主義」と呼び，これをアメリカ合衆国における非民主主義的性格の表れとして批判した。

4　20世紀のアメリカ合衆国では，利益集団によるロビイング活動が政治腐敗を招くなどの弊害を数多く生んだことから，新たに連邦ロビイング規制法が制定され，利益集団の活動が禁止された。

5　政党の運営が少数者の手に委ねられている場合には，利益集団はその少数者に働きかけ，民主的に行われている場合には，政党活動への参加者全体に働きかけるなど，政党運営の形態は利益集団の活動に影響を与えることがある。

解説

1．20世紀に入り，利益集団の活動は全般的に活発化した。その理由としては，①社会的利害の複雑化によって地域代表制が機能不全に陥ったこと，②政党が大規模化して寡頭制化が進み，国民の利益を反映しにくくなったこと，③積極国家化によって国家が財やサービスを大量に提供するようになったこと，などが挙げられている。

2．本肢は，一般にフリーライダー論と呼ばれている理論の説明で，これを提唱したのはトルーマンではなくオルソンである。トルーマンは，政治過程における集団の重要性を指摘し，集団間の圧迫と均衡によって政策は形成されていると主張した。

3．利益集団自由主義を主張したのは，ダールではなくローウィである。ダールは，特定の利益を主張する団体が自由に組織され，これに対抗する集団も自由に組織されるならば，特定集団が権力を振るう状況が避けられるとして，多元主義を主張した。

4．1946年に制定された連邦ロビイング規制法では，ロビイスト（＝利益集団の代理人）の議会への登録と収支報告書の提出が義務づけられた。しかし，利益集団の活動自体が禁止されたわけではない。

5．妥当である。利益集団は，自らの利益の実現をめざして，権力者への働きかけを行う。したがって，政党運営の形態が異なれば，利益集団の活動形態も異なってくるのが一般的である。

正答　5

B日程

No.364 政治学　連邦制国家　平成30年度

連邦制国家に関する次の記述のうち，妥当なのはどれか。

1　韓国は連邦制国家であり，大統領は連邦を構成する「道」の首長の互選で選ばれるが，形式的な存在にすぎず，国民投票で選ばれた首相（国務総理）が政治的実権を有する。

2　イギリスは連邦制国家であり，構成国であるイングランド，ウェールズ，スコットランド，北アイルランドはそれぞれ主権国家として，国連に加盟している。

3　ドイツは連邦制国家であり，その立法府は連邦議会と連邦参議院からなるが，そのうち連邦参議院は州政府の代表が議員を務めている。

4　旧ソ連は連邦制国家だったが，その崩壊によって連邦を構成していた各共和国は一斉に独立したため，現在のロシアは単一国家となっている。

5　アメリカは連邦制国家であり，連邦議会の上院議員は各州の代表として州議会によって2名ずつ選ばれている。

解説

1．韓国は連邦制ではない。それに，韓国は大統領制の国家であり，大統領は国民の投票によって選出されている。首相も存在し，国会の同意に基づいて大統領によって任命されているが，その権限は弱い。

2．イギリスは連邦制ではないし，国連にも「グレートブリテンおよび北アイルランド連合王国」として加盟している。実際の連邦制国家でも，対外的には連邦政府が国家を代表しており，連邦を構成する州や国は主権国家とはみなされない。

3．妥当である。ドイツの連邦参議院は上院に当たり，州首相などが各州を代表して議員を務めている。

4．ロシアは連邦制であり，共和国や州，自治管区，特別市など，80以上の連邦構成主体によって構成されている。ちなみに，単一の中央政府によって統治される国家のことを単一国家という。日本や韓国，フランスなどは単一国家である。

5．アメリカが連邦制であるのは正しいが，上院議員は州民の直接投票によって選出されている。なお，上院議員選挙は2年ごとに実施され，定数の3分の1ずつを改選する仕組みとなっている。

正答　3

B日程

No. 365 行政学 メイヨーの人間関係論 平成29年度

メイヨーの人間関係論に関する次の記述のうち，妥当なのはどれか。

1　動作・時間研究を通じた作業の標準化など，課業管理に関するさまざまな管理方法を提唱した。

2　人間の欲求は，生理的欲求，安全欲求，社会的欲求，尊厳欲求，自己実現欲求からなる階層構造をなしており，低次の欲求が満たされたときにより高次の欲求が現れるとした。

3　専門化や階統制を特徴とするアメリカ型組織よりも，曖昧な職務分担や水平的調整を特徴とする日本型組織のほうが優れているとした。

4　命令や強制によって管理するよりも，魅力ある目標と責任を与えながら管理を行うほうが，目標をより能率的に達成することができるとした。

5　インフォーマル組織はしばしばフォーマル組織の作業能率を低下させるが，場合によってはフォーマル組織の作業能率を向上させることもあるとした。

解説

1. テイラーの科学的管理法に関する記述である。テイラーは，労働者の経験や技能に頼るのではなく，客観的・科学的な実験を通じて開発された管理方法に立脚して，生産活動を行うべきであると主張した。

2. マズローの欲求段階説に関する記述である。マズローは，人間は自己実現に向かって絶えず成長すると考え，人間の欲求は５段階の階層をなしていると主張した。

3. アメリカ型組織と日本型組織の比較は多くの論者が行っているが，メイヨーはそうした比較組織論は展開していない。

4. マグレガーのＸ理論・Ｙ理論に関する説明である。マグレガーは，命令や強制を重視する管理論をＸ理論，魅力ある目標と責任の付与を重視する管理論をＹ理論と呼び，自らはＹ理論の立場に立った。

5. 妥当である。メイヨーは，ホーソン工場実験を通じて，職場におけるインフォーマル組織（＝非定形の人間関係）の重要性を発見した。メイヨーによれば，職場で自然発生するインフォーマル集団は，労働者のモラール（士気）に大きな影響を与え，フォーマル集団の作業能率を上下させる。

正答　5

No. 366 B日程

行政学　ホーソン実験　平成25年度

G.E.メイヨーらのホーソン工場実験を通じて明らかにされた事柄の説明として，妥当なものはどれか。

1　動作・時間研究を通じて作業の標準化・統制・協働を実現することで，生産性を向上させることができる。

2　誘因と貢献のバランスをとることで組織の維持が初めて可能となり，生産を継続することができる。

3　労働者に全体目標への貢献意識を浸透させることで下位組織の暴走を防ぐことが可能となり，生産性を向上させることができる。

4　労働者の潜在的能力に見合った水準まで賃金率を引き上げることで，生産性を向上させることができる。

5　フォーマル組織のみならずインフォーマル組織も適切に管理することで，生産性を向上させることができる。

解説

1．F.W.テイラーが創始した科学的管理法に関する説明である（『科学的管理の諸原理』〈1911年〉）。ホーソン工場実験（1924～32年）では，科学的管理法が必ずしも妥当しない事例が明らかとなり，新たに人間関係論が提唱されるに至った。

2．C.バーナードの組織均衡論に関する説明である。バーナードは，誘因（＝労働者に与えられる賃金や満足など）が貢献（＝労働者の生産活動）を上回っている場合，組織が赤字運営に陥ってその維持が困難となるが，逆に貢献が誘因を上回っている場合も，労働者が組織を離脱するためにやはり組織の維持が困難になると考えた。逆にいえば，誘因と貢献のバランスがとれたとき，初めて組織の維持が可能となり，生産を継続することが可能となる。

3．P.セルズニックのTVA（テネシー渓谷開発公社）研究に関する説明である。セルズニックは，TVAが所期の目標から離れ，独自の目標を追求するようになった経緯を考察し，下位組織はしばしば組織の全体目標から離反するという事実を指摘した。そして，こうした状況を克服するためには，全体目標を達成しようとする意識を成員に浸透させることが重要であると主張した。

4．ホーソン工場実験では，賃金率などの経済的条件や照明の明るさなどの物理的条件は必ずしも重要ではなく，職場における人間関係のあり方を適切に管理することが，生産性を向上させるうえで重要になると指摘された。

5．正しい。ホーソン工場実験では，人間関係を通じて形成されるインフォーマル組織（非公式組織）が生産性と密接な関係を持つことが発見された。これをきっかけとして成立したのが，インフォーマル組織の管理を重視する人間関係論である。

正答　5

市役所上・中級
C日程

No. 367 行政学 ウェーバーの官僚制論 平成28年度

マックス=ウェーバーの官僚制論に関する次の記述のうち，妥当なのはどれか。

1 組織権限の原則により，組織としての活動は規則で定められた明確な権限に基づいて行われなければならないが，組織内では個人の裁量も大幅に認められている。

2 官職占有の原則により，特定の人物やその一族による官職の占有が認められている。

3 規律ある昇任制の原則により，職員の昇任は在職年数や勤務成績などの客観的な基準に基づいて行われている。

4 実績給与の原則により，職員への給与は定額制ではなく歩合給制とされている。

5 公的資源配分の原則により，職務の実施に当たり必要な資源はもちろんのこと，住居などの私的に利用される資源についても国が配分している。

解説

1. 官僚制組織の各構成員の活動は，規則で定められた明確な権限に基づいて行われなければならない。したがって，個人の裁量が大幅に認められるようなことはない。

2. 官僚制では資格任用制が原則とされ，官職は公開競争試験を通じて配分されなければならない。したがって，特定の人物やその一族による官職の占有は認められない。

3. 妥当である。官僚制では，在職年数や勤務成績などの客観的な基準に基づく昇任が原則とされ，上司の恣意的な判断に基づく昇任は排除されている。

4. 官僚制では，貨幣形態で定額の給与が支払われている。出来高や業績に応じて給与が決まる歩合給制がとられているわけではない。

5. 官僚制では公私の分離が原則とされ，職務の実施に当たり必要な資源については国が配分しなければならない。しかし，住居などの私的に利用される資源については，必ずしも国が配分するわけではない。

正答 3

No. 368 B日程

行政学　パーキンソンの法則　令和2年度

「パーキンソンの法則」に関する次の記述のうち，妥当なのはどれか。

1　本来は目的達成のための手段であったはずの規則遵守や文書作成が，官僚が規則を遵守しようとするあまり，目的化してしまうという法則である。

2　官僚に対する身分保障が，官僚制の病理現象ともいうべき官僚の強固な仲間意識や特権意識をもたらすという法則である。

3　政府機関の職員の数は，その遂行すべき業務量の増減とは無関係に，一定の率で増加していくという法則である。

4　命令一元化の原理に基づく階層性組織である行政機関においては，官僚は権威主義に陥るという法則である。

5　各部局の所掌事務が明確化されると，縄張り意識やセクショナリズムがもたらされるという法則である。

解説

1．R.K. マートンが唱えた「官僚制の逆機能」に関する記述である。M. ウェーバーは，近代官僚制の合理的側面に注目し，その優れた特質として規則による規律や文書による事務処理などを挙げた。これに対し，マートンは，規範への過剰な同調がもたらす官僚制の負の側面を指摘した。官僚制の逆機能は「目的の転移」や「訓練された無能力」とも呼ばれている。例としては，規則万能主義やどのようなことでも文書化して残そうとすること（繁文縟礼＝レッドテープ）などがある。

2．R.K. マートンが官僚制の逆機能として指摘した現象である。M. ウェーバーは，官僚制において，官僚は選挙ではなく資格の有無によって任用され，定額の賃金を現金で受け取り，昇任・昇給も規則に基づいてなされるとした。これに対し，マートンは，身分保障が官僚の特権意識や無責任体質，事なかれ主義の横行をもたらしているとした。

3．妥当である。パーキンソンの法則は，政治学者の C.N. パーキンソンがイギリス海軍省の観察から提唱した。

4．R.K. マートンが官僚制の逆機能として指摘した現象である。M. ウェーバーは，命令一元化に基づく階層性組織を官僚制の特質とした。これに対し，マートンは，階層性組織によって，上司にはこびへつらい，部下や市民に対しては尊大な，官僚の権威主義的態度が生み出されているとした。

5．R.K. マートンが官僚制の逆機能として指摘した現象である。M. ウェーバーは，各部局の分業体制によって業務が効率的に遂行されるとした。これに対し，マートンは，各部局の分業体制によって部局間での権限の奪い合いや責任の押しつけ合いが発生しているとした。

正答　3

市役所上・中級

No. 369 B日程

行政学　行政統制　令和元年度

行政統制に関する次の記述のうち，妥当なのはどれか。

1　ファイナーは，行政を政治的代表機関である議会の統制下に置くことは行政サービスを非効率にするだけであるとして，議会による行政統制を批判した。

2　フリードリッヒは，議会による積極的な行政統制は可能であるとして，行政が議会に対して負うべき責任を政治的責任と機能的責任に分類した。

3　ギルバートは，「制度的－非制度的」と「外在的－内在的」の２つの基準によって行政統制を４種類に分類した。彼の分類に従うと，マスメディアによる行政統制は非制度的でかつ外在的な行政統制である。

4　市民による行政統制には行政機関の保有する情報の公開が不可欠であるが，わが国では2001年に情報公開法が施行され，これに追随して地方公共団体においても情報公開条例が施行されるようになった。

5　市民による行政統制を十全なものとするためにオンブズマン制度があるが，この制度は1970年にデンマークで初めて導入され，その後は1975年にはアメリカでも導入されるなど，世界各地に普及した。

解説

1．ファイナーは議会による行政統制を重視したから，誤り。ファイナーは，議会に対する行政官の説明責任（アカウンタビリティ）を重視した。

2．前半が誤り。フリードリッヒは，行政国家化が進んだ現状を踏まえて，もはや議会による行政統制だけでは不十分と考えた。そのうえで，行政官が果たすべき行政責任を政治的責任（民衆の感情に応答しなければならない）と機能的責任（科学的，技術的標準に応答しなければならない）の２種類に分類した。これは行政官の道徳心に期待する自律的責任論に過ぎないとして，先述の議会による統制を重視したのが，ファイナーである。

3．妥当である。「ギルバートのマトリックス」と呼ばれているが，ギルバートは，行政統制には法令に基づくものと基づかないものがあるとした。また，行政機構の外部からの統制と，行政機構の内部における統制があるとした。

4．情報公開法（行政機関の保有する情報の公開に関する法律）の施行以前から，地方公共団体では独自の情報公開条例を制定する例は見られた。わが国初の情報公開条例は，1982年に山形県金山町で制定されており，国の情報公開法が施行された2001年には，すでに全都道府県で情報公開条例が制定されていた。

5．オンブズマンが初めて導入されたのはスウェーデンで，1809年に設置された。また，アメリカには国レベルではオンブズマンは設置されていない。なお，オンブズマンとは，市民から行政に関する苦情を受け付け，調査や是正を行う機関。わが国は1990年に神奈川県川崎市で制定されたのが初の例である。

正答　3

市役所上・中級

No. 370 B日程

行政学　日本の行政統制　平成28年度

行政統制に関する次の記述のうち，妥当なのはどれか。

1　議院内閣制を採用するわが国では，立法部による行政への統制が実現している。ただし，司法権の独立が制度化されていることから，司法部による統制は及ばない。

2　行政統制には法律に基づく統制と事実上の統制があり，マスコミによる統制は後者の典型例である。これに対して，行政が行政サービスの受け手を統制することは認められていない。

3　わが国では，国家行政組織法第８条に基づき，審議会等を設置することができる。審議会等において了承された答申については，法的拘束力が認められている。

4　オンブズマンは，市民からの苦情や申立に基づいて，行政による権利利益の侵害に関する調査を行う。オンブズマンは，アメリカ合衆国で初めて設置され，わが国では2001年に内閣府にオンブズマンが設置された。

5　多くの国々の会計検査機関では，「３Ｅの規準」による検査が実施されている。この「３Ｅの規準」とは，経済性，効率性，有効性を意味している。

解説

1. わが国においても，司法部は判決を通して行政統制を行っている。たとえば，判決で行政処分の違法性を認め，これを無効とするケースなどがこれに該当する。

2. 行政は，行政サービスの受け手を統制することがある。たとえば，ごみ収集を有料化するなどして，住民によるゴミの排出を統制するケースなどがこれに該当する。

3. 審議会等において了承された答申は，大臣等に対する勧告としての性格を持つにすぎず，法的拘束力は認められていない。

4. オンブズマン（行政監察官）は，1809年にスウェーデンで初めて設置された。また，わが国では，一部の地方公共団体で設置されているものの，国レベルで設置されたことはない。

5. 妥当である。会計検査で用いられる「３Ｅの規準」とは，経済性（economy），効率性（efficiency），有効性（effectiveness）を意味している。経済性とは，同一の成果をより安い経費で達成できたのではないかという規準，効率性とは，同一の経費でより多くの成果を上げることができたのではないかという規準，有効性とは所期の目的が十分に達成されていないのではないかという規準である。

正答　5

市役所上・中級
B日程

No. 371 行政学 インクリメンタリズム 平成30年度

政策決定について説明するインクリメンタリズムに関する次の記述のうち，妥当なのはどれか。

1 現状を徐々に改善していくのではなく，理想的な目標を設定しておいて，それに現状を近づけていくことをいう。

2 特定の利益集団のみではなく，他のさまざまな利益集団のことも考慮しながら政策を立案することをいう。

3 政策立案において，目的と手段をワンセットには扱わず，それぞれを個別に検討し，そのうえで最善の策を考えることをいう。

4 政策の変更は現状の漸進的修正にとどまるが，そのような積み重ねによって政策を合理的なものに高めていくことをいう。

5 考えつくあらゆる政策案の中から最大の効用が得られる政策を選択することによって，一挙に課題を解決することをいう。

解説

1. インクリメンタリズムとは，現状を肯定したうえで，不都合が生じれば徐々に改善していこうとするものである。理想の目標を設定することもない。

2. インクリメンタリズムでは，政策立案者は特定の利益集団のために政策を決定し，そのうえで他のさまざまな利益集団によって政策は相互調整されるものと考えられている。

3. インクリメンタリズムでは目的と手段を分離しない。すなわち，現実に選択しうる手段に合わせて目的は調整されうるものとされる。

4. 妥当である。インクリメンタリズムは「漸進主義」や「漸増主義」「増分主義」と訳される。リンドブロムによって提唱された。

5. インクリメンタリズムでは，政策変更については少数の選択肢が提案され，そこから最善のものが選ばれるものとされている。それに，課題は必要に応じて解決されるものとされている。なお，人間は完全な合理性を有するという前提の下，政策決定者が考えつくすべての政策を列挙し，そのうち最大の効用が得られる政策を選ぶとする政策決定理論を，合理的選択論という。リンドブロムはこれを「総覧的決定モデル」と呼び，批判した。

正答 4

No. 372 B日程

行政学　オンブズマン制度と情報公開制度　平成27年度

オンブズマン制度と情報公開制度に関する次の記述のうち，妥当なのはどれか。

1　オンブズマン制度とは，行政機関の保有する個人情報へのアクセスを制限することにより個人情報を保護する制度であり，情報公開制度とは，情報公開により民主的で自由な政治を確保することを目的とする制度である。

2　オンブズマン制度と情報公開制度は，19世紀にイギリスで初めて導入されたが，その背景には，当時の立法府や行政府に対する政治不信があった。

3　オンブズマン制度と情報公開制度は，日本では，行政改革の進展の中で検討が進められ，両者ともに2000年代に立法化された。

4　オンブズマン制度は，日本の地方自治体では多様なレベルで設けられている。情報公開制度については，条例によって定められているところも多い。

5　世界的に見れば，オンブズマン制度は北欧諸国やアメリカなどで設けられている。情報公開制度はアメリカやカナダでは設けられているものの，ドイツやフランスでは依然として未整備のままである。

解説

1．オンブズマン制度とは，中立的な行政監察官（オンブズマン）を置き，行政活動の監視や告発を行わせる制度のことである。個人情報の保護を目的として設けられるわけではない。

2．オンブズマン制度と情報公開制度は，スウェーデンで初めて導入された。導入年はそれぞれ1809年，1766年である。両制度は行政統制に貢献するものであり，その意味では当時の行政府に対する不信感が根底にあったと考えられる。

3．日本では，1999年に情報公開法が制定されており，情報公開制度の立法化は20世紀中に行われた（施行は2001年）。また，日本ではオンブズマン制度が立法化されたことはなく，一部の自治体でこれを自主的に導入しているのみである。

4．妥当である。日本の地方自治体では，川崎市や北海道など，都道府県，市町村の別を問わずにオンブズマン制度が導入されている。情報公開制度は，全都道府県および多くの市町村で整備されており，要綱に基づく場合もあるが，条例によって定められているところが多い。

5．情報公開制度は，アメリカやカナダで設けられているほか，ドイツ，フランス，イギリス，北欧諸国など，多くの国で整備されている。なお，オンブズマン制度がアメリカでも導入されているというのは事実であるが，アメリカで導入されているオンブズマン制度は州レベルのものであり，連邦レベルでは未整備である。

正答　4

市役所上・中級 B日程

No. 373 行政学 会計検査院 令和3年度

わが国の会計検査院に関する次の記述のうち，妥当なのはどれか。

1 会計検査院は国会直属の機関であり，会計検査の結果は内閣を経由せずに，直接国会に報告される。

2 国の収入支出の決算について，会計検査院による検査や確認の結果，法令に違反する，または不当であると判断された場合，直ちにその支出は無効となる。

3 会計検査院による国の年度ごとの収入支出の決算の検査や確認は，年に一度のみに限られ，常時会計検査を行うものではない。

4 会計検査院は，会計経理について，正確性・合規性の観点から会計経理に違法性がないか検査を行う機関であり，有効性・効率性・経済性の観点からの検査や監督を行うことはない。

5 会計検査院は，国が資本金を出資している場合，出資先が国の機関以外の法人等であっても，会計経理の検査の対象とすることができる。

解説

1. 会計検査院は，国の収入支出の決算，政府関係機関・独立行政法人等の会計，国が補助金等の財政援助を与えているものの会計などの検査を行う憲法上の独立した機関であるが，国会直属の機関ではない。また，憲法90条には「国の収入支出の決算は，すべて毎年会計検査院がこれを検査し，内閣は，次の年度に，その検査報告とともに，これを国会に提出しなければならない」と定められている。よって，「内閣を経由せずに，直接国会に報告される」とする記述も誤りである。

2. 会計検査院による検査や確認の結果，法令に違反することが明らかになった場合についても，直ちにその支出が無効になるわけではない。会計検査院法では，会計経理に関し法令に違反しまたは不当であると認める事項がある場合には，直ちに，本属長官または関係者に対し当該会計経理について意見を表示しまたは適宜の処置を要求しおよびその後の経理について是正改善の処置をさせることができる旨が定められている（同34条）。

3. 会計検査院法20条2項には，「会計検査院は，常時会計検査を行い，会計経理を監督し，その適正を期し，且つ，是正を図る」と定められている。

4. 会計検査院は，正確性，合規性に加えて，より少ない費用で実施できないかという経済性，同じ費用でより大きな成果が得られないかという効率性，また，目的を達成しているか，効果を上げているかといった有効性などの観点から検査を行う（会計検査院法20条3項）。

5. 妥当である。会計検査院が行う検査の対象には，国の会計のすべての分野のほか，政府関係機関など国が出資している団体，国が補助金その他の財政援助を与えている都道府県，市町村，各種法人などにまで及ぶ（会計検査院法22条・23条）。

正答 5

No. 374　B日程

行政学　地方公共団体　令和4年度

地方公共団体（普通地方公共団体）に関する次の記述のうち，妥当なものはどれか。

1　地方公共団体では，議会と長の権力は分立しており，長には議会への議案提出権が認められていない。

2　地方公共団体の議会の議員の任期は3年，長の任期は2年であり，いずれの被選挙権も18歳にならないと認められない。

3　地方公共団体の議会には，国会の国政調査権に相当する権限として，百条調査権と呼ばれる権限が与えられている。

4　地方公共団体の議会には常設の委員会が設置されており，教育委員会，公安委員会，人事委員会は，全ての地方公共団体に設置されている。

5　地方公共団体の議会の議員は，当該地方公共団体の長を兼務することはできないが，国会議員を兼務することは認められている。

解説

1．長の議案提出権は認められている。また，議会の各委員会にも所掌の範囲内での議案提出権は認められている。なお，議案のうち，予算の提出権は長だけに認められており，議員や委員会には認められていない。

2．議員の任期も長の任期も4年である。また，18歳になると認められるのは選挙権である。議員の被選挙権は，都道府県議会と市町村議会のいずれも25歳，長については都道府県知事の被選挙権は30歳，市町村長の被選挙権は25歳にならないと認められない。

3．妥当である。地方自治法100条に基づくことから，百条調査権と呼ばれている。また，この調査のために議会が設置する特別委員会を百条委員会という。

4．教育委員会，公安委員会，人事委員会は執行機関であり，議会の委員会ではない。また，公安委員会が設置されているのは都道府県だけであり，人事委員会が設置されているのは都道府県と政令指定都市などに限られている。ちなみに，人事委員会が置かれなくても，人口15万人以上の市町村であれば，人事行政のために公平委員会が置かれるが，公平委員会の権限は人事委員会よりも小さい。

5．国会議員との兼職も認められていない。ちなみに，地方公共団体の議員・長は，裁判官，他の地方公共団体の議員・長，上述の教育委員会，公安委員会，人事委員会の委員などとの兼職も認められていない。

正答　3

市役所上・中級

No. 375 B日程

社会政策　完全失業者　平成18年度

わが国の労働統計上，完全失業者に分類されるものはどれか。

1　公的年金を受給して生活している高齢者

2　早期退職者優遇制度を利用して退職し，ボランティア活動に従事している人

3　家の近くで短時間働けるパートの職を探している主婦

4　大学卒業後も就職活動をせず，家にひきこもっている若者

5　正社員としての雇用がかなわなかったため，派遣社員として働いている人

解説

わが国の労働統計上，完全失業者に分類されるのは，①現在は仕事に従事してないが，②仕事を遂行する能力があり，③実際に仕事を探していた，という3つの条件を満たす者である。

1．仕事を探していないので，完全失業者ではなく非労働力人口に分類される。

2．仕事を探していないので，完全失業者ではなく非労働力人口に分類される。なお，ボランティア活動は労働統計上の「仕事」には該当しない。

3．正しい。常雇用かパートかといった就業形態の違いを問わず，とにかくなんらかの仕事を探していれば，完全失業者に該当しうる。

4．いわゆるニート（＝就業，就学，職業訓練のいずれにも従事していない人）のケースであるが，仕事を探していないので，完全失業者ではなく非労働力人口に分類される。

5．派遣社員として実際に仕事に従事しているので，完全失業者ではなく就労者に分類される。

正答　3

市役所上・中級

B日程

No. 376 社会政策　女性の活躍推進　平成30年度

女性の活躍推進に関する次の記述のうち，妥当なのはどれか。

1　女性の年齢階級別労働力率はM字カーブを描くとされているが，M字の「谷」の部分が浅くなる傾向にあり，2016年の時点で25～29歳の労働力率は約50％に上昇している。

2　共働き世帯が増加傾向にあり，共働き世帯の数は2016年の時点で男性雇用者と無業の妻の世帯の約9倍に達している。

3　育児休業取得率は上昇傾向にあり，女性は約95％，男性は約40％が取得している。また，男性の育児休業取得者は，3～6か月未満の期間，休業する例が最も多い。

4　女性活躍推進法が制定され，一部の企業に，管理職に占める女性の割合の公表や女性の活躍に向けた行動計画の策定などが義務づけられた。

5　管理的職業従事者に占める女性の割合を国際比較してみると，わが国の数値はアメリカ，イギリス，スウェーデンよりは低いが，ドイツ，シンガポール，韓国よりも高い。

解説

1．25～29歳は女性の労働力率が最初のピークに達する時期であり，2016年には81.7％に達している（2022年には87.7％）。また，M字カーブの「谷」の底は35～39歳であり，2016年の労働力率は71.8％であった（2022年には78.9％）。

2．2016年の時点で，共働き世帯は約1,129万世帯，男性雇用者と無業の妻からなる世帯は約664万世帯である（2022年にはそれぞれ約1,262万世帯，約539万世帯）。

3．「令和4年度雇用均等基本調査」によると，2022年度の育児休業取得率は，女性が80.2％であるのに対し，男性はわずか17.13％にすぎない。また，男性の育児休業取得期間は「5日～2週間未満」が最も多く，3か月以上取得する男性は約10％にすぎない。

4．妥当である。女性活躍推進法が2015年に制定され，301人以上（2022年4月からは101人以上）の労働者を雇用する事業主には，数値目標などを盛り込んだ一般事業主行動計画の策定などが義務づけられた。

5．管理的職業従事者に占める女性の割合を比較してみると，日本（12.9％）は，アメリカ（41.0％）やイギリス（36.8％），スウェーデン（43.0％），ドイツ（29.2％），シンガポール（38.1％），韓国（16.3％）よりも低い数値となっている（日本，アメリカは2022年，イギリスは2019年，それ以外は2021年）。ちなみに，日本政府は，企業の管理職や議員などといった，指導的地位に占める女性の割合を2020年代の可能な限り早期に30％程度とする目標を掲げている。

データ出所：令和5年版『男女共同参画白書』，令和5年版『厚生労働白書』ほか

正答　4

市役所上・中級

No. 377 C日程 〈改題〉

社会政策 労働組合組織率 平成23年度

以下の文章の空欄に当てはまる語句または数字の組合せとして正しいものはどれか。

「わが国の労働組合組織率は1949年に過去最高を記録し，（　ア　）％となったが，その後は低下傾向で推移しており，2022年には（　イ　）％となった。現在の組織率を産業別に見ると，電気・ガス・熱供給・水道業や複合サービス事業，金融業，保険業において比較的（　ウ　），また，企業規模別に見ると従業員数が多い企業ほど（　エ　）。アメリカでも組織率は近年低下しており，2022年には（　オ　）％となっている。」

	ア	イ	ウ	エ	オ
1	55.8	16.5	高く	高い	10.1
2	55.8	39.2	低く	高い	10.1
3	77.6	16.5	高く	低い	10.1
4	77.6	39.2	低く	低い	23.7
5	77.6	16.5	高く	高い	23.7

解説

ア：「55.8」が該当する。わが国では，第二次世界大戦後にGHQ（連合国最高司令官総司令部）の民主化方針の下で，労働組合の結成が促進された。その結果，1949年には労働者の２人に１人は労働組合に加入しているという状況が生まれた。

イ：「16.5」が該当する。わが国の組織率は長期的に低下傾向で推移しており，労働組合に加入している労働者は20％未満という状況にある。こうした低組織率の背景には，若者を中心とする労働組合離れの傾向，労働組合に組織しにくい非正規労働者の増加，もともと組織率の低い第三次産業の比重の増大などがある。

ウ：「高く」が該当する。2022年現在，組織率の高い産業は，電気・ガス・熱供給・水道業（52.4％），複合サービス事業（51.3％），金融業，保険業（44.7％）などである。

エ：「高い」が該当する。2022年現在の組織率を企業規模別に見ると，1,000人以上で39.6％，100～999人で10.5％，100人未満で0.8％となっている。中小企業の中には労働組合が結成されていないところも多い。

オ：「10.1」が該当する。主要国の組織率（2022年）を見ると，アメリカ10.1％，イギリス22.3％などとなっている。

以上より，正答は**1**である。

正答　1

No. 378 A日程 社会政策 障害者雇用 平成24年度

障害者雇用の現状に関する次の記述のうち，妥当なものはどれか。

1 事業主は，雇用者の1.8％以上を障害者としなければならないが，現在の実雇用率はすでに３％台に達している。

2 企業が法定雇用率を達成していない場合でも，特に罰則が科せられることはなく，企業名の公表といった措置もとられていない。

3 法定雇用率の未達成の事業主からは納付金が徴収され，一定水準を超えて障害者を雇用している事業主には報奨金等が支給される。

4 障害者の実雇用率の算定に当たっては，短時間労働に従事する身体障害者や精神障害者などは対象外とされている。

5 一般雇用から福祉的雇用への移行を促進するため，ハローワークが中心となって，雇用，福祉，教育などの地域の関係機関の連携が図られている。

解説

1．障害者の実雇用率（＝実際に雇用されている者の割合）は，2023年６月１日現在で2.33％にとどまっている。なお，本問の出題時の法定雇用率は1.8％であったが，2013年４月には2.0％，2018年４月には2.2％，2021年３月には2.3％に引き上げられている（民間企業の場合）。

2．障害者の雇用率が低い未達成事業主に対しては，各地のハローワーク（公共職業安定所）が雇い入れ計画の作成を命じる。さらに，計画が適正に実施されない場合には，厚生労働大臣による勧告や企業名の公表などの措置が採られる。

3．正しい。納付金は罰金といった性格のものではなく，報奨金等の原資として障害者雇用を促進する目的で使用される。

4．実雇用率の算定に当たっては，常用雇用の障害者（＝身体・知的・精神障害者）は１人分，短時間雇用の障害者は0.5人分としてカウントされる。なお，常用雇用の重度障害者については，２人分としてカウントされる（ダブルカウント制）。

5．現在では，障害者の自立を支援するため，福祉的就労から一般雇用への移行が図られている。その実現のために必要とされているのが，ハローワークを中心としたチーム支援である。

正答 3

市役所上・中級

B日程

No. 379 社会政策　国境を越えた労働移動　平成26年度

グローバル化の進展により国境を越えた労働移動が増えている。この国境を越えた労働移動に関する次の記述のうち，妥当なのはどれか。

1　日本に在住する外国人に対して，福祉元年と呼ばれる1973年に，国民年金へ加入することが認められた。

2　社会保障協定とは，海外で就労する日本人が日本と外国の双方に社会保険料を支払うことを定めた２国間協定である。

3　自由貿易協定とは，通商上の障壁を取り除くことを目的とした２国間協定である。この協定に基づき，2006年に看護師と介護福祉士について，中国および韓国から受け入れることが決まった。

4　日本に在留する外国人の登録数は1990年代から増加し，2005年から2011年にかけて200万人に上っている。その多数を占めているのは中国人，韓国・朝鮮人である。

5　2012年に生活保護法が改正され，日本国籍を有していない外国人についても生活保護受給が認められた。しかし現在までに受給した例はない。

解説

1．外国人の国民年金加入が認められたのは1982年以降である。

2．本肢にあるような二重の支払い（二重加入）などの問題が生じたことで，社会保障協定が締結されるようになり，相手国への派遣の期間が５年を超えない見込みの場合には，当該期間中は相手国の法令の適用を免除して自国の法令のみを適用し，５年を超える見込みの場合には，相手国の法令のみを適用するという，適用調整が実施されている（詳細は国によって若干異なる）。現在，わが国はドイツ，イギリス，韓国，アメリカなどと社会保障協定を結んでいる。

3．自由貿易協定（FTA）については本肢のとおりだが，看護師や介護福祉士などの受入れがなされるのは経済連携協定（EPA）であり，インドネシア（2008年度），フィリピン（2009年度），ベトナム（2014年度）からの看護師や介護福祉士候補者の受入れがすでに始まっている。中国や韓国からではない。

4．妥当である。なお，2012年７月から新しい在留管理制度が開始されており，現在では登録外国人数に代えて在留外国人数について集計が行われている。

5．外国人の生活保護受給は，厚生省が1954年に永住外国人などの外国人に人道的見地から生活保護法を準用する旨を通知して以降であり，外国人の生活保護受給者は増加傾向にある。なお，2014年に最高裁は外国人には生活保護法に基づく生活保護の受給権がないと判決した。

正答　4

No. 380 B日程 社会政策 日本の人口動態 令和3年度

わが国の人口動態に関するア～オの記述のうち，妥当なもののみをすべて挙げているのはどれか。

ア　2019年の出生数は，第二次世界大戦後初めて100万人を下回り，約90万人となった。また，2019年の合計特殊出生率は前年を下回り，1.63であった。

イ　2010年から2019年にかけて，年ベースで比較すると，出生数は減少し続けている一方で，死亡数は増加し続けており，自然増減数（出生数－死亡数）のマイナス幅は拡大している。

ウ　2019年における母親の年齢（5歳階級）別出産数を見ると，最も多いのは25～29歳であり，次いで20～24歳，30～34歳の順となっている。

エ　2019年における死亡者の死因別順位を見ると，最も多いのが老衰，次いで脳血管疾患，悪性新生物（がん）の順である。

オ　2019年における都道府県別の転出・転入人口の動向について見ると，転入数から転出数を差し引いた転入超過人口（転入－転出）が最も多いのは東京都であった。

1　ア，ウ
2　ア，エ
3　イ，エ
4　イ，オ
5　ウ，オ

解説

ア：わが国の出生数が初めて100万人を下回ったのは2016年であり，その後も減少傾向を続けている。また，近年の合計特殊出生率は1.2～1.4の水準で推移している。なお，2022年の出生数は77万759人で，1899年の調査開始以来，過去最少を更新した。2022年の合計特殊出生率は1.26で，7年連続の低下となった。

イ：妥当である。近年，わが国では出生数が減少する一方で，死亡数が増加している。なお，2022年の出生数は77万759人，死亡数は156万9,050人であり，自然増減数はマイナス79万8,291人であった。

ウ：母親の年齢（5歳階級）別出産数をみると，最も多いのは30～34歳であり，次いで25～29歳，35～39歳の順となっている。晩婚化が進んだため，21世紀に入ってから，25～29歳と30～34歳の順位が逆転した。

エ：死亡者の死因別順位を見ると，最も多いのが悪性新生物（がん），次いで心疾患，老衰となっている。悪性新生物は，1981年以降死因第1位となり，現在では約4人に1人が悪性新生物で亡くなっている。

オ：妥当である。2019年における転入超過人口（転入－転出）が最も多いのは東京都で，東京圏の3県（神奈川県，埼玉県，千葉県）がこれに続いた。なお，この傾向は2020年も続いたが，2021年には新型コロナウイルスの流行の影響などから，東京都の転入超過数は大幅に減少した。さらに，2022年には再び増加した。

以上から，妥当なものはイとオであり，**4**が正答となる。

データ出所：「令和4年（2022）人口動態統計」（厚生労働省），「住民基本台帳人口移動報告2022年（令和4年）結果」（総務省統計局）

正答　4

市役所上・中級

B日程　〈改題〉

No. 381 社会政策　公的年金制度　平成21年度

わが国の公的年金制度に関する次の記述のうち，妥当なものはどれか。

1　厚生年金は，わが国で最初に導入された公的年金制度である。

2　自営業者や農業者等が国民年金制度に加入することで，「国民皆年金」が実現した。

3　共済年金と厚生年金を統合し，被用者保険を一元化する方針が閣議決定されたが，この一元化はまだ実現に至っていない。

4　年金の完全支給開始年齢は，国民年金が65歳，厚生年金が60歳である。

5　自営業者の被扶養配偶者は国民年金の第３号被保険者に該当し，保険料を支払う必要はない。

解説

1．わが国で最初に導入された公的年金制度は，官吏を対象とする恩給制度である。恩給制度の起源は，1875（明治８）年の海軍退隠令に求められ，1923（大正12）年には各種の恩給制度が恩給法によって統一された。これに対して，厚生年金法の前身である労働者年金保険法は，1941（昭和16）年に制定された。

2．正しい。被用者保険が早くから整備されていたのに対して，自営業者や農業者等を対象とする公的年金制度は，第二次世界大戦後に初めて発足した。すなわち，国民年金法が1959（昭和34）年に制定されたことで，従来の無年金者も公的年金制度に加入することが可能となり，1961（昭和36）年には「国民皆年金」が実現した。

3．被用者保険を一元化する方針が2006年４月に閣議決定され，共済年金の厚生年金への統合は2015（平成27）年10月に実現した。

4．年金の完全支給開始年齢は，国民年金，厚生年金ともに65歳とされている。なお，厚生年金については，現在のところ，65歳未満でも「特別支給の老齢厚生年金」が支給されているため，65歳に達するまで完全な無年金状態に陥るというわけではない。

5．国民年金の第３号被保険者とされているのは，被用者（＝サラリーマンや公務員）の被扶養配偶者（＝専業主婦や専業主夫）である。第３号被保険者は保険料の支払い義務を持たないが，年金の受給権を与えられている。

正答　2

No. 382　C日程　社会政策　**国民年金制度**　〈改題〉　平成22年度

国民年金の被保険者は第1号から第3号まで3種類に区分されており，本人の就業形態が変化すると，それに対応して被保険者の区分も変更される。これに関する次の記述のうち，妥当なものはどれか。

1　親から扶養されていた学生が民間企業に就職した場合，第3号被保険者から第2号被保険者に区分変更される。

2　サラリーマンの無業の妻が年収106万円未満のパートとして働き始めた場合，第3号被保険者から第1号被保険者に区分変更される。

3　サラリーマンの無業の妻が正社員の4分の3以上の労働時間でパートとして働き始めた場合，第2号被保険者から第1号被保険者に区分変更される。

4　正社員がリストラされて無業となった場合，第2号被保険者から第1号被保険者に区分変更される。

5　ニートであった男性が正社員として働き始めた場合，第3号被保険者から第2号被保険者に区分変更される。

解説

国民年金の被保険者は，①民間サラリーマンや公務員等（第2号），②民間サラリーマンや公務員等の「被扶養配偶者（専業主婦〔夫〕）」（第3号），③その他（第1号）に区分されている。第1号被保険者には，自営業者，農業者，学生，フリーター，無職者などが含まれる。

1．親から扶養されていた学生は第1号被保険者，民間サラリーマンは第2号被保険者である。したがって，本枝の場合は，第1号被保険者から第2号被保険者に区分変更される。

2．サラリーマンの無業の妻は，パートで働いていても年収106万円（正確には月収8万8,000円）未満であれば，第3号被保険者であり続ける。ただし，パートとしての1週間の所定労働時間および1か月の所定労働日数が通常の労働者の4分の3以上に達している場合は，年収にかかわらず第2号被保険者とされる。

3．サラリーマンの無業の妻はそもそも第3号被保険者である。また，パートとしての1週間の所定労働時間および1か月の所定労働日数が通常の労働者の4分の3以上に達した場合は，第2号被保険者となる。したがって，本肢の場合は，第3号被保険者から第2号被保険者に区分変更される。

4．正しい。正社員は第2号被保険者，無業者は第1号被保険者に区分される。

5．ニートは無業者で第1号被保険者，正社員は第2号被保険者である。したがって，本枝の場合は，第1号被保険者から第2号被保険者に区分変更される。

正答　4

市役所上・中級 C日程 〈改題〉

No. 383 社会政策 日本の子育ての現状 平成30年度

わが国における子育ての現状に関する次の記述のうち，妥当なのはどれか。

1 保育の受け皿が拡大してきたことを受けて，2019年には待機児童数が前年よりも減少した。

2 保育所を利用する児童や待機児童の数は，いずれも０～２歳児よりも３歳以上の児童のほうが多い。

3 全国の市区町村の９割で待機児童が発生しており，待機児童は都市部よりも地方に集中している。

4 男性労働者の育児休業取得率は10％を下回っており，女性労働者との間には現在もなお大きな格差がある。

5 全国の児童相談所による年間の児童虐待の相談対応件数は2015年度にピークに達し，それ以降は減少傾向にある。

解説

1. 妥当である。保育の受け皿量が増加する一方で，女性の就業率も上昇を続けたため，保育所の申込者数や待機児童数は増加傾向にあった。しかし，2018年以降は前年比で減少するようになり，2021年には初めて１万人を下回った。2023年の待機児童数は2,680人で，調査開始以来最少となった（各年４月１日現在）。

2. 保育所等を利用している児童の過半数は３歳以上である。しかし，2023年４月時点で，待機児童のうち０～２歳の児童は2,436人であるが，３歳以上の児童は244人にすぎない。

3. 2023年４月の時点で，待機児童がいる市区町村は231であり，全国の市区町村の13.3％にすぎない。また，待機児童は主に核家族化が進んだ都市部の問題である。待機児童数が最も多いのは沖縄県で，その他，東京都やその周辺の埼玉県，千葉県，神奈川県，大阪府やその周辺の三重県，滋賀県，兵庫県の待機児童数がこれに次いで多い。

4. 前半が誤り。男性労働者の育児休業取得率は上昇傾向にあり，2022年度には過去最高の17.13％に達した。ちなみに，女性労働者の育児休業率は80％台を推移している。

5. 児童虐待の相談対応件数は2015年度に初めて10万件に達したが，それ以降も過去最高の更新が続き，2022年度には21万9,170件（速報値）となっている。

正答 1

No. 384 B日程 社会政策 日本の介護制度 令和4年度

我が国の介護を取り巻く状況に関する次の記述のうち，妥当なもののみを挙げているものはどれか。

ア　公的介護保険において，介護サービスの利用者の負担割合は所得の多寡に関わらず3割であるが，施設サービスを利用するとさらに食費などの負担も生じる。

イ　公的介護保険の第2号被保険者は，40～64歳の公的医療保険加入者であるが，保険料を納めるのみであり，介護サービスの給付対象ではない。

ウ　公的介護保険の第1号被保険者は，65歳以上の者であり，市町村が保険料を徴収するが，その保険料は市町村によって異なる。

エ　公的介護保険において要介護・要支援に認定された人の数は，2000年に制度が発足してからほぼ横ばいで推移しており，2020年には約200万人であった。

オ　政府は，介護人材の処遇改善に加えて，ICTや介護ロボットを活用した負担軽減による業務環境の改善を通じ，介護人材の確保に総合的に取り組むことを方針としている。

1　ア，エ
2　ア，オ
3　イ，ウ
4　イ，エ
5　ウ，オ

解説

ア：公的介護保険による介護サービスの利用者負担割合は，原則として1割であり，所得に応じて2割あるいは3割の負担となる。ちなみに，利用者負担には所得に応じて1か月単位で限度額が設定されており，限度額を超過した分は，「高額介護サービス費」として払い戻しを受けることができる。

イ：第2号被保険者も，公的介護保険による介護サービスを受けることができる。ただし，第2号被保険者が介護サービスを受けることができるのは，末期がんや筋萎縮性側索硬化症（ALS）など，「特定疾病」によって要介護・要支援となった場合に限定されている。

ウ：妥当である。介護保険の保険者（運営者）は市町村だが，第1号被保険者の保険料は，市町村によって異なる。第2号被保険者の保険料は，加入している医療保険によって異なる。また，第1号・第2号被保険者のいずれも，保険料は収入によっても異なる。

エ：2020年の時点で，要介護・要支援と認定されている人は600万人を超えており，2000年と比べて約3倍に増加している。

オ：妥当である。介護職は重労働のわりに低賃金で，介護の現場では人手不足の問題が生じている。しかも，高齢化に伴って介護の需要は今後ますます高まると見込まれており，介護人材の確保は喫緊の課題となっている。

よって，妥当なものはウ，オであり，正答は**5**である。

正答　5

B日程

No. 385 社会政策 生活保護制度 平成27年度

生活保護制度に関する次の記述のうち，妥当なのはどれか。

1 生活保護は，生活扶助，住居扶助，医療扶助，介護扶助の４種類の扶助から成り，すべて現物給付ではなく金銭給付となっている。

2 生活保護は職権主義をとっており，福祉事務所のケースワーカーや市町村の民生委員によって生活困窮者として認められれば，自動的に給付が開始される。

3 生活保護受給者が，就労や年金等による収入を得ている場合でも，基準額を下回れば，生活保護が優先的に支給される。

4 生活保護を給付される状態からの脱却後の生活の不安定さを解消することを目的として，2014年に就労自立給付金が創設された。

5 生活保護を給付される状態からの脱却を促進するため，福祉事務所を設置する市町村は，生活保護受給者等就労支援事業を実施している。

解説

1．生活保護は，生活扶助，住宅扶助，教育扶助，医療扶助，介護扶助，出産扶助，生業扶助，葬祭扶助の８種類の扶助からなる。また，医療扶助と介護扶助は現物給付（＝施設等を通じて物品やサービスを給付すること）とされているが，その他の扶助は金銭給付（＝物品やサービスを購入するための金銭を給付すること）とされている。

2．生活保護は申請主義をとっており，本人等からの申請を受けて市町村長が認めたときに，はじめて給付が開始される。ただし，差し迫った状況にある場合は，本人等からの申請を待たずに，市町村長が職権で生活保護の開始を決定することができる。

3．生活保護は，本人が利用しうる資産や能力等を活用することを要件として行われる。また，扶養義務者の扶養および他の法律に定める補助が，生活保護に優先して行われる。したがって，生活保護受給者が就労や年金等による収入を得ている場合には，基準額に達しない「不足分」のみが生活保護として支給される。

4．妥当である。2014年に創設された就労自立給付金とは，生活保護受給中に就労による収入があった場合，その一部を仮想的に積み立てておき，生活保護脱却時に積立金相当額を支給するものである。これによって，生活保護脱却後の生活の不安定を解消するとともに，その不安から生活保護脱却に躊躇している生活保護受給者を後押しすることがめざされている。

5．生活保護受給者等就労支援事業は，公共職業安定所（ハローワーク）と福祉事務所（原則として都道府県と市が設置）等が協力し，2005年度から2010年度にかけて実施してきた事業である。同事業は，2011年度から「福祉から就労」支援事業と名称変更し，さらに，2013年度からは生活保護受給者等就労自立促進事業と名称変更している。なお，現在では，生活保護受給者以外にも対象が拡大されている。

正答 4

市役所上・中級

No. 386 C日程

社会政策　日本の医療制度　平成28年度

日本の医療制度に関する次の記述のうち，妥当なのはどれか。

1　日本の公的医療保険における診療報酬制度は包括払い方式を原則としてきたが，近年，政府は出来高払い方式の導入を進めている。

2　増大する社会保障費を抑制するため，政府は後発医薬品（ジェネリック医薬品）の利用を推進しており，その数量シェアについて数値目標も定めている。

3　現在，地域や診療科ごとの医師の偏在が問題となっているが，少子化の進展を受けて医師不足は解消に向かう見込みであり，2000年代以降，医学部の定員は削減されている。

4　混合診療とは，公的医療保険が適用される保険診療と患者が自己負担で受ける自由診療を併用した診療のことであり，2016年４月からは全面解禁されている。

5　高齢化の進展に伴い国民医療費が増加していることから，医療機関の窓口における公的医療保険の自己負担割合が，患者本人の年齢に関係なく３割に統一された。

解説

1．日本の公的医療保険における診療報酬制度は出来高払い方式を原則としてきたが，近年，政府は包括払い方式の導入を進めている。出来高払い方式では，実際に提供されたサービスの項目と数量に応じて医療機関に報酬が支払われる。これに対して，包括払い方式では，疾患ごとに定められた診療報酬が医療機関に支払われる。

2．妥当である。後発医薬品（ジェネリック医薬品）は，先発医薬品と同等の効果が期待されるにもかかわらず，研究開発に要する費用が低く抑えられるため，安価で提供される。そこで，政府は後発医薬品の数量シェアについて数値目標を掲げ，その普及を推進している。現在の目標は，「2023年度末までに後発医薬品の数量シェアを，すべての都道府県で80％以上」とするというものである。

3．医師不足に対応するため，2008年以降，政府は医学部の定員を引き上げてきた（2020年度を除く）。また，2017年４月には，38年ぶりの医学部新設（国際医療福祉大学）も行われた（震災復興を目的とした旧東北薬科大学での医学部新設を除く）。ただし，将来的には医師の供給過剰が見込まれるため，現在，政府は医学部の定員削減も検討している。

4．混合診療は，現在も原則として禁止されている。ただし，2016年４月には患者申出療養制度が創設され，患者が国内で実績のない新しい治療や投薬などを希望する場合，一定の条件の下で混合診療が認められることとなった。

5．医療機関の窓口における公的医療保険の自己負担割合は，現在でも患者本人の年齢により異なっている。すなわち，義務教育就学前は２割，義務教育就学から69歳までは３割，70歳から74歳までは２割（現役並み所得者は３割），75歳以上は１割（一定以上所得者は２割，現役並み所得者は３割）とされている。

正答　2

市役所上・中級

No. 387 A日程

社会政策　社会手当　平成29年度

社会手当に関する次の記述のうち，妥当なのはどれか。

1　児童手当は，児童および児童を養育する者に必要な支援を行うものであるが，その趣旨から支給対象者は小学生に限られている。

2　児童手当の支給額（月額）は，第１子および第２子は一人5,000円，第３子以降は一人3,000円とされている。

3　児童手当の財源は，国および地方公共団体による公費負担を原則とするが，その一部については，児童手当を受給している児童の保護者等を雇用する一部の事業主も負担している。

4　児童扶養手当は，ひとり親家庭に対する支援であるが，現行制度では母子家庭のみが対象とされており，父子家庭には支給されていない。

5　特別児童扶養手当は，満20歳未満の障害児を自宅で監護・養育している父母等に支給されるが，支給の可否や支給額は，父母等の所得や障害の度合いに応じて決定されている。

解説

1．児童手当の支給対象者は，「０歳から中学校卒業までの児童」とされている。

2．児童手当の支給額（月額）は，年齢によって異なる。①０～３歳未満は一人15,000円，②３歳～小学校修了までは一人10,000円（第３子以降は一人15,000円），③中学生は一人10,000円とされている。所得制限も設けられているが，当分の間の特例給付として，所得制限限度額以上，所得上限限度額未満の世帯にも一律に一人5,000円が支給されている。

3．従業員に子どもがいない場合でも，事業主は子ども・子育て拠出金を負担しなければならない。児童の育成にかかる費用は社会全体で負担するべきであるとする考えに基づいた措置である。子ども・子育て拠出金は，児童手当や子育て支援事業，仕事と子育ての両立支援事業などに充てられる。

4．児童扶養手当はひとり親家庭に対する支援であり，かつては母子家庭のみを支給対象としていた。しかし，2010年に実施された制度改正により，現在では父子家庭にも支給されている。

5．妥当である。特別児童扶養手当は，精神または身体に障害を有する児童について手当を支給することにより，これらの児童の福祉の増進を図ることを目的としている。

正答　5

No. 388 B日程 国際関係 国際連合 令和4年度

国際連合に関する次の記述のうち，妥当なものはどれか。

1 総会は，すべての加盟国が参加し，一国一票の原則の下，国際社会共通の関心事項につき，討議する。これは国際社会の民主化を体現したものであり，その決定は各加盟国に対して法的拘束力を持つ。

2 安全保障理事会は常任理事国である5か国と非常任理事国である10か国で構成され，その決定は全会一致によって行われる。そのため，冷戦期にはソ連の頻繁な反対投票により，安全保障理事会は機能不全に陥った。

3 PKOは，国連憲章第6章において，侵略行為に対する国連の唯一の軍事的措置である旨が規定されているが，現在は武力紛争終結後に停戦を監視して再発を防止し，紛争の平和的解決をめざす活動としての機能も有している。

4 ガリ事務総長が提出した「平和への課題」を踏まえ，平和強制部隊が派遣されたソマリアでのPKOは失敗した。その後に提出された「平和への課題・追補」では，PKOは伝統的な原則に従うことが必要とされた。

5 伝統的な国家安全保障では，現代の人々の生存を脅かす様々な事態への対処が難しいため，「人間の安全保障」が国連憲章に明記された。この「人間の安全保障」の規定は，イラク戦争の際に，安全保障理事会による対イラク武力行使容認決議の法的根拠となった。

解説

1. 総会による決議は勧告的効力を持つにとどまり，法的拘束力を持たない。これに対し，安全保障理事会による決議は，法的拘束力を持つ。

2. 安全保障理事会による決議は，9理事国以上の賛成による。ただし，実質事項については，9理事国以上の賛成に加え，拒否権を発動する常任理事国が存在しないことも要件となる。

3. PKO（国連平和維持活動）は，もともと紛争の平和的解決を促すことを目的とした，停戦監視などの諸活動を意味する。また，紛争の平和的解決をめざす活動と国連憲章第6章に定められているのは紛争の平和的解決に関してであり，国連軍による軍事的措置に関しては国連憲章の第7章に定めがある。ちなみに，国連憲章にはPKOに関する明文の規定がなく，第6章と第7章の中間的性質を持つことから，PKOは「6章半的活動」と呼ばれている。

4. 妥当である。1990年代，第二次国連ソマリア活動（UNOSOM Ⅱ）は，内戦が勃発していたソマリアに平和を「強制」するものであり，停戦合意がなく，重装備の部隊が派遣されるなど，従来のPKOとは異質なものだった。だが，かえって事態が泥沼化する結果となり，撤退に至った。

5. 国連憲章に「人間の安全保障」は明記されておらず，2003年に勃発したイラク戦争における武力行使は，安全保障理事会の決議に基づくものではなかった。なお，「人間の安全保障」とは，個々の人間を守ろうという安全保障の概念のことである。また，イラク戦争は，イラクの大量破壊兵器の保有などを口実として，アメリカなどがイラクに侵攻した戦争だったが，後にイラクに大量破壊兵器はなかったことが発覚し，その正当性に疑問が呈された。

正答 4

市役所上・中級

No. 389 B日程

国際関係　保護する責任　平成28年度

2005年国際連合首脳会合における成果文書では,「保護する責任(“responsibility to protect”)」が定められた。これに関する次の記述のうち,妥当なのはどれか。

1 自国民をテロリストから保護する責任は国家にある。この場合において,個別的自衛権のみならず集団的自衛権を行使することも認められる。

2 民族浄化,ジェノサイドなどから国民を保護する責任は,第一義的には国家が有するが,国家がその責任を行使できないときは,国際社会が協力して行う。

3 国内少数者への人権侵害への保護については,国際連合ではなく,北大西洋条約機構(NATO)や東南アジア諸国連合(ASEAN)などの地域機構が担う。

4 国際連合加盟国の民主体制の保護は,国際連合ではなく,北大西洋条約機構(NATO)や東南アジア諸国連合(ASEAN)などの地域機構が担う。

5 国際人道法違反の潜在的被害者の保護は,国際連合難民高等弁務官事務所(UNHCR)ではなく,国際刑事裁判所(ICC)が担う。

解説

1. 保護する責任は,人々を集団殺害などの犯罪から保護することを目的として唱えられた概念である。したがって,国家の安全保障を目的とした個別的自衛権や集団的自衛権の行使は,保護する責任とは直接関係しない。

2. 妥当である。成果文書では,次のように言及された。「各々の国家は,集団殺害,戦争犯罪,民族浄化および人道に対する罪からその国の人々を保護する責任を負う。(中略)われわれは,仮に平和的手段が不十分であり,国家当局が集団殺害,戦争犯罪,民族浄化および人道に対する罪から自国民を保護することに明らかに失敗している場合は,適切な時期に断固とした方法で,安全保障理事会を通じ,第7章を含む国連憲章に則り,個々の状況に応じ,かつ適切であれば関係する地域機関とも協力しつつ,集団的行動をとる用意がある」。

3. 国内少数者への人権侵害への保護については,当該国家が一義的責任を負うとされた。

4. 保護する責任は,人々を集団殺害などの犯罪から保護することを目的として唱えられた概念である。国際連合加盟国の民主体制の保護を目的として唱えられたものではない。

5. 国際人道法違反の潜在的被害者(国内避難民など)については,国連難民高等弁務官事務所(UNHCR)などがこれを保護している。国際刑事裁判所(ICC)は,国際人道法の重大な違反があった場合に,犯罪実行者を処罰する役割を担う。

正答　2

No. 390 C日程

国際関係　国際社会観　令和2年度

国際社会観に関する次の文中の空欄ア～ウに当てはまる語句の組合せとして，妥当なのはどれか。

秩序ある国際社会を実現することはできるのだろうか。この問題について考えるに当たり，国際関係論には3つの伝統がある。1つ目は，国家間の関係を「万人の万人に対する闘争」状態とみなす「ホッブズ的伝統」であり，これは（　ア　）と言い換えることができる。2つ目は，人間どうしのトランスナショナルな紐帯による国際社会の実現を求める「カント的伝統」であり，これは（　イ　）と言い換えることができる。3つ目は，国家間の経済的・社会的交流を重視して，秩序ある国際社会は（　ウ　）によって成立すると考える「グロティウス的伝統」である。

	ア	イ	ウ
1	現実主義	コスモポリタン主義	国家間のルールや制度
2	現実主義	コスモポリタン主義	各国内の民主的多数派
3	コスモポリタン主義	現実主義	国家間のルールや制度
4	コスモポリタン主義	現実主義	各国内の民主的多数派
5	コスモポリタン主義	現実主義	人類共通の道徳的理性

解説

英国学派の国際政治学者らによる，国際社会観の類型化に関する問題である。

ア：「現実主義」が当てはまる。現実主義とは，国家間の関係はアナーキー（無秩序）な状態にあり，各国は常に国益の増進をめざして他国とパワーポリティクス（権力政治）を繰り広げているとみなす理論のことである。なお，T. ホッブズは，『リヴァイアサン』において，人間が社会契約によって国家を創設する以前の自然状態は，各人が自己保存のために敵対し合う「万人の万人に対する闘争」状態であるとしている。

イ：「コスモポリタン主義」が当てはまる。コスモポリタン主義（コスモポリタニズム）とは，人類は国家を超越して世界規模で連帯しなければならないとする思想のことである。日本語では，「世界市民主義」などと訳されている。I. カントは，『永久平和のために』において，国際的平和機構の創設を唱えるなど，穏健ながらもコスモポリタン主義的な主張を展開している。

ウ：「国家間のルールや制度」が当てはまる。H. グロティウスは，『戦争と平和の法』を著して国際法を論じた法学者で，「国際法の父」と呼ばれている。グロティウス的伝統では，各国は国益を巡って他国と対立することがある一方で，ルールや制度の下にあって協調し，共通の価値や利益の実現をめざす関係にもあると考えられている。グロティウス的伝統は，ホッブズ的伝統とカント的伝統の中間的な国際社会観といえる。

よって，正答は**1**である。

正答　1

市役所上・中級

No. 391 B日程 国際関係 **アメリカの核政策** 平成29年度

アメリカの核政策に関する次の記述のうち，妥当なのはどれか。

1 第二次世界大戦中，アインシュタインを含む科学者たちによる反対があったにもかかわらず，トルーマン大統領は原子爆弾の開発を推進した。

2 原子爆弾の開発に成功した後，アメリカは原子力の国際管理に関するバルーク案を国連に提出し，第二次世界大戦後には同案に基づいて国際原子力機関（IAEA）が創設された。

3 1995年，部分的核実験禁止条約（PTBT）の無期限延長が決議された際，包括的核実験禁止条約（CTBT）が採択され，その後，アメリカなどの核兵器国の批准によって発効した。

4 1995年，原爆投下を行ったエノラ・ゲイの展示会がスミソニアン博物館で企画された際，在郷軍人会の反対運動が起こったが，一切の予定を変更せずに展示会はそのまま開催された。

5 2009年，オバマ大統領はプラハにおいて「核なき世界」に向けた演説を行い，その理念と取組みが評価され，就任後１年にも満たない時点でノーベル平和賞を受賞した。

解説

1．アインシュタインを含む科学者たちは，1939年にF.ローズヴェルト大統領へ書簡を送り，原子爆弾の開発を提言した。その背景には，アメリカよりも先にドイツが原子爆弾を開発するのではないかという懸念があったとされている。その後，1940年代初頭からマンハッタン計画が開始され，原子爆弾が開発されることとなったが，これを推進したのもF.ローズヴェルト大統領であった。

2．アメリカは，第二次世界大戦後の1946年に，原子力の国際管理に関するバルーク案を国連原子力委員会に提出した。しかし，同案はソ連の反対にあって実現せず，提案されていた国際原子力開発機関（IADA）が設立されることはなかった。なお，国際原子力機関（IAEA）は，アメリカのアイゼンハワー大統領の提案（1953年）に基づき，1957年に発足した国際機関である。

3．1995年に無期限延長が決まったのは，核拡散防止条約（NPT）である。また，包括的核実験禁止条約（CTBT）は，1996年に国連総会で採択されたが，アメリカや中国などが未批准であるため，現在でも発効していない。

4．1995年，エノラ・ゲイの展示会がスミソニアン博物館（国立航空宇宙博物館）で企画された際，原爆被害や歴史的背景についても触れるという展示方法がとられたため，在郷軍人会の反対運動が起こった。そこで，原爆被害や歴史的背景の説明を省略し，規模を大幅に縮小する形で，展示会は開催されることとなった。

5．妥当である。オバマ大統領は，核なき世界に向けて積極的に取り組む姿勢を示したことから，就任後まもない時期であるにもかかわらず，ノーベル平和賞を受賞した。これにより，ノーベル平和賞を受賞したアメリカの歴代大統領は４人となった（T.ローズヴェルト，ウィルソン，カーター，オバマ）。

正答 5

No. 392 B日程 国際関係 核兵器等の国際的な管理 令和3年度

核兵器等の国際的な管理に関する次の記述のうち，妥当なのはどれか。

1 核兵器不拡散条約（NPT）は，米・露・英・仏・中の５か国を「核兵器国」として定める一方，「核兵器国」以外の国への核兵器の拡散を防止することを目的とした条約である。

2 国際原子力機関（IAEA）は，発電の目的にのみ原子力の利用を認めており，安全な原子力発電の国際的普及を目的とした機関である。

3 包括的核実験禁止条約（CTBT）は，地上での核実験を禁止する条約であり，すべての核兵器保有国を含む100か国以上で批准され，発効している。

4 ASEAN 地域フォーラム（ARF）は，アジア地域の非核化を目的として設立された会合であり，この地域の非核化を実現するため，現在，インドおよび中国との加盟交渉を行っている。

5 日本の非核三原則は，核兵器を「持たず」「作らず」「使用せず」という原則であり，現行の日米安全保障条約に，これらを堅持する旨が明記されている。

解説

1．妥当である。核兵器不拡散条約（NPT）は，米・露・英・仏・中の５か国を「核兵器国」と定め，「核兵器国」以外への核兵器の拡散を防止することを目的としている。なお，同条約では，「核兵器国」を「この条約の適用上，『核兵器国』とは，1967年１月１日以前に核兵器その他の核爆発装置を製造しかつ爆発させた国をいう」としている。

2．国際原子力機関（IAEA）は，原子力の平和的利用を促進するとともに，原子力が平和的利用から軍事的利用に転用されることを防止することを目的として設立されたが，原子力の利用について，「発電のみ」を認めているわけではない。具体的には，平和的利用が想定される例として，宇宙・海洋の開発，医学，農業，工業分野での活用も挙げられる。

3．包括的核実験禁止条約（CTBT）は，宇宙空間，大気圏内，水中，地下を含むあらゆる空間における核兵器の実験的爆発および他の核爆発を禁止する内容を柱としているが，アメリカ，インド，パキスタン等の核兵器保有国が参加していないため，発効の見通しは立っていない。ちなみに，2024年１月現在で，署名国は187か国，批准国は177か国である。署名済みで未批准国はアメリカ，中国，エジプト，イラン，イスラエルなどであり，署名も批准もしていない国は北朝鮮，インド，パキスタンなどである。

4．ASEAN 地域フォーラム（ARF）は，アジア地域の非核化を目的とした会合ではなく，政治・安全保障問題に関する対話と協力を通じ，アジア太平洋地域の安全保障環境を向上させることを目的とした会合であり，1994年から開催されている。また，加盟している国・地域・機関は，アメリカ，インド，オーストラリア，カナダ，韓国，北朝鮮，スリランカ，中国，日本，ニュージーランド，パキスタン，パプアニューギニア，バングラデシュ，東ティモール，モンゴル，ロシア，ASEAN10か国，欧州連合（EU）であり，インドおよび中国はすでに加盟している。

5．日本の非核三原則は，核兵器を「持たず」「作らず」「持ち込ませず」という原則であり，政府による決定や，国会における決議でたびたび表明されているものの，日米安全保障条約においてこれらに触れた条文はない。

正答 1

市役所上・中級

C日程

No. 393 国際関係 ポスト冷戦時代の戦争 平成26年度

ポスト冷戦時代の戦争に関する次の記述のうち，妥当なのはどれか。

1 イラクによるクウェート侵攻に見られるように，領土的拡張をめざす紛争が生じており，国際連合憲章第7章に基づく国連軍の派遣がなされている。

2 インドとパキスタンとの間のカシミール地方における紛争のように，石油資源を巡って大国が介入する例が増えている。

3 旧ユーゴ紛争のように，言語や文化，宗教のようなエスニック的要因による紛争が多発し，周辺地域へも波及している。

4 アメリカによるタリバン政権の転覆をめざしたアフガニスタンでの戦争のように，経済体制を巡るイデオロギー対立を断層線とする紛争が頻発している。

5 ソマリア紛争に見られるように，旧植民地の宗主国による帝国主義戦争が再開し，さらに国際連合による平和維持活動が撤退するという事態が生じている。

解説

1. 国際連合憲章第7章に基づく国連軍の派遣は，これまで一度も行われたことがない。イラクのクウェート侵攻に対して派遣されたのは，アメリカを中心とする多国籍軍である。多国籍軍は，国連安全保障理事会の決議を得たうえで，各国軍が協調して軍事活動を行う点に特徴がある。

2. カシミール紛争はカシミール地方の領有権を巡る国境紛争であるが，石油資源を巡る争いではない。なお，カシミール紛争の主な当事国はインドとパキスタンであるが，一部地域の領有権を巡り，インドと中国も争っている。

3. 妥当である。旧ユーゴは多民族国家であったため，民族間の対立によって分裂し，現在ではセルビア，モンテネグロ，ボスニア・ヘルツェゴビナ，クロアチア，北マケドニア，スロベニアなどが分立している。

4. アメリカによるタリバン政権への攻撃は，2001年の9・11同時多発テロを契機に「反テロ戦争」として行われたものである。したがって，これを「経済体制を巡るイデオロギー対立を断層線とする紛争」と位置づけるのは妥当ではない。

5. ソマリア紛争は，現地勢力による権力闘争として勃発したものである。したがって，これを「旧植民地の宗主国による帝国主義戦争」と位置づけるのは妥当ではない。

正答 3

市役所上・中級

C日程

No. 394

国際関係　アメリカの政権と戦争　平成28年度

アメリカ合衆国の各政権において行われた戦争に関する次の記述のうち，妥当なのはどれか。

1　ウィルソン政権は，第一次世界大戦が勃発するとともに武器貸与法を成立させ，ドイツと戦うイギリスを積極的に支援した。その後，ドイツの無制限潜水艦作戦をきっかけとして，ドイツに対して宣戦布告を行い，第一次世界大戦後に参戦した。

2　F.ローズヴェルト政権は，日本による「満州」や中国，東南アジアへの進出に反対しつつも，一貫して対日交渉を継続した。そして，真珠湾攻撃があるまでは第二次世界大戦に参戦せず，対日経済制裁を行うこともなかった。

3　トルーマン政権は，朝鮮戦争が勃発すると，国際連合安全保障理事会の決議を取り付け，「国連軍」の中心として参戦した。その後，中華人民共和国が義勇軍を派遣すると，マッカーサーが中国本土への核兵器の使用を強く主張したため，トルーマン大統領は彼を解任した。

4　ケネディ政権は，ベトナムのホーチミン政権への介入方針を改め，「紛争のベトナム化」を唱えて同国から軍を撤退させた。その後，ホーチミン政権が南北ベトナムを統一したことから，ケネディ大統領は統一ベトナムとの国交を正常化した。

5　レーガン政権は，イラクのフセイン政権がクウェートに侵攻すると，国際連合安全保障理事会の決議なしに多国籍軍を組織してイラク軍と交戦した。そして，ソ連がこれを批判したことから米ソ関係が悪化し，いわゆる新冷戦の時代に突入した。

解説

1. 武器貸与法は，第二次世界大戦の勃発に際して，F.ローズヴェルト政権がイギリスを支援するために成立させたものである。これに対して，第一次世界大戦が勃発した際には，当初，ウィルソン政権は厳正中立の方針をとっていた。中立政策が転換されたのは，ドイツが無制限潜水艦作戦を展開した後のことであった。

2. F.ローズヴェルト政権は，日本の対外進出が進む中で対日交渉を継続したが，その一方で経済制裁も実施した。特に，日本軍がフランス領インドシナへ進駐した後は，イギリス，中国，オランダなどと協力して対日石油禁輸に踏み切った（ABCD包囲網）。

3. 妥当である。朝鮮戦争では，アメリカを中心とする「国連軍」（実際には国連安保理決議を受けて派遣された多国籍軍）と北朝鮮軍・中国義勇軍が戦火を交えた。その過程において，国連軍の司令官を務めていたマッカーサーは中国東北部への原爆使用を強く主張し，トルーマン大統領から解任された。

4. 「紛争のベトナム化」（＝紛争をベトナム人自身の手にゆだねること）を唱えてベトナムからアメリカ軍を撤退させたのは，ニクソン政権である。また，統一ベトナムは，長らくアメリカと国交断絶の状態にあったが，ドイモイ（刷新）政策を採用して市場開放に踏み切ったことで，アメリカとの関係改善が進み，クリントン政権の下で両国の国交が正常化した。

5. イラクのフセイン政権がクウェートに侵攻すると，ブッシュ（父）政権が国際連合安全保障理事会の決議を取り付けたうえで，多国籍軍を組織してイラク軍と交戦した。ソ連もこれを支持しており，イラク侵攻で米ソ関係が悪化したという事実はない。また，新冷戦とは，1979年にソ連がアフガニスタンへ侵攻したことをきっかけに生じたもので，主に第1期レーガン政権の下で展開された。

正答　3

市役所上・中級
B日程

No. 395 国際関係 集団安全保障 令和元年度

集団安全保障に関する次の記述のうち，妥当なのはどれか。

1 集団安全保障とは，敵対関係にある国々も含めて一つの同盟に加わり，同盟国どうしが相互に牽制し合うことによって戦争を抑止することをいう。こうした仕組みを採用した国際機関の例として，国際連盟がある。

2 集団安全保障とは，自国と密接な関係にある同盟国が攻撃されれば，その攻撃を自国に対する攻撃とみなして同盟国全体で報復することをいう。こうした仕組みを採用した国際機関の例として，北大西洋条約機構（NATO）がある。

3 集団安全保障とは，紛争当事国からは中立的な立場にある第三国が紛争の停止や停戦の監視などの業務を行うことをいう。国際連合によるこうした業務は，国連平和維持活動（PKO）と呼ばれている。

4 集団安全保障とは，同盟国間をイデオロギー的に均質化することを目的として，同盟国に対して必要に応じ，軍事力を行使することをいう。こうした仕組みを採用した国際機関の例として，ワルシャワ条約機構がある。

5 集団安全保障とは，軍事力のみならず経済的な関係を強化することによって，同盟国どうしの信頼を醸成することをいう。近年では，東南アジア諸国連合地域フォーラム（ARF）がその役割を担っている。

解説

1. 妥当である。集団安全保障とは，潜在的に敵対関係にある国どうしも含めて一つの大きな国家同盟を結成し，その中で平和を乱した加盟国があれば，他の加盟国が団結してその国を制裁することを予め取り決めておくことによって，平和を維持する仕組みのことである。国際連合やその前身の国際連盟は，集団安全保障のための国際機関である。

2. 集団的自衛権に関する記述だから，誤り。なお，NATOはもともと，東西冷戦期において結成されたアメリカを中心とする西側諸国の軍事同盟である。

3. 国際連盟ではPKOのような活動はなく，国連創設時にもこのような活動は想定されていなかった。ゆえに，国連憲章に明文の規定はない。第6章（紛争の平和的解決）と第7章（軍事的強制措置）の中間的性質を有することから，「第6章半的活動」と呼ばれている。

4. 第二次世界大戦後にアメリカやソ連が国際連合に加盟したように，集団安全保障では同盟国間のイデオロギー的均質性は必要とされない。なお，ワルシャワ条約機構は，東西冷戦期にNATOに対抗して結成された，ソ連を中心とする東側諸国の軍事同盟である。1968年に同盟国のチェコスロバキアで民主化運動（プラハの春）が起きると，軍事介入を行い，運動を弾圧した。

5. 国家間の経済関係の深化と集団安全保障に直接的な関係はない。また，ARFはアジア・太平洋地域における政治・安全保障に関するフォーラムであり，経済に関するフォーラムではない。東南アジア諸国連合（ASEAN）の加盟国のほか，日本やアメリカ，中国などが参加している。

正答 1

No. 396 A日程 国際関係 第二次世界大戦後の日本外交 平成21年度

第二次世界大戦後の日本外交に関する次の記述のうち，妥当なものはどれか。

1 わが国は，1950年に日米安全保障条約を締結しており，その直後に勃発した朝鮮戦争では在日米軍が朝鮮半島に出動した。

2 わが国は，1956年にソ連と日ソ共同宣言に調印したが，現在もロシアとは平和条約を締結していない。

3 わが国は，1977年に福田ドクトリンを発表し，東南アジアの反共諸国と密接な政治的・経済的関係を築く方針を明らかにした。

4 わが国は，1972年に中華人民共和国と日中共同声明を発表した後も台湾政府とは断交せず，２つの中国と国交を持ち続けた。

5 わが国は，1991年に韓国と北朝鮮が国連に同時加盟したことを契機として，北朝鮮との間に国交を開いた。

解説

1．朝鮮戦争（1950～53年）の勃発をきっかけとして，アメリカはわが国を反共防波堤として利用することを目論むようになった。そこで1951年に，サンフランシスコ講和条約を締結してわが国の独立を認めるとともに，日米安全保障条約を締結して事実上の同盟関係を築いた。

2．正しい。1956年，鳩山一郎首相は病身を押してモスクワを訪問し，日ソ共同宣言に調印した。これによって，日ソ間の国交正常化，日本の国連加盟に対するソ連の支持，平和条約締結後の歯舞・色丹両島の返還などが決まったが，現在に至るまで，日ロ間の平和条約は締結されていない。

3．福田ドクトリン（1977年）では，①わが国は軍事大国とならないこと，②東南アジア諸国との間に「心と心の触れ合う相互信頼関係」を築くこと，③わが国は対等の協力者として東南アジア全域の平和と繁栄に寄与すること，などの方針が打ち出された。したがって，福田ドクトリンは反共諸国のみを対象としたものではなく，また，政治・経済関係のみを重視したものでもない。

4．わが国は，日中共同声明（1972年）によって中華人民共和国との国交を正常化するとともに，日華平和条約の終了を宣言して台湾政府とは断交した。

5．東西冷戦の終結に伴って，ロシアや中国が韓国と国交を開き，アメリカや日本などが北朝鮮と国交を開くというクロス承認構想の実現がめざされるようになった。前者についてはすでに実現しているが，後者については北朝鮮の核問題が障害となり実現していない。なお，1991年に南北朝鮮の国連同時加盟が実現したという点は事実である。

正答 2

市役所上・中級

No. 397 B日程

国際関係　日本の外交　平成18年度

わが国の戦後の外交に関する次の記述のうち，妥当なものはどれか。

1　わが国は1951年にアメリカと日米安全保障条約に調印し，米軍の基地使用に関する事前協議制度を導入した。

2　わが国は1951年の独立回復直後に韓国と日韓基本条約に調印し，関係修復を成し遂げたことから，韓国はわが国の国連加盟に際してこれを積極的に支持した。

3　わが国は1956年にソ連と日ソ平和友好条約に調印したが，北方領土の返還については合意がなされず，解決は先送りされた。

4　わが国は1972年に中国と日中平和友好条約に調印し，第二次世界大戦の相手国としては最も多額の戦後賠償を支払うことで合意した。

5　わが国はフィリピンなどへの戦後賠償の支払いに際して，各国が購入する日本製品の代金を日本政府が民間に支払うという形をとった。

解説

1．1951年の日米安全保障条約は，アメリカの日本防衛義務や米軍の基地使用に関する事前協議制度を欠いており，その意味では片務的条約であった。これらの点は，岸内閣の下で1960年に行われた安保改定により解消した。

2．日韓基本条約は，佐藤内閣の下で1965年に調印された。また，わが国は鳩山内閣の下で1956年に国連へ加盟したが，その際には日ソ共同声明の発表を受けたソ連の支持が大きな役割を果たした。

3．わが国は，鳩山内閣の下で1956年に日ソ共同宣言に調印した。北方領土については，歯舞諸島・色丹島を平和条約の締結後に返還することで合意が成立したが，事実上，解決が先送りされた。

4．わが国は，田中内閣の下で1972年に日中共同声明を発表し，両国間の国交を正常化した。日中平和友好条約は，福田内閣の下で1978年に調印された。なお，日中共同声明によって中国は対日賠償請求を放棄しており，その後，わが国は賠償に代えて同国への経済援助を行った。

5．正しい。東南アジア諸国に対しては，1955年から1977年まで賠償が支払われたが，その際，東南アジア諸国が購入する日本製品の代金を日本政府が民間に支払うという形がとられたため，これを契機として日本製品が同地域の市場に進出した。また，賠償を補完する目的で経済援助も実施された。

正答　5

No. 398 C日程

憲法　適正手続きの保障　平成29年度

適正手続きの保障に関する次の記述のうち，妥当なのはどれか。

1　緊急逮捕は，逮捕状を取得している時間的な余裕がない緊急事態にのみ認められているので，たとえ事後的に裁判官の令状の発付を受けなくても許される。

2　接見交通権は，刑事訴訟法で制度化されているものにすぎないため，憲法34条の弁護人依頼権に由来するものではない。

3　死刑制度は憲法上認められているので，その方法が残虐性を有すると認められる場合であっても憲法違反かどうかの問題は生じない。

4　起訴状に記載されていない犯罪事実を，いわゆる余罪として認定し，事実上これを処罰する趣旨で量刑の資料に考慮することも，憲法31条に違反せず許される。

5　国税犯則取締法上の質問検査手続きは，行政手続きではあるものの，実質上刑事責任の追及のための資料の取得収集に直接結びつく作用を有するため，供述拒否権の保障が及ぶ。

解説

1．判例は，緊急逮捕（刑事訴訟法210条）について，「罪状の重い一定の犯罪のみについて，緊急やむをえない場合に限り，逮捕後直ちに裁判官の審査を受けて逮捕状の発行を求めることを条件とし，被疑者の逮捕を認めることは，憲法33条規定の趣旨に反するものではない」としており（最大判昭30・12・14），事後的に裁判官の令状の発付を受けない場合には，緊急逮捕は違法となる。

2．接見交通権とは，簡単にいえば弁護人との面会権のことである。憲法は「何人も，理由を直ちに告げられ，且つ，直ちに弁護人に依頼する権利を与へられなければ，抑留又は拘禁されない」と規定して（同34条前段），基本的人権の１つとして弁護人依頼権を保障している。そして，被疑者の弁護権のうちで最も重要なのが逮捕・勾留中の被疑者と弁護人との接見交通権である。なぜなら，逮捕・勾留中に不当な自白を強要されないようにするなど，被疑者の権利を保障するには接見交通権は重要な役割を果たすからである。そのため，接見交通権は憲法34条の弁護人依頼権に由来する権利とされている。

3．判例は，「死刑の執行の方法等が，火あぶり，はりつけ，さらし首，釜ゆでの刑のごとき人道上の見地から一般に残虐性を有するものと認められる場合には，憲法36条の公務員による残虐な刑罰の禁止に違反することになるが，刑罰としての死刑そのものが，一般に直ちに同36条のいわゆる残虐な刑罰に該当するとは考えられない」とする（最大判昭23・３・12）。

4．判例は，「余罪は，公訴事実として起訴されていない犯罪事実であるにもかかわらず，実質上これを処罰する趣旨でこれを認定考慮することは，刑事訴訟法の基本原理である不告不理の原則（『訴えなければ裁判なし』という原則）に反し，憲法31条にいう，法律に定める手続きによらずして刑罰を科することになる」とする（最大判昭41・７・13）。

5．妥当である。判例は，「国税犯則取締法上の質問調査の手続きは，犯則嫌疑者については，自己の刑事上の責任を問われるおそれのある事項についても供述を求めることになるもので，『実質上刑事責任追及のための資料の取得収集に直接結びつく作用を一般的に有する』ものというべきであって，憲法38条１項の規定による供述拒否権の保障が及ぶ」とする（最判昭59・３・27）。

正答　5

No. 399 B日程

憲法　憲法の規範的性質　平成30年度

憲法の規範的性質に関するア～オの記述のうち，妥当なもののみをすべて挙げているのはどれか。

ア．憲法が国家統治に関する基本法であるとすれば，憲法は国家の組織および権力作用を定める組織規範としての性質を有する。

イ．憲法は，教育を受ける義務，勤労の義務，納税の義務を国民に課しているが，これらは国家の構成員として当然のことであって，憲法は義務規範性を有する。

ウ．憲法が国家権力の行使に正当性を付与するという意味においては，憲法は国家機関に具体的な権能を授与する授権規範としての性質を有する。

エ．それぞれの国家機関は憲法によって授権された範囲でしか権限を行使できないという意味では，憲法は制限規範となりうる。

オ．憲法が国の最高法規であるといわれるのは，憲法に反する下位の法規範は効力を有しないということを唯一の根拠としている。

1 ア，イ，オ
2 ア，ウ，エ
3 ア，エ，オ
4 イ，ウ，エ
5 イ，ウ，オ

解説

ア：妥当である。

イ：憲法は，勤労の義務と納税の義務を国民に課している（同27条1項，30条）。しかし，自ら教育を受ける義務は課しておらず，課しているのは，保護する子女に「教育を受けさせる義務」である（同26条2項前段）。

ウ：妥当である。憲法が，国家機関に具体的な権能を授与することによって，国家権力の行使に正当性を付与することになるからである。

エ：妥当である。憲法によって授権された範囲でしか権限を行使できないというのは，憲法によって権力を制限されるということになるからである。

オ：憲法が国の最高法規である（同98条1項）といわれるのは，憲法に反する下位の法規範は効力を有しないということのほか，憲法が基本的人権を保障していること（同97条）などを根拠としている。

以上から，妥当なものはア，ウ，エの3つであり，**2**が正答となる。

正答　**2**

憲法　学問の自由　令和4年度

学問の自由に関する次の記述のうち，判例に照らし，妥当なものはどれか。

1　学問の自由は，大学における学問の自由を保障することを狙いとしており，広くすべての国民に対して学問の自由を保障することを意図していない。

2　学問の自由は，大学の教授その他の研究者が，研究の結果を大学の講義または演習において教授する自由までは保障していない。

3　大学における学問の自由を保障するために大学の自治が認められているが，これは大学の施設と学生の管理について認められ，大学内の人事については認められていない。

4　大学の学生が大学当局が自治的に管理している施設を利用することができるのは，大学の本質に基づき，大学の教授その他の研究者の有する特別な学問の自由と自治の効果としてである。

5　大学が公認した学内団体が，大学の教室を使って政治的集会を行っている場に警察官が立ち入ることは，大学の学問の自由と自治を明らかに侵害する。

解説

本問は，東大ポポロ事件（最大判昭38・5・22）を素材とする出題である。

1．判例は，憲法23条が学問の自由はこれを保障すると規定したのは，一面において，「広くすべての国民に対してそれらの自由を保障する」とともに，他面において，大学が学術の中心として深く真理を探究することを本質とすることに鑑みて，特に大学におけるそれらの自由を保障することを趣旨としたものとする。

2．判例は，大学において教授その他の研究者がその専門の研究の結果を教授する自由は，これを保障されると解する。すなわち，「教授その他の研究者は，その研究の結果を大学の講義または演習において教授する自由を保障される」とする。

3．判例は，大学における学問の自由を保障するために，伝統的に大学の自治が認められているとするが，「この自治はとくに大学の教授その他の研究者の人事に関して認められ」，大学の学長，教授その他の研究者が大学の自主的判断に基づいて選任され，また，大学の施設と学生の管理についてもある程度で認められ，これらについてある程度で大学に自主的な秩序維持の権能が認められているとする。

4．妥当である。判例は，大学の学生として学問の自由を享有し，また大学当局の自治的管理による施設を利用できるのは，大学の本質に基づき，大学の教授その他の研究者の有する特別な学問の自由と自治の効果としてであるとする。

5．判例は，本件集会は，真に学問的な研究と発表のためのものでなく，実社会の政治的社会的活動であり，かつ公開の集会またはこれに準じるものであって，大学の学問の自由と自治は，これを享有しないといわなければならず，「本件集会に警察官が立ち入ったことは，大学の学問の自由と自治を侵すものではない」とする。

正答　4

市役所上・中級

No. 401　B日程

憲法　表現の自由　令和元年度

憲法21条の表現の自由に関する次の記述のうち，判例に照らし，妥当なのはどれか。

1　事実の報道の自由と同様に，報道のための取材の自由も，憲法21条で保障される。

2　国家機密を入手するために，記者が公務員を説得することは，その方法が法秩序に反しないものであっても，正当な取材活動とは認められない。

3　傍聴人が法廷においてメモを取ることは，憲法21条で保障されている。

4　行為者がある事実を真実であると誤信し，その誤信したことについて，確実な資料，根拠に照らし相当の理由があるときは，名誉毀損罪は成立しない。

5　私人の私生活上の行状であれば，名誉毀損罪における真実性の証明の対象である「公共の利害に関する事実」には当たらない。

解説

1．判例は，事実の報道の自由は，表現の自由を規定した憲法21条の保障のもとにあり，このような報道機関の報道が正しい内容を持つためには，報道の自由とともに，報道のための取材の自由も，憲法21条の精神に照らし，十分尊重に値するとする（最大決昭44・11・26）。したがって，取材の自由は，憲法21条で保障されるとはしていない。

2．判例は，報道機関が取材の目的で公務員に対し秘密を漏示するように唆したからといって，そのことだけで，直ちに当該行為の違法性が推定されるものではなく，報道機関が公務員に対し根気強く執拗に説得ないし要請を続けることは，それが真に報道の目的からでたものであり，その手段・方法が法秩序全体の精神に照らし相当なものとして社会観念上是認されるものである限りは，実質的に違法性を欠き正当な業務行為というべきであるとする（最決昭53・5・31）。

3．判例は，筆記行為の自由は，憲法21条の精神に照らして尊重されるべきであるといわなければならず，裁判の公開が制度として保障されていることに伴い，傍聴人は法廷における裁判を見聞することができるのであるから，傍聴人が法廷においてメモを取ることは，その見聞する裁判を認識，記憶するためになされるものである限り，尊重に値し，故なく妨げられてはならないとする（最大判平元・3・8）。したがって，メモを取ることは，憲法21条で保障されるとはしていない。

4．妥当である（最大判昭44・6・25）。

5．判例は，私人の私生活上の行状であっても，その携わる社会的活動の性質およびこれを通じて社会に及ぼす影響力の程度等のいかんによっては，その社会的活動に対する批判ないし評価の一資料として，刑法230条の2第1項にいう「公共の利害に関する事実」に当たる場合があるとする（最判昭56・4・16）。

正答　4

政治学　行政学　社会政策　国際関係　憲法　行政法　民法　経済原論　財政学

B日程

No. 402 憲法 選挙制度 令和3年度

選挙制度に関する次の記述のうち，判例に照らし，妥当なのはどれか。

1　公正な選挙を確保するため，選挙の公正を害し特定の候補者と結びつく，いわゆる選挙目当ての新聞紙・雑誌を規制することは許される。

2　戸別訪問の禁止は，表現の自由を規制するものであるが，罰則規定が設けられていないので，合憲である。

3　衆議院の小選挙区選挙について候補者届出政党にのみ政見放送を認め，無所属の候補者に政見放送を認めないのは，違憲である。

4　他人の名誉を傷つけ善良な風俗を害する等，政見放送としての品位を損なう言動であっても，一切削除することはできない。

5　選挙権のない者または代理投票をした者の投票については，その投票が何人に対し行われたのかを，議員の当選の効力を定める手続きにおいて，取り調べることができる。

解説

1. 妥当である（最判昭54・12・20）。

2. 戸別訪問の禁止には罰則規定が設けられている（公職選挙法239条1項3号）。なお，判例は，戸別訪問を一律に禁止している公職選挙法138条1項の規定は，合理的で必要やむをえない限度を超えるものとは認められず，憲法21条に違反するものではないとする（最判昭56・6・15）。

3. 判例は，政見放送が認められないことの一事をもって，選挙運動に関する規定における候補者間の差異が合理性を有するとは到底考えられない程度に達しているとまでは断定し難く，これをもって国会の合理的裁量の限界を超えているということはできないから，憲法14条1項に違反するとはいえないとする（最大判平11・11・10）。

4. 判例は，他人の名誉を傷つけ善良な風俗を害する等，政見放送としての品位を損なう言動を禁止した公職選挙法の規定は，テレビジョン放送による政見放送が直接かつ即時に全国の視聴者に到達して強い影響力を有していることにかんがみ，そのような言動が放送されることによる弊害を防止する目的で政見放送の品位を損なう言動を禁止したものであるから，同規定に違反する言動がそのまま放送される利益は法的に保護された利益とはいえず，当該言動がそのまま放送されなかったとしても，不法行為法上，法的利益の侵害があったとはいえないとする（最判平2・4・17）。

5. 判例は，選挙権のない者またはいわゆる代理投票をした者の投票についても，その投票が何人に対しなされたかは，議員の当選の効力を定める手続きにおいて，取り調べてはならないとする（最判昭25・11・9）。

正答　1

市役所上・中級

B日程

No. 403 憲法 生存権 令和2年度

憲法25条の生存権に関する次の記述のうち，妥当なのはどれか。ただし，争いがあるものは，判例によるものとする。

1 憲法25条2項は，国の事前の防貧施策をなすべき努力義務を，1項は貧困になった者に対する事後の救貧施策をなすべき責務を規定している。

2 すでに障害福祉年金を受給している者に対して，児童扶養手当を給付しないという併給調整を行うかどうかは，事故が複数重なっても稼得能力の低下がそれに比例しないなどの事情により，立法裁量の範囲に属する。

3 いったん定められた生存権実現の措置は，受給者の期待が憲法25条の保護に値するから，不利益に変更してはならない。

4 生存権実現のための福祉的給付を行うに当たって，在留外国人と自国民を均等に扱うことは，特別の条約がなくても，法の下の平等から要請される。

5 生活保護法において，日本に不法に残留している外国人を生活保護の対象にしていないことは，憲法25条に違反する。

（参考）憲法25条

1項　すべて国民は，健康で文化的な最低限度の生活を営む権利を有する。

2項　国は，すべての生活部面について，社会福祉，社会保障及び公衆衛生の向上及び増進に努めなければならない。

解説

1. 本肢の内容は，堀木訴訟（最大判昭57・7・7）の控訴審判決がとった1項・2項分離論であるが，最高裁判例では採用されていない。

2. 妥当である（最大判昭57・7・7）。

3. いったん定められた生存権実現の措置を，不利益に変更することも可能である（最判平24・2・28）。

4. 特別の条約の存しない限り，限られた財源下での福祉的給付に当たり自国民を在留外国人より優先的に扱うことも許されるから，障害福祉年金の支給対象者から在留外国人を除外することは立法府の裁量の範囲に属する（最判平元・3・2）。

5. 生活保護法において，日本に不法に残留している外国人を生活保護の対象にしていないことは，憲法25条に違反しない（最判平13・9・25）。

正答 2

市役所上・中級

No.404 C日程

憲法 天皇および皇族 令和元年度

天皇および皇族に関する次の記述のうち，妥当なのはどれか。

1 憲法改正により，天皇の地位を変更することはできない。

2 天皇には選挙権および被選挙権はないが，皇族には選挙権は認められる。

3 天皇の国事行為は形式的・儀礼的なものであるから，内閣の助言と承認がなくても有効である。

4 衆議院の解散は天皇の国事行為であるが，その実質的な決定権は内閣にある。

5 皇室の財産授受は，皇室会議の議決を経れば足り，国会の議決を経る必要はない。

解説

1．憲法改正の限界については争いがあるが，限界肯定説に立っても，天皇の地位の変更は可能であると解されている。

2．天皇については正しいが，皇族について誤り。皇族にも選挙権および被選挙権は認められない。天皇は「国政に関する権能を有しない」（憲法４条１項）とされていることから，選挙権および被選挙権は認められないと解されている。皇族については，天皇と同様に政治的中立性が求められることから，皇族にも，選挙権および被選挙権は認められないと解されている。

3．天皇の国事行為は形式的・儀礼的なものであるが，内閣の助言と承認がなければ無効である（憲法７条柱書）。

4．妥当である。衆議院の解散は天皇の国事行為である（憲法７条３号）。もっとも，天皇は「国政に関する権能を有しない」（同４条１項）とされており，天皇に解散の実質的決定権はない。通説および衆議院の先例は，天皇が衆議院を解散するに当たり，内閣の助言と承認が必要とされていることを根拠に，解散の実質的決定権は内閣にあるとする（７条３号説）。

5．皇室の財産授受には，国会の議決を経る必要がある（憲法８条，88条）。

正答 4

市役所上・中級

B日程

No. 405 憲法 議院内閣制 平成20年度

次の日本国憲法上の制度のうち，１つだけ他と制度趣旨が異なるものはどれか。

1 内閣総理大臣とその他の国務大臣は，いつでも議案について発言するため議院に出席する権利と義務を有する。

2 内閣総理大臣は，国会議員の中から国会の議決で指名される。

3 国務大臣の過半数は，国会議員の中から選ばれなければならない。

4 内閣は，衆議院によって不信任された場合には，10日以内に衆議院が解散されない限り，総辞職をしなければならない。

5 法律および政令には，すべて主任の国務大臣が署名し，内閣総理大臣が連署することを必要とする。

解説

1は日本国憲法63条，**2**は同67条１項，**3**は同68項１項但書が規定する制度であるが，すべて議院と内閣の協力関係を重視する議院内閣制に関する制度である。

また，**4**は同69条で規定する制度であるが，議院と内閣の協力関係が破綻した場合においてこれを回復する手段であるから，これも議院内閣制に関する制度である。

これに対し，**5**は内閣の法律執行責任と政令制定・執行責任を明らかにするための制度であり，議院内閣制とは制度趣旨が異なる。

よって，正答は**5**である。

正答 5

政治学 行政学 社会政策 国際関係 憲法 行政法 民法 経済原論 財政学

No. 406　A日程

憲法　衆議院の解散権の根拠　平成18年度

衆議院の解散権の根拠に関しては，さまざまな見解があるが，このうち，憲法７条を根拠とする見解からの主張として最も妥当なのは，次のうちどれか。

1　天皇の国事行為は，もともと形式的行為として想定されているものであり，内閣の助言と承認の結果として形式的行為となるものではない。

2　解散権は立法でも司法でもないから行政であり，それゆえに内閣に帰属する。

3　解散権の根拠は，憲法が直接に解散できる場合について明示した規定に求めるべきであり，かつ，解散できる場合もその場合に限定される。

4　憲法は議院内閣制という制度を採用しているが，議院内閣制においては自由な解散権が認められるのが通例である。

5　天皇の国事行為が国政に関する権能という性質を有しないのは，助言と承認を通じて内閣が実質的決定権を有するためである。

（参考）　憲法第７条

天皇は，内閣の助言と承認により，国民のために，左の国事に関する行為を行ふ。

１～２号（省略）

３　衆議院を解散すること。

解説

1. ７条説に対する批判である。すなわち，内閣の助言と承認は，単なる形式的行為にすぎない国事行為に対して行われるものであるから，それ自体はなんら実質的解散権の根拠とはなりえないとする批判である。

2. 「行政権は，内閣に属する」という65条説の主張で，行政控除説を背景にしている。

3. 69条説の主張である。69条は，「内閣は，衆議院で不信任の決議案を可決し，又は信任の決議案を否決したときは，十日以内に衆議院が解散されない限り」と規定しており，憲法で唯一具体的に解散が行われる場合について言及した規定である。したがって，これを根拠にすべきとの主張である。

4. いわゆる制度説である。議院内閣制には解散権が内在している。そして憲法が議院内閣制を採用している以上，解散権は内閣に属するという主張である。

5. 正しい。天皇の国事行為については，内閣が実質的決定権を有する。そして，天皇の国事行為の中に衆議院の解散が含まれているということは，解散について実質的決定権を有するのは内閣である。憲法７条はそのことを表した規定であるとする主張である。

正答　5

市役所上・中級
B日程

No. 407 憲法 衆議院と参議院の関係 平成22年度

衆議院と参議院の関係に関する次の記述のうち，妥当なものはどれか。

1 法的効果を伴う内閣不信任決議は衆議院のみが行うことができるため，内閣総理大臣は衆議院議員の中から国会によって指名されなければならない。

2 衆議院で可決し，参議院でこれと異なった議決をした法律案は，衆議院で総議員の３分の２以上の多数で再び可決したときは法律となるが，この場合に両議院の協議会は必ず開かれなければならない。

3 条約の締結に必要な国会の承認については，先に衆議院に提出する必要はない。

4 憲法上，国の収入支出の決算については，衆議院および参議院の両院の承認を要するとされている。

5 憲法改正の発議について，参議院で衆議院と異なった議決をした場合に，法律の定めるところにより，両議院の協議会を開いても意見が一致しないときは，衆議院の議決が国会の議決となる。

解説

1．前半は正しい（憲法69条）。しかし，内閣総理大臣は国会議員の中から指名されなければならない（同67条１項前段）が，必ずしも衆議院議員である必要はないから，後半は誤りである。

2．法律案についての衆議院による３分の２以上の多数による再可決は，総議員ではなく出席議員を基準とする（同59条２項）。また，この場合の両議院の協議会の開催は任意的である（同59条３項参照）。

3．正しい。憲法61条は同60条２項を準用するが，衆議院の予算先議について定める同60条１項は準用していないから，条約の締結に必要な国会の承認については，衆議院先議の場合も参議院先議の場合もある（国会法85条）。

4．国の収入支出の決算は，すべて毎年会計検査院がこれを検査し，内閣は，次の年度に，その検査報告とともに，これを国会に提出しなければならない（憲法90条１項）が，憲法は法規範性を有しない決算について，衆議院および参議院の両院の承認を要求していない。

5．憲法改正の発議の場面においては衆議院の優越の制度はない（同96条１項参照）。

正答 3

No. 408　B日程　憲法　議員の特権　平成23年度

議員の特権に関する次の記述のうち，妥当なものはどれか。

1　両議院の議員には歳費請求権が認められており，特定の国会議員の歳費を在職中に減額することは，憲法上できないとされている。

2　両議院の議員は，会期中その議員の所属する議院の許諾がない限り逮捕されることはない。

3　参議院の緊急集会は，国会の会期ではないため，参議院の緊急集会中の参議院議員には不逮捕特権は認められない。

4　両議院の議員は，議院で行った演説，討論または表決について，院外で責任を問われないが，この責任には，刑事上の責任だけでなく，民事上の責任も含まれると解されている。

5　憲法51条の免責特権は，地方議会の議員の発言にも憲法上保障されているとするのが判例である。

解説

1．両議院の議員には歳費請求権が認められているが（憲法49条），この歳費請求権には，裁判官について在職中に報酬の減額を禁止するような規定（同79条６項，80条２項参照）が存在しないため，特定の国会議員の歳費を在職中に減額することも，憲法上は可能である。

2．両議院の議員は，法律の定める場合を除いては国会の会期中逮捕されないが（憲法50条前段），法律の定める例外として，本肢にあるその議員の所属する議院の許諾があった場合だけでなく，院外における現行犯罪の場合にも逮捕されうる（国会法33条）。

3．参議院の緊急集会中でも，参議院議員は，院外における現行犯罪を除いては参議院の許諾がなければ逮捕されない（国会法100条１項）。

4．正しい。憲法51条の発言等について院外で問われない「責任」の範囲は，本肢のように解されている。

5．判例は，地方議会の議員には憲法51条の免責特権は保障されていないとする（最大判昭42・５・24）。

正答　4

市役所上・中級

B日程

No. 409 憲法 国会議員の特権 平成27年度

国会議員の特権に関する次の記述のうち，妥当なのはどれか。

1 不逮捕特権の内容としては，刑事訴訟法上の逮捕や行政上の身体の拘束が許されないというだけでなく，公訴を提起されないことも含まれる。

2 国会議員に不逮捕特権が認められるのは国会の会期中に限られるから，参議院の緊急集会中の参議院議員については，不逮捕特権は認められない。

3 憲法上，地方議会の議員については，国会議員の免責特権と同様の規定は設けられていないが，国会議員に免責特権が認められるのであれば，同様に地方議会の議員にもこの特権が認められるものと解されており，判例もその理を肯定している。

4 国会議員は，議院で行った演説，討論または表決について，刑事責任は問われないが，民事責任までは免責されない。

5 憲法上，両議院の議員は国庫から相当額の歳費を受けると規定されているが，これは歳費以外の費目での財産的給付を禁じる趣旨ではなく，議員は各種の手当てを受けることができる。

解説

1. 不逮捕特権を規定する憲法50条は，議員を会期中逮捕することを禁止しているにすぎず，同期間中に訴追することまで禁止しているわけではない。なお，行政上の身体の拘束とは，警察官職務執行法３条による保護措置などのことをいう。

2. 参議院の緊急集会（憲法54条２項）は国会の権能を代行するものであるから，集会中の参議院議員については，不逮捕特権が認められる（国会法100条）。

3. 判例は，憲法50条が「議院における発言の免責特権を与えているからといって，その理をそのまま地方議会にあてはめ，地方議会における議員の発言についても憲法上免責特権が保障されていると解すべきではない」としている（最大判昭42・５・24）。

4. 民事責任を含む法的責任が免責の対象となる。

5. 妥当である。議員の歳費については，憲法49条に規定がある。議員には，退職金（国会法36条），通信手当（同38条），旅費（国会議員の歳費，旅費及び手当等に関する法律８条）などが支給される。

正答 5

No. 410 憲法 内閣 平成21年度

内閣に関する次の記述のうち，妥当なのはどれか。

1 衆議院で国務大臣に対する不信任決議が可決された場合には，その国務大臣は辞任しなければならない。

2 衆議院で内閣不信任決議が可決された場合には，内閣は衆議院を解散するか総辞職するかを10日以内に決定しなければならない。

3 内閣総理大臣は，国会で指名された時点で国会議員であればよく，その後に国会議員の身分を失ったとしても内閣総理大臣たる地位は失わない。

4 内閣の意思決定は閣議によって行われるが，その際には法律で全会一致によるべきものとされており，閣議で意見が一致しない場合，内閣は総辞職をしなければならない。

5 内閣総理大臣は文民でなければならないが，それ以外の国務大臣については３分の２以上が文民であれば足りる。

解説

1．国務大臣に対する不信任決議は，当該国務大臣に対する（あるいは任命権者である内閣総理大臣の）政治的責任を追及する効果は有しているが，法的に当該大臣の辞任を義務づける効力を有していない。

2．正しい。憲法69条は，「内閣は，衆議院で不信任の決議案を可決し，又は信任の決議案を否決したときは，10日以内に衆議院が解散されない限り，総辞職をしなければならない」と規定しているので，内閣は10日以内に解散か総辞職かを決定する必要がある。

3．内閣総理大臣が国会議員であることは，選任だけでなく在職の要件でもあるとされている。したがって，内閣総理大臣が国会議員の身分を失った場合には，その時点で内閣総理大臣としての地位を失う。そのため，内閣総理大臣が欠けたことになるので（憲法70条），内閣は総辞職をしなければならない。

4．内閣の一体性確保の見地から，閣議は全員一致によるべきものとされているが，これは慣習上のものであって法律に基づくものではない。

5．国務大臣は，内閣総理大臣も含めてすべて文民でなければならない（憲法66条２項）。

正答 2

No. 411 C日程 憲法 国会と議院の権能 令和3年度

国会と議院の権能に関する次の記述のうち，妥当なのはどれか。

1 国政調査権は，国会に与えられた権能であるから，衆議院と参議院の両議院が合同して調査を行う。

2 内閣総理大臣の指名は，衆議院にのみ与えられた権能であるから，衆議院のみがこれを行うことができる。

3 条約の締結に必要な国会の承認に関して，条約は，先に衆議院に提出しなければならない。

4 罷免の訴追を受けた裁判官の裁判を行う弾劾裁判所の設置は国会の権能であり，弾劾裁判所は両議院の議員により組織される。

5 両議院は，おのおのその議員の資格に関する争訟を裁判できるが，議員の議席を失わせるには，総議員の3分の2以上の多数による議決が必要となる。

解説

1．両議院は，「各々」国政に関する調査を行い，これに関して，証人の出頭および証言ならびに記録の提出を要求することができる（憲法62条）。国政調査権は，国会に与えられた権能ではなく，各議院に与えられた権能であり，衆参両院が合同して調査を行うものではない。

2．内閣総理大臣は，国会議員の中から「国会の議決」で，これを指名する（憲法67条1項前段）。したがって，衆議院にのみ与えられた権能ではなく，参議院も行うことができる。ただし，指名の議決には衆議院の優越が規定されている（同67条2項参照）。

3．予算は，先に衆議院に提出しなければならないが（憲法60条1項），条約の承認について，この規定は準用されていないので（同61条参照），条約について，衆議院に先議権はない。

4．妥当である。国会は，罷免の訴追を受けた裁判官を裁判するため，両議院の議員で組織する弾劾裁判所を設ける（憲法64条1項）。

5．両議院は，おのおのその議員の資格に関する争訟を裁判するが，議員の議席を失わせるには，総議員ではなく「出席議員」の3分の2以上の多数による議決を必要とする（憲法55条）。

正答 4

No. 412 C日程 憲法 国民審査の法的性質 平成29年度

国民審査の法的性質については，以下のＡ説とＢ説がある。次のア～オの記述のうち，Ｂ説に関するものが３つあるが，その組合せとして妥当なのはどれか。

Ａ説：国民審査は，最高裁判所裁判官の任命行為を完結確定させる制度である。

Ｂ説：国民審査は，不適切な最高裁判所裁判官を解職する制度である。

ア　条文上，最高裁判所裁判官の任命をその後初めて行われる衆議院議員総選挙の際，国民審査に付すとなっていることを重視すべきである。

イ　条文上，国民審査により投票者の多数が最高裁判所裁判官の罷免を可とするときは，その裁判官は罷免されるとなっていることを重視すべきである。

ウ　任命後初めて行われる国民審査までの期間が著しく短い場合，国民は何を基準に審査すればよいのかが不明であるとの批判がなされる。

エ　任命後国民審査が行われるまでの最高裁判所裁判官の地位を合理的に説明することができないとの批判がなされる。

オ　判例はこの見解を採用している。

1　ア，イ，ウ　　**2**　ア，ウ，エ　　**3**　ア，エ，オ

4　イ，ウ，オ　　**5**　イ，エ，オ

解説

国民審査の法的性質について，Ａ説は，最高裁判所裁判官についての内閣の任命行為を完結・確定させる行為であるとする。憲法は，「任命は…審査に付し」（同79条２項）としており，任命は審査を経て完全に有効なものになると解するわけである。これに対して，Ｂ説は，国民審査は国民による解職（リコール）の制度であるとする。すなわち，任命によって裁判官の地位は完全に有効なものとなっており，その罷免は解職にほかならないとする。

ア：Ａ説に関する記述である。上述したように，憲法は，「任命は…審査に付し」としているので（同79条２項），審査が済むまでは任命は完全に有効なものとはなっていない。任命は国民の審査を経て完全に有効なものになると解するのである。

イ：Ｂ説に関する記述である。憲法79条３項は，国民審査において，「投票者の多数が裁判官の罷免を可とするときは，その裁判官は，罷免される」と規定する。すなわち，投票は解職の制度と読むのが素直な解釈とするのである。

ウ：Ｂ説に関する記述（Ｂ説への批判）である。国民審査を解職の制度とする場合，解職に値する理由がなければならない。任命後初めて行われる国民審査までの期間が著しく短い場合には，国民は解職の是非を判断する素材がないまま投票せざるをえない。したがって，このような解釈には無理があるとの批判である。

エ：Ａ説に関する記述（Ａ説への批判）である。すなわち，Ａ説では，国民審査までの間の裁判官の地位が不安定で，国民審査で信任されなかった場合に，その者が行った裁判の効果などに疑問が生じてくるという批判である。

オ：Ｂ説に関する記述である。判例は，「国民審査は国民による解職の制度である」としている（最大判昭27・２・20）。

以上から，Ｂ説に関するものはイ，ウ，オの３つであり，**4**が正答となる。

正答　4

市役所上・中級

B日程

No. 413 憲法 国政調査権 平成21年度

国政調査権に関する次の記述のうち，妥当なものはどれか。

1 検察権は行政権であるから，原則として国政調査権行使の対象となるが，調査の対象となっている事件について公訴提起が行われた場合，その時点以降は調査を行うことができなくなる。

2 裁判所で審理中の事件の事実について，議院が行政監督を目的として裁判所と並行して調査することは許される。

3 独立行政委員会は，政治的中立性の確保が強く要求される機関であるから，国政調査権行使の対象とはなりえない。

4 議院は国政調査権の行使を委員会に付託することができるが，その場合の委員会は調査特別委員会でなければならず，常任委員会に付託することはできない。

5 国政調査権の行使として参考人招致や証人喚問の手段があるが，これらはいずれも相手方の任意の協力に基づいて行われるもので，その強制のための措置は設けられていない。

解説

1. 公訴提起前であっても，起訴・不起訴に政治的圧力を加えることを目的とするような調査は許されないし，公訴提起後であっても，捜査の続行に重大な支障を及ぼすような方法による調査でなければ許される。

2. 正しい。いわゆる並行調査であるが，議院が裁判所と異なる目的に基づいて裁判に不当な影響を及ぼさない手段・態様で行われる限り許される。

3. 独立行政委員会であっても行政機関である以上，国政調査権はこれに及ぶ。ただ，政治的中立性の確保に十分に配慮した調査であることが要請される。

4. このような制限はない。常任委員会に付託することもなんら差し支えない。

5. 証人喚問の場合には，正当な理由がない不出頭について罰則の制裁が設けられている（議院証言法７条１項）。

正答 2

No. 414 B日程 憲法 違憲審査権 平成30年度

違憲審査権に関する次の記述のうち，妥当なのはどれか。

1 違憲審査制は，抽象的違憲審査制と付随的違憲審査制とに分けられるが，日本の裁判所は個別の事案で法令の憲法適合性を一般的に審査していることから，抽象的違憲審査制を採用している。

2 憲法は，最高裁判所が一切の法律，命令，規則または処分が憲法に適合するかしないかを決定する権限を有すると定めているから，下級裁判所は違憲審査権を有しない。

3 違憲審査権の対象に条約が含まれるか否かについて，判例は，条約は憲法に優先するという条約優位説に立って，条約に対して違憲審査をすることはできないとしている。

4 合憲限定解釈とは，法律の文言に違憲の疑いがある場合に，裁判所がそれを憲法に適合するように限定的に解釈する方法のことであるが，裁判官による実質的な法律の書き換えに当たるので，裁判所が合憲限定解釈をすることはできない。

5 違憲判決の効力は当該事件にとどまるから，違憲とされた法律は，国会による廃止の手続を経ずして直ちに無効となることはない。

解説

1. 違憲審査制は，抽象的違憲審査制と付随的違憲審査制とに分けられるが，日本の裁判所は個別の事案で法令の憲法適合性を個別的に審査していることから，付随的違憲審査制を採用していると解するのが通説・判例である（警察予備隊違憲事件：最大判昭27・10・8）。

2. 憲法81条は，最高裁判所が一切の法律，命令，規則または処分が憲法に適合するかしないかを決定する権限を有する終審裁判所であると定めているのみであるから，下級裁判所も違憲審査権を有するとするのが通説・判例である（最大判昭25・2・1）。

3. 違憲審査権の対象に条約が含まれるか否かについて，判例は，憲法が条約に優先するという憲法優位説に立って，条約が，一見極めて明白に違憲無効であると認められない限り，違憲審査権の範囲外のものであるとしている（砂川事件：最大判昭34・12・16）。したがって，一見極めて明白に違憲無効であると認められれば，条約に対して違憲審査をすることも可能である。

4. 合憲限定解釈とは，法律の文言に違憲の疑いがある場合に，裁判所がそれを憲法に適合するように限定的に解釈する方法のことであり，裁判所が合憲限定解釈をすることはできる（最大判昭37・5・2など）。

5. 妥当である。違憲判決の効力に関する，通説の個別的効力説である。

正答 5

市役所上・中級

No. 415　C日程

憲法　裁判の公開の原則　令和4年度

裁判の公開の原則に関する次の記述のうち，妥当なものはどれか。

1　憲法は，裁判を公開で行うことを定めており，これは国民が裁判所に対して傍聴することを権利として要求できることまで認めたものであると解するのが判例である。

2　裁判の傍聴において，傍聴席の数に応じて傍聴人を制限したり，傍聴人の所持品を検査および制限することは，裁判の公開の原則に反する。

3　性犯罪等の裁判において，被害者保護のために必要がある場合，裁判官の全員一致の判断で，対審のみならず判決も公開しないで行うことができる。

4　刑事事件において，公序良俗を害するおそれがあるとして裁判官の全員一致の判断で，非公開とした場合でも，傍聴を禁止することはできない。

5　政治犯罪および出版に関する犯罪においては，対審および判決のいずれも，常に公開して行わなければならない。

解説

1．裁判の公開が制度として保障されていることに伴い，各人は，裁判を傍聴することができることとなるが，憲法82条１項の規定は，各人が裁判所に対して傍聴することを権利として要求できることまでを認めたものではないとするのが判例である（最大判平元・３・８）。

2．傍聴席の数に応じて傍聴人を制限したり，傍聴人の所持品を検査および制限することは，裁判の公開の原則に反しない。

3．裁判の対審および判決は，公開法廷でこれを行う（憲法82条１項）。裁判所が，裁判官の全員一致で，公の秩序または善良の風俗を害するおそれがあると決した場合には，「対審」は，公開しないでこれを行うことができる（同条２項本文）。判決は絶対的に公開される。

4．非公開とは傍聴を禁止することであるから，誤り。

5．妥当である（憲法82条１項・２項ただし書）。

正答　5

No. 416　A日程　行政法　行政行為の附款　平成19年度

行政行為の附款に関する次の記述のうち，妥当なものはどれか。

1　行政行為に附款を付すことができるのは，法律が附款を付すことができる旨を明示している場合に限られるのであって，それ以外の場合に附款を付すことは許されない。

2　停止条件とは，行政行為の効果を発生不確実な将来の事実にかからせる意思表示のうち，その事実の発生によって行政行為の効力が消滅するものをいう。

3　負担とは，主たる意思表示に付随して，相手方に特別の義務を命ずる意思表示をいうが，相手方がこれに従わなくても，本体たる行政行為の効力が当然に失われることはない。

4　行政行為に撤回権の留保が付されている場合において，それに該当する事実が発生したときは，当該行政行為は当然に撤回されたものとみなされる。

5　附款は行政行為に付された従たる意思表示にすぎないから，附款が違法な場合であっても，本体たる行政行為から切り離して独自にその附款の取消しを求めて争うことは許されない。

解説

1．附款は，①法律が附款を付すことができる旨を明示している場合のほか，②行政庁に裁量が認められている場合にもその裁量権の範囲内で付すことが可能である。

2．前半は正しいが，後半が誤り。停止条件は，行政行為の効果を発生不確実な事実にかからせる意思表示のうち，その事実の発生によって行政行為の効力が発生するものをいう。その事実の発生によって行政行為の効力が消滅するのは「解除条件」である。

3．正しい。したがって，相手方が負担による義務に従わないときは，行政庁は負担の履行を強制したり，本体たる行政行為を撤回するなど，改めて措置を講ずる必要がある。

4．撤回権の留保が付されている場合に，それに該当する事実が発生したからといって，当該行政行為が当然に撤回されたものとみなされるわけではない。当該行政行為の効力を消滅させるためには，行政庁が改めて撤回を行う必要がある。

5．附款のみの取消しを求めて争うことが許されないのは，附款が行政行為の本体と不可分一体の関係にある場合（ex. 重要な意味を持つ条件）である。附款が行政行為の本体と可分である場合（ex. あまり重要でない負担）には，附款のみの取消しを求めて争うことも許される。

正答　3

市役所上・中級

No. 417 A日程

行政法　行政行為の瑕疵　平成29年度

行政行為の瑕疵に関する次の記述のうち，妥当なのはどれか。

1　行政行為に手続き上の瑕疵があった場合は，すべて当然に無効となる。

2　行政行為の瑕疵には，違法の瑕疵と不当の瑕疵があるが，違法の瑕疵は公定力が生じないのに対し，不当の瑕疵には公定力が生じる。

3　先行する行政行為の瑕疵は，後続する行政行為に引き継がれないのが原則であるが，両者が一連の手続きを構成し，かつ同一の法効果の発生をめざすものであれば，例外的に先行の行政行為の違法性が後続する行政行為に承継することがある。

4　行政裁量については，当不当の問題が生じうるとしても，違法となることはないため，裁判所はこれを取り消すことができない。

5　取消訴訟においては，自己の法律上の利益に関係のない違法を理由として取消しを求めることができる。

解説

1．行政行為の瑕疵を理由として，当該行政行為が無効とされるためには，行政行為の瑕疵が重大な法令違反であり，しかもその瑕疵の存在が明白であることを要する（最判昭36・3・7，いわゆる重大明白説）。そして，手続きに瑕疵があるというだけでは，一般にこの要件を満たさないことから，判例はこれを取消事由として扱い，無効事由とはしていない（最判昭38・12・12）。

2．瑕疵の重大明白性のために当該行政行為が無効であれば公定力は生じないが，そうでなければ公定力が認められる。すなわち，公定力が生じるか否かは無効か否かで判断されるものであって，違法か不当かの区別で判断されるものではない。

3．妥当である。いわゆる違法性の承継である。

4．行政裁量について裁量権の踰越・濫用があった場合には，違法の問題を生ずることになり，その場合，裁判所はこれを取り消すことができる。

5．取消訴訟においては，自己の法律上の利益に関係のない違法を理由として取消しを求めることができない（行政事件訴訟法10条1項）。

正答　3

No. 418 C日程 行政法 行政指導 平成26年度

行政指導に関する次の記述のうち，妥当なのはどれか。

1 法律に根拠のある行政指導はその法律で規律されるので，行政手続法の対象となる行政指導は法律の根拠に基づかずに行われるものに限られる。

2 複数の者を対象とする行政指導を行う場合には，行政指導指針を定めなければならないが，これを定める際には意見公募手続は必要でない。

3 行政指導を口頭で行う場合において，相手方から書面の交付を求められたときは，行政上特別の支障がない限り，これを交付しなければならない。

4 是正命令によらずに勧告という形で行政指導を行うことは，事実上の強制になるので許される場合はない。

5 行政指導は相手方の任意の協力を要請するものであるから，公権力の行使には該当せず，国家賠償請求訴訟の対象とはなりえない。

解説

1．行政手続法は行政指導の手続きに関する一般法として，原則としてすべての行政指導がその規律対象となる（行政手続法１条１項）。

2．行政指導指針は意見公募手続が必要な命令等に含まれるので，同手続きを経ることを要する（行政手続法２条８号ニ・39条）。

3．妥当である（行政手続法35条３項）。

4．命令よりも緩やかな勧告という形での行政指導が認められる場合はある（国土利用計画法26条，宅地建物取引業法65条２項柱書・65条２項３号など）。それが事実上の強制になるとしても，相手方にとっては命令よりも受け入れやすい手段だからである。

5．規制的な力の強い行政指導は行政行為に準ずるものとして，国家賠償請求訴訟の対象となる場合がある（最判昭60・７・16）。

正答 3

No. 419 C日程

行政法　聴聞手続き　令和元年度

行政手続法における聴聞手続きに関する次の記述のうち，妥当なのはどれか。

1　不利益処分をしようとする場合には，緊急のときなどの例外を除き，聴聞が必要となる。

2　聴聞の主宰者は，処分庁の職員以外の者でなければならない。

3　当事者が資料の閲覧を求めることができるのは，聴聞の通知があった時から聴聞が開始される時までの間である。

4　聴聞の期日における審理は，相当な理由がない限り，公開される。

5　聴聞の主宰者が認めた場合には，当事者以外の利害関係者は聴聞手続へ参加することができる。

解説

1．不利益処分をしようとする場合には，原則として，不利益処分の程度に応じて，聴聞または弁明の機会の付与の手続きを執らなければならない（行政手続法13条１項１号・２号）。したがって，必ず聴聞が必要となるわけではない。

2．聴聞の主宰者には，「行政庁が指名する職員」その他政令で定める者がなる（同19条１項）。したがって，処分庁の職員でもかまわない。

3．当事者が資料の閲覧を求めることができるのは，聴聞の通知があった時から「聴聞が終結する時まで」の間である（同18条１項）。

4．聴聞の期日における審理は，行政庁が公開することを相当と認めるときを除き，公開しない（同20条６項）。

5．妥当である（同17条１項）。

正答　5

No. 420 C日程 行政法 申請に対する処分 平成16年度

行政手続法に関する次の記述のうち，妥当なものはどれか。

1 行政手続法は，申請に対する処分についてあらかじめ審査基準を設定するよう行政庁に義務づけ，さらに，その審査基準を設定する場合には必要に応じ公聴会の開催その他の適当な方法により関係者の意見を聴く機会を設けるよう努めなければならないとしている。

2 行政手続法は，申請に関連する行政指導を行う場合には，申請者が当該行政指導に従う意思がない旨を表明したにもかかわらず当該行政指導を継続すること等により，当該申請者の権利の行使を妨げてはならないとしている。

3 行政手続法では「受理」という観念がないので，行政庁が書式等の形式要件を満たさない申請について補正を求めた場合であっても，届出さえ行われれば手続上の義務が履行されたものとなる。

4 行政手続法は，申請に対する処分について，その標準処理期間を設定し，公表することを行政庁に義務づけている。

5 行政手続法は，行政庁が申請により求められた許認可等を拒否する処分をする場合や，不利益処分をする場合，必ずその理由を書面で示さなければならないとしている。

解説

1．前半は正しいが（行政手続法５条），後半は誤り。審査基準の設定に際して公聴会を開催する必要はない。公聴会等の開催により関係者の意見を聴く機会を設けるよう努めなければならないのは，行政庁が「申請に対する処分であって，申請者以外の者の利害を考慮すべきことが当該法令において許認可等の要件とされているものを行う場合」である（同10条）。

2．正しい（同33条）。

3．行政手続法上，「受理」の概念はない。よって前半は正しい。しかし，手続上の義務が履行されたものとされるのは，届出が形式上の要件に適合している場合に限定されている（同37条）。よって後半は誤り。

4．標準処理期間の設定は努力義務にとどまる（同６条）。

5．拒否処分の場合も不利益処分の場合も，理由の提示が書面で行われなければならないのは，処分が書面で行われる場合である（同８条２項，14条３項）。

正答 2

市役所上・中級

C日程

No. 421 行政法 情報公開法 令和2年度

行政機関の保有する情報の公開に関する法律（情報公開法）に関する次の記述のうち，妥当なのはどれか。

1 本法の目的には，国民の知る権利に奉仕するためと明記されている。

2 本法の目的には，個人のプライバシーを保護するためと明記されている。

3 開示請求の対象となる行政機関には，国家行政組織法の機関のほか，会計検査院も含まれる。

4 開示請求権者は，日本国籍を有する者と日本に住所を持つ者である。

5 行政機関の長は，行政文書の存否を明らかにしないで，開示請求を拒否することはできない。

解説

1．情報公開法1条には，「この法律は，国民主権の理念にのっとり，行政文書の開示を請求する権利につき定めること等により，行政機関の保有する情報の一層の公開を図り，もって政府の有するその諸活動を国民に説明する責務が全うされるようにするとともに，国民の的確な理解と批判の下にある公正で民主的な行政の推進に資することを目的とする」と明記されており，国民の知る権利に奉仕するためとは明記されていない。

2．情報公開法には，個人のプライバシーを保護するためとは明記されていない。

3．妥当である（情報公開法2条3号・5号・6号）。

4．情報公開法3条には，「何人も，この法律の定めるところにより，行政機関の長に対し，当該行政機関の保有する行政文書の開示を請求することができる」と明記されており，日本国籍を有する者と日本に住所を持つ者に限られない。

5．開示請求に対し，当該開示請求に係る行政文書が存在しているか否かを答えるだけで，不開示情報を開示することとなるときは，行政機関の長は，当該行政文書の存否を明らかにしないで，当該開示請求を拒否することができる（情報公開法8条）。

正答 3

市役所上・中級

No. 422　C日程

行政法　取消訴訟の判決の効力　平成26年度

処分の取消訴訟の判決の効力に関する次の記述のうち，妥当なのはどれか。

1　取消判決が確定しても処分の効力は消滅せず，処分庁が，判決の趣旨に従って当該処分を取り消さなければならない。

2　取消判決が確定すると，処分の効力は当事者間では消滅するが，その効力は第三者には及ばない。

3　行政事件訴訟法は民事訴訟法を準用しているので，取消判決に既判力が生じることが明文で明らかにされている。

4　取消判決が確定すると，同一の事情で同一の理由に基づき同一内容の処分をすることが禁止され，これを反復禁止効という。

5　取消判決は，当該処分をした行政庁を拘束するが，それ以外の関係する行政庁や下級行政庁まで拘束することはない。

解説

1．請求を認容する取消判決が確定すれば，処分はそれがなされた時点にさかのぼって効力を失い，行政庁による取消しを必要としない。これを取消判決の形成力という。

2．取消判決の形成力は第三者にも及ぶ。いわゆる第三者効（または対世効）である（行政事件訴訟法32条１項）。行政行為は公益を担って行われるので，画一的にその効果を確定しておかないと混乱が生じるからである。

3．既判力については行政事件訴訟法に規定はないが，民事訴訟の例により（行政事件訴訟法７条），既判力が取消訴訟の判決についても認められている。

4．妥当である。取消判決の拘束力の消極的効果である。

5．取消判決は，その事件について，処分または裁決をした行政庁その他の関係行政庁を拘束する（行政事件訴訟法33条１項）。

正答　4

市役所上・中級

B日程

No. 423 行政法 取消訴訟における訴えの利益 平成28年度

行政事件訴訟法上の取消訴訟における訴えの利益に関する次の記述のうち，判例に照らし，妥当なのはどれか。

1 建築確認処分の取消訴訟において，建築基準法による建築確認は，建築物の完成によって消滅するため，訴えの利益も消滅する。

2 公務員の免職取消訴訟において，原告が訴訟中に公職選挙に立候補した場合，もはや公務員に戻ることはできないため，訴えの利益が消滅する。

3 運転免許停止処分取消訴訟において，この処分によって原告が不利益な取扱いを受けることがなくなったとしても，名誉や信用の回復をする必要性があるため訴えの利益は消滅しない。

4 洪水の危険性を理由に，周辺住民が訴えた保安林指定解除の取消訴訟において，代替の施設で洪水の危険性が取り除かれたとしても，森林の回復の見込みがある場合，訴えの利益は消滅しない。

5 土地改良事業認可の取消訴訟において，事業が完了し，社会通念上原状の回復が不可能な場合，訴えの利益は消滅する。

解説

1. 妥当である。判例は，「建築確認は，それを受けなければ工事をすることができないという法的効果を付与されているにすぎないものというべきであるから，当該工事が完了した場合においては，建築確認の取消しを求める訴えの利益は失われる」とする（最判昭59・10・26）。

2. 判例は，免職処分を受けた公務員は「違法な免職処分さえなければ公務員として有するはずであった給料請求権その他の権利，利益につき裁判所に救済を求めることができ」るとして，訴えの利益を認めている（最大判昭40・4・28）。

3. 判例は，「名誉，感情，信用等を損なう可能性の存在が認められるとしても，それは本件処分がもたらす事実上の効果にすぎないものであり，これをもって本件取消の訴によって回復すべき法律上の利益を有することの根拠とするのは相当でない」として，訴えの利益を認めない（最判昭55・11・25）。

4. 判例は，「代替施設の設置によって洪水や渇水の危険が解消され，その防止上からは本件保安林の存続の必要性がなくなったと認められるに至ったときは，もはや保安林指定解除処分の取消しを求める訴えの利益は失われる」とする（最判昭57・9・9）。

5. 判例は，「事業計画に係る工事及び換地処分がすべて完了したため，社会的，経済的損失の観点からみて，社会通念上，不可能であるとしても，そのような事情は，行政事件訴訟法31条の適用に関して考慮されるべき事柄であって，本件認可処分の取消しを求める法律上の利益を消滅させるものではない」とする（最判平4・1・24）。

正答 1

市役所上・中級

B日程

No. 424 行政法 行政上の義務履行確保の手段 令和4年度

行政上の義務履行確保の手段に関する次の記述のうち，妥当なものはどれか。

1 行政上の義務の履行確保に関しては行政代執行法が一般法として存在するので，別に法律で定めるものを除いては，行政代執行法の定めるところによる。

2 行政代執行法による代執行を行うことができるのは，法律による義務に限られ，条例による義務は対象とならない。

3 普通地方公共団体は，条例によって課された義務の不履行があった場合に備えて，条例によって行政代執行の手続を定めることができる。

4 義務履行を強制するためには法律の根拠を要する場合もあるが，直接強制は，法律の根拠がなくても行うことができる。

5 農業共済組合が，訴えを提起し，民事訴訟法上の強制執行の手段によって，組合員に対して有する債権の実現を図ることも許されるとするのが判例である。

解説

1．妥当である。行政上の義務の履行確保に関しては，別に法律で定めるものを除いては，行政代執行法の定めるところによる（行政代執行法１条）。

2．条例による義務の場合でも，代執行を行うことができる。行政代執行法２条は，法律（法律の委任に基づく命令，規則および「条例を含む。」以下同じ。）により直接に命ぜられ，または法律に基づき行政庁により命ぜられた行為が行政代執行の対象となることを規定している。

3．行政上の義務履行確保に関して，条例で定めることはできない。行政代執行法１条は，行政上の義務の履行確保に関しては，別に「法律」で定めるものを除いては，この法律の定めるところによる，と規定している。

4．義務履行を強制するためには，法律の根拠が必要であり，直接強制にも，法律の根拠が必要である。

5．農業共済組合が，法律上，独自の強制徴収の手段を与えられながら，この手段によることなく，一般私法上の債権と同様，訴えを提起し，民事訴訟上の強制執行の手段によって，組合員に対して有する債権の実現を図ることは許されないとするのが判例である（最大判昭41・２・23）。

正答 1

市役所上・中級 A日程

No. 425 行政法 国家賠償法 平成24年度

国家賠償法に関する次の記述のうち，判例に照らし，妥当なものはどれか。

1 行政指導は，行政庁が行う「処分」ではなく，「公権力の行使」に当たらないため，行政指導の相手方が違法な行政指導によって損害を受けた場合であっても，国家賠償を請求することはできない。

2 公の営造物の設置または管理の瑕疵によって生じた損害に対する国家賠償法上の責任は無過失責任であるから，公の営造物の通常の用法に即しない行動の結果として生じた損害についても，設置管理者は賠償責任を負わなければならない。

3 Y市立中学校の教諭Aによる生徒Bへの体罰事件について，YがBに国家賠償法1条1項の損害賠償責任を負い，X県がAの給与その他の費用負担者として同法3条1項により損害賠償責任を負う場合，同法3条2項に基づく「内部関係でその損害を賠償する責任にある者」とは，法令上，損害賠償のための費用をその事務を行うための経費として負担すべきとされている者をさすから，最終的な賠償責任はYが負う。

4 法律上営造物の設置をなしうる国が，地方公共団体にその設置を認めたうえ，設置費用と同等の補助金を供与する反面，地方公共団体に対し法律上当該営造物につき危険防止の措置を請求しうる立場にあったとしても，補助金の供与は費用の単なる贈与と同様に解されるため，国は，国家賠償法3条1項の設置費用の負担者に含まれない。

5 公務員である消防職員の消火活動における失火によって損害が発生した場合，民法709条の特則を規定する失火責任法（失火責任を重大な過失に基づくものに限定する）は，国家賠償法4条の「民法」には含まれないから，当該消防職員の重大な過失がない場合でも，国家賠償法上の責任が生ずる。

解説

1．判例は，違法な行政指導により損害を受けた場合にも国家賠償を請求することはできるとする（最判平5・2・18，最判昭60・7・16参照）。

2．判例は，公の営造物の設置または管理の瑕疵によって生じた損害に対する国家賠償法上の責任については，その過失の存在を必要としない（最判昭45・8・20〈高知落石事件〉）とするから，前半は正しい。しかし，別の判例は，公の営造物の通常の用法に即しない行動の結果として生じた損害については，設置管理者は賠償責任を負わない（最判昭53・7・4）とするから，後半は誤り。

3．正しい（最判平21・10・23）。

4．判例は，公の営造物の設置者に対してその費用を単に贈与したにすぎない者は国家賠償法3条1項の設置費用の負担者には含まれないが，法律上営造物の設置をなしうる国が，自らこれを設置するに代えて，特定の地方公共団体にその設置を認めたうえ，設置費用と同等の補助金を供与する反面，地方公共団体に対し法律上当該営造物につき危険防止の措置を請求しうる立場にあるときには，国は，同項所定の設置費用の負担者に含まれるとする（最判昭50・11・28）。

5．判例は，失火責任法は，失火者の責任条件について民法709条の特則を規定したものであるから，国家賠償法4条の「民法」に含まれるとして，公権力の行使に当たる公務員の失火による国または公共団体の損害賠償責任については，国家賠償法4条により失火責任法が適用され，当該公務員に重大な過失のあることを必要とする，とする（最判昭53・7・17）。よって，当該消防職員に重大な過失がない場合には，国家賠償法上の責任は生じないことになる。

正答 3

No.
426
C日程
行政法　国家賠償法　平成22年度

Aは，B市立C中学校に通っているが，理科の授業の実験中に，D教諭の誤った指導により爆発事故を起こし，大怪我を負った。Aが国家賠償法に基づき損害賠償請求できる相手方をすべて挙げているものはどれか。なお，D教諭の給与の一部はE県が負担していた。

1　B市とD教諭
2　B市のみ
3　B市とC中学校
4　B市とE県
5　C中学校とE県

解説

国家賠償法上の責任主体は，国または公共団体である（国家賠償法1条1項）。したがって，C中学校は損害賠償責任の主体にはならないが，B市はAに対して損害賠償責任を負う。

公務員個人に対して損害賠償請求をなしうるかについては国家賠償法上明文規定が置かれていないが，これを否定するのが判例（最判昭30・4・19）・通説である。よって，D教諭はAに対して損害賠償責任を負わない。

ところで，国家賠償法3条1項は，公務員の選任もしくは監督に当たる者と公務員の俸給，給与その他の費用を負担する者とが異なるときは費用を負担する者も損害賠償責任を負う旨規定している。本問においてはE県がD教諭の給与の一部を負担しているから，E県もAに対して損害賠償責任を負う。

以上より，Aが国家賠償法に基づき損害賠償請求できるのは，B市とE県に対してであるから，正答は**4**である。

正答　4

市役所上・中級

C日程

No. 427 行政法 国家賠償法 平成21年度

国家賠償法による国家賠償責任に関する次の記述のうち，妥当なのはどれか。

1 国会議員の制定した立法の内容が憲法の規定に違反すると認められる場合，国会議員の当該立法行為は国家賠償法上も当然に違法と評価されることになる。

2 公立学校における教師の教育活動は，国家賠償法にいう公権力の行使に含まれないから，公立小学校の体育の授業中の事故については，同法による損害賠償の対象とはならない。

3 公務員による一連の職務行為の過程で私人が損害を被った場合，被害者が国家賠償を請求するには，それが具体的にどの公務員のどのような違法行為によるものかを特定しなければならない。

4 公務員が客観的に職務行為の外形を備える行為を行い，これによって違法に他人に損害を加えた場合には，国または公共団体が賠償責任を負う。

5 国家賠償法上の賠償責任が生じるのは，公権力の行使という積極的な行為についてであって，権限の不行使という不作為について賠償責任が生じることはない。

解説

1．判例は，「国会議員は，立法に関しては，原則として，国民全体に対する関係で政治的責任を負うにとどまり，個別の国民の権利に対応した関係での法的義務を負うものではないというべきであって，国会議員の立法行為は，立法の内容が憲法の一義的な文言に違反しているにもかかわらず国会があえて当該立法を行うというごとき，容易に想定し難いような例外的な場合でない限り，国家賠償法１条１項の規定の適用上，違法の評価を受けない」とする（最判昭60・11・21）。

2．判例は，広く被害を救済するという立場から，公立学校における教師の教育活動についても「公権力の行使」に含めている（最判昭62・２・６。ただし，本判決では，担当教師に生徒の保護義務の懈怠は認められないとして賠償請求自体は退けている）。

3．判例は，特定ができなくても，「一連の行為のうちのいずれかに行為者の故意または過失による違法行為があったのでなければ被害が生ずることはなかったであろうと認められ，かつ，それがどの行為であるにせよこれによる被害につき行為者の属する国または公共団体が法律上賠償の責任を負うべき関係が存在するとき」は，国または公共団体は，賠償責任を免れることができないとする（最判昭57・４・１）。

4．正しい（最判昭31・11・30）。いわゆる外形理論である。

5．判例は，「権限の不行使がその許容される限度を逸脱して著しく合理性を欠くと認められるとき」は，その不行使は国家賠償法１条１項の適用上違法となるとする（最判平７・６・23）。

正答 4

市役所上・中級

A日程

No. 428 行政法 国家賠償法 平成18年度

国家賠償法に関する次の記述のうち，妥当なものはどれか。

1　幼児が，公の営造物を設置管理者の通常予測しえない異常な方法で使用して生じた事故により，幼児に損害を生じた場合においても，営造物の設置管理者は国家賠償法上の責任を負う。

2　すでに改修計画が定められ，これに基づいて現に改修中の河川について，たとえその計画が全体として不合理なものと認められない場合であっても，未改修部分が決壊し，付近住民に損害が生じた場合には，河川管理の瑕疵を認定できる。

3　公務員たる消防職員の消火活動が不十分であったために，残り火が再燃して火災が発生した場合には，失火責任法が適用され，当該消防職員に重大な過失があった場合にのみ国家賠償法上の責任が発生する。

4　その行為の外形が，客観的に見て職務執行行為と認められる場合であっても，当該公務員がもっぱら私利を図る目的で行為している場合には，国家賠償法は適用されない。

5　公権力の行使に当たる公務員の不法行為について，当該公務員の選任監督者と給与等の支払者が異なる場合には，選任監督者が第一次的な責任を負い，この者が責任を負わない場合に第二次的に給与等の支払者が責任を負う。

解説

1．判例は，このような場合，事故は，営造物の「安全性の欠如に起因するものではなく，かえって，幼児の異常な行動に原因があったものといわなければならず，このような場合にまで，営造物の設置・管理者が国家賠償法２条１項所定の責任を負ういわれはない」として，国家賠償法上の責任を否定している（最判平５・３・30）。

2．判例は，「既に改修計画が定められ，これに基づいて現に改修中である河川については，その計画が全体として格別不合理なものと認められないときは，その後の事情の変動により早期の改修工事を施行しなければならないと認めるべき特段の事由が生じない限り，未改修部分につき改修がいまだ行われていないとの一事をもって河川管理に瑕疵があるとすることはできない」とする（最判昭59・１・26）。

3．正しい（最判昭53・７・17）。

4．判例は，国家賠償法１条は「公務員が主観的に権限行使の意思をもってする場合にかぎらず自己の利をはかる意図をもってする場合でも，客観的に職務執行の外形をそなえる行為をしてこれによって，他人に損害を加えた場合には，国又は公共団体に損害賠償の責を負わしめて，ひろく国民の権益を擁護することをもって，その立法の趣旨とするものと解すべきである」として，国家賠償法の適用を認めている（最判昭31・11・30）。

5．一次，二次といった区別はなく，両者ともに国家賠償法上の責任を負う（国家賠償法３条１項）。

正答　3

市役所上・中級

No. 429　A日程

行政法　国家賠償法2条　平成16年度

道路管理の瑕疵に関する次の記述のうち，判例に照らし，妥当なものはどれか。

1　営造物の設置または管理の瑕疵とは，営造物が通常有すべき安全性を欠いていることをいい，道路の安全性としては，予算等の諸制約の下で一般に施行されてきた道路の改修，整備の過程に対応するいわば過渡的な安全性をもって足りる。

2　道路管理の瑕疵による被害の予防措置を講ずることとした場合，その費用の額が相当の多額に上り，道路管理者としてその予算措置に困却するであろうことが推察できるときは，当該瑕疵による賠償責任を当然に免れる。

3　道路の安全性に欠如があった場合には，時間的に道路管理者において遅滞なくこれを原状に復し道路を安全良好な状態に保つことが不可能であったという状況の下においても，当該瑕疵による賠償責任を免れない。

4　道路管理の瑕疵の有無の判断に当たっては，道路管理には財政的，技術的，社会的制約が大きいことから，河川管理の瑕疵の場合と比較して，道路管理者の責任の範囲は狭く解すべきである。

5　道路管理の瑕疵には，当該道路が供用目的に添って利用されることとの関連において，その利用者以外の第三者たる周辺住民に対して危害を生ぜしめる危険性がある場合をも含むものである。

解説

1．前半は正しいが，後半が誤り。道路の安全性について，判例は，道路の管理者において災害等の防止施設の設置のための予算措置に困却するからといって，そのことにより直ちに道路の管理の瑕疵によって生じた損害の賠償責任を免れることはできないとして，高度の安全性を要求している（最判昭45・８・20）。

2．上記のとおり，道路における防護柵を設置するとした場合，その費用が相当の多額に上り，道路管理者としてその予算措置に困却するであろうことは推察できるが，それによって直ちに道路の管理の瑕疵によって生じた損害に対する賠償責任を免れうるものと考えることはできないとするのが判例である（最判昭45・8・20）。

3．道路の安全性に欠如があった場合でも，時間的に道路管理者において遅滞なくこれを原状に復し道路を安全良好な状態に保つことは不可能であったという状況の下においては，道路管理に瑕疵がなかったと認めるのが相当であるとするのが判例である（最判昭50・６・26）。

4．河川管理には財政的制約，技術的制約，社会的制約が大きいことから，道路管理の場合と比較して，河川管理者の責任の範囲を狭く解するのが判例である（最判昭59・１・26）。

5．正しい（最判平７・７・７）。

正答　5

市役所上・中級

No. 430　C日程

行政法　国家賠償法　平成30年度

国家賠償法に関する次の記述のうち，妥当なのはどれか。ただし，争いのある場合は判例による。

1　警察官が自己の利を図る目的で管轄区域外で制服を着て職務を装い通行人の所持品を不法に領得した場合，当該警察官の属する地方公共団体は，国家賠償責任を負わない。

2　行政庁が自らに認められている規制権限を行使せず，その結果国民に損害を与えた場合，違法な公権力の行使には当たらないから，当該行政庁の属する国等は国家賠償責任を負わない。

3　国等が公の営造物の設置・管理の瑕疵に基づいて国家賠償責任を負うのは，国等が当該公の営造物に対して法律上の管理権，所有権，賃借権といった権原を有する場合に限られる。

4　地方公共団体が国から補助金を受けて設置したつり橋で，ワイヤーが切れて通行人が負傷した場合，管理者は地方公共団体であるから，国は費用負担者として国家賠償責任を負うことはない。

5　火災の際，地方公共団体の消防職員による残り火の点検が不十分であったため，再出火し建物が焼失した場合，その地方公共団体の負う国家賠償責任については，民法の特則である失火責任法の適用を受ける。

解説

1．警察官が自己の利を図る目的で管轄区域外で制服を着て職務を装い通行人の所持品を不法に領得した場合，当該警察官の属する地方公共団体は，国家賠償責任を負う（国家賠償法1条1項，最判昭31・11・30）。

2．行政庁が自らに認められている規制権限を行使せず，その結果国民に損害を与えた場合，違法な公権力の行使には当たる（国家賠償法1条1項，最判平元・11・24，同平7・6・23など）から，当該行政庁の属する国などが国家賠償責任を負う場合もありうる。

3．国等が公の営造物の設置・管理の瑕疵に基づいて国家賠償責任を負うのは，国等が当該公の営造物に対して法律上の管理権，所有権，賃借権といった権原を有する場合に限られず，事実上の管理をしているにすぎない場合も含まれる（国家賠償法2条1項，最判昭59・11・29）。

4．地方公共団体が国から補助金を受けて設置したつり橋で，ワイヤーが切れて通行人が負傷した場合，管理者は地方公共団体であっても，国が費用負担者として国家賠償責任を負うことはある（国家賠償法3条1項，最判昭50・11・28）。

5．妥当である（国家賠償法4条，最判昭53・7・17）。

正答　5

市役所上・中級

No. 431 C日程

行政法　地方自治法における直接請求　平成28年度

地方自治法における直接請求に関する次の記述のうち，妥当なのはどれか。

1　地方自治法上，住民による直接請求が認められているのは，市町村や都道府県などの普通地方公共団体に限られる。

2　普通地方公共団体の事務の監査請求は，当該地方公共団体の住民でなくてもこれを行うことができる。

3　普通地方公共団体の住民は，長に対して条例の制定または改廃の請求をすることができるが，その請求できる事項については特に制限は設けられていない。

4　普通地方公共団体において，住民による解職の請求が認められるのは長のみである。

5　地方自治法に基づいて議会の解散請求がなされ，選挙人による解散の投票が行われた結果，そこで過半数の同意があったときは，議会は解散する。

解説

1．特別地方公共団体である特別区についても，直接請求は認められている（地方自治法283条１項・74条以下）。

2．事務の監査請求は，地方公共団体の事務が適正に行われているかどうかについて，これを住民の監視の下に置こうとするものであるから，これを請求できるのは当該地方公共団体の住民に限られる（地方自治法75条１項・74条１項の前半のカッコ書き）。

3．地方税の賦課徴収や分担金，使用料および手数料の徴収に関するものについては，請求は認められていない（地方自治法74条１項の後半のカッコ書き）。

4．長だけでなく，議会の議員などについても解職請求ができる（地方自治法13条２・３項）。なお，長の解職請求については同81条，議員の解職請求については同80条がそれぞれその要件を定めている。

5．妥当である。過半数の同意があったときは，特になんらの行為を待つことなく，議会は解散する（地方自治法78条）。

正答　5

市役所上・中級

No. 432 C日程

行政法 行政代執行法の代替的作為義務 令和3年度

行政代執行法に基づく代執行の対象となる代替的作為義務に該当するのは，次のうちどれか。

1 違法建築物の除却義務。

2 健康診断の受診義務。

3 営業の停止義務。

4 税金滞納の場合の金銭納付義務。

5 道路の占用料の納付義務。

解説

行政代執行法に基づく代執行の対象となるのは，代替的作為義務を義務者が履行しない場合である（行政代執行法２条参照）。したがって，非代替的作為義務や不作為義務の不履行の場合には，代執行を行うことができない。また，強制徴収などの代執行以外の手段がとられる場合も，代執行は行わない。

1．該当する。違法建築物の除却義務は代替的作為義務である。

2．健康診断の受診義務は，非代替的作為義務であるから，代執行はできない。

3．営業の停止義務は，不作為義務であるから，代執行はできない。

4．税金滞納の金銭納付義務の場合には，代執行ではなく強制徴収が行われる（国税徴収法等参照）。

5．道路の占用料の納付義務の場合には，代執行ではなく強制徴収が行われる。

正答 **1**

市役所上・中級
B日程
No.433 行政法 公の施設 平成30年度

地方自治法における公の施設に関する次の記述のうち，妥当なのはどれか。

1 公の施設の設置および管理に関する事項は，法律またはこれに基づく政令に特別の定めがある場合のほか，条例によらなければならず，長の定める規則によることはできない。

2 普通地方公共団体が公の施設を設置しようとする場合は，その区域内に設置しなければならず，区域外に設置することはできない。

3 公の施設は，住民の福祉の増進を目的とする施設であるから，普通地方公共団体は，特定の者に長期かつ独占的に利用させることはできない。

4 普通地方公共団体が公の施設の管理について指定管理者を指定しようとする場合には，あらかじめ議会の議決を経る必要はないが，指定後に議会へ報告する必要がある。

5 指定管理者がした公の施設を利用する権利に関する処分について審査請求をする場合，その審査請求をすべき行政庁は指定管理者である。

解説

1．妥当である（地方自治法244条の２第１項）。

2．普通地方公共団体は，その区域外においても，関係普通地方公共団体との協議により，公の施設を設置することができる（同244条の３第１項）。

3．公の施設は，住民の福祉の増進を目的とする施設ではある（同244条１項）が，普通地方公共団体は，特定の者に長期かつ独占的に利用させることもできる（同244条の２第２項）。

4．普通地方公共団体が公の施設の管理について指定管理者を指定しようとする場合には，あらかじめ議会の議決を経なければならない（同244条の２第６項）。

5．指定管理者がした公の施設を利用する権利に関する処分について審査請求をする場合，その審査請求をすべき行政庁は，当該普通地方公共団体の長である（同244条の４第１項）。

正答 1

No. 434　B日程　行政法　住民訴訟　平成29年度

住民訴訟に関する次の記述のうち，妥当なのはどれか。

1　住民訴訟は，住民であれば誰でもこれを提起することができ，また，1人からでもこれを提起できる。

2　住民訴訟の対象となるのは，当該普通地方公共団体の執行機関や職員の違法または不当な行為，あるいは違法または不当な怠る事実に限られる。

3　住民訴訟は，当該地方公共団体の選挙権を有する者に限って提起できるので，法人や外国人は提起権者にはなりえない。

4　住民監査請求と住民訴訟はどちらから先に行ってもよく，住民監査請求を経ずに住民訴訟を提起することもできる。

5　監査請求を経た住民が住民訴訟を提起できるのは，監査委員の監査の結果または勧告に不服がある場合に限られる。

解説

1．妥当である。住民訴訟の提起要件としては，地方公共団体の住民であればよく，選挙権の有無や員数要件もない。したがって，1人からでもこれを提起できる（地方自治法242条の2第1項柱書）。

2．裁判所は行為の適法・違法を判断する機関であるから，住民訴訟の対象となるのは，違法な行為や違法な怠る事実に限られ，不当な行為や不当な怠る事実については住民訴訟の対象とはならない。

3．法は，提起権者の資格について，「住民監査請求を経た普通地方公共団体の住民」などと規定しているにすぎず（地方自治法242条の2第1項柱書），それ以外の資格要件を要求していない。したがって，住民であれば，自然人に限らず法人や外国人もこれを提起できる。

4．住民訴訟においては監査請求前置主義がとられており，監査請求を経た者でなければこれを提起することができない（地方自治法242条の2第1項柱書）。

5．これ以外にも，監査委員の勧告を受けた普通地方公共団体の議会，長その他の執行機関または職員の措置に不服があるときや，監査委員が所定の期間内に監査または勧告を行わないときなどにも提起が認められている（地方自治法242条の2第1項柱書）。

正答　1

No. 435　B日程

行政法　地方議会　令和元年度

普通地方公共団体の議会に関する次の記述のうち，妥当なのはどれか。

1　普通地方公共団体に議会を置くのが原則であるが，町村は，条例で，議会を置かず，選挙権を有する者の総会を設けることができる。

2　普通地方公共団体の議会は，定例会および臨時会を招集しなければならないので，条例の定めるところにより，通年の会期とすることはできない。

3　普通地方公共団体の議会は，議会基本条例を必ず制定しなければならない。

4　普通地方公共団体の議会は，原則として，普通地方公共団体の議長が招集する。

5　普通地方公共団体の財産を適正な対価なくして譲渡するには，法律，条例または議会の議決を必要としない。

解説

1．妥当である（地方自治法89条，94条）。町村総会である。

2．普通地方公共団体の議会は，定例会および臨時会とする（地方自治法102条１項）が，条例の定めるところにより，毎年，条例で定める日から翌年の当該日の前日までを会期とすることができる（同102条の２第１項）。通年の会期である。

3．普通地方公共団体の議会は，議会基本条例を必ず制定しなければならないわけではない。議会基本条例とは，地方公共団体の議会の運営の基本原則を定める条例をいう。議会基本条例を制定している地方公共団体も存在するが，普通地方公共団体の議会が，議会基本条例を必ず制定しなければならないわけではない。

4．普通地方公共団体の議会は，普通地方公共団体の「長」がこれを招集する（地方自治法101条１項）。議長が招集できるのは例外的な場合である（同101条５項・６項）。

5．法定の場合を除き，普通地方公共団体の財産は，条例または議会の議決による場合でなければ，適正な対価なくしてこれを譲渡してはならない（地方自治法237条２項）。

正答　1

行政法　条例と規則　平成30年度

地方自治法における条例と規則に関する次の記述のうち，妥当なのはどれか。

1　普通地方公共団体は条例の制定権を有するが，特別地方公共団体は有しない。

2　普通地方公共団体の長は規則を定める権限を有するが，条例による委任が必要である。

3　議会で条例の制定が議決された場合，長は議決について法令に違反すると認めるときは，再議に付することができるが，それ以外の理由では再議に付すことはできない。

4　条例にはその制定・改廃について直接請求の規定があるが，規則にはない。

5　規則には過料の規定を設けることができるが，過料の処分は長ではなく，裁判所によって科される。

解説

1．普通地方公共団体は条例の制定権を有する（地方自治法14条1項）。また，特別地方公共団体の，特別区や地方公共団体の組合も条例制定権を有する（同283条1項，292条）。

2．普通地方公共団体の長は規則を定める権限を有する（地方自治法15条1項）。条例による委任は不要である。

3．議会で条例の制定が議決された場合，長は議決について法令に違反すると認めるとき以外の理由でも再議に付すことができる（地方自治法176条1項）。

4．妥当である（地方自治法74条1項）。

5．規則には過料の規定を設けることができる（地方自治法15条2項）。過料は長が科す（同149条3号）。

正答　4

No. 437 A日程

民法 未成年者の法律行為 平成24年度

未成年者Aが，その所有する不動産を，Aの法定代理人であるBの同意を得ずにCに売却した場合に関する次の記述のうち，妥当なものはどれか。

1 Cに対してAが自ら行った追認が有効となるためには，Aが追認時に成年となっていることは必要でない。

2 Aが契約をした時から5年を経過した後は，行為能力の制限を理由に取り消すことができない。

3 Aは本件の契約を取り消すためには，Bの同意が必要であり，Aが単独で取り消すことはできない。

4 Aが本件の契約を取り消す場合，Cがすでに当該不動産をDに売却していた場合でも，AはCに対して取消しの意思表示をしなければならない。

5 本件の契約が取り消された場合，Aは受け取った売却代金の全額をCに返還しなければならない。

解説

1．追認は，取消しの原因となっていた状況が消滅し，かつ，取消権を有することを知った後にしなければ，その効力を生じず（民法124条1項），本肢における取消しの原因となっていた状況とはAが未成年者であることであるから（同5条1項本文・2項），Aが自ら行った追認が有効となるためには，Aが追認時に成年となっていることが必要である。

2．取消権は，追認をすることができる時から5年間行使しないときは，時効によって消滅する（同126条前段）が，本肢の契約の時点ではAは未成年者であるため，追認することができる時とは取消しの原因となっていた状況が消滅し，かつ，取消権を有することを知った時である（同124条1項，5条1項本文・2項）。よって，Aが未成年者であるときに契約をした時から5年を経過しても，Aは依然として行為能力の制限を理由として取り消すことができる。

3．制限行為能力者も取消権者であるから（同120条1項），未成年者であるAはBの同意（同5条1項本文参照）がなくても単独で取り消すことができる。

4．正しい。Aと売買契約を締結したのはCであるから，取消しの相手方はCである。そして，取消しの相手方が確定している場合の取消しは相手方に対する意思表示によってする（同123条）。

5．制限行為能力者は，その行為によって現に利益を受けている限度において，返還の義務を負う（同121条の2第3項）にすぎないから，Aは受け取った売却代金の全額をCに返還しなければならないとはいえない。

正答 4

市役所上・中級

No. 438　B日程

民法　成年後見制度　令和4年度

成年後見制度に関する次の記述のうち，妥当なものはどれか。

1　成年後見人の選任に当たり，本人に配偶者がある場合には，常に配偶者が成年後見人に選任される。

2　成年後見人は包括的代理権を有しており，成年被後見人に代わって自己の判断のみで成年被後見人の居住の用に供する建物を売却することができる。

3　成年被後見人は確定的に有効な行為をすることができず，成年被後見人がした法律行為は，成年後見人が，すべて取り消すことができる。

4　被保佐人が，保佐人の同意を得ないで定期預金を引き出した場合，保佐人は取り消すことができるが，被保佐人は取り消すことができない。

5　補助開始の審判を本人の配偶者が請求した場合，本人の同意がなければ，家庭裁判所は審判をすることができない。

解説

1．本人に配偶者がある場合でも，常に配偶者が成年後見人に選任されるわけではない。その他の親族や，弁護士，司法書士等の専門家が選任される場合もある。

2．成年後見人は，成年被後見人に代わって，その居住の用に供する建物またはその敷地について，売却，賃貸，賃貸借の解除または抵当権の設定その他これらに準ずる処分をするには，家庭裁判所の許可を得なければならない（民法859条の3）。したがって，自己の判断のみで成年被後見人の居住の用に供する建物を売却することはできない。

3．成年被後見人の法律行為は，取り消すことができる。ただし，日用品の購入その他日常生活に関する行為については，この限りでない（民法9条）。したがって，日用品の購入その他日常生活に関する行為は，取り消すことができない。

4．定期預金の引出しは，元本の領収と考えられ（民法13条1項1号），被保佐人も取り消すことができる（同13条4項，120条1項）。

5．妥当である。本人以外の者の請求により補助開始の審判をするには，本人の同意がなければならない（民法15条2項）。

正答　5

市役所上・中級
B日程

No. 439 民法 失踪宣告 平成28年度

失踪宣告に関する次の記述のうち，妥当なのはどれか。

1　失踪宣告がなされた者は死亡したものと推定されるが，反証がある場合にはこれをくつがえすことができる。

2　失踪宣告は，失踪者の旧来の住所における法律関係にのみ影響し，失踪者が他の場所で行った行為は有効である。

3　失踪宣告は，失踪者が生存していた場合にのみ，これを取り消すことができる。

4　失踪宣告によって財産を得たものは，失踪宣告が取消しになった場合はその所有権を失い，そのすべてを返還する義務を負う。

5　失踪宣告の取消しは，取消前の失踪者の法律関係のすべてに影響を及ぼし，失踪者の法律関係はすべて旧来に復帰する。

解説

1．失踪宣告の効果は死亡の推定ではなく，反証を許さない死亡の擬制（みなす）である（民法31条）。したがって，生きて戻ったなどの反証があったとしても，それだけでは宣告の効果をくつがえすことはできず，宣告の取消しが必要となる（同32条）。

2．妥当である。失踪宣告は，失踪者が失踪前に生活していた場所における法律関係を整理しようとするものであるから，失踪者が生存していた場合，その者の権利能力や行為能力まで宣告によって奪われるわけではない。したがって，その者が現在生活している場所で行った契約は有効である。

3．失踪宣告の取消しは，失踪者が生存しているとき，または，宣告によって死亡とみなされる時と異なる時に死亡したことが証明されたときのいずれかで，請求が可能となる（民法32条１項前段）。

4．民法32条２項ただし書の文言上は善意・悪意の区別はないが，通説は，返還の範囲を善意・悪意で区別しており，善意の相続人は現存利益の範囲で返還義務を負い（同32条２項ただし書），悪意の相続人は，得た利益のすべてに利息を付して返還する義務を負うとする（同704条）。

5．失踪宣告の取消しは，失踪の宣告後その取消し前に善意でした行為の効力に影響を及ぼさないとされている（民法32条１項後段）。

正答　2

No. 440 C日程 民法 意思表示 平成25年度

Aはその所有する甲土地をBに売却し，BはCに同土地を転売した。その後，Aは，Bとの売買契約の無効または取消しを主張して，Cに対し，甲土地の返還請求をした。

この事例において，Aの請求がCの主観にかかわらずいつでも認められる場合として妥当なのはどれか。ただし，争いがある場合は判例による。

1 Aは，自分の真意では売却するつもりはなかったが，そのことについて悪意のBと甲土地の売買契約を締結した場合。

2 Aは，Bと通謀して虚偽の甲土地の売買契約を締結した場合。

3 BがAに詐欺を行ったために，AはBと甲土地の売買契約を締結した場合。

4 BがAに強迫を行ったために，AはBと甲土地の売買契約を締結した場合。

5 事業者Bが消費者Aに重要事項について事実と異なることを告げたため，Aが告げられた内容が事実であるとの誤認をし，それによってAが甲土地を売却する申込みの意思表示をしてBとの間で消費者契約法が適用される売買契約を締結した場合。

解説

1．Aは心裡留保による意思表示を行っているが相手方Bはそのことについて悪意であるため，Aの意思表示は無効となる（民法93条１項ただし書）。ただし，この無効は，善意の第三者に対抗することができない（同２項）。よって，本肢の場合，Cが善意であれば，AはCに対して売買契約の無効を対抗できないから，Aの請求がCの主観にかかわらずいつでも認められるとはいえない。

2．AとBとの通謀虚偽表示による売買契約は無効である（民法94条１項）が，この無効は善意の第三者には対抗できない（同２項）。よって，本肢の場合，Cが善意であれば，AはCに対して売買契約の無効を対抗できないから，Aの請求がCの主観にかかわらずいつでも認められるとはいえない。

3．詐欺による意思表示は取り消すことができる（民法96条１項）が，善意・無過失の第三者にはこの取消しを対抗できない（同３項）。なお，Aによる取消しの主張は，Cへの転売後であるから，Cはいわゆる取消前の第三者であるから民法96条３項が適用される（大判昭17・９・30参照）。よって，本肢の場合，Cが善意・無過失であれば，AはCに対して売買契約の無効を対抗できないから，Aの請求がCの主観にかかわらずいつでも認められるとはいえない。

4．正しい。強迫による意思表示は取り消すことができ（民法96条１項），強迫の場合には，詐欺の場合のような善意・無過失の第三者を保護する規定（同３項）は存在しない。よって，本肢の場合，Cが善意・無過失であっても，AはCに対して売買契約の取消しを対抗できるから，Aの請求はCの主観にかかわらずいつでも認められるといえる。

5．消費者（A）は，事業者（B）が消費者契約（消費者と事業者との間で締結される契約）の締結について勧誘をするに際し，当該消費者に対して重要事項について事実と異なることを告げる行為をしたことにより当該告げられた内容が事実であるとの誤認をし，それによって当該消費者契約の申込み又はその承諾の意思表示をしたときは，これを取り消すことができる（消費者契約法４条１項１号）。しかし，この消費者契約の申込み又はその承諾の意思表示の取消しは，これをもって善意・無過失の第三者に対抗することができない（同６項）。よって，本肢の場合，Cが善意・無過失であれば，AはCに対して売買契約の取消しを対抗できないから，Aの請求がCの主観にかかわらずいつでも認められるとはいえない。

正答 4

市役所上・中級

B日程

No. 441 民法 委 任 平成26年度

委任に関する次の記述のうち，妥当なのはどれか。

1 委任は，有償・無償を問わず，受任者は善良なる管理者の注意をもって委任事務を処理しなければならない。

2 受任者は，委任事務が終了した後でなければ委任事務を処理するのにかかる費用を委任者に請求できない。

3 委任者，受任者ともに，相手方に不利な時期に委任契約を解除することはできない。

4 受任者が後見開始の審判を受けたときでも，委任契約は終了しない。

5 委任者または受任者が死亡しても，委任契約は終了しない。

解説

1．妥当である。受任者は，有償・無償を問わず，善管注意義務を負う（民法644条）。高度の信頼関係から成り立っている契約なので，このような義務を課せられている。

2．受任者は，委任事務を処理するについて費用を要するときは，委任者に対してその費用の前払いを請求できる（民法649条）。これを「費用前払請求」という。

3．委任契約の特徴として，各当事者は，いつでも解除することができるとされている（民法651条１項）。これを無理由解除権という。相手方に不利な時期に委任契約を解除することもできるが，その際は，解除がやむをえない事由に基づく場合を除き，損害賠償をしなければならない（同651条２項）。

4．受任者が後見開始の審判を受けたときは，委任契約は終了する（民法653条３号）。

5．委任者または受任者が死亡したときは，委任契約は終了する（民法653条１号）。

正答 1

市役所上・中級

No.442 A日程

民法 請負と不法行為に基づく損害賠償請求 令和4年度

Aは，所有している土地への建物の建築をBに注文し，請け負ったBは建物を建てた。その後，CはAからその土地及び建物を購入し，Cは建物をDに賃貸した。ところが，通行人Eがその建物の付近を通った際，建物の塀が倒れて，Eが重傷を負った。塀が倒れた原因は，すべて請負人Bの過失にあった。これに関する次の記述のうち，妥当なものの組合せはどれか。

ア　EはAに対して損害賠償を請求することができる。

イ　Dが，塀が倒れないように必要な対策をしていたとしても，EはDに対して賠償賠償を請求することができる。

ウ　CもDも，塀が倒れないように必要な対策をしていたとしても，EはCに対して賠償賠償を請求することができる。

エ　CまたはDは，Eに対して損害賠償をした場合に，Bに対して求償することはできない。

1　ア
2　ウ
3　ア，イ
4　イ，エ
5　ウ，エ

解説

ア：注文者は，請負人がその仕事について第三者に加えた損害を賠償する責任を負わない（民法716条本文）。本記述の場合，注文または指図についてAに過失はないことから，Aは責任を負わない（同ただし書）。

イ：土地の工作物の設置または保存に瑕疵があることによって他人に損害を生じたときは，その工作物の占有者は，被害者に対してその損害を賠償する責任を負う。ただし，占有者が損害の発生を防止するのに必要な注意をしたときは，所有者がその損害を賠償しなければならない（民法717条１項）。本記述の場合，Dは責任を負わない。

ウ：妥当である（民法717条１項ただし書）。

エ：損害の原因について他にその責任を負う者があるときは，占有者または所有者は，その者に対して求償権を行使することができる（民法717条３項）。

以上より，妥当なものはウのみであるので，正答は**2**である。

正答　**2**

市役所上・中級

No. 443 C日程大阪府型

民法　隣地関係　平成17年度

所有権に関する次の記述のうち，妥当なものはどれか。

1　土地の所有者が，自己の土地上に建物を建てるために必要があるときは，築造に必要な範囲内で，隣人の承諾なしに，その土地または家屋に立ち入ることができる。

2　他の土地に囲まれて公道に通じない土地の所有者は，公道に至るため，その土地を囲んでいる他の土地を通行することができ，また，必要があれば通路を開設することもできる。

3　土地の所有者は，隣地から水が流れてくる場合には，それが自然に流れる場合であっても，これを妨げることができる。

4　境界を接する土地の所有者どうしが，共同でその境界線上に塀を設置する場合には，その塀は高さ１メートルでなければならず，かつその費用は当事者が共同で負担する。

5　土地の所有者は，隣地の竹木の枝が土地の境界線を越えているときは，自らこれを切除でき，また竹木の根が境界線を越えているときは，竹木の所有者にその根を切除させることができる。

解説

1．築造に必要な範囲内で隣地の使用を請求することはできるが，隣人の承諾がなければ，その住家に立ち入ることはできない（民法209条１項）。

2．正しい（同210条１項，211条２項）。

3．水が自然に流れる場合には妨げることができない（同214条）。流水を妨げることができるのは，隣地の所有者が人為的に水を流している場合に限られる。

4．当事者間で協議が整えば，どのような高さの塀を設置してもかまわない。また当事者間で協議が整わないときは，高さ２メートルの塀を設置するものとされる（同225条２項）。

5．逆である。すなわち，隣地の竹木の枝が境界線を越えるときは，その竹木の所有者に枝を切除させることができ，竹木の根が境界線を越えるときは，その根を切り取ることができる（同233条）。

正答　2

市役所上・中級

No. 444 B日程

民法　占有改定による即時取得　平成24年度

Aは，Bから借りているB所有のパソコンをAが所有権を有していると偽って，平穏かつ公然に，善意・無過失のCに売却したが，Cは当該パソコンをそのままAに預けていた。この場合に，Cに占有改定による即時取得が認められるかについては以下の各説があるとする。これらの説に基づく上記の事例に関する説明として，正しいものはどれか。

Ⅰ説：占有改定による即時取得は認められない。

Ⅱ説：占有改定による即時取得は認められる。

Ⅲ説：占有改定による即時取得は一応成立するが，まだ確定的ではなく，その後の現実の引渡しによってその取得が確定的になる。

1　Ⅰ説によると，Cはパソコンの所有権を取得することができる。

2　Ⅰ説によると，BはCに対し，パソコンの返還を求めることができる。

3　Ⅱ説によると，Cはパソコンの所有権を取得することができない。

4　Ⅱ説によると，BはAに対してパソコンの返還を求めることができる。

5　Ⅲ説によると，パソコンがCに現実に引き渡される前であれば，Aがパソコンを預かっている状況でBがCに対して所有権確認訴訟を提起した場合，Bは勝訴することになる。

解説

Cは，動産である本件のパソコンを，平穏・公然・善意・無過失で売買による取引行為によって購入しているから，Aが所有者ではなくても即時取得（民法192条）が成立する可能性がある。しかし，Cは占有改定の方法によって占有を得ているため，即時取得が認められるかが問題となり，この問題については設問の各説がある。なお，判例はⅠ説の立場に立ち，占有改定による即時取得を否定する（最判昭35・2・11）。

1．Ⅰ説は占有改定による即時取得を否定する立場であるから，Ⅰ説によると，Cは即時取得によってパソコンの所有権を取得することができない。

2．正しい。**1**で述べたとおり，Ⅰ説によると，Cは即時取得することができず，パソコンの所有権はBに留まったままであるから，BはCに対し，パソコンの返還を求めることができる。

3．Ⅱ説は占有改定による即時取得を肯定する立場であるから，Ⅱ説によると，Cは即時取得によってパソコンの所有権を取得することができる。

4．**3**で述べたとおり，Ⅱ説によると，Cはパソコンを即時取得することができ，その反射的効果としてBはパソコンの所有権を失い，また，これと同時に賃貸人としての債務を履行できなくなる（民法601条参照）ために賃貸人の地位も失うと解されるから，BはAに対して，所有権や賃貸借契約上の地位に基づいてパソコンの返還を求めることができない。

5．Ⅲ説によると，占有改定による即時取得は，その後の現実の引渡しの前であっても一応成立しているから，パソコンがCに現実に引き渡される前であっても，Aがパソコンを預かっている状況でBがCに対して所有権確認訴訟を提起した場合には，Bは敗訴することになる。

正答　2

市役所上・中級

No. 445　B日程

民法　占有訴権　平成18年度

AはBから車を借り，夜間はAの駐車場に車を置いていたところ，この車をCに盗まれた。この場合の法律関係に関する次の記述のうち，妥当なものはどれか。

1　BがCの家にこの車が止めてあるのを見つけた場合，BはCの家からこの車を持ち去って自力で取り戻すことができる。

2　Aは所有者ではないから，Cに対して占有回収の訴えを提起することはできない。

3　Aが自己の財産と同一の注意をもって車を管理していた場合，Bに対して責任を負うことはない。

4　善意のDが，平穏かつ公然にCからこの車を買い受けた場合，車の所有権は確定的にDに移るので，AはDに対して占有回収の訴えを提起できない。

5　Eはこの車をCから購入し，その際，ひょっとしたら盗品かもしれないと疑っていたが，確定的に盗品であるとは思っていなかったとしても，Eは使用利益を返還しなければならない。

解説

1．この場合，Bには所有権に基づく返還請求などの法的手段が可能であるから，自力救済は認められない。

2．占有回収の訴えは占有者であればできるので，Aもこの訴えを提起できる（民法200条1項）。

3．AがBから車を借りる場合の契約としては，使用貸借（同593条）と賃貸借（同601条）の2つが考えられるが，そのいずれの場合においても，借主の義務は自己所有物と同一の注意義務ではなく，善良な管理者の注意義務（同400条）である。

4．占有回収の訴えは，占有侵奪者の善意の特定承継人に対しては提起できないが（同200条2項），それは善意者の下で平穏な占有状態が形成されるからであって，車の所有権が移転するからではない。なお，自動車が既登録の場合には（通常はそうであるが），善意取得も成立しない（最判昭62・4・24）。

5．正しい。疑いを持っていた場合には悪意占有者となるので（大判大8・10・13），Eは車の使用利益を返還しなければならない（同190条1項）。使用利益も，返還すべき果実に含まれるからである（大判大14・1・20）。

正答　5

No. 446 C日程 民法 受領遅滞 平成27年度

売主Aは買主Bとビール100缶を売却する契約を結び，約定の日に約定どおりにBのところへビールを持参した。ところが，Bが，置き場所がないとして受け取らなかったため，Aはやむなくそれを持ち帰った。

この場合に関する次の記述のうち，妥当なのはどれか。

1 受領を拒否したBは，以後，同時履行の抗弁権を主張できなくなる。
2 Aは，善管注意義務をもってビールを保管しなければならない。
3 Aは，ビールの保管に必要な費用をBに請求できない。
4 Aは，ビールを供託することができない。
5 Aが重過失でビールを破損した場合，BはAに賠償請求ができる。

解説

1．同時履行の抗弁権（民法533条）は公平の見地から認められるものであって，たとえ受領を拒否した場合でも失われるわけではない。したがって，Bが受領の意思を表示してAが再度ビールを持参した場合には，Bは目的物の引渡しと引換えに代金を支払うとの同時履行を主張できる。

2．Bの受領遅滞以降は，Aの注意義務は軽減され，保管は自己の物と同一の注意義務で行えば足りる（民法413条1項）。

3．Bの受領遅滞により増加した費用は，Bが負担する（民法413条2項）。したがって，保管に必要な費用はBに請求できる。

4．受領拒絶は供託原因であるから（民法494条），Aはビールを供託することができる。

5．妥当である。Aは，Bが受領を拒否したことにより，その注意義務を軽減されている。そのため，軽過失については責任を負わないが，重過失については責任を負わなければならず，BはAに賠償請求ができる。

正答 5

市役所上・中級
No. 447 A日程

民法　即時取得　平成17年度

次のうち，Cが善意・無過失である場合に，Cに即時取得が成立するものをすべて挙げているのはどれか。

ア　Aの所有地上にあるAの立木を無権利者BがCに譲渡し，Cが自らこれを伐採して持ち去った。

イ　Bが，Aから預かっていた1万円をCに商品の代金として支払った。

ウ　Bが持っていたダイヤを息子のCがBのものだと信じて相続したが，そのダイヤは実際はAのものであった。

エ　Bは，Aから借りていたカメラをAに無断でCに贈与した。

オ　Aが所有していた未登録の自動車を，無権利者BがCに売却し，Cはその引渡しを受けて，この自動車について登録を行った。

1　ア，オ
2　イ，エ
3　イ，オ
4　ウ，エ
5　エ，オ

解説

即時取得は，動産取引の安全を確保するための制度であり，取引行為によって動産の占有を取得した者が，その取得時に善意・無過失であった場合に成立する（民法192条）。

ア：成立しない。土地に植栽された状態の立木は不動産である土地の一部であって，動産ではない。したがって，植栽された状態のまま無権利者から譲渡がなされても，取引行為の時点で動産ではないから，即時取得は成立しない（大判昭3・7・4）。

イ：成立しない。金銭は，動産ではなく価値そのものであって，占有のあるところに所有がある。よって，即時取得の適用はない（最判昭39・1・24）。したがって，他人の金銭で代金を支払った場合，その紙幣の所有権の帰属が問題になるのではなく，弁済が有効かどうか，不当利得返還請求権が発生するかどうか（発生する場合には，その紙幣ではなく，別の紙幣あるいは貨幣で返してもらってもよい）の問題が生じるだけである。

ウ：成立しない。即時取得は，動産取引の安全を確保するための制度であるが，相続による取得は取引きによる取得ではないので，即時取得は成立しない。

エ：成立する。贈与は無償行為であるが，取引行為であるから，Cが善意・無過失であれば，Cは即時取得により有効にカメラの所有権を取得する。

オ：成立する。自動車は，未登録の段階では即時取得の対象となる（最判昭45・12・4）。即時取得は，占有を基準に動産取引の安全を図る制度である。占有が基準とされるのは，動産では他に適当な権利関係の公示手段がないからである。しかし，自動車には登録制度があり，これは権利関係の公示手段として占有よりも優れている。したがって，既登録自動車の場合には，登録によって取引きの安全が図られる。しかし，未登録の場合には，占有以外に公示手段がないので，即時取得の対象となる。

以上から，Cに即時取得が成立するのはエとオであり，**5**が正答となる。

正答　5

No. 448 C日程

民法 物権の消滅 平成30年度

物権の消滅に関する次の記述のうち，妥当なのはどれか。

1 所有権は，消滅時効によって消滅する。

2 占有権は，占有者が占有の意思を放棄し，または占有物の所持を失うことによって消滅する。

3 地上権者が，地上権が設定されている土地の所有権を取得した場合，その地上権が第三者の権利の目的であるときでも，地上権は消滅する。

4 留置権は，債務者が相当の担保を供しても，消滅を請求することはできない。

5 抵当権は，被担保債権の弁済のみによって消滅する。

解説

1．所有権は，消滅時効によって消滅しない（民法163条参照）。

2．妥当である（民法203条本文）。

3．地上権者が，地上権が設定されている土地の所有権を取得した場合，その地上権が第三者の権利の目的であるときは，地上権は消滅しない（民法179条１項）。混同による消滅の例外である。

4．留置権は，債務者が相当の担保を供して，消滅を請求することができる（民法301条）。

5．抵当権は，被担保債権の弁済のみでなく，その他，時効などによっても消滅する（民法396条，397条等）。

正答 2

市役所上・中級
No.449 C日程
民法　物権変動　平成17年度

物権変動に関する次の記述のうち，妥当なものはどれか。

1　不動産の所有権移転には登記が必要であり，これがなければ所有権移転の効力は生じない。

2　動産の所有権移転には引渡しが必要であり，これがなければ所有権移転の効力は生じない。

3　抵当権の設定には登記が必要であり，これがなければ抵当権の効力は生じない。

4　譲渡担保権の設定には引渡しが必要であり，これがなければ譲渡担保権としての効力は生じない。

5　質権の設定には引渡しが必要であり，これがなければ質権の効力は生じない。

解説

1，**2**．動産・不動産を問わず，所有権は意思表示だけで移転する（民法176条）。不動産の登記や，動産の引渡しは所有権移転の効果を第三者に対抗するための要件にすぎない（同177条，182条1項）。

3．抵当権の設定も，所有権の移転の場合と同様に，当事者の意思表示だけで有効に成立する（同176条）。抵当権の登記は，抵当権の効果を第三者に対抗するための要件にすぎない（同177条）。

4．譲渡担保権設定契約も諾成契約であり，当事者の意思の合致だけで有効に成立する。引渡しは，動産譲渡担保権の対抗要件にすぎない。

5．正しい。質権は要物契約であり，「債権者にその目的物を引き渡すことによって，その効力を生ずる」とされる（同344条）。

正答　5

No. 450 B日程

民法　共　有　平成23年度

A，B，Cの３人は各３分の１の持分割合で建物を共有している。この場合における法律関係に関する次の記述のうち，妥当なものはどれか。ただし，争いのあるものは判例の見解による。

1　Aが本件の建物を単独で占有している場合において，BとCとが共同で行った場合であっても，当然には，Aに対して，その占有する共有物の明渡しを請求することができない。

2　A・B・Cのいずれも単独では本件の建物を修理することができない。

3　本件建物の使用方法を決める場合は，A・B・C全員の同意が必要である。

4　Aが本件建物についての持分を処分しようとする場合には，BおよびCの同意を必要とする。

5　Aが相続人なくして死亡し，Aの特別縁故者が相続財産の分与を請求した場合において，Aの本件建物に対する共有持分は，この特別縁故者に対する財産分与の対象とはならず，BとCに帰属することになる。

解説

1．正しい。判例は，共有不動産の持分の価格が過半数を超える者は，共有物を単独で占有する他の共有者に対し，当然には，その占有する共有物の明渡しを請求することができないとするから（最判昭41・5・19），BとCとが共同して持分の過半数で明渡請求を行った場合も同様である。

2．建物の修理は，保存行為であるから，各共有者がすることができる（民法252条ただし書）。よって，A・B・Cのいずれも単独で本件の建物を修理することができる。

3．共有物の使用方法は，共有物の「管理」に関する事項であるから，各共有者の持分の価格に従い，その過半数で決する（民法252条本文）。よって，A・B・C全員の同意は不要であり，A・B・Cは持分が等しいから，共有者３名のうちの２名が同意すれば足りる。

4．各共有者がその共有持分につき譲渡したりすることは，明文の規定はないが，共有持分権は量的に制限された所有権であることから認められると解されている。よって，Aがその持分を処分するためには，BやCの同意は不要である。

5．判例は，共有者の１人が死亡し，相続人の不存在が確定し，相続債権者や受遺者に対する清算手続きが終了したときは，その共有持分は，他の相続財産とともに，民法958条の３の規定に基づく特別縁故者に対する財産分与の対象となり，右財産分与がされず，当該共有持分が承継すべき者のないまま相続財産として残存することが確定したときにはじめて，同255条により他の共有者に帰属することになるとする（最判平元・11・24）。

正答　1

市役所上・中級

A日程

No. 451 民法 土地の共有 平成21年度

土地が共有されている場合の法律関係に関する次の記述のうち，妥当なものはどれか。

1 共有地が農地である場合，その土地を宅地として造成するためには，共有者の共有持分の過半数の同意が必要である。

2 土地を不法占拠している者がいる場合，各共有者は単独でこの者に対して土地の明渡しを請求できるが，その場合の明渡しの範囲は自己の持分に応じた部分に限られる。

3 共有者の１人が第三者に土地の占有使用を認めた場合，これを承認しなかった他の共有者は，当該第三者に対して土地の明渡しを請求できる。

4 共有者の１人からこの土地の占有使用を認められた者がある場合，共有持分の過半数を有する者は，占有者に対して当然に土地の明渡しを請求できる。

5 共有者の１人が他の共有者の同意を得ずに，無断で共有土地の全部を占有している場合，他の共有者は持分に応じた使用・収益が妨害されていることを理由に，土地を単独で占有する共有者に対して不当利得の返還ないし不法行為に基づく損害賠償を請求できる。

解説

1．農地を宅地に変えることは共有物の変更に当たる。したがって，共有者全員の同意が必要である（民法251条）。

2．各共有者は持分に応じてその土地の「全部」を使用・収益できる（同249条）。したがって，その土地を不法占拠する者に対しては，各共有者は単独でその全部について明渡しを請求できる。

3，**4**．判例は，「共有者は，他の共有者との協議を経ないで当然に共有物を単独で占有する権原を有するものではないが，自己の持分に基づいて共有物を占有する権原を有するので，他のすべての共有者らは，自己の持分に基づいて現に共有物を占有する共有者に対して当然には共有物の明渡しを請求することはできない」。そして，「この理は，共有者の一部の者から共有物を占有使用することを承認された第三者とその余の共有者との関係にも妥当する」とする（最判昭63・５・20）。したがって，いずれの場合にも，他の共有者は占有者に対して当然に明渡しを請求することはできない。

5．正しい。土地を単独で占有使用している共有者に対して，他の共有者が当然に明渡しの請求ができないとしても，それによって「単独占有」が適法化されるわけではない。その共有者は，各共有者間の合意がなければ「自己の持分に応じた使用・収益」しかできないのであるから，その場合，他の共有者の使用・収益権能を侵害していることになる。したがって，不当利得の返還ないし不法行為に基づく損害賠償が義務づけられる。

正答 5

No. 452 C日程

民法　不動産賃借権　平成26年度

不動産賃借権の譲渡および転貸に関する次の記述のうち，妥当なのはどれか。

1　賃貸借契約において，賃借物の転貸には賃貸人の承諾が必要であり，無断転貸は債務不履行に当たるので，そのような契約は無効となる。

2　賃借人が賃貸人の承諾を得て賃借物を転貸した場合，賃貸人は直接転借人に対して賃料を請求できる。

3　適法に賃借物の転貸がなされた場合において，賃貸人と賃借人が賃貸借契約を合意解約した場合，賃貸人は転借人にその効果を対抗して不動産の明渡しを請求できる。

4　賃借権は債権であり，その債権は自由に譲渡できるのが原則であるから，賃借人が賃貸人の承諾なしにこれを譲渡しても，賃貸人はこれを理由に契約を解除することはできない。

5　賃借人が，賃貸人の承諾を得ずに賃借物を転貸した場合，賃貸人は転借人に対して妨害排除請求として土地の明渡しを請求することはできない。

解説

1. 転貸借契約は無効にはならない。無断転貸を理由に賃貸借契約が解除されたことなどを理由に転貸借契約が履行不能になった場合に，債務不履行責任を理由に解除されることがあるにすぎない。

2. 妥当である（民法613条１項）。これは賃貸人の権利を保護するためである。

3. 合意解約によって賃貸借契約を消滅させても，これをもって転借人には対抗できない（民法613条３項本文）。

4. 賃借権は債権ではあるが，当事者の信頼関係を基礎に成立している継続的契約関係であるから，自由な譲渡は認められず，譲渡には賃貸人の承諾が必要である（民法612条１項）。そして，賃借人がこれを無断で譲渡した場合には，賃貸人はこれを理由に契約を解除できる（同612条２項）。

5. 無断転貸がなされても，転借人は賃貸人に転借権を対抗できないので，賃貸人との関係では不法占拠者となる。そのため，賃貸人は転借人に対して妨害排除請求として土地の明渡しを請求することができる。

正答　2

C日程

No. 453 民法 留置権 令和元年度

民法上の留置権に関する次の記述のうち，妥当なのはどれか。争いがあれば，判例による。

1 留置権は，当事者間の公平を図るために法律上当然に認められるが，当事者間の契約によっても成立する。

2 留置権の目的物は債務者が所有する物に限られ，債務者が賃借している物には成立しない。

3 賃借人が，造作買取請求権を建物所有者に対して行使する場合には，賃借建物について留置権は成立しない。

4 他人の物の占有者がその物に関して生じた債権を有する場合には，当該債権の弁済期の到来を待たずに留置権が成立する。

5 他人の物を盗んで，その物に費用を投じた場合には，所有者の返還請求に対して留置権が成立する。

解説

1．留置権は，一定の要件を充たす場合に法律上当然に成立する法定担保物権であり，当事者間の契約によって成立する約定担保物権ではない。

2．留置権の目的物は債務者の所有物に限られず，債務者の賃借物にも成立する（大判昭９・10・23）。

3．妥当である。造作買取代金債権は，造作に関して生じた債権であり，建物に関して生じた債権ではないからである（最判昭29・１・14）。

4．被担保債権が弁済期にないときは，留置権は成立しない（民法295条１項ただし書）。

5．占有が不法行為によって始まった場合には，留置権は成立しない（民法295条２項）。

正答 3

No. 454 A日程 民法 指名債権の譲渡 平成29年度

AがBに対して有する指名債権をCに譲渡した。この場合の法律関係に関する次の記述のうち，妥当なのはどれか。

1 AがCへの債権の譲渡について，Bに対して譲渡と同時に通知するか，またはBが譲渡について承諾するのでなければ，CはBに対して債権の弁済を請求できない。

2 Bが事前に譲渡することを知っていれば，譲渡の通知ないし承諾は必要でない。

3 AがCとの債権譲渡契約を解除した場合は，Bにその旨を通知しなくても，AはBに対して債権を行使できる。

4 Aが3月1日に債権をCに譲渡し，3月2日にDに譲渡して，いずれについても確定日付ある譲渡通知がなされた場合，その通知が先に債務者に届いたほうが優先する。

5 Aの債権がCとDに二重に譲渡され，それぞれの譲渡について確定日付のある通知が同時にBに到達した場合，BはCとDのいずれの請求も拒絶できる。

解説

1. 指名債権の譲渡は，譲渡人が債務者に通知をし，または債務者が承諾をしなければ債務者に対抗できない（民法467条1項）。これは，債務者に真の債権者を確知させて二重払いのリスクを負わせないようにするためである。したがって，通知または承諾があればよく，その場合，通知は譲渡と同時になされる必要はない。すなわち，譲渡後に通知してもかまわない（大判明36・3・10）。

2. たとえ債務者Bが譲渡の事実を知っていたとしても，通知・承諾がなければ債務者に対抗できない。債務者としては，後日のトラブルを避ける意味で，正式に法の要求する対抗要件を備えることを要求することに十分な利益があるからである。

3. 民法が，債権譲渡の対債務者対抗要件として通知・承諾を必要としたのは（民法467条1項），債務者に真の債権者を確知させて二重払いのリスクを負わせないようにするためである。したがって，債権譲渡契約を解除した場合は，その旨を債務者に通知しなければ，債務者は誰が真の債権者かを確知できない。そのため，この場合にも解除の通知がなければ，AはBに対して債権を行使できない。

4. 妥当である。債権の二重譲渡において，いずれについても確定日付ある証書で通知がなされた場合には，両者の優劣は到達の先後によって決せられる（最判昭49・3・7）。

5. この場合は，債務者は，CとDのいずれかに支払えばよいが，請求を拒絶することはできない（最判昭55・1・11）。

正答 4

市役所上・中級

No. 455　C日程

民法　強制履行の要件　平成29年度

次の記述のうち，強制履行の要件として妥当でないのはどれか。

1　債権が存在していること

2　履行期が到来していること

3　履行期に履行が可能であること

4　債務者の責めに帰すべき事由によること

5　性質上履行の強制ができるものであること

解説

1．債権が存在しているからこそ，その履行を強制できるのであって，これは強制履行のための必要な要件である。

2．履行期が到来していなければ，履行を求めることはできないので，これは強制履行のための要件である。

3．履行期に履行が可能でなければ，履行を強制しても意味がない。したがって，これは強制履行のための要件である。

4．妥当でない。よって，これが正答となる。強制履行の要件としては，債務不履行の客観的事実があればよく，解除や損害賠償の場合とは異なり，債務者の帰責事由までは必要とされていない。これは，強制履行の大部分を占める金銭債務で，民法が「債務者は，不可抗力をもって抗弁とすることができない」と規定していること（同419条3項）からも明らかである。

5．性質上履行の強制ができるものでなければ，履行の強制を求める意味がない。したがって，これは強制履行のための要件である。

正答　4

No. 456 B日程

民法 同時履行の抗弁権 平成28年度

次の各事例のうち，同時履行の抗弁権が認められるものをすべて選んだ場合，その組合せとして妥当なのはどれか。ただし，争いがある場合は判例による。

ア　Ｂの賃貸住宅の契約の期間が満了し，ＡはＢに敷金を返さず退去を求めた。

イ　ＢはＡに対して500万円の債務を負っているが，Ａは受取証書を準備せずＢに支払うよう求めた。

ウ　６月１日に商品を引き渡し，代金を６月５日に支払う契約をしたが，６月６日になっても引渡しがなされておらず，代金の支払いをせず商品の引渡しを要求した。

エ　新聞料金を月末に払う契約をしたが，５月末になっても支払いをしないにもかかわらず，６月分の新聞を要求した。

オ　ＡはＣと宝石の購入契約をしたが，商品引渡しの前に債権者がＣからＢに変わり，ＣがＡにその通知をした後にＢがＡに代金を要求した。

1　ア，ウ
2　ア，エ
3　イ，ウ
4　イ，オ
5　エ，オ

解説

ア：賃貸借終了の際の家屋の明渡しと敷金の返還は同時履行の関係に立たない（民法622条の２第１項１号）。敷金は，延滞賃料や修理代金といった賃貸借関係から生じる債務の支払いを担保するために，賃借人から賃貸人に交付されるものであるから，家屋の明渡しは敷金の返還よりも先履行となる（最判昭49・９・２）。

イ：妥当である。同時履行の抗弁権が認められる（民法486条）。債権者からの二重請求を避けるために，弁済者は弁済と引換えに受取証書を交付するよう債権者に請求できる（大判昭16・３・１）。

ウ：妥当である。一方が履行期を徒過した場合であっても，商品の引渡しと代金の支払いを同時に履行することは困難なことではない。したがって，当事者の公平を期するために同時履行の抗弁権が認められる。

エ：継続的契約において，未払い代金がある場合には，先にその未払い代金の支払いを要求できる（最判昭42・６・29）。すなわち，５月分の新聞料金の支払いが先であり，６月分の新聞の提供とは同時履行の関係に立たない。

オ：本記述では，売主の地位がＣからＢに変わり，ＣがＡにその通知をしたというにとどまり，Ａの承諾はない。売買契約の当事者の地位が移転する場合，それが有効となるためには契約の両当事者と地位の譲受人の三者の合意が必要とされている（民法539条の２）。したがって，それがないままＢがＡに代金を要求しても，ＡはＢに代金を支払う義務はない。

以上から，同時履行の抗弁権が認められるものはイとウであり，正答は**3**である。

正答　3

市役所上・中級

No. 457 B日程

民法　相　続　令和2年度

Aには配偶者Bがあり，両人の間に子C・D・Eがあるとする。次のうち，Aを相続できる者の組合せとして，妥当なのはどれか。

ア　Aが死亡したときにBの胎内にあり，後に出生した者
イ　BがAより前に死亡していた場合のAの父
ウ　CがAより前に死亡していた場合のCの子
エ　DがAの遺言書を偽造した場合のDの子
オ　Eが相続放棄をした場合のEの子

1　ア，イ，エ
2　ア，イ，オ
3　ア，ウ，エ
4　イ，ウ，オ
5　ウ，エ，オ

解説

ア：Aを相続できる。胎児は，相続については，すでに生まれたものとみなされるからである（民法886条）。

イ：Aを相続できない。この場合のAの父は，Aの子C・D・Eがいないときにのみ，相続人となるからである（民法889条1号）。

ウ：Aを相続できる。被相続人の子が，相続の開始以前に死亡したときは，その者の子がこれを代襲して相続人となるからである（民法887条2項本文）。

エ：Aを相続できる。被相続人の子が，民法891条の規定（相続の欠格事由）に該当して，その相続権を失ったときは，その者の子がこれを代襲して相続人となるからである（同887条2項本文・891条5号）。

オ：Aを相続できない。相続放棄の場合には，代襲相続されないからである。

以上から，Aを相続できるのはア，ウ，エの3者であり，**3**が正答となる。

正答　3

市役所上・中級

No. 458 C日程

民法 各種契約 令和3年度

民法上の各種契約に関する次の記述のうち，妥当なのはどれか。

1 口頭による合意のみで贈与契約を行った場合には，贈与者は，目的物の引渡し後であっても，契約を解除することができる。

2 売買契約は，口頭による合意のみでも有効に成立するのが原則であるが，不動産の売買に関しては，書面による合意がないと効力を生じない。

3 書面でする消費貸借は，当事者の一方が金銭その他の物を引き渡すことを約し，相手方がその受け取った物と種類，品質および数量の同じ物を返還することを約することによって，効力を生じる。

4 書面による使用貸借でも，書面によらない使用貸借でも，借主が借用物を受け取る前であれば，貸主は契約を解除することができる。

5 保証契約は書面でしなければならないから，電磁的記録によって保証契約を行っても効力を生じない。

解説

1. 書面によらない贈与は，各当事者が解除をすることができるが，履行の終わった部分については，この限りでない（民法550条）。したがって，目的物の引渡し後には，解除はできない。

2. 売買は，当事者の一方がある財産権を相手方に移転することを約し，相手方がこれに対してその代金を支払うことを約することによって，その効力を生ずる（民法555条）。不動産の売買であっても，口頭による合意のみで効力を生じる。

3. 妥当である（民法587条の2第1項）。

4. 貸主は，借主が借用物を受け取るまで，契約の解除をすることができるが，書面による使用貸借については，この限りでない（民法593条の2）。書面による使用貸借の場合には，借主が借用物を受け取る前でも，貸主は契約を解除できない。

5. 保証契約は，書面でしなければ，その効力を生じない（民法446条2項）。保証契約がその内容を記録した電磁的記録によってされたときは，その保証契約は，書面によってされたものとみなして，前項の規定を適用する（同446条3項）。電磁的記録による保証契約も有効である。

正答 3

市役所上・中級

No. 459 B日程

民法 婚姻事由 令和元年度

次のア～オの記述のうち，男性Aと女性Bが婚姻することができない場合として妥当なもののみをすべて挙げているのはどれか。

ア　AとBが，ともに16歳である場合。

イ　Bは，男性Cとの前婚の解消後100日を経過していないが，前婚解消時に懐胎していなかった場合。

ウ　AとBがいとこの関係である場合。

エ　AとBが，離縁した養親子関係であった場合。

オ　Aが成年被後見人で，意思能力はあるが，婚姻について成年後見人の同意を得ていない場合。

1　ア，イ
2　ア，エ
3　イ，ウ
4　ウ，オ
5　エ，オ

解説

ア：男性Aと女性Bは婚姻できない。現行の民法では，「男は，18歳に，女は，16歳にならなければ，婚姻をすることができない」からである（731条）。なお，本記述の正誤には影響しないが，民法の改正により，2022年４月から，男女ともに，「婚姻は，18歳にならなければ，することができない」となった。

イ：女が前婚の解消時に懐胎していなかった場合には，前婚の解消日から100日間の再婚禁止期間の規定は適用されない（民法733条１項・２項１号）から，男性Aと女性Bは婚姻できる。

ウ：３親等内の傍系血族の間では婚姻をすることができない（民法734条１項本文）が，いとこは４親等であるから，男性Aと女性Bは婚姻できる。

エ：男性Aと女性Bは婚姻できない。養子と養親との間では，離縁により親族関係が終了した後でも，婚姻をすることができないからである（民法736条）。

オ：成年被後見人が婚姻をするには，意思能力は必要であるが，その成年後見人の同意は要しない（民法738条）から，男性Aと女性Bは婚姻できる。

以上から，男性Aと女性Bが婚姻できない場合として妥当なものはアとエであり，**2**が正答となる。

正答　2

次の図について説明した文章の空欄A～Dに当てはまる語句の組合せとして，妥当なものはどれか。

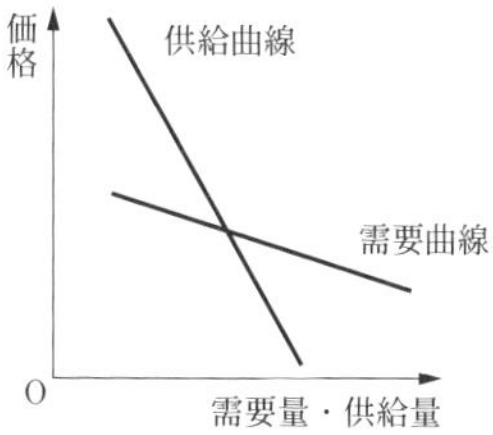

需給が均衡するように調整される過程の１つとして数量調整である［ A ］的調整過程があり，この調整過程に基づいて考えた場合，図の経済は［ B ］である。また，別の調整過程として価格調整である［ C ］的調整過程があり，この調整過程に基づいて考えた場合，図の経済は［ D ］である。

	A	B	C	D
1	ワルラス	安定	マーシャル	安定
2	ワルラス	不安定	マーシャル	安定
3	マーシャル	不安定	ワルラス	不安定
4	マーシャル	安定	ワルラス	不安定
5	マーシャル	不安定	ワルラス	安定

解説

需給が均衡するように価格が調整される過程をワルラス的調整過程，数量が調整される過程をマーシャル的調整過程という。Cには「ワルラス」，Aには「マーシャル」が当てはまる。

ワルラス的調整過程が安定的であるためには需給均衡点の上側では超過供給が発生し，下側では超過需要が発生していなければならない。図の経済では需給均衡点の上側で超過供給が発生し（したがって価格低下が働く），下側で超過需要が発生（したがって価格上昇が働く）しているので，（価格は均衡点に行きつくため）ワルラス安定である。よって，Dには「安定」が当てはまる。

マーシャル的調整過程が安定的であるためには需給均衡点の左側では需要価格が供給価格よりも高く，右側では需要価格が供給価格よりも低くなければならない。図の経済では需給均衡点の左側では需要価格が供給価格よりも低く，右側では需要価格が供給価格よりも高いので，マーシャル不安定である。よって，Bには「不安定」が当てはまる。

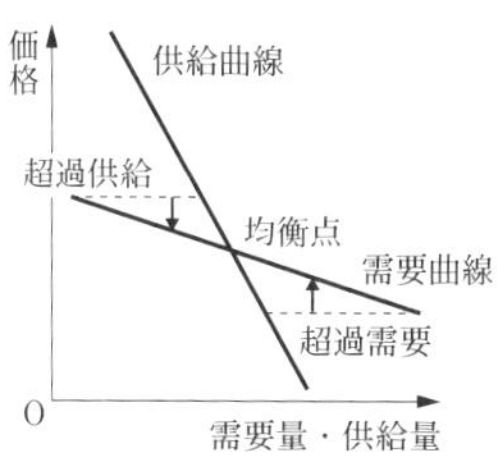

ワルラス安定

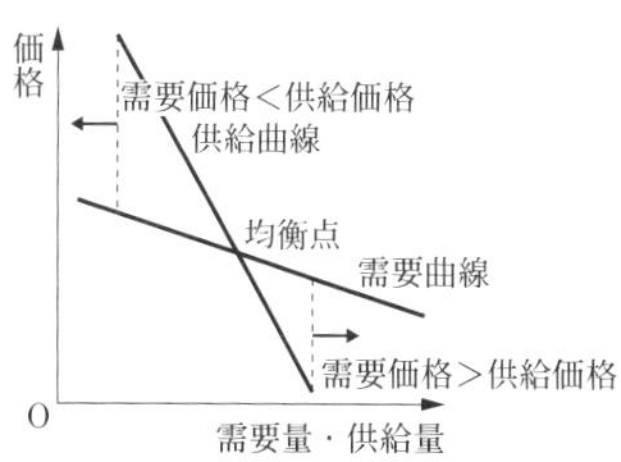

マーシャル不安定

以上より，正答は**5**である。

正答 5

市役所上・中級

C日程

No. 461 経済原論　需要の価格弾力性と企業の価格戦略　平成26年度

需要の価格弾力性と企業の価格戦略に関する次の文中の空欄ア～オに当てはまる語句の組合せとして，妥当なのはどれか。

需要の価格弾力性とは，価格が１％変化したときの需要量の変化度合いを示す指標である。商品が（　ア　）である場合，需要の価格弾力性は大きくなり，商品が（　イ　）である場合，需要の価格弾力性は小さくなる。

ある企業が，消費者自らが探し出して持参すれば20円引きで購入できるクーポン券を発行したとする。この場合，需要の価格弾力性が（　ウ　）消費者はクーポン券を使わずに購入するが，需要の価格弾力性が（　エ　）消費者はクーポン券を使って購入する。このクーポン券発行のように，企業が需要の価格弾力性を利用して価格を決める行動は（　オ　）の一種ととらえることができる。

	ア	イ	ウ	エ	オ
1	贅沢品	必需品	大きい	小さい	二部料金制
2	必需品	贅沢品	大きい	小さい	価格差別
3	必需品	贅沢品	小さい	大きい	二部料金制
4	贅沢品	必需品	小さい	大きい	価格差別
5	贅沢品	必需品	小さい	大きい	二部料金制

解説

初めに，贅沢品（ぜいたく）と必需品の需要の価格弾力性について考える。一般に，贅沢品には代替性を持つ財が多いので，価格が上昇すれば需要量は減る（消費者は代替品を買う）。一方，必需品には代替性を持つ財が少ないので，価格が上昇しても需要量は変化しにくい。つまり，贅沢品の需要の価格弾力性は大きく，必需品の需要の価格弾力性は小さい（**2**と**3**は誤り）。

次に，消費者の行動について考える。クーポン券を使わずに購入する消費者は，価格が20円引きにならなくても買う，つまり価格が変化しても購入量をほとんど変えない人だから，この消費者の需要の価格弾力性は小さい。一方，クーポン券を使って購入する消費者は，価格の変化に対して敏感に購入行動を変える人だから，この消費者の需要の価格弾力性は大きい（**1**と**2**は誤り）。

最後に，企業の価格設定について考える。需要の価格弾力性が大きい人と小さい人が混在する場合，両者に対して同一価格を設定するより，需要の価格弾力性に応じて価格設定することで利潤を大きくできる。本問のクーポン券発行は消費者ごとに「価格に差をつける」仕組みであり，「価格差別」の一形態である（**1**，**3**，**5**は誤り）。ちなみに，「二部料金制」とは，固定料金と従量料金（たとえば，遊園地の入園料とアトラクション代）の合計というように料金設定を行う方法である。

よって，正答は**4**である。

正答　4

経済原論　需要の価格弾力性　平成25年度

次の文中の空欄ア，イに当てはまる数値の組合せとして妥当なものはどれか。

需要関数が，

$$D=50-\frac{p}{2}\quad〔D：需要量,\ p：価格〕$$

である場合において，$p=60$としたときの需要の価格弾力性（絶対値）は（　ア　）である。このとき，価格が4％上昇すると，需要量の変化率は（　イ　）％である。

	ア	イ
1	1	4
2	1.5	6
3	1.5	8
4	2	6
5	2	8

解説

需要の価格弾力性は，価格が1％変化したときに需要量が何％変化したかを表すものである。価格の需要弾力性をeと表すと，

$$e=-\left(\frac{需要変化率}{価格変化率}\right)=-\frac{\frac{dD}{D}}{\frac{dp}{p}}=-\frac{dD}{dp}\times\frac{p}{D}$$

と表される。

$p=60$のとき，需要関数より，

$$D=50-\frac{60}{2}=20$$

となる。$\dfrac{dD}{dp}=-\dfrac{1}{2}$であるから，

$$e=-\left(-\frac{1}{2}\right)\times\frac{60}{20}=1.5$$

となる。よって，アは1.5である。

$$e=-\left(\frac{需要変化率}{価格変化率}\right)$$

であるから，

需要変化率＝$-e$×需要変化率

となるので，価格が4％上昇したときの需要量の変化率は，

$-1.5\times0.04=-0.06$

となるので，6％減少する。よって，イは6となる。

以上より，正答は**2**である。

正答　2

市役所上・中級

B日程

No. 463 経済原論　財の需要の価格弾力性　平成24年度

ある商品を60円で販売すると120個売れ，50円で販売すると140個売れた。この財の需要の価格弾力性に関する説明として妥当なものはどれか。ただし，この財の需要曲線は直線であるものとする。

1　この商品の価格が60円から50円になると，需要の価格弾力性は小さくなる。
2　この商品の価格が60円から50円になると，需要の価格弾力性は大きくなる。
3　この商品の価格が50円以上60円以下の場合，需要の価格弾力性は１に等しい。
4　この商品の価格が50円以上60円以下の場合，需要の価格弾力性は１を上回る。
5　この商品の価格が50円以上60円以下の場合，需要の価格弾力性は１を下回る。

解説

需要の価格弾力性の性質に関する問題である。需要曲線が直線であるとき，需要曲線の中点での需要の価格弾力性は１に等しく，中点より左側では需要の価格弾力性は１を上回り，中点より右側では需要の価格弾力性は１を下回る。

この問題の需要曲線は次図のように描かれる$\left(P=-\frac{1}{2}D+120\right)$。題意より，価格が60円から50円に低下する，すなわち 60−50＝10〔円〕低下すると，需要量は 140−120＝20〔個〕増える。つまり，価格が50円下がると需要量は 20×(50÷10)＝100〔個〕増えるから，この商品の価格が０円であるとき，需要量は 140＋100＝240〔個〕であり，需要曲線の中点での需要量は 240÷2＝120〔個〕である。したがって，60円で120個販売した時の需要の価格弾力性 ED は１に等しく，50円で140個販売した時の需要の価格弾力性は１より小さくなる。

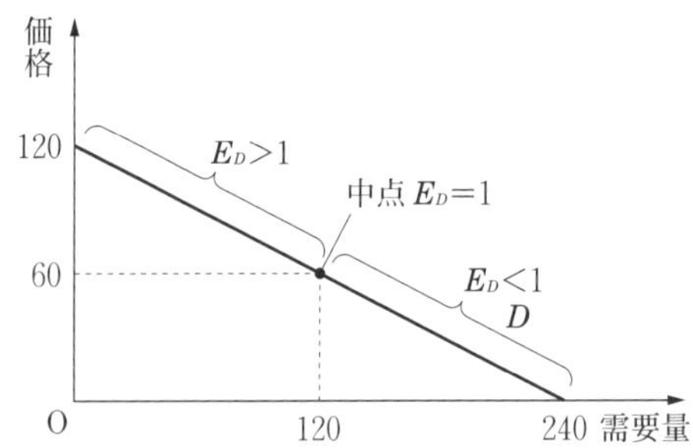

1．正しい。
2．この商品の価格が60円から50円になると，需要の価格弾力性は小さくなる。
3．需要の価格弾力性が１に等しいのは，この商品の価格が60円のときだけである。
4．この商品の価格が50円以上60円以下の場合，需要の価格弾力性は１以下である。
5．この商品の価格が60円の場合，需要の価格弾力性は１に等しい。

正答　1

No. 464 B日程 経済原論 需要曲線と価格弾力性 平成29年度

需要曲線と価格弾力性に関する次の記述のうち，妥当なのはどれか。

1 価格が変化したとき，時間の経過が長いほど，需要量の調節が容易になるので，ある財の長期の需要の価格弾力性は，短期の需要の価格弾力性より大きくなる。

2 生活に欠かせないものほど需要の価格弾力性は大きくなるので，必需品の需要の価格弾力性は奢侈品の需要の価格弾力性より大きくなる。

3 所得に占める支出額の割合が大きいほど需要の価格弾力性は小さくなるので，大型テレビよりも，消しゴムのほうが需要の価格弾力性は大きい。

4 市場を広く定義するほど，需要の価格弾力性は大きくなるため，自動車全体の需要の価格弾力性は，個別の会社の需要の価格弾力性より大きい。

5 需要の交差弾力性が正になるものとは，デジタルカメラとカラープリンターであり，負になるものとは，バターとマーガリンである。

解説

1．妥当である。

2．生活に欠かせないものほど，価格が変化しても需要量は変化しにくいので，需要の価格弾力性は小さくなる。また，必需品の需要の価格弾力性は奢侈(しゃし)品の需要の価格弾力性より小さくなる。

3．所得と比較して支出額の小さいものほど，需要の価格弾力性は小さくなる。また，一般に，大型テレビよりも消しゴムのほうが所得に占める支出額の割合が小さいと考えられるので，消しゴムのほうが需要の価格弾力性は小さい。

4．ある会社の自動車が高くなると，他の会社の自動車で代替しようとするので，価格を上げた会社の自動車の需要量は変化しても，自動車全体への需要量はそれほど変化しないと考えられる。よって，市場を広く定義するほど需要の価格弾力性は小さくなり，自動車全体の需要の価格弾力性は，個別の会社の需要の価格弾力性より小さい。

5．需要の交差弾力性とは，ある財の価格が１％上昇したときに生じる別の財の需要量の「増加率」である。デジタルカメラの価格が上昇してデジタルカメラの需要が減ると，写真を印刷する機会が減り，カラープリンターの需要量も減る（デジタルカメラとカラープリンターは補完財）と考えられるので，需要の交差弾力性は負であると考えられる。また，バターの価格が上昇すると，バターからマーガリンへ代替しようとする（バターとマーガリンは代替財）と考えられるので，需要の交差弾力性は正であると考えられる。

正答 1

市役所上・中級

No. 465　B日程　経済原論　**余剰分析**　平成18年度

需要曲線が $P=-0.5X+8$，供給曲線が $P=aX$ のとき生産者余剰が消費者余剰の 6 割となる a の値を求めよ。

1　0.1
2　0.2
3　0.3
4　0.4
5　0.5

解説

需要曲線：$P=-0.5X+8$
供給曲線：$P=aX$

より，均衡点を求める。

$-0.5X+8=aX$

$(a+0.5)X=8$

$X=\dfrac{8}{a+0.5}$　∴　$P=\dfrac{8a}{a+0.5}$

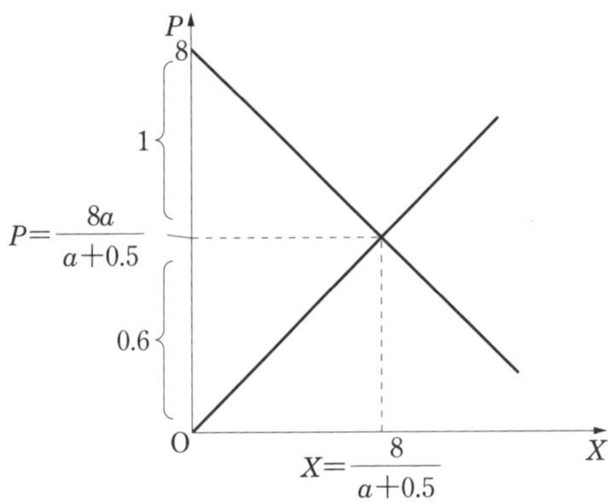

消費者余剰と生産者余剰の面積を比較すると高さは取引量 X の

$X=\dfrac{8}{a+0.5}$ で同じであり，面積の比は図の部分の比となる。

この関係を数式にすると，

生産者余剰：消費者余剰

$=0.6:1$

$=\dfrac{8a}{a+0.5}:8-\dfrac{8a}{a+0.5}$

と表せる。これを展開して

$$\frac{8a}{a+0.5}=0.6\left(8-\frac{8a}{a+0.5}\right)$$

∴　$a=0.3$

よって，正答は**3**である。

正答　3

市役所上・中級

C日程

No. 466 経済原論　規制緩和政策による余剰の変化　平成18年度

図は，輸送用トラック市場における需要曲線Dと供給曲線Sを表している。いま，政府が数量規制としてOFに供給量を制限しているが規制緩和政策により，数量規制が撤廃され輸送用トラックの自由化が認められた。このときの余剰の変化として妥当な記述はどれか。

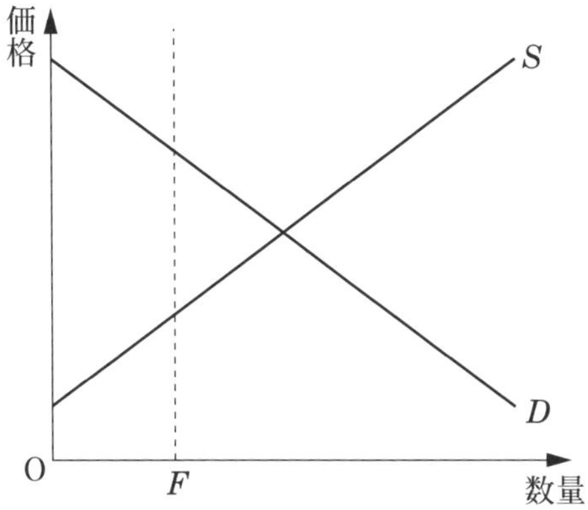

1　消費者余剰，生産者余剰ともに増加し，総余剰は増加する。
2　消費者余剰は増加するが，生産者余剰は減少するため総余剰の増減は不明である。
3　消費者余剰の増減は不明であるが，生産者余剰は減少するため総余剰も減少する。
4　消費者余剰は増加し，生産者余剰の増減は不明であるが総余剰は増加する。
5　消費者余剰，生産者余剰ともに増減は不明であるが，総余剰は増加する。

解説

政府がOFに数量を規制しているときの消費者余剰は△abe，生産者余剰は□$bdge$であり，総余剰は□$adge$である。規制を撤廃すると取引数量は増加し，消費者余剰は△acf，生産者余剰は△cdfであり，総余剰は△adfである。よって**4**が正しい。

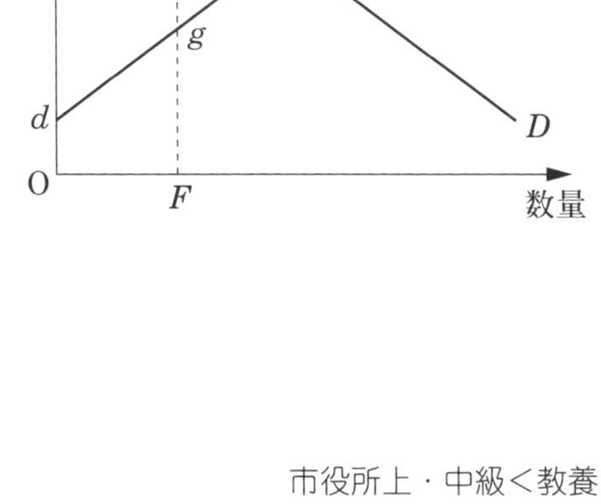

正答　4

市役所上・中級

No. 467 C日程

経済原論　従量税賦課による生産者の負担　平成23年度

ある財の需要曲線と供給曲線が以下の式で与えられている。

$$D=-\frac{3}{2}P+16 \quad \begin{bmatrix} D\text{：需要量，}P\text{：価格} \\ S\text{：供給量} \end{bmatrix}$$

$$S=\frac{1}{2}P$$

この財の生産者に，生産量１単位当たり２の従量税が課されたとき，課税後の均衡における生産者の租税負担割合はいくらになるか。

1　10％
2　25％
3　50％
4　75％
5　90％

解説

需要曲線と供給曲線の式から，課税前の均衡においては，

$$-\frac{3}{2}P+16=\frac{1}{2}P \qquad \therefore \quad P=8$$

また，供給曲線の式から，

$$P=2S$$

従量税課税後の供給曲線は，

$$P=2S+2 \qquad \therefore \quad S=\frac{1}{2}P-1$$

需要曲線と課税後の供給曲線の式から，課税後の均衡においては，

$$-\frac{3}{2}P+16=\frac{1}{2}P-1 \qquad \therefore \quad P=8.5$$

従量税課税により取引価格（＝消費者の購入価格）は0.5（＝8.5−8）上昇するが，これが消費者の租税負担であるから，生産者の租税負担は1.5（＝2−0.5）であり，生産者の租税負担割合は75（＝1.5÷2×100）％となる。

よって，正答は**4**である。

正答　4

B日程

No. 468 経済原論　代替効果と所得効果　平成25年度

ある家計にとって，X財は劣等財だが，Y財とZ財は上級財である。また，X財とY財は互いに代替財であり，Y財とZ財は互いに補完財である。Y財の価格だけが下がったときの次の説明文の空欄ア～エに当てはまる語句の組合せとして妥当なものはどれか。

X財の需要は代替効果としては（　ア　）し，所得効果としては（　イ　）する。またZ財の需要は代替効果としては（　ウ　）し，所得効果としては（　エ　）する。

	ア	イ	ウ	エ
1	増加	減少	減少	増加
2	増加	増加	減少	減少
3	減少	増加	増加	減少
4	減少	減少	増加	増加
5	減少	増加	減少	増加

解説

劣等財とは「所得が増大すると需要が減少する財」であり，上級財とは「所得が増大すると需要が増加する財」である。Y財の価格が低下すると家計の実質的な所得が増大するので，劣等財であるX財の所得効果は需要の減少として現れ，上級財であるY財とZ財の所得効果は需要の増大として現れる（イは「減少」，エは「増加」なので，**2**，**3**，**5**は誤り）。

また，Y財の価格の低下は，Y財が相対的に安くなることを意味するので，Y財の需要は代替効果として増加し，上級財であるため所得効果としても需要は増大する方向に動く。したがって，Y財と代替の関係にあるX財の代替効果は需要の減少として現れ，Y財と補完の関係にあるZ財の代替効果は需要の増加として現れる（アは「減少」，ウは「増加」なので，**1**，**2**，**5**は誤り）。

よって，正答は**4**である。

正答　4

C日程

No. 469 経済原論 消費者の効用最大化 平成24年度

ある消費者の効用関数を $U=xy$ とする。U は効用，x はX財の消費量，y はY財の消費量を示す。X財の価格が100円，Y財の価格が200円，消費者の所得を１万円とするとき，X財，Y財の最適消費量の組合せとして妥当なのはどれか。

	X財	Y財
1	60	20
2	50	25
3	40	30
4	30	35
5	20	40

解説

消費者の予算線は$100x+200y=10000$となることから，変形すると，$y=-\frac{1}{2}x+50$ ……①

これを $U=xy$ に代入すると，$U=-\frac{1}{2}x^2+50x$ となる。

この U を微分したものが０となるときに最適消費量となるから，
$U'=-x+50=0$ つまり，$x=50$となる。
これを①に代入して，$y=25$となる。
よって正答は**2**である。

正答 **2**

市役所上・中級

No. 470 B日程

経済原論　個人の労働供給関数　平成24年度

ある個人の効用関数は

$u=(x-2)(24-L)$　〔u：効用水準，x：財の消費量，L：労働供給量〕

である。財の価格と賃金をそれぞれPとWで表すとき，この個人の労働供給関数として妥当なものはどれか。ただし，この個人は労働供給して得た賃金すべてを財の購入に費やすものとする。

1 $L=8+\dfrac{P}{W}$

2 $L=12+\dfrac{P}{W}$

3 $L=16+\dfrac{P}{W}$

4 $L=20+\dfrac{P}{W}$

5 $L=24+\dfrac{P}{W}$

解説

労働供給関数を求める問題だが，効用最大化問題を解く必要がある。題意より，この個人は労働で得た収入WLすべてを財の購入に充てるので，この個人の予算制約式は，

$WL=Px$

である。よって，この個人の財の消費量は，

$$x=\frac{W}{P}L$$

を満たしていなければならないので，効用関数は次のように書き直せる。

$$u=\left(\frac{W}{P}L-2\right)(24-L)=2\left(1+12\frac{W}{P}\right)L-\frac{W}{P}L^2-48$$

この効用関数を最大化する労働供給量Lを求めるために，効用関数をLに関して微分して得られる式をゼロに等しいと置き，Lについて解く。すると，労働供給関数は，

$$2\left(1+12\frac{W}{P}\right)-2\frac{W}{P}L=0$$

$$\frac{W}{P}L=1+12\frac{W}{P}$$

$$L=\frac{P}{W}+12$$

である。

よって，正答は**2**である。

正答　2

No. 471 経済原論 利潤最大化と費用関数 令和元年度

財Aを生産する，ある企業の費用関数が次式で表される。

$C=3y^2+10$　〔C：費用，y：生産量〕

この企業は，財Aの価格が確率0.4で15，確率0.6で30になることを知っており，実際の価格が明らかになる前に生産量を決定しなければならない。この企業の利潤の期待値が最大になる生産量として妥当なのはどれか。ただし，財Aの市場は競争的であるものとする。

1　1
2　2
3　3
4　4
5　5

解説

本問では，確率的に変化するのは価格，すなわち売上だけであり，費用の変化は確率的に変化しないと仮定されている。この仮定に加えて「財Aの市場は競争的である」ことも仮定されているので，利潤最大化を図る企業は「価格の期待値＝限界費用」を満たすように生産量を決める。

「財Aの価格が確率0.4で15，確率0.6で30になる」ので，価格の期待値は$0.4\times15+0.6\times30=24$である。限界費用は，費用関数を生産量$y$で微分して得られる$\frac{dC}{dy}=6y$である。よって，利潤の期待値を最大にする生産量は$24=6y$を満たす$y=4$である。

よって，正答は**4**である。

<別解>

利潤関数を用いて正答を導出することもできる。

利潤＝価格×生産量－費用であるから，財Aの価格が15の場合の利潤は$15y-(3y^2+10)$であり，財Aの価格が30の場合の利潤は$30y-(3y^2+10)$である。よって，利潤の期待値は

$$0.4(15y-3y^2-10)+0.6(30y-3y^2-10)=24y-3y^2-10$$

である。これを生産量yで微分して得られる$24-6y$がゼロに等しいとき，すなわち$24-6y=0$を満たすyの値4が利潤の期待値が最大になる生産量である。

正答　4

No. 472 経済原論 費用関数 平成28年度

企業Aの費用関数が次のように示される。次の文中の空欄ア～エに当てはまる語として妥当なのはどれか。

$C=Y^2+F$ 〔C：費用，Y：生産量，F：固定費用〕

企業Aの生産量の増加に伴い，平均固定費用は（ ア ）し，平均可変費用は（ イ ）する。また，限界費用は（ ウ ）する。縦軸に平均費用と限界費用，横軸に生産量をとると，平均費用曲線はU字型になるが，限界費用曲線は平均費用が逓減するときは，平均費用曲線より（ エ ）に位置する。

	ア	イ	ウ	エ
1	逓減	逓増	逓減	下方
2	逓減	逓増	逓増	下方
3	逓減	逓増	逓増	上方
4	逓増	逓減	逓減	下方
5	逓増	逓減	逓増	上方

解説

ア：平均固定費用とは生産量1単位当たりの固定費用であり，$\frac{F}{Y}$で与えられる。固定費用は定数であるから，生産量Yが増加するにつれてこの平均固定費用は小さくなるので，平均固定費用は逓減している（**4**と**5**は誤り）。

イ：平均可変費用とは生産量1単位当たりの可変費用であり，可変費用Y^2を生産量Yで除した値$\frac{Y^2}{Y}=Y$である。生産量Yが増加するにつれてこの平均可変費用Yは大きくなるので，平均可変費用は逓増している（**4**と**5**は誤り）。

ウ：限界費用MCとは生産量が1単位増加したときの費用の増加分であり，費用関数を生産量Yについて微分して得られる$MC=\frac{\Delta C}{\Delta Y}=2Y$である。生産量$Y$が増加するにつれてこの限界費用は大きくなるので，限界費用は逓増している（**1**と**4**は誤り）。

エ：平均費用とは生産量1単位当たりの費用であり，費用関数を生産量で除した値である。

$AC=Y+\frac{F}{Y}$ （AC：平均費用）

平均費用と限界費用MCの大小関係を確認するために，ウの解説で述べた限界費用を使って得られる$AC-MC=Y+\frac{F}{Y}-2Y=\frac{F}{Y}-Y$を調べる。この差は，次のことを表している。

$F>Y^2 \rightarrow AC>MC$

$F<Y^2 \rightarrow AC<MC$

ところで，平均費用を生産量Yについて微分すると，次式を得る。

$$\frac{\Delta AC}{\Delta Y}=1-\frac{F}{Y^2}$$

「平均費用が逓減しているとき」という条件は「この値が負の値であるとき」という意味であるから，$Y^2<F$の領域について考察すればよい。この条件式は$MC<AC$が成立するための条件にほかならないので，平均費用が逓減しているとき限界費用は平均費用より低く，限界費用曲線は平均費用曲線の下方に位置する（**3**と**4**は誤り）。

よって，正答は**2**である。

正答 2

市役所上・中級

C日程

No. 473 経済原論 公益企業の生産量 平成26年度

公益企業の生産量に関する次の文中の空欄ア，イに当てはまる数値の組合せとして，妥当なのはどれか。

ある公益企業は独占企業であり，この企業の生産する財の1単位当たりの費用は常に30で一定である。この企業が直面している需要曲線が

$p(x)=150-0.3x$　〔p：価格，x：需要量〕

であるとき，この公益企業の利潤を最大にする生産量は（　ア　）であり，限界費用価格規制に基づいて価格設定した場合の生産量は（　イ　）である。

	ア	イ
1	150	200
2	200	300
3	200	400
4	400	300
5	400	400

解説

初めに，利潤を最大にする生産量を求める。独占企業の利潤を最大にする生産量は，限界収入 MR と限界費用 MC が一致する生産量である。限界収入については，本問のように需要曲線が直線である場合，限界収入曲線と需要曲線の価格軸（縦軸）の切片は一致し，限界収入曲線の傾きは需要曲線の傾きの2倍になる。つまり，$p(x)=$～の形に直した需要曲線の式で生産量の係数「0.3」を2倍にすればよい。

$MR=150-0.6x$

限界費用については，本問のように平均費用（財1単位当たりの費用）が30で一定である場合，限界費用も30で一定である。これらを条件式 $MR=MC$ に代入すると，

$150-0.6x=30$

$0.6x=120$

$\therefore\ x=200$

つまり，利潤を最大にする生産量は200である（**1**，**4**，**5**は誤り）。

次に，限界費用価格規制に基づいて価格設定した場合の生産量を求める。限界費用価格規制とは，いわば「価格は限界費用に等しい水準に設定しなさい」という規制である。よって，需要曲線の式の $p(x)$ に30を代入すると，

$30=150-0.3x$

$0.3x=120$

$\therefore\ x=400$

つまり，限界費用価格規制に基づいた場合の生産量は400である（**1**，**2**，**4**は誤り）。

よって，アは200，イは400であるから，正答は**3**である。

正答　3

市役所上・中級

No. 474 C日程

経済原論　独占市場の死荷重　平成23年度

ある独占企業が生産する財の需要関数および総費用関数が,

$p=-\frac{1}{2}x+10$

$TC=x^2-2x+3$

(p：価格，x：生産量，TC：総費用)

で示されるとすると，この独占市場においては，完全競争均衡と比べてどれだけの死荷重が発生するか。

1 0.2　**2** 0.4　**3** 0.6　**4** 0.8　**5** 1

解説

独占企業の総収入 TR は,

$$TR=px=\left(-\frac{1}{2}x+10\right)x=-\frac{1}{2}x^2+10x$$

したがって，独占企業の限界収入 MR は,

$$MR=\frac{dTR}{dx}=-x+10$$

また，独占企業の限界費用 MC は,

$$MC=\frac{dTC}{dx}=2x-2$$

独占企業の利潤最大化条件「限界収入＝限界費用」より,

$$-x+10=2x-2 \quad \therefore \quad x=4 \quad \Rightarrow \quad p=-\frac{1}{2}\times 4+10=8 \quad MC=2\times 4-2=6$$

一方，完全競争均衡（⇒需要曲線と供給曲線の交点）においては（なお，完全競争市場において，供給曲線は限界費用曲線によって示される）,

$$-\frac{1}{2}x+10=2x-2 \quad \therefore \quad x=4.8$$

以上の検討結果から，独占均衡は下図の点M，完全競争均衡は下図の点Eとなる。

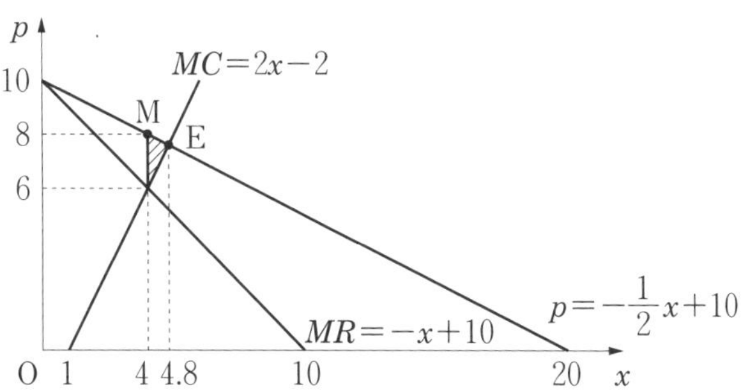

死荷重を S とすると，S は図中の斜線部分の面積として求められるので,

$$S=(8-6)\times(4.8-4)\div 2=0.8$$

よって，正答は**4**である。

正答　4

市役所上・中級

C日程

No. 475 経済原論 エッジワースのボックス・ダイアグラム 平成19年度

図は，２人の個人（個人１と個人２），２つの財（X財とY財）からなるエッジワースのボックス・ダイアグラムを示している。これに関する次の記述のうち，妥当なものはどれか。ただし，u_1 は個人１の無差別曲線，u_2 は個人２の無差別曲線，ボックス内の点線は契約曲線を示している。

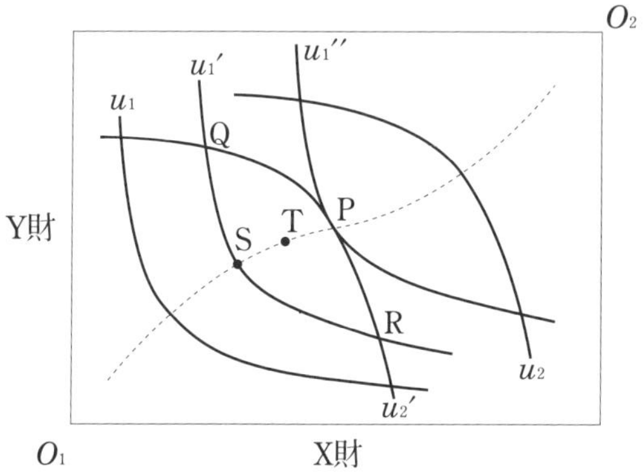

1　点Ｐは，個人１と個人２の効用を最大化する点で，これ以上，ともに効用を上げることができない。

2　点Ｑは，個人１と個人２の効用を最大化する点で，これ以上，ともに効用を上げることができない。

3　点Ｑから点Ｒに移動すると，個人１の効用は増加するが，個人２の効用は低下する。

4　点Ｒから点Ｐに移動すると，個人１の効用は減少し，個人２の効用は増加する。

5　点Ｔにおいては，個人１と個人２の限界代替率が異なっている。

解説

1．正しい。パレート最適な状態であるため，相手の効用を下げずに自らの効用を上げることができない状態である。

2．点Ｑから点Ｔに移動することにより，個人１と個人２の効用をともに上げることが可能である。

3．同じ無差別曲線上の移動であるため，お互いの効用は変化しない。

4．個人１の効用は増加し，個人２の効用は変化しない。

5．点Ｔは契約曲線上にあるために，パレート最適な状態である。このとき，両者の無差別曲線は接しており，限界代替率は等しい。

正答　1

経済原論　自然失業率　平成29年度

就業者数をE，失業者数をU，労働者数をL（$=E+U$）とすると，失業率は$\frac{U}{L}$である。離職率（就業者のうち離職する人の比率）をq，再就職率（失業者のうち再就職する人の比率）をfとすると，離職者数と再就職者数が一致する（$qE=fU$）ときの失業率が自然失業率である。ある経済では，毎月，離職率が0.01，再就職率が0.2であった。このとき，自然失業率はおよそいくらになるか。

1　0.028
2　0.038
3　0.048
4　0.058
5　0.068

解説

離職率qが0.01，再就職率fが0.2の下で，離職者数qEと再就職者数fUが一致するためには，

$$0.01E=0.2U$$

すなわち，

$$E=20U$$

が成立していなければならない。労働者数は，

$$L=E+U=20U+U=21U$$

であるから，自然失業率は，

$$\frac{U}{L}=\frac{U}{21U}=\frac{1}{21}=0.0476\cdots$$

である。

よって，この値に最も近い値は0.048なので，正答は**3**である。

正答　3

経済原論　流動性選好理論　平成27年度

流動性選好理論に関する次のア～エの記述うち，妥当なものをすべて挙げているのはどれか。

ア　貨幣需要の３つの動機として，貨幣には利子がないこと，債券のようなリスクがないこと，そして流動性が低いことが挙げられる。

イ　取引的動機によると，好景気による国民所得の増加により，貨幣需要は増加する。

ウ　人々の将来や所得の見通しが悪くなるほど，予備的動機による貨幣需要は増加する。

エ　資産選択動機によると，債券の価格が十分に高いと人々の債券への需要が高まるため，貨幣需要は減少する。

1　ア，イ
2　ア，エ
3　イ，ウ
4　イ，エ
5　ウ，エ

解説

ア：妥当でない。流動性選好理論は貨幣を需要する動機として，経済的取引を行うためという取引的動機，予期しない事態に対処するためという予備的動機，および投機のためという投機的動機（資産選択動機）を挙げた。なお，貨幣の流動性は高く，利子を生む。

イ：妥当である。

ウ：妥当である。

エ：妥当でない。資産選択動機（投機的動機）によると，債券の価格が高い状況では債券を購入するのは損（高く買って安く売ることになる）なので，今は購入せずに貨幣の形で保有しようとして貨幣需要が増大する。

以上から，妥当なものはイとウであり，**3**が正答となる。

正答　3

市役所上・中級

No. 478 C日程

経済原論　支配戦略　平成22年度

企業Aと企業Bの間でのゲームを考える。両企業ともにとりうる戦略はαとβであり，その利得表は次のとおりである。

企業A＼企業B	α	β
α	16, 12	11, 10
β	9, 8	13, 15

両企業とも利得の最大化を図るものとすると，このゲームに関する次の記述のうち，妥当なものはどれか。

1　企業A，企業Bともに支配戦略を持たない。
2　企業Aは支配戦略としてαを持つが，企業Bは持たない。
3　企業Bは支配戦略としてβを持つが，企業Aは持たない。
4　企業A，Bは支配戦略αを選び，それは唯一のナッシュ均衡である。
5　企業A，Bは支配戦略βを選び，それは唯一のナッシュ均衡である。

解説

企業Aのとる戦略について考える。企業Bがαを選択した場合，企業Aはαを選択し，企業Bが戦略βを選択した場合，企業Aはβを選択する。したがって，企業Bのとる戦略によって企業Aがとる戦略が変わるため，企業Aは支配戦略（相手のとる戦略にかかわらず選択される戦略）を持たない。

次に，企業Bのとる戦略について考える。企業Aがαを選択した場合，企業Bはαを選択し，企業Aがβを選択した場合，企業Bはβを選択する。したがって，企業Aのとる戦略によって企業Bがとる戦略が変わるため，企業Bは支配戦略を持たない。

以上から，正答は**1**である。

また，企業Aがαを選択するときは企業Bもαを選択し，企業Bがαを選択するときは企業Aもαを選択するので，この戦略の組はナッシュ均衡である。さらに，企業Aがβを選択するときは企業Bもβを選択し，企業Bがβを選択するときは企業Aもβを選択するので，この戦略の組もナッシュ均衡である（ナッシュ均衡とは，他のプレーヤーの戦略を所与とした場合，すべてのプレイヤーにとって自分1人だけが戦略を変えても得をすることができない戦略の組である）。

企業A＼企業B	α	β
α	(16, 12)	11, 10
β	9, 8	(13, 15)

正答　1

市役所上・中級

A日程

No. 479 経済原論 ゲーム理論 平成24年度

企業AとBは高価格設定か低価格設定のいずれかの戦略をとり，その利得表は次のようになる。このとき，正しいものはどれか。

		企業B	
		高価格	低価格
企業A	高価格	100万円，100万円	60万円，120万円
	低価格	120万円，60万円	80万円，80万円

1 支配戦略はA，Bともに存在しない。
2 支配戦略はAには存在するが，Bには存在しない。
3 このケースは「囚人のジレンマ」と呼ばれるものである。
4 このケースには2つのナッシュ均衡が存在する。
5 このケースのナッシュ均衡は，パレート最適な均衡である。

解説

1，**2**．企業Aは，企業Bが高価格設定と低価格設定のいずれをとっても「低価格設定」を選択する。よって，低価格設定は企業Aにとって支配戦略である。同様にして，低価格設定は企業Bにとって支配戦略である。
3．正しい。
4．このケースには，企業Aと企業Bともに低価格設定を選ぶというナッシュ均衡しか存在しない。
5．パレート最適とは，誰の利得をも下げることなく誰かの利得を上げることができない状態である。

企業Aと企業Bがともに低価格設定を選択するというナッシュ均衡では，両企業がともに高価格設定を選択することによって，両者の利得を高められるので，パレート最適でない。これを**3**の「囚人のジレンマ」と呼ぶ。

正答 3

No. 480 C日程 経済原論 マクロ経済モデル 令和元年度

マクロ経済モデルが次のように表される。

$Y=C+I+G$

$C=5+0.8(Y-T)$

$T=0.25Y$

$I=40$

$G=75$

〔Y；所得，C：消費，T：租税，I：投資，G：政府支出〕

当初，この経済では$T=G$が成り立ち，財政収支は均衡している。政府が政府支出Gを8増加させる政策を実施したときに生じる財政収支の変化として，妥当なのはどれか。

1　3だけ赤字化する
2　6だけ赤字化する
3　8だけ赤字化する
4　2だけ黒字化する
5　5だけ黒字化する

解説

初めに，このマクロ経済モデルの均衡国民所得を計算する。本問では政府支出Gを変化させる政策について考えるので，Gについてはそのままにしておく。財市場の均衡条件式$Y=C+I+G$に，消費関数$C=$～と投資$I=40$を代入すると，次式が成立する。

$Y=\{5+0.8(Y-T)\}+40+G$

$0.2Y=45-0.8T+G$

$Y=225-4T+5G$

この式の租税Tに租税関数$T=$～を代入すると，均衡国民所得は次式で表される。

$Y=225-4\times0.25Y+5G$

$2Y=225+5G$

$Y=112.5+2.5G$…①

次に，財政収支の変化を計算する。政府支出Gが8増えて$75+8=83$になると，①式より，政策実施後の均衡国民所得は$112.5+2.5\times83=320$になる。この均衡国民所得と租税関数$T=$～より政策実施後の租税は$T=0.25\times320=80$であるから，政策実施後の財政収支は$G-T=83-80=3$の赤字である。「当初，この経済の財政収支は均衡していた」と仮定されているので，政策の実施によって財政収支は「3だけ赤字化する」。

よって，正答は**1**である。

正答 1

No. 481 経済原論 マクロ経済モデル 平成21年度

ある国のマクロ経済が次の式で表される。

$Y=C+I+G$

$C=c_0+0.75(Y-T)$

〔Y：国民所得，C：消費，I：投資，G：政府支出，T：租税，c_0：定数〕

この国において，租税が100，政府支出が100，投資が25増えると，均衡国民所得はいくら増えるか。

1 100
2 200
3 300
4 600
5 900

解説

初めに，この国の均衡国民所得を求める。そのために，財市場の均衡条件式 $Y=C+I+G$ に消費関数を代入して，Y について解く。

$Y=c_0+0.75(Y-T)+I+G$

$0.25Y=c_0-0.75T+I+G$

$Y=4c_0-3T+4I+4G$

次に，租税，政府支出および投資の変化が均衡国民所得に与える影響を調べる。そのために，上で求めた均衡国民所得の式の両辺の変数について変化分をとる。

$Y=-3T+4I+4G$

この式に，租税の変化分 $T=100$，政府支出の変化分 $G=100$ および投資の変化分 $I=25$ を代入すると，

$Y=-3\times100+4\times25+4\times100=200$

である。

よって，正答は**2**である。

正答 2

No. 482 経済原論　外国の産出増加の影響　平成24年度

ある国のマクロ経済は次のように表される。

$Y=C+I+G+E-M$
$C=100+0.6(Y-T)$
$I=10$
$G=5$
$T=5$
$E=0.2Y^*$
$M=2+0.2(Y-T)$

［Y：国民所得，C：消費，I：投資，G：政府支出，E：輸出，M：輸入，T：租税，Y^*：外国の産出量］

この国の経済に関する次の文の空欄ア～エに当てはまる語句の組合せとして，妥当なものはどれか。

外国の産出量が増加すると，自国の輸出は（　ア　）し，輸入は（　イ　）する。この結果，自国の貿易収支は（　ウ　）化し，自国の国民所得は（　エ　）する。

	ア	イ	ウ	エ
1	増加	増加	黒字	増加
2	増加	減少	黒字	増加
3	増加	増加	黒字	減少
4	減少	増加	赤字	減少
5	減少	減少	赤字	増加

解説

初めに，外国の産出量の変化が自国経済に与える影響について見るために，自国の均衡国民所得について調べる。財市場の均衡条件式 $Y=C+I+G+E-M$ に残りの式をすべて代入すると，自国の均衡国民所得は，$Y=100+0.6(Y-5)+10+5+0.2Y^*-\{2+0.2(Y-5)\}$ より，

$$Y=185+\frac{1}{3}Y^*$$

次に，外国の産出量が増加した時の自国経済の変化について考える。上で求めた均衡国民所得の式において両辺の変数について変化分をとると，

$$\varDelta Y=\frac{1}{3}\varDelta Y^* \quad \cdots\cdots①$$

である。$\varDelta Y^*>0$ ならば $\varDelta Y>0$ なので，外国の産出量が増えると自国の均衡国民所得も増える（エは増加なので，**3**，**4**は誤り）。自国の輸出の式 $E=0.2\varDelta Y^*$ において，両辺の変数について変化分をとると，

$$\varDelta E=0.2\varDelta Y^* \quad \cdots\cdots②$$

であり，$\varDelta Y^*>0$ ならば $\varDelta E>0$ なので，外国の産出量が増えると自国の輸出も増える（アは増加なので，**4**，**5**は誤り）。また，自国の輸入の式 $M=2+0.2(Y-T)$ において，租税が5で一定であることに留意して，両辺の変数について変化分をとると，$\varDelta M=0.2\varDelta Y$ である。この式に①式を代入すると，外国の産出量が $\varDelta Y^*$ 増えた時の自国の輸入の増加分は，

$$\varDelta M=\frac{1}{15}\varDelta Y^* \quad \cdots\cdots③$$

である。$\varDelta Y^*>0$ ならば $\varDelta M>0$ なので，外国の産出量が増えると自国の輸入も増える（イは増加なので，**2**，**4**は誤り）。さらに，②式と③式より，

$$\varDelta E-\varDelta M=\frac{2}{15}\varDelta Y^*$$

である。$\varDelta Y^*>0$ ならば $\varDelta E-\varDelta M>0$ なので，自国の輸出の増加分は自国の輸入の増加分より大きく，貿易収支は黒字化する（ウは黒字なので，**4**，**5**は誤り）。

以上より，正答は**1**である。

正答　1

市役所上・中級

B日程

No. 483 経済原論 成長会計 令和2年度

マクロ生産関数が次式で表される。

$Y=AK^{0.4}L^{0.6}$

（Y：実質 GDP，K：資本量，L：労働量，A：定数）

資本量の成長率が６％で，労働量の成長率が１％であるときの実質 GDP 成長率として，妥当なのはどれか。

1　１％
2　３％
3　５％
4　６％
5　７％

解説

成長会計の計算問題である。

一般に，生産関数が $Y=AK^{\alpha}L^{\beta}$（α，βは定数）で与えられているとき，次式が成立する（数学的には，生産関数の両辺の対数をとり，時間で微分することによって求められる）。

Yの成長率＝Aの成長率＋$\alpha\times K$の成長率＋$\beta\times L$の成長率

題意より，$\alpha=0.4$，$\beta=0.6$なので，この式は次のように書き直せる。

Yの成長率＝Aの成長率＋$0.4\times K$の成長率＋$0.6\times L$の成長率

さらに，題意より，Aは定数なのでAの成長率はゼロであり，Kの成長率は６％，Lの成長率は１％なので，この式は

Yの成長率$=0+0.4\times0.06+0.6\times0.01=0.03$

と書き直せる。

したがって，実質 GDP 成長率は$0.03\times100=3$〔％〕となる。

よって，正答は**2**である。

正答　2

No. 484 経済原論　労働生産性と比較優位　平成30年度

A国とB国は2財（自動車と衣類）のみを生産している。生産に用いる要素は労働のみである。表は，A国とB国のそれぞれが各財を生産するのに必要な労働投入量を表している。次の文の空欄ア～オに当てはまる語句の組合せとして，妥当なのはどれか。

	自動車	衣類
A国	10	10
B国	80	40

A国はB国よりも労働生産性が（　ア　），2財ともB国に対して（　イ　）である。B国は自動車の生産を1単位やめると，衣類を（　ウ　）単位生産できる。したがって，衣類で測った自動車の機会費用はB国のほうがA国よりも（　エ　），B国は（　オ　）に対して比較優位を持つ。

	ア	イ	ウ	エ	オ
1	低く	絶対劣位	0.5	低く	自動車
2	低く	絶対劣位	2	高く	衣類
3	高く	絶対優位	0.5	低く	自動車
4	高く	絶対優位	2	低く	自動車
5	高く	絶対優位	2	高く	衣類

解説

ア・イ：A国が1単位の自動車を生産するのに10単位の労働を要するのに対して，B国は80単位の労働を要するので，A国のほうがより少ない労働で1単位の自動車を生産できる。また，A国が1単位の衣類を生産するのに10単位の労働を要するのに対して，B国は40単位の労働を要するので，A国のほうがより少ない労働で1単位の衣類を生産できる。よって，A国の労働生産性はB国のそれより高く，A国は両財の生産に関して絶対優位を持つ。

ウ：B国は自動車の生産を1単位やめると80単位の労働を節約できる。この80単位の労働を衣類の生産に費やせば，衣類を80÷40＝2単位生産できる。

エ・オ：A国は自動車の生産を1単位やめると10単位の労働を節約できる。この10単位の労働を衣類の生産に費やせば，衣類を10÷10＝1単位生産できる。つまり，B国のほうが1単位の自動車を生産するためにあきらめなければならない衣類の生産量，すなわち衣類で測った自動車の機会費用が高く，B国は衣類の生産に比較優位を持つ。

したがって，正答は**5**である。

正答　5

No. 485 B日程 経済原論 政府支出と均衡総生産 平成28年度

マクロ経済が次の式で表される。

$Y=C+I+G$

$C=100+0.9Y$

$I=200-40r$

$\frac{M}{P}=L$

$L=Y-100r$

（Y：総生産，C：消費，I：投資，G：政府支出，r：利子率
M：名目貨幣供給量，P：物価，L：貨幣需要）

この経済において，政府支出が1増加すると，均衡総生産はいくら増加するか。

1 0.5　**2** 1　**3** 2
4 5　**5** 10

解説

IS-LM 分析の問題である。初めに，IS 曲線を求める。財市場均衡条件式 $Y=C+I+G$ に消費関数 $C=100+0.9Y$ と投資関数 $I=200-40r$ を代入して整理する。

$Y=(100+0.9Y)+(200-40r)+G$

$40r=300-0.1Y+G$

$r=7.5-0.0025Y+0.025G$　……①

次に，LM 曲線を求める。貨幣市場均衡条件式 $\frac{M}{P}=L$ に貨幣需要関数 $L=Y-100r$ を代入して整理する。

$\frac{M}{P}=Y-100r$

$100r=Y-\frac{M}{P}$

$r=0.01Y-0.01\frac{M}{P}$　……②

最後に，政府支出の増加に伴う均衡総生産の増加分を求める。①式と②式からなる連立方程式を解いて，このマクロ経済の均衡総生産を求める。

$7.5-0.0025Y+0.025G=0.01Y-0.01\frac{M}{P}$

$0.0125Y=7.5+0.025G+0.01\frac{M}{P}$

$Y=600+2G+0.8\frac{M}{P}$

この式の両辺の変数について変化分をとると，次式を得る。

$\Delta Y=2\Delta G+0.8\Delta\frac{M}{P}$

ここでは，政府支出が1増加したときの均衡総生産の増加分を問われているので，$\Delta G=1$ と $\Delta\frac{M}{P}=0$ を代入する。

$\Delta Y=2\times1+0.8\times0=2$

よって，正答は**3**である。

正答 3

市役所上・中級

B日程

No. 486 経済原論　金融緩和政策の効果　平成20年度

ある経済のインフレ率は１％，名目利子率は３％である。この経済において，インフレ率を２％にする金融緩和政策が実施されたときの記述として妥当なものはどれか。

1　名目利子率は４％に上昇することになるが，GDPは短期的には減少する。
2　名目利子率が４％に上昇することになるが，GDPは短期的には増加する。
3　名目利子率が２％に下落することになるが，GDPは短期的には減少する。
4　名目利子率が２％に下落することになるが，GDPは短期的には増加する。
5　名目利子率およびGDPには一切影響を与えない。

解説

実質利子率＝名目利子率－インフレ率であるから，インフレ率を高める金融緩和政策が実施されると，実質利子率は，3－1＝2〔％〕から，3－2＝1〔％〕に低下する。その結果，短期的には総需要が刺激され，GDPは増加する。

しかし，長期的には，実質利子率がもとの水準に戻るまで名目利子率が上昇，つまり名目利子率（＝実質利子率＋インフレ率）が，2＋2＝4〔％〕になるまで上昇し，GDPの増加効果は相殺される。

よって，正答は**2**である。

正答　2

市役所上・中級 C日程

No. 487 経済原論 限界効用 令和3年度

ある個人は1,000円の予算を持っており，予算すべてを1個200円のA財と1個100円のB財の購入に充てる。次の表はA財とB財の限界効用を示したものであり，たとえば，A財を1個購入したときの限界効用は80，もう1個購入したときの限界効用は60である。この個人が効用の最大化を図るときのA財の購入量として妥当なのはどれか。

	1個目	2個目	3個目	4個目	5個目
A財	80	60	40	20	0
B財	80	60	40	20	0

1 1
2 2
3 3
4 4
5 5

解説

消費者の効用最大化問題に関する出題である。予算すべてを使い切る消費者が効用を最大にする消費量を選択するとき，予算制約式と加重限界効用均等法則が成立することを使って考察すればよい。

まず，予算制約式が成立する購入量の組合せについて考える。A財の購入量を x_A，B財の購入量を x_B とするとき，この個人の予算制約式は $1000=200x_A+100x_B$ であるので，予算すべてを使い切るB財の購入量は $x_B=10-2x_A$ である。与表にあるA財の購入量が1～5個の範囲において，この条件を満たす購入量の組合せは $(x_A, x_B)=(1, 8)$，(2, 6)，(3, 4)，(4, 2)，(5, 0) であるが，考察できる組合せは $(x_A, x_B)=(3, 4)$，(4, 2) だけである。

次に，加重限界効用均等法則（最適な消費量の組合せにおいては，各財の限界効用をその財の価格で割った値が等しくなる）が成立する購入量の組合せについて考える。$(x_A, x_B)=(4, 2)$ であるとき，A財の加重限界効用は $20\div200=0.1$，B財の加重限界効用は $60\div100=0.6$ であるので，加重限界効用均等法則が成立しない。$(x_A, x_B)=(3, 4)$ であるとき，A財の加重限界効用は $40\div200=0.2$ であり，B財の加重限界効用は $20\div100=0.2$ であるので，加重限界効用均等法則が成立する。

よって，A財の購入量は3であり，正答は**3**である。

正答 3

No. 488 C日程 経済原論 日本の独占禁止法による規制 令和3年度

わが国の独占禁止法による規制に関するア～エの記述のうち，妥当なもののみをすべて挙げているのはどれか。

ア　カルテルとは，ある企業が他の企業と共同して販売数量や価格の引上げについての取決めを行うことであり，市場の競争を阻害することから規制対象となっている。

イ　企業が排他的取引や供給拒絶を行うことにより，新規参入者の事業開始を困難にさせることは，企業の合理的な戦略の一つと考えられるので，規制対象外となっている。

ウ　同じ分野や市場の企業どうしの合併は，市場シェアや競争状況などから，市場の競争や新規参入が疎外されないかを検討し，規制の対象とするか否かについて判断される。

エ　抱き合わせ販売とは，たとえば，人気商品と売れ残った不人気商品をセットにして販売することであり，商品を販売するための価格戦略の一つと考えられるので，規制対象外となっている。

1　ア，ウ
2　ア，エ
3　イ，ウ
4　イ，エ
5　ウ，エ

解説

ア：妥当である。

イ：企業が排他的取引や供給拒絶を行うことにより，新規参入者の事業開始を困難にさせることは，公正な競争を阻害するおそれがあるので，規制対象となっている。

ウ：妥当である。

エ：抱き合わせ販売は，不要な商品等の購入を強制されることによって消費者の利益を失い，公正な競争を阻害するおそれがあるので，規制対象となっている。

以上から，妥当なものはアとウであり，**1**が正答となる。

正答　1

No. 489 経済原論　ハロッド=ドーマーの理論　平成21年度

ある国では，労働力人口が毎年２％増加し，労働生産性が毎年５％上昇している。ハロッド=ドーマーの理論において，この国が完全労働市場を維持するためには，国民所得は毎年どのくらい成長する必要があるか。

1　労働力人口の増加率と同じ２％
2　労働生産性の上昇率と同じ５％
3　労働力人口の増加率と労働生産性の上昇率を足し合わせた７％
4　労働力人口の増加率を労働生産性の上昇率から差し引いた３％
5　労働力人口の増加率と労働生産性の上昇率を掛け合わせた10％

解説

ハロッド=ドーマーの理論では，資本と労働の完全利用を実現する均衡成長の状態は，現実の成長率が保証成長率および自然成長率と等しい状態であると考える。労働生産性が毎年５％増加するとは，実質的に労働力人口が毎年５％増えることに等しい。よって，この国の労働力人口は実質的に，毎年5+2=7〔％〕成長していることになる。この成長率が自然成長率であるから，現実の成長率も７％になる必要がある。

よって，正答は**3**である。

正答　3

No. 490 C日程 経済原論 マンデル＝フレミング・モデル 平成29年度

図は，ある小国の IS 曲線と LM 曲線である。当初の IS 曲線と LM 曲線を IS_1，LM_1，財政政策または金融政策を行った後の IS 曲線と LM 曲線を IS_2，LM_2 とする。当初の均衡は点 A である。

このとき，マンデル＝フレミング・モデルにおける政策の効果に関する次の文中の空欄ア～エに当てはまる語句の組合せとして，妥当なのはどれか。ただし，為替相場制度は変動相場制度であり，資本移動は完全であるとする。

この国の政府が政府支出を拡大すると，短期的には均衡は点 A から点（　ア　）に移動するが，資本が国内に流入し，為替レートが変化することで，新たな均衡は点（　イ　）となる。

この国の中央銀行が貨幣供給量を増加させると，短期的には均衡は点 A から点（　ウ　）に移動するが，資本が国外に流出し，為替レートが変化することで，新たな均衡は点（　エ　）となる。

	ア	イ	ウ	エ
1	B	A	D	A
2	B	A	D	C
3	B	C	D	A
4	D	A	B	C
5	D	C	B	A

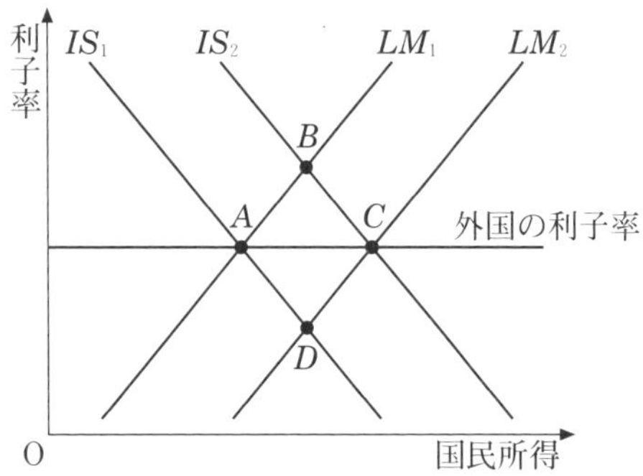

解説

政府が政府支出を拡大すると，IS 曲線が IS_1 から IS_2 へと右へシフトし，短期的には均衡は IS_2 と LM_1 の交点である点 B へ移行する（アは「B」なので，**4**，**5**は誤り）。しかし，点 B では国内利子率が外国の利子率より高いので，資本が海外から国内へ流入し，為替レートが自国通貨高方向へ動く。この自国通貨高によって輸出の減少と輸入の増大が生じ，IS 曲線は元の IS_1 へ戻る。その結果として，新たな均衡は点 A，すなわち元の均衡点に戻る（変動為替相場の下で資本移動が完全である小国を考えるとき，小国の財政政策は無効である）（イは「A」なので，**3**，**5**は誤り）。

中央銀行が貨幣供給量を増加させると，LM 曲線が LM_1 から LM_2 へと右へシフトし，短期的には均衡は IS_1 と LM_2 の交点である点 D へ移行する（ウは「D」なので，**4**，**5**は誤り）。しかし，点 D では国内利子率が外国の利子率より低いので，資本が国内から海外へ流出し，為替レートが自国通貨安方向へ動く。この自国通貨安によって輸出の増大と輸入の減少が生じ，IS 曲線も IS_1 から右へ移動する。この IS 曲線の移動は，国内利子率と外国の利子率が一致する，すなわち IS_2 になるまで続くので，新たな均衡は IS_2 と LM_2 の交点 C である（変動為替相場の下で資本移動が完全である小国を考えるとき，小国の金融政策は有効である）（エは「C」なので，**1**，**3**，**5**は誤り）。

よって，正答は**2**である。

正答　2

市役所上・中級

B日程

No. 491 経済原論　経済の変動と景気動向指数　平成29年度

経済の変動と景気動向指数に関する次の記述のうち，妥当なのはどれか。

1 戦後の日本経済の変動について，いざなぎ景気などは景気の「山」に当たり，円高不況などは「谷」に当たる。

2 経済変動は，その循環の周期によって，長期波動，建設循環，主循環，小循環に分けられる。長期波動はイノベーションや新エネルギーの発見，建設循環は建設投資，主循環は設備投資，小循環は在庫投資によって引き起こされると考えられている。

3 景気動向指数には，CIとDIがあり，それぞれに先行指数，一致指数および遅行指数がある。先行指数には家庭支出消費や完全失業率，遅行指数には新規求人指数や東証株価指数が採用されている。

4 DIには，一致指数として，所定外労働時間指数や鉱工業生産指数が採用されている。前の3か月の指数が今月の指数を上回っている指数の数が，採用されている指数の50％以上を占めるときは景気の後退局面にある。

5 ケインズ経済学において，景気の変動は，生産者の外因的ショックが主因とされている。

解説

1. 「いざなぎ景気」や「円高不況」などは，一般に，景気循環の「山」と「谷」，または「谷」と「山」の間の期間をいう。

2. 妥当である。ちなみに，「長期波動」は「コンドラチェフの波」，「建設循環」は「クズネッツの波」，「主循環」は「ジュグラーの波」，「小循環」は「キチンの波」ともいう。

3. 前半の記述は妥当である。家庭支出消費や完全失業率は遅行指数であり，新規求人指数や東証株価指数は先行指数である。

4. 前半の記述は妥当である。DI指数は，①各月の系列の値を3か月前の値と比較して，増加したときには「＋」，横ばいであるときには「0」，減少したときには「－」とし，②次の計算式に当てはめて計算する。

$$\mathrm{DI}=\frac{\text{拡張系列の数}}{\text{採用している系列の数}}\times 100\ 〔\%〕$$

景気後退局面では，DI一致指数は50％を下回る傾向がある。

5. ケインズ経済学では需要制約の世界を想定しており，景気変動は需要面での外因的なショックが主因とされている。

正答　2

No. 492 B日程 経済原論 **国民経済計算** 平成30年度

次の表は国民経済計算のデータである。国内総生産と国民総所得の組合せとして妥当なのはどれか。

雇用者報酬	240
営業余剰・混合所得	120
固定資本減耗	70
生産・輸入品に課される税	40
補助金	6
海外からの要素所得	15
海外への要素所得	13

	国内総生産	国民総所得
1	469	471
2	466	469
3	464	466
4	430	435
5	390	395

解説

国内総生産＝雇用者報酬＋営業余剰・混合所得＋(生産・輸入品に課される税－補助金)＋固定資本減耗

であるから，

国内総生産＝240＋120＋(40－6)＋70＝464

である。

国民総所得＝国内総生産＋(海外からの要素所得－海外への要素所得)

であるから，

国民総所得＝464＋(15－13)＝466

である。

よって，正答は**3**である。

正答 **3**

市役所上・中級

No. 493 B日程 経済原論 **国内総生産** 平成28年度

国内総生産（GDP）に関する次の記述のうち，妥当なのはどれか。

1 外食やクリーニングサービスに対する支出はGDPに計上されるが，自分で行った炊事や洗濯の付加価値はGDPに計上されない。

2 マンションの一室を賃借している人が，その一室を買い取って住むようになり，家賃を支払わなくなると，その一室にかかる住宅サービスはGDPに計上されなくなる。

3 私立学校が提供する教育サービスはGDPに計上されるが，公立学校が提供する教育サービスはGDPに計上されない。

4 分配面から見たGDPには，勤務先から受け取った給料は計上されるが，預金の利子や保有する株式の配当は計上されない。

5 企業の工場建設，機械購入，工場用地の取得はいずれも設備投資としてGDPに計上されるが，家計の住宅購入はGDPに計上されない。

解説

1．妥当である。

2．帰属家賃（マンションの一室の購入者が自分自身に対して家賃を支払っているもの）としてGDPに計上される。

3．GDPは，定義上，公的部門による経済活動も計上するので，公立学校が提供する教育サービスもGDPに計上される。

4．前半の記述は妥当であるが，後半が誤り。預金の利子や保有する株式の配当も計上される。

5．企業の工場建設については計上されるが，工場用地をはじめ，購入した機械が中古品の場合はGDPに計上されない（ただし，工場用地や中古品の購入に伴う手数料等はGDPに計上される）。また，家計の住宅購入についても購入した住宅が中古住宅の場合は計上されない（ただし，購入に伴う手数料等は計上される）が，新築住宅の場合は計上される。

正答 1

No. 494 B日程 経済原論 公共財と準公共財 令和4年度

誰かが消費してもほかの人の消費可能量が減らない性質（非競合性）と，特定の個人の利用を排除できない性質（非排除性）を満たす財を公共財，これらの性質のうちいずれか一方のみを満たす財を準公共財という。公共財と準公共財に関する次の記述のうち，妥当なもののみをすべて挙げているのはどれか。

ア　公共財はいったん供給されると皆が消費できるため，公共財が社会全体にもたらす限界便益は各個人の限界便益の合計となる。

イ　準公共財のうち，消費が競合する財を共有資源という。人々が自由に共有資源を消費すると，消費量は社会全体に最適な水準になる。

ウ　準公共財のうち排除可能な財をクラブ財という。クラブ財は利用者から対価を徴収することができるため，民間企業によって供給することが可能である。

エ　特定の地域のみに便益を与える公共財を地方公共財という。地方公共財に対する選好が地域ごとに大きく異なる場合，地方分権化定理によると，地方公共財は地方政府が供給するよりも中央政府がどの地域にも供給するほうが望ましい。

オ　地球環境を維持することや国家安全保障を確保することの便益は国境を越えるため，これらを国際公共財とみなすことができる。各国が自国の利益を追求すると，国際公共財の供給量は社会的に最適な水準を上回る。

1　ア，ウ
2　ア，エ
3　イ，エ
4　イ，オ
5　ウ，オ

解説

ア：妥当である。

イ：前半の記述は正しい。人々が自由に共有資源を消費すると，その消費量は社会全体に最適な水準を上回る（コモンズの悲劇）。

ウ：妥当である。

エ：前半の記述は正しい。地方分権化定理によれば，地域独自のニーズに係る情報等において地方政府は中央政府に比して優位にあるので，地方公共財の供給は中央政府より，地方政府によってなされるほうが効率的である。

オ：前半の記述は正しい。他国が国際公共財を供給すれば自国も国際公共財を利用できるので，各国が自国の利益を追求するとき，国際公共財の供給量は社会的に最適な水準を下回る（フリーライダー問題）。

よって，妥当なものはア，ウであり，正答は**1**である。

正答　1

市役所上・中級

No. 495 B日程

財政学　公共財，私的財　平成19年度

消費者Aと消費者Bのある財に対する需要曲線がそれぞれ

$d_A = 100 - p$

$d_B = 200 - p$

〔d_A：消費者Aの需要量，d_B：消費者Bの需要量，p：価格〕

で表され，この財の限界費用は50である。この財が公共財である場合と私的財である場合の最適供給量の組合せとして妥当なものはどれか。なお，消費者Aと消費者Bは必ず公共財を消費するものとする。

	公共財	私的財
1	125	150
2	125	200
3	150	125
4	150	200
5	200	125

解説

公共財と私的財とでは，市場需要曲線を導出する際の個別需要曲線の集計方法が違うことに注意して，計算する。

初めに，公共財である場合について考察する。このとき，与えられた消費者Aの式は，「公共財が d_A 単位供給されると，消費者Aは最後の公共財1単位から $100 - d_A$ の満足（価格表示）を得る」と読む。同様にして，消費者Bの式は「公共財が d_B 単位供給されると，消費者Bは最後の公共財1単位から $200 - d_B$ の満足（価格表示）を得る」と読む。よって，公共財が d 単位供給されるとき，社会全体では，最後の公共財1単位から，

$$(100 - d) + (200 - d) = 300 - 2d$$

の満足（価格表示）を得ることになる。最適な公共財の供給量は，最後の公共財1単位から得られる社会全体での満足（価格表示）と公共財の限界費用が等しくなる水準なので，

$$300 - 2d = 50$$
$$2d = 250$$
$$d = 125$$

である（**3**，**4**，**5**は誤り）。

次に，私的財である場合について考察する。この財の価格が p のとき，

消費者Aの需要は，$d_A = 100 - p$

消費者Bの需要は，$d_B = 200 - p$

であるから，社会全体での需要は，

$$d_A + d_B = (100 - p) + (200 - p) = 300 - 2p$$

である。この財市場が完全競争市場ならば，最適な私的財の供給量は，価格と限界費用が等しくなる水準なので，$p = 50$ を上式に代入し，

$$d_A + d_B = 300 - 2 \times 50 = 200$$

である（**1**，**3**，**5**は誤り）。

よって，正答は**2**である。

正答　2

市役所上・中級

B日程

No. 496 財政学 ある個人の納税額 平成22年度

ある個人の収入は900万円である。課税対象収入額500万円までの所得税率が10％，500万円を超えるぶんの所得税率は20％であり，所得控除は100万円，税額控除は50万円とするとき，この個人の納税額はいくらか。

1　1万円
2　10万円
3　50万円
4　60万円
5　100万円

解説

この個人の課税対象額は，収入900万円から所得控除100万円を差し引いた800万円である。よって，初めの500万円に対する所得税は，

500×0.1＝50〔万円〕

であり，残りの300万円に対する所得税は，

300×0.2＝60〔万円〕

となるので，算出税額は，

50＋60＝110〔万円〕

である。

よって，納税額はこの算出税額から税額控除50万円を差し引いた，

110−50＝60〔万円〕

である。

したがって，正答は**4**である。

正答 4

市役所上・中級

B日程

No. 497 財政学 財政政策の役割 平成28年度

財政政策に関する次の記述のうち，妥当なのはどれか。

1 財政の役割には，資源配分の調整があり，政府は民間に任せておくと供給されにくい財・サービスを供給する。これらの財・サービスの例として，公園や教育などの純粋公共財や国防や外交などの準公共財がある。

2 財政の役割には，所得再分配があり，資産や所得に対する累進的な課税の適用などにより，低所得者から高所得者への所得の再分配が行われる。また，年金制度においては，引退世代から現役世代への所得の再分配が行われる。

3 財政の役割には，経済の安定化があり，このための手段として裁量的な財政政策がある。裁量的な財政政策は，政策が必要と判断されてから実際に効果が出始めるまでの政策ラグが大きいと経済を安定化させる効果が高まる。

4 財政には，その仕組み自体に自動的に経済を安定化させる機能がある。累進的な制度である所得税や，企業収益に課税する法人税は，好況期には税収が減少し，最終需要の増加を促進する機能を果たす。

5 政府が景気の低迷に対応して公債発行に依存した拡張的な財政政策を行った場合に，人々が公債償還のための将来の増税に備えて貯蓄を増やすと，これらの拡張的な財政政策の効果は低下する。

解説

1. 前半の記述は妥当であるが，後半が誤り。純粋公共財とは「非排除性」（対価を支払わない者を利用できないようにすることが不可能な性質）と「非競合性」（同時に同量の消費ができない性質）を満たす財であり，これらのうち一方が満たされる財を準公共財という。よって，一般に，公園や教育などは準公共財，国防や外交などは純粋公共財とされる。

2. 「低所得者から高所得者への所得の再分配」ではなく「高所得者から低所得者への所得の再分配」である。また，積立方式の年金制度では世代間の再分配は想定されていない。なお，賦課方式の年金制度では，「引退世代から現役世代への所得の再分配」ではなく「現役世代から引退世代への所得の再分配」を想定されることが多い。

3. 前半の記述は妥当であるが，後半が誤り。政策が必要と判断されてから実際に効果が出始めるまでの間でも経済状況は変わるので，政策ラグの長期化が，裁量的な財政政策が持つ経済を安定化する効果を高めるとはいえない。

4. 前半の記述は妥当であるが，後半が誤り。累進的な制度である所得税や企業収益に課税する法人税は，好況期には税収が増加し，最終需要の増加を抑制する機能を果たす。

5. 妥当である。

正答 5

No. 498 C日程 財政学 租税原則 平成30年度

租税原則に関する次の記述のうち，妥当なのはどれか。

1 応益原則によれば，公共サービスから受けた便益に応じて租税を負担すべきである。応益原則に基づいた税の例として，固定資産税がある。

2 応能原則には垂直的公平性と水平的公平性があり，消費税と累進的な所得税とでは，累進的な所得税のほうが，垂直的公平性と水平的公平性を確保しやすい。

3 中立性の原則では，租税が人々の選択に影響を与えないようにすべきである。各財の需要の価格弾力性が等しい場合，財ごとに異なる税率を設定するほうが中立性を保ちやすい。

4 簡素性の原則は納税や調整のコストを低くするべきである。複雑な税制のもとでは租税回避行動を誘発しやすく，中立性や公平性を保つことが困難になる。

5 租税原則すべてを守ることは現実的ではない。たとえば，一括税は垂直的公平性を確保するものの中立性は保てない。

解説

1．前半の記述は正しい。固定資産税は，担税力に応じて租税を負担すべきという応能原則の例である。

2．垂直的公平性と水平的公平性は「公平」の原則である。また，累進的な所得税は消費税に比べて垂直的公平性の確保に資するが，水平的公平性の確保については消費税のほうが資する。

3．前半の記述は正しい。中立性を確保する場合，需要の価格弾力性が等しい財に対しては同じ税率を設定すべきである。

4．妥当である。

5．「租税原則すべてを守ることは現実的ではない」のではなく，ある特定の租税だけで租税原則すべてを満たすことは現実的ではない。また，一括税は中立性を保つものの，垂直的公平性の確保には適さない。

正答 4

市役所上・中級

No. 499 A日程

財政学　日本の予算　平成24年度

わが国の予算に関する次の記述のうち，妥当なものはどれか。

1　予算を編成し，国会に提出できるのは内閣だけだが，国会，裁判所，会計検査院の予算については，内閣が予算面からこれらの独立機関の活動を制約することのないよう，財政法上特別な手続きが定められている。

2　現在の制度では，毎年，政府は一般会計予算と補正予算からなる本予算を編成して国会に提出し，その議決を受け，議決を受けた予算に従って国の支出を実行していくことになっている。

3　予算は衆議院で審議，議決されてから参議院に送付される。参議院が衆議院の可決した予算案を受け取った後，30日以内（国会休会中の期間を除く）に議決しない場合，衆議院での議決は無効になる。

4　予算の国会の議決は原則として予算成立の日から１年間という期間内にその対象を限定しており，予算は当該期間の開始前においても，当該期間経過後においてもこれを使用できないのが原則である。

5　なんらかの理由で年度開始までに国会の議決が得られず本予算が成立しない場合には，本予算が成立するまでの間の必要な経費の支出のために，国会の議決を必要としない補正予算が編成される。

解説

1．正しい。

2．政府が国会に提出する予算の内容は，予算総則，歳入歳出予算，継続費，繰越明許費および国庫債務負担行為からなっている。また，通常，当該年度開始前に成立し，一般に「本予算」と呼ばれるものは，一般会計予算，特別会計予算および政府関係機関予算である。

3．前半の記述は正しい。参議院が衆議院の可決した予算案を受け取った後，30日以内（国会休会中の期間を除く）に議決しない場合，衆議院の議決が国会の議決となる。ちなみに，これを「予算の自然成立」という。

4．わが国の会計年度については，予算成立の日から１年間ではなく，財政法11条において４月１日から翌年３月31日までの１年間である旨が規定されている。また，国の予算は単年度主義の原則より，予算の効力は当該会計年度に限定されるが，例外として継続費や国庫債務負担行為がある。

5．補正予算ではなく，暫定予算が編成される。また，暫定予算は国会の議決が必要である。ちなみに，補正予算とは，本予算の執行の過程において，天災地変，経済情勢の変化あるいは政策の変更などにより，当初の予算どおり執行することが不可能ないし不適当となる場合に，国会の議決を経て組まれることがある予算である。

正答　1

No. 500　B日程　財政学　国債　令和4年度

国債に関する次の文中の空欄ア～ウに当てはまる語句の組合せとして，妥当なものはどれか。

国債費と国債発行額を比べたとき，国債費のほうが大きければプライマリーバランスは（　ア　）となる。プライマリーバランスが均衡している状態で，経済成長率が国債の利回り率より高ければ債務残高の対 GDP 比は（　イ　）する。国債の中立命題によれば，国債発行世代から将来世代への相続などを通じて，国債の負担は将来世代へ（　ウ　）。

	ア	イ	ウ
1	黒字	上昇	転嫁される
2	黒字	低下	転嫁されない
3	黒字	低下	転嫁される
4	赤字	上昇	転嫁される
5	赤字	低下	転嫁されない

解説

ア：歳入＝税収等＋国債発行額，歳出＝政策的経費＋国債費であるので，プライマリーバランス（基礎的財政収支）は次のように計算できる。

プライマリーバランス＝税収等－政策的経費
＝(歳入－国債発行額)－(歳出－国債費)
＝歳入－歳出＋国債費－国債発行額

歳入と歳出は必ず等しいので，この式はさらに次のように書き直すことができる。

基礎的財政収支＝国債費－国債発行額

国債費が国債発行額より大きければこの式の右辺は正の値となるので，基礎的財政収支は黒字である。

イ：プライマリーバランスが均衡しているとき，次式が成立する。

$$\frac{\text{今期の債務残高}}{\text{今期の GDP}}=\frac{\text{前期の債務残高}}{\text{前期の GDP}}\times\frac{1+\text{国債の利回り率}}{1+\text{経済成長率}}$$

経済成長率が国債の利回り率を上回るとき，$\frac{1+\text{国債の利回り率}}{1+\text{経済成長率}}$は1より小さくなるので，今期の債務残高の対 GDP 比は前期の債務残高の対 GDP 比より小さくなる。つまり，債務残高の対 GDP 比は低下する。

ウ：国債（公債）の中立命題とは，現時点における租税の徴収と国債発行（および将来における課税）とは経済的に等価であり，国債の負担は将来世代へ転嫁されないというものである。

よって，正答は**2**である。

正答　2

●本書の内容に関するお問合せについて

本書の内容に誤りと思われるところがありましたら，まずは小社ブックスサイト（jitsumu.hondana.jp）中の本書ページ内にある正誤表・訂正表をご確認ください。正誤表・訂正表がない場合や訂正表に該当箇所が掲載されていない場合は，書名，発行年月日，お客様の名前・連絡先，該当箇所のページ番号と具体的な誤りの内容・理由等をご記入のうえ，郵便，FAX，メールにてお問合せください。

〒163-8671 東京都新宿区新宿 1-1-12　実務教育出版　受験ジャーナル編集部

FAX：03-5369-2237　　E-mail：juken-j@jitsumu.co.jp

【ご注意】

※電話でのお問合せは，一切受け付けておりません。

※内容の正誤以外のお問合せ（詳しい解説・受験指導のご要望等）には対応できません。

公務員試験　合格の500シリーズ

市役所上・中級〈教養・専門試験〉過去問500 [2025年度版]

2024年3月15日　初版第1刷発行　〈検印省略〉

編　者　資格試験研究会
発行者　淺井亨

発行所　株式会社 実務教育出版
〒163-8671　東京都新宿区新宿1-1-12
☎編集　03-3355-1813　販売　03-3355-1951
振替　00160-0-78270

印　刷　精興社
製　本　ブックアート

ISBN 978-4-7889-3496-2 C0030　Printed in Japan

大卒・短大卒程度公務員一次試験情報をお寄せください

弊社では，次の要領で大卒･短大卒程度公務員試験の一次試験情報を募集しています。受験後ご記憶の範囲でけっこうですので，事務系・技術系問わず，ぜひとも情報提供にご協力ください。

☆**募集内容**　地方上・中級，市役所上・中級，大卒・短大卒警察官，その他各種公務員試験，国立大学法人等職員採用試験の実際問題・科目別出題内訳等

※問題の持ち帰りができる試験については，情報をお寄せいただく必要はありません。ただし，地方公務員試験のうち，東京都，特別区，警視庁，東京消防庁以外の試験問題が持ち帰れた場合には，現物またはコピーをお送りください。

☆**送り先** 〒163-8671　新宿区新宿1-1-12　(株) 実務教育出版「試験情報係」

☆**謝礼**　情報内容の程度により，謝礼を進呈いたします。

※ E-mail でも受け付けています。juken-j@jitsumu.co.jp まで。右の二次元コードもご利用ください。
件名は必ず「試験情報」としてください。内容は下記の項目を参考にしてください（書式は自由です）。
図やグラフは，手書きしたものをスキャンするか写真に撮って，問題文と一緒に E-mail でお送りください。

〒＿＿＿＿＿＿＿＿　**住所**＿＿＿＿＿＿＿＿＿＿＿＿＿＿＿＿＿＿＿＿

氏名＿＿＿＿＿＿＿＿＿＿＿　**TEL または E-mail アドレス**＿＿＿＿＿＿＿＿＿＿＿＿

●受験した試験名・試験区分（県・市および上・中級の別も記入してください。例：○○県上級・行政）

＿＿＿＿＿＿＿＿＿＿＿＿＿＿＿＿＿＿＿＿

●第一次試験日　＿＿＿年＿＿＿月＿＿＿日

●試験構成・試験時間・出題数

・教養＿＿＿分＿＿＿問（うち必須＿＿＿問，選択＿＿＿問のうち＿＿＿問解答）

・専門（択一式）＿＿＿分＿＿＿問（うち必須＿＿＿問，選択＿＿＿問のうち＿＿＿問解答

・適性試験（事務適性）＿＿＿分＿＿＿形式＿＿＿題

内容（各形式についてご自由にお書きください）

・適性検査（性格検査）（クレペリン・Y-G 式・そのほか〔　　　　　　〕）＿＿＿分＿＿＿題

・論文＿＿＿分＿＿＿題（うち＿＿＿題解答）＿＿＿字→＿＿＿次試験で実施

課題

・その他（SPI3，SCOA など）

内容（試験の名称と試験内容について，わかる範囲でお書きください。例：○○分，○○問。テストセンター方式等）

ご提供いただきました個人情報につきましては，謝礼の進呈にのみ使用いたします。
弊社個人情報の取扱い方針は実務教育出版ホームページをご覧ください（https://www.jitsumu.co.jp）。

●受験した試験名・試験区分（県・市および上・中級の別も記入してください。例：○○県上級・行政）

一次情報 2

問題文（教養・専門，科目名　　　　　　　　　　）

選択肢 1

2

3

4

5

問題文（教養・専門，科目名　　　　　　　　　　）

選択肢 1

2

3

4

5

●受験した試験名・試験区分（県・市および上・中級の別も記入してください。例：○○県上級・行政）

問題文（教養・専門，科目名　　　　　　　　　　　）

選択肢 1

2

3

4

5

問題文（教養・専門，科目名　　　　　　　　　　　）

選択肢 1

2

3

4

5

●受験した試験名・試験区分（県・市および上・中級の別も記入してください。例：○○県上級・行政）

問題文（教養・専門，科目名　　　　　　　　　　）

選択肢 1

2

3

4

5

問題文（教養・専門，科目名　　　　　　　　　　）

選択肢 1

2

3

4

5

●**受験した試験名・試験区分**（県・市および上・中級の別も記入してください。例：○○県上級・行政）

____

●**教養試験の試験時間・出題数**

_______分_______問（うち必須：No._______～No._______，選択：No._______～No._______のうち_______問解答）

●**教養試験科目別出題数**　※表中にない科目名は空欄に書き入れてください。

科目名	出題数	科目名	出題数	科目名	出題数	科目名	出題数
政　治	問	世界史	問	物　理	問	判断推理	問
法　律	問	日本史	問	化　学	問	数的推理	問
経　済	問	文学・芸術	問	生　物	問	資料解釈	問
社　会	問	思　想	問	地　学	問		問
地　理	問	数　学	問	文章理解	問		問

●**教養試験出題内訳**

No.	科　目	出　題　内　容	No.	科　目	出　題　内　容
1			31		
2			32		
3			33		
4			34		
5			35		
6			36		
7			37		
8			38		
9			39		
10			40		
11			41		
12			42		
13			43		
14			44		
15			45		
16			46		
17			47		
18			48		
19			49		
20			50		
21			51		
22			52		
23			53		
24			54		
25			55		
26			56		
27			57		
28			58		
29			59		
30			60		

●受験した試験名・試験区分（県・市および上・中級の別も記入してください。例：○○県上級・行政）

＿＿＿＿＿＿＿＿＿＿＿＿＿＿＿＿＿＿＿＿＿＿＿＿＿＿＿＿＿＿

●専門（択一式）試験の試験時間・出題数

＿＿＿分＿＿＿問（うち必須：No.＿＿＿～No.＿＿＿，選択：No.＿＿＿～No.＿＿＿のうち＿＿＿問解答）

●専門試験科目別出題数 ※表中にない科目名は空欄に書き入れてください。

科目名	出題数	科目名	出題数	科目名	出題数	科目名	出題数	科目名	出題数
政治学	問	憲　法	問	労働法	問	経済事情	問		問
行政学	問	行政法	問	経済原論	問	経営学	問		問
社会政策	問	民　法	問	財政学	問		問		問
国際関係	問	商　法	問	経済政策	問		問		問
社会学	問	刑　法	問	経済史	問		問		問

●専門試験出題内訳

No.	科目	出題内容	No.	科目	出題内容
1			31		
2			32		
3			33		
4			34		
5			35		
6			36		
7			37		
8			38		
9			39		
10			40		
11			41		
12			42		
13			43		
14			44		
15			45		
16			46		
17			47		
18			48		
19			49		
20			50		
21			51		
22			52		
23			53		
24			54		
25			55		
26			56		
27			57		
28			58		
29			59		
30			60		

「公務員合格講座」の特徴

67年の伝統と実績

実務教育出版は、67年間におよび公務員試験の問題集・参考書・情報誌の発行や模擬試験の実施、全国の大学・専門学校などと連携した教室運営などの指導を行っています。その積み重ねをもとに作られた、確かな教材と個人学習を支える指導システムが「公務員合格講座」です。公務員として活躍する数多くの先輩たちも活用した伝統ある「公務員合格講座」です。

時間を有効活用

「公務員合格講座」なら、時間と場所に制約がある通学制のスクールとは違い、生活スタイルに合わせて、限られた時間を有効に活用できます。通勤時間や通学時間、授業の空き時間、会社の休憩時間など、今まで利用していなかったスキマ時間を有効に活用できる学習ツールです。

取り組みやすい教材

「公務員合格講座」の教材は、まずテキストで、テーマ別に整理された頻出事項を理解し、次にワークで、テキストと連動した問題を解くことで､解法のテクニックを確実に身につけていきます。

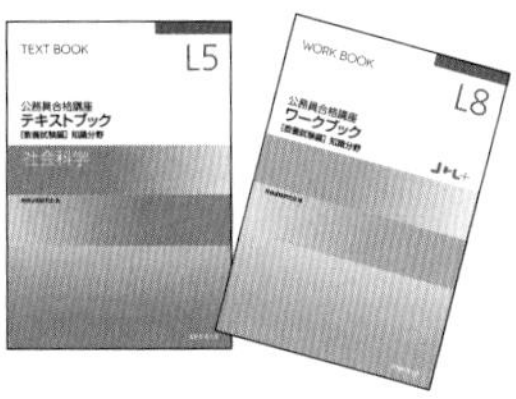

初めて学ぶ科目も、基礎知識から詳しく丁寧に解説しているので、スムーズに理解することができます。

実戦力がつく学習システム

「公務員合格講座」では、習得した知識が実戦で役立つ「合格力」になるよう、数多くの演習問題で重要事項を何度も繰り返し学習できるシステムになっています。特に、eラーニング［Jトレプラス］は、実戦力養成のカギになる豊富な演習問題の中から学習進度に合わせ、テーマや難易度をチョイスしながら学習できるので、効率的に「解ける力」が身につきます。

eラーニング
Jトレ+
［Jトレプラス］

豊富な試験情報

公務員試験を攻略するには、まず公務員試験のことをよく知ることが必要不可欠です。受講生専用の［Jトレプラス］では、各試験の概要一覧や出題内訳など、試験の全体像を把握でき、ベストな学習プランが立てられます。

また、実務教育出版の情報収集力を結集し、最新試験情報や学習対策コンテンツなどを随時アップ！ さらに直前期には、最新の時事を詳しく解説した「直前対策ブック」もお届けします。

※KCMのみ

親切丁寧なサポート体制

受験に関する疑問や、学習の進め方や学科内容についての質問には、専門の指導スタッフが一人ひとりに親身になって丁寧にお答えします。模擬試験や添削課題では、客観的な視点からアドバイスをします。そして、受講生専用サイトやメルマガでの受講生限定の情報提供など、あらゆるサポートシステムであなたの学習を強力にバックアップしていきます。

受講生専用サイト

受講生専用サイトでは、公務員試験ガイドや最新の試験情報など公務員合格に必要な情報を利用しやすくまとめていますので、ぜひご活用ください。また、お問い合わせフォームからは、質問や書籍の割引購入などの手続きができるので、各種サービスを安心してご利用いただけます。

受講生専用
メルマガも
配信中！！

志望職種別　講座対応表

各コースの教材構成をご確認ください。下の表で志望する試験区分に対応したコースを確認しましょう。

	教材構成			
	教養試験対策	専門試験対策	論文対策	面接対策
K 大卒程度 公務員総合コース［教養+専門行政系］	●	●行政系	●	●
C 大卒程度 公務員総合コース［教養のみ］	●		●	●
L 大卒程度 公務員択一攻略セット［教養＋専門行政系］	●	●行政系		
D 大卒程度 公務員択一攻略セット［教養のみ］	●			
M 経験者採用試験コース	●		●	●
N 経験者採用試験［論文・面接試験対策］コース			●	●
R 市役所教養トレーニングセット［大卒程度］	●		●	●

	試験名［試験区分］		対応コース
国家公務員試験	国家一般職［大卒程度］	行政	教養＊3＋専門対策 → K L　教養＊3対策 → C D
		技術系区分	教養＊3対策 → C D
	国家専門職［大卒程度］	国税専門官／財務専門官	教養＊3＋専門対策 → K L＊4　教養＊3対策 → C D
		皇宮護衛官［大卒］／法務省専門職員（人間科学）／食品衛生監視員／労働基準監督官／航空管制官／海上保安官／外務省専門職員	教養＊3対策 → C D
	国家特別職［大卒程度］	防衛省 専門職員／裁判所 総合職・一般職［大卒］／国会図書館 総合職・一般職［大卒］／衆議院 総合職［大卒］・一般職［大卒］／参議院 総合職	教養＊3対策 → C D
国立大学法人等職員			教養対策 → C D
地方公務員試験	都道府県 特別区（東京23区） 政令指定都市＊2 市役所 ［大卒程度］	事務（教養＋専門）	教養＋専門対策 → K L
		事務（教養のみ）	教養対策 → C D R
		技術系区分、獣医師 薬剤師 保健師など資格免許職	教養対策 → C D R
		経験者	教養＋論文＋面接対策 → M　論文＋面接対策 → N
	都道府県 政令指定都市＊2 市役所 ［短大卒程度］	事務（教養＋専門）	教養＋専門対策 → K L
		事務（教養のみ）	教養対策 → C D
	警察官	大卒程度	教養＋論文対策 → ＊5
	消防官（士）	大卒程度	教養＋論文対策 → ＊5

＊1 地方公務員試験の場合、自治体によっては試験の内容が対応表と異なる場合があります。
＊2 政令指定都市…札幌市、仙台市、さいたま市、千葉市、横浜市、川崎市、相模原市、新潟市、静岡市、浜松市、名古屋市、京都市、大阪市、堺市、神戸市、岡山市、広島市、北九州市、福岡市、熊本市。
＊3 国家公務員試験では、教養試験のことを基礎能力試験としている場合があります。
＊4 国税専門官、財務専門官は K「大卒程度 公務員総合コース［教養＋専門行政系］」、L「大卒程度 公務員択一攻略セット［教養＋専門行政系］」に『新スーパー過去問ゼミ 会計学』（有料）をプラスすると試験対策ができます（ただし、商法は対応しません）。
＊5 警察官・消防官の教養＋論文対策は、「警察官 スーパー過去問セット［大卒程度］」「消防官 スーパー過去問セット［大卒程度］」をご利用ください（巻末広告参照）。

K 大卒程度 公務員総合コース

［教養＋専門行政系］

膨大な出題範囲の合格ポイントを的確にマスター！

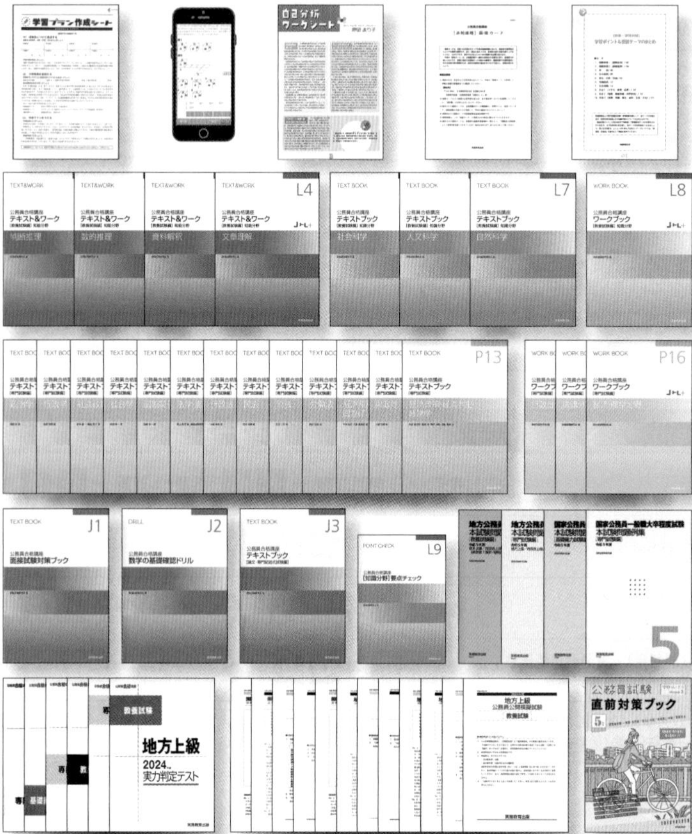

※表紙デザインは変更する場合があります

教材一覧

- ●受講ガイド（PDF）
- ●学習プラン作成シート
- **●テキスト＆ワーク［教養試験編］知能分野（4冊）**
  判断推理、数的推理、資料解釈、文章理解
- **●テキストブック［教養試験編］知識分野（3冊）**
  社会科学［政治、法律、経済、社会］
  人文科学［日本史、世界史、地理、文学・芸術、思想］
  自然科学［数学、物理、化学、生物、地学］
- **●ワークブック［教養試験編］知識分野**
- **●数学の基礎確認ドリル**
- **●［知識分野］要点チェック**
- **●テキストブック［専門試験編］（13冊）**
  政治学、行政学、社会政策、社会学、国際関係、法学・憲法、行政法、民法、刑法、労働法、経済原論（経済学）・国際経済学、財政学、経済政策・経済学史・経営学
- **●ワークブック［専門試験編］（3冊）**
  行政分野、法律分野、経済・商学分野
- **●テキストブック［論文・専門記述式試験編］**
- **●面接試験対策ブック**
- **●実力判定テスト★（試験別 各1回）**
  地方上級［教養試験、専門試験、論文・専門記述式試験（添削2回）］
  国家一般職大卒［基礎能力試験、専門試験、論文試験（添削2回）］
  市役所上級［教養試験、専門試験、論・作文試験（添削2回）］
  ＊教養、専門は自己採点　＊論文・専門記述式・作文は計6回添削
- **●［添削課題］面接カード（2回）**
- **●自己分析ワークシート**
- **●［時事・事情対策］学習ポイント&重要テーマのまとめ（PDF）**
- **●公開模擬試験★（試験別 各1回）**＊マークシート提出
  地方上級［教養試験、専門試験］
  国家一般職大卒［基礎能力試験、専門試験］
  市役所上級［教養試験、専門試験］
- **●本試験問題例集（試験別過去問1年分 全4冊）**
  令和5年度 地方上級［教養試験編］★
  令和5年度 地方上級［専門試験編］★
  令和5年度 国家一般職大卒［基礎能力試験編］★
  令和5年度 国家一般職大卒［専門試験編］★
  ※平成20年度～令和5年度分は、［Jトレプラス］に収録
- **●6年度　直前対策ブック★**
- **●eラーニング［Jトレプラス］**

★印の教材は、発行時期に合わせて送付（詳細は受講後にお知らせします）。

教養・専門・論文・面接まで対応

行政系の大卒程度公務員試験に出題されるすべての教養科目と専門科目、さらに、論文・面接対策教材までを揃え、最終合格するために必要な知識とノウハウをモレなく身につけることができます。また、汎用性の高い教材構成ですから、複数試験の併願対策もスムーズに行うことができます。

出題傾向に沿った効率学習が可能

出題範囲をすべて学ぼうとすると、どれだけ時間があっても足りません。本コースでは過去数十年にわたる過去問研究の成果から、公務員試験で狙われるポイントだけをピックアップ。要点解説と問題演習をバランスよく構成した学習プログラムにより初学者でも着実に合格力を身につけることができます。

受講対象	**大卒程度 一般行政系・事務系の教養試験（基礎能力試験）および専門試験対策** ［都道府県、特別区（東京23区）、政令指定都市、市役所、国家一般職大卒など］	**申込受付期間**	**2023年4月1日～2024年3月31日**
		学習期間のめやす	**6か月** 学習期間のめやすです。個人のスケジュールに合わせて、長くも短くも調整することが可能です。試験本番までの期間を考慮し、ご自分に合った学習計画を立ててください。
受講料	**91,300円** （本体83,000円＋税　教材費・指導費等を含む総額） ※受講料は2023年4月1日現在のものです。	**受講生有効期間**	2025年10月31日まで

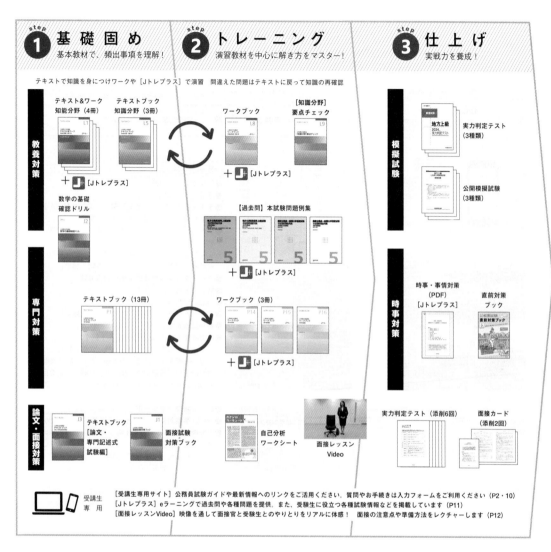

step 1 基礎固め
基本教材で、頻出事項を理解！

step 2 トレーニング
演習教材を中心に解き方をマスター！

step 3 仕上げ
実戦力を養成！

テキストで知識を身につけワークや［Jトレプラス］で演習　間違えた問題はテキストに戻って知識の再確認

教養対策

- テキスト&ワーク 知能分野（4冊）
- テキストブック 知識分野（3冊）
- ＋［Jトレプラス］
- 数学の基礎確認ドリル
- ワークブック
- ［知識分野］要点チェック
- ＋［Jトレプラス］
- 【過去問】本試験問題例集
- ＋［Jトレプラス］

専門対策

- テキストブック（13冊）
- ワークブック（3冊）
- ＋［Jトレプラス］

論文・面接対策

- テキストブック［論文・専門記述式試験編］
- 面接試験対策ブック
- 自己分析ワークシート

面接レッスンVideo

模擬試験

- 実力判定テスト（3種類）
- 公開模擬試験（3種類）

時事対策

- 時事・事情対策（PDF）［Jトレプラス］
- 直前対策ブック

- 実力判定テスト（添削6回）
- 面接カード（添削2回）

公務員合格！

受講生専用

［受講生専用サイト］公務員試験ガイドや最新情報へのリンクをご活用ください。質問やお手続きは入力フォームをご利用ください（P2・10）
［Jトレプラス］eラーニングで過去問や各種問題を提供。また、受験生に役立つ各種試験情報などを掲載しています（P11）
［面接レッスンVideo］映像を通して面接官と受験生とのやりとりをリアルに体感！　面接の注意点や準備方法をレクチャーします（P12）

success voice!!

試験情報が充実していて面接対策もできる点から実務教育出版の通信講座を選びました

安藤 佳乃 さん
東京学芸大学卒業

特別区Ⅰ類【一般方式】事務 合格

私が公務員を目指し始めたのは、大学３年生の10月でした。筆記試験まで７か月しか時間がなかったため、アルバイトや授業の空き時間に効率よく勉強ができる通信講座で対策することに決めました。その中でも、試験情報が充実している点や面接対策もできる点から実務教育出版の通信講座を選びました。

通信講座を始めるまでは何から勉強すればよいかわからず不安でした。しかし［Jトレプラス］に学習モデルプランが掲載されており、それを参考にスケジュールを立てることができたため、安心して勉強を進めることができました。得意科目は問題演習から始める、苦手科目や未履修科目はテキストをじっくり読むなど、教材の使い方を工夫できるのは、通信講座ならではのよさだと思います。授業の空き時間にテキストを１テーマ分読んだり、通学時間に電車で「Jトレプラス」で穴埋めチェックをしたりと、スキマ時間を活用し勉強しました。また、実力判定テストや公開模試は自分の今の実力を確認できるとてもよい機会でした。

なかなか実力が伸びなかったり、友人が早い時期に民間企業に合格したりとあせる場面もたくさんありました。しかし、実務教育出版の教材と自分を信じて最後まで努力し続けた結果、合格することができました。皆さんも最後まであきらめずに頑張ってください。応援しています。

C 大卒程度 公務員総合コース

[教養のみ]

「教養」が得意になる、得点源にするための攻略コース！

受講対象	**大卒程度 教養試験（基礎能力試験）対策** [一般行政系（事務系）、技術系、資格免許職を問わず、都道府県、特別区（東京23区）、政令指定都市、市役所、国家一般職大卒など]	申込受付期間	**2023年4月1日～2024年3月31日**
		学習期間のめやす	6か月　学習期間のめやすです。個人のスケジュールに合わせて、長くも短くも調整することが可能です。試験本番までの期間を考慮し、ご自分に合った学習計画を立ててください。
受講料	**66,000円** （本体60,000円＋税　教材費・指導費等を含む総額） ※受講料は、2023年4月1日現在のものです。	受講生有効期間	2025年10月31日まで

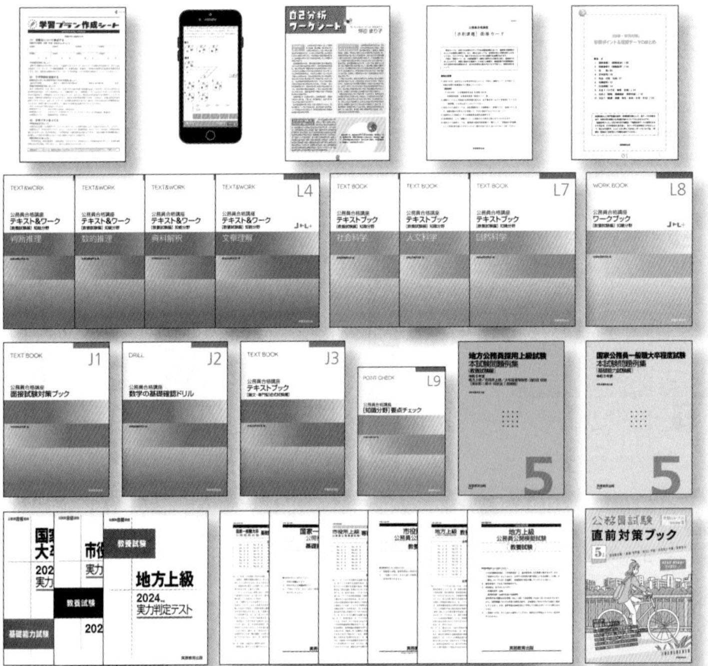

※表紙デザインは変更する場合があります

教材一覧

- ●受講ガイド（PDF）
- ●学習プラン作成シート
- ●テキスト＆ワーク［教養試験編］知能分野（4冊）
  判断推理、数的推理、資料解釈、文章理解
- ●テキストブック［教養試験編］知識分野（3冊）
  社会科学［政治、法律、経済、社会］
  人文科学［日本史、世界史、地理、文学・芸術、思想］
  自然科学［数学、物理、化学、生物、地学］
- ●ワークブック［教養試験編］知識分野
- ●数学の基礎確認ドリル
- ●［知識分野］要点チェック
- ●テキストブック［論文・専門記述式試験編］
- ●面接試験対策ブック
- ●実力判定テスト★（試験別 各1回）
  地方上級［教養試験、論文試験（添削2回）］
  国家一般職大卒［基礎能力試験、論文試験（添削2回）］
  市役所上級［教養試験、論・作文試験（添削2回）］
  ＊教養は自己採点　＊論文・作文は計6回添削
- ●［添削課題］面接カード（2回）
- ●自己分析ワークシート
- ●［時事・事情対策］学習ポイント&重要テーマのまとめ（PDF）
- ●公開模擬試験★（試験別 各1回）＊マークシート提出
  地方上級［教養試験］
  国家一般職大卒［基礎能力試験］
  市役所上級［教養試験］
- ●本試験問題例集（試験別過去問1年分 全2冊）
  令和5年度 地方上級［教養試験編］★
  令和5年度 国家一般職大卒［基礎能力試験編］★
  ※平成20年度～令和5年度分は、［Jトレプラス］に収録
- ●6年度　直前対策ブック★
- ●eラーニング［Jトレプラス］

★印の教材は、発行時期に合わせて送付します（詳細は受講後にお知らせします）

success voice!!

「Jトレプラス」では「面接レッスンVideo」と、直前期に「動画で学ぶ時事対策」を利用しました

伊藤 拓生さん
信州大学卒業

長野県 技術系 合格

私が試験勉強を始めたのは大学院の修士1年の5月からでした。研究で忙しい中でも自分のペースで勉強ができることと、受講料が安価のため通信講座を選びました。

まずは判断推理と数的推理から始め、テキスト&ワークで解法を確認しました。知識分野は得点になりそうな分野を選んでワークを繰り返し解き、頻出項目を覚えるようにしました。秋頃から市販の過去問を解き始め、実際の問題に慣れるようにしました。また直前期に「動画で学ぶ時事対策」を最も利用しました。食事の時間などに、繰り返し視聴していました。

2次試験対策は、「Jトレプラス」の「面接レッスンVideo」と、大学のキャリアセンターの模擬面接を利用し受け答えを改良していきました。

また、受講生専用サイトから質問ができることも大変助けになりました。私の周りには公務員試験を受けている人がほとんどいなかったため、試験の形式など気になったことを聞くことができてとてもよかったです。

公務員試験は対策に時間がかかるため、継続的に進めることが大切です。何にどれくらいの時間をかけるのか計画を立てながら、必要なことをコツコツと行っていくのが必要だと感じました。そして1次試験だけでなく、2次試験対策も早い段階から少しずつ始めていくのがよいと思います。またずっと勉強をしていると気が滅入ってくるので、定期的に気分転換することがおすすめです。

L 大卒程度 公務員択一攻略セット

［教養＋専門行政系］

教養＋専門が効率よく攻略できる

受講対象	**大卒程度 一般行政系・事務系の教養試験（基礎能力試験）および専門試験対策** ［都道府県、政令指定都市、特別区（東京23区）、市役所、国家一般職大卒など］
受講料	**60,500円** （本体55,000円＋税　教材費・指導費等を含む総額）※受講料は2023年4月1日現在のものです。
申込受付期間	**2023年4月1日～2024年3月31日**
学習期間のめやす	**6か月** 学習期間のめやすです。個人のスケジュールに合わせて、長くも短くも調整することが可能です。試験本番までの期間を考慮し、ご自分に合った学習計画を立ててください。
受講生有効期間	2025年10月31日まで

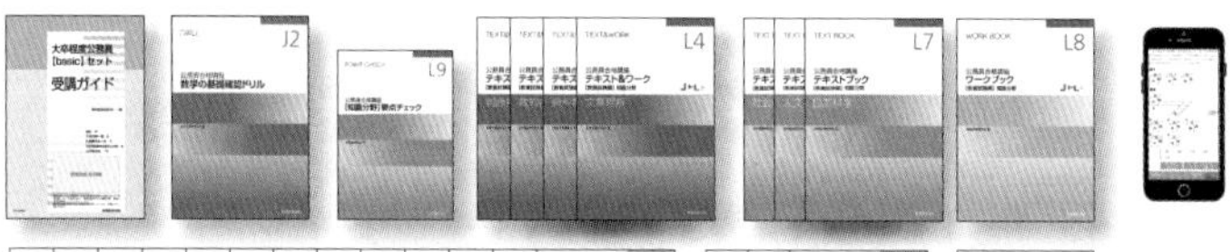

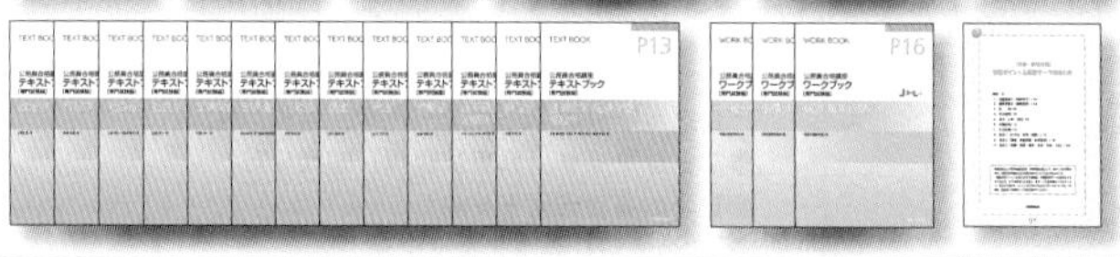

※表紙デザインは変更する場合があります

教材一覧

- ●受講ガイド
- ●テキスト＆ワーク［教養試験編］知能分野（4冊）
  判断推理、数的推理、資料解釈、文章理解
- ●テキストブック［教養試験編］知識分野（3冊）
  社会科学［政治、法律、経済、社会］
  人文科学［日本史、世界史、地理、文学・芸術、思想］
  自然科学［数学、物理、化学、生物、地学］
- ●ワークブック［教養試験編］知識分野
- ●数学の基礎確認ドリル
- ●［知識分野］要点チェック
- ●テキストブック［専門試験編］（13冊）
  政治学、行政学、社会政策、社会学、国際関係、法学・憲法、行政法、民法、刑法、労働法、経済原論（経済学）・国際経済学、財政学、経済政策・経済学史・経営学
- ●ワークブック［専門試験編］（3冊）
  行政分野、法律分野、経済・商学分野
- ●［時事・事情対策］学習ポイント＆重要テーマのまとめ（PDF）
- ●過去問　※平成20年度～令和5年度　［Jトレプラス］に収録
- ●eラーニング［Jトレプラス］

教材は K コースと同じもので、面接・論文対策、模試がついていません。

D 大卒程度 公務員択一攻略セット

［教養のみ］

教養のみ効率よく攻略できる

受講対象	**大卒程度 教養試験（基礎能力試験）対策** ［一般行政系（事務系）、技術系、資格免許職を問わず、都道府県、政令指定都市、特別区（東京23区）、市役所、国家一般職大卒など］
受講料	**44,000円** （本体40,000円＋税　教材費・指導費等を含む総額）※受講料は2023年4月1日現在のものです。
申込受付期間	**2023年4月1日～2024年3月31日**
学習期間のめやす	**6か月** 学習期間のめやすです。個人のスケジュールに合わせて、長くも短くも調整することが可能です。試験本番までの期間を考慮し、ご自分に合った学習計画を立ててください。
受講生有効期間	2025年10月31日まで

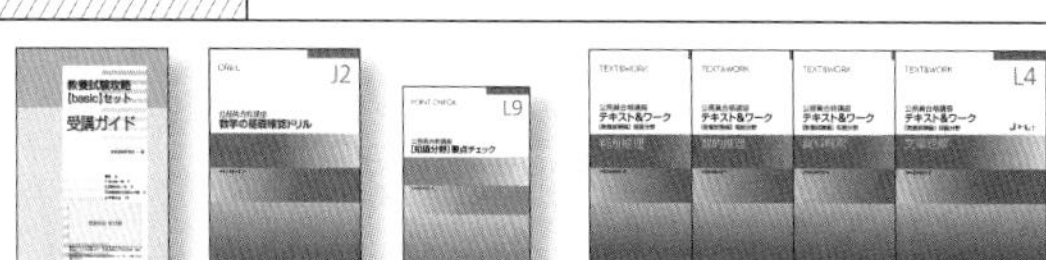

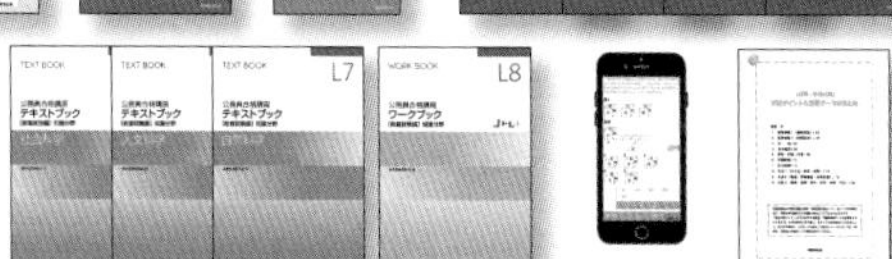

※表紙デザインは変更する場合があります

教材一覧

- ●受講ガイド
- ●テキスト＆ワーク［教養試験編］知能分野（4冊）
  判断推理、数的推理、資料解釈、文章理解
- ●テキストブック［教養試験編］知識分野（3冊）
  社会科学［政治、法律、経済、社会］
  人文科学［日本史、世界史、地理、文学・芸術、思想］
  自然科学［数学、物理、化学、生物、地学］
- ●ワークブック［教養試験編］知識分野
- ●数学の基礎確認ドリル
- ●［知識分野］要点チェック
- ●［時事・事情対策］学習ポイント＆重要テーマのまとめ（PDF）
- ●過去問　※平成20年度～令和5年度　［Jトレプラス］に収録
- ●eラーニング［Jトレプラス］

教材は C コースと同じもので、面接・論文対策、模試がついていません。

M 経験者採用試験コース

職務経験を活かして公務員転職を狙う教養・論文・面接対策コース！

POINT

広範囲の教養試験を頻出事項に絞って効率的な対策が可能！

8回の添削で論文力をレベルアップ
面接は、本番を想定した準備が可能！
面接レッスン Video も活用しよう！

受講対象	民間企業等職務経験者・社会人採用試験対策
受講料	77,000円（本体 70,000円＋税　教材費・指導費等を含む総額）※受講料は、2023年4月1日現在のものです。
申込受付期間	2023年4月1日～2024年3月31日
学習期間のめやす	6か月　学習期間のめやすです。個人のスケジュールに合わせて、長くも短くも調整することが可能です。試験本番までの期間を考慮し、ご自分に合った学習計画を立ててください。
受講生有効期間	2025年10月31日まで

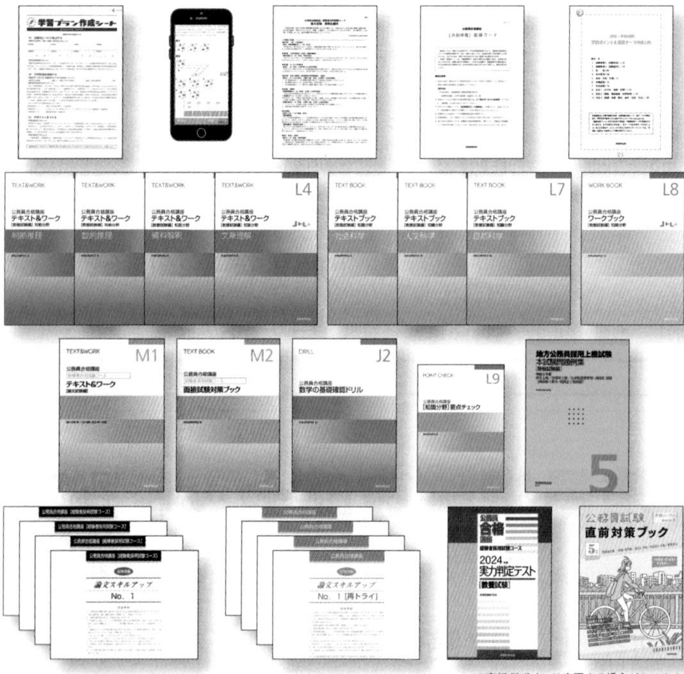

※表紙デザインは変更する場合があります

教材一覧

- ●受講ガイド（PDF）
- ●学習プラン作成シート
- ●論文試験 実際出題例
- ●テキスト＆ワーク［論文試験編］
- ●テキスト＆ワーク［教養試験編］知能分野（4冊）
  判断推理、数的推理、資料解釈、文章理解
- ●テキストブック［教養試験編］知識分野（3冊）
  社会科学［政治、法律、経済、社会］
  人文科学［日本史、世界史、地理、文学・芸術、思想］
  自然科学［数学、物理、化学、生物、地学］
- ●ワークブック［教養試験編］知識分野
- ●数学の基礎確認ドリル
- ●［知識分野］要点チェック
- ●面接試験対策ブック
- ●提出課題1（全4回）
  ［添削課題］論文スキルアップ No.1（職務経験論文）
  ［添削課題］論文スキルアップ No.2、No.3、No.4（一般課題論文）
- ●提出課題2（以下は初回答案提出後発送　全4回）
  再トライ用［添削課題］論文スキルアップ No.1（職務経験論文）
  再トライ用［添削課題］論文スキルアップ No.2、No.3、No.4（一般課題論文）
- ●実力判定テスト［教養試験］★（1回）＊自己採点
- ●［添削課題］面接カード（2回）
- ●［時事・事情対策］学習ポイント&重要テーマのまとめ（PDF）
- ●本試験問題例集（試験別過去問1年分 全1冊）
  令和5年度 地方上級［教養試験編］★
  ※平成20年度～令和5年度分は、［Jトレプラス］に収録
- ●6年度　直前対策ブック★
- ●eラーニング［Jトレプラス］

★印の教材は、発行時期に合わせて送付します（詳細は受講後にお知らせします）。

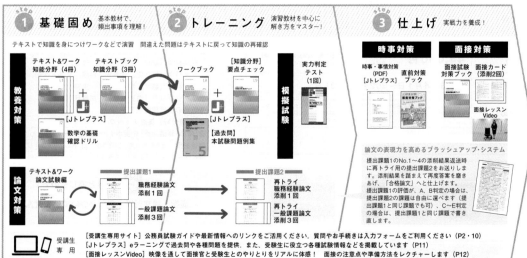

step 1 基礎固め　基本教材で、頻出事項を理解！
step 2 トレーニング　演習教材を中心に解き方をマスター！
step 3 仕上げ　実戦力を養成！

テキストで知識を身につけワークなどで演習　間違えた問題はテキストに戻って知識の再確認

教養対策
- テキスト&ワーク 知能分野（4冊）＋テキストブック 知識分野（3冊）＋［Jトレプラス］
- 数学の基礎確認ドリル
- ワークブック＋［知識分野］要点チェック＋［Jトレプラス］
- 【過去問】本試験問題例集

模擬試験
- 実力判定テスト（1回）

時事対策
- 時事・事情対策（PDF）［Jトレプラス］
- 直前対策ブック

面接対策
- 面接試験対策ブック
- 面接カード（添削2回）
- 面接レッスン Video

論文対策
- テキスト&ワーク 論文試験編
- 提出課題1：職務経験論文 添削1回／一般課題論文 添削3回
- 提出課題2：再トライ 職務経験論文 添削1回／再トライ 一般課題論文 添削3回

論文の表現力を高めるブラッシュアップ・システム

提出課題1のNo.1～4の添削結果返送時に再トライ用の提出課題2をお送りします。添削結果を踏まえて再度答案を磨きあげ、「合格論文」へと仕上げます。提出課題1の評価が、A、B判定の場合は、提出課題2の課題は自由に選べます（提出課題1と同じ課題でも可）、C～E判定の場合は、提出課題1と同じ課題で書き直します。

公務員合格！

受講生専用
［受講生専用サイト］公務員試験ガイドや最新情報へのリンクをご活用ください。質問やお手続きは入力フォームをご利用ください（P2・10）
［Jトレプラス］eラーニングで過去問や各種問題を提供。また、受講生に役立つ各種試験情報などを掲載しています（P11）
［面接レッスンVideo］映像を通して面接官と受講生とのやりとりをリアルに体感！　面接の注意点や準備方法をレクチャーします（P12）

N 経験者採用試験［論文・面接試験対策］コース

経験者採用試験の論文・面接対策に絞って攻略！

POINT

8回の添削指導で
論文力をレベルアップ！

面接試験は、回答例を参考に
本番を想定した準備が可能！
面接レッスン Video も活用しよう！

受講対象	民間企業等職務経験者・社会人採用試験対策
受講料	38,500円（本体 35,000 円＋税　教材費・指導費等を含む総額）※受講料は、2023 年 4 月 1 日現在のものです。
申込受付期間	2023年4月1日～2024年3月31日
学習期間のめやす	4か月　学習期間のめやすです。個人のスケジュールに合わせて、長くも短くも調整することが可能です。試験本番までの期間を考慮し、ご自分に合った学習計画を立ててください。
受講生有効期間	2025 年 10 月 31 日まで

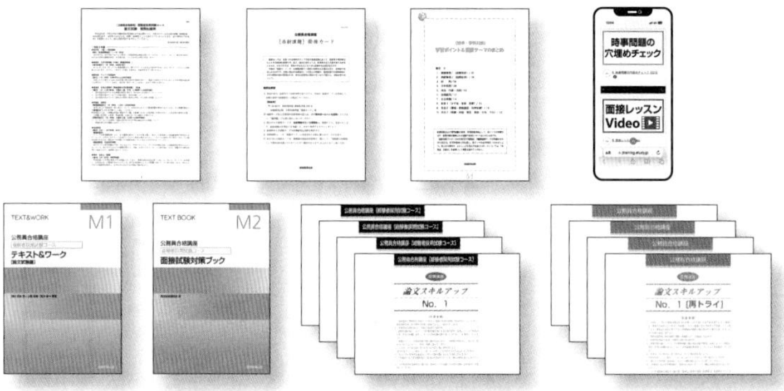

教材一覧

- ●受講のてびき
- ●論文試験 実際出題例
- ●テキスト＆ワーク［論文試験編］
- ●面接試験対策ブック
- ●提出課題 1（全 4 回）
  - ［添削課題］論文スキルアップ No.1（職務経験論文）
  - ［添削課題］論文スキルアップ No.2、No.3、No.4（一般課題論文）
- ●提出課題 2（以下は初回答案提出後発送　全 4 回）
  - 再トライ用［添削課題］論文スキルアップ No.1（職務経験論文）
  - 再トライ用［添削課題］論文スキルアップ No.2、No.3、No.4（一般課題論文）
- ●［添削課題］面接カード（2 回）
- ●［時事・事情対策］学習ポイント&重要テーマのまとめ（PDF）
- ●eラーニング［J トレプラス］

論文対策

提出課題1 → 提出課題2

テキスト&ワーク 論文試験編

職務経験論文添削 1 回 → 再トライ 職務経験論文添削 1 回

一般課題論文添削 3 回 → 再トライ 一般課題論文添削 3 回

論文の表現力を高める ブラッシュアップ・システム

提出課題1のNo.1～4の添削結果返送時に再トライ用の提出課題2をお送りします。添削結果を踏まえて再度答案を磨きあげ、「合格論文」へと仕上げます。
提出課題1の評価が、A、B判定の場合は、提出課題2の課題は自由に選べます（提出課題1と同じ課題でも可）、C～E判定の場合は、提出課題1と同じ課題で書き直します。

面接対策

面接試験対策ブック　面接カード（添削2回）

面接レッスン Video

公務員合格！

受講生専用

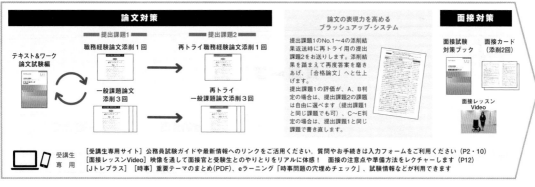

［受講生専用サイト］公務員試験ガイドや最新情報へのリンクをご活用ください。質問やお手続きは入力フォームをご利用ください（P2・10）
［面接レッスンVideo］映像を通して面接官と受験生とのやりとりをリアルに体感！　面接の注意点や準備方法をレクチャーします（P12）
［Jトレプラス］［時事］重要テーマのまとめ(PDF)、eラーニング「時事問題の穴埋めチェック」、試験情報などが利用できます

※『経験者採用試験コース』と『経験者採用試験［論文・面接試験対策］コース』の論文・面接対策教材は同じものです。
両方のコースを申し込む必要はありません。どちらか一方をご受講ください。

success voice!!

やるべきことの優先順位がつけやすかった教材のおかげで合格することができました

朝岡 紀匠 さん
名古屋工業大学大学院卒業

名古屋市役所職務経験者（行政 A）合格

私は警察官としてやりがいを感じていましたが、行政職員として市民の生活を支援したいと思い、2 度目の公務員試験に挑戦しました。

私が通信講座を選んだのは、自宅で自分のペースで取り組めるからです。妻は仕事と子育ての中、サポートしてくれましたが、働きながら予備校に通うことは難しいと感じ、警察官試験の時も利用し、使いやすかった実務教育出版の通信講座を選びました。

受験勉強を始めたのは 6 月頃で、第一志望の一次試験は 9 月下旬。とにかく時間がありませんでした。私は通勤時間に［知識分野］要点チェックを活用し、知識を増やすことにしました。時間がなかったため、頻出分野のみ取り組みました。ある程度暗記ができた後に、J トレプラスで問題を解きました。知能分野は自宅で学習しましたが、頻出度が高い問題のみ取り組みました。

また、並行して論文対策と面接対策にも取り組みました。論文試験は前職の経験に関する課題が出題される傾向にあったため、まずは自分を振り返るために面接試験対策ブックを使って自分自身のことを整理しました。その後、テキスト＆ワーク［論文試験編］に取り組み、さらに添削課題も提出しました。私が受験した試験は面接試験が 2 回あり、その点数配分が最も大きく、次に大きいのが論文試験でした。そのため、これらの対策ができたことが合格につながったのだと思います。

継続して取り組むのは自分自身との戦いになります。私は「1 日にこれだけの問題数は必ずやる」という無理のない目標を決め習慣づけました。学習に取り組んでいる間は「これでいいのだろうか」という不安な気持ちがあると思います。しかし、頑張って取り組めばそれだけ合格は近づいてきます。自分自身を信じて頑張ってください。

2024 年度試験対応

R

市役所教養トレーニングセット

［大卒程度］

大卒程度の市役所試験を徹底攻略！

受講対象	**大卒程度 市役所 教養試験対策** 一般行政系（事務系）、技術系、資格免許職を問わず、大卒程度市役所
受講料	**29,700 円**　（本体 27,000 円＋税　教材費・指導費等を含む総額） ※受講料は 2023 年 8 月 1 日現在のものです。
申込受付期間	**2023 年 8 月 1 日～ 2024 年 7 月 31 日**
学習期間のめやす	3 か月　学習期間のめやすです。個人のスケジュールに合わせて、長くも短くも調整することが可能です。試験本番までの期間を考慮し、ご自分に合った学習計画を立ててください。
受講生有効期間	2025 年 10 月 31 日まで

教材一覧

- ●受講ガイド（PDF）
- ●学習のモデルプラン
- ●テキスト＆ワーク［教養試験編］知能分野（4 冊）
  判断推理、数的推理、資料解釈、文章理解
- ●テキストブック［教養試験編］知識分野（3 冊）
  社会科学［政治、法律、経済、社会］
  人文科学［日本史、世界史、地理、文学・芸術、思想］
  自然科学［数学、物理、化学、生物、地学］
- ●ワークブック［教養試験編］知識分野
- ●数学の基礎確認ドリル
- ●［知識分野］要点チェック
- ●面接試験対策ブック
- ●実力判定テスト★　＊教養は自己採点
  市役所上級［教養試験・論文・作文試験（添削２回）］
- ●過去問（5 年分）
  ［J トレプラス］に収録
- ●e ラーニング［J トレプラス］

※表紙デザインは変更する場合があります

質問回答

学習上の疑問は、指導スタッフが解決！

マイペースで学習が進められる自宅学習ですが、疑問の解決に不安を感じる方も多いはず。でも「公務員合格講座」なら、学習途上で生じた疑問に、指導スタッフがわかりやすく丁寧に回答します。
手軽で便利な質問回答システムが、通信学習を強力にバックアップします！

質問の種類	**学科質問** 通信講座教材内容について わからないこと	**一般質問** 志望先や学習計画に 関することなど
回数制限	**10 回まで無料** 11 回目以降は有料となります。詳細は下記参照	**回数制限なし** 何度でも質問できます。
質問方法	受講生専用サイト　郵便　FAX 受講生専用サイト、郵便、FAX で受け付けます。	受講生専用サイト　電話　郵便　FAX 受講生専用サイト、電話、郵便、FAX で受け付けます。

受講生特典

受講後、実務教育出版の書籍を当社に直接ご注文いただくとすべて 10%割引になります！！

公務員合格講座受講生の方は、当社へ直接ご注文いただく場合に限り、実務教育出版発行の本すべてを 10% OFF でご購入いただけます。
書籍の注文方法は、受講生専用サイトでお知らせします。

いつでもどこでも学べる学習環境を提供！

eラーニング

Jトレ+

［Jトレプラス］

K C L D M R

※表示デザインは変更する場合があります

時間や場所を選ばず学べます！

スマホで「いつでも・どこでも」学習できるツールを提供しています。本番形式の「五肢択一式」のほか、手軽な短答式で重要ポイントの確認・習得が効率的にできる「穴埋めチェック」や短時間でトライできる「ミニテスト」など、さまざまなシチュエーションで活用できるコンテンツをご用意しています。外出先などでも気軽に問題に触れることができ、習熟度がUPします。

Jトレプラスの活用法がご覧いただけます

ホーム　五肢択一式　穴埋めチェック　ミニテスト

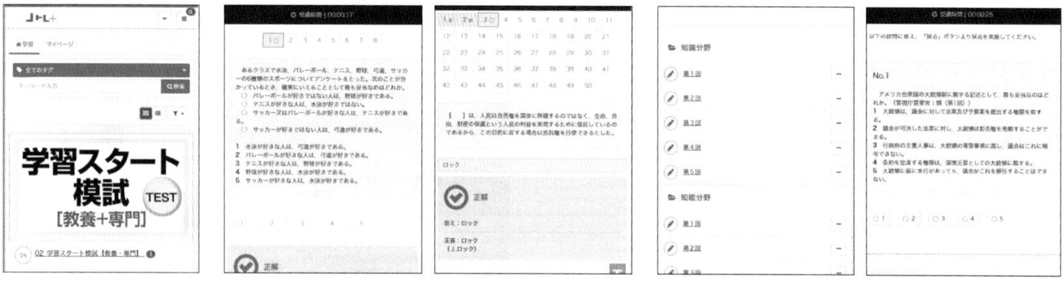

スキマ時間で、問題を解く！　テキストで確認！

＼利用者の声／

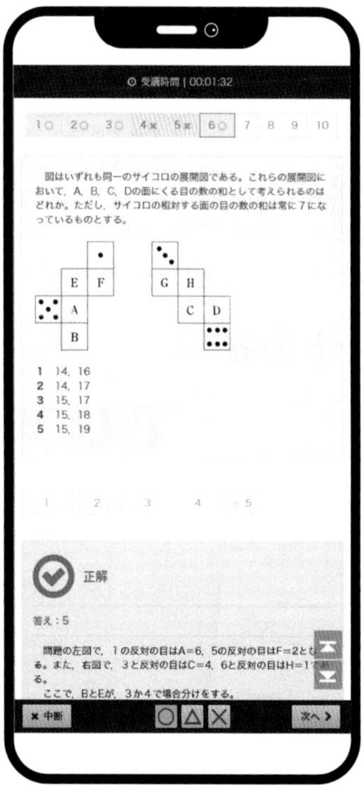

［Jトレプラス］をスマートフォンで利用し、ゲーム感覚で問題を解くことができたので、飽きることなく進められて良かったと思います。

ちょっとした合間に手軽に取り組める［J トレプラス］でより多くの問題に触れるようにしていました。

通学時間に利用した［J トレプラス］は時間が取りにくい理系学生にも強い味方となりました。

テキスト自体が初心者でもわかりやすい内容になっていたのでモチベーションを落とさず勉強が続けられました。

テキスト全冊をひととおり読み終えるのに苦労しましたが、一度読んでしまえば、再読するのにも時間はかからず、読み返すほどに理解が深まり、やりがいを感じました。勉強は苦痛ではなかったです。

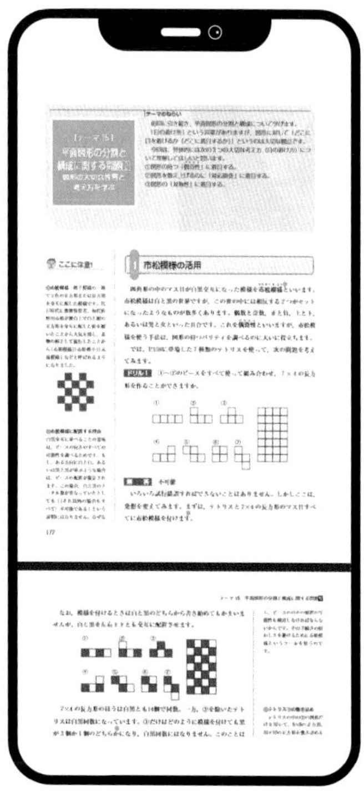

対応コースを記号で明記しています。

K …大卒程度公務員総合コース［教養+専門行政系］
C …大卒程度公務員総合コース［教養のみ］
L …大卒程度公務員択一攻略セット［教養+専門行政系］
D …大卒程度公務員択一攻略セット［教養のみ］
M …経験者採用試験コース
N …経験者採用試験［論文・面接試験対策］コース
R …市役所教養トレーニングセット

面接のポイントが動画や添削でわかる！

面接レッスン Video

面接試験をリアルに体感！

K C M N R

実際の面接試験がどのように行われるのか、自分のアピール点や志望動機をどう伝えたらよいのか？
面接レッスン Video では、映像を通して面接試験の緊張感や面接官とのやりとりを実感することができます。面接試験で大きなポイントとなる「第一印象」も、ベテラン指導者が実地で指南。対策が立てにくい集団討論やグループワークなども含め、準備方法や注意点をレクチャーしていきます。
また、動画内の面接官からの質問に対し声に出して回答し、その内容をさらにブラッシュアップする「実践編」では、「質問の意図」「回答の適切な長さ」などを理解し、本番をイメージしながらじっくり練習することができます。
[J トレプラス] サイト内で動画を配信していますので、何度も見て、自分なりの面接対策を進めましょう。

面接レッスン Video の紹介動画公開中！

面接レッスン Video の紹介動画を公開しています。
実務教育出版 web サイト各コースページからもご覧いただけます。

紹介動画をご覧いただけます

（1）個人面接編
（2）集団討論編
（3）実践編
の3つを
見ることができます！
※コースによって異なる場合があります。
実務教育出版
JITSUMUKYOIKU-SHUPPAN

指導者 Profile

坪田まり子先生

有限会社コーディアル代表取締役、東京学芸大学特命教授、プロフェッショナル・キャリア・カウンセラー®。
自己分析、面接対策などの著書を多数執筆し、就職シーズンの講演実績多数。

森下一成先生

東京未来大学モチベーション行動科学部コミュニティ・デザイン研究室 教授。
特別区をはじめとする自治体と協働し、まちづくりの実践に学生を参画させながら、公務員や教員など、公共を担うキャリア開発に携わっている。

面接試験対策テキスト / 面接カード添削

テキストと添削で自己アピール力を磨く！

K C M N

面接試験対策テキストでは、面接試験の形式や評価のポイントを解説しています。テキストの「質問例＆回答のポイント」では、代表的な質問に対する回答のポイントをおさえ、事前に自分の言葉で的確な回答をまとめることができます。面接の基本を学習した後は「面接カード」による添削指導で、問題点を確認し、具体的な対策につなげます。２回分の提出用紙を、「１回目の添削結果を踏まえて２回目を提出」もしくは「２回目は１回目と異なる受験先用として提出」などニーズに応じて利用できます。

▲面接試験対策教材

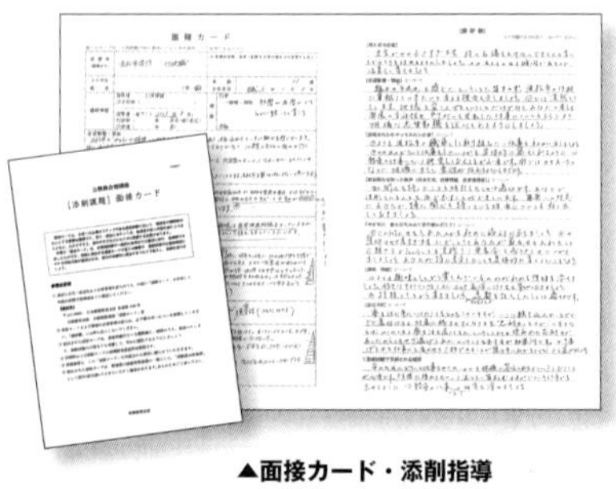

▲面接カード・添削指導

対応コースを記号で明記しています。

K …大卒程度公務員総合コース［教養＋専門行政系］ C …大卒程度公務員総合コース［教養のみ］ L …大卒程度公務員択一攻略セット［教養＋専門行政系］
D …大卒程度公務員択一攻略セット［教養のみ］ M …経験者採用試験コース N …経験者採用試験［論文・面接試験対策］コース R …市役所教養トレーニングセット

お申し込み方法・受講料一覧

インターネット

実務教育出版ウェブサイトの「公務員合格講座 受講申込」ページへ進んでください。

●受講申込についての説明をよくお読みになり【申込フォーム】に必要事項を入力の上［送信］してください。
●【申込フォーム】送信後、当社から［確認メール］を自動送信しますので、必ずメールアドレスを入力してください。

■お支払方法

コンビニ・郵便局で支払う
教材と同送の「払込取扱票」でお支払いください。
お支払い回数は「1回払い」のみです。

クレジットカードで支払う
インターネット上で決済できます。ご利用いただけるクレジットカードは、VISA、Master、JCB、AMEXです。お支払い回数は「1回払い」のみです。

※クレジット決済の詳細は、各カード会社にお問い合わせください。

■複数コース受講特典

コンビニ・郵便局で支払いの場合
以前、公務員合格講座の受講生だった方（現在受講中含む）、または今回複数コースを同時に申し込まれる場合は、受講料から3,000円を差し引いた金額を印字した「払込取扱票」をお送りします。
以前、受講生だった方は、以前の受講生番号を【申込フォーム】の該当欄に入力してください（ご本人様限定）。

クレジットカードで支払いの場合
以前、公務員合格講座の受講生だった方（現在受講中含む）、または今回複数コースを同時に申し込まれる場合は、後日当社より直接ご本人様宛にQUOカード3,000円分を進呈いたします。
以前、受講生だった方は、以前の受講生番号を【申込フォーム】の該当欄に入力してください（ご本人様限定）。

詳しくは、実務教育出版ウェブサイトをご覧ください。
「公務員合格講座 受講申込」
https://www.jitsumu.co.jp/contact/

教材のお届け
あなたからのお申し込みデータにもとづき受講生登録が完了したら、教材の発送手配をいたします。
＊教材一式、受講生証などを発送します。　＊通常は当社受付日の翌日に発送します。
＊お申し込み内容に虚偽があった際は、教材の送付を中止させていただく場合があります。

受講料一覧 ［インターネットの場合］

コース記号	コース名	受講料	申込受付期間
K	大卒程度 公務員総合コース［教養＋専門行政系］	**91,300円**（本体83,000円＋税）	2023年4月1日～2024年3月31日
C	大卒程度 公務員総合コース［教養のみ］	**66,000円**（本体60,000円＋税）	
L	大卒程度 公務員択一攻略セット［教養＋専門行政系］	**60,500円**（本体55,000円＋税）	
D	大卒程度 公務員択一攻略セット［教養のみ］	**44,000円**（本体40,000円＋税）	
M	経験者採用試験コース	**77,000円**（本体70,000円＋税）	
N	経験者採用試験［論文・面接試験対策］コース	**38,500円**（本体35,000円＋税）	
R	市役所教養トレーニングセット［大卒程度］	**29,700円**（本体27,000円＋税）	2023年8月1日～2024年7月31日

＊受講料には、教材費・指導費などが含まれております。　＊お支払い方法は、一括払いのみです。　＊受講料は、2023年8月1日現在の税込価格です。

【返品・解約について】

◇教材到着後、未使用の場合のみ2週間以内であれば、返品・解約ができます。
◇返品・解約される場合は、必ず事前に当社へ電話でご連絡ください（電話以外は不可）。
TEL：03-3355-1822（土日祝日を除く9：00～17：00）
◇返品・解約の際、お受け取りになった教材一式は、必ず実務教育出版あてにご返送ください。教材の返送料は、お客様のご負担となります。
◇2週間を過ぎてからの返品・解約はできません。また、2週間以内でも、お客様による折り目や書き込み、破損、汚れ、紛失等がある場合は、返品・解約ができませんのでご了承ください。
◇全国の取扱い店（大学生協・書店）にてお申し込みになった場合の返品・解約のご相談は、直接、生協窓口・書店へお願いいたします。

個人情報取扱原則　**実務教育出版では、個人情報保護法など関連法規に基づいて個人情報を取り扱います。**

1　利用目的　実務教育出版の商品（通信講座など）にご契約、ならびにお問い合わせいただいたお客様に対して、教材発送、案内資料の送付、お問い合わせやご相談の返答、その他関連サービスの提供やご案内、また、社内での調査・研究（アンケート等）などに利用させていただきます。
2　個人情報の管理　(1) 関係する法令等を順守いたします。(2) 利用目的の範囲を超えて個人情報を利用することはありません。(3) 業務上、外部の協力会社等にデータ処理を委託する場合は、適切な指導・監督を行うとともに、委託業務に関して契約を取り交わし、機密保持に努めます。
3　個人情報の第三者への供与制限　お客様の個人情報は、以下のいずれかに該当する場合を除き、第三者に提供することはありません。(1) お客様への契約の履行、商品提供や各種サービスを実施するため、社外の協力会社へデータ処理を委託する場合。(2) お客様の同意がある場合。(3) 法令に基づき司法機関、行政機関から法的義務を伴う要請を受けた場合。
4　個人情報の訂正・利用停止の手続き　お客様ご本人より、個人情報の誤りについての訂正や利用停止のご連絡をいただいた場合は、お手続きの間に合う時点から速やかに処理を行います。
5　お問い合わせ窓口　個人情報についての苦情・お問い合わせは、下記にて受け付けいたします。
公務員指導部　TEL.03-3355-1822（土日祝日を除く9：00～17：00）

公務員受験生を応援するwebサイト ——— www.jitsumu.co.jp

実務教育出版は、67年の伝統を誇る公務員受験指導のパイオニアとして、常に新しい合格メソッドと学習スタイルを提供しています。最新の公務員試験情報や詳しい公務員試験ガイド、国の機関から地方自治体までを網羅した官公庁リンク集、さらに、受験生のバイブル・実務教育出版の公務員受験ブックスや通信講座など役立つ学習ツールを紹介したオリジナルコンテンツも見逃せません。お気軽にご利用ください。

あなたに合った公務員試験と対応コースがわかる!

【試験ガイド】は、試験別に解説しています。
試験区分・受験資格・試験日程・試験内容・各種データ、対応コースや関連書籍など、盛りだくさん!

スマホでも【試験ガイド】を確認できます。まずは公務員試験の仕組みを、よく理解しておきましょう!

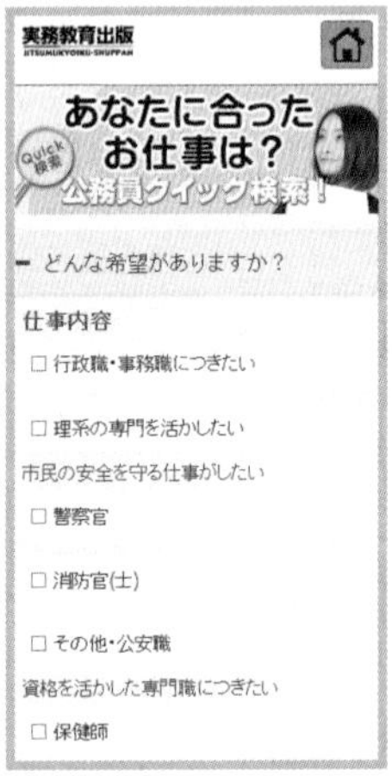

この画像をクリック

選択条件を設定するとあなたに合った公務員試験を検索することができます。

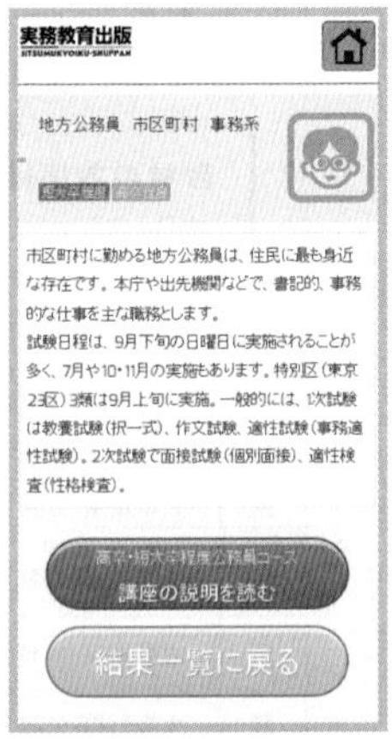

公務員合格講座に関するお問い合わせ　　実務教育出版 公務員指導部

「どのコースを選べばよいか」、「公務員合格講座のシステムのここがわからない」など、公務員合格講座についてご不明な点は、電話かwebのお問い合わせフォームよりお気軽にご質問ください。公務員指導部スタッフがわかりやすくご説明いたします。

電話 **03-3355-1822** (土日祝日を除く 9:00〜17:00)

web **https://www.jitsumu.co.jp/contact/inquiry/**
(お問い合わせフォーム)

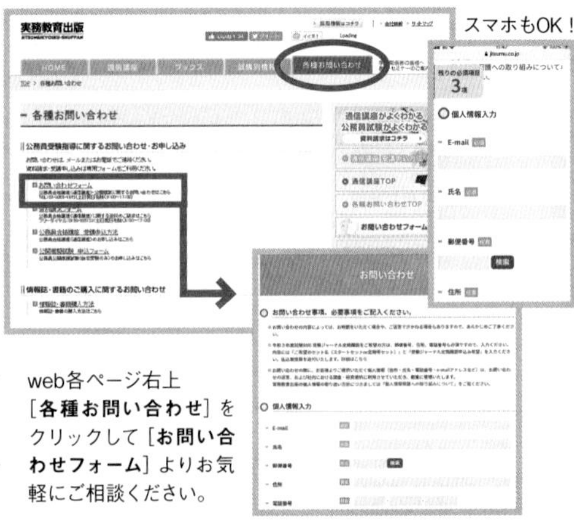

web各ページ右上[**各種お問い合わせ**]をクリックして[**お問い合わせフォーム**]よりお気軽にご相談ください。

公務員試験のブレーン
実務教育出版
www.jitsumu.co.jp
〒163-8671 東京都新宿区新宿1-1-12 / TEL: 03-3355-1822 (土日祝日を除く 9:00〜17:00)

警察官・消防官［大卒程度］
一次試験対策セット！

大卒程度の警察官・消防官の一次試験合格に必要な書籍、教材、模試をセット販売します。問題集をフル活用することで合格力を身につけることができます。模試は自己採点でいつでも実施することができ、論文試験は対策に欠かせない添削指導を受けることができます。

警察官 スーパー過去問セット［大卒程度］

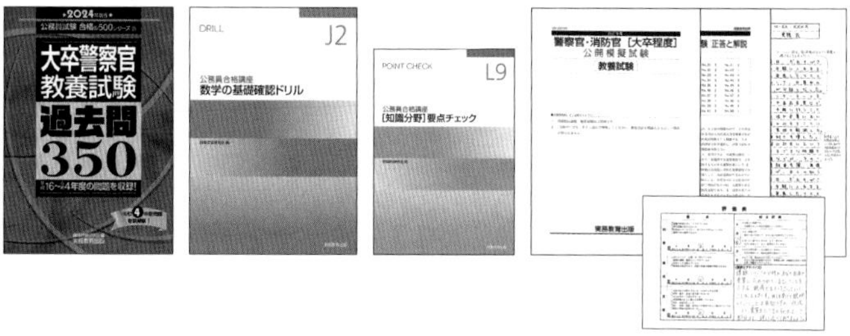

大卒警察官 教養試験 過去問350
DRILL J2
公務員合格講座 数学の基礎確認ドリル
POINT CHECK L9
公務員合格講座 [知識分野]要点チェック
警察官・消防官［大卒程度］ 公開模擬試験 教養試験

教材一覧

- ●大卒程度 警察官・消防官 スーパー過去問ゼミ［改訂第3版］
  社会科学、人文科学、自然科学、判断推理、数的推理、文章理解・資料解釈
- ●数学の基礎確認ドリル
- ●［知識分野］要点チェック
- ●2024年度版 大卒警察官 教養試験 過去問350
- ●警察官・消防官［大卒程度］ 公開模擬試験
  ＊問題、正答と解説（自己採点）、論文（添削付き）

セット価格	18,150円（税込）
申込受付期間	2023年1月13日～

消防官 スーパー過去問セット［大卒程度］

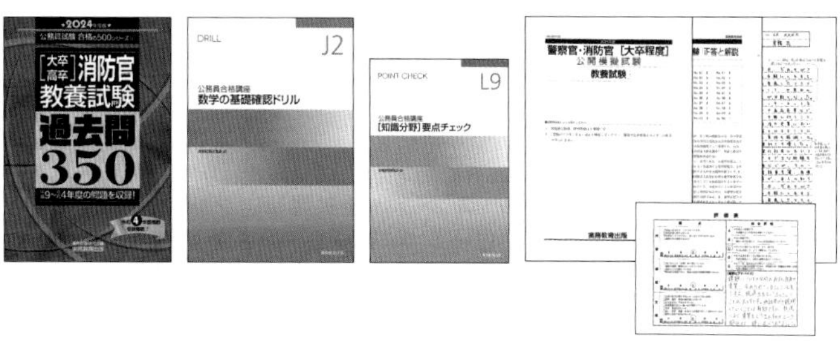

教材一覧

- ●大卒程度 警察官・消防官 スーパー過去問ゼミ［改訂第3版］
  社会科学、人文科学、自然科学、判断推理、数的推理、文章理解・資料解釈
- ●数学の基礎確認ドリル
- ●［知識分野］要点チェック
- ●2024年度版 大卒・高卒消防官 教養試験 過去問350
- ●警察官・消防官［大卒程度］ 公開模擬試験
  ＊問題、正答と解説（自己採点）、論文（添削付き）

セット価格	18,150円（税込）
申込受付期間	2023年1月13日～

■模擬試験の特徴

●2024年度（令和6年度）試験対応の予想問題を用いた、実戦形式の試験です！

試験構成、出題数、試験時間など実際の試験と同形式です。マークシートの解答方法はもちろん時間配分に慣れることができ、本試験直前期に的確な最終チェックが可能です。

●自宅で本番さながらの実戦練習ができます！

全国規模の実施ですので、実力を客観的に把握できます。「正答と解説」には、詳しい説明が記述されていますので、周辺知識までが身につき、一層の実力アップがはかれます。

●全国レベルの実力がわかる、客観的な判定資料をお届けします！

マークシートご提出後に、個人成績表をお送りいたします。精度の高い合格可能度判定をはじめ、得点、偏差値、正答率などの成績データにより、学習の成果を確認できます。

■申込方法

公開模擬試験は、実務教育出版webサイトの公開模擬試験申込フォームからお申し込みください。

1.受験料のお支払いは、クレジット決済、コンビニ決済の2つの方法から選べます。

2.コンビニ決済の場合、ご利用のコンビニを選択すると、お申込情報（金額や払込票番号など）とお支払い方法が表示されます。その指示に従い指定期日（ネット上でのお申込み手続き完了日から6日目の23時59分59秒）までにコンビニのカウンターにて受験料をお支払いください。この期限を過ぎますと、お申込み自体が無効となりますので、十分ご注意ください。

スマホから
簡単アクセス

【ご注意】決済後の受験内容の変更・キャンセル等、受験料の返金を伴うご要望には一切応じることができませんのでご了承ください。
氏名は、必ず受験者ご本人様のお名前で、入力をお願いいたします。

◆公開模擬試験についてのお問い合わせ先

問題発送日より1週間経っても問題が届かない場合、下記「公開模擬試験」係までお問い合わせください。
実務教育出版　「公開模擬試験」係　TEL：03-3355-1822（土日祝日を除く9：00～17：00）

当社 2024 年度 通信講座受講生 は下記の該当試験を無料で受験できます。

申込手続きは不要です。問題発送日になりましたら、自動的に問題、正答と解説をご自宅に発送します。
＊無料受験対象以外の試験をご希望の方は、当サイトの公開模擬試験申込フォームからお申し込みください。

▼各コースの無料受験できる公開模擬試験は下記のとおりです。

あなたが受講している通信講座のコース名	無料受験できる公開模擬試験
大卒程度公務員総合コース［教養＋専門行政系］	地方上級（教養＋専門）　国家一般職大卒（基礎能力＋専門） 市役所上級（教養＋専門）
大卒程度公務員総合コース［教養のみ］	地方上級（教養のみ）　国家一般職大卒（基礎能力のみ） 市役所上級（教養のみ）

【実力判定テスト】もあります！

詳細は、実務教育出版webサイトをご覧ください。